주희집주(朱熹集註)

맹자

주희(朱熹: 1130-1200)

중국 南宋의 유학자로 朱子로 존칭되는 성리학의 집대성자다. 공자·맹자 등의 학문에 전념하였으며, 주돈이·정호·정이 등의 사상을 이어받아, '五經'의 진의를 밝히고, 주자학을 창시하여 완성했다. 일생을 저술과 교육에 힘써 수많은 저작을 남기고 제자들을 가르쳤으며, 특히 그의 '사서집주'는 동아시아의 과거제도와 사대부 교양의 필수과목이 되었다.『맹자집주』는 주희가 지은『맹자』에 대한 주석서다. 책머리에 맹자에 대한 韓愈와 程子 등의 논평이 나와 있다. 중국과 우리나라에서 가장 널리 읽혀진 주석서다.

최영갑(崔瑛甲)

성균관대학교 유교철학과를 졸업하고 동양철학과에서 철학박사 학위를 받았다. 옮긴 책으로는『논어』·『대학 중용』·『성학십도』·『성학집요』 등이 있으며, 저서로는『청춘성어』·『군자가 살아야 나라가 산다』 등이 있다. 소학을 현대적으로 풀어 아이들에게 예의범절을 가르쳐주는 동화『숟가락 먼저 들면 왜 안돼요』와『명심보감』을 아이들의 눈높이에 맞게 재해석한 동화『내가 잘못하면 왜 엄마가 혼나요』 등이 있다. 현재 성균관대학교 겸임교수로 재직 중이며 다양한 유교 경전과 옛 선조들이 공부했던 책을 현대적으로 재해석하여 아랫세대에 전하는 일과 유교 현대화에 몰두하고 있다.

주희집주 **맹자**

초판 인쇄 2017년 3월 10일
초판 발행 2017년 3월 15일
지 은 이 주　　희
옮 긴 이 최 영 갑
펴 낸 이 변 선 웅
펴 낸 곳 그물
출판등록 2012년 2월 8일 제312-2012-00006호
서울특별시 서대문구 통일로25길 30, 102동 1502호(홍제동 한양아파트)
http://wsun1940.blog.me
전화 070 8703 1363
팩스 02 725 1363
ISBN 979-11-86504-02-4 93140
값　35,000원

주희집주 맹자

옮긴이 머리말

　공자에 의해서 유학이 집대성되었다면, 맹자는 공자의 학문을 체계적이고 논리적으로 발전시킨 매우 중요한 인물이다. 공자와 맹자는 유학에서 가장 중요한 이론적 토대를 제공한 인물일 뿐만 아니라, 학문과 덕행에서도 탁월한 유가의 성인(聖人)이다.
　맹자의 인물됨은 『맹자』를 읽어보면 저절로 알 수 있다. 그의 날카로운 판단력과 능숙한 화술이 독자를 매료시키는가 하면, 때로는 억지스러울 만큼 자기의 이론을 굽힐 줄 모르는 고지식함을 보이기도 한다. 맹자의 이러한 면을, 『맹자』에 나오는 당시 군주들과의 대화 속에서 군주들이 말문이 막히는 경우에서 확인할 수 있다. 사람들은 그래서 맹자의 화술이 중국 역대 문장가 가운데서도 가장 탁월한 수준이라고 말하곤 한다.
　『맹자』는 맹자의 화려한 논변과 탁월한 이론으로 가득 차 있는 동양의 고전이다. 『논어』가 짧은 명구 형식으로 구성되었다면, 『맹자』는 대화체 형식으로 전개되고 있다는 점에서 확연하게 구별되는 특징이 있다. 또한 공자의 인품이 봄에 부는 순풍 같다면, 맹자의 인품은 가을에 내리는 서리처럼 냉철하다고 할 수 있다.
　『맹자』는 한문을 배우는 사람들에게는 매우 중요한 고전이기도 하다. 따라서 예전에는 『맹자』를 많이 읽으면 저절로 문리가 통한다는 말이 있을 정도다. 고전을 공부하는 사람들에게는 필독서로 인정되는 『맹자』는 그 내용면에서도 매우 풍부함을 알 수 있다. 교과서에서 언급되는 '성선설'에 관한 이론만이 아니라 오랜 세월 논쟁이 된 '사단칠정'에 관한 근거도 『맹자』에 보이며, 토지에 관한 정책과 백성을 위한 정치에 관한 구체적인 내용들이 곳곳에 드러나기도 한다.

다른 경전과 마찬가지로 『맹자』도 역시 소리 내어 읽어야 좋은 효과를 거둘 수 있다. 그리고 어려운 글자도 많고 『시경』과 『서경』 같은 경전의 인용문이 많아 더욱 배울 것이 많은 책이다. 『맹자』는 한번 빠져들면 헤어날 수 없는 매력이 있다. 그래서 더욱 흥미로운 고전이다.

『맹자』에 나오는 성선설은 특히 인간을 긍정적인 존재로 본다는 점에서 유가의 확고한 신념을 드러내는 이론이다. 그리고 그의 역성혁명에 대한 이론은 군주들의 간담을 서늘하게 만드는 내용을 담고 있다. 유학을 봉건적인 이론이라며 통치자들의 힘을 강화시켜주는 이론으로 매도하는 사람들에게 『맹자』를 한 번 읽어보도록 권한다.

이 책은 다른 번역서와 다른 점이 없을지도 모른다. 하지만 한글 세대에 맞게 번역하고자 노력했으며, 앞뒤 문맥이 이해되지 않는 곳에는 필자 나름대로 의미를 파악하여 삽입하기도 했다. 따라서 원문에 없는 내용이 왜 갑자기 번역에 나오는지 의아스럽게 생각하는 독자들은 이 점을 생각해주기 바란다.

몇 해 전 『논어』와 『대학 중용』을 발간하고, 여러 해가 지났다. 『맹자』만이 세상이 나오지 못했는데, 이제야 마무리를 짓게 되었다. 언제나 새로운 작업을 마무리하면서 느끼는 불안과 부끄러움이 여전히 남아 있다. 오랜 시간 정리했던 내용을 마무리짓지 못하고 머뭇거리다 이제야 세상에 내놓는 이유도 아마 그런 것이었으리라.

끝으로 이 책의 출판을 위해 애정과 격려를 보태주신 변선웅 사장님께 진심으로 감사드린다.

2017년 계동(季冬)에
최영갑(崔瑛甲) 쓰다.

차 례

옮긴이 머리말 ■ 5

일러두기 ■ 10

주석자 약전 ■ 11

맹자서설(孟子序說) ■ 13

양혜왕장구 상(梁惠王章句上) …………………………19
양혜왕장구 하(梁惠王章句下) …………………………67
공손추장구 상(公孫丑章句上) …………………………125
공손추장구 하(公孫丑章句下) …………………………185
등문공장구 상(滕文公章句上) …………………………229
등문공장구 하(滕文公章句下) …………………………281
이루장구 상(離婁章句上) …………………………325
이루장구 하(離婁章句下) …………………………383
만장장구 상(萬章章句上) …………………………435
만장장구 하(萬章章句下) …………………………481
고자장구 상(告子章句上) …………………………525
고자장구 하(告子章句下) …………………………577
진심장구 상(盡心章句上) …………………………625
진심장구 하(盡心章句下) …………………………691

찾아보기 ■ 749

일러두기

1. 이 책은 성균관대학교 대동문화연구원에서 영인한 내각본(內閣本)과 학민문화사의 영인본을 번역의 기본 대본으로 삼았다.
2. 원문 해석과 현토는 율곡의 『사서언해(四書諺解)』를 기준으로 하였다.
3. 한문을 공부하는 분들보다 내용을 알고 싶은 분들이 편히 읽을 수 있도록 편집하였다. 번역문을 앞세운 이유다.
4. 주희가 주석한 부분에 나오는 주석자들의 약전을 만들어 수록하여 독자들의 이해를 돕고자 하였다.
5. 이 책을 읽는 분들에게 플라톤의 『소크라테스의 변론』, 『크리톤』, 『파이돈』, 『향연』, 그리고 『국가』를 함께 보기를 권한다.
6. 플라톤이 BC 427~347 사이에 살았다면, 맹자는 BC 372~289 사이에 살았던, 거의 비슷한 시기에 살았던 인물들이다. 위의 책과 『맹자』를 읽다 보면 대화를 통해 지식을 전달해 가는 소통 과정을 볼 수 있다.
7. 이 점은 인류가 양의 동서를 불문하고 비슷한 시기에 비슷한 생각을 했다는 사실을 깨닫게 된다. 이러한 현상은 12세기 무렵에 서양의 토마스 아퀴나스의 『신학대전』 편찬과 주희의 『사서집주』에서 다시 한 번 보게 된다.

주석자 약전

程子: 程頤(1033~1107). 北宋 중기의 유학자로 字는 正叔이며 號는 伊川이다.. 형 灝와 함께 二程子로 존칭된다. 河南省 洛陽 출이며 '伊川先生'으로 불린다.
李氏: 李郁(1086~1150). 중국 宋나라 昭武 사람으로 字는 光祖, 楊時의 사위이다.
孔氏: 孔文仲(1038-1088). 北宋 시기의 학자로 字는 經父. 왕안석의 신법에 반대하다 퇴출당했다.
蘇氏: 蘇軾(1037~1101). 北宋 시대의 文學家, 思想家로 字는 子瞻이며 號는 東坡이다. 眉山 사람이다. 아버지 蘇洵, 아우 蘇轍과 함께 三蘇라고 칭해진다.
趙氏(108경~201) : 중국 後漢의 經學者로 이름은 趙岐, 초명은 嘉, 자는 邠卿, 臺卿이다. 경서에 밝았으며, 특히 『孟子』에 정통하여 『孟子章句』를 저술하였다.
楊氏: 楊時(1053~1135). 北宋 시대의 학자로 字는 中立, 號는 龜山으로 龜山선생으로 칭한다. 延平 사람으로 程門의 高弟다.
王勉: 唐나라 때의 학자이다. 수나라의 大儒인 王通의 손자로 建安人이다 .
謝氏: 謝良佐(1050~1103). 北宋 시대의 학자로 字는 顯道이며 上蔡 사람이다. 학자들은 上蔡先生으로 칭한다. 游酢, 呂大臨, 楊時와 함께 程門의 四大弟子로 알려졌다.
范氏: 范祖禹(1041~1098). 北宋 시대의 학자로 字는 淳夫이며 成都人이다.
游氏: 游酢(1053~1123). 北宋 時代의 理學家로 字는 定夫이며 建安 사람이다. 程顥에게 배웠다.
揚氏: 揚雄(기원전 53~기원후 18). 중국 전한 말기의 사상가이며 문장가다. 자는 子雲이며 촉군 성도에서 태어났다.
林氏: 林之奇(1112~1176) 南宋의 經學家로 福建省 福州 출신이다. 字는 少穎, 號는 拙齋이다. 經學 연구에 진력하였으며 呂祖謙의 스승이다.
鄒氏: 鄒浩(1060~1111) 北宋의 經學家로 江蘇省 毗陵 사람이며, 字는 志完, 號는

道鄉居士다.
呂氏: 呂大臨(1040~1092). 北宋 時代의 理學家로 字는 與叔이며 藍田 사람이다.
尹氏: 尹焞(1071~1142). 南宋의 理學家로 字는 彦明이며 河南 사람이다. 程頤에게 사사했다.
陳氏: 名은 賜, 字는 晉臣이며 三山人이다.
何叔京: 朱子의 제자인 何鎬(1128~1175)로, 字가 숙경이다. 福建省 邵武 사람으로 속칭 臺溪先生이라고 불렀다.
胡氏: 胡安國(1074~1138). 南宋의 학자로 建州 崇安 사람이며, 자는 康侯이고, 시호는 文定이며, 호연(胡淵)의 아들이다.
王氏: 王安石(1021~1086). 北宋 時代의 政治家, 哲學家, 文學家로 字는 介甫, 號는 半山이며 臨川 사람이다.
潘興嗣: (約1023~1100). 北宋 시대 豫章人이다. 자호를 淸逸居士라고 하며, 王安石과 친분이 있었다.
吳氏: 宋代의 학자로 이름은 棫, 字는 才老, 建安 사람이다.
徐氏: 南宋 때의 사람으로 명은 度, 字는 孝節, 睢陽人이다.
張氏: 張栻(1133~1180). 南宋의 經學家로 字는 敬夫, 호는 南軒이며, 시호는 宣이다. 胡宏에게서 二程의 학문을 배웠는데 程顥에 가깝다는 평을 들었다.
胡氏: 胡寅(1099~1157). 南宋의 학자. 字는 明仲, 號는 致堂, 建安 사람, 楊時에게 배웠. 일생을 崇儒斥佛에 주력하여 일찍이 『崇正辨』을 저술했다. 저서로는 『斐然集』『論語詳說』등이 있다.
丁氏: 이름은 公著, 당나라 蘇州人이다.
豊氏: 南宋 때의 사람이다. 이름은 稷, 字는 相之로 四明人이다.

맹자서설(孟子序說)

『사기』「열전」에 말하였다. 맹가는 추나라 사람이니 자사의 문인에게서 학업을 했다. 도를 이미 통달함에 유세하여 제 선왕을 섬겼는데, 제 선왕이 등용하지 않자 양나라로 갔지만 양 혜왕도 말한 것을 실행하지 못하였으니 당시 군주들에게 (맹자는) 세상일에 어둡고 사정과 거리가 멀다고 여겨졌다. 이 당시에 진나라에서는 상앙을 등용하고, 초나라와 위나라에서는 오기를 등용하고, 제나라에서는 손자와 전기를 등용하여 천하가 합종연횡에 힘을 써서 남을 공격하고 정벌하는 것을 좋다고 여겼는데, 맹가는 당·우 삼대의 덕을 말씀하셨다. 이 때문에 가는 곳마다 의견이 합치되지 못하자 물러나서 만장 등의 제자들과 함께 『시경』과『서경』을 서술하고, 공자의 뜻을 기술하여『맹자』칠 편을 지었다.

史記列傳曰 孟軻는 騶人也니 受業子思之門人이라. 道旣通에 游事齊宣王하되 宣王不能用하고 適梁하되 梁惠王不果所言하니 則見以爲迂遠而闊於事情이라. 當是之時하여 秦用商鞅하고 楚魏用吳起하고 齊用孫子·田忌하여 天下方務於合從連衡하여 以攻伐爲賢이러늘 而孟軻乃述唐虞三代之德하시니 是以로 所如者不合일새 退而與萬章之徒로 序詩書하고 述仲尼之意하여 作孟子七篇하시니라.

한유가 말하였다. "요 임금은 순 임금에게 전하시고, 순 임금은 우 임금에게 전하시고, 우 임금은 탕 임금에게 전하시고, 탕 임금은 문왕·무왕·

주공에게 전하시고, 문왕·무왕·주공은 공자에게 전하시고, 공자는 맹가에게 전하셨는데, 맹가가 죽자 전해지지 못했다. 순자와 양웅은 그 중에서 선택하여 전했지만 정밀하지 못했고, 말은 했지만 자세하지 않았다."

　韓子曰 堯以是傳之舜하시고 舜以是傳之禹하시고 禹以是傳之湯하시고 湯以是傳之文武周公하시고 文武周公傳之孔子하시고 孔子傳之孟軻러시니 軻之死에 不得其傳焉하니 荀與揚也는 擇焉而不精하고 語焉而不詳하니라.

　또 말하였다. "맹씨는 순일하고 순일한 자요, 순자와 양웅은 대부분 순일하지만 약간의 흠이 있다."
　又曰 孟氏는 醇乎醇者也요 荀與揚은 大醇而小疵니라.

　또 말하였다. "공자의 도는 크고 넓어서 문하의 제자들이 두루 보아도 모두 알 수 없었다. 그러므로 공자의 도를 배움에 모두 본질의 가까운 것을 얻었다. 그 후 사방으로 흩어져 제후의 나라에 나누어 거처하면서 각자 능한 것을 가지고 제자들에게 전수하였는데, 근원에서 멀어지자 말단은 더욱 나누어지게 되었다. 오직 맹가는 자사를 스승으로 삼았는데, 자사의 학문은 증자에게서 나왔다. 공자께서 돌아가신 뒤로부터 홀로 맹자가 전한 것이 으뜸이었다. 그러므로 성인의 도를 보려고 하는 사람은 반드시 맹자로부터 시작해야 한다."

　又曰 孔子之道는 大而能博하니 門弟子不能徧觀而盡識也라. 故로 學焉而皆得其性之所近이러니 其後離散하여 分處諸侯之國할새 又各以其所能授弟子하니 源遠而末益分이라. 惟孟軻는 師子思하고 而子思之學은 出於曾子하니 自孔子沒로 獨孟軻氏之傳得其宗이라. 故로 求觀聖人之道者는 必自孟

子始니라.

또 말했다. "양자운이 말하기를 '옛날에 양주와 묵적이 길을 막았는데 맹자께서 말하여 물리치고 넓혀 놓았다'라고 하였다. 양주와 묵적이 횡행하면 정도가 사라지게 된다. 맹자가 비록 어진 성인이었지만 지위를 얻지 못했기 때문에 말이 공허하여 시행되지 못했으니, 비록 간절할지라도 어찌 도움이 되었겠는가? 그러나 맹자의 말에 의지하여 오늘날 배우는 사람들은 여전히 공자를 종주로 삼고, 인의를 숭상하며, 왕도를 귀하게 여기고 패도를 천하게 여길 줄을 알게 되었다. 그 대경대법은 모두 사라져 세상을 구원할 수 없고 파괴되어 수습할 수도 없어, 이른바 천과 백 가운데 열과 하나만 존재한다는 것이니 넓혀 놓았다는 것이 어디에 있겠는가? 그러나 지난번에 맹자가 없었다면 모두 옷깃을 왼쪽으로 하고 오랑캐 말을 했을 것이다. 그러므로 나는 일찍이 맹자를 추존하여 공로가 우 임금보다 아래에 있지 않다고 말했는데, 이것 때문이다."

又曰 揚子雲曰 古者에 楊墨塞路어늘 孟子辭而闢之廓如也라 하니 夫楊墨行이면 正道廢하나니 孟子雖賢聖이나 不得位하여 空言無施하니 雖切何補리오. 然이나 賴其言하여 而今之學者尙知宗孔氏 崇仁義 貴王賤霸而已요. 其大經大法은 皆亡滅而不救하고 壞爛而不收하니 所謂存十一於千百이니 安在其能廓如也리오. 然이나 向無孟氏면 則皆服左衽而言侏離矣리라. 故로 愈嘗推尊孟氏하여 以爲功不在禹下者는 爲此也니라.

어떤 사람이 정자에게 물었다. "맹자를 성인이라고 말할 수 있습니까?" 정자가 말했다. "감히 그를 성인이라고 말할 수 없지만 학문은 이미 지극한 경지에 이르렀다."

或問於程子曰 孟子를 還可謂聖人否잇가. 程子曰 未敢便道他是聖人이라. 然이나 學已到至處니라.

정자가 또 말했다. "맹자가 성문에 대해서 공로가 있음을 이루 다 말할 수 없다. 중니는 다만 하나의 인자를 말했는데 맹자는 입만 열면 인의를 말하고, 중니는 다만 하나의 의지에 대해서 말했는데 맹자는 많은 곳에서 양기를 말했으니 이 두 글자는 그 공로가 매우 많은 것이다."

程子又曰 孟子有功於聖門을 不可勝言이라. 仲尼는 只說一箇仁字어시늘 孟子는 開口便說仁義하시고 仲尼는 只說一箇志어시늘 孟子는 便說許多養氣出來하시니 只此二字는 其功甚多니라.

또 말했다. "맹자가 세상에 큰 공로를 이룬 것은 성선을 말한 때문이다."

又曰 孟子有大功於世는 以其言性善也니라.

또 말했다. "맹자가 말한 성선과 양기의 이론은 모두 이전의 성인들이 아직 드러내지 못했던 것이다."

又曰 孟子性善養氣之論은 皆前聖所未發이니라.

또 말했다. "학자는 온전하게 때를 알아야 하는데, 만약 때를 알지 못하면 학문을 말할 수 없다. 안자가 누추한 마을에서도 스스로 즐긴 것은 공자가 그곳에 있었기 때문이다. 맹자 때에는 세상에 이미 사람이 없었으니 어찌 도로써 자임하지 않을 수 있겠는가?"

又曰 學者全要識時니 若不識時면 不足以言學이라. 顔子陋巷自樂은 以有孔子在焉이요 若孟子之時엔 世旣無人하니 安可不以道自任이리오.

또 말했다. "맹자는 약간의 영특한 기상이 있었으니, 조금이라도 영특한 기상이 있으면 곧 언행이 모나게 되니, 영특한 기상은 일을 하는 데 매우 해로운 것이다. 안자는 사람됨이 원만하고 인정이 두터워 달랐으니 안자는 성인과의 거리가 다만 털끝만큼 정도밖에 되지 않았다. 맹자는 대현이니 아성의 다음이다." 어떤 사람이 말하기를 "영특한 기상은 어느 곳에 드러납니까?"라고 하자, 말하기를, "다만 공자의 말을 가지고 비교하면 곧 알 수 있다. 예를 들어 얼음과 수정은 빛나지 않은 것이 아니지만 옥과 비교하면 따듯하고 윤택하며 함축된 기상이 있고 많은 빛이 없는 것과 같다"라고 하였다.

又曰 孟子는 有些英氣하시니 纔有英氣면 便有圭角이니 英氣甚害事니라. 如顔子는 便渾厚不同하시니 顔子는 去聖人只豪髮間이요 孟子는 大賢이니 亞聖之次也니라. 或曰 英氣見於甚處잇가. 曰 但以孔子之言比之면 便可見이니 且如冰與水精이 非不光이로되 比之玉하면 自是有溫潤含蓄氣象이요 無許多光耀也니라.

양 씨가 말했다. "『맹자』한 책은 다만 사람의 마음을 바로잡고자 한 것이니, 사람에게 마음을 보존하고 본성을 길러서 놓쳐버린 마음을 거두려고 하였다. 인의예지를 논함에 이르러서는 측은·수오·사양·시비의 마음으로 단서를 삼았고, 사설의 해악을 논함에서는 곧 '그 마음에서 생겨나 그 정사에 해를 끼친다'고 하셨고, 임금 섬김을 논할 때는 '임금의 그릇된 마음을 바르게 해야 하니 한 번 임금을 바르게 하면 나라가 안정된다'라고 하여, 모든 변화를 단지 마음으로부터 말씀하였다. 사람이 마음을 바르게 하면 일은 족히 할 만한 것이 없다. 『대학』의 수신·제가·치국·평천하는 그 근본이 마음을 바르게 하고 뜻을 성실하게 하는 것일 뿐이다. 마음이 바름을 얻은 뒤에 본성의 선함을 알 수 있다. 그러므로 맹자는 사람을 만날 때에 성선을 말씀하셨는데, 구양수는 '성인이 사람을 가르칠 때 본성은 먼저 할 바가 아니다'라고 했는데, 잘못된 것이라고 말할 수 있다. 인성 위에는 한 가지 사물도 더할 것이 없으니 요·순이 만세의 본보기가 된 것도 또한 본성을 따른 것일 뿐이다. 이른바 본성을 따른다는 것은 천리를 따르는 것이다. 이 밖에 계책을 쓰고 술수를 사용하면 설령 공업을 세운다고 하더라도 인욕의 사사로움일 뿐이니, 성현이 하는 것과는 천지와 같이 현격한 차이가 있다."

 楊氏曰 孟子一書는 只是要正人心이니 敎人存心養性하여 收其放心이라. 至論仁義禮智하여는 則以惻隱善惡辭讓是非之心으로 爲之端하시고 論邪說之害에는 則曰 生於其心하여 害於其政이라하시고 論事君에는 則曰 格君心之非니 一正君而國定이라 하여 千變萬化가 只說從心上來라. 人能正心이면 則事無足爲者矣라. 大學之脩身齊家治國平天下는 其本이 只是正心誠意而已니 心得其正然後에 知性之善이라. 故로 孟子遇人에 便道性善이어시늘 歐陽永叔은 却言聖人之敎人에 性非所先이라 하니 可謂誤矣로다. 人性上에는 不可添一物이니 堯舜所以爲萬世法은 亦是率性而已니 所謂率性은 循天理是也라. 外邊에 用計用數면 假饒立得功業이라도 只是人欲之私니 與聖賢作處로 天地懸隔이니라.

양혜왕장구 상(梁惠王章句上)

모두 일곱 장이다.

凡七章이라.

이 장에서는 정의와 이익을 언급하면서 왕도정치의 조건을 서술하고 있다.
군주가 된 사람은 힘에 의한 패도(覇道)를 물리치고
덕에 의한 왕도(王道)를 행해야 하는데,
왕도는 곧 인정(仁政)을 말한다.
어진 마음을 가지고 어진 정치를 하면 백성들이 모두 따를 것이고,
백성과 함께 즐기는 것이 바로 왕도임을 설명하고 있다.

1-1-1. 맹자께서 양혜왕을 만나보셨는데,
孟子見梁惠王하신대

양혜왕은 위나라 제후인 영(罃)이다. 대량에 도읍을 정하고 왕을 참칭했으며 시호를 혜(惠)라고 했다. 『사기』에 "양왕 35년에 예를 낮추고 폐백을 두텁게 하여 현자를 초빙하자 맹자가 양에 이르렀다"라고 했다.
梁惠王은 魏侯罃也라. 都大梁하여 僭稱王하고 謚曰惠라. 史記梁王三十五年에 卑禮厚幣하여 以招賢者할새 而孟軻至梁이라 하니라.

1-1-2. 왕이 말했다. "노인께서 천리 길도 멀게 여기지 않고 오셨으니, 또한 장차 무엇으로 우리나라를 이롭게 하시겠습니까?"
王曰 叟不遠千里而來하시니 亦將有以利吾國乎잇가.

'수'는 나이 많은 노인의 칭호다. 왕이 말한 이익은 아마 부국강병의 종류일 것이다.
叟는 長老之稱이라. 王所謂利는 蓋富國彊兵之類라.

1-1-3. 맹자께서 대답하여 말씀하셨다. "왕께서는 하필 이익에 대해서 말씀

하십니까? 또한 인과 의가 있을 뿐입니다."

孟子對曰 王은 何必曰利잇고 亦有仁義而已矣니이다

'인'이란 마음의 덕이요 사랑의 이치이며, '의'란 마음을 제재하는 것이요 일의 마땅함이다. 이 두 구절은 1장의 큰 요지인데 아래 글에서 상세하게 말씀하셨으니, 이후에도 대부분 이와 같이 되어 있다.

仁者는 心之德이요 愛之理며 義者는 心之制요 事之宜也라 此二句는 乃一章之大指니 下文에 乃詳言之하시니 後多放此하니라

1-1-4. 왕께서 '무엇으로 우리나라를 이롭게 할 것인가?' 하고 말씀하시면, 대부들은 '무엇으로 우리 집안을 이롭게 할 것인가?' 하고 말할 것이며, 선비와 서민들은 '무엇으로 내 자신을 이롭게 할 것인가?' 하고 말할 것이니, 위와 아래가 서로 이익만 취한다면 나라가 위태로워질 것입니다. 만승의 나라에서 임금을 죽이는 자는 반드시 천승의 나라일 것이요, 천승의 나라에서 임금을 죽이는 자는 반드시 백승의 가문일 것입니다. 만에서 천을 취하고, 천에서 백을 취하는 것이 적은 것은 아니지만 진실로 의를 뒤로 하고서 이익을 앞세운다면 남의 것을 모두 빼앗지 않고는 만족하지 않을 것입니다.

王曰 何以利吾國고 하시면 大夫曰 何以利吾家오 하며 士庶人曰 何以利吾身고 하리니 上下交征利면 而國이 危矣리이다 萬乘之國에 弑其君者는 必千乘之家요 千乘之國에 弑其君者는 必百乘之家니 萬取千焉하며 千取百焉이 不爲不多矣언마는 苟爲後義而先利면 不奪不饜이니이다

이것은 이익을 추구하는 해악을 말씀하여 윗글의 "하필 이익을 말씀하십니까?"의 의미를 밝힌 것이다. '정'은 취한다는 뜻이니, 윗사람은 아랫사람에게서 취하고 아랫사람은 윗사람에게서 취하는 것이다. 그러므로 '교정'이라고 말한 것이다. '국위'는 장차 시해하고 찬탈하는 재앙이 있을 것이라는 말이다. '승'은 수레의 숫자를 세는 단위다. '만승지국'이란 천자의 기내 땅 사방 천 리에서 수레 만 대를 낼 수 있는 것이요, '천승지가'란 천자의 공경(公卿)으로 채지(采地) 사방 백 리에서 수레 천 대를 낼 수 있는 것이다. 천승지국은 제후의 나라요, 백승지가는 제후의 대부를 말한다. '시'는 아랫사람이 윗사람을 죽이는 것이다. '염'은 만족하는 것이다. 신하가 임금에 대해서 매번 10분의 1을 취한 것도 이미 많은데, 만약 또 의(義)를 뒤로 하고 이익을 먼저 한다면 자기의 군주를 시해하여 모두 빼앗지 않고서는 마음에 들 만큼 만족스럽게 여기지 않는다는 것을 말한 것이다.

此는 言求利之害하여 以明上文何必曰利之意也라. 征은 取也니 上取乎下고 下取乎上이라. 故로 曰交征이라. 國危는 謂將有弑奪之禍라. 乘은 車數也라. 萬乘之國者는 天子畿內地方千里에 出車萬乘이요 千乘之家者는 天子之公卿采地方百里에 出車千乘也라. 千乘之國은 諸侯之國이요 百乘之家는 諸侯之大夫也라. 弑는 下弑上也라. 饜은 足也라. 言臣之於君에 每十分而取其一分하니 亦已多矣로되 若又以義爲後而以利爲先이면 則不弑其君而盡奪之하여는 其心에 未肯以爲足也니라.

1-1-5. 사람됨이 어질면서 자신의 부모를 버리는 자가 없으며, 사람됨이 의로우면서 그의 임금을 뒤로 하는 자는 없습니다.

未有仁而遺其親者也며 未有義而後其君者也니이다.

이것은 인의가 일찍이 이롭지 않음이 없음을 말씀함으로써 윗글의 "또한 인과 의가 있을 뿐입니다"라고 말한 뜻을 밝힌 것이다. '유'는 버린다는 뜻과 같고, '후'는 급하게 하지 않는다는 것이다. 어진 사람은 반드시 자기 부모를 사랑하고, 의로운 사람은 반드시 자기 임금을 중요하게 여긴다. 그러므로 임금이 인의를 몸소 실천하고 이익을 추구하는 마음이 없다면 아랫사람들이 교화되어 스스로 군주를 친하게 여기고 떠받드는 것을 말한 것이다.

此는 言仁義未嘗不利하여 以明上文亦有仁義而已之意也라. 遺는 猶棄也요 後는 不急也라. 言仁者는 必愛其親하고 義者는 必急其君이라 故로 人君이 躬行仁義而無救利之心이면 則其下化之하여 自親戴於己也니라.

1-1-6. 왕께서는 오직 인과 의를 말씀하실 뿐이지, 하필 이익에 대해서 말씀하십니까?"
王은 亦曰仁義而已矣시니 何必曰利잇고.

거듭 말하여 윗글 두 구절의 의미를 결론지은 것이다. ○ 이 장은 인의(仁義)는 인심(人心)의 고유함에 근원하였기에 천리의 공변됨이요, 이익을 추구하는 마음은 사물과 내가 서로 형태를 가지면서 생겨나는 것이기에 인욕의 사사로움이다. 천리를 따르면 이익을 추구하지 않아도 저절로 이롭지 않음이 없고, 인욕을 따르면 이익을 추구하여도 얻지 못하고 해악만이 따를 것이라고 말씀하신 것이니, 이른바 '털끝만한 차이가 천 리나 어그러진다'는 것이다. 이것은 『맹자』라는 책이 실마리를 만들고 시원을 의탁하는 깊은 뜻이니 학자들이 마땅히 정밀하게 살피고 분명하게 분별하여야 할 것이다. ○태사공이 말하기를 "나는 『맹자』를 읽다가 양혜왕이 '무엇으로 우리나라를 이롭게 하시겠습니까?'라고 물은 곳에 이르러서는 일찍이 책을 덮고 탄식하지 않을 수 없었다. 아! 이익은 진실로 혼란의 시초다. 부자께서 이익을 드물게 말씀하신 것은 항상 근원을 막은 것이다. 그러므로 '이익에 따라 행동하면 원망이 많다'라고 하셨으니 천자에서부터 서인에 이르기까지 이익을 좋아하는 폐단이 어찌 다르겠는가?"라고 하였다. 정자가 말하기를, "군자가 일찍이 이롭고자 하지 않은 것은 아니지만, 오로지 이익을 마음으로 삼으면 해로움이 있을 것이요, 오직 인의는 이익을 추구하지 않아도 일찍이 이롭지 않음이 없다. 이 당시에 천하의 사람들이 오직 이익만을 추구하고 다시 인의가 있다는 것을 알지 못하였다. 그러므로 맹자께서 인의를 말씀하시고 이익을 말씀하지 않았는데, 이것은 발본색원하여 폐단을 구제하는 것이니, 이것이 바로 성현의 마음이다"라고 하였다.

重言之하여 以結上文兩節之意하시니라. ○此章은 言仁義는 根於人心之固有하니 天理之公也요 利心은 生於物我之相形하니 人欲之私也라. 循天理면 則不求利而自無不利하고 循人欲이면 則求利未得而害己隨之하나니 所謂毫釐之差千里之繆라. 此는 孟子之書 所以造端託始之深意니 學者所宜精察而明辨也니라. ○太史公曰 余讀孟子書라가 至梁惠王問何以利吾國하여는 未嘗不廢書而歎也라. 曰嗟乎라 利는 誠亂之始也라. 夫子罕言利는 常防其源也라. 故로 曰 放於利而行이면 多怨이라 하시니 自天子로 以至於庶人히 好利之弊 何以異哉리오. 程子曰 君子未嘗不欲利언마는 但專

以利爲心이면 則有害요 惟仁義則不求利而未嘗不利也라. 當是之時하여 天下之人이 惟利是求하고 而不復知有仁義라. 故로 孟子言仁義而不言利하시니 所以拔本塞源而救其弊시니 此는 聖賢之心也시니라.

1-2-1. 맹자께서 양혜왕을 만나보셨는데, 왕이 연못가에 서 있다가 크고 작은 기러기와 사슴들을 돌아보며, "어진 사람도 또한 이런 것을 즐깁니까?"라고 말하였다
孟子見梁惠王하신대 王立於沼上이러니 顧鴻雁麋鹿日 賢者도 亦樂此乎잇가.

'소'는 연못이다. '홍'은 큰기러기를 말한다. '미'는 큰사슴을 말한다.
沼는 池也라. 鴻은 鴈之大者요 麋는 鹿之大者라.

1-2-2. 맹자께서 대답하셨다. "어진 사람이 된 뒤에 이런 것을 즐기는 것이니 어질지 못한 사람은 비록 이런 것들이 있어도 즐기지 못합니다.
孟子對日 賢者而後에 樂此니 不賢者는 雖有此나 不樂也니이다.

이것은 1장의 큰 요지다.
此는 一章之大指라.

1-2-3. 『시경』에 이르기를 '영대를 지으려고 터를 측량하기 시작하여 그 둘레에 표시를 하였네. 백성들이 그것을 건축하여 며칠 안 가서 이루어 놓았네. 역사를 서두를 것 없다고 했으나 백성들이 자식처럼 모여왔네. 왕이 영유에 있으면 암사슴은 엎드려 있네. 암사슴은 윤기가 흐르고, 백조

는 희고 희네. 왕이 영소에 있으면 물고기가 가득히 뛰어 놀고 있네'라고
하였으니, 문왕이 백성의 힘으로 대와 연못을 만들었으나 백성들이 그
일을 즐거워하여 그 대를 일러 영대라 하고, 그 연못을 일러 영소라 하
여 사슴과 물고기가 있는 것을 즐기니, 옛 사람은 백성과 함께 즐겼기
때문에 능히 즐길 수 있었던 것입니다.

詩云 經始靈臺_{하야} 經之營之_{하니} 庶民攻之_라. 不日成之_{로다}. 經始勿亟_하
나 庶民子來_{로다}. 王在靈囿_{하니} 麀鹿攸伏_{이로다}. 麀鹿濯濯_{이어늘} 白鳥鶴鶴_이
_{로다}. 王在靈沼_{하니} 於牣魚躍_{이라} 하니 文王_이 以民力爲臺爲沼_{하나} 而民歡
樂之_{하야} 謂其臺曰靈臺_라 _{하고} 謂其沼曰靈沼_라 _{하야} 樂其有麋鹿魚鼈_{하니}
古之人_이 與民偕樂 故_로 能樂也_{니이다}.

이것은 『시경』을 인용하고 해석하여 '어진 사람이 된 뒤에 이런 것을 즐
긴다'는 의미를 밝힌 것이다. '시(詩)'는 『시경』 「대아·영대」편이다.
'경(經)'은 헤아리는 것이다. '영대'는 문왕의 대 이름이다. '영(營)'은 도
모하는 것이다. '공(攻)'은 다스리는 것이다. '불일(不日)'은 하루가 끝나
지 않은 것이다. '극(亟)'은 빠르다는 뜻이니 문왕이 빨리 하지 말라고 경
계하여 말한 것이다. '자래(子來)'는 마치 자식이 와서 부모의 일을 따르
는 것과 같다. 영유와 영소는 대(臺) 아래에 동산이 있고, 동산 아래에
연못이 있는 것이다. '우(麀)'는 암사슴이다. '복(伏)'은 있는 곳을 편안하
게 여겨 놀라 움직이지 않는 것이다. '탁탁(濯濯)'은 살지고 윤택한 모양
이요, '학학(鶴鶴)'은 하얀 모양이다. '오(於)'는 탄미사다. '인(牣)'은 가
득 차는 것이다. 맹자께서는 문왕이 비록 백성의 힘을 사용하였으나 백
성들은 도리어 그것을 즐거워하여 이미 아름다운 이름을 더해주고, 또

문왕이 소유한 것을 즐거워하였으니 문왕이 백성을 사랑할 수 있었기 때문에 백성들도 문왕의 즐거움을 좋아하고 문왕 또한 그 즐거움을 누릴 수 있었던 것이라고 말씀하신 것이다.

此는 引詩而釋之하여 以明賢者而後樂此之意라. 詩는 大雅靈臺之篇이라. 經은 量度也라. 靈臺는 文王臺名也라. 營은 謀爲也라. 攻은 治也라. 不日은 不終日也라. 亟은 速也니 言文王戒以勿亟也라. 子來는 如子來趨父事也라. 靈囿靈沼는 臺下有囿하고 囿中有沼也라. 麀는 牝鹿也라. 伏은 安其所하여 不驚動也라. 濯濯은 肥澤貌요 鶴鶴은 潔白貌라. 於는 歎美辭라. 牣은 滿也라. 孟子言 文王이 雖用民力이나 而民反歡樂之하여 旣加以美名하고 而又樂其所有하니 蓋由文王能愛其民이라. 故로 民樂其樂하여 而文王亦得以享其樂也니라.

1-2-4. 『서경』「탕서」편에 이르기를, '이 태양은 언제 없어질 것인가? 내가 너와 함께 죽으리라' 하였으니, 백성들이 함께 죽고자 한다면 비록 대와 연못과 짐승들이 있다 한들 어찌 혼자 즐길 수 있겠습니까?"

湯誓에 曰 時日害喪고 予及女로 偕亡이라 하니 民欲與之偕亡이면 雖有臺池鳥獸나 豈能獨樂哉리잇고.

이것은 시를 인용하고 해석하여 '어질지 못한 사람은 비록 이런 것들이 있어도 즐기지 못한다'는 의미를 밝힌 것이다. '탕서(湯書)'는 『서경』 『상서(商書)』의 편명이다. '시(時)'는 이것이라는 뜻이다. '일(日)'은 하나라 걸 왕을 가리킨다. '갈(害)'은 어찌라는 뜻이다. 걸 왕이 일찍이 스스로 "내가 천하를 소유한 것은 마치 하늘에 태양이 있는 것과 같으니 이 해가 없어져야 나도 죽을 것이다"라고 하였으니, 백성들이 그의 포악함을 미워했다. 그렇기 때문에 걸 왕이 스스로 말한 것을 가지고 지목하여 "이 해가 언제 없어질 것인가? 만약 없어진다면 내가 차라리 그와 더불어 같이 망하겠다"라고 말한 것이니, 걸 왕이 망하기를 바라는 마음이 심한 것이다. 맹자께서 이것을 인용하여 '임금이 혼자서 즐기고 백성들을 구휼하지 않으면 백성들이 그를 원망하여 그 즐거움을 보전할 수 없다'는 것을 밝힌 것이다.

此는 引詩而釋之하여 以明不賢者雖有此不樂之意也라. 湯書는 商書篇名이라. 時는 是也라. 日은 指夏桀이라. 害는 何也라. 桀嘗自言 吾有天下는 如天之有日하니 日亡이라야 吾乃亡이라 하니 民怨其虐이라. 故로 因其自言하여 而目之曰 此日은 何時亡乎아. 若亡則我寧與之俱亡이라 하니 蓋欲其亡之甚也라. 孟子引此하여 以明君獨樂而不恤其民이면 則民怨之하여 而不能保其樂也니라.

1-3-1. 양혜왕이 말했다. "과인은 나라를 다스리는 데 마음을 다하고 있습니다. 하내 지역에 흉년이 들면 그 백성들을 하동으로 옮기고 그 곡식을 하내로 옮기며, 하동에 흉년이 들어도 역시 그렇게 합니다. 그런데 이웃 나라의 정치를 살펴보면 과인이 마음 쓰는 것처럼 하는 사람이 없는데도 이웃 나라의 백성이 줄어들지 않고 과인의 백성이 늘어나지 않는 것은 무슨 까닭입니까?"

梁惠王曰 寡人之於國也에 盡心焉耳矣로니 何內凶 則移其民於河東하며 移其粟於河內하고 河東이 凶커든 亦然하노니 察隣國之政한댄 無如寡人之用心者로되 隣國之民이 不加少하며 寡人之民이 不加多는 何也잇고.

'과인'은 제후가 스스로를 칭하는 것이니 덕이 부족한 사람을 말한다. '하내·하동'은 모두 위나라 땅이다. '흉(凶)'은 그 해에 곡식이 익지 않은 것이다. 백성을 옮겨서 먹을 수 있게 해주고, 곡식을 옮겨서 늙거나 어린 사람들이 옮겨갈 수 없는 것을 도와준 것이다.

寡人은 諸侯自稱이니 言寡德之人也라. 河內河東은 皆魏地라. 凶은 歲不熟也라. 移民以就食하고 移粟以給其老稚之不能移者라.

1-3-2. 맹자께서 대답하여 말씀하셨다. "왕께서 전쟁을 좋아하시니 전쟁에 비유해서 말씀드리고자 합니다. 둥둥둥 북을 울려 병사들의 칼날이 이미 맞부딪쳐 싸움을 하다 갑옷을 버리고 병기를 질질 끌며 달아나되, 어떤 사람은 백 보를 달아난 뒤에 멈추고, 어떤 사람은 오십 보를 달아난 뒤에 멈추어서 오십 보를 달아난 사람이 백 보 달아난 사람을 비웃는다면 어떻겠습니까?" 왕이 말했다. "안 될 말이지요. 다만 백 보가 아닐 뿐이지 이 역시 달아난 것입니다." 맹자께서 말씀하셨다. "왕께서 이러한 것을 아신다면 백성들이 이웃 나라보다 많아지기를 바라지 마십시오.

孟子對曰 王이 好戰하실새 請而戰喩하리이다. 塡然鼓之하야 兵刃旣接이어든 棄甲曳兵而走하되 或百步而後에 止하며 或五十步而後에 止하야 以五十步로 笑百步則何如하니잇고. 曰 不可하니 直不百步耳언정 是亦走也니이다. 曰 王如知此則無望民之多於隣國也하소서.

'전(塡)'은 북소리인데, 군사는 북을 치면 전진하고 쇠소리에 따라서 후퇴한다. '직(直)'은 단지라는 뜻과 같다. 이것을 말씀하여 이웃나라는 백성들을 동정하지 않는데, 양혜왕은 작은 은혜를 베풀고 있음을 비유한 것이다. 그러나 모두 왕도를 행하여 백성을 기르는 것이 아니므로 이것을 가지고 저것을 비웃어서는 안 되는 것이다. 양 씨가 말했다. "백성을 옮기고 곡식을 옮기는 것은 황폐해진 정사에서 없앨 수 없는 것이다. 그러나 선왕의 도리를 행하지 않고 한갓 이것을 가지고 마음을 다했다고 여긴다면 안 되는 것이다."

塡은 鼓音也니 兵은 以鼓進하고 以金退라. 直은 猶但也라. 言此하여 以譬隣國不恤其民하고 惠王能行小惠나 然이나 皆不能行王道하여 以養其民하니 不可以此而笑彼也라. 楊氏曰 移民移粟은 荒政之所不廢也라. 然이나 不能行先王之道하고 而徒以是爲盡心焉이면 則末矣니라.

1-3-3. 농사짓는 시기를 잃지 않으면 곡식을 다 먹을 수 없을 것이요, 촘촘한 그물을 웅덩이와 연못에 넣지 않으면 물고기와 자라를 다 먹을 수 없을 것이며, 도끼를 때에 맞게 산림에 들이면 재목을 다 쓸 수 없을 것이니, 곡식과 고기를 다 먹을 수 없고, 재목을 다 쓸 수 없을 만큼 많으면 이것은 백성들로 하여금 살아있는 사람을 봉양하고 죽은 사람을 장사지내는 데 유감이 없게 하는 것입니다. 살아있는 사람을 봉양하고 죽은 사람을 장사지내는 데 유감이 없게 하는 것이 왕도의 시작입니다.

不違農時면 穀不可勝食也며 數罟를 不入洿池면 漁鼈을 不可勝食也며 斧斤을 以時入山林이면 材木을 不可勝用也니 穀與漁鼈을 不可勝食하며 材木을 不可勝用이면 是使民養生喪死에 無憾也니 養生喪死에 無憾이 王道之始也니이다.

'농시(農時)는' 봄에 밭을 갈고 여름에 김매고 가을에 거두는 시기를 말하는데, 일을 시킬 때에 이 시기를 잃지 않게 하고 겨울이 되어서 일을 시키는 것이다. '불가승식(不可勝食)'은 많은 것을 말한다. '촉(數)'은 빽빽하다는 뜻이요, '고(罟)'는 그물이다. '오(洿)'는 움푹 패인 곳이니 물이 모이는 곳이다. 옛날에는 그물을 만들 때 반드시 네 마디의 눈을 썼기 때문에 고기가 한 자가 되지 않으면 시장에 팔 수가 없고 사람들이 먹을 수 없었던 것이다. 산림과 천택을 백성들과 함께 사용하되 엄하게 금지하는 것이 있어 초목이 모두 시든 뒤에 자귀와 도끼를 가지고 산에 들어가게 하였으니, 이것은 모두 통치를 하는 초기에 법제가 미비했기 때문에 천지자연의 이로움으로 인하여 절제하고 사랑하는 일이다. 그러나 먹고 마시는 일이나 거처하는 집은 산 사람을 봉양하기 위한 것이요, 제사와 관곽은 죽은 사람을 보내기 위한 것이니, 모두 백성들이 시급하게 여기는 것으로서 없앨 수는 없는 것이다. 오늘날 모두가 그것을 할 수 있다면 사람들이 한스럽게 여기는 것이 없게 될 것이다. 왕도는 백성의 마음을 얻는 것을 근본으로 삼는다. 그러므로 이것을 왕도의 시작으로 삼은 것이다.

農時는 謂春耕夏耘秋收之時니 凡有興作에 不違此時하고 至冬乃役之也라. 不可勝食은 言多也라. 數은 密也요 罟는 網也라. 洿는 窊下之地니 水所聚也라. 古者에 網罟를 必用四寸之目하여 魚不滿尺이면 市不得鬻하고 人不得食이라. 山林川澤을 與民共之로되 而有厲禁하여 草木零落然後에 斧斤入焉하니 此皆爲治之初에 法制未備하여 且因天地自然之利而撙節愛養之事也라. 然이나 飮食宮室은 所以養生이요 祭祀棺槨은 所以送死니 皆民所急而不可無者어늘 今皆有以資之면 則人無所恨矣라. 王道는 以得民心爲本이라. 故로 以此爲王道之始라.

1-3-4. 다섯 이랑의 텃밭에 뽕나무를 심으면 오십 먹은 사람이 비단 옷을 입을 수 있을 것이며, 닭과 돼지와 개를 기르되 번식하는 시기를 잃지 않으면 칠십 먹은 노인이 고기를 먹을 수 있을 것이며, 백 이랑의 밭에 농사지을 시기를 빼앗지 않으면 여러 식구가 굶주리지 않을 것이며, 학교의 가르침을 근엄하게 하고 효성과 공경의 뜻으로 가르치면 반백이 된 노인이 길에서 짐을 지는 일이 없을 것이니, 칠십 먹은 노인이 비단 옷을 입고 고기를 먹으며, 백성들이 굶지 않고 추위에 떨지 않으면서도 왕 노릇을 하지 못하는 사람은 없습니다.

五畝之宅에 樹之以桑이면 五十者 可以衣帛矣며 鷄豚狗彘之畜을 無失其時면 七十者 可以食肉矣며 百畝之田을 勿奪其時면 數口之家 可以無飢矣며 謹庠序之敎하여 申之以孝悌之義면 頒白者不負戴於道路矣리니 七十者衣帛食肉하며 黎民이 不飢不寒이오 然而不王者未之有也니이다.

'오무지택(五畝之宅)'은 한 가장이 받는 것으로, 2무 반은 밭에 있고 2무 반은 읍에 있다. 밭 가운데 나무를 심을 수 없는 것은 오곡을 방해할까 두려워하기 때문이다. 그러므로 담장 아래에 뽕나무를 심어 누에를 기르는 일에 공급하는 것이다. 50이 되면 비로소 몸이 쇠약해져 비단이 아니면 따뜻하지 않으니 아직 50세가 되지 않은 사람은 입을 수 없다. '휵(畜)'은 기른다는 뜻이다. '시(時)'는 새끼를 기르는 때를 말하는데, 맹춘에는 희생으로 암컷을 사용하지 말라는 부류와 같은 것이다. 70세에는 고기가 아니면 배가 부르지 않으므로 70세가 되지 않은 사람은 먹을 수 없다. '백무지전(百畝之田)'은 또한 한 가장이 받는 것인데, 이에 이르면 경계가 바르게 되고 정지(井地)가 균등해져서 토지를 받지 못하는 집이 없게 될 것이다. '상서(庠序)'는 모두 학교의 명칭이다. '신(申)'은 거듭한다는 뜻이니 경계하고 반복한다는 뜻이다. 부모를 잘 섬기는 것을 효(孝)라고 하고, 형과 어른을 잘 섬기는 것을 제(悌)라고 한다. '반(頒)'은 반(班)과 같으니 노인의 머리가 반은 희고 반은 까만 것을 말한다. '부(負)'는 보따리가 등에 있는 것이요, '대(戴)'는 보따리가 머리에 있는 것이다. 백성은 의식이 풍족하지 않으면 예의를 차릴 겨를이 없고, 배부르고 따뜻한데 가르치지 않으면 금수와 가깝게 될 것이다. 그러므로 이미 부유하게 해주고 효제를 가르치면 사람들이 부모를 사랑하고 어른을 공경할 줄 알아서 수고로움을 대신하게 되므로 노인들이 길에서 짐을 지거나 (머리에) 이는 일이 없을 것이다. 비단 옷을 입고 고기를 먹는 것에다만 70세를 말한 것은 중요한 것을 들어서 가벼운 것을 드러내 보인 것이다. '여(黎)'는 검다는 뜻이다. '여민(黎民)'은 머리가 검은 사람이니 진나라 때의 '검수(黔首)'라고 말한 것과 같다. 젊고 건장한 사람들은 비록 비단옷을 입거나 고기를 먹을 수 없더라도 또한 굶주리거나 추운데 이르게 하지 않는 것이다. 이것은 법제와 품절의 상세함을 다하고, 시나침을 억제하고 부족한 것을 돕는 도를 극진하게 해서 백성을 인도하는 것이니, 이것이 바로 왕도의 완성이다.

五畝之宅은 一夫所受니 二畝半은 在田하고 二畝半은 在邑이라. 田中에 不得有木은 恐妨五穀이라. 故로 於墻下植桑하여 以供蠶事라. 五十始衰하여 非帛不煖이니 未五十者는 不得衣也라. 畜은 養矣라. 時는 謂孕字之時니 如孟春犧牲毋用牝之類라. 七十엔 非肉不飽니 未七十者는 不得食也라. 百畝之田은 亦一夫所受니 至此則經界正하고 井地均하여 無不受田之家矣라. 庠序는 皆學名也라. 申은 重也니 丁寧反覆之義라. 善事夫母爲

孝요 善事兄長爲悌라. 頒은 與班同이니 老人頭半白黑者也라. 負는 任在背요 戴는 任在首라. 夫民이 衣食不足이면 則不暇治禮義요 而飽煖無敎면 則又近於禽獸라. 故로 旣富而敎以孝悌면 則人知愛親敬長而代其勞하여 不使之負戴於道路矣라. 衣帛食肉을 但言七十은 擧重以見輕也라. 黎는 黑也라. 黎民은 黑髮之人이니 猶秦言黔首也라. 少壯之人은 雖不得衣帛食肉이나 然이나 亦不至於飢寒也라. 此는 言盡法制品節之詳하고 極財成輔相之道하여 以左右民이니 是는 王道之成也니라.

1-3-5. 개와 돼지가 사람이 먹을 음식을 먹어도 거둬들일 줄도 모르며, 길에 굶어 죽은 시체가 있어도 창고의 곡식을 풀어 먹일 줄 모르고, 사람이 죽으면 '내 잘못이 아니라 흉년이 들어서 그런 것이다'라고 한다면, 이것이 어찌 사람을 칼로 찔러 죽이고도 '내가 그런 것이 아니다. 무기가 그런 것이다'라고 말하는 것과 다르겠습니까. 왕께서 흉년을 탓하지 않는다면 이에 천하의 백성들이 모여들 것입니다."

狗彘食人食而不知檢하며 塗有餓莩而不知發하고 人死則曰 非我也라 歲也라 하나니 是何異於刺人而殺之曰 非我也라 兵也리오. 王無罪歲하시면 斯天下之民이 至焉하리이다.

'검(檢)'은 제재하는 것이다. '표(莩)'는 굶어 죽은 사람이다. '발(發)'은 창고를 열어서 백성을 구휼하고 대여해 주는 것이다. '세(歲)'는 한 해의 풍흉(豊凶)을 말한다. 혜왕은 백성의 산업을 제정해 주지 못하고 또 개와 돼지로 하여금 사람들이 먹을 것을 먹게 하였으니 선왕이 제도를 만들고 등차를 세운 뜻과 다른 것이다. 백성들이 굶어 죽어도 창고를 열

줄을 몰랐으니 그가 옮겨간 것은 다만 민간의 곡식일 뿐이다. 그런데도 백성들이 늘어나지 않는 것을 흉년의 탓으로 죄를 돌렸으니, 이것은 칼이 사람을 죽인 것만 알고 칼을 잡은 사람이 사람을 죽이는 것은 알지 못한 것이다. 흉년을 탓하지 않으면 반드시 스스로 반성하여 더욱 정사를 힘써서 천하의 백성들이 이르게 될 것이니, 다만 이웃나라보다 많아지는 데만 그칠 뿐이 아닐 것이다. ○정자가 말하기를 "맹자께서 왕도를 논한 것이 이와 같은 데 지나지 않았으니 진실하다고 말할 수 있을 것이다"라고 하였다. 또 말하기를 "공자 시기에는 주나라 왕실이 비록 미약하였지만 세상은 여전히 주나라를 높이는 것이 의(義)가 된다는 것을 알고 있었다. 그러므로 『춘추』에는 존주(尊周)를 근본으로 삼았지만, 맹자 때에 이르러서는 전국칠웅이 다투어 천하에는 다시 주나라가 있음을 알지 못하고 백성들이 도탄에 빠진 것이 매우 심하였으니, 이때를 맞이하여 제후가 왕도를 행할 수 있으면 왕 노릇을 할 수 있을 것이다. 이것이 맹자께서 제나라와 양나라의 군주에게 권고하신 까닭이다. 왕자(王者)란 천하의 의로운 군주이니 성현이 또한 무슨 마음을 가졌겠는가? 천명이 바뀌었는가 바뀌지 않았는가를 보신 것이다.

檢은 制也라. 莩는 餓死人也라. 發은 發倉廩以賑貸也라. 歲는 謂歲之豊凶也라. 惠王이 不能制民之産하고 又使狗彘得以食人之食하니 則先王制度品節之意로 異矣라. 至於民飢而死로되 猶不知發하니 則其所移는 特民間之粟而已어늘 乃以民不加多로 歸罪於歲凶하니 是知刀之殺人이요 而不知操刀者之殺人也라. 不罪歲면 則必能自反而益修其政하여 天下之民이 至焉이니 則不但多於隣國而已니라. ○程子曰 孟子之論王道 不過如此하시니 可謂實矣로다. 又曰 孔子之時에 周室雖微나 天下猶知尊周之爲義

라. 故로 春秋엔 以尊周爲本하고 至孟子時하여는 七國爭雄하여 天下不復知
有周하고 而生民之塗炭이 已極하니 當是時하여 諸侯能行王道면 則可以王
矣니 此는 孟子所以勸齊梁之君也라. 蓋王者는 天下之義主也니 聖賢亦
何心哉시리오. 視天命之改與未改耳시니라.

1-4-1. 양혜왕이 말했다. "과인이 편안하게 가르침을 받고자 합니다."
梁惠王曰 寡人이 願安承敎하나이다.

위의 장을 이어서 마음을 편안하게 하여 가르침을 받기를 원한다고 말한
것이다.
承上章하여 言願安意以受敎라.

1-4-2. 맹자께서 대답하여 말씀하셨다. "사람을 죽이는 데 몽둥이로 하는
것과 칼로 하는 것이 다름이 있습니까?" 왕이 말했다. "다름이 없습니
다."
孟子對曰 殺人以梃與刃이 有以異乎잇가. 曰 無以異也니이다.

정(梃)은 몽둥이를 말한다.
梃은 杖也라.

1-4-3. 맹자께서 말씀하셨다. "칼로 사람을 죽이는 것과 정치를 잘못하여
죽이는 것과 다름이 있습니까?" 왕이 말했다. "다름이 없습니다."
以刃與政이 有以異乎잇가. 曰 無以異也니이다.

맹자께서 다시 질문하자 양혜왕이 답한 것이다.
孟子又問에 而王答也라.

1-4-4. 맹자께서 말씀하셨다. "주방에 살찐 고기가 있고, 마굿간에 살찐 말이 있는데 백성들은 얼굴에 굶주린 기색이 있으며, 들판에는 굶어 죽은 시체가 있으면 이것은 짐승들을 끌어다 사람을 잡아먹게 하는 것입니다.
曰 庖有肥肉하며 廐有肥馬오 民有飢色하며 野有餓莩면 此率獸而食人也니이다.

백성들에게 세금을 많이 거두어 금수를 기르고 백성들은 굶주려 죽게 한다면, 짐승들을 몰아다가 사람을 잡아먹게 하는 것과 다름없는 것이다.
厚斂於民하여 以養禽獸하고 而使民飢而死면 則無異於驅獸以食人矣라.

1-4-5. 짐승끼리 서로 잡아먹는 것도 또한 사람이 미워하는데, 백성의 부모가 되어 정치를 행하면서 짐승을 끌어다 사람을 잡아먹게 하는 것도 면하게 하지 못하다면 어찌 백성의 부모가 될 수 있겠습니까?
獸相食을 且人이 惡之하나니 爲民父母라 行政하되 不免於率獸而食人이면 惡在其爲民父母也리잇고.

군주란 백성의 부모다. '오재(惡在)'는 '하재(何在)'라는 말과 같다.
君者는 民之父母也라. 惡在는 猶言何在也라.

1-4-6. 중니께서 말씀하시기를, '처음에 나무로 사람 형상을 만들어 사용한

사람은 후손이 없을 것이다'라고 하셨으니, 이것은 사람의 형상을 만들어 사용했기 때문입니다. 그런데 어떻게 백성들로 하여금 굶어 죽게 할 수 있겠습니까?"

仲尼曰 始作俑者 其無後乎_{인저} 하시니 爲其象人而用之也시니 如之何其使斯民 飢而死也_{리잇고}.

'용(俑)'은 장례에 사용하는 나무로 만든 허수아비 사람이다. 옛날에 장사를 치르는 사람은 풀을 묶어 사람을 만들어 상여를 호위하게 하고 추령(芻靈)이라 일컬었는데, 대략 인형과 비슷했을 뿐이다. 중고시대가 되면서 그것을 허수아비로 바꾸었는데, 얼굴과 눈이 움직여서 거의 사람과 흡사하였다. 그러므로 공자께서 어질지 못함을 미워하여 반드시 후손이 없을 것이라고 말씀하신 것이다. 맹자께서 "이 허수아비를 만든 사람은 다만 사람의 형상을 만들어 장례에 사용하였지만 공자께서는 오히려 그것도 싫어하셨는데, 하물며 실제로 백성들을 굶주려 죽게 한단 말입니까?"라고 말씀하신 것이다. ○ 이 씨가 말하기를 "군주 된 사람이 진실로 일찍이 짐승을 끌어다 사람을 잡아먹게 하려는 마음은 없었겠지만, 자기 한 몸의 욕심을 따르고 백성을 구휼하지 않으면 그 폐단이 반드시 여기에 이를 것이다. 그러므로 백성의 부모가 된다고 알려주신 것이다. 부모가 자식에게 대해서는 자식이 이익으로 나아가고 해로움을 피하게 하는 것을 일찍이 잠시라도 마음에서 잊은 적이 없으니 어찌 자식 보기를 개와 말을 보는 것보다 못한 데 이르게 하겠는가?"라고 하였다.

俑_은 從葬木偶人也_라. 古之葬者_는 束草爲人_{하여} 以爲從衛_{하고} 謂之芻靈_{하니} 略似人形而已_{러니} 中古_에 易之以俑_{하니} 則有面目機發_{하여} 而太似人

矣라. 故로 孔子惡其不仁하여 而言其必無後也라. 孟子言 此作俑者는 但 用象人以葬이로되 孔子猶惡之하시니 況實使民飢而死乎아. ○ 李氏曰 爲 人君者 固未嘗有率獸食人之心이나 然이나 徇一己之欲하여 而不恤其民이 면 則其流必至於此라. 故로 以爲民父母告之하시니 夫父母之於子에 爲之 就利避害하여 未嘗頃刻而忘于懷하나니 何至視之不如犬馬乎아.

1-5-1. 양혜왕이 말했다. "진나라가 천하에 막강했던 것은 노인께서도 아시는 바입니다. 과인의 대에 이르러 동쪽으로 제나라에 패하여 큰아들이 죽고, 서쪽으로 진나라에 땅을 7백 리나 잃고, 남쪽으로 초나라에 욕을 보았는데 과인은 이것을 부끄럽게 여기고 있습니다. 원컨대 죽은 자를 위하여 한 번 설욕하고자 하는데 어떻게 하면 좋겠습니까?"

梁惠王曰 晉國이 天下에 莫强焉은 叟之所知也라. 及寡人之身하여 東敗 於齊에 長子死焉하고 西喪地於秦七百里하고 南辱於楚하니 寡人이 恥之하여 願比死者하여 一洒之하노니 如之何則可니잇고.

'위(魏)'는 본래 진(晉)나라 대부 위사(魏斯)가 한 씨·조 씨와 더불어 진(晉)나라 땅을 함께 나누고 부르기를 삼진이라고 하였다. 그러므로 혜 왕이 아직도 스스로를 진국(晉國)이라고 말한 것이다. 혜왕 30년에 제나 라가 위나라를 공격하여 군대를 격파하고 태자 신(申)을 포로로 잡아갔 다. 17년에 진(秦) 나라가 위나라 소량(少梁)을 취하고 그 뒤 위나라는 또한 진나라에게 자주 땅을 바쳤으며, 더욱이 초나라 장수 소양과 싸우 다가 패전하여 일곱 개의 읍을 잃었다. '비(比)'는 '위하다'는 뜻과 같으 니, 죽은 사람을 위하여 치욕을 설욕하고자 한다는 것을 말한다.

魏는 本晉大夫魏斯가 與韓氏趙氏로 共分晉地하여 號曰三晉이라. 故로 惠王猶自謂晉國이라. 惠王 三十年에 齊擊魏하여 破其軍하고 虜太子申하여 十七年에 秦取魏少梁하고 後魏又數獻地於秦하며 又與楚將昭陽戰敗하여 亡其七邑하니라. 比는 猶爲也니 言欲爲死者하여 雪其恥也라.

1-5-2. 맹자께서 대답하셨다. "땅이 사방 백 리만 되어도 왕 노릇은 할 수 있습니다.
孟子對曰 地方百里而可以王이니이다.

'백 리(百里)'는 작은 나라다. 그러나 인정을 행할 수 있다면 천하의 백성들이 거기로 돌아올 것이다.
百里는 小國也라. 然이나 能行仁政이면 則天下之民歸之矣라.

1-5-3. 왕께서 만약 백성에게 어진 정치를 베풀어서 형벌을 줄이고, 세금을 적게 거두며, 깊이 밭을 갈고 충분히 김매게 하고, 장정은 한가한 날 효·제·충·신을 닦아 집안에 들어가서는 부형을 섬기고, 나가서는 어른과 윗사람을 섬기게 한다면 몽둥이로도 진나라와 초나라의 견고한 갑옷과 예리한 병기를 치게 할 수 있습니다.
王如施仁政於民하사 省刑罰하시며 薄稅斂하시면 深耕易耨하고 壯者以暇日로 修其孝悌忠信하여 入以事其父兄하며 出以事其長上하리니 可使制挺하여 以撻秦楚之堅甲利兵矣리이다.

형벌을 줄이고 세금을 적게 거둔다는 이 두 가지는 인정의 큰 조목이다.

'이(易)'는 다스린다는 뜻이요, '누(耨)'는 김매는 것이다. 자기의 마음을 다하는 것을 충(忠)이라고 말하고, 그것을 성실하게 하는 것을 신(信)이라고 한다. 군주가 인정을 행하면 백성들이 농사에 힘을 다하고 또 한가한 날에는 예의를 닦을 수 있게 된다. 이 때문에 군주를 높이고 윗사람을 사랑하여 목숨을 바치는 것을 즐거워하는 것이다.

省刑罰薄稅斂 此二者는 仁政之大目也라. 易는 治也요 耨는 耘也라. 盡己之謂忠이요 以實之謂信이라. 君行仁政이면 卽民得盡力於農畝하고 而又有暇日以修禮義라. 是以로 尊君親上而樂於效死也라.

1-5-4. 저들이 백성들의 때를 빼앗아 밭 갈고 김맬 수 없게 하여 그 부모를 봉양하지 못하게 하면, 부모는 얼고 굶주리며 형제와 처자는 서로 흩어질 것입니다.

彼奪其民時하여 使不得耕耨하여 以養其父母하면 父母凍餓하며 兄弟妻子離散하리니.

'피(彼)'는 적국을 말한다.

彼는 謂敵國也라.

1-5-5. 저들이 백성들을 함정에 빠뜨리거든 왕께서 가서 바르게 하신다면 대저 누가 왕에게 대적하겠습니까?

彼陷溺其民이어든 王이 往而征之하시면 夫誰與王敵이리잇고.

'함(陷)'은 함정에 빠지는 것이요, '익(溺)'은 물에 빠지는 것이니 포학하다는 뜻이다. '정(征)'은 바르다는 뜻이다. 그들이 백성들을 포학하게 하기 때문에 군주를 높이고 윗사람을 사랑하는 우리 백성들을 이끌고 가서 그의 죄를 바로 잡으면, 저 백성들은 바야흐로 자기 윗사람을 원망하고 있어서 나에게 돌아오는 것을 즐거워할 것이니, 누가 나와 더불어 대적하겠는가?

陷은 陷於阱이요 溺은 溺於水니 暴虐之意라. 征은 正也라. 以彼暴虐其民으로 而率吾尊君親上之民하여 往正其罪하면 彼民이 方怨其上하여 而樂歸於我하리니 卽誰與我爲敵哉리오.

1-5-6. 그러므로 '어진 사람은 대적할 사람이 없다'고 하였으니, 왕께서는 의심하지 마십시오."

故로 曰 仁者는 無敵이라 하니 王請勿疑하소서.

'인자무적(仁者無敵)'은 아마 옛말인 것 같다. 백 리라도 왕 노릇 할 수 있다는 것은 이 때문일 뿐이니 왕이 사정에 어둡다고 의심할까 두려웠기 때문에 의심하지 말도록 권면한 것이다. ○공 씨가 말하기를 "양혜왕의 뜻은 원한을 갚는 데 있고, 맹자의 논의는 백성을 구제함에 있으니, 이른바 '오직 하늘의 뜻을 이은 천자만이 정벌할 수 있다'는 것이다. 이것이 맹자의 본의다"라고 하였다.

仁者無敵은 蓋古語也라. 百里可王은 以此而已니 恐王疑其迂闊이라. 故로 勉使勿疑也라. ○孔氏曰 惠王之志는 在於報怨하고 孟子之論은 在於救民하니 所謂惟天吏卽可以伐之니 蓋孟子之本意시니라.

1-6-1. 맹자께서 양나라 양왕을 만나시고.
孟子見梁襄王하시고.

양왕은 혜왕의 아들이니 이름은 혁이다.
襄王은 惠王子니 名赫이라.

1-6-2. 나와서 사람들에게 말씀하셨다. "바라볼 때는 임금 같지 않았고, 나아가서 보아도 두려워할 만한 데가 없더니 갑자기 묻기를, '천하는 어떻게 정해지겠습니까?'라고 하거늘, 내가 대답하기를, '하나로 정해질 것입니다'라고 하였다.
出語人曰 望之不似人君이오 就之而不見所畏焉이러니 卒然問曰 天下는 惡乎定고 하여늘 吾對曰 定于一이라 하니라.

'어(語)'는 알려주는 것이다. '불사인군(不似人君)' '불견소외(不見所畏)'는 위엄이 없는 것을 말한다. '졸연(卒然)'은 급한 모양이다. 용모와 말씨는 덕의 증거인데, 외모가 이와 같다면 그 마음속에 가지고 있는 것을 알 수 있다. 왕이 "열국이 분쟁하고 있으니 천하가 마땅히 어느 곳으로 정해지겠습니까?" 하고 질문하자, 맹자께서 "반드시 한 곳으로 합치된 이후에 정해질 것입니다"라고 대답하신 것이다.
語는 告也라. 不似人君不見所畏는 言其無威儀也니라. 卒然은 急遽之貌라. 蓋容貌辭氣는 乃德之符니 其外如此면 卽其中之所存者를 可知라. 王問列國分爭하니 天下當何所定고 한대 孟子對以必合于一然後定也시니라.

1-6-3. 왕이 '누가 통일하겠습니까?' 하자,
孰能一之오 하여늘,

왕이 질문한 것이다.
王問也라.

1-6-4. 내가, '살인을 좋아하지 않는 사람이 통일할 것입니다'라고 대답했다.
對曰 不嗜殺人者能一之라 하니라.

'기(嗜)'는 달게 여기는 것이다.
嗜는 甘也라.

1-6-5. 왕이 '누가 그에게 돌아가겠습니까?' 하자,
孰能與之오 하여늘,

다시 질문한 것이다. 여(與)는 귀(歸)와 같다.
王復問也라 與는 猶歸也라.

1-6-6. 내가 대답하기를, '천하에 그에게 돌아가지 않을 사람이 없을 것입니다. 왕께서는 초목의 싹에 대해서 아십니까? 7, 8월에 가뭄이 들면 싹이 마르다가 하늘에서 뭉게뭉게 구름이 일어나 쫙쫙 비가 내리면 싹이 쑥쑥 올라옵니다. 이렇게 되면 누가 능히 막겠습니까? 지금 천하의 임금 중에서 살인을 좋아하지 않는 사람이 없으니, 만약 살인을 좋아하지 않는 사

람이 있다면 천하의 백성들이 모두 목을 길게 빼고 그를 갈망할 것입니다. 진실로 이와 같다면 백성이 그에게 돌아가는 것은 마치 물이 아래로 흐르는 것과 같으니 그 흐름을 누가 막을 수 있겠습니까?'라고 하였다."

對曰 天下莫不與也니 王은 知夫苗乎잇가. 七八月之間에 旱則苗槁矣라가 天이 油然作雲하여 沛然下雨 則苗浡然興之矣나니 其如是면 孰能禦之리오. 今夫天下之人牧이 未有不嗜殺人者也니 如有不嗜殺人者 則天下之民이 皆引領而望之矣리니 誠如是也면 民歸之 由水之就下하리니 沛然을 誰能禦之리오 하니라.

주나라의 7, 8월은 하나라의 5, 6월에 해당한다. '유연(油然)'은 구름이 왕성한 모양이요, '패연(沛然)'은 비가 세차게 내리는 모양이다. '발연(浡然)'은 일어나는 모양이다. '어(禦)'는 금지시키는 것이다. '인목(人牧)'은 백성을 기르는 군주를 말한다. 영(領)은 목이다. 삶을 좋아하고 죽음을 싫어하는 것은 사람의 마음에 똑같은 것이다. 그러므로 군주가 살인을 좋아하지 않으면 천하가 기뻐하며 그에게 돌아갈 것이다. ○소 씨가 말하기를 "맹자의 말씀은 구차하게 큰소리만 친 것이 아닐 뿐이다. 그러나 그 뜻을 깊이 찾고 그 실상을 상세하게 연구하지 않으면 사정에 어둡다고 여기지 않는 사람이 없을 것이다. 내가 보건대, 맹자 이래로 한고조로부터 광무와 당태종과 우리 태조황제에 이르기까지 천하를 통일한 사람이 네 군주인데, 모두 살인을 좋아하지 않는 것으로 이룰 수 있었다. 그 나머지는 살인을 더욱 많이 하여 천하가 더욱 혼란해졌으며, 진(秦)나라와 진(晉)나라 및 수(隋)나라는 힘으로는 통합할 수 있었지만 죽이기 좋아하는 것을 멈추지 않았다. 그러므로 혹은 합해졌다가 다시 분리

되고 또는 마침내 나라를 망하게 하였으니 맹자의 말씀이 어찌 우연일
뿐이겠는가?"라고 하였다.

周七八月은 夏五六月也라. 油然은 雲盛貌요 沛然은 雨盛貌요 渤然은 興
起貌라. 禦는 禁止也라. 人牧은 謂牧民之君也라. 領은 頸也라. 蓋好生惡
死는 人心所同이라. 故로 人君不嗜殺人이면 則天下悅而歸之니라. ○蘇氏
曰 孟子之言이 非苟爲大而已라. 然이나 不深原其意而詳究其實이면 未有
不以爲迂者矣라. 予觀孟子以來로 自漢高祖及光武及唐太宗及我太祖
皇帝히 能一天下者 四君이 皆以不嗜殺人致之요. 其餘는 殺人愈多而天
下愈亂하며 秦晉及隋는 力能合之나 而好殺不已라. 故로 或合而復分하고
或遂以亡國하니 孟子之言이 豈偶然而已哉시리오.

1-7-1. 제선왕이 물었다. "제나라 환공과 진나라 문공의 일을 들을 수 있겠
습니까?"

齊宣王이 問曰 齊桓晉文之事를 可得聞乎잇가.

제나라 선왕은 성이 전씨요 이름이 벽강이니 제후의 신분으로 왕이라 참
칭한 것이다. 제환공과 진문공은 모두 제후의 패자들이다.

齊宣王은 姓田氏요 名辟彊이니 諸侯僭稱王也라. 齊桓公晉文公은 皆霸諸
侯者라.

1-7-2. 맹자께서 대답하셨다. "공자의 제자들이 환공과 문공의 일을 말할
자가 없었다. 이 때문에 후세에 전하지 않았으니 신은 듣지 못했습니다.
멈추지 말라고 하시면 왕도에 대해서 말씀드리겠습니다."

孟子對曰 仲尼之徒 無道桓文之事者라 是以로 後世에 無傳焉하니 臣이
未之聞也하니 無以則王乎인저.

'도(道)'는 말하다는 뜻이다. 동자(동중서)가 말하기를, "중니의 문하에서
는 오척 동자도 오패를 부끄러워하였는데 속임수와 힘을 앞세우고 인의
를 뒤로 하였기 때문이다"라고 하였으니 이 역시 그러한 뜻이다. '이(以)'
는 '이(已)'와 통용되는데, '무이(無已)'는 반드시 그것을 말하고자 하여
멈추지 않는 것이다. '왕(王)'은 천하에 왕 노릇 하는 도리를 말한다.
道는 言也라. 董子曰 仲尼之門에 五尺童子 羞稱五伯하니 爲其先詐力而
後仁義也라 하니 亦此意也라. 以는 已通用이니 無已는 必欲言之而不止也
라. 王은 謂王天下之道라.

1-7-3. 왕이 "덕이 어떻게 해야 왕 노릇을 할 수 있습니까?"라고 하자, 맹자
께서 말씀하셨다. "백성을 보호하는 왕이 된다면 능히 막을 사람이 없을
것입니다."
曰 德이 何如則可以王矣리잇고. 曰 保民而王이면 莫之能禦也리이다.

'보(保)'는 사랑하고 보호하는 것이다.
保는 愛護也라.

1-7-4. 왕이 말했다. "과인 같은 사람도 백성을 보호할 수 있겠습니까?" 맹
자께서 말씀하셨다. "할 수 있습니다." 왕이 말했다. "무슨 이유로 내가
할 수 있다는 것을 아십니까?" 맹자께서 말씀하셨다. "신이 호흘한테 들

은 일이 있습니다. 왕께서 당상에 계시는데 소를 끌고 당하로 지나가는
사람이 있어 왕께서 그것을 보시고 '소를 어디로 끌고 가느냐?' 하시니,
대답하기를 '흔종의 의식에 쓰려고 합니다'라고 하였다. 왕께서 말씀하시
기를, '풀어주어라. 나는 차마 그 소가 벌벌 떨며 죄 없이 사지로 가는
것을 볼 수 없구나'라고 하시자, 대답하여 말하기를, '그렇다면 흔종의 의
식을 폐지하라는 말씀입니까?'라고 하였다. 왕께서 말씀하시기를, '어찌
폐지할 수 있겠는가? 양으로 바꾸도록 하라'고 하셨는데, 잘은 모르겠습
니다만 그런 일이 있었습니까?"

曰 若寡人者도 可以保民乎哉잇가. 曰 可하니이다. 曰 何由로 知吾可也잇고.
曰 臣이 聞之胡齕하니 曰 王이 坐於堂上이시어늘 有牽牛而過堂下者러니 王
見之하시고 曰 牛는 何之오. 對曰 將以釁鍾이니이다. 王曰 舍之하라. 吾不忍
其觳觫若無罪而就死地하노라. 對曰 然則廢釁鍾與잇가. 曰 何可廢也리오.
以羊易之라 하시소니 不識게이다 有諸잇가.

'호흘(胡齕)'은 제나라 신하이다. '흔종(釁鍾)'은 새로 종을 주조하여 완
성되면 희생을 잡아 그 피를 받아서 틈에 바르는 것이다. '곡속(觳觫)'은
두려워하는 모양이다. 맹자는 호흘에게 들은 말을 서술하고, 왕에게 과
연 이러한 일이 있었는지 모르겠다고 질문하신 것이다.

胡齕은 齊臣也라. 釁鍾은 新鑄鍾成에 而殺牲取血하여 以塗其釁郤也라.
觳觫은 恐懼貌라. 孟子述所聞胡齕之語而問王하시되 不知果有此事否아하
시니라.

1-7-5. 왕이 말했다. "그런 일이 있었습니다." 맹자께서 말씀하셨다. "이런

마음이면 충분히 왕 노릇을 할 수 있습니다. 백성들은 모두 왕을 인색하다고 하겠지만 신은 진실로 왕께서 차마 볼 수 없어서 그런 줄을 압니다."
曰 有之하니이다. 曰 是心이 足以王矣리이다. 百姓은 皆以王爲愛也어니와 臣은 固知王之不忍也하노이다.

왕은 소가 벌벌 떠는 것을 보고 차마 죽이지 못하였으니, 이것이 이른바 '측은한 마음은 인의 단서다'라고 말하는 것이다. 이것을 확충하면 사해를 보전할 수 있을 것이다. 그러므로 맹자께서 지적하여 말씀하시고는 왕이 이것을 관찰하여 알아서 확충시키고자 한 것이다. '애(愛)'는 아낀다는 뜻과 같다.
王見牛之觳觫而不忍殺하니 卽所謂惻隱之心仁之端也라. 擴而充之면 則可以保四海矣라. 故로 孟子指而言之하여 欲王察識於此而擴充之也시니라. 愛는 猶吝也라.

1-7-6. 왕이 말했다. "그렇습니다. 진실로 그런 말을 하는 백성이 있습니다만 제나라가 비록 작으나 내 어찌 한 마리의 소를 아끼겠습니까? 그 소가 벌벌 떨며 죄 없이 사지로 끌려가는 것을 차마 볼 수 없어서 양으로 바꾸도록 한 것입니다."
王曰 然하다. 誠有百姓者로다마는 齊國이 雖褊小나 吾何愛一牛리오. 卽不忍其觳觫若無罪而就死地라. 故로 以羊易之也하니이다.

양을 가지고 소와 바꾼 것은 그 자취가 인색한 것 같아서 실제로 백성들이 원망하겠지만, 내 마음은 이와 같지 않다고 말씀하신 것이다.

言以羊易牛는 其迹似吝하여 實有如百姓所譏者라 然이라 我之心은 不如是也라.

1-7-7. 맹자께서 말씀하셨다. "왕께서는 백성들이 왕을 인색하다고 여기는 것을 이상하게 생각하지 마십시오. 작은 것을 가지고 큰 것과 바꾸었으니 그들이 어찌 참 뜻을 알겠습니까? 왕께서 만일 소가 죄 없이 사지로 가는 것을 불쌍히 여겼다면 소와 양을 어찌 구별했겠습니까?" 왕이 웃으면서 말했다. "그것은 정말 무슨 마음입니까? 나는 재물을 아끼려고 한 것은 아니지만 소를 양으로 바꾸도록 하였으니 백성들이 나를 인색하다고 말한 것은 마땅합니다."

曰 王은 無異於百姓之以王爲愛也하소서. 以小易大하니 彼惡知之리잇고. 王若隱其無罪而就死地則牛羊을 何擇焉이리잇고. 王笑曰 是誠何心哉런고. 我非愛其財而易之以羊也언마는 宜乎百姓之謂我愛也로다.

'이(異)'는 괴이한 것이다. '은(隱)'은 아프다는 뜻이다. '택(擇)'은 분별하다는 뜻과 같다. 소와 양이 모두 죄가 없이 죽는 것인데 어떻게 분별하여 양을 소와 바꾼 것이냐고 말씀하신 것이다. 맹자는 일부러 이런 어려운 상황을 가정하여 왕으로 하여금 돌이켜 구하여 본심을 깨닫게 하고자 하신 것인데, 왕은 그렇게 하지 못하였다. 그러므로 마침내 백성들의 말을 스스로 해명할 수 없었던 것이다.

異는 怪也라. 隱은 痛也라. 擇은 猶分也라. 言牛羊皆無罪而死어늘 何所分別而以羊易牛乎아. 孟子故設此難하여 欲王反求而得其本心이러시니 王不

能然이라. 故로 卒無以自解於百姓之言也니라.

1-7-8. 맹자께서 말씀하셨다. "걱정할 것 없습니다. 이것이야말로 인을 행하는 방법이니 소는 보시고 양은 보지 못하셨기 때문입니다. 군자는 금수에 대해서 산 것을 보고는 죽은 것을 차마 보지 못하며, 그 소리를 듣고는 그 고기를 차마 먹지 못합니다. 그렇기 때문에 군자는 푸줏간을 멀리 하는 것입니다."
曰 無傷也라 是乃仁術也니 見牛코 未見羊也일새니이다. 君子之於禽獸也에 見其生하고 不忍見其死하며 聞其聲하고 不忍食其肉하나니 是以로 君子는 遠庖廚也니이다.

'무상(無傷)'은 비록 백성들이 불만스런 말을 할지라도 해가 되지 않는다는 것을 말한 것이다. '술(術)'은 법의 교묘한 것을 말한다. 소를 죽이는 일은 이미 차마할 수 없는 것이지만 흔종의 의식 또한 없앨 수 없으니, 이에 대해서 대처할 방법이 없으면 이 마음이 비록 발생하더라도 마침내 베풀 수 없을 것이다. 그러나 소를 보았기 때문에 이 마음이 이미 발생하여 막을 수 없고, 양은 아직 보지 못했기 때문에 그 이치가 아직 드러나지 않아서 방해되는 것이 없다. 그러므로 양을 가지고 소를 바꾼다면 두 가지가 모두 온전하여 해가 없을 것이니 이것이 바로 인을 실천하는 술법이다. '성(聲)'은 장차 죽으면서 슬프게 우는 것을 말한다. 사람은 금수에 대해서 생명이 있는 것은 같지만 종류는 서로 다르다. 그러므로 예에 맞게 금수를 사용하고, 차마 하지 못하는 마음은 보고 듣는 것이 미치는 것에서 베풀어지는 것이니, 반드시 푸줏간을 멀리 하는 까닭은 또한 미리 이러한 마음을 길러서 인을 행하는 술법을 넓히고자 한 것이다.
無傷은 言雖有百姓之言이나 不爲害也라. 術은 謂法之巧者라. 蓋殺牛는 旣所不忍이요. 釁鍾은 又不可廢니 於此에 無以處之면 則此心雖發이나 而終不得施矣라. 然이나 見牛則此心已發而不可遏이요. 未見羊則其理未形而無所妨이라. 故로 以羊易牛면 則二者得以兩全而無害니 此所以爲仁之術也라. 聲은 謂將死而哀鳴也라. 蓋人之於禽獸에 同生而異類라. 故로 用之以禮하고 而不忍之心이 施於見聞之所及이니 其所以必遠庖廚者는 亦以預養是心而廣爲仁之術也니라.

1-7-9. 왕이 기뻐하며 말했다. "『시경』에 '다른 사람의 마음을 내가 헤아려 안다'고 하였는데, 이 말은 바로 선생을 두고 한 말입니다. 내가 그것을 행하고 돌이켜 생각해 보아도 내 마음을 알 수 없었는데 선생께서 말씀하시니 내 마음에 느낌이 있습니다. 이 마음이 왕 노릇 하는 데 합당한 까닭은 무엇입니까?"
王說曰 詩云 他人有心을 予忖度之라 하니 夫子之謂也로소이다. 夫我乃行之하고 反以求之하나 不得吾心이러니 夫子言之하시니 於我心에 有戚戚焉하여이다. 此心之所以合於王者는 何也잇고.

시는 『시경』「소아·교언」편이다. '척척(戚戚)'은 마음이 움직이는 모양이다. 왕은 맹자의 말로 인하여 전날의 마음이 다시 싹터서 이러한 마음이 밖으로부터 얻어지는 것이 아님을 알았다. 그러나 여전히 근본을 돌이켜서 그것을 미루어 갈 줄은 알지 못했다.
詩는 小雅巧言之篇이라. 戚戚은 心動貌라. 王因孟子之言하여 而前日之心

復萌하여 乃知此心不從外得이라. 然이나 猶未知所以反其本而推之也라.

1-7-10. 맹자께서 말씀하셨다. "어떤 사람이 왕에게 말하기를 내 힘은 백 균(鈞)을 들기에 충분하지만 새털 하나를 들기에는 부족하고, 시력은 가는 터럭이라도 살필 수 있으나 수레에 가득 실은 땔나무는 보이지 않는다고 한다면 왕께서는 인정하시겠습니까?" 왕이 대답하였다. "아닙니다." 맹자께서 말씀하셨다. "지금 은혜가 족히 금수에게 미치면서도 공이 백성에게 이르지 않는 것은 유독 무엇 때문입니까? 그러므로 새털 하나가 들리지 않는 것은 힘을 사용하지 않기 때문이요, 수레에 가득 찬 땔나무가 보이지 않는 것은 밝은 시력을 사용하지 않기 때문이요, 백성들이 보호받지 못하는 것은 은혜를 베풀지 않기 때문입니다. 그러므로 왕께서 왕도를 행하지 않는 것은 하지 않는 것이지 할 수 없는 것은 아닙니다."
曰 有復於王者曰 吾力足以擧百鈞而不足以擧一羽하며 明足以察秋毫之末而不見輿薪이라 하면 則王은 許之乎잇가. 曰 否라. 今에 恩足以及禽獸而功不至於百姓者는 獨何與잇고. 然則一羽之不擧는 謂不用力焉이며 輿薪之不見은 爲不用明焉이며 百姓之不見保는 爲不用恩焉이니 故로 王之不王은 不爲也언정 非不能也니이다.

'복(復)'은 아뢰는 것이다. '균(鈞)'은 30근이니 백 균은 너무 무거워 들기 어려운 것이다. '우(羽)'는 새의 털인데, 하나의 깃털은 너무 가벼워 들기 쉬운 것이다. '추호지말(秋毫之末)'은 털이 가을이 되면 끝이 날카롭게 되는 것이니 작아서 보기 어려운 것이다. '여신(輿薪)'은 수레에 풀 섶을 실은 것이니 커서 보기가 쉬운 것이다. '허(許)'는 '가(可)'와 같다. '금은

(今恩)' 이하는 또한 맹자의 말이다. 천지의 생물 중에서 사람이 가장 귀하다. 그러므로 사람이 남과 더불어 서로 동류가 되고 서로 친한 것이다. 이 때문에 측은한 마음이 발생하는 것은 백성에게는 간절한 것이고 사물에게는 느리며, 인술(仁術)을 미루어 넓히는 것은 백성을 사랑하기는 쉽고 사물을 사랑하기는 어렵기 때문이다. 지금 왕의 이 마음이 사물에게 미칠 수 있다면 백성을 보호하고 왕 노릇을 하는 것은 불가능한 것이 아니요, 다만 스스로 기꺼이 하려고 하지 않는 것일 뿐이다.

復은 白也라. 鈞은 三十根이니 百鈞은 至重難擧也라. 羽는 鳥羽이니 一羽는 至輕易擧也라. 秋毫之末은 毛至秋而末銳하니 小而難見也라. 輿薪은 以車載薪이니 大而易見也라. 許는 猶可也라. 今恩以下는 又孟子之言也라. 蓋天地之性에 人爲貴라. 故로 人之與人은 又爲同類而相親이라. 是以로 惻隱之發은 卽於民切而於物緩하고 推廣仁術은 卽仁民易而愛物難이어늘 今王此心이 能及物矣면 卽其保民而王은 非不能也르 但自不肯爲耳니라.

1-7-11. 왕이 말했다. "하지 않는 것과 할 수 없는 것의 형상이 무엇이 다릅니까?" 맹자께서 대답하셨다. "태산을 끼고서 북해를 넘는 일을 사람들에게 '나는 못한다'고 한다면 이것은 진실로 못하는 것이지만, 어른을 위해 가지 하나를 꺾는 일을 '나는 못한다'고 한다면 이것은 하지 않는 것이지 못하는 것은 아닙니다. 그러므로 왕께서 왕도를 행하지 않는 것은 태산을 끼고 북해를 뛰어 넘는 종류가 아닙니다. 왕께서 왕도를 행하지 않는 것은 가지 하나를 꺾는 종류의 일입니다.

曰 不爲者와 與不能者之形이 何以異잇고. 曰 挾太山하여 以超北海를 語人曰 我不能이라 하면 是는 誠不能也어니와 爲長者折枝를 語人曰 我不能이

라 하면 是는 不爲也언정 非不能也니 故로 王之不王은 非挾太山以超北海之類也라. 王之不王은 是折枝之類也니이다.

'형(形)'은 형상이다. '협(挾)'은 겨드랑이에 사물을 끼는 것이다. '초(超)'는 뛰어서 지나가는 것이다. '위장자절지(爲長者折枝)'는 어른의 명령에 따라서 초목의 가지를 꺾는 것이니 어렵지 않음을 말한 것이다. 이러한 마음은 고유한 것이기 때문에 밖에서 구하기를 기다리는 것이 아니다. 확충하는 것은 자신에게 있을 뿐이니 무슨 어려움이 있겠는가?
形은 狀也라. 挾은 以腋持物也라. 超는 躍而過也라. 爲長者折枝는 以長者之命으로 折草木之枝니 言不難也라. 是心固有하여 不待外求니 擴而充之는 在我而已니 何難之有리오.

1-7-12. 내 집안의 늙으신 부모님을 공경하는 마음으로 남의 집 노인에게까지 미치며, 내 집안의 어린아이를 사랑하는 마음으로 남의 집 어린아이에게까지 미치면 천하는 손바닥 위에서 움직일 수 있습니다. 『시경』에 이르기를, '부인에게 법도 있게 대하여 형제에게 이르고, 나라를 다스리는 데까지 이른다'고 하였으니, 이 마음을 들어다 저들에게 쓸 뿐임을 말한 것입니다. 그러므로 은혜를 미루어 나가면 사해도 보전할 수 있고, 은혜를 미루어 나가지 못하면 처자도 보전하지 못할 것입니다. 옛 사람이 남보다 월등히 뛰어난 것은 다른 것이 아닙니다. 그들이 하는 것을 잘 미루어 나갔을 뿐입니다. 지금 은혜가 금수에게 미치면서 공덕이 백성에게 이르지 않는 것은 유독 무엇 때문입니까?
老吾老하여 以及人之老하며 幼吾幼하여 以及人之幼면 天下는 可運於掌이니

詩云 刑于寡妻하여 至于兄弟하여 以御于家邦이라 하니 言擧斯心하여 加諸彼而已니 故로 推恩이면 足以保四海요 不推恩이면 無以保妻子니 古之人이 所以大過人者는 無他焉이라. 善推其所爲而已矣니 今에 恩足以及禽獸而功不至於百姓者는 獨何與니잇고.

'노(老)'는 늙은이로 섬기는 것이므로 '오노(吾老)'는 나의 부형(父兄)을 말하고 '인지노(人之老)'는 남의 부형을 말한다. '유(幼)'는 어린이로 기르는 것이므로 '오유(吾幼)'는 나의 처자를 말하고 '인지유(人之幼)'는 남의 처자를 말한다. '운어장(運於掌)'은 쉬움을 말한 것이다. 시는 「대아·사제」편이다. '형(刑)'은 법이라는 뜻이다. '과처(寡妻)'는 덕이 적은 아내라는 말이니 겸손한 말이다. '어(御)'는 다스린다는 뜻이다. 은혜를 미루어 나가지 못하면 대중이 배반하고 친한 사람이 떠나갈 것이다. 그러므로 처자조차도 보호할 수 없을 것이다. 골육의 친함은 본래 일기(一氣)를 함께 하기 때문에 다만 타인이 종류를 함께 하는 것과는 같지 않을 뿐이다. 그러므로 고인들이 반드시 친친(親親)으로 말미암아 미루어 나간 다음에 인민(仁民)에게 이르고, 또 그 나머지를 미루어 나간 다음에 애물(愛物)에 이르는 것이니, 모두 가까운 것으로 말미암아서 먼데 이르고, 쉬운 것으로부터 어려운 것에 이르는 것이거늘, 지금 왕이 이와 반대가 되게 한 것은 반드시 이유가 있을 것이다. 그러므로 다시 근본을 미루어 나가 거듭 질문한 것이다.

老는 以老事之也니 吾老는 謂我之父兄이요 人之老는 謂人之父兄이라. 幼는 以幼畜之也니 吾幼는 謂我之子弟요 人之幼는 謂人之子弟라. 運於掌은 言易也라. 詩는 大雅思齊之篇이라. 刑은 法也라. 寡妻는 寡德之妻니 謙辭也라.

御는 治也라. 不能推恩이면 卽衆叛親離라. 故로 無以保妻子라. 蓋骨肉之親은 本同一氣하니 又非但若人之同類而已라. 故로 古人이 必由親親推之然後에 及於仁民하고 又推其餘然後에 及於愛物하니 皆由近以及遠하며 自易以及難이어늘 今王反之하니 卽必有故矣라. 故로 復推本而再問之하시니라.

1-7-13. 무게를 달아본 후에야 무겁고 가벼움을 알고, 자로 재 본 후에야 길고 짧음을 아는 것입니다. 모든 것이 다 그런데 마음은 더욱 그러하니 왕께서는 헤아려 보시기 바랍니다.
權然後에 知輕重하며 度然後에 知長短이니 物皆然이어니와 心爲甚하니 王請度之하소서.

'권(權)'은 저울과 추를 말하고, '도(度)'는 길이의 단위인 장(丈)과 척(尺)을 말한다. '탁지(度之)'는 저울질하고 헤아리는 것을 말한다. 사물의 경중과 장단은 사람이 가지런하게 하기가 어려운 것이므로 반드시 저울과 자로 재어본 다음에 알 수 있는 것이다. 마음이 사물에 응하는 것도 경중과 장단을 가지런하게 하기가 어려워 본연(本然)의 저울과 자로 헤아리지 않을 수 없는 것이므로 사물보다 더 어려운 것이다. 지금 왕이 은혜가 금수에게 이르면서 공은 백성에게 미치지 않았으니 이것은 만물을 사랑하는[愛物] 마음은 귀중하고 긴 것이요, 어진 백성[仁民]의 마음은 가볍고 짧아서 당연한 질서를 잃고 스스로 알지 못한 것이다. 그러므로 윗 글에서 이미 그 단서를 드러내시고 여기에서 왕이 헤아리기를 요청한 것이다.
權은 稱錘也요. 度는 丈尺也라. 度之는 謂稱量之也라. 言 物之輕重長短은

人所難齊라 必以權度度之而後可見이니 若心之應物은 則其輕重長短之
難齊하여 而不可不度以本然之權度니 又有甚於物者라. 今王이 恩及禽
獸而功不至於百姓하니 是는 其愛物之心이 重且長하고 而仁民之心이 輕
且短하여 失其當然之序而不自知也라. 故로 上文에 旣發其端하시고 而於
此에 請王度之也이니라.

1-7-14. 그런데 왕께서는 전쟁을 일으켜 전사와 신하를 위태롭게 하며, 제후들과 원수를 맺은 뒤에야 마음이 좋겠습니까?"
抑王은 興甲兵하며 危士臣하여 構怨於諸侯然後에야 快於心與잇가.

'억(抑)'은 발어사다. '사(士)'는 전사(戰士)다. '구(構)'는 맺는다는 뜻이다. 맹자께서는 왕이 백성을 사랑하는 마음이 가볍고 짧은 것은 반드시 이 세 가지를 즐거움으로 삼기 때문이라고 생각했다. 그러나 이 세 가지 일은 진실로 사람의 마음에 즐거운 것이 아니니 벌벌 떠는 소를 죽이는 것보다 심한 것이다. 그러므로 이것을 가지고 왕에게 질문하여 왕이 이것을 가지고 헤아리도록 하고자 한 것이다.
抑은 發語辭라. 士는 戰士也라. 構는 結也라. 孟子以王愛民之心이 所以輕且短者는 必其以是三者爲快也라. 然이나 三事는 實非人心之所快니 有甚於殺觳觫之牛者라. 故로 持以問王하여 欲其以此而度之也시니라.

1-7-15. 왕이 말하였다. "아닙니다. 내가 어찌 이것을 즐겁게 여기겠습니까? 장차 내가 크게 하고자 하는 바를 구하려는 것입니다."
王曰 否라. 吾何快於是리오. 將以求吾所大欲也로소이다.

이것을 즐겁게 여기지 않는 것은 마음의 바름이요, 반드시 이것을 하는 것은 욕망이 꾀어내는 것이므로 욕망이 꾀어내는 것은 오직 여기에 있는 것이다. 이 때문에 그 마음이 오히려 다른 것에는 밝지만 오직 여기에는 어두운 것이니, 이것은 백성을 사랑하는 마음이 가볍고 짧아서 공효가 백성에게 이르지 않는 까닭이다.

不快於此者는 心之正也요 而必爲此者는 欲誘之也니 欲之所誘者獨在於是라. 是以로 其心이 尙明於他而獨暗於此하니 此其愛民之心이 所以輕短而功不至於百姓니라.

1-7-16. 맹자께서 말씀하셨다. "왕께서 크게 하고자 하는 바를 들을 수 있겠습니까?" 왕이 웃으며 말을 하지 않았다. 그러자 맹자께서 말씀하셨다. "살찌고 단 음식이 입에 부족해서입니까? 가볍고 따뜻한 옷이 몸에 부족해서입니까? 아니면 채색이 눈으로 보기에 부족해서입니까? 성음이 귀로 듣기에 부족해서입니까? 총애하는 신하들을 앞에 놓고 부리기에 부족해서입니까? 왕의 여러 신하들이 모두 그러한 것들을 제공할 텐데 왕께서는 어찌 이것 때문이겠습니까?" 왕이 "아닙니다. 나는 이것 때문이 아닙니다"라고 하자, 맹자께서 말씀하셨다. "그렇다면 왕께서 크게 하고자 하는 것을 알겠습니다. 땅을 개척하여 넓히고, 진나라와 조나라의 조회를 받고, 중국에 군림하여 사방 오랑캐를 어루만지고자 하는 것입니다. 이러한 소행으로 그러한 욕망을 구하는 것은 나무에 올라가서 물고기를 구하는[緣木求魚] 것과 같은 것입니다."

曰 王之所大欲을 可得聞與잇가. 王이 笑而不言한대 曰 爲肥甘이 不足於口與며 輕煖이 不足於體與잇가. 抑爲采色이 不足視於目與며 聲音이 不足

聽於耳與며 便嬖不足使令於前與잇가. 王之諸臣이 皆足以供之하나니 而 王은 豈爲是哉시리잇고. 曰 否라 吾不爲是也로이다. 曰 然則王之所大欲을 可知已니 欲辟土地하며 朝秦楚하여 莅中國而撫四夷也로소이다. 以若所爲로 求若所欲이면 猶緣木而求魚也니이다.

'편폐(便嬖)'는 가까이서 마음에 들게 하는 사람이다. '이(已)'는 어조사다. '벽(辟)'은 개척하여 넓히는 것이다. '조(朝)'는 와서 조회를 하게 만드는 것이다. 진나라와 초나라는 모두 큰 나라다. '이(莅)'는 임한다는 뜻이다. '약(若)'은 차와 같다. '소위(所爲)'는 군대를 일으켜 원한을 맺는 일을 가리킨다. '연목구어(緣木求魚)'는 반드시 얻을 수 없는 것임을 말한 것이다.

便嬖는 近習嬖幸之人也라. 已는 語助辭라. 辟은 開廣也라. 朝는 致其來朝也라. 秦楚는 皆大國이라. 莅는 臨也라. 若은 如此也라. 所爲는 指興兵結怨之事라. 緣木求魚는 言必不可得이라.

1-7-17. 왕이 "이렇게 심합니까?"라고 하자, 맹자께서 말하셨다. "그것보다 더 심합니다. 나무에 올라가서 물고기를 구하는 것은 비록 고기는 얻지 못하나 뒤에 재앙은 없습니다. 그러나 이러한 소행으로 그러한 욕망을 구하면 마음과 힘을 다해서 하여도 뒤에 반드시 재앙이 있을 것입니다." 왕이 "그 말씀을 들어볼 수 있습니까?" 하자, 맹자께서 말씀하셨다. "추나라 사람과 초나라 사람이 싸운다면 왕께서는 누가 이긴다고 생각하십니까?" 왕이 "초나라 사람이 이길 것입니다"라고 하였다. 맹자께서 말씀하셨다. "그렇다면 작은 것은 진실로 큰 것을 대적할 수 없으며, 적은 숫

자는 진실로 많은 숫자를 대적할 수 없으며, 약한 것은 진실로 강한 것을 대적할 수 없으니, 사해 안에 땅이 사방 천 리가 되는 나라가 아홉인데, 제나라는 다 모아야 그 중에 하나에 지나지 않습니다. 하나를 가지고 여덟을 굴복시킨다는 것이 어찌 추나라가 초나라를 대적하는 것과 다르겠습니까? 역시 근본으로 돌아가셔야 합니다.

王曰 若是其甚與잇가. 曰 殆有甚焉하니 緣木求魚는 雖不得魚나 無後災어니와 以若所爲로 求若所欲이면 盡心力而爲之라도 後必有災하리이다. 曰 可得聞與잇가. 曰 鄒人이 與楚人戰則王은 以爲孰勝이니잇고. 曰 楚人勝하리이다. 曰 然則 小固不可以敵大며 寡固不可以敵衆이며 弱固不可以敵彊이니 海內之地 方千里者九에 齊集有其一하니 以一服八이 何以異於鄒敵楚哉리잇고. 蓋亦反其本矣니이다.

'태(殆)'와 '개(蓋)'는 모두 발어사다. '추(鄒)'는 작은 나라요 '초(楚)'는 큰 나라다. '제집기일(齊集其一)'은 제나라 땅을 모으면 사방 천 리인데 이것은 천하의 9분의 1을 소유한 것을 말한다. '이일복팔(以一服八)'은 반드시 이길 수 없는 것이니 이른바 뒷날의 재앙이라고 말하는 것이다. '반본(反本)'은 설명이 아래 글에 보인다.

殆蓋는 皆發語辭라. 鄒는 小國이요 楚는 大國이라. 齊集有其一은 言集合齊地면 其方千里니 是는 有天下九分之一也라. 以一服八은 必不能勝이니 所謂後災也라. 反本은 說見下文하니라.

1-7-18. 지금 왕께서 정사를 발하며 인(仁)을 베푸시어 천하의 벼슬아치들로 하여금 모두 왕의 조정에 서기를 원하게 만들고, 경작하는 사람으로

하여금 모두 왕의 들에 나아가 밭 갈기를 원하게 만들고, 상인들로 하여금 모두 왕의 시장에 물건을 저장하기를 원하게 만들고, 여행자로 하여금 모두 왕의 길에 나아가도록 만들고, 천하의 임금을 미워하는 사람들로 하여금 모두 왕에게 와서 호소하도록 만드십시오. 이와 같이 되면 누가 막을 수 있겠습니까?"
今王이 發政施仁하사 使天下仕者로 皆欲立於王之朝하며 耕者로 皆欲耕於王之野하며 商賈로 皆欲藏於王之市하며 行旅로 皆欲出於王之塗하시면 天下之欲疾其君者皆欲赴愬於王하리니 其如是면 孰能禦之리잇고.

재물을 가지고 다니며 파는 것을 '상(商)'이라고 하고, 재물을 모아놓고 파는 것을 '고(賈)'라고 말한다. '발정시인(發政施仁)'은 천하의 왕 노릇을 하는 근본이다. 가까운 데 있는 사람이 기뻐하고 먼 데 있는 사람이 찾아온다면 대소와 강약은 논의할 것이 없다. 힘껏 원하는 것을 추구하면 원하는 것을 도리어 얻을 수 없고, 근본을 돌이키면 원하는 것을 구하지 않아도 이르게 되는 것이니, 수장(首章)의 뜻과 같은 것이다.
行貨曰商이요 居貨曰賈라. 發政施仁은 所以王天下之本也라. 近者悅하고 遠者來하면 則大小彊弱은 非所論矣라. 蓋力求所欲이면 則所欲者를 反不可得이요. 能反其本이면 則所欲者不求而至니 與首章意同이라.

1-7-19. 왕이 말했다. "내가 어리석어 이러한 경지에 나아가지 못할 것 같습니다. 원컨대 선생께서는 내 뜻을 도우시어 밝게 나를 가르쳐 주십시오. 내가 비록 민첩하지 못하지만 한 번 시험해 보고자 합니다." 맹자께서 말씀하셨다. "일정한 생업이 없이도 일정한 마음을 가질 수 있는 사람은

오직 선비만이 할 수 있고, 일반 백성들은 일정한 생업이 없으면 일정한 마음을 가질 수 없습니다. 진실로 일정한 마음이 없으면 방탕하고 편벽되며 사악하고 사치하는 일을 하지 않는 것이 없을 것이니, 죄에 빠뜨린 뒤에 쫓아가서 처벌한다면 이것은 백성들을 속이는 것입니다. 어찌 인자한 사람이 왕위에 있으면서 백성을 속이는 그런 일을 할 수 있겠습니까? 王曰 吾惛하여 不能進於是矣로니 願夫子는 輔吾志하여 明以敎我하소서. 我雖不敏이나 請嘗試之하리이다. 曰 無恒産而有恒心者는 惟士爲能이어니와 若民則無恒産이면 因無恒心이니 苟無恒心이면 放辟邪侈를 無不爲已니 及陷於罪然後에 從而刑之면 是罔民也니 焉有仁人이 在位하여 罔民을 而可爲也리오.

'항(恒)'은 항상된다는 뜻이요, '산(産)'은 생업이니, '항산(恒産)'은 일정하게 살아갈 수 있는 직업이요, '항심(恒心)'은 항상 가지고 있는 착한 마음이다. 선비는 일찍이 학문을 해야 의리를 알 수 있다. 그러므로 비록 항산이 없을지라도 일정한 마음을 가질 수 있지만 백성은 그렇지 못하다. '망(罔)'은 그물과 같으니 보지 못하는 것을 속여서 취하는 것이다. 恒은 常也요 産은 生業也니 恒産은 可常生之業也요 恒心은 人所常有之善心也라. 士嘗學文하여 知義理라. 故로 雖無恒産이라도 而有常心이어니와 民則不能然矣라. 罔은 猶羅罔이니 欺其不見而取之也라.

1-7-20. 그러므로 명철한 임금은 백성들의 생업을 제정하되 반드시 위로는 부모를 섬기기에 충분하게 해주고, 아래로는 처자를 기르기에 충분하게 해주어, 풍년에는 종신토록 배부르게 하고, 흉년에는 죽음을 면하게 해

줍니다. 그런 뒤에 백성들을 몰아 선한 길로 가게 하기 때문에 백성들이 따라가기가 쉬운 것입니다.

是故_로 明君_이 制民之産_{하되} 必使仰足以事父母_{하며} 俯足以畜妻子_{하여} 樂歲_에 終身飽_{하고} 凶年_에 免於死亡_{하나니} 然後_에 驅而之善 故_로 民之從之也輕_{하니이다}.

'경(輕)'은 쉽다는 뜻과 같다. 이것은 백성은 일정한 생업이 있어야 일정한 마음이 있음을 말한 것이다.

輕_은 猶易也_라. 此_는 言民有常産而有常心也_라.

1-7-21. 그런데 지금은 백성들의 생업을 제정하되 반드시 위로는 부모를 섬기기에 부족하게 만들고, 아래로는 처자를 기르기에 부족하게 하여, 풍년에도 종신토록 고생하게 하며, 흉년에는 죽음을 면치 못하게 만듭니다. 이렇게 해서는 오직 죽는 것을 구제하기에도 힘이 부족할 텐데 어느 겨를에 예의를 가르치겠습니까?

今也_에 制民之産_{하되} 仰不足以事父母_{하며} 俯不足以畜妻子_{하여} 樂歲_에 終身苦_{하고} 凶年_에 不免於死亡_{하나니} 此惟救死而恐不贍_{이어니} 奚暇_에 治禮義哉_{리오}.

'섬(贍)'은 풍족한 것이다. 이것은 이른바 일정한 생업이 없으면 일정한 마음이 없다는 것이다.

贍_은 足也_라. 此_는 所謂無常産而無常心者也_라.

1-7-22. 왕께서 인정을 행하고자 하신다면 어찌 근본으로 돌아가지 않으십니까?

王欲行之면 則盍反其本矣니잇고.

'합(盍)'은 어찌 아니 하는가의 뜻이다. 백성들이 일정한 생업을 가지도록 하는 것은 인정을 시행하는 근본이니 설명이 아래 글에 보인다.

盍은 何不也라. 使民有常産者는 又發政施仁之本也니 說見下文하니라.

1-7-23. 다섯 이랑의 텃밭에 뽕나무를 심으면 오십 먹은 사람이 비단 옷을 입을 수 있고, 닭과 돼지와 개를 기르는데, 번식하는 시기를 잃지 않으면 칠십 먹은 노인이 고기를 먹을 수 있으며, 백 이랑의 밭에 농사지을 시기를 빼앗지 않는다면 여러 식구가 굶주리지 않을 것이며, 학교의 가르침을 근엄하게 하고 효제의 뜻으로 가르치면 반백이 된 노인이 길에서 짐을 지는 일이 없을 것이니, 노인이 비단 옷을 입고 고기를 먹으며, 백성들이 굶주리지 않고 추위에 떨지 않게 되고도 왕 노릇을 하지 못하는 사람은 없을 것입니다."

吾畝之宅에 樹之以桑이면 吾十者 可以衣帛矣며 鷄豚狗彘之畜을 無失其時면 七十者 可以食肉矣며 百畝之田을 勿奪其時면 八口之家 可以無飢矣며 謹庠序之敎하여 申之以孝悌之義면 頒白者不負戴於道路矣리니 老者 衣帛食肉하며 黎民이 不飢不寒이오 然而不王者未之有也니이다.

이것은 백성의 생업을 제정하는 방법을 말씀하신 것이다. 조 씨가 말하기를 "여덟 식구의 집안은 다음 상 등급의 농부다. 이것은 왕정의 근본이요 항상 살 수 있는 방법이다. 그러므로 맹자께서 제나라와 양나라의 군주를 위해서 각각 말씀하신 것이다"라고 하였다. 양 씨가 말하기를, "천하를 다스리는 사람은 이 마음을 들어서 저기에 더할 뿐이다. 그러나 어진 마음과 어진 소문이 있더라도 백성이 그 은택을 입지 못하는 것은 선왕의 도를 행하지 않기 때문이다. 그러므로 백성의 생업을 제정해 주는 것을 가지고 알려주신 것이다"라고 하였다. ○이 장에서는 군주는 항상 패도(覇道)와 공리를 배척하고 왕도를 행해야 할 것을 말씀하셨는데, 왕도의 요체는 '차마하지 못하는 마음'을 미루어 '차마하지 못하는 정사'를 행하는 것에 불과할 뿐이다. 제나라 왕이 이러한 마음이 없는 것은 아니지만 공리의 사욕에 빼앗겨 확충하여 인정을 행하지 못한 것이다. 비록 맹자께서 반복하여 깨우쳐주어 정밀하고 간절함이 이와 같았는데, 가리움이 진실로 이미 깊어 마침내 깨닫지 못하였으니 한탄스러운 일이다.

此는 言制民之産之法也라. 趙氏曰 八口之家는 次上農夫也라. 此는 王政之本이요 常生之道라. 故로 孟子爲齊梁之君하여 各陳之也시니라. 楊氏曰 爲天下者는 擧斯心하여 加諸彼而已라. 然이나 雖有仁心仁聞이라도 而民不被其澤者는 不行先王之道 故也라. 故로 以制民之産告之하시니라. ○此章은 言 人君은 當黜覇功하고 行王道요 而王道之要는 不過推其不忍之心하여 以行不忍之政而已라. 齊王이 非無此心이로되 而奪於功之私하여 不能擴充以行仁政이라. 雖以孟子反覆曉告하여 精切如此로되 而蔽固已深하여 終不能悟하니 是可歎也로다.

양혜왕장구 하(梁惠王章句下)

모두 16장이다.

凡十六章이라.

이 장에서는 앞 장을 이어서
여민동락(與民同樂)을 구체적으로 언급하고 있다.
또한 왕도를 행하려고 한다면 세상에서 가장 힘들고 어려운
환과고독(鰥寡孤獨)을 먼저 보살피고 덕으로 정치를 하면
어떠한 일도 이룰 수 있음을 말하고 있다.
아울러 맹자 자신의 출처가 사람의 힘이 아니라
하늘의 뜻에 의하여 이루어짐을 말하여
천명에 대해 강한 자부심을 가지고 있음을 피력하고 있다.

2-1-1. 장포가 맹자를 뵙고 말하였다. "제가 왕을 만났는데 왕이 저에게 음악을 좋아한다고 하거늘, 제가 대답을 하지 못했습니다. 음악을 좋아하면 어떻습니까?" 맹자께서 말씀하셨다. "왕께서 음악을 좋아하시는 것이 심하다면 제나라는 아마 잘 다스려질 것입니다."
莊暴見孟子曰 暴見於王하니 王語暴以好樂이어시늘 暴未有以對也하니 曰 好樂이 何如하니잇고. 孟子曰 王之好樂이 甚則齊國은 其庶幾乎인저.

'장포(莊暴)'는 제나라 신하다. '서기(庶幾)'는 가깝다는 말이니, 다스림에 가깝다는 것을 말한다.
莊暴는 齊臣也라. 庶幾는 近辭也니 言近於治라.

2-1-2. 다른 날에 맹자께서 왕을 만나 뵙고 말씀하셨다. "왕께서 일찍이 장포에게 음악을 좋아한다고 말씀하셨다니 그런 일이 있습니까?" 왕이 안색을 달리하며 말하였다. "과인이 선왕의 음악을 좋아한다는 것이 아니라 다만 세속의 음악을 좋아할 뿐입니다."
他日에 見於王曰 王嘗語莊子以好樂하사소니 有諸잇가. 王變乎色曰 寡人이 非能好先王之樂也라 直好世俗之樂耳로이다.

안색을 변한다는 것은 좋아하는 것이 바르지 못함을 부끄러워한 것이다.
變色者는 慙其好之不正也라.

2-1-3. 맹자께서 말씀하셨다. "왕께서 음악을 좋아하는 것이 심하면 제나라는 아마 잘 다스려질 것입니다. 지금의 음악은 옛날의 음악에서 비롯된 것입니다."
曰 王之好樂이 甚則齊其庶幾乎인저. 今之樂이 由古之樂也니이다.

'금악(今樂)'은 세속의 음악이요, '고악(古樂)'은 선왕의 음악이다.
今樂은 世俗之樂이요 古樂은 先王之樂이라.

2-1-4. 왕이 "그에 대해서 들을 수 있겠습니까?"라고 하자, 맹자께서 말씀하셨다. "혼자 음악을 즐기는 것과 사람들과 음악을 즐기는 것은 어느 편이 더 즐겁겠습니까?" 왕이 "여러 사람들과 함께 즐기는 것보다 못하겠지요"라고 하였다. 맹자께서 "소수의 사람과 음악을 즐기는 것과 대중들과 함께 음악을 즐기는 것은 어느 편이 더 즐겁겠습니까?"라고 하시자, 왕이 "대중들과 함께 즐기는 것보다 못하겠지요"라고 하였다.
曰 可得聞與잇가. 曰 獨樂樂과 與人樂樂이 孰樂이니잇고. 曰 不若與人이니이다. 曰 與少樂樂과 與衆樂樂이 孰樂이니잇고. 曰 不若與衆이니이다.

혼자 즐기는 것이 다른 사람과 함께 하는 것만 못하고, 적은 사람과 즐기는 것이 많은 사람과 즐기는 것만 못한 것은 또한 사람의 일상적인 감정이다.

獨樂이 不若與人이요 與少樂이 不若與衆은 亦人之常情也라.

2-1-5. 맹자께서 말씀하셨다. "제가 왕을 위하여 음악에 대하여 말씀드리고자 합니다."

臣이 請爲王言樂하리이다.

이 이하는 모두 맹자의 말씀이다.
此以下는 皆孟子之言也라.

2-1-6. 지금 왕께서 여기서 음악을 연주할 때, 백성이 왕의 종과 북 치는 소리와 생황과 퉁소 부는 소리를 듣고 모두 두통을 앓고 콧등을 찡그리면서 서로 말하기를, '우리 임금께서 음악을 좋아하심이여! 어쩌자고 우리를 이러한 지경에 이르게 하는가?'라고 하여 부자간에 서로 만나지 못하고, 형제와 처자가 흩어져 살고 있으며, 또 지금 왕께서 여기서 사냥을 할 때, 백성이 왕의 수레 소리를 듣고 깃발의 아름다움을 보고 모두 두통을 앓고 콧등을 찡그리면서 서로 말하기를, '우리 임금께서 사냥을 좋아하심이여! 어쩌자고 우리를 이러한 지경에 이르게 하는가?'라고 하여 부자간에 서로 만나지 못하고, 형제와 처자가 흩어져 살고 있다면, 이것은 다른 것이 아니라 백성들과 함께 즐기지 않기 때문입니다.

今王이 鼓樂於此어시든 百姓이 聞王의 鐘鼓之聲과 管籥之音하고 擧疾首蹙頞而相告曰 吾王之好鼓樂이여 夫何使我로 至於此極也오 하여 父子不相見하며 兄弟妻子離散하며 今王이 田獵於此어시든 百姓이 聞王의 車馬之音하며 見羽旄之美하고 擧疾首蹙頞而相告曰 吾王之好田獵이여 夫何使我로

至於此極也오 하여 父子不相見하며 兄弟妻子離散하면 此無他라 不與民同樂也니이다.

'종(鍾)・고(鼓)・관(管)・약(籥)'은 모두 악기다. '거(擧)'는 모두라는 뜻이다. '질수(疾首)'는 머리가 아픈 것이다. '축(蹙)'은 모인다는 뜻이요, 알(頞)은 이마이니 사람이 근심이 있으면 이마를 찡그리게 된다. '극(極)'은 곤궁하다는 뜻이다. '우모(羽旄)'는 깃발의 종류다. '불여민동락(不與民同樂)'은 홀로 자신만 즐기고 백성을 구휼하지 않아서 그들을 곤궁하게 만드는 것이다.

鍾鼓管籥은 皆樂器也라. 擧는 皆也라. 疾首는 頭痛也라. 蹙은 聚也요 頞은 額也니 人憂戚則 蹙其頞이라. 極은 窮也라. 羽旄는 旌屬이라. 不與民同樂은 謂獨樂其身하고 而不恤其民하여 使之窮困也라.

2-1-7. 지금 왕께서 여기서 음악을 연주할 때, 백성이 왕의 종과 북 치는 소리와 생황과 통소 부는 소리를 듣고 모두 기뻐하는 얼굴빛을 띠고 서로 말하기를, '우리 임금께서는 아마 질병이 없는 것 같구나. 그렇지 않고서야 어떻게 음악을 연주할 수 있을까?'라고 하며, 또 지금 왕께서 여기서 사냥을 할 때, 백성이 왕의 수레 소리를 듣고 깃발의 아름다움을 보고 서로 말하기를 '우리 임금께서는 아마 질병이 없는 것 같구나. 그렇지 않고서야 어떻게 사냥을 할 수 있을까?'라고 한다면, 이것은 다른 것이 아니라 백성들과 함께 즐기기 때문입니다.

今王이 鼓樂於此어시든 百姓이 聞王의 鐘鼓之聲과 管籥之音하고 擧欣欣然 有喜色而相告曰 吾王이 庶幾無疾病與아. 何以能鼓樂也오 하며 今王이

田獵於此_{어시든} 百姓_이 聞王_의 車馬之音_{하며} 見羽旄之美_{하고} 擧欣欣然有喜色而相告曰 吾王_이 庶幾無疾病與_아, 何以能田獵也_오 _{하면} 此無他_라 與民同樂也_{니이다.}

'여민동락(與民同樂)'이란 음악을 좋아하는 마음을 미루어 인정(仁政)을 행하고 백성들로 하여금 각각 자기가 있어야 할 곳을 얻게 하는 것이다. 與民同樂者_는 推好樂之心_{하여} 以行仁政_{하여} 使民各得其所也_{라.}

2-1-8. 지금 왕께서 백성들과 함께 즐기신다면 왕 노릇을 할 수 있을 것입니다."

今王_이 與百姓同樂則王矣_{시리이다.}

음악을 좋아하되 백성들과 함께 한다면 천하의 백성이 돌아올 것이니 이른바 제나라는 아마 잘 다스려질 것이라는 말이 이와 같은 것이다. ○ 범 씨가 말하기를 "전국시대에 백성들이 곤궁하고 재물이 모두 없어진 것은 군주가 홀로 임금 노릇하는 즐거움으로 자신을 받들었기 때문에 맹자께서 백성을 구제하는 일이 절실하였던 것이다. 그러므로 제나라 왕이 음악을 좋아하는 것을 가지고, 그의 선한 마음을 깨우쳐 백성과 함께 즐길 것을 권하여 오늘날의 음악이 옛날의 음악과 같다고 말한 것이다. 실제로는 오늘날의 음악과 옛날의 음악이 어찌 같을 수 있겠는가? 다만 백성과 함께 즐긴다는 의미에서는 예나 지금이 차이가 없을 뿐이다. 만약 반드시 예악을 가지고 천하를 다스리고자 한다면 마땅히 공자의 말씀과 같이 하여 반드시 순 임금의 소무(韶舞)를 사용하고 반드시 정나라 음악

을 추방해야 할 것이다. 그러므로 공자의 말씀은 나라를 다스리는 정도
요 맹자의 말씀은 당시의 시대를 구제하는 급선무이니, 그렇기 때문에
같지 않은 것이다"라고 하였다. 양 씨가 말하기를 "음악은 조화를 주로
삼는데, 사람들로 하여금 종고(鐘鼓)와 관현(管絃)의 음악을 듣고 머리
를 아프게 하고 이마를 찡그리게 한다면 비록 황제(黃帝)의 음악인 함
(咸), 제곡(帝嚳)의 음악인 영(英), 순 임금의 음악인 소(韶), 탕왕의 음
악이 호(濩)를 연주한다고 할지라도 통치하는 데 도움이 되지 않을 것이
다. 그러므로 맹자께서 제왕에게 이것으로 알려주셨으니 먼저 근본을 바
로잡은 것일 뿐이다"라고 하였다.

好樂而能與百姓同之면 則天下之民이 歸之矣리니 所謂齊其庶幾者如此
니라. ○ 范氏曰 戰國之時에 民窮財盡은 人君獨以南面之樂으로 自奉其
身일새 孟子切於救民이라. 故로 因齊王之好樂하여 開導其善心하여 深勸其
與民同樂하여 而謂今樂猶古樂이라. 其實은 今樂古樂이 何可同也리오. 但
與民同樂之意는 則無古今之異耳라. 若必欲以禮樂治天下인댄 當如孔
子之言하여 必用韶舞하고 必放鄭聲이니 蓋孔子之言은 爲邦之正道요 孟子
之言은 救時之急務니 所以不同이니라. 楊氏曰 樂은 以和爲主하니 使人聞
鐘鼓管弦之音하고 而疾首蹙頞이면 則雖奏以咸英韶濩라도 無補於治也라.
故로 孟子告齊王以此하시니 姑正其本而已시니라.

2-2-1. 제선왕이 묻기를, "문왕의 동산은 사방 칠십 리라고 하는데, 그런 사
실이 있습니까?"라고 하자, 맹자께서 말씀하셨다. "전해 내려오는 옛 책
에 그런 글이 있습니다."

齊宣王이 問曰 文王之囿 方七十里라 하니 有諸잇가. 孟子對曰 於傳에 有

之하니이다.

'유(囿)'는 새와 짐승을 번식시키고 기르는 곳인데, 옛날에는 사계절의 사냥을 모두 농한기에 하여 무예를 익히도록 하였다. 그러나 농사짓는 땅이나 채소를 가꾸는 밭 가운데에서는 사냥을 하고자 하지 않았다. 그러므로 한가롭고 넓은 땅을 헤아려서 동산을 만든 것이다. 그러나 문왕의 70리 동산은 아마 천하가 3등분되고 그 중에서 둘을 소유한 뒤의 일일 것이다. '전(傳)'은 옛 책을 말한다.

囿者는 蕃育鳥獸之所니 古者에 四時之田을 皆於農隙에 以講武事라. 然이나 不欲馳鶩於稼穡場圃之中이라. 故로 度閒曠之地하여 以爲囿라. 然이나 文王七十里之囿는 其亦三分天下有其二之後也인저 傳은 謂古書라.

2-2-2. 왕이 말했다. "그렇게 컸습니까?" 맹자께서 말씀하셨다. "백성들은 오히려 작다고 여겼습니다." 왕이 말했다. "과인의 동산은 사방 사십 리인데, 백성들이 오히려 크다고 여기는 까닭은 무엇입니까?" 맹자께서 말씀하셨다. "문왕의 동산은 사방 칠십 리지만 풀을 베고 나무하는 사람이 들어갔으며, 꿩과 토끼를 잡는 사람도 들어가서 백성들과 함께 동산을 사용하였으니 백성들이 작다고 생각한 것은 또한 마땅하지 않겠습니까? 曰 若是其大乎잇가. 曰 民猶以爲小也니이다. 曰 寡人之囿는 方四十里로되 民猶以爲大는 何也잇고. 曰 文王之囿 方七十里에 芻蕘者 往焉하며 雉兎者 往焉하여 與民同之하시니 民以爲小 不亦宜乎잇가.

'추(芻)'는 풀이요, '요(蕘)'는 땔나무다.

芻는 草也요 蕘는 薪也라.

2-2-3. 제가 처음 이 나라의 국경 지대에 이르러 나라의 큰 금령을 물은 뒤에 감히 들어왔습니다. 제가 듣기에 교외 관문 안에 동산이 있는데 사방 사십 리요, 그곳에서 크고 작은 사슴을 잡는 사람은 살인죄와 같이 처벌한다고 합니다. 이것은 사방 사십 리로 나라 안에 함정을 만들어 놓은 것이니, 백성들이 크다고 여긴 것은 또한 마땅하지 않겠습니까?"

臣이 始至於境하여 問國之大禁然後에 敢入하니 臣은 聞郊關之內에 有囿方四十里에 殺其麋鹿者를 如殺人之罪라 하니 則是方四十里로 爲阱於國中이니 民이 以爲大 不亦宜乎잇가.

예에 "다른 나라에 들어갈 때는 금하고 있는 것이 무엇인지 묻는다"라고 하였다. 나라 밖 백 리가 교(郊)요, 교외에 관문이 있다. '정(阱)'은 땅을 파서 짐승을 빠뜨리는 것인데 백성을 죽음으로 빠뜨리는 것을 말한다. 禮에 入國而問禁이라. 國外百里爲郊요 郊外有關이라. 阱은 坎地以陷獸者니 言陷民於死也라.

2-3-1. 제나라 선왕이 물었다. "이웃 나라와 교류하는 데도 방법이 있습니까?" 맹자께서 대답하셨다. "있습니다. 오직 어진 사람이라야 큰 나라로 작은 나라를 섬길 수 있습니다. 그러므로 탕 임금께서 갈나라를 섬겼고, 문왕이 곤이를 섬겼습니다. 오직 지혜로운 사람이라야 작은 나라로써 큰 나라를 섬길 수 있습니다. 그러므로 태왕이 훈육을 섬겼고, 구천이 오나라를 섬겼던 것입니다.

齊宣王이 問日 交隣國이 有道乎잇가. 孟子對日 有하니 惟仁者아 爲能以 大事小하나니 是故로 湯이 事葛하시고 文王이 事昆夷하시니이다. 惟智者아 爲能 以小事大하나니 故로 大王이 事獯鬻하고 句踐이 事吳하니이다.

어진 사람의 마음은 너그럽고 넓고 측은하여 대소와 강약을 비교하는 사사로움이 없다. 그러므로 작은 나라가 비록 공손하지 않더라도 내가 그들을 사랑하는 마음은 스스로 멈출 수 없는 것이다. 지혜로운 사람은 의리에 밝고 시세를 안다. 그러므로 큰 나라에게 비록 침략과 모욕을 당하더라도 내가 그들을 섬기는 예를 감히 폐지할 수 없는 것이다. 탕 왕의 일은 후편에 보이고, 문왕의 일은 『시경』 「대아」에 보이며, 태왕의 일은 뒷장에 보이니 이른바 적인(狄人)은 바로 훈육을 말한다. '구천(句踐)'은 초나라 왕의 이름인데, 이 일이 『국어』와 『사기』에 보인다.

仁人之心은 寬洪惻怛하여 而無較計大小彊弱之私라. 故로 小國이 雖或不恭나 而吾所以字之之心은 自不能已요. 智者는 明義理하고 識時勢라. 故로 大國이 雖見侵陵이나 而吾所以事之之禮를 尤不敢廢라. 湯事는 見後篇하고 文王事는 見詩大雅하고 大王事는 見後章하니 所謂狄人은 卽獯鬻也라. 句踐은 越王名이니 事見國語史記하니라.

2-3-2. 큰 나라로 작은 나라를 섬기는 사람은 하늘의 뜻을 즐기는 사람이요, 작은 나라로 큰 나라를 섬기는 사람은 하늘의 뜻을 두려워하는 사람이니, 하늘의 뜻을 즐기는 사람은 천하를 보전하고, 하늘의 뜻을 두려워하는 사람은 그 나라를 보전할 것입니다.

以大事小者는 樂天者也오. 以小事大者는 畏天者也니 樂天者는 保天下하

고 畏天者는 保其國이니이다.

'천(天)'이란 이치일 뿐이니 큰 나라가 작은 나라를 사랑하는 것과 작은 나라가 큰 나라를 섬기는 것은 모두 이치의 당연함이다. 자연스럽게 이치에 합치되기 때문에 '하늘의 뜻을 즐긴다'라고 말하였고, 감히 이치를 어기지 못하기 때문에 '하늘의 뜻을 두려워한다'라고 말한 것이다. 모두 감싸주고 두루 덮어주어 골고루 미치는 것은 천하를 보전하는 기상이요, 절도를 만들고 법도를 삼가여 감히 방종하거나 안일하지 않은 것은 한 나라를 보전하는 법칙이다.

天者는 理而已矣니 大之字小와 小之事大는 皆理之當然也라. 自然合理라 故로 曰 樂天이요 不敢違理라 故로 曰畏天이라. 包含徧覆하여 無不周徧은 保天下之氣象也요 制節謹度하여 不敢縱逸은 保一國之規模也니라.

2-3-3. 『시경』에 이르기를, '하늘의 위엄을 두려워하여 이에 나라를 보전한다'고 하였습니다."

詩云 畏天之威하여 于時保之라 하니이다.

'시'는 『시경』「주송·아장」의 편이다. '시(時)'는 이것이라는 뜻이다.

詩는 周頌我將之篇이라. 時는 是也라.

2-3-4. 왕이 말하였다. "훌륭한 말씀이십니다. 과인에게 나쁜 병이 있는데 과인은 용기를 좋아합니다."

王曰 大哉라 言矣여. 寡人이 有疾하니 寡人은 好勇하노이다.

용기를 좋아하기 때문에 큰 나라를 섬기지 못하고 작은 나라를 구휼하지 못했다고 말한 것이다.
言以好勇故로 不能事大而恤小也라.

2-3-5. 맹자께서 말씀하셨다. "왕께서는 작은 용기를 좋아하지 마십시오. 칼을 만지면서 노한 눈초리로 '네가 어찌 감히 나를 대적하겠는가?'라고 한다면, 이것은 필부의 용기로 한 사람을 대적하는 것입니다. 바라건대 왕께서는 큰 용기를 가지십시오.

對曰 王請無小勇하소서. 夫撫劒疾視曰彼惡敢當我哉리오 하나니 此匹夫之勇이라 敵一人者也니 王請大之하소서.

'질시(疾視)'는 노한 눈으로 보는 것이다. '소용(小勇)'은 혈기로 하는 것을 말하고, '대용(大勇)'은 의리로 드러내는 것이다.
疾視는 怒目而視也라. 小勇은 血氣所爲요 大勇은 義理所發이니라.

2-3-6. 『시경』에 이르기를, '왕이 발끈 노하여 이에 군대를 정비하여 정벌하러 가는 군대를 막아 주나라의 복을 두터이 하고 천하에 대답하였다'라고 하였으니, 이것은 문왕의 용기입니다. 문왕이 한 번 노하여 온 천하의 백성들을 편안하게 하였습니다..

詩云 王赫斯怒하여 爰整其旅하여 以遏徂莒하여 以篤周祜하여 以對于天下라 하니 此文王之勇也니 文王이 一怒而安天下之民하니이다.

'시'는 『시경』「대아·황의」편이다. '혁(赫)'은 발끈 노한 모양이다. '원(爰)'은 '어(於)'다. '여(旅)'는 무리라는 뜻이다. '알(遏)'은 『시경』에 '안(按)'으로 되어 있는데 막는다는 뜻이다. '조(徂)'는 간다는 뜻이다. '여(莒)'는 『시경』에는 '여(旅)'로 되어 있으므로, '조려(徂旅)'는 밀 땅의 사람들이 원(阮)나라를 침략하고자 공(共) 땅으로 가는 무리를 말한 것이다. '독(篤)'은 두텁다는 뜻이다. '호(祜)'는 복이라 뜻이다. '대(對)'는 대답하는 것이므로, 천하가 우러러 바라는 마음으로 대답한 것이다. 이것은 문왕의 대용(大勇)이다.

詩는 大雅皇矣篇이라. 赫은 赫然怒貌라. 爰은 於也라. 旅는 衆也라. 遏은 詩作按하니 止也라. 徂는 往也라. 莒는 詩作旅하니 徂旅는 謂密人侵阮徂共之衆也라. 篤은 厚也라. 祜는 福也라. 對는 答也니 以答天下仰望之心也라. 此는 文王之大勇也라.

2-3-7. 『서경』에 이르기를, '하늘이 백성을 내시면서 군주를 세우고 스승을 세우고는 오직 말하기를 상제를 도와서 사방의 백성들에게 사랑을 받도록 하라. 죄가 있는 사람이건 죄가 없는 사람이건 모두 나에게 달렸으니 천하에 어찌 감히 그 뜻을 거스르는 사람이 있겠는가?'라고 하였습니다. 한 사람이 천하를 횡행하자 무왕은 그것을 부끄러워하시니 이것은 무왕의 용기입니다. 무왕 또한 한 번 노해서 천하의 백성들을 편안하게 하였습니다.

書曰 天降下民하사 作之君作之師하시어든 惟曰 其助上帝라 寵之四方이니 有罪無罪에 惟我在커니 天下 曷敢有越厥志리오 하니 一人이 衡行於天下어늘 武王이 恥之하니 此武王之勇也니 而武王이 亦一怒而安天下之民하니이다.

'서(書)'는 『서경』「주서・태서」의 편이다. 그러나 인용한 글이 오늘날의 『서경』과 조금 차이가 있는데, 지금은 우선 이것에 따라서 해석한다. '총지사방(寵之四方)'은 사방에서 그를 총애하고 특별히 대우하는 것이다. 죄가 있는 사람은 내가 그를 토벌할 수 있고, 죄가 없는 사람은 내가 편안하게 할 수 있으니, 내가 이미 여기에 뜻을 두고 있다면 천하에 어찌 감히 마음을 지나치게 먹고 난을 일으키는 사람이 있겠는가? '횡행(衡行)'은 난을 일으키는 것을 말한다. 맹자께서 『서경』의 의미를 이와 같이 해석하고, 무왕 역시 대용(大勇)이라고 말씀하신 것이다.

書는 周書泰誓之篇也라. 然이나 所引이 與今書文小異하니 今且依此解之하노라. 寵之四方은 寵異之於四方也라. 有罪者를 我得而誅之하고 無罪者를 我得而安之니 我旣在此면 則天下何敢有過越其心志而作亂者乎아. 衡行은 謂作亂也라. 孟子釋書意如此하시고 而言武王亦大勇也라.

2-3-8. 이제 왕께서도 한 번 노하여 온 천하의 백성들을 편안하게 하시면, 백성들은 오직 왕께서 용기를 좋아하지 않을까 두려워할 것입니다."

今王이 亦一怒而安天下之民하시면 民이 惟恐王之好不勇也리이다.

왕이 만약에 문왕・무왕처럼 할 수 있다면 천하의 백성들은 그가 한 번 노해서 포악한 사람과 난을 일으키는 사람을 제거하고 도탄 속에서 자신을 건져주기를 희망하여 오직 왕이 용기를 좋아하지 않을까 두려워할 뿐이다. ○이 장은 군주가 작은 분노를 징계할 수 있다면 작은 나라를 구휼하고 큰 나라를 섬겨서 이웃 나라와 교류할 수 있고, 대용을 기를 수 있다면 포악한 사람을 제거하고 백성을 구제하여 천하를 평안하게 할 수 있다는 것을 말한 것이다. 장경부가 말하기를 "소용(小勇)이란 혈기의 노여움이요, 대용(大勇)은 의리의 노여움이니, 혈기의 노여움은 소유해서는 안 되고, 의리의 노여움은 없어서는 안 되는 것이다. 이것을 알면 성정(性情)의 바름을 볼 수 있고, 천리와 인욕의 구분을 알 수 있을 것이다"라고 하였다.

王若能如文武之爲면 則天下之民이 望其一怒以除暴亂하여 而拯己於水火之中하여 惟恐王之不好勇耳니라. ○此章은 言人君이 能懲小忿이면 則能恤小事大하여 以交隣國이요 能養大勇이면 則能除暴救民하여 以安天下니라. 張敬夫曰 小勇者는 血氣之怒也요 大勇者는 理義之怒也니 血氣之怒는 不可有요 理義之怒는 不可無니 知此면 則可以見性情之正이요 而識天理人欲之分矣리라.

2-4-1. 제선왕이 설궁에서 맹자를 만났는데 왕이 말했다. "어진 사람도 또한 이런 즐거움이 있습니까?" 맹자께서 대답하여 말씀하셨다. "있습니다. 사람들은 이러한 즐거움을 얻지 못하면 윗사람을 비난합니다.

齊宣王이 見孟子於雪宮이러니 王曰 賢者도 亦有此樂乎잇가. 孟子對曰 有하니 人不得則非其上矣니이다.

'설궁(雪宮)'은 이궁(離宮)의 이름이다. 군주가 백성과 함께 즐길 수 있으면 사람들이 모두 이러한 즐거움을 가질 수 있을 것이요, 그렇지 않다면 아래에서 이러한 즐거움을 얻지 못한 사람들이 반드시 군주를 비난하는 마음을 갖게 된다고 말한 것이다. 군주는 마땅히 여민동락하여 백성들 가운데 이러한 즐거움을 얻지 못한 자가 있게 해서는 안 되고, 다만 어진 사람과 함께 즐거워해서는 안 되는 것을 밝혔다.

雪宮은 離宮名이라. 言人君이 能與民同樂이면 則人皆有此樂이요 不然이면 則下之不得此樂者必有非其君上之心이니 明人君當與民同樂하여 不可使人有不得者요 非但當與賢者共之而已也니라.

2-4-2. 이러한 즐거움을 얻지 못한다고 윗사람을 비난하는 것도 잘못이고, 백성들의 윗사람이 되어서 백성들과 함께 즐기지 않는 것도 또한 잘못입니다.

不得而非其上者도 非也며 爲民上而不與民同樂者도 亦非也니이다.

아래에서 분수를 편안하게 여기지 않고 위에서 백성을 구휼하지 않는 것은 모두 올바른 도리가 아니다.

下不安分과 上不恤民이 皆非理也라.

2-4-3. 백성들의 즐거움을 즐거워하면 백성들도 또한 임금의 즐거움을 즐거워할 것이며, 백성의 근심을 걱정하면 백성들도 또한 임금의 근심을 걱정할 것입니다. 천하의 사람들과 함께 즐기고 천하의 사람들과 함께 걱정하고서도 왕 노릇을 하지 못하는 사람은 없습니다.

樂民之樂者는 民亦樂其樂하고 憂民之憂者는 民亦憂其憂하나니 樂以天下하며 憂以天下하고 然而不王者 未之有也니이다.

왕이 백성의 즐거움을 즐거워하여 백성들도 그의 즐거움을 즐거워한다면 천하를 가지고 즐거워하는 것이요, 왕이 백성의 근심을 걱정하여 백성들도 그의 근심을 걱정한다면 천하를 가지고 근심하는 것이다.

樂民之樂而民樂其樂이면 則樂以天下矣요 憂民之憂而民憂其憂면 則憂以天下矣라

2-4-4. 옛날에 제경공이 안자에게 물었습니다. '내가 전부산과 조무산을 구경하고 바다를 따라 남하하여 낭야까지 가려고 하는데, 내가 무슨 일을 해야 선왕들이 유람하신 것에 견줄 수 있겠소?

昔者에 齊景公이 問於晏子曰 吾欲觀於轉附朝儛하여 遵海而南하여 放於琅邪하노니 吾何修而可以比於先王觀也오

'안자(晏子)'는 제나라 신하인데 이름은 영(嬰)이다. 전부(轉附)와 조무(朝儛)는 모두 산 이름이다. '준(遵)'은 따른다는 뜻이요, '방(放)'은 이르다는 뜻이다. '낭야(琅邪)'는 제나라 동남쪽 국경에 있는 읍의 이름이다. '관(觀)'은 유람한다는 뜻이다.

晏子는 齊臣이니 名嬰이라 轉附朝儛는 皆山名也라 遵은 循也요 放은 至也라 琅邪는 齊東南境上邑名이라 觀은 遊也라

2-4-5. 안자가 대답하였습니다. '질문이 아주 좋습니다. 천자가 제후에게 가는 것을 순수라고 하는데, 순수란 지키고 있는 곳을 돌아보는 것입니다. 제후가 천자에게 조회하는 것을 술직이라고 하는데, 술직이란 맡은 바 직무를 보고하는 것입니다. 그러므로 중요한 일이 아닌 것이 없습니다. 봄에는 밭가는 것을 살펴서 부족한 것을 보충해 주고, 가을에는 거두어들이는 것을 살펴서 모자라는 것을 도와줍니다. 하나라 속담에 우리 임

금이 유람하지 않으시면 우리가 어떻게 쉴 수 있겠는가? 우리 임금이 즐거워하지 않으시면 우리가 어떻게 도움을 받겠는가? 한 번 유람하고 한 번 즐거워하는 것이 제후들의 모범이 된다.'

晏子對曰 善哉라 問也여. 天子適諸侯曰 巡狩니 巡狩者는 巡所守也요. 諸侯朝於天子曰 述職이니 述職者는 述所職也니 無非事者오. 春省耕而補不足하며 秋省斂而助不給하나니 夏諺에 曰吾王이 不遊면 吾何以休며 吾王이 不豫면 吾何以助리오. 一遊一豫 爲諸侯度라 하니이다.

'술(述)'은 베푼다는 뜻이다. '성(省)'은 보는 것이다. '염(斂)'은 수확하는 것이다. '급(給)'은 또한 충분한 것이다. '하언(夏諺)'은 하나라 당시의 속어다. '예(豫)'는 즐기는 것이다. '순소수(巡所守)'는 제후가 지키는 땅을 돌아보는 것이요, '술소직(述所職)'은 천자에게 받은 직분을 펼치는 것이니, 모두 할 일 없이 헛되이 다니는 것이 아니다. 또 봄과 가을에는 교외로 순행하여 백성들의 부족한 것을 관찰하여 보충해주는 것이다. 그러므로 하나라 속담에 "왕이 한 번 유람하고 한 번 즐거워하는 것이 모두 백성에게 은혜가 미치는데, 제후가 모두 법을 취하여 감히 일없이 태만하게 놀면서 백성을 병들게 하지 않는 것이다"라고 하였다.

述은 陳也라. 省은 視也라. 斂은 收穫也라. 給은 亦足也라. 夏諺은 夏時之俗語也라. 豫는 樂也라. 巡所守는 巡行諸侯所守之土也요 述所職은 陳其所受之職也니 皆無有無事而空行者요. 而又春秋循行郊野하여 察民之所不足而補助之라. 故로 夏諺에 以爲 王者一遊一豫가 皆有恩惠以及民이어늘 而諸侯皆取法焉하여 不敢無事慢遊以病其民也라 하니라.

2-4-6. 그런데 지금은 그렇지 않습니다. 군대가 행군하면서 지방의 양식을 축내어 굶주린 자가 먹지 못하고, 고달픈 사람이 쉬지 못하며, 곁눈질하며 서로 모함하고 백성들은 이에 원한을 품습니다. 선왕의 명을 거역하여 백성들을 학대하며, 음식을 물 흐르듯이 낭비하여 배타고 놀며 사냥하고 술 마시는 행동을 하니 제후들의 근심거리가 되고 있습니다.
今也에 不然하여 師行而糧食하여 飢者 弗食하며 勞者 弗息하여 睊睊胥讒하여 民乃作慝이어늘 方命虐民하여 飮食若流하며 流連荒亡하여 爲諸侯憂하나이다.

'금(今)'은 안자가 살던 당시를 말한다. '사(師)'는 군대인데, 2,500명이 사가 된다. 『춘추전』에 "군주가 출행하면 군대가 따른다"고 하였다. '양(糧)'은 미숫가루와 말린 밥과 같은 종류를 말한다. '견견(睊睊)'은 옆으로 보는 모습이다. '서(胥)'는 서로라는 뜻이다. '참(讒)'은 모함하는 것이다. '특(慝)'은 원망하고 미워하는 것이니, 백성들이 힘든 것을 이기지 못하고 원망과 모함을 하는 것을 말한다. '벙(方)'은 거역하는 것이요, '명(命)'은 왕명이다. '약류(若流)'는 물이 흐르는 것이 끝이 없는 것과 같은 것이다. '유(流)·연(連)·황(荒)·망(亡)'은 해석이 아래 글에 보인다. '제후(諸侯)'는 부용국이나 현읍의 장(長)을 말한다.
今은 謂晏子時也라. 師는 衆也니 二千五百人이 爲師니 春秋傳曰 君行師從이라 하니라. 糧은 謂糗糒之屬이라. 睊睊은 側目貌라. 胥는 相也라. 讒은 謗也라. 慝은 怨惡也니 言民不勝其勞하여 而起怨謗也라. 方은 逆也요 命은 王命也라. 若流는 如水之流 無窮極也라. 流連荒亡은 解見下文하니라. 諸侯는 謂附庸之國縣邑之長이라.

2-4-7. 물의 흐름을 따라 내려가서 돌아올 줄을 잊어버리는 것을 유(流)라 하고, 흐름을 거슬러 올라가서 돌아올 줄 잊어버리는 것을 연(連)이라 하고, 짐승을 따라다니며 싫증낼 줄 모르는 것을 황(荒)이라 하고, 술을 즐겨 싫어하지 않는 것을 망(亡)이라 말합니다.

從流下而忘反을 謂之流요 從流上而忘反을 謂之連이요 從獸無厭을 謂之荒이요 樂酒無厭을 謂之亡이니.

이것은 윗글의 뜻을 해석한 것이다. '종류하(從流下)'는 배를 띄워 물을 따라서 내려가는 것을 말하고, '종류상(從流上)'은 배를 당겨 물을 거슬러 올라오는 것을 말한다. '종수(從獸)'는 사냥하는 것을 말한다. '황(荒)'은 부서지다는 뜻이다. '낙주(樂酒)'는 술 마시는 것을 즐거움으로 삼는 것이다. '망(亡)'은 '실(失)'과 같으니 시기를 놓치고 일을 잃은 것을 말한다.

此는 釋上文之義也라. 從流下는 謂放舟隨水而下요 從流上은 謂挽舟逆水而上이라. 從獸는 田獵也라. 荒은 廢也라. 樂酒는 以飮酒爲樂이라. 亡은 猶失也니 言廢時失事也라.

2-4-8. 선왕은 물을 따라 오르고 내리며 노는 즐거움과 사냥하며 술 마시는 행동은 없었습니다. 오직 임금께서 행하고자 하는 것에 달렸습니다.

先王은 無流連之樂과 荒亡之行하니 惟君所行也니이다.

선왕의 법과 오늘날의 폐단, 이 두 가지는 오직 군주가 실행하는 것에 있을 뿐이라고 말씀하신 것이다.

言先王之法今時之弊 二者는 惟在君所行耳라.

2-4-9. 경공이 기뻐하여 크게 나라에 명령을 내리고 교외로 나아가, 이에 비로소 창고를 풀어서 부족한 것을 도와주었습니다. 그리고 태사를 불러 이르기를, '나를 위해서 임금과 신하가 서로 기뻐하는 음악을 지으라'고 했으니, 치소와 각소가 그것입니다. 그 가사에 이르기를 '임금의 욕망을 제지하는 것이 무슨 허물이겠는가?' 하였으니, 임금의 욕망을 제지하는 것은 임금을 좋아하여 위하는 것입니다."소

景公이 說하여 大戒於國하고 出舍於郊하여 於是에 始興發하여 補不足하고 召大師曰 爲我하여 作君臣相說之樂하라 하니 蓋徵招角招是也라. 其詩曰 畜君何尤리오 하니 畜君者는 好君也니이다.

'계(戒)'는 명령을 고하는 것이다. '출사(出舍)'는 자책하여 백성을 살피는 것이다. '흥발(興發)'은 창고를 여는 것이다. '태사(大事)'는 악관이다. '군신'은 자기와 안영이다. 음악에는 다섯 가지 소리가 있는데, 세 번째를 각(角)이라고 하는데 백성이 되고, 네 번째를 치(徵)라고 하는데 일이 된다. '소(招)'는 순 임금의 음악이다. '기시(其詩)'는 치소와 각소의 시를 말한다. '우(尤)'는 허물이다. "안영이 군주의 욕망을 붙들어 막았으니 마땅히 군주에게 허물을 받은 것이다. 그러나 그 마음이 어찌 허물이 되겠는가?"라고 말한 것이다. 맹자는 이것을 해석하여 신하가 군주의 욕망을 붙들어 막은 것이 바로 군주를 사랑하는 것이라고 생각했다. ○윤 씨가 말하기를, "군주는 백성과 더불어 귀천이 비록 같지 않지만 그 마음은 처음부터 다른 것이 아니다. 맹자의 말씀은 의미가 깊고 간절하다고 말할 수 있는데, 제나라 왕이 미루어서 사용하지 못하였으니 애석하구나" 라고 하였다.

戒는 告命也라. 出舍는 自責以省民也라. 興發은 發倉廩也라. 大師는 樂官也라. 君臣은 己與晏子也라. 樂有五聲하니 三曰角이니 爲民이요 四曰徵니 爲事라. 招는 舜樂也라. 其詩는 徵招角招之詩也라. 尤는 過也라. 言 晏子能畜止其君之欲하니 宜爲君之所尤나 然이나 其心則何過哉리오. 孟子釋之하사 以爲臣能畜止其君之欲은 乃是愛其君者也라 하시니라. ○ 尹氏曰 君之與民이 貴賤雖不同이나 然이나 其心은 未始有異也라. 孟子之言이 可謂深切矣어늘 齊王이 不能推而用之하니 惜哉로다.

2-5-1. 제선왕이 물었다. "사람들이 모두 나에게 명당을 헐어 버리라고 하는데 헐어야 합니까, 그만둬야 합니까?"
齊宣王이 問曰 人皆謂我毀明堂이라 하나니 毀諸아. 已乎잇가.

조씨가 말하기를 "명당은 태산에 있는 명당인데, 주나라 천자가 동쪽을 순수하면서 제후에게 조회를 받는 곳이다"라고 하였으니, 한나라 때에도 유적지가 남아 있었다. 사람들이 그것을 헐어버리려고 한 것은 천자가 다시는 순수하지 않았고 제후들도 또한 마땅히 거처할 수 없었기 때문이다. 제선왕이 "마땅히 헐어야 합니까? 아니면 그만 두어야 합니까?"라고 질문한 것이다.
趙氏曰 明堂은 泰山明堂이니 周天子東巡守朝諸侯之處라 하니 漢時遺址尙在하니라. 人欲毀之者는 蓋以天子不復巡守하고 諸侯又不當居之也라. 王問 當毀之乎아 且止乎아.

2-5-2. 맹자께서 대답하여 말씀하셨다. "대저 명당이란 왕의 당입니다. 왕께

서 왕정을 행하시려거든 헐지 마십시오."
孟子對曰 夫明堂者는 王者之堂也니 王欲行王政則勿毀之矣소서.

'명당(明堂)'은 왕자가 거처하면서 정치적 명령을 내리는 곳이다. 왕정을 행할 수 있으면 또한 왕 노릇을 할 수 있으니 어찌 반드시 헐어버릴 것이 있겠는가?
明堂은 王者所居以出政令之所也라. 能行王政이면 則亦可以王矣니 何必毀哉리오.

2-5-3. 왕이 말했다. "왕정에 대해서 들을 수 있겠습니까?" 맹자께서 말씀하셨다. "옛날에 문왕이 기를 다스릴 때에 경작자에게 구분의 일을 과세하였고, 벼슬한 사람에게는 대대로 녹을 주었으며, 관문과 시장에서는 통행인을 조사하되 세금을 징수하지는 않았고, 연못이나 개천에서 고기 잡는 것을 금하지 않았으며, 죄인은 그 처자까지 처벌하지 않았습니다. 늙고 아내 없는 사람을 홀아비라 하고, 늙고 남편 없는 사람을 과부라 하고, 늙고 자식 없는 사람을 고독한 늙은이라 하고, 어리고 부모 없는 사람을 고아라고 합니다. 이 네 부류의 사람들은 천하에서 가장 곤궁한 백성으로 호소할 데도 없는 사람들입니다. 문왕이 정치를 하시며 인을 베푸는데 반드시 이 네 부류의 사람들을 먼저 돌보았습니다. 『시경』에 이르기를, '부유한 사람들은 괜찮다. 이 고독한 사람들이 불쌍하구나'라고 하였습니다."
王曰 王政을 可得聞與잇가. 對曰 昔者文王之治岐也에 耕者를 九一하며 仕者를 世祿하며 關市를 譏而不征하며 澤梁을 無禁하며 罪人을 不孥하니이다.

老而無妻曰鰥이요 老而無夫曰寡요 老而無子曰獨이요 幼而無父曰孤니 此四者는 天下之窮民而無告者어늘 文王이 發政施仁하되 必先斯四者하니 詩云 哿矣富人이어니와 哀此煢獨이라 하니이다.

'기(岐)'는 주의 옛 나라다. '구일(九一)'은 정전법을 말한다. 사방 1리가 '정(井)'이 되는데, 그 토지는 9백 무에 해당한다. 토지 가운데에 정(井) 자를 그어서 경계를 9구획으로 만드는데, 한 구획의 가운데 토지 백무를 만들고, 그 중에서 가운데 백 무는 공전으로 하고 밖에 있는 8백 무는 사전으로 만든다. 여덟 집이 각각 사전 백 무를 받고 함께 공전을 경작 하는데, 이것이 9분의 1을 세금으로 내는 것이다. '세록(世祿)'이란 선왕 의 대에 벼슬했던 사람의 자손을 모두 가르치고, 가르쳐서 인재가 되면 벼슬을 주고, 만약 등용할 수 없으면 그들이 봉록을 잃지 않도록 해야 하는데, 이것은 아마도 선대가 일찍이 백성들에게 공적을 세웠기 때문에 이와 같이 보답하는 것이니 충성과 후덕함이 지극한 것이다. '관(關)'은 도로의 관문을 말하고, '시(市)'는 도읍의 시장을 말한다. '기(譏)'는 관찰 하는 것이요, '정(征)'은 세금이니, 관문과 시장의 관리가 복장이 다르거 나 말씨가 다른 사람들을 관찰하고 장사하는 세금을 거두지 않는 것이 다. '택(澤)'은 물이 고이는 저수지를 말하고, '양(梁)'은 고기를 잡는 곳 인데, 백성과 더불어 이익을 함께 나누고 법으로 금지하지 않는 것이다. '노(孥)'는 처자를 말하는데, 악행을 미워하되 죄를 지은 그 사람 자신에 게 그치고 처자에게는 미치지 않는 것이다. 선왕이 백성을 기르는 정사 는 백성들의 처자를 인도하여 노인들을 봉양하고 어린이들을 구휼하게 하는 것인데, 불행하게 홀아비·과부·고아·독거노인과 같은 사람들이 부모와 처자의 봉양도 받지 못하면 더욱 불쌍하게 여겨야 한다. 그러므로 반드시 이들을 우선으로 삼는 것이다. '시(詩)'는 『시경』「소아·정월」편이다. '가(哿)'는 괜찮다는 뜻이요, '경(煢)'은 피곤하고 초췌한 모습이다.

岐는 周之舊國也라. 九一者는 井田之制라. 方一里爲一井이니 其田九百畝라. 中畫井字하여 界爲九區하여 一區之中에 爲田百畝니 中百畝는 爲公田하고 外八百畝는 爲私田하여 八家各受私田百畝하고 而同養公田하니 是九分而稅其一也라. 世祿者는 先王之世에 仕者之子孫을 皆敎之하여 敎之而成材면 則官之하고 如不足用이어든 亦使之不失其祿하니 蓋其先世嘗有功德於民이라 故로 報之如此하니 忠厚之至也라. 關은 謂道路之關이요 市는 謂都邑之市라. 譏는 察也요 征은 稅也니 關市之吏가 察異服異言之人하고 而不征商賈之稅也라. 澤은 謂潴水요 梁은 謂魚梁이니 與民同利하여 不設禁也라. 孥는 妻子也니 惡惡止其身이요 不及妻子也라. 先王養民之政은 導其妻子하여 使之養其老而恤其幼하나니 不幸而有鰥寡孤獨之人하여 無父母妻子之養이면 則尤宜憐恤이라. 故로 必以爲先也라. 詩는 小雅正月之篇이라. 哿는 可也라. 煢은 困悴貌라.

2-5-4. 왕이 말했다. "그 말씀이 참 좋습니다." 맹자께서 말씀하셨다. "왕께서 좋게 여기신다면 왜 행하지 않으십니까?" 왕이 말했다. "과인에게 나쁜 병통이 있으니 과인은 재물을 좋아합니다." 맹자께서 대답하여 말씀하셨다. "옛날에 공유가 재물을 좋아했습니다. 『시경』에 이르기를 '곡식을 들에 쌓아두고 창고에 쌓았거늘, 마른 양식을 전대에 담고 자루에 담았네. 백성들을 편안하게 모아서 이로써 나라를 빛낼 수 있으리라 생각

하였네. 활과 화살을 펴들고 방패와 창과 도끼를 들고 바야흐로 길을 떠났네'라고 했습니다. 그러므로 남아 있는 사람에게는 들에 쌓아두고 창고에 저장한 곡식이 있고, 길을 떠나는 사람은 양식을 싼 자루가 준비된 뒤에 길을 떠날 수 있었습니다. 왕께서 만일 재물을 좋아하시어 백성들과 함께 하신다면 왕 노릇 하는 데 무슨 어려움이 있겠습니까?"

王曰 善哉라 言乎여. 曰 王如善之則何爲不行이니잇고 王曰 寡人이 有疾하니 寡人은 好貨하노이다. 對曰 昔者에 公劉好貨하더시니 詩云 乃積乃倉이어늘 乃裹餱糧을 于橐于囊이요 思戢用光하여 弓矢斯張하며 干戈戚揚으로 爰方啓行이라 하니 故로 居者有積倉하며 行者有裹糧也然後에아 可以爰方啓行이니 王如好貨어시든 與百姓同之하시면 於王에 何有리잇고.

왕이 스스로 재물을 좋아하기 때문에 백성들에게서 취하는 것이 절제가 없어 이 왕정을 행할 수 없다고 생각한 것이다. '공유(公劉)'는 후직의 증손이다. '시'는 『시경』「대아·공유」편이다. '적(積)'은 바깥에 쌓는 것이요, '후(餱)'는 말린 식량이다. 밑바닥이 없는 것을 '탁(橐)'이라 하고, 밑바닥이 있는 것을 '낭(囊)'이고 하는데, 모두 말린 식량을 담는 것이다. '집(戢)'은 편안하게 모이는 것이니, 백성들을 편안하게 모아서 국가를 빛낼 것을 생각한다는 말이다. '척(戚)'은 작은 도끼이고, '양(揚)'은 큰 도끼다. '원(爰)'은 '이에'라는 말이다. '계행(啓行)'은 빈(豳) 땅으로 옮겨가는 것을 말한다. '하유(何有)'는 어렵지 않다는 것을 말한다. 맹자께서 말씀하시기를 "공유의 백성들이 이와 같이 부유하고 풍족하였는데, 이것은 공유가 재물을 좋아하였지만 자기의 마음을 미루어서 백성에게 이르렀기 때문이다. 지금 왕께서 재물을 좋아하는 것을 이와 같이 하신다면 천하의 왕 노릇 하는 데 무슨 어려움이 있겠는가?"라고 한 것이다.

王自以爲好貨라 故로 取民無制하여 而不能行此王政이라 하니라. 公劉는 后稷之曾孫也라. 詩는 大雅公劉之篇이라. 積은 露積也요 餱는 乾糧也라. 無底曰橐이요 有底曰囊이니 皆所以盛餱糧也라. 戢은 安集也니 言思安集其民人하여 以光大其國家也라. 戚은 斧也요 揚은 鉞也라. 爰은 於也라. 啓行은 言往遷于豳也라. 何有는 言不難也라. 孟子言 公劉之民이 富足如此하니 是는 公劉好貨而能推己之心하여 以及民也라. 今王好貨를 亦能如此면 則其於王天下也에 何難之有리오 하시니라.

2-5-5. 왕이 말했다. "과인에게 나쁜 병통이 있으니 과인은 여색을 좋아합니다." 맹자께서 말씀하셨다. "옛날에 태왕이 여색을 좋아하여 그의 왕비를 사랑했습니다. 『시경』에 이르기를, '고공단보가 아침 일찍 와서, 말을 달려 서쪽 물가를 따라 기산 아래에 이르고, 이에 강씨의 딸과 함께 와서 스스로 살 집을 살펴보네'라고 하였습니다. 이때를 당해서 안으로는 남편 없는 여자가 없었고, 밖으로는 아내 없는 남자가 없었습니다. 왕께서 만약 여색을 좋아하시거든 백성들과 함께 하신다면 왕 노릇 하는 데 무슨 어려움이 있겠습니까?"

王曰 寡人이 有疾하니 寡人이 好色하노이다. 對曰 昔者에 大王이 好色하여 愛厥妃하더시니 詩云 古公亶父 來朝走馬하여 率西水滸하여 至于岐下하여 爰及姜女로 聿來胥宇라 하니 當是時也하여 內無怨女하며 外無曠夫하니 王如好色이어시든 與百姓同之하시면 於王에 何有리잇고.

왕이 또 이것을 말한 것은 여색을 좋아하면 마음이 미혹되고 씀씀이가 사치스러워 왕정을 행할 수 없기 때문이다. '태왕(大王)'은 공유의 9세손이다. '시'는 『시경』「대아·면」편이다. '고공(古公)'은 태왕의 본래 칭호인데 뒤에 추존하여 태왕이 된 것이다. '단보(亶父)'는 태왕의 이름이다. '내조주마(來朝走馬)'는 오랑캐인 적인의 난리를 피한 것이다. '솔(率)'은 따른다는 뜻이다. '호(滸)'는 물가라는 뜻이다. '기하(岐下)'는 기산의 아래다. '강녀(姜女)'는 태왕의 비를 말한다. '서(胥)'는 관찰한다는 말이다. '우(宇)'는 거처하는 곳이다. '광(曠)'은 비었다는 뜻이니 원망하는 여자와 아내 없는 남편이 없다는 것은 태왕이 여색을 좋아하되 자기의 마음을 미루어 백성에게 미쳤기 때문이다. ○양 씨가 말하기를 "맹자께서 군주와 더불어 말을 할 때, 모두 선심을 확충하여 그른 마음을 바로잡고자 하였으며, 일에 나아가서 일을 논하는 데 그치지 않았으니, 만약 신하된 사람이 일을 논할 때에 매번 이와 같이 한다면 어찌 자기 군주를 요순과 같이 만들지 못하겠는가?"라고 하였다. 내가 생각하건대, 이 편은 수장에서부터 여기까지 대의가 똑 같으니, 종고(鐘鼓)와 원유(苑囿)와 유관(游觀)의 즐거움과, 호용(好勇)과 호화(好貨)와 호색(好色)하는 마음은 모두 천리가 있는 곳이며, 인정이 없을 수 없는 곳이다. 그러나 천리와 인욕은 행실은 같지만 실정이 다르니, 천리에 따라서 천하를 공(公)으로 여기는 것은 성현이 자기의 본성을 극진하게 하는 것이요, 인욕을 방종하여 자신만을 사사롭게 하는 것은 중인(衆人)들이 천리를 없애는 것이다. 두 가지의 간격이 털끝만큼도 안 되지만 시비와 득실이 귀결되는 것은 서로 거리가 매우 멀 것이다. 그러므로 맹자께서 당시 군주의 질문으로 인하여 은미한 사이를 분석하셨으니, 모두 인욕을 막고 천리를 보존하는 것이다. 그 법(法)이 성긴 것 같지만 실제는 빽빽하고,

그 일이 쉬운 것 같지만 실제는 어려우니, 학자들이 몸으로 체행한다면 곡학아세(曲學阿世)하는 말씀이 아님을 알 수 있을 것이요, 극기복례(克己復禮)의 단서임을 알 게 될 것이다.

王又言此者는 好色이면 則心志蠱惑하고 用度奢侈하여 而不能行王政也라. 大王은 公劉九世孫이라. 詩는 大雅綿之篇也라. 古公은 大王之本號니 後乃追尊爲大王也라. 亶父는 大王名也라. 來朝走馬는 避狄人之難也라. 率은 循也라. 滸는 水涯也라. 岐下는 岐山之下也라. 姜女는 大王之妃也라. 胥는 相也라. 宇는 居也라. 曠은 空也니 無怨曠者는 是大王好色而能推己之心하여 以及民也라. ○楊氏曰 孟子與人君言에 皆所以擴充其善心하여 而格其非心이요 不止就事論事하시니 若使爲人臣者 論事를 每如此면 豈不能堯舜其君乎아. 愚謂컨대 此篇은 自首章至此히 大意皆同하니 蓋鍾鼓苑囿游觀之樂과 與夫好勇好貨好色之心은 皆天理之所有요 而人情之所不能無者라. 然이나 天理人欲이 同行異情하니 循理而公於天下者는 聖賢之所以盡其性也요. 縱欲而私於一己者는 衆人之所以滅其天也라. 二者之間이 不能以髮이로대 而其是非得失之歸는 相去遠矣라. 故로 孟子因時君之問하여 而剖析於幾微之際하시니 皆所以遏人欲而存天理라. 其法似疏而實密하고 其事似易而實難하니 學者以身體之면 則有以識其非曲學阿世之言이요. 而知所以克己復禮之端矣리라.

2-6-1. 맹자께서 제선왕에게 말씀하셨다. "왕의 신하 중에서, 자기 처자를 친구에게 맡기고 초나라에 가서 유람한 사람이 있었는데, 돌아와 보니 그 친구가 처자를 얼리고 굶주리게 했다면 어떻게 하겠습니까?" 왕이 말했다. "버려야지요."

孟子謂齊宣王曰 王之臣이 有託其妻子於其友而之楚遊者 比其反也하여 則凍餒其妻子어든 則如之何잇고. 王曰 棄之니이다.

'탁(託)'은 맡기는 것이다. '비(比)'는 미친다는 뜻이다. '기(棄)'는 끊어버리는 것이다.
託은 寄也라. 比는 及也라. 棄는 絶也라.

2-6-2. 맹자께서 말씀하셨다. "송사를 다스리는 옥관이 그의 부하들을 잘 다스리지 못한다면 어떻게 하겠습니까?" 왕이 말했다. "그만두게 해야지요."
曰 士師 不能治士어든 則如之何잇고. 王曰 已之니이다.

'사사(士師)'는 옥관인데 그 밑에 '향사(鄕士)'·'수사(遂士)'의 관리가 있고, 사사(士師)가 그들을 모두 맡아서 다스린다. '이(已)'는 파면하여 떠나보내는 것이다.
士師는 獄官也니 其屬이 有鄕士遂士之官하여 士師皆當治之니라. 已는 罷去也라.

2-6-3. 맹자께서 말씀하셨다. "사방 국경 안이 다스려지지 않는다면 어떻게 하겠습니까?" 왕이 좌우를 돌아보며 다른 말만 하였다.
曰 四境之內 不治어든 則如之何잇고. 王이 顧左右而言他러라.

맹자께서 장차 이것을 질문하고자 먼저 위의 두 가지 일을 가정하여 말씀하셨는데, 이에 이르자 왕이 대답하지 못하였다. 스스로 책망하기를 꺼리고 아랫사람에게 묻기를 부끄러워한 것이 이와 같았으니 함께 무슨 일을 할 수 없다는 것을 알 수 있다. ○조 씨가 말하기를, "군신과 상하가 각각 자기 임무에 힘쓰고 자기의 직분을 추락시키지 않아야 몸은 편안하게 할 수 있음을 말한 것이다"라고 하였다.

孟子將問此而先設上二事하여 以發之러시니 及此而王不能答也라. 其憚於自責하고 恥於下問이 如此하니 不足與有爲를 可知矣로다. ○趙氏曰 言君臣上下가 各勤其任하고 無墮其職이라야 乃安其身이니라.

2-7-1. 맹자께서 제선왕을 보고 말씀하셨다. "소위 오래된 나라라고 하는 것은 큰 나무가 있는 것을 두고 하는 말이 아니라, 대대로 벼슬하는 신하가 있는 것을 말하는 것입니다. 왕께서는 친근한 신하조차 없습니다. 옛날에 벼슬에 나간 사람들이 지금 와서는 도망간 줄도 모르고 계십니다."

孟子見齊宣王曰 所謂故國者는 非謂有喬木之謂也라 有世臣之謂也니 王無親臣矣니이다. 昔者所進을 今日에 不知其亡也온여.

'세신(世臣)'은 여러 대에 걸쳐서 공적을 쌓은 신하로 국가와 함께 기쁨과 슬픔을 같이 하는 자이고, '친신(親臣)'은 군주가 친하게 생각하고 신임하는 신하로 군주와 함께 기쁨과 슬픔을 같이 하는 자다. 이것은 "교목과 세신은 모두 고국에 마땅히 있어야 하지만, 고국이 되는 까닭은 이것[세신]에 있는 것이지 저것[교목]에 있는 것이 아니다. 어제 등용한 사람이 오늘 도망간 줄도 모른다면 친근한 신하도 없는 것이니, 하물며 세신에 있어서랴!"라고 말씀한 것이다.

世臣은 累世勳舊之臣이니 與國同休戚者也요 親臣은 君所親信之臣이니 與君同休戚者也라. 此는 言喬木世臣은 皆故國所宜有나 然이나 所以爲故國者는 則在此而不在彼也라. 昨日所進之人이 今日有亡去而不知者는 則無親臣矣니 況世臣乎아.

2-7-2. 왕이 말하였다. "내가 어떻게 재능이 없는 줄을 알아서 그를 버리겠습니까?"

王曰 吾何以識其不才而舍之잇고.

왕은 "이렇게 도망간 사람들은 모두 재능이 없는 사람들인데 내가 애초에 알지 못하고 잘못 등용하였다"고 생각한 것이다. 그러므로 지금 그들이 도망간 것을 유념하지 않은 것이다. 그로 인해서 "어떻게 먼저 재능이 없는 줄을 알아서 버리겠습니까?" 하고 질문한 것이다.

王意以爲此亡去者는 皆不才之人이어늘 我初不知而誤用之라. 故로 今不以其去爲意耳라. 因問何以先識其不才而舍之耶아 하니라.

2-7-3. 맹자께서 말씀하셨다. "임금이 어진 사람을 등용할 때에는 부득이한 것처럼 해야 하는 것이니, 낮은 사람으로 하여금 높은 사람을 넘어서게 하고, 소원한 사람으로 하여금 가까운 사람을 넘어서게 하려는 것이므로 신중하지 않아서야 되겠습니까?

曰 國君이 進賢하되 如不得已니 將使卑로 踰尊하며 疏로 踰戚이니 可不愼與잇가.

'여부득이(如不得已)'는 삼가는 것이 지극한 것을 말한다. 존귀한 사람을 존경하고 친한 사람을 친하게 여기는 것은 예의 불변하는 도리다. 그러나 존귀한 사람과 친한 사람이 반드시 어질지 않다면 반드시 조금 소원하지만 어진 사람을 등용해야 하는 것이니, 이것은 비천한 사람으로 하여금 존귀한 사람을 넘어서게 하고, 소원한 사람으로 하여금 친한 사람을 넘어서게 하는 것이니 예의 불변하는 도리가 아니다. 그러므로 삼가지 않을 수 없는 것이다.

如不得已는 言謹之至也라. 蓋尊尊親親은 禮之常也라. 然이나 或尊者親者未必賢이면 則必進疏遠之賢而用之하나니 是는 使卑者踰尊이요 疏者踰戚이니 非禮之常이라. 故로 不可不謹也니라.

2-7-4. 좌우의 신하들이 모두 어질다고 말해도 안 되고, 여러 대부들이 모두 어질다고 말해도 안 되고, 백성들이 모두 어질다고 말한 뒤에 그를 잘 살펴서, 그가 어진 사람임을 알게 된 뒤에 등용하십시오. 좌우의 신하들이 모두 안 된다고 말해도 듣지 말고, 여러 대부들이 모두 안 된다고 말해도 듣지 말고, 백성들이 모두 안 된다고 말한 뒤에 그를 잘 살펴서, 그가 안 되겠음을 알게 된 뒤에 제거하십시오.

左右皆曰賢이라도 未可也하며 諸大夫皆曰賢이라도 未可也하고 國人이 皆曰賢然後에 察之하여 見賢焉然後에 用之하며 左右皆曰 不可라도 勿聽하며 諸大夫皆曰 不可라도 勿聽하고 國人이 皆曰 不可然後에 察之하여 見不可焉然後에 去之하며,

'좌우(左右)'는 가까운 신하인데 그 말을 진실로 믿을 수 없고, 여러 대

부의 말은 마땅히 믿을 수 있지만 오히려 사사로움에 가릴까 두려우며, 백성들에게 이르러서는 그 의론이 공정하지만 그럼에도 반드시 관찰하는 것은, 어떤 사람은 세속과 함께 하여 대중에게 기쁨을 받는 사람도 있고, 또 어떤 사람은 특이하게 홀로 서서 세속의 사람들에게 미움을 받는 사람도 있기 때문이다. 그러므로 반드시 자신이 직접 살펴서 어질고 어질지 않음의 실상을 직접 경험한 다음에 그것에 따라서 등용하기도 하고 버리기도 한다면, 어진 사람에게는 앎이 깊고 책임이 무거워질 것이요, 재주가 없는 사람들이 요행으로 등용될 수 없을 것이다. 이른바 '어진 사람을 등용할 때에는 부득이한 것처럼 해야 하는 것'이 이와 같은 것이다.

左右는 近臣이니 其言이 固未可信矣요 諸大夫之言은 宜可信矣나 然이나 猶恐其蔽於私也요 至於國人하여는 則其論이 公矣라 然이나 猶必察之者는 蓋人有同俗而爲衆所悅者하며 亦有特立而爲俗所憎者라. 故로 必自察之하여 而親見其賢否之實然後에 從而用舍之면 則於賢者에 知之深하고 任之重이요 而不才者不得以幸進矣니 所謂進賢如不得已者如此니라.

2-7-5. 좌우의 신하들이 모두 죽여야 된다고 말해도 듣지 말고, 여러 대부들이 모두 죽여야 된다고 말해도 듣지 말고, 백성들이 모두 죽여야 된다고 말한 뒤에 그를 잘 살펴서 죽일 만한지를 알게 된 뒤에 죽일 것이니, 그러므로 백성들이 그 사람을 죽였다고 말하는 것입니다.

左右皆曰 可殺이라도 勿聽하며 諸大夫皆曰 可殺이라도 勿聽하고 國人이 皆曰 可殺然後에 察之하여 見可殺焉然後에 殺之니 故로 曰 國人이 殺之也라 하니이다.

이것은 유독 이것만을 가지고 인재를 등용하거나 물리칠 뿐 아니라 형벌을 사용하는 데에 이르러서도 또한 이 방법을 가지고 해야 한다는 것을 말한 것이니, 이른바 하늘이 명해주고 하늘이 토벌한다는 것이다. 이것은 모두 군주가 사사로이 할 수 있는 것이 아니다.

此는 言非獨以此進退人才라 至於用刑에도 亦以此道니 蓋所謂天命天討니 皆非人君之所得私也라.

2-7-6. 이렇게 한 뒤에야 백성의 부모가 될 수 있는 것입니다."

如此然後에 可以爲民父母니이다.

전에 이르기를 "백성들이 좋아하는 것을 좋아하고, 백성들이 싫어하는 것을 싫어하기 때문에 이것을 백성들의 부모라고 한다"라고 하였다.

傳曰 民之所好를 好之하고 民之所惡를 惡之此之謂民之父母라 하니라.

2-8-1. 제선왕이 물었다. "탕 임금이 걸을 쫓아내고, 무왕이 주를 정벌했다는데 그런 일이 있습니까?" 맹자께서 말씀하셨다. "전해 내려오는 글에 있습니다."

齊宣王이 問曰 湯이 放桀하시고 武王이 伐紂라 하니 有諸잇가. 孟子對曰 於傳에 有之하니이다.

'방(放)'은 버리는 것이니 『서경』에 "성탕이 걸을 남소에 버렸다"고 하였다.

放은 置也니 書云成湯放桀于南巢라 하니라.

2-8-2. 왕이 말했다. "신하가 그 임금을 죽이는 것이 옳은 일입니까?"
曰 臣弑其君이 可乎잇가.

걸과 주는 천자요, 탕과 무는 제후다.
桀紂는 天子요 湯武는 諸侯라.

2-8-3. 맹자께서 말씀하셨다. "인(仁)을 해치는 자를 흉포하다 하고, 의(義)를 해치는 자를 잔악하다고 합니다. 흉포하고 잔악한 사람을 평범한 사나이라고 하는데, 평범한 사나이인 주를 죽였다는 소리는 들었어도 임금을 죽였다는 소리는 듣지 못했습니다."
曰 賊仁者를 謂之賊이오 賊義者를 謂之殘이오 殘賊之人을 謂之一夫니 聞誅一夫紂矣오 未聞弑君也케이다.

'적(賊)'은 해치는 것이요, '잔(殘)'은 상하게 하는 것이다. 인을 해치는 사람은 흉포하고 잔학하여 천리를 끊어 없애기 때문에 적이라고 말하고, 의를 해치는 사람은 전복시키고 혼란을 일으켜서 인륜을 손상시키고 무너뜨리기 때문에 잔이라고 말한다. '일부(一夫)'는 대중이 배반하고 친한 사람이 떠나가서 다시는 임금으로 여기지 않는 것을 말한다. 『서경』에 "독부주(獨夫紂)"라고 하였는데, 사해가 그에게 귀의하면 천자가 되지만 천하가 그를 배반하면 독부가 되는 것이니, 제왕을 깊이 깨우쳐서 후세에 경계를 남기신 것이다. ○ 왕면이 말하기를 "이 말씀은 오직 지위가 낮은 자에게 탕·무의 어짊이 있고, 지위가 높은 자에게 걸·주의 포악함이 있으면 괜찮지만, 그렇지 않다면 나라를 찬탈하거나 임금을 시해하는 죄를 면하지 못할 것이다"라고 하였다.

賊은 害也요 殘은 傷也라. 害仁者는 凶暴淫虐하여 滅絶天理라 故로 謂之賊이요 害義者는 顚倒錯亂하여 傷敗彝倫이라 故로 謂之殘이라. 一夫는 言衆叛親離하여 不復以爲君也라. 書曰 獨夫紂라 하니 蓋四海歸之면 則爲天子요 天下叛之면 則爲獨夫니 所以深警齊王하여 垂戒後世也시니라. ○王勉曰 斯言也는 惟在下者有湯武之仁하고 而在上者有桀紂之暴면 則可어니와 不然이면 是未免於簒弑之罪也니라.

2-9-1. 맹자께서 제선왕을 보고 말씀하셨다. "왕께서 거대한 궁궐을 지으려면 반드시 도목수에게 큰 재목을 구해오게 할 것이니, 도목수가 큰 재목을 구해 오면 왕께서는 기뻐하며 이 도목수가 자기의 책임을 잘 감당한다고 여길 것입니다. 장인이 그 나무를 깎아서 작게 만들면 왕께서는 노하여 그 장인이 자기의 책임을 잘 감당하지 못한다고 여길 것입니다. 대개 사람이 어려서 배우는 것은 장성하여 그것을 행하고자 하는 것인데, 왕께서 '잠시 네가 배운 것을 버리고 나를 따르라'고 하신다면 어떻게 되겠습니까?

孟子見齊宣王曰 爲巨室則 必使工師로 求大木하시리니 工師得大木則王이 喜하여 以爲能勝其任也라 하시고 匠人이 斲而小之則王이 怒하여 以爲不勝其任矣라 하시리니 夫人이 幼而學之는 壯而欲行之니 王曰 姑舍女所學하고 而從我라 하시면 則何如하니잇고.

'거실(巨室)'은 큰 궁궐을 말한다. '공사(工師)'는 장인의 우두머리요, '장인(匠人)'은 여러 공인들을 말한다. '고(姑)'는 잠시라는 뜻이다. 현인이 배운 것이 큰 것인데 왕이 이것을 작게 여기고자 함을 말씀하신 것이다.
巨室은 大宮也라. 工師는 匠人之長이요 匠人은 衆工人也라. 姑는 且也라.
言賢人所學者大어늘 而王欲小之也라.

2-9-2. 지금 다듬지 않은 옥이 여기에 있다면 비록 20만 냥이나 되는 비싼 것이라 할지라도 반드시 옥공에게 그것을 다듬게 할 것입니다. 그런데 나라를 다스리는 데 이르러서는 '잠시 네가 배운 것을 버리고 나를 따르라'고 하신다면, 옥공으로 하여금 옥을 다듬도록 하는 것과 어찌 다르게 하시는 것입니까?"
今有璞玉於此하면 雖萬鎰이라도 必使玉人彫琢之하시리니 至於治國家하여는 則曰姑舍女所學하고 而從我라 하시면 則何以異於敎玉人彫琢玉哉잇고.

'박(璞)'은 옥이 돌 속에 있는 것이다. '일(鎰)'은 20냥이다. '옥인(玉人)'은 옥을 다루는 장인이다. 감히 스스로 다스리지 않고 능력이 있는 사람에게 맡기는 것은 매우 사랑이 깊은 것이다. 나라를 다스리는 사람이 사욕에 따라서 어진 사람을 등용하지 않는 것은 나라를 옥보다 사랑하지 못하는 것이다. ○범 씨가 말했다. "옛날의 어진 사람은 항상 임금이 어진 사람들이 배운 것을 실행하지 못할까 근심하였고, 세상의 용렬한 임금들은 항상 어진 사람이 임금이 좋아하는 것을 따르지 않을까 근심하였다. 이 때문에 임금과 신하가 서로 만나는 것을 예로부터 어렵게 여겼으니 공자와 맹자께서 종신토록 만나지 못했던 것은 이 때문이었을 뿐이다."
璞은 玉之在石中者라. 鎰은 二十兩也라. 玉人은 玉工也라. 不敢自治而

付之能者는 愛之甚也라. 治國家는 則徇私欲而不任賢하니 是는 愛國家不如愛玉也니라. ○ 范氏曰 古之賢者는 常患人君不能行其所學하고 而世之庸君은 亦常患賢者不能從其所好라. 是以로 君臣相遇를 自古以爲難하니 孔孟終身而不遇는 蓋以此耳시니라.

2-10-1. 제나라 사람이 연나라를 쳐서 이겼는데,
齊人이 伐燕勝之어늘

『사기』를 살펴보면, "연왕 쾌(噲)가 재상 자지(子之)에게 나라를 양보하자 나라가 매우 혼란해졌는데, 제나라가 이로 인하여 연나라를 정벌하자 연나라 군사가 싸움도 하지 않고 성문도 닫지 않아서 마침내 연나라를 크게 이겼다"라고 하였다.
按史記에 燕王噲讓國於其相子之에 而國大亂이어늘 齊因伐之한대 燕士卒不戰하고 城門不閉하여 遂大勝燕하니라.

2-10-2. 선왕이 물었다. "어떤 사람은 과인에게 연나라를 차지하지 말라고 말하고, 어떤 사람은 과인에게 차지하라고 말합니다. 만승의 나라를 가지고 만승의 나라를 쳐서 50일 만에 승리하였으니, 사람의 힘으로는 이렇게 되지 않을 것입니다. 차지하지 않는다면 반드시 하늘의 재앙이 내릴 것이니, 차지하면 어떻겠습니까?"
宣王이 問曰 或謂寡人勿取라 하며 或謂寡人取之라 하나니 以萬乘之國으로 伐萬乘之國하되 五旬而擧之하니 人力으로 不至於此니 不取면 必有天殃이니 取之何如하니잇고.

연나라를 정벌한 일을 선왕 때의 일로 여긴 것은 『사기』와 여러 책들을 검토해 보니 같지 않다. 이미 서설에 이에 대한 말이 나온다.

以伐燕爲宣王事는 與史記諸書不同하니 已見序說하니라.

2-10-3. 맹자께서 대답하여 말씀하셨다. "차지하는 데 연나라 백성들이 기뻐하면 차지하십시오. 옛날 사람 중에 그렇게 한 사람이 있으니 무왕이 바로 그런 분입니다. 차지하는 데 연나라 백성들이 기뻐하지 않으면 차지하지 마십시오. 옛날 사람 중에 그렇게 한 사람이 있으니 문왕이 바로 그런 분입니다.

孟子對曰 取之而燕民이 悅則取之하소서. 古之人이 有行之者하니 武王이 是也니이다. 取之而燕民이 不悅則勿取하소서. 古之人이 有行之者하니 文王이 是也니이다.

상나라 주 임금 때에 문왕은 천하가 삼등분된 것 중에서 둘을 차지하셨는데도 복종하여 상나라를 섬겼는데, 무왕 3년에 이르러 주 임금을 정벌하고 천하를 차지하였다. 장자가 말하기를, "이 일은 그 사이에 털끝만한 것도 용납하지 않으니, 하루 동안이라도 천명이 끊어지지 않으면 군신 사이가 되지만, 마땅히 하루라도 천명이 끊어지면 독부(獨夫)가 되는 것이다. 그러나 천명이 끊어지고 끊어지지 않는 것을 어떻게 알겠는가? 그것은 바로 인정일 뿐이다. 제후들이 서로 약속을 하지 않았는데도 800이나 모였으니 무왕이 어찌 정벌을 멈출 수 있었겠는가?"라고 하였다.

商紂之世에 文王이 三分天下에 有其二로되 以服事商이러시니 至武王十三年하여 乃伐紂而有天下하니라. 張子曰 此事는 間不容髮이니 一日之間에

天命未絶이면 則是君臣이요 當日命絶이면 則爲獨夫라. 然이나 命之絶否를 何以知之오. 人情而已라. 諸侯不期而會者八百이니 武王이 安得而止之哉시리오.

2-10-4. 만승의 나라를 가지고 만승의 나라를 정벌하는 데 대바구니의 밥과 호리병의 물로 왕의 군사를 맞이하는 것은 어찌 다른 이유가 있었겠습니까? 이것은 물과 불의 재난을 피하려는 것입니다. 그런데 만약 물이 더 깊어지고, 불이 더 뜨거워진다면 또한 다른 데로 돌아가고 말 것입니다."

以萬乘之國으로 伐萬乘之國이어늘 簞食壺漿으로 以迎王師는 豈有他哉리오. 避水火也니 如水益深하며 如火益熱이면 亦運而已矣니이다.

'단(簞)'은 대나무 그릇이요, '사(食)'는 밥이다. '운(運)'은 돌아간다는 뜻이다. 제나라가 만약 다시 포악해진다면 백성들이 장차 마음을 돌려서 다른 사람에게 구원해주기를 바란다고 말씀하신 것이다. ○조 씨가 말하기를 "정벌하는 방법은 마땅히 민심에 순응하는 것이니, 민심이 기뻐하면 하늘의 뜻을 얻은 것이다"라고 하였다.

簞은 竹器요 食는 飯也라. 運은 轉也라. 言齊若更爲暴虐이면 則民將轉而望救於他人矣라. ○趙氏曰 征伐之道는 當順民心이니 民心悅이면 則天意得矣니라.

2-11-1. 제나라 사람이 연나라를 정벌하여 취하자 제후들이 장차 연나라를 구원할 것을 논의하였다. 선왕이 말하기를, "제후들 가운데 과인을 정벌하려고 논의하는 자가 많은데, 어떻게 대응해야 합니까?"라고 하자, 맹자

께서 말씀하셨다. "저는 칠십 리의 땅으로 천하에 정치를 한다는 말을 들었는데 탕 임금이 바로 그런 분입니다. 천 리의 땅을 가지고 남을 두려워한다는 말은 아직 듣지 못했습니다."

齊人이 伐燕取之_{한대} 諸侯將謀救燕_{이러니} 宣王이 曰 諸侯多謀伐寡人者_하_니 何以待之_{잇고} 孟子對曰 臣은 聞七十里로 爲政於天下者는 湯이 是也니 未聞以千里로 畏人者也_{케이다}.

천 리의 땅을 가지고 남을 두려워한다는 것은 제왕을 가리키는 것이다. 千里畏人은 指齊王也_라.

2-11-2. 『서경』에 이르기를, '탕 임금이 첫 번째 정벌을 갈 나라에서부터 시작하자 온 천하가 그를 믿어 동쪽으로 향하여 정벌하면 서쪽의 오랑캐가 원망하고, 남쪽으로 향하여 정벌하면 북쪽의 오랑캐가 원망하여 어찌 우리들을 뒤로 돌리는가 하고 말하였다'고 했습니다. 백성들은 큰 가뭄에 구름과 무지개를 바라는 것처럼 바랐기 때문이었습니다. 시장에 가는 사람이 멈추지 않았으며, 밭가는 사람이 변동하지 않거늘 그 임금을 죽이고 그 백성들을 위로하니 마치 때맞추어 비가 내리는 것과 같아서 백성들이 매우 기뻐하였습니다. 『서경』에 '우리 임금을 기다렸는데 임금이 오시니 우리는 살아나게 되었도다'고 하였습니다.

書에 曰 湯이 一征을 自葛로 始_{한대} 天下信之_{하여} 東面而征_에 西夷怨_{하며} 南面而征_에 北狄이 怨_{하여} 曰 奚爲後我오 _{하여} 民이 望之_{하되} 若大旱之望雲霓也_{하여} 歸市者不止_{하며} 耕者不變_{이어늘} 誅其君而吊其民_{한대} 若時雨降_{이라} 民이 大悅_{하니} 書에 曰 徯我后_{하나니} 后來_{하니} 其蘇_라 하니이다.

『서경』을 두 번 인용한 것은 모두 『상서』「중훼지고」의 글이니 오늘날의 『서경』과는 조금 다르다. '일정(一征)'은 처음 정벌하는 것이다. '천하신지(天下信之)'는 백성을 구제하는 데 뜻이 있고 포악하게 하지 않을 것을 믿은 것이다. '해위후아(奚爲後我)'는 탕 임금이 어찌해서 우리 나라를 먼저 정벌하지 않는가라고 말한 것이다. '예(霓)'는 무지개다. 구름이 모이면 비가 오고, 무지개가 나타나면 비가 멈춘다. '변(變)'은 움직이는 것이다. '혜(徯)'는 기다린다는 뜻이다. '후(后)'는 임금이다. '소(蘇)'는 다시 살아나는 것이다. 다른 나라의 백성들이 모두 탕 임금을 우리 군주라고 생각하고 탕 임금이 와서 자기들을 소생시켜주기를 기다린 것이다. 이것은 탕 임금이 70리의 땅을 가지고 천하를 다스리는 까닭을 말씀하신 것이다.

兩引書는 皆商書仲虺之誥文也니 與今書文으로 亦小異라. 一征은 初征也라. 天下信之는 信其志在救民이요 不爲暴也라. 奚爲後我는 言湯何爲不先來征我之國也라. 霓는 虹也라. 雲合則雨하고 虹見則止라. 變은 動也라. 徯는 待也라. 后는 君也라. 蘇는 復生아라. 他國之民이 皆以湯爲我君而待其來하여 使己得蘇息也라. 此는 言湯所以七十里而爲政於天下也라.

2-11-3. 지금 연나라가 그 백성을 학대하자 왕께서 가서 정벌하시니, 연나라 백성들은 장차 자기들을 물과 불 속에서 구해줄 것이라고 생각하여, 밥을 대바구니에 담고 물을 호리병에 담아서 그것을 가지고 왕의 군대를 맞이했는데, 만약 그들의 부형을 죽이고, 그들의 자제를 잡아오게 하며, 그들의 종묘를 허물고 귀중한 그릇을 옮겨간다면 어떻게 되겠습니까? 천하가 진실로 제나라의 강함을 두려워하는데, 지금 또 땅을 배로 넓히고

서 어진 정치를 베풀지 않으면, 이것은 천하의 군대를 움직이도록 하는
것입니다.

今에 燕虐其民이어늘 王往而征之하시니 民이 以爲將拯己於水火之中也라 하여 簞食壺漿으로 以迎王師어늘 若殺其父兄하며 係累其子弟하며 毁其宗廟하며 遷其重器하면 如之何其可也리오 天下固畏齊之彊也니 今又倍地而不行仁政이면 是는 動天下之兵也이다.

'증(拯)' 구제하는 것이다. '계루(係累)'는 잡아 묶는 것이다. '중기(重器)'는 보배로운 그릇이다. '외(畏)'는 싫어하는 것이다. '배지(倍地)'는 연나라를 겸병하여 한 배의 땅을 늘리는 것이다. 제나라가 연나라를 취하는 것을 마치 탕 임금이 갈나라를 정벌하는 것처럼 했다면 연나라 사람들이 기뻐하여 제나라는 천하를 다스릴 수 있었을 것이지만, 지금은 인정을 행하지 않고 잔학함이 극에 다다랐으니 연나라 백성들의 소망을 위로하고 제후들의 마음을 회복할 수 없는 것이다. 이 때문에 천 리의 땅을 가지고도 사람들을 두려워하는 것을 면하지 못한 것이다.

拯은 救也라. 係累는 繋縛也라. 重器는 寶器也라. 畏는 忌也라. 倍地는 幷燕而增一倍之地也라. 齊之取燕을 若能如湯之征葛이면 則燕人悅之하여 而齊可爲政於天下矣어늘 今乃不行仁政하고 而肆爲殘虐하니 則無以慰燕民之望而復諸侯之心이라. 是以로 不免乎以千里而畏人也니라.

2-11-4. 왕께서는 속히 명령을 내리시어 노인과 어린아이들을 돌려보내고, 그들의 귀중한 그릇을 그대로 두게 하고, 연나라의 백성들과 논의하여 임금을 세운 뒤에 군대를 철수하면, 오히려 제후들의 공격을 멈추게 할

수 있을 것입니다."
王速出令하사 反其旄倪하시며 止其重器하시고 謀於燕衆하여 置君而後에 去
之 則猶可及止也리이다.

'반(反)'은 돌려보내는 것이다. '모(旄)'는 노인이요, '예(倪)'는 어린아이
를 말하는데, 이른바 포로로 사로잡은 노인과 어린아이를 말한다. '유
(猶)'는 '오히려'라는 뜻이다. '급지(及止)'는 전쟁이 일어나기 전에 멈추
는 것이다. ○ 범 씨가 말하기를 "맹자께서 제나라와 양나라 군주를 섬길
때에 도덕을 논할 때에는 반드시 요 임금과 순 임금을 칭하셨고, 정벌을
논하실 때는 반드시 탕 임금과 무왕을 칭하셨으니, 백성을 다스림에 요
순을 본받지 않으면 폭정이 되고, 군대를 동원함에 탕무를 본받지 않으
면 반란이 되는 것이다. 그러니 어찌 우리 임금은 능력이 없다고 말하고
자기가 배운 것을 버리고 순종하겠는가?"라고 하였다.

反은 還也라. 旄는 老人也요 倪는 小兒也니 謂所虜略之老小也라. 猶는 尙
也라. 及止는 及其未發而止之也라. ○ 范氏曰 孟子事齊梁之君하실새 論
道德이면 則必稱堯舜하시고 論征伐이면 則必稱湯武하시니 蓋治民을 不法堯
舜이면 則是爲暴요 行師를 不法湯武이면 則是爲亂이니 豈可謂吾君不能而
舍所學以徇之哉아.

2-12-1. 추나라와 노나라가 싸웠는데 목공이 물었다. "내 유사로서 죽은 자
가 서른세 명인데 백성들은 그들을 위해 죽은 자가 없습니다. 그들을 죽
이자니 다 죽일 수도 없고, 죽이지 않자니 윗사람이 죽는 것을 밉게 보
고 구원하지 않았으니 어떻게 하면 좋겠습니까?"

鄒於魯鬨이러니 穆公이 問曰 吾有司死者 三十三人이로되 而民莫之死也하
니 誅之則不可勝誅오 不誅則疾視其長上之死而不救하니 如之何則可也
잇고.

'홍(鬨)'은 싸우는 소리이다. '목공(穆公)'은 추나라 임금이다. '불가승주
(不可勝誅)'는 사람이 너무 많아서 모두 죽일 수 없다는 것을 말한 것이
다. '장상(長上)'은 유사를 말한다. 백성들이 윗사람들을 원망했기 때문
에 그들이 죽는 것을 밉게 보면서 구원하지 않은 것이다.
鬨은 鬨聲也라. 穆公은 鄒君也라. 不可勝誅는 言人衆하여 不可盡誅也라.
長上은 謂有司也라. 民怨其上이라 故로 疾視其死而不救也니라.

2-12-2. 맹자께서 대답하여 말씀하셨다. "흉년이 들거나 굶주린 해에 임금
의 백성들 가운데 노약자들은 구렁텅이와 골짜기에 뒹굴고, 장정들은 흩
어져 사방으로 가버린 자가 몇 천 명이나 됩니다. 임금의 양곡 창고가
가득 차 있고 재물 창고도 가득 차 있었지만, 유사들이 임금에게 그 사
실을 아뢴 자가 없었으니, 이것은 윗사람이 태만해서 아랫사람을 해친
것입니다. 증자께서 말씀하시기를, '경계하고 경계하라. 너에게서 나온
것은 너에게로 되돌아온다'고 하셨습니다. 대저 백성들은 지금에 와서
자기네가 당한 것을 되갚은 것이니, 임금께서는 백성들을 나무라지 마십
시오.
孟子對曰 凶年饑歲에 君之民이 老弱은 轉乎溝壑하고 壯者는 散而之四
方者 幾千人矣오. 而君之倉廩實하며 府庫充이어늘 有司莫以告하니 是는
上慢而殘下也라. 曾子曰 戒之戒之하라. 出乎爾者 反乎爾者也라 하시니

夫民이 今而後에 得反之也로소니 君無尤焉하소서.

'전(轉)'은 굶어서 이리저리 뒹굴다가 죽은 것이다. '충(充)'은 가득 찬 것이다. '상(上)'은 군주와 유사를 말한다. '우(尤)'는 나무라는 것이다.
轉은 飢餓輾轉而死也라. 充은 滿也라. 上은 謂君及有司也라. 尤는 過也라.

2-12-3. 임금께서 어진 정치를 행하시면 곧 백성들은 윗사람을 친애하여 그 윗사람을 위해 죽을 것입니다."
君行仁政하시면 斯民이 親其上하여 死其長矣리이다.

임금이 어질지 못하고 부유함만을 추구하기 때문에 유사들이 무겁게 세금을 거둘 줄만 알고 백성을 구휼할 줄을 알지 못한 것이다. 그러므로 임금이 인정을 행하면 유사들도 모두 백성을 사랑하고 백성들도 그들을 사랑하게 될 것이다. ○범 씨가 말하기를, "『서경』에 '백성은 나라의 근본이니 근본이 튼튼하면 나라가 평안하다'라고 하였으니, 창고를 둔 것은 백성들을 위하기 때문이다. 풍년에는 거두어들이고 흉년이 들면 나누어 주어서 굶주리고 추위에 떠는 사람들을 구휼하고 병들고 힘든 사람들을 구제하는 것이다. 이 때문에 백성들이 윗사람을 친애하여 위험한 일이 있을 때는 달려가서 도와주기를 마치 자제들이 부형을 호위하듯이 하며, 수족이 머리와 눈을 방어하는 것처럼 하는 것이다. 목공이 자신을 반성하지 못하고 오히려 백성들에게 죄를 돌리고자 하였으니 어찌 잘못된 일이 아니겠는가?"라고 하였다.
君不仁而求富라. 是以로 有司知重斂而不知恤民이라. 故로 君行仁政이면

則有司皆愛其民하여 而民亦愛之矣리라. ○ 范氏曰 書曰 民惟邦本이니 本固邦寧라 하니 有倉廩府庫는 所以爲民也니 豊年則斂之하고 凶年則散之하여 恤其飢寒하고 救其疾苦라 是以로 民親愛其上하여 有危難則赴救之를 如子弟之衛父兄하고 手足之捍頭目也라. 穆公이 不能反己하고 猶欲歸罪於民하니 豈不誤哉아.

2-13-1. 등나라 문공이 물었다. "등나라는 작은 나라입니다. 그런데 제나라와 초나라 사이에 끼여 있으니, 제나라를 섬겨야 합니까? 초나라를 섬겨야 합니까?"
滕文公이 問曰 滕은 小國也라 間於齊楚하니 事齊乎잇가 事楚乎잇가.

'등(滕)'은 나라 이름이다.
滕은 國名이라.

2-13-2. 맹자께서 대답하여 말씀하셨다. "이러한 계책은 제가 미칠 수 있는 바가 아닙니다. 그만두지 말라고 한다면 한 가지 방법이 있으니, 연못을 파고 성을 쌓아 백성들과 함께 지켜서 목숨을 바치더라도 백성들이 떠나지 않는다면 해볼 만합니다."
孟子對曰 是謀非吾所能及也로소이다. 無已則有一焉하니 鑿斯池也하며 築斯城也하여 與民守之하여 效死而民弗去則是可爲也니이다.

'무이(無已)'는 전편에 그 뜻이 보인다. '일(一)'은 한 가지 설을 말한다. '효(效)'는 바친다는 뜻이다. 한 나라의 군주는 사직을 위해서 죽는 것이다. 그러므로 목숨을 바쳐 나라를 지키는 것이다. 백성들도 또한 그들을 위해서 죽음으로 지키고 떠나지 않는데 이르게 하는 것은 그들의 마음을 깊이 얻지 않으면 불가능한 것이다. 이 장은 나라를 다스리는 사람은 마땅히 의를 지키고 백성을 사랑할 것이지 요행으로 구차하게 면해서는 안 된다는 것을 말씀한 것이다.

無已는 見前篇하니라. 一은 謂一說也라. 效는 猶致也라. 國君은 死社稷이라. 故로 致死以守國이요 至於民亦爲之死守而不去면 則非有以深得其心者면 不能也니라. 此章은 言有國者當守義而愛民이요 不可徼倖而苟免이니라.

2-14-1. 등나라 문공이 물었다. "제나라 사람들이 장차 설 땅에 성을 쌓으려 하는데, 나는 매우 두렵습니다. 어떻게 하면 좋겠습니까?"

滕文公이 問曰 齊人이 將築薛하니 吾甚恐하노니 如之何則可잇고.

'설(薛)'은 나라 이름으로 등나라와 인접해 있었는데, 제나라가 그 땅을 빼앗고자 성을 쌓은 것이다. 그러므로 문공이 자기를 핍박한다고 두려워한 것이다.

薛은 國名이니 近滕이러니 齊取其地而城之라 故로 文公이 以其偪己而恐也니라.

2-14-2. 맹자께서 대답하여 말씀하셨다. "옛날에 태왕이 빈에 살 때 적인이 침입하자 그곳을 떠나 기산 아래에 가서 살았는데, 그것은 스스로 선택하여 취한 것이 아니라 부득이 해서 그렇게 한 것입니다.

孟子對曰 昔者에 大王이 居邠할새 狄人이 侵之어늘 去하고 之岐山之下하여

居焉하니 非擇而取之라 不得已也니이다.

'빈(邠)'은 지명이다. 태왕이 기산 아래서 사는 것을 좋게 여겨서 선택하여 취한 것이 아님을 말씀한 것이니, 아래 장에 상세하게 보인다.
邠은 地名이라. 言大王이 非以岐下爲善하여 擇取而居之也니 詳見下章하니라.

2-14-3. 진실로 착한 일을 하면 후세의 자손 가운데 반드시 왕 노릇 하는 자가 있을 것입니다. 군자는 창업을 하고 국통을 자손에게 전해주어 이어받게 하면 됩니다. 공을 이루는 것은 하늘의 뜻이니 임금께서 저들을 어떻게 하겠습니까? 열심히 선을 행할 뿐입니다."
苟爲善이면 後世子孫이 必有王者矣리니 君子創業垂統하여 爲可繼也라 若夫成功則天也니 君如彼에 何哉리오. 彊爲善而已矣니이다.

'창(創)'은 만든다는 뜻이다. '통(統)'은 계통이라는 뜻이다. "착한 일을 하면 태왕과 같이 비록 그 땅은 잃더라도 후세에는 마침내 천하를 차지할 것이니 이것이 바로 천리다. 그러나 군자는 앞으로는 기초를 만들고 뒤로는 계통을 드리우되, 다만 바름을 잃지 않게 하여 후손들로 하여금 계속해서 행하게 할 뿐이다. 성공한다는 것을 어찌 반드시 기약하겠는가? 저 제나라를 임금의 힘으로 어떻게 할 방법이 없다면 다만 착한 일을 하는 데 힘을 써서 계승해 나가 천명을 기다릴 뿐이다"라고 말씀하신 것이다. 이 장은 군주는 마땅히 해야 할 일에 대해서 마땅히 힘을 다할 것이지, 기약하기 어려운 것에 대하여 요행을 기다려서는 안 된다고 말씀한 것이다.

創은 造也라. 統은 緖也라. 言能爲善이면 則如大王雖失其地나 而其後世 遂有天下하니 乃天理也라. 然이나 君子造基業於前하고 而垂統緖於後하되 但能不失其正하여 令後世可繼續而行耳라. 若夫成功則豈何必乎아. 彼 齊也를 君之力이 旣無如之何면 則但彊於爲善하여 使其可繼而俟命於天 耳니라. 此章은 言人君이 但當竭力於其所當爲요 不可僥倖於其所難必이 니라.

2-15-1. 등나라 문공이 물었다. "등나라는 작은 나라입니다. 힘을 다하여 큰 나라를 섬기더라도 화를 면할 수 없으니 어떻게 하면 되겠습니까?" 맹자 께서 대답하여 말씀하셨다. "옛날에 태왕이 빈에 살 때 적인이 침입하였 는데, 가죽과 비단을 가지고 섬겼어도 화를 면하지 못하였고, 개와 말을 가지고 섬겼으나 역시 화를 면하지 못하였으며, 주옥을 가지고 섬겼으나 역시 화를 면하지 못하였습니다. 그래서 노인들을 모아 놓고 말하기를, '적인들이 원하는 것은 우리의 토지다. 내가 들으니 군자는 사람을 기르 기 위한 것을 가지고 사람을 해치지 않는다고 하니, 여러분들은 임금이 없다고 무슨 걱정이겠는가? 나는 장차 이곳을 떠나리라' 하고, 빈을 떠나 양산을 넘어 기산 아래에 마을을 만들어 거기에 거주하니, 빈 땅의 사람 들이 말하기를, '어진 사람이다. 놓쳐서는 안 된다'라고 하고, 그를 따라 오는 자가 시장에 가는 것 같이 줄을 이었습니다.

滕文公이 問曰 滕은 小國也라 竭力以事大國이라도 則不得免焉이로소니 如 之何則可잇고. 孟子對曰 昔者에 大王이 居邠할새 狄人이 侵之어늘 事之以 皮幣라도 不得免焉하며 事之以犬馬라도 不得免焉하며 事之以珠玉이라도 不 得免焉하여 乃屬其耆老而告之曰 狄人之所欲者는 吾土地也니 吾聞之

也하니 君子는 不以其所以養人者로 害人이라 하니 二三者는 何患乎無君이리오. 我將去之하리라 하고 去邠하여 踰梁山하여 邑于岐山之下하여 居焉하니 邠人이 曰仁人也라 不可失也라 하고 從之者 如歸市니이다.

'피(皮)'는 호랑이와 표범, 사슴의 가죽을 말한다. '폐(幣)'는 비단이다. '촉(屬)'은 모이는 것이다. '토지(土地)'는 본래 사물을 생산하여 사람을 기르는 것인데, 오늘날 토지를 쟁탈하고자 하면서 사람을 죽인다면 이것은 사람을 기르는 재료를 가지고 사람을 해치는 것이다. '읍(邑)'은 읍을 만드는 것이다. '귀시(歸市)'는 사람이 많아서 먼저 가려고 다투는 것이다.
皮는 謂虎豹麋鹿之皮也라. 幣는 帛也라. 屬은 會集也라. 土地는 本生物以養人이어늘 今爭地而殺人이면 是는 以其所以養人者로 害人也라. 邑은 作邑也라. 歸市는 人衆而爭先也라.

2-15-2. 어떤 사람은 말하기를, '대대로 지켜 온 땅이므로 자신이 마음대로 할 수 있는 것이 아니니, 죽음을 바치더라도 떠나지 말라'고 했습니다.
或曰 世守也라 非身之所能爲也니 效死勿去라 하나니

또 말씀하시기를, "어떤 사람들은 '토지는 선인들이 받아서 대대로 지켜 오는 것이다. 그렇기 때문에 자신들이 마음대로 할 수 있는 것이 아니며, 다만 목숨을 바쳐서 지키는 것이 마땅하고 버려서는 안 된다'고 하였는데, 이것은 국군이 사직을 위해서 목숨을 바치는 떳떳한 법이니 전(傳)에 이른바 '나라가 멸망하면 군주가 죽는 것이 바른 것이다'라는 것이 바로 이것을 말한다"라고 하였다.

又言 或謂土地는 乃先人所受而世守之者라. 非己所能專이니 但當致死
守之요 不可舍去라하니 此는 國君死社稷之常法이니 傳所謂國滅君死之
正也가 正謂此也니라.

2-15-3. 임금께서는 이 두 가지 중에서 한 가지를 선택하십시오."
君請擇於斯二者하소서.

만약 태왕과 같이 할 수 있다면 피하는 것이 좋고, 그렇게 할 수 없다면
떳떳한 법을 삼가 지켜야 하는데, 나라를 옮겨서 보존하고자 하는 것은
권도(權道)이고 정도를 지켜 죽음을 기다리는 것은 의(義)다. 자신의 역
량을 잘 살펴서 선택하여 대처하는 것이 좋을 것이다. ○양 씨가 말하기
를, "맹자께서 문공에게 처음에는 목숨을 바치는 것만 알려주셨는데 이
것은 예(禮)의 바름이다. 문공이 매우 두려워하자 태왕의 일을 예로 들
어 알려주셨는데, 그것은 어쩔 수 없어서 그런 것이다. 그러나 태왕과
같은 덕이 없으면서 떠나간다면 백성들이 따르지 않아서 마침내 멸망하
게 될 것이다. 그렇다면 죽음을 바쳐서 지키는 것보다 못한 것이다. 그
러므로 이 두 가지 중에서 선택하도록 요청한 것이다"라고 하였다. 또
말하기를, "맹자께서 말씀하신 것은 세속의 관점에서 본다면 무모하다고
할 수 있을 것이다. 그러나 이치에 맞게 할 수 있는 것은 이것에 불과하
니, 이것을 버리면 반드시 장의나 소진이 했던 것을 하는 것이다. 일에
있어서는 옳은 것만 추구하고, 공에 있어서는 완성을 추구하여 반드시
지모(智謀)의 말단을 취하고 천리의 바름을 따르지 않는 것은 성현의 도
가 아니다"라고 하였다.

能如大王則避之요 不能則謹守常法이니 蓋遷國以圖存者는 權也요 守正而俟死者는 義也니 審己量力하여 擇而處之가 可也니라. ○楊氏曰 孟子之於文公에 始告之以效死而已하시니 禮之正也요 至其甚恐하여는 則以大王之事告之하시니 非得已也라. 然이나 無大王之德而去면 則民或不從하여 而遂至於亡하리니 則優不若效死之爲愈라. 故로 又請擇於斯二者하시니라. 又曰 孟子所論을 自世俗觀之면 則可謂無謀矣라. 然이나 理之可爲者는 不過如此하니 舍此則必爲儀秦之爲矣리라. 凡事求可功求成하여 取必於智謀之末하고 而不循天理之正者는 非聖賢之道也니라.

2-16-1. 노나라 평공이 장차 나가려 할 때 총신 장창이 물었다. "다른 날에는 임금께서 나가시게 되면 반드시 유사에게 가는 곳을 하명하셨는데, 지금은 수레가 이미 멍에까지 한 상태인데도 유사가 가는 곳을 알지 못하니, 감히 알려주시기를 청합니다." 평공이 말하였다. "장차 맹자를 뵙고자 가는 것이다." 장창이 말하였다. "무엇 때문입니까? 임금께서 자신을 가벼이 여기고 필부에게 먼저 찾아가시려는 것은 그 사람을 어질다고 여겨서입니까? 예의는 어진 사람으로부터 나오는 것인데 맹자는 어머니의 상인 후상을 아버지의 상인 전상보다 후하게 치렀으니, 임금께서는 만나보실 것이 없습니다." 평공이 "그렇구나"라고 하였다.

魯平公이 將出할새 嬖人臧倉者 請曰 他日에 君出則必命有司所之러시니 今乘輿已駕矣로대 有司未知所之하니 敢請하노이다. 公曰 將見孟子하리라. 曰 何哉잇고. 君所謂輕身하여 以先於匹夫者는 以爲賢乎잇가. 禮義는 由賢者出이어늘 而孟子之後喪이 踰前喪하니 君無見焉하소서 公曰 諾다.

'승여(乘輿)'는 임금의 수레다. '가(駕)'는 말에 멍에를 메는 것이다. 맹자께서는 아버지를 먼저 잃고 어머니를 뒤에 잃으셨다. '유(踰)'는 넘는다는 뜻이니 어머니에게 후하게 하고 아버지에게 각박하게 한 것을 말한다. '낙(諾)'은 응답하는 말이다.

乘輿는 君車也라. 駕는 駕馬也라. 孟子前喪父하고 後喪母하시니라. 踰는 過也니 言其厚母薄父也라. 諾은 應辭也라.

2-16-2. 악정자가 들어가 평공을 뵙고 말하였다. "임금께서는 왜 맹자를 만나지 않으십니까?" 평공이 말하였다. "어떤 사람이 과인에게 말하기를, '맹자의 후상이 전상보다 후하게 치러졌다'고 하기에 가서 뵙지 않은 것이오." 악정자가 말하기를, "무슨 말씀입니까? 임금께서 말씀하신 후하다는 것은 전에는 사(士)의 예로 하였고 뒤에는 대부의 예로 하였으며, 전에는 사의 제례를 하고 뒤에는 대부의 제례를 행했다는 것을 이르는 것입니까?" 하자, 평공이 "아니오. 관곽과 수의의 화려함을 말하는 것이오"라고 하였다. 악정자가 말하였다. "그것은 후하다고 말할 것이 아닙니다. 빈부가 같지 않았기 때문입니다."

樂正子 入見曰 君이 奚爲不見孟軻也잇고. 曰 或이 告寡人曰 孟子之後喪이 踰前喪이라 할새 是以로 不往見也호라. 曰 何哉잇가. 君所謂踰者는 前以士요 後以大夫며 前以三鼎而後以五鼎與잇가. 曰 否라. 謂棺槨衣衾之美也니라. 曰 非所謂踰也라 貧富不同也니이다.

'악정자'는 맹자의 제자인데 노나라에서 벼슬을 하였다. '삼정(三鼎)'은 '사(士)'의 제례이고, 오정(五鼎)은 대부의 제례다.

樂正子는 孟子弟子也니 仕於魯하니라. 三鼎은 士祭禮요 五鼎은 大夫祭禮라.

2-16-3. 악정자가 맹자를 뵙고 말하였다. "제가 임금에게 말하여 임금이 뵈러 오려고 했는데, 임금이 총애하는 장창이라는 자가 임금을 만류하였습니다. 그래서 임금이 오지 못하고 말았습니다." 맹자께서 말씀하셨다. "가는 것도 혹 시켜서 하는 것도 있고, 멈추는 것도 혹 멈추게 하는 수가 있으나, 가고 멈추는 것은 사람이 할 수 있는 것이 아니다. 내가 노나라 임금을 만나지 못한 것은 하늘의 뜻이다. 장 씨의 아들이 어찌 나로 하여금 만나지 못하게 할 수 있겠는가?"
樂正子見孟子曰 克이 告於君하니 君이 爲來見也러니 嬖人有臧倉者沮君이라. 君이 是以로 不果來也하니이다. 曰 行或使之며 止或尼之나 行止는 非人所能也라. 吾之不遇魯侯는 天也니 臧氏之子 焉能使予로 不遇哉리오.

'극(克)'은 악정자의 이름이다. '저(沮)'와 '닐(尼)'은 모두 멈추게 한다는 뜻이다. 사람이 가는 것은 반드시 남들이 시켜서 하는 경우도 있으며, 멈추는 것도 반드시 남들이 멈추게 하는 경우도 있다. 그러나 가게 하는 까닭과 멈추게 하는 까닭은 진실로 천명에 달려 있으니, 이 사람이 시킬 수 있는 것이 아니며 또한 이 사람이 멈추게 할 수 있는 것도 아니다. 그렇다면 내가 만나지 못하는 것이 어찌 장창이 할 수 있는 것이겠는가? ○ 이 장은 성현의 출처는 시운의 성쇠에 관련되니 곧 천명이 하는 것이요 인력으로 미칠 수 있는 것이 아님을 말한 것이다.

克은 樂正子名이라. 沮尼는 皆止之之意也라. 言人之行이 必有人使之者하며 其止必有人尼之者라. 然이나 其所以行所以止는 則固有天命이니 而非

此人所能使요 亦非此人所能尼也라. 然則我之不遇는 豈臧倉之所能爲哉아. ○此章은 言聖賢之出處는 關時運之盛衰하니 乃天命之所爲요 非人力之可及이니라.

공손추장구 상(公孫丑章句上)

모두 아홉 장이다.

凡九章이라.

이 장에서는 왕도(王道)의 절실함에 대해서 언급하였고,
공자가 불혹(不惑)에 대해 말한 것과 같이
부동심(不動心)의 경지와 호연지기(浩然之氣)에 대해서 설명하고 있다.
아울러 왕도정치를 행하면 백성의 부모가 될 수 있고,
사람에게는 사단(四端)이 있음을 설명하며,
인간의 성정(性情)과 마음에 대해 논함으로써
후대의 철학적 기반을 제기하고 있다.

3-1-1. 공손추가 물었다. "선생님께서 제나라의 요직을 담당하신다면 관중과 안자의 공적을 다시 기대할 수 있겠습니까?"
公孫丑問曰 夫子當路於齊하시면 管仲晏子之功을 可復許乎잇가.

'공손추'는 맹자의 제자로 제나라 사람이다. '당로(當路)'는 중요한 자리에 있는 것이다. '관중'은 제나라 대부인데, 이름이 '이오(夷吾)'다. 제나라 환공을 도와서 제후 중에서 패자가 되게 하였다. '허(許)'는 기대하는 것이다. 맹자께서 일찍이 정치를 담당하지 못했기에 공손추가 가정하여 질문을 한 것 같다.
公孫丑는 孟子弟子니 齊人也라. 當路는 居要地也라. 管仲은 齊大夫니 名夷吾라. 相桓公하여 覇諸侯하니라. 許는 猶期也라. 孟子未嘗得政하시니 丑蓋設辭以問也라.

3-1-2. 맹자께서 말씀하셨다. "그대는 진실로 제나라 사람이구나. 관중과 안자만을 알 뿐이구나.
孟子曰 子誠齊人也로다. 知管仲晏子而已矣온여.

'제인(齊人)'은 다만 그 나라에 오직 두 사람만이 있다는 것을 알았을 뿐이요, 성현의 일이 있다는 것을 알지 못한 것이다.

齊人은 但知其國有二子而已요 不復知有聖賢之事라.

3-1-3. 어떤 사람이 증서에게 묻기를, '당신과 자로는 누가 더 현명한가?'라고 하자, 증서가 불안해 하며 말하기를, '자로는 우리 할아버지께서도 두려워하셨던 분이다'라고 했다네. 그러자 '그렇다면 그대와 관중은 누가 더 현명한가?'라고 하자, 증서가 얼굴을 붉히고 기뻐하지 않으면서 '너는 어찌 나를 관중에게 비교하는가? 관중은 임금의 신임을 얻어 저처럼 정치를 전담했고, 국정을 시행한 것이 저처럼 오래 되었는데도 공적이 저처럼 낮았으니, 너는 어찌 나를 관중에게 비교하는가?' 하고 말하였다네.

或이 問乎曾西曰 吾子與子路孰賢고 曾西蹴然曰 吾先子之所畏也니라. 曰 然則吾子與管仲孰賢고 曾西艴然不悅曰 爾何曾比予於管仲고 管仲은 得君이 如彼其專也며 行乎國政이 如彼其久也로되 功烈이 如彼其卑也하니 爾何曾比予於是오 하니라.

맹자께서 증서와 혹자의 문답을 이와 같이 인용하신 것이다. '증서(曾西)'는 증자의 손자다. '축(蹴)'은 불안한 모양이다. '선자(先子)'는 증자다. '불(艴)'은 화를 내는 얼굴이다. '증(曾)'은 '곧'이라는 뜻이다. '열(烈)'은 빛난다는 뜻과 같다. 환공이 오로지 관중에게 맡긴 지가 40여 년이었으니 이것은 전횡하고 오래된 것이다. 관중은 왕도를 알지 못하고 패도만을 행하였다. 그러므로 공적이 낮다고 말씀하신 것이다. 양 씨가 말하기를 "공자께서 자로의 재능에 대하여 '천 승의 나라에서 군대를 다스리게 할 수는 있다'라고 하셨는데, 그에게 능력을 펼치도록 해주어도 이와 같을 뿐이니, 제후들을 규합하여 천하를 바로잡는 데에는 진실로 미치지 못하는 것이 있다. 그렇다면 증서가 자로를 이와 같이 추존하면서 관중에게 비교되는 것을 부끄럽게 여긴 것은 무엇 때문인가? 말을 모는 것에 비유한다면 자로는 법칙대로 자기 말을 몰았기 때문에 잡지 못한 것이요, 관중의 공은 속임수를 동원하여 짐승을 잡은 것일 뿐이다. 증서는 공자의 무리다. 그러므로 관중의 일을 말하지 않은 것이다"라고 하였다.

孟子引曾西與或人問答如此하시니라. 曾西는 曾子之孫이라. 蹴은 不安貌라. 先子는 曾子也라. 艴은 怒色也라. 曾之言은 則也라. 烈은 猶光也라. 桓公이 獨任管仲四十餘年하니 是專且久也라. 管仲이 不知王道而行覇術이라. 故로 言功烈之卑也니라. 揚氏曰 孔子言子路之才曰千乘之國에 可使治其賦也라 하시니 使其見於施爲라도 如是而已니 其於九合諸侯하여 一匡天下에는 固有所不逮也라. 然則曾西推尊子路如此하고 而羞比管仲者는 何哉오. 譬之御者컨대 子路則範我馳驅而不獲者也요 管仲之功은 詭遇而獲禽耳라. 曾西는 仲尼之徒也라. 故로 不道管仲之事하니라.

3-1-4. 관중처럼 되는 것은 증서도 본받으려고 하지 않은 것인데, 그대는 내가 그렇게 되기를 원하는가?"

曰 管仲은 曾西之所不爲也어늘 而子爲我願之乎아.

'왈(曰)'은 맹자의 말이다. '원(願)'은 바라는 것이다.

曰은 孟子言也라. 願은 望也라.

3-1-5. 공손추가 말했다. "관중은 자기 임금을 패자로 만들었고, 안자는 자

기 임금의 이름을 드러나게 만들었는데, 관중과 안자도 오히려 본받을
만하지 못하다는 것입니까?"
曰 管仲은 以其君霸하고 晏子는 以其君顯하니 管仲晏子도 猶不足爲與잇가.

'현(顯)'은 이름이 드러나는 것이다.
顯은 顯名也라.

3-1-6. 맹자께서 말씀하셨다. "제나라를 가지고 왕업을 이루는 것은 손바닥
을 뒤집는 것처럼 쉬운 것이었다."
曰 以齊로 王이 由反手也니라.

'반수(反手)'는 쉽다는 것을 말한 것이다.
反手는 言易也라.

3-1-7. 공손추가 말하였다. "그렇다면 저의 의혹은 점점 더 심해집니다. 문
왕은 덕으로 백 년을 산 뒤에 돌아가셨지만, 아직도 그 덕화가 천하에
흡족하게 미치지 못하다가, 무왕과 주공이 계승한 뒤에야 크게 행해졌습
니다. 그런데 지금 왕업을 이루는 것을 쉬운 것처럼 말씀하시니 문왕조
차 본받을 만한 분이 아니라는 말씀입니까?"
曰 若是則弟子之惑이 滋甚하니이다. 且以文王之德으로 百年而後崩하되 猶
未洽於天下하여 武王周公이 繼之然後에 大行이어늘 今言王若易然하시니 則
文王은 不足法與잇까.

'자(滋)'는 '더욱'이라는 뜻이다. 문왕은 97세에 돌아가셨는데, 백 년이라고 말한 것은 완성된 숫자를 열거한 것이다. 문왕은 천하가 삼등분된 것 중에서 둘을 소유하셨는데, 무왕이 상나라를 정벌하여 천하를 소유하시고, 주공이 성왕을 도와서 예와 악을 제작하신 다음에 교화가 크게 행해지게 되었다.

滋는 益也라. 文王이 九十七而崩하시니 言百年은 擧成數也라. 文王은 三分天下에 才有其二러시니 武王이 克商하여 乃有天下하시고 周公이 相成王하여 制禮作樂然後에 敎化大行하니라.

3-1-8. 맹자께서 말씀하셨다. "문왕을 어찌 당할 수 있겠는가? 탕 임금으로부터 무정에 이르기까지 어질고 성스러운 임금 여섯 일곱 명이 나와 천하의 민심이 은나라로 돌아간 지 오래 되었으니, 오래 되면 바꾸기가 어렵다. 무정이 제후에게 조회를 받고 천하를 차지하되 마치 손바닥 위에서 움직이듯 하였다. 주는 무정과의 거리가 오래지 않아 그 옛집·유속·유풍·선정이 아직 보존되어 있었고, 또 미자·미중·왕자 비간·기자·교격이 있었는데, 모두 현인이었다. 그들이 서로 도와주었기 때문에 오래된 뒤에야 나라를 잃게 되었던 것이다. 한 자의 땅도 그의 소유가 아닌 것이 없었고, 한 사람의 백성도 그의 신하가 아님이 없었다. 그런데 문왕은 사방 백 리의 땅으로 일어났기 때문에 어려웠던 것이다.

曰 文王을 何可當也리오. 由湯으로 至於武丁이 聖賢之君六七이 作하여 天下歸殷이 久矣니 久則難變也라. 武丁이 朝諸侯有天下하되 猶運之掌也하니 紂之去武丁이 未久也라. 其故家遺俗과 流風善政이 猶有存者하며 又有微子微仲王子比干箕子膠鬲이 皆賢人也라. 相與輔相之故로 久而後에 失

之也하니 尺地도 莫非其有也며 一民도 莫非其臣也어늘 然而文王이 猶方百里起하니 是以難也니라.

'당(當)'은 대적하는 것과 같다. 상나라는 성탕에서 무정에 이르는 동안 중간에 태갑·무술·조을·반경이 모두 어질고 성인다운 임금이었다. '작(作)'은 일어난다는 뜻이다. 무정에서 주 임금에 이르기까지 모두 7세이다. '고가(古家)'는 구신의 집을 말한다.
當은 猶敵也라. 商은 自成湯으로 至於武丁히 中間에 太甲太戊祖乙盤庚이 皆賢聖之君이라. 作은 起也라. 自武丁至紂히 凡七世라. 故家는 舊臣之家也라.

3-1-9. 제나라 사람의 속담에 '비록 지혜가 있어도 시세에 편승하는 것만 못하며, 비록 김매는 농기구가 있으나 때를 기다리는 것만 못하다'라고 했으니, 지금의 때가 바로 그렇게 하기 쉬운 때다.
齊人이 有言曰 雖有智慧나 不如乘勢며 雖有鎡基나 不如待時라 하니 今時則易然也니라.

'자기(鎡基)'는 농사짓는 기구다. '시(時)'는 밭 갈고 씨 뿌리는 시기를 말한다.
鎡基는 田器也라. 時는 謂耕種之時라.

3-1-10. 하후와 은나라와 주나라의 전성기에 땅이 천 리를 넘는 자가 없었는데, 제나라는 그만한 땅을 소유하고 있으며, 닭 우는 소리와 개 짖는

소리가 서로 들려 사방의 국경에 도달하고 있으니 제나라는 그렇게 많은 백성을 가지고 있다. 땅을 더 개척하지 않고 백성을 더 모으지 않고서도 인정을 행하여 왕도정치를 행하면 아무도 막을 수 없을 것이다.

夏后殷周之盛에 地未有過千里者也하니 而齊有其地矣며 鷄鳴狗吠相聞 而達乎四境하니 而齊有其民矣니 地不改辟矣며 民不改聚矣라도 行仁政 而王이면 莫之能禦也니라.

이것은 그 세력이 쉽다는 것을 말한 것이다. 삼대가 융성했을 때에 왕기가 천 리를 넘지 않았는데, 오늘날 제나라는 이미 그것을 소유하고 있으니 문왕이 가진 백 리와 다르고, 또한 닭 우는 소리와 개 짖는 소리가 서로 들려서 나라의 도읍에서 사방의 경계 지역까지 도달하니 이것은 사는 백성들이 빽빽함을 말한 것이다.

此는 言其勢之易也라. 三代盛時에 王畿不過千里어늘 今齊已有之하니 異 於文王之百里요. 又谿犬之聲相聞하여 自國都로 以至於四境하니 言居民 稠密也라.

3-1-11. 또한 왕업을 이룬 자가 나타나지 않은 것이 이때보다 더 드물었던 적이 없었으며, 백성들이 학정에 시달려 초췌해진 것이 이때보다 심한 적이 없었다. 굶주린 자에게는 밥되기가 쉽고, 목마른 자에게는 음료수 되기가 쉬운 것이다.

且王者之不作이 未有疏於此時者也하며 民之憔悴於虐政이 未有甚於此 時者也하니 飢者에 易爲食이며 渴者에 易爲飮이니라.

이것은 그 시기가 쉽다는 것을 말한 것이다. 문왕과 무왕에서부터 이때까지는 칠백여 년인데 상나라 때에 어질고 성스러운 군주가 계속 이어졌던 것과 다르고, 백성들이 학정을 심하게 생각하였는데 이것은 주 임금 때에 오히려 선정이 있었던 것과는 다르다. 음료와 밥되기가 쉬운 것은 기갈이 심해지면 달고 맛있는 것을 가리지 않는다는 말이다.

此는 言其時之易也라. 自文武至此 七百餘年이니 異於商之賢聖繼作이요 民若虐政之甚하니 異於紂之猶有善政이라. 易爲飮食은 言飢渴之甚에 不待甘美也라.

3-1-12. 공자께서 말씀하시기를, "'덕이 유행되는 것은 파발마로 명령을 전달하는 것보다 빠르다'고 하셨다.

孔子曰 德之流行이 速於置郵而傳命이라 하시니

'치(置)'는 역을 말하고, '우(郵)'는 역말이니, 명을 전하는 것이다. 맹자께서 공자의 말씀을 인용한 것이 이와 같다.

置는 驛也요 郵는 馹也니 所以傳命也라. 孟子引孔子之言이 如此하시니라.

3-1-13. 지금과 같은 때를 당하여 만승의 나라가 어진 정치를 행하면 백성들이 기뻐하기를 마치 거꾸로 매달린 것을 풀어준 것처럼 여길 것이다. 그러므로 일은 옛 사람의 반만 하고도 효과는 반드시 배가 되는 것은 오직 지금의 때만이 그렇게 될 수 있다."

當今之時하여 萬乘之國이 行仁政이면 民之悅之 猶解倒懸也리니 故로 事半古之人이요 功必倍之는 惟此時爲然하니라.

'도현(倒縣)'은 곤궁하고 힘든 것을 비유한 것이다. 시행하는 일은 옛 사람의 반밖에 되지 않는데, 공로는 옛 사람보다 배가 된 것은 시세가 쉬워서 덕의 실행이 빠르기 때문에 그런 것이다.

倒縣은 諭困苦也라. 所施之事 半於古人而功倍於古人은 由時勢易而德行速也니라.

3-2-1. 공손추가 물었다. "선생님께서 제나라의 경상(卿相)의 지위에 올라, 도를 행할 수 있게 되시면, 비록 이로 말미암아 패업을 하시든 왕업을 하시든 이상할 것은 없습니다. 이와 같다면 마음이 동요되겠습니까? 동요되지 않겠습니까?" 맹자께서 대답하셨다. "아니다. 나는 나이가 마흔 살이라서 마음이 동요되지 않을 것이다."

公孫丑問曰 夫子加齊之卿相하사 得行道焉하시면 雖由此霸王이라도 不異矣리니 如此則動心가 否乎잇가. 孟子曰 否라. 我는 四十이라 不動心하니라.

이것은 윗 장을 이어서 또 가정하여 묻기를, "맹자께서 만약 지위를 얻어 도를 실행하신다면 이로 말미암아 비록 패업이나 왕업을 이룬다고 할지라도 괴상할 것이 없지만, 이처럼 맡은 바가 크고 책임이 무겁다면 두렵고 의혹되는 바가 있어서 마음을 동요하겠습니까?"라고 한 것이다. '사십(四十)'은 처음 벼슬할 때이니 군자가 도를 밝히고 덕을 확립하는 시기다. 공자께서 '40세에 의혹되지 않았다'고 말씀하신 것도 역시 부동심을 말한 것이다.

此는 承上章하여 又設問 孟子若得位而行道면 則雖由此而成霸王之業이라도 亦不足怪어니와 任大責重이 如此면 亦有所恐懼疑惑而動其心乎아 하니

라. 四十은 彊仕니 君子道明德立之時라. 孔子四十而不惑도 亦不動心之 謂니라.

3-2-2. 공손추가 말했다. "그렇다면 선생님께서는 맹분보다 훨씬 더 뛰어나십니다." 맹자께서 말씀하셨다. "이것은 어려운 것이 아니다. 고자도 나보다 먼저 마음이 동요되지 않았다."
曰 若是則夫子過孟賁이 遠矣시니이다. 曰 是 不難하니 告子도 先我不動心하니라.

'맹분(孟賁)'은 용사다. '고자(告子)'는 이름이 불해다. 맹분은 혈기가 용맹했는데 공손추가 이것을 빌려서 맹자의 부동심이 어렵다는 것을 칭찬한 것이다. 맹자께서는 '고자는 아직 도를 알지 못했는데도 나보다 먼저 부동심을 하였으니 이것은 어려운 것이 아니다'라고 말씀하신 것이다.
孟賁은 勇士라. 告子는 名不害라. 孟賁血氣之勇을 丑蓋借之하여 以贊孟子不動心之難이라. 孟子言告子는 未爲知道로되 乃能先我不動心하니 則此未足爲難也니라.

3-2-3. 공손추가 말했다. "마음이 동요되지 않도록 하는 데에 방법이 있습니까?" 맹자께서 대답하셨다. "있다."
曰 不動心이 有道乎잇가. 曰 有하니라.

정자가 말하기를 "마음에 주가 되는 것이 있으면 움직이지 않을 수 있을 것이다"라고 하였다.

程子曰 心有主면 則能不動矣니라.

3-2-4. 북궁유가 용기를 기르는 방법은 피부가 찔려도 움직이지 않으며, 눈이 찔려도 피하지 않고서, 털 하나라도 남에게 꺾이면 시장이나 조정에서 매를 맞는 것처럼 생각하여, 비천한 사람에게도 모욕을 받지 않고, 또한 만승의 임금에게도 모욕을 받지 않았다. 만승의 임금을 찌르는 것 보기를 마치 비천한 사람을 죽이는 것처럼 여겨, 제후를 두려워하지 않아 험담하는 소리가 들리면 반드시 보복하는 것이었다.

北宮黝之養勇也는 不膚撓하며 不目逃하여 思以一毫라도 挫於人이어든 若撻之於市朝하여 不受於褐寬博하며 亦不受於萬乘之君하여 視刺萬乘之君하되 若刺褐夫하여 無嚴諸侯하여 惡聲이 至커든 必反之하니라.

'북궁(北宮)'은 성이요, '유(黝)'는 이름이다. '부요(膚撓)'는 살갗이 찔리면 흔들리거나 굽히는 것이요, '목도(目逃)'는 눈이 찔리면 눈동자를 굴리거나 도피하는 것이다. '좌(挫)'는 욕을 받는다는 뜻과 같다. '갈(褐)'은 모포를 말하고 '관박(寬博)'은 넓고 큰 옷으로 천한 사람들이 입는 옷이다. '불수(不受)'는 모욕을 받지 않는 것이다. '자(刺)'는 죽이는 것이다. '엄(嚴)'은 두렵고 꺼리는 것이니 두렵고 꺼릴 만한 제후가 없다는 것을 말한다. 북궁유는 자객의 무리인 것 같은데 반드시 이기는 것을 주로 삼아서 부동심의 경지에 이른 자일 것이다.

北宮은 姓이요 黝는 名이라. 膚撓는 肌膚被刺而撓屈也요 目逃는 目被刺而轉睛逃避也라. 挫는 猶辱也라. 褐은 毛布요 寬博은 寬大之衣니 賤者之服也라. 不受者는 不受其挫也라. 刺는 殺也라. 嚴은 畏憚也니 言無可畏憚之

諸侯也라. 黝는 蓋刺客之流니 以必勝爲主而不動心者也라.

3-2-5. 맹시사가 용기를 기르는 방법은 그의 말에 의하면, '이기지 못하는 것을 보기를 이기는 것같이 하는 것이니, 적을 헤아려 본 뒤에 나아가고 이길 것을 생각한 뒤에 맞선다면, 이것은 삼군을 두려워하는 자다. 내가 어찌 반드시 이긴다고 하겠는가? 두려워하지 않을 수 있을 뿐이다'라고 하였다.

孟施舍之所養勇也는 曰 視不勝하되 猶勝也로니 量敵而後進하며 慮勝而後會하면 是는 畏三軍者也니 舍豈能爲必勝哉리오. 能無懼而已矣라 하니라.

'맹(孟)'은 성이요, '시(施)'는 발어사요 '사(舍)'는 이름이다. '회(會)'는 만나서 싸우는 것이다. 맹시사는 스스로 "싸움에서 비록 이길 수 없을지라도 또한 두려움이 없어야 하는데, 만약 적을 헤아리고 이길 것을 생각한 다음에 전쟁에 나간다면 이것은 용기가 없고 삼군을 두려워하는 것이다"라고 하였다. 맹시사는 힘으로 싸움을 하는 용사인 듯한데, 두려움이 없는 것을 주로 삼아서 부동심의 경지에 이른 자일 것이다.

孟은 姓이요 施는 發語聲이요 舍는 名也라. 會는 合戰也라. 舍自言 其戰雖不勝이나 亦無所懼나 若量敵慮勝而後進戰이면 卽是無勇而畏三軍矣라 하니라. 舍는 蓋力戰之士니 以無懼爲主而不動心者也라.

3-2-6. 맹시사는 증자와 같고 북궁유는 자하와 같으니, 두 사람의 용기 중에 누가 더 나은지는 모르겠지만 맹시사는 지킴에 긴요함이 있었다.

孟施舍는 似曾子하고 北宮黝는 似子夏하니 夫二子之勇이 未知其孰賢이어니

와 然而孟施舍는 守約也니라.

북궁유는 다른 사람과 대적하는 데 힘을 쓰고 맹시사는 자신을 지키는 데 전념하였으며, 자하는 성인을 독실하게 믿고 증자는 자신에게 돌이켜 구하였다. 그러므로 이 두 사람이 증자나 자하와 비슷한 무리는 아니지만 기상을 논하면 각각 비슷한 점이 있다. '현(賢)'은 '낫다'는 말과 같다. '약(約)'은 긴요하다는 뜻이다. 이 두 사람의 용맹을 논하면 누가 더 나은지 알지 못하겠지만 지키는 것을 논한다면 맹시사가 북궁유에 비해서 긴요함을 얻은 것 같다고 말씀하신 것이다.

黝는 務敵人하고 舍는 專守己하며 子夏는 篤信聖人하고 曾子는 反求諸己라. 故로 二子之與曾子子夏는 雖非等倫이나 然이나 論其氣象하면 則各有所似라. 賢은 猶勝也라. 約은 要也라. 言 論二子之勇하면 則未知誰勝이어니와 論其所守하면 則舍比於黝에 爲得其要也니라.

3-2-7. 옛날에 증자가 자양에게 말했다. "그대는 용기를 좋아하는가? 내가 일찍이 선생님에게 큰 용기에 대해 들었다. 스스로 돌이켜 옳지 못하면 비록 비천한 사람에도 내가 두렵게 할 수 없지만, 스스로 돌이켜 옳다면 비록 천만 명이 있더라도 나는 앞으로 가서 대적할 것이다."

昔者에 曾子謂子襄曰 子好勇乎아. 吾嘗聞大勇於夫子矣로니 自反而不縮이면 雖褐寬博이라도 吾不惴焉이어니와 自反而縮이면 雖千萬人이라도 吾往矣라 하시니라.

이것은 증자의 용맹을 말한 것이다. '자양(子襄)'은 증자의 제자다. '부자

(夫子)'는 공자다. '축(縮)'은 정직하다는 뜻인데, 「단궁」에 "옛날에 관을 곧게 꿰맸는데 지금은 가로로 꿰맨다"고 하였고, 또 "관의 묶음은 곧은 것이 둘이고 가로가 셋이다"라고 하였다. '췌(惴)'는 두려워하는 것이다. '왕(往)'은 가서 대적하는 것이다.

此는 言曾子之勇也라. 子襄은 曾子弟子也라. 夫子는 孔子也라. 縮은 直也니 檀弓曰 古者에 冠縮縫이러니 今也橫縫이라 하고 又曰 棺束은 縮二橫三이라 하니라. 惴는 恐懼之也라. 往은 往而敵之也라.

3-2-8. 맹시사가 지킨 것은 혈기인데 증자가 긴요함을 지킨 것보다 못한 것이다.

孟施舍之守는 氣라 又不如曾子之守約也니라.

맹시사가 비록 증자와 비슷할지라도 그가 지키는 것은 자기 한 몸의 기일 뿐이니, 증자가 자신을 돌이켜 이치에 따라서 지키는 것이 요령을 얻은 것보다 못하다는 말씀을 한 것이다. 맹자의 부동심은 근원이 여기에서 나왔으니 아래 글에서 상세하게 말씀하셨다.

言 孟施舍雖似曾子나 然이나 其所守는 乃一身之氣니 又不如曾子之反身循理하여 所守尤得其要也라. 孟子之不動心은 其原이 蓋出於此하니 下文에 詳之하시니라.

3-2-9. 공손추가 말했다. "감히 여쭈어 보겠습니다. 선생님의 마음이 동요되지 않는 것과 고자의 마음이 동요되지 않는 것을 들을 수 있겠습니까?" 맹자께서 대답하셨다. "고자는 말하기를 '말에서 이해되지 못하면 마음에

서 구하지 말고, 마음에서 이해되지 못하면 기에서 구하지 말라'고 하였다. 마음에서 이해되지 못하면 기에서 구하지 말라고 하는 말은 옳지만, 말에서 이해되지 못하면 마음에서 구하지 말라는 것은 옳지 않다. 대저 의지는 기의 장수요, 기는 몸에 충만한 것이니, 대개 의지가 최고이고 기는 그 다음이다. 그러므로 '그 의지를 견고히 가졌을 때라도 그 기를 해롭게 하지 말아야 한다'고 말한 것이다."

曰 敢問夫子之不動心과 與告子之不動心을 可得聞與잇가. 告子曰 不得於言이어든 勿求於心하며 不得於心이어든 勿求於氣라 하니 不得於心이어든 勿求於氣는 可커니와 不得於言이어든 勿求於心은 不可하니 夫志는 氣之帥也오 氣는 體之充也니 夫志至焉이오 氣次焉이니 故로 曰 持其志하고도 無暴其氣라 하니라.

이 한 절은 공손추의 질문에 맹자께서 고자의 말을 외워서 말하고 또 자신의 생각으로 재단하여 알려주신 것이다. 고자가 말하기를 "말에 대해서 알지 못하는 것이 있으면 마땅히 그 말을 버려두고 반드시 마음속에서 그 이치를 돌이켜 구하지 말 것이며, 마음에 대해서 불안한 것이 있으면 마땅히 힘을 다해서 그 마음을 제어할 것이요, 반드시 기에서 도움을 구하지 않는다"라고 하였으니, 이것 때문에 자기 마음을 굳게 지키고 움직이지 않는 경지에 빠르게 도달한 것이다. 맹자께서 고자의 말을 암송하고 단정하시기를, "고자가 '마음에서 얻지 못하면 기에서 구하지 말라'고 한 말은 근본을 급하게 하고 말단을 느리게 하는 것이므로 오히려 괜찮지만, '말에서 얻지 못하면 마음에서 구하지 말라'고 한 말은 이미 밖에서 잃고 마침내 안을 버린 것이므로 틀림없이 옳지 않은 것이다. 그라 '괜찮다'고 한 말은 역시 겨우 괜찮아서 아직 미진한 것이 있다는 말일 뿐이다. 만약 지극한 것을 논한다면 의지는 진실로 마음이 가는 것이기 때문에 기의 장수가 된다. 그러나 기 역시 사람의 몸에 충만되어 있기 때문에 의지의 무리가 되는 것이다. 그러므로 의지가 진실로 지극한 것이고 기가 곧 그 다음이 되는 것이므로 사람이 마땅히 자신의 의지를 공경하게 지켜야 하지만, 또한 자신의 기도 기르지 않을 수 없는 것이다. 내외와 본말이 서로 상대를 배양하는 것이니, 이것이 바로 맹자의 마음이 반드시 부동심을 기약하지 않았으면서도 자연스럽게 부동심하게 된 대강의 내용이다.

此一節은 公孫丑之問에 孟子誦告子之言하시고 又斷以己意而告之也시니라. 告子謂 於言에 有所不達이면 則當舍置其言이요 而不必反求其理於心이며 於心에 有所不安이면 則當力制其心이요 而不必更求其助於氣라 하니 此所以固守其心而不動之速也라. 孟子其誦其言而斷之曰 彼謂不得於心而勿求諸氣者는 急於本而緩其末이니 猶之可也어니와 謂不得於言而不求諸心은 則旣失於外而遂遺其內니 其不可也 必矣라. 然이나 凡曰可者는 亦僅可而有所未盡之辭耳라. 若論其極이면 則志固心之所之而爲氣之將帥라. 然이나 氣亦人之所以充滿於身而爲志之卒徒者也라. 故로 志固爲至極而氣卽次之하니 人固當敬守其志나 然이나 亦不可不致養其氣라. 蓋其內外本末이 交相培養이니 此則孟子之心이 所以未嘗必其不動而自然不動之大略也니라.

3-2-10. 공손추가 물었다. "이미 의지가 최고이고 기가 그 다음이라고 말씀하시고 나서, 또 그 의지를 견고히 가졌을 때라도 그 기를 해롭게 하지

말아야 한다고 말씀하신 것은 무슨 뜻입니까?" 맹자께서 말씀하셨다. "의지가 한결같으면 기를 움직이고, 기가 한결같으면 뜻을 움직인다. 지금 엎어지고 달리는 것은 기이지만, 도리어 그것이 마음을 움직이는 것이다."

既曰 志至焉_{이오} 氣次焉_{이라} 하시고 又曰 持其志_{하고도} 無暴其氣者_는 何也_{잇고}. 曰 志壹則動氣_{하고} 氣壹則動志也_니 今夫 蹶者趨者 是氣也而反動其心_{이니라}.

공손추는 맹자께서 "뜻이 지극하고 기가 그 다음이다"라고 한 말을 알았다. 그러므로 질문하기를 "이와 같다면 뜻만을 오로지 잡으면 괜찮을 텐데 또 기를 난폭하게 하지 말라는 말씀은 무엇 때문입니까?"라고 한 것이다. '일(壹)'은 전일한 것이다. '궐(蹶)'은 달리는 것이다. 맹자께서 "뜻이 가는 곳이 전일하면 기도 진실로 그것을 따르게 된다. 그러나 기가 있는 곳이 전일하면 뜻도 역시 도리어 동요하게 된다. 마치 사람이 넘어지고 달려가는 때에도 기가 그곳에 오로지 있어 도리어 그 마음을 움직이게 되는 것과 같으니, 이 때문에 이미 뜻을 잡고서도 반드시 기를 난폭하게 하지 말라"고 말씀하신 것이다. 정자가 말하기를 "뜻이 기를 움직이는 것은 10분의 9요 기가 뜻을 움직이는 것은 10분의 1이다"라고 하였다.

公孫丑見孟子言志至而氣次_라. 故_로 問 如此則專持其志可矣_{어늘} 又言 無暴其氣_는 何也_오 하니라. 壹_은 專一也_라. 蹶_은 顚躓也_요 趨_는 走也_라. 孟子言 志之所向_이 專一_{이면} 則氣固從之_라. 然_{이나} 氣之所在專一_{이면} 則志亦反爲之動_{이니} 如人顚躓趨走_면 則氣專在是而反動其心焉_{이니} 所以旣持其志而又必無暴其氣也_라 하시니라. 程子曰 志動氣者_는 什九_요 氣動志

者는 什一이니라.

3-2-11. 공손추가 물었다. "감히 여쭙겠습니다만 선생님께서는 무엇을 잘하십니까?" 맹자께서 대답하셨다. "나는 남이 하는 말을 알고, 나는 나의 호연지기를 잘 기른다."
敢問夫子는 惡乎長이시니잇고. 曰 我는 知言하며 我는 善養吾의 浩然之氣하노라.

공손추가 "맹자의 부동심이 이와 같이 고자와 다른 까닭은 어디에 장점이 있어서 그럴 수 있습니까?" 하고 다시 질문하자 맹자께서 그 이유를 자세하게 알려준 것이다. '지언(知言)'이란 마음을 극진하게 하고 본성을 인식해서 모든 말에 대하여 이치를 연구하고 시비득실의 원인을 알지 못함이 없는 것이다. '호연(浩然)'은 성대하게 유행하는 모양이다. '기(氣)'는 이른바 몸에 충만한 것이므로 본래 스스로 호연한 것이지만 잘 기르지 못하기 때문에 몸에 부족하게 된다. 오직 맹자께서는 호연지기를 잘 길러서 처음의 상태를 회복한 것이다. 오직 말을 알면 도의를 밝혀서 천하의 일에 대하여 의심스러운 것이 없을 것이요, 기를 잘 기르면 도의와 짝이 될 수 있어서 천하의 일에 대하여 두려운 것이 없게 된다. 이 때문에 큰 임무를 맡아도 마음을 동요하지 않게 되는 것이다. 고자의 학문은 이와 서로 반대이니, 그의 부동심은 거의 어두워서 깨달음이 없고, 사나운데도 돌보지 않았을 뿐이다.
公孫丑復問孟子之不動心이 所以異於告子如此者는 有何所長而能然고 하니 而孟子又詳告之以其故也시니라. 知言者는 盡心知性하여 於凡天下之言에 無不有以究極其理而識其是非得失之所以然也니라. 浩然은 盛大

流行之貌라. 氣는 卽所謂體之充者니 本自浩然이로되 失養故로 餒니 惟孟
子爲善養之하여 以復其初也라. 蓋惟知言이면 則有以明夫道義하여 而於
天下之事에 無所疑요 養氣면 則有以配夫道義하여 而於天下之事에 無所
懼하니 此其所以 當大任而不動心也니라. 告子之學은 與此正相反하니 其
不動心은 殆亦冥然無覺하고 悍然不顧而已爾니라.

3-2-12. 공손추가 물었다. "감히 여쭙겠습니다. 무엇을 호연지기라고 합니
까?" 맹자께서 대답하셨다. "말하기 어렵다.
敢問何謂浩然之氣잇고. 曰 難言也니라.

맹자께서는 먼저 '지언(知言)'을 말씀했는데, 공손추가 '양기(養氣)'를 먼
저 질문한 것은 윗글에서 지와 기에 대해 논한 것을 이어서 말했기 때문
이다. '난언(難言)'은 마음으로 홀로 깨달은 것이지만 소리와 형상으로
징험할 수 없으므로 언어로 형용하기가 쉽지 않은 것이다. 그러므로 정
자가 말하기를 "이 한 마디 말을 보면 맹자께서 진실로 이 기를 가지고
있다는 것을 알 수 있을 것이다"라고 하였다.
孟子先言知言이어늘 而丑先問養氣者는 承上文方論志氣而言也니라. 難
言者는 蓋其心所獨得하여 而無形聲之驗하니 有未易以言語形容者라. 故
로 程子曰 觀此一言이면 則孟子之實有是氣를 可知矣라시니라.

3-2-13. 그 기란 지극히 크고 지극히 강하여서 곧게 길러서 해치지 않으면
천지 사이에 가득 차게 될 것이다.
其爲氣也 至大至剛하니 以直養而無害면 則塞于天地之間이니라.

'지대(至大)'는 처음부터 한계가 없는 것이요, '지강(至剛)'은 굽히고 흔들리지 않는 것이다. 이것은 천지의 바른 기운으로 사람이 태어날 때부터 얻는 것이니 본 모습이 이와 같은 것이다. 스스로 돌이켜서 곧으면 기르는 것을 얻은 것이요, 인위적으로 그것을 상하게 하지 않으면 본체가 어그러지지 않고 충만하여 간격이 없을 것이다. 정자가 말하기를 "하늘과 인간은 하나이기 때문에 분별할 수 없으니, 호연지기는 곧 나의 기이다. 잘 길러서 상하게 하지 않으면 천지에 가득 차고, 하나라도 사욕에 가리게 되면 마음에 부족하고 굶주리게 되어 작게 됨을 알게 될 것이다"라고 하였다. 사 씨가 말하기를 "호연지기는 반드시 마음이 바르게 되었을 때 다스릴 줄을 알게 되는 것이다"라고 하였다. 또 말하기를 "호연은 어그러지거나 결핍된 때가 없다"라고 하였다.

至大는 初無限量이요 至剛은 不可屈撓라. 蓋天地之正氣而人得以生者니 其體段이 本如是也라. 惟其自反而縮이면 則得其所養이요 而又無所作爲以害之면 則其本體不虧而充塞無間矣리라. 程子曰 天人一也라 更不分別이니 浩然之氣는 乃吾氣也라. 養而無害면 則塞于天地하고 一爲私意所蔽면 則欿然而餒하여 知其小也니라. 謝氏曰 浩然之氣는 須於心得其正時에 識取니라. 又曰 浩然은 是無虧欠時니라.

3-2-14. 그 기는 의와 도에 짝이 되니, 이것이 없으면 굶주리게 된다.

其爲氣也 配義與道하니 無是면 餒也니라.

'배(配)'는 합해져서 도움이 있다는 뜻이다. '의(義)'는 인심을 마름질하는 것이요, '도'는 천리의 자연스러움이다. '뇌(餒)'는 굶주리고 부족하여 기가 몸에 가득 차지 못한 것이다. 사람이 이 기를 양성할 수 있으면 기가 도의에 합치되고 도움이 되어, 용감하고 결단성 있게 기를 행하여 의심하거나 꺼리는 것이 없게 될 것이다. 만약 이 기가 없다면 일시적으로 행하는 것이 비록 도의에서 나오기는 하지만 몸에 가득 차지 못하면 또한 의심과 두려움을 면하지 못하여 할 수 있는 일이 없을 것임을 말씀하신 것이다.

配者는 合而有助之意라. 義者는 人心之裁制요 道者는 天理之自然이라. 餒는 飢乏而氣不充體也라. 言 人能養成此氣면 則其氣合乎道義而爲之助하여 使其行之勇決하여 無所疑憚요. 若無此氣면 則其一時所爲가 雖未必不出於道義나 然이나 其體有所不充이면 則亦不免於疑懼하여 而不足以有爲矣니라.

3-2-15. 이것은 의를 모아 생기는 것이요, 의가 일시적으로 조금 엄습해 와서 얻어지는 것이 아니다. 행동이 마음에 만족치 못함이 있으면 이 호연지기는 굶주리게 된다. 내가 그러므로 '고자는 아직 의를 알지 못한다'고 한 것이니, 이것은 고자가 의를 외재적인 것으로 여기기 때문이다.

是集義所生者라 非義襲而取之也니 行有不慊於心則餒矣니 我故로 曰 告子未嘗知義라 하노니 以其外之也일새니라.

'집의(集義)'는 '선을 쌓다'는 말과 같은데, 하는 일마다 모두 의에 합치되고자 하는 것이다. '습(襲)'은 몰래 취하는 것인데, 마치 '제나라 임금이 거나라를 습격했다[齊侯襲莒]'는 '습(襲)'과 같다. 기가 비록 도의에 짝이 될 수 있지만 그것을 처음 기를 때에는 곧 일마다 의에 합치되어 스스로 돌이켜 보아도 항상 정직해야 한다. 이 때문에 부끄러운 것이 없어서 이 기가 자연스럽게 마음속에서 발생하는 것이요, 다만 한 가지 일을 행한 것이 우연히 의에 합치되어 밖으로부터 엄습해서 되는 것이 아니다. '겸(慊)'은 상쾌하고 만족하다는 뜻이다. 행하는 것이 하나라도 의에 합치되지 못하고 스스로 돌이켜도 정직하지 못하면 마음에 만족하지 않게 되어 그 몸에도 충만하지 못하게 되는 것이다. 그렇게 되면 의가 어찌 밖에 있는 것이겠는가? 고자는 이러한 이치를 알지 못하고 '인은 내면에 있고 의는 외면에 있다'고 하여 다시는 의를 일삼지 않았으니 반드시 의를 모아서 호연지기를 만들지 못했을 것이다. 위 글에서 '말에서 얻지 못하면 마음에서 구하지 말라'는 것은 의를 외면적인 것으로 여긴 것인데, 「고자 상」편에 자세히 보인다.

集義는 猶言積善이니 蓋欲事事皆合於義也라. 襲은 掩取也니 如齊侯襲莒之襲이라. 言 氣雖可以配乎道義나 而其養之之始에 乃由事合義하여 自反常直이라. 是以로 無所愧怍하여 而此氣自然發生於中이요 非由只行一事가 偶合於義하여 便可掩襲於外得之也라. 慊은 快也며 足也라. 言所行이 一有不合於義而自反不直이면 則不足於心하여 而其體有所不充矣니 然則義豈在外哉리오. 告子는 不知此理하고 乃曰仁內義外라 하여 而不復以義爲事하니 則必不能集義以生浩然之氣矣라. 上文不得於言勿求於心은 卽外義之意니 詳見告子上篇하니라.

3-2-16. 반드시 호연지기를 기르는 데 종사하고 미리 기약하지 말아서 마음에서 잊지도 말며, 조장하지도 말라. 송나라 사람같이 해서는 안 된다. 송나라 사람 중에 자기 논의 모가 자라나지 않는 것을 안타깝게 여겨 싹

을 뽑아 올린 사람이 있었다. 허둥지둥 집에 돌아와 식구들에게 말하기를 '오늘은 피곤하다. 나는 오늘 모가 잘 자라도록 도와주었다'고 하자, 그 아들이 달려가 보니 모는 모두 말라버렸다. 천하에 모가 자라는 것을 도와주지 않는 사람은 적을 것이다. 쓸모없다고 내버려두는 사람은 김을 매지 않는 사람이요, 싹이 자라게끔 도와주는 사람은 모를 뽑아 올리는 사람이니 무익할 뿐만 아니라 또한 해치는 것이다."

必有事焉而勿正하여 心勿忘하며 勿助長也하여 無若宋人然이어다. 宋人이 有閔其苗之不長而揠之者러니 芒芒然歸하여 謂其人 曰今日에 病矣라. 予助苗長矣라. 其子趨而往視之하니 苗則槁矣러라. 天下之不助苗長者 寡矣니 以爲無益而舍之者는 不耘苗者也오. 助之長者는 揠苗者也니 非徒無益이라 而又害之니라.

'필유사언이물정(必有事焉而勿正)'에 대해서 조 씨와 정자는 이 일곱 자를 한 구절로 삼았는데, 근래에는 간혹 아래 글의 '심(心)'자까지 함께 읽는 사람이 있으니 또한 의미는 통한다. '필유사언(必有事焉)'은 일삼는 바가 있는 것이니 마치 '전유에 일삼는 바가 있다[有事於顓臾]'는 '유사(有事)'와 같다. '정(正)'은 미리 기약하는 것인데, 『춘추전』에 '전쟁에는 미리 이길 것을 기약하지 말아라[戰不正勝]'고 말한 것이 바로 이것이다. 만약 정심(正心)으로 써도 뜻은 역시 같으니, 이것은 『대학』에서 말하는 '정심'과는 말의 뜻이 자연히 다르다. 이것은 호연지기를 기르는 사람은 의를 모으는 것을 일삼고 미리 그 효과를 기약하지 말며, 간혹 충만되지 못하면 마땅히 거기에 종사하고 있다는 것을 잊지 말 것이며, 일부러 조장해서는 안 되는 것이다. 이것이 바로 의를 모으고 기를 기르는 절도다. '민(閔)'은 걱정한다는 뜻이다. '알(揠)'은 뽑는다는 뜻이다. '망망(芒芒)'은 무지한 모습이다. '기인(其人)'은 집안 사람이다. '병(病)'은 피곤하다는 뜻이다. 버려두고서 김매지 않는 사람은 일이 있다는 것을 잊어버린 것이요, 뽑아서 성장을 도운 사람은 미리 효과를 기약했다가 얻지 못하자 망령되게 인위적으로 한 사람이다. 그러나 김매지 않으면 기르는 것을 잃을 뿐이요, 뽑아버리면 도리어 그것을 해치게 되는 것이니, 이 두 가지를 하지 않으면 기가 잘 길러져서 해가 되지 않을 것이다. 만약 고자와 같이 의를 모으지 않고서 억지로 마음을 제어하고자 한다면 반드시 미리 조장하는 병통을 면하지 못할 것이다. 이렇게 되면 이른바 호연지기를 잘 기르지 못할 뿐 아니라 도리어 해치게 될 것이다.

必有事焉而勿正은 趙氏程子는 以七字爲句하고 近世에 或幷下文心字讀之者亦通이라. 必有事焉은 有所事也니 如有事於顓臾之有事라. 正은 預期也니 春秋傳曰 戰不正勝이 是也라. 如作正心이라도 義亦同하니 此與大學之所謂正心者로 語意自不同也라. 此는 言養氣者必以集義爲事요 而勿預期其效하며 其或未充이면 則但當勿忘其所有事요 而不可作爲以助其長이니 乃集義養氣之節度也라. 閔은 憂也라. 揠은 拔也라. 芒芒은 無知之貌라. 其人은 家人也라. 病은 疲倦也라. 舍之而不耘者는 忘其所有事요. 揠而助之長者는 正之不得而妄有作爲者也라. 然이나 不耘則失養而己요 揠則反以害之니 無是二者면 則氣得其養而無所害矣리라. 如告子不能集義而欲彊制其心이면 則必不能免於正助之病이니 其於所謂浩然者에 蓋不惟不善養이라 而又反害之矣니라.

3-2-17. 공손추가 물었다. "말을 안다고 하는 것이 무슨 뜻입니까?" 맹자께서

말씀하셨다. "편벽된 말을 들으면 그 사람이 무엇에 가려졌는지를 알며, 음란한 말을 들으면 그 사람이 어디에 빠졌는지를 알며, 사악한 말을 들으면 그 사람의 마음이 정의에서 떠나 있다는 것을 알며, 회피하는 말을 들으면 그 사람이 논리적으로 궁색하다는 것을 안다. 그러한 생각이 마음에 생겨나면 정치를 해치고, 그러한 생각이 정치에 드러나면 일을 해치는 것이니, 성인이 다시 나온다고 해도 반드시 내 말에 따를 것이다."

何謂知言이니잇고. 曰 詖辭에 知其所蔽하며 淫辭에 知其所陷하며 邪辭에 知其所離하며 遁辭에 知其所窮이니 生於其心하야 害於其政하며 發於其政하여 害於其事하나니 聖人이 復起라도 必從吾言矣리라.

이것은 공손추가 다시 질문을 하고 맹자께서 대답하신 것이다. '피(詖)'는 치우친 것이요, '음(淫)'은 방탕한 것이요, '사(邪)'는 사악하고 치우친 것이요, '둔(遁)'은 도피하는 것이다. 이 네 가지는 서로 원인이 되는 것으로 말의 병폐다. '폐(蔽)'는 가리고 막히는 것이요, '함(陷)'은 빠지는 것이며, '이(離)'는 배반하여 떠나는 것이고, '궁(窮)'은 곤궁하고 굴복하는 것이다. 이 네 가지도 서로 원인이 되는 것으로 마음의 잘못됨이다. 사람의 말은 모두 마음에서 나오는데, 그 마음이 바른 이치에서 밝혀지고 가리는 것이 없는 뒤에야 그 말이 공평하고 올바르며 사리에 통달하게 되어 병통이 없게 될 것이니, 만약 그렇지 못하다면 반드시 이 네 가지의 병폐가 있게 될 것이다. 말의 병폐에 나아가서 마음의 잘못을 알고, 또 그것이 정사를 결정하는 데 해가 되어 바꿀 수 없다는 것을 아는 것이 이와 같으니, 마음이 도에 통달하여 천하의 이치를 의심하지 않는 자가 아니면 누가 이것을 할 수 있겠는가? 저 고자는 말에서 얻지 못하거든 마음에서 그것을 즐겨 구하지 아니하여 의가 외면으로부터 오는 것이 라는 설을 주장하기까지 하였으니 이것은 스스로 네 가지의 병폐를 면하지 못한 것이다. 그런데 어떻게 천하의 말을 알아서 의심하는 것이 없겠는가? 정자가 말하기를, "마음이 도에 통달한 뒤에 시비를 분별할 수 있으니, 마치 저울추와 저울대를 잡고서 경중을 비교하는 것과 같다. 맹자께서 말씀하신 지언(知言)이란 바로 이런 것이다"라고 하였다. 또 말하기를 "맹자께서 말씀하신 지언은 바로 사람이 당상에 있어야 바야흐로 당하에 있는 사람들의 정직함과 부정함을 분별할 수 있는 것과 같으니, 만약 스스로 당하의 여러 사람 속에 섞여 있는 것을 면하지 못한다면 분별하고 결단할 수 없을 것이다"라고 하였다.

此는 公孫丑復問而孟子答之也라. 詖는 偏陂也요 淫은 放蕩也요 邪는 邪僻也요 遁은 逃避也라. 四者相因하니 言之病也라. 蔽는 遮隔也요 陷은 沈溺也요 離는 叛去也요 窮은 困屈也라. 四者亦相因하니 則心之失也라. 人之有言이 皆出於心하니 其心이 明乎正理而無蔽然後에 其言이 平正通達無病이니 苟爲不然이면 則必有是四者之病矣니라. 卽其言之病而知其心之失하고 又知其害於政事之決然而不可易者如此하니 非心通於道而無疑於天下之理면 其孰能之리오. 彼告子者는 不得於言이어든 而不肯求之於心하여 至爲義外之說하니 則自不免於四者之病이니 其何以知天下之言而無所疑哉리오. 程子曰 心通乎道然後에 能辨是非를 如持權衡하여 以較輕重이니 孟子所謂知言이 是也니라. 又曰孟子知言은 正如人在堂上이라야 方能辨堂下人曲直이니 若猶未免雜於堂下衆人之中이면 則不能辨決矣리라.

3-2-18. 공손추가 말했다. "재아와 자공은 말을 잘 했고, 염우・민자・안연

은 덕행을 잘 말하였는데, 공자께서는 그것들을 모두 겸하고 있으면서도
말씀하시기를, '나는 언사에 능하지 못합니다'라고 하셨습니다. 그렇다면
선생님께서는 이미 성인이십니다."
宰我子貢은 善爲說辭하고 冉牛閔子顔淵은 善言德行이러니 孔子兼之하사대
曰 我於辭命則不能也로라 하시니 然則夫子는 旣聖矣乎신저.

이 한 구절은 임 씨가 "모두 공손추의 질문이다"라고 하였는데 옳은 말
이다. '설사(說辭)'는 언어요, 덕행(德行)은 마음에 깨달아서 행사에 드
러나는 것이다. 세 사람이 덕행을 잘 말한 것은 몸소 그것을 가지고 있
었기 때문에 말이 친절하고 음미할 만했던 것이다. 공손추가 말하기를
"몇 사람은 각자 장점을 가지고 있는데 공자께서는 그것을 겸하셨습니
다. 그러나 오히려 언어에 능하지 못하다고 말씀하셨는데, 지금 맹자께
서는 스스로 '나는 말을 알고 또 기를 잘 기른다'고 하셨으니 이것은 언
어와 덕행을 겸비하신 것입니다. 그렇다면 어찌 성인이 아니겠습니까?"
라고 한 것이다. 여기서 '부자(夫子)'는 맹자를 가리킨다. ○ 정자가 말하
기를 "공자께서 스스로 언사에 능하지 못하다고 말씀하신 것은 학자들로
하여금 근본에 힘을 쓰도록 하고자 한 것일 뿐이다"라고 하였다.
此一節은 林氏以爲皆公孫丑之問이라 하니 是也라. 說辭는 言語也요 德行
은 得於心而見於行事者也라. 三子善言德行者는 身有之故로 言之親切
而有味也라. 公孫丑言數子는 各有所長而孔子兼之라. 然이나 猶自謂不
能於辭命이어시늘 今孟子는 乃自謂我能知言하고 又善養氣하시니 則是兼
言語德行而有之니 然則豈不旣聖矣乎아 하니라. 此夫子는 指孟子也라. ○
程子曰 孔子自謂不能於辭命者는 欲使學者務本而已시니라.

3-2-19. 맹자께서 말씀하셨다. "그게 무슨 말인가? 옛날에 자공이 공자께 '선생님은 성인이십니까?' 하고 묻자, 공자께서 '성인은 내가 불가능하지만 나는 배움을 싫어하지 않고, 가르침을 게을리 하지 않노라'고 말씀하셨다. 자공이 말하기를 '배움을 싫어하지 않는 것은 지혜로운 일이요, 가르침을 게을리 하지 않는 것은 인자한 일인데, 인자하고 또 지혜로우니 선생님께서는 이미 성인이십니다'라고 하셨다. 대저 성인은 공자께서도 자처하지 않으셨는데, 이 무슨 말인가?"

曰 惡라. 是何言也요. 昔者에 子貢이 問於孔子曰 夫子는 聖矣乎신저. 孔子曰 聖則吾不能이어니와 我는 學不厭而敎不倦也로라. 子貢曰 學不厭은 智也요 敎不倦은 仁也니 仁且智하시니 夫子는 旣聖矣신저 하니 夫聖은 孔子도 不居하시니 是何言也요.

'오(惡)'는 놀라고 감탄하는 말이다. '석자(昔者)' 이하는 맹자께서 공손추의 말을 감당할 수 없어서 공자와 자공의 문답을 인용하여 알려준 것이다. 여기서 '부자(夫子)'는 공자를 가리킨다. 배움을 싫어하지 않는 것은 지혜가 스스로 밝혀지기 때문이요, 가르침을 게을리 하지 않는 것은 인이 사물에게 미치기 때문이다. 거듭 '시하언야(是何言也)'라고 말씀하여 깊이 거절하셨다.

惡는 驚歎辭也라. 昔者以下는 孟子不敢當丑之言而引孔子子貢問答之辭하여 以告之也시니라. 此夫子는 指孔子也라. 學不厭者는 智之所以自明이요 敎不倦者는 仁之所以及物이라. 再言是何言也하여 以深拒之하시니라.

3-2-20. 공손추가 물었다. "옛날에 사사로이 들은 말이 있는데, '자하 · 자유

・자장은 모두 성인의 일면만 지녔고, 염우・민자・안연은 전체 모습을 갖추기는 했지만 아직 미약하다'고 하였습니다. 감히 선생님께서 편안하게 여기는 곳을 묻고 싶습니다."

昔者에 竊聞之하니 子夏子游子張은 皆有聖人之一體하고 冉牛閔子顔淵은 則具體而微라 하니 敢問所安하노이다.

이 한 구절은 임 씨가 또한 "모두 공손추의 질문이다"라고 하였으니 옳은 말이다. '일체(一體)'는 하나의 사지라는 말과 같다. '구체이미(具體而微)'는 전체를 가지고 있지만 아직 넓고 크지 못할 뿐이라고 말하는 것이다. '안(安)'은 처하는 것이다. 공손추가 다시 질문하기를 "맹자께서 이미 공자께 감히 비교할 수 없다면 이 몇 사람 중에서 어느 곳에 스스로 처하고자 하십니까?"라고 한 것이다.

此一節은 林氏亦以爲皆公孫丑之問이라 하니 是也라. 一體는 猶一肢也라. 具體而微는 謂有其全體로되 但未廣大耳라. 安은 處也라. 公孫丑復問 孟子旣不敢比孔子면 則於此數子에 欲何所處也오 하니라.

3-2-21. 맹자께서 말씀하셨다. "잠시 이들을 버려두거라."

曰 姑舍是하라.

맹자께서 "잠시 이들을 버려두거라"고 하신 것은 이상의 몇 사람들이 도달한 것을 가지고 자처하고자 하지 않은 것이다.

孟子言且置是者는 不欲以數子所至者로 自處也시니라.

3-2-22. 공손추가 물었다. "백이와 이윤은 어떤 분입니까?" 맹자께서 말씀하셨다. "도가 같지 않다. 섬길 만한 임금이 아니면 섬기지 않고, 부릴 만한 백성이 아니면 부리지 않아서, 세상이 다스려지면 나아가고 혼란해지면 물러가는 것은 백이였다. 어느 누구를 섬긴들 내 임금이 아니며, 어느 누구를 부린들 내 백성이 아니겠는가 하여, 다스려져도 나아가고 혼란해도 나아가는 것은 이윤이었다. 벼슬을 할 만하면 벼슬을 하고, 그만둘 만하면 그만두고, 또 오래 있을 만하면 오래 있고, 빨리 떠나갈 만하면 빨리 떠나가는 것은 공자였는데, 모두 옛날의 성인이었다. 나는 그분들처럼 행하지 못하고 있지만, 내가 바라는 것은 공자를 배우는 것이다."

曰 伯夷伊尹은 何如하니잇고 曰 不同道하니 非其君不事하며 非其民不使하여 治則進하고 亂則退는 伯夷也오 何事非君이며 何使非民이리오 하여 治亦進하며 亂亦進은 伊尹也오 可以仕則仕하며 可以止則止하며 可以久則久하며 可以速則速은 孔子也시니 皆古聖人也라 吾未能有行焉이어니와 乃所願則學孔子也로라

'백이'는 고죽군의 장자인데, 형제가 서로 나라를 양보하고 주 임금을 피하여 은거하다가 문왕의 덕을 듣고 돌아왔는데 무왕이 주 임금을 정벌하게 되자 떠나서 굶어 죽었다. 이윤은 유신의 처사인데 탕 임금이 초빙하여 등용해서 걸 왕에게 나가게 하였지만, 걸 왕이 등용하지 않자 다시 탕 임금에게 돌아왔다. 이와 같이 다섯 번을 하다가 마침내 탕 임금을 도와서 걸을 정벌하였다. 세 성인의 일은 이 편의 끝과 「만장 하」편에 자세히 보인다.

伯夷는 孤竹君之長子니 兄弟遜國하고 避紂隱居라가 聞文王之德而歸之러

니 及武王伐紂하니 去而餓死하니라. 伊尹은 有莘之處士니 湯聘而用之하여 使之就桀한대 桀不能用이어늘 復歸於湯하여 如是者五라가 乃相湯而伐桀也하니라. 三聖人事는 詳見此篇之末及萬章下篇하니라.

3-2-23. 공손추가 물었다. "백이와 이윤이 이와 같이 공자와 대등합니까?" 맹자께서 말씀하셨다. "아니다. 인류가 생긴 이래 공자만한 분이 없었다." 伯夷伊尹이 於孔子에 若是班乎잇가. 曰 否라. 自有生民而來로 未有孔子也시니라.

'반(班)'은 등급이 같은 모습이다. 공손추가 질문하자 맹자께서 '같지 않다'는 말로 대답하신 것이다.
班은 齊等之貌라. 公孫丑問而孟子答之以不同也하시니라.

3-2-24. 공손추가 또 물었다. "그렇다면 세 분 사이에 같은 점이 있습니까?" 맹자께서 대답하셨다. "있다. 백 리의 땅을 얻어 임금이 된다면 다들 제후들에게 조회를 받고 천하를 차지할 수 있었을 것이고, 한 가지라도 의롭지 못한 일을 행하고 한 사람이라도 죄 없는 사람을 죽여서 천하를 얻는 일은 모두 하지 않았을 것이니, 이런 점이 같은 것이다."
曰 然則有同與잇가. 曰 有하니 得百里之地而君之면 皆能以朝諸侯有天下어니와 行一不義하며 殺一不辜而得天下는 皆不爲也리니 是則同하니라.

'유(有)'는 같은 점이 있다고 말한 것이다. 백 리의 땅을 가지고 천하의 왕 노릇을 하는 것은 덕이 융성한 것이요, 한 가지라도 의롭지 못한 일을 행하고 한 사람이라도 죄 없는 사람을 죽여서 천하를 얻을 일을 하지 않는 것은 마음이 바른 것이다. 성인이 성인이 되는 까닭은 근본과 절목의 큰 것이 오직 여기에 있으니, 이것과 다르면 성인이 될 수 없을 것이다.

有는 言有同也라. 以百里而王天下는 德之盛也요 行一不義殺一不辜而得天下를 有所不爲는 心之正也라. 聖人之所以爲聖人은 其根本節目之大者가 惟在於此하니 於此不同이면 則亦不足以爲 聖人矣니라.

3-2-25. 공손추가 물었다. "그분들이 서로 다른 점은 무엇인지 감히 여쭙겠습니다." 맹자께서 대답하셨다. "재아와 자공과 유약은 지혜가 충분히 성인을 알아볼 만하니, 지혜가 낮더라도 자기들이 좋아하는 분이라고 해서 아첨에까지 이르지는 않았을 것이니라.

曰 敢問其所以異하노이다. 曰 宰我子貢有若은 智足以知聖人이니 汚不至阿其所好니라.

'오(汚)'는 낮은 것이다. 세 사람의 지혜가 공자의 도를 알 만하지만, 가령 지혜가 낮더라도 반드시 사적으로 좋아하는 사람에게 아첨하여 빈말로 칭찬하지는 않았을 것이니, 그 말이 믿을 수 있음을 밝히신 것이다.

汚는 下也라. 三子智足以知夫子之道하니 假使汚下라도 必不阿私所好而空譽之니 明其言之可信也시니라.

3-2-26. 그런데 재아는 "내가 우리 선생님을 보건대 요 임금이나 순 임금보다 더 훌륭하시다"고 말하였다.

宰我曰 以予觀於夫子컨대 賢於堯舜이 遠矣샷다.

정자가 말하기를 "성스러움을 말하면 다르지 않고 일의 공을 말하면 다름이 있으니, 공자가 요순보다 어진 것은 일의 공을 말한 것이다. 요순은 천하를 다스리시고 공자는 그 도를 미루어 만세에 가르침을 드리우셨으니, 요순의 도가 공자를 얻지 못했다면 후세 사람들이 또한 무엇을 근거로 삼았겠는가?"라고 하였다.
程子曰 語聖則不異하고 事功則有異하니 夫子賢於堯舜은 語事功也니라. 蓋堯舜은 治天下하시고 夫子는 又推其道하여 以垂敎萬世하시니 堯舜之道非得孔子면 則後世亦何所據哉리오.

3-2-27. 그리고 자공은 "그 예법을 보면 그 정치를 알게 되고, 그 음악을 들으면 그 덕을 알게 되는데, 백 대 뒤에서부터 백 대의 왕들을 비교해 보건대 여기서 벗어나지 않으니, 인류가 생긴 이래로 공자 같은 분이 있지 않았다"라고 말하였다.
子貢曰 見其禮而知其政하며 聞其樂而知其德이니 由百世之後하여 等百世之王컨대 莫之能違也니 自生民以來로 未有夫子也시니라.

대개 사람의 예를 보면 그의 정사를 알 수 있고, 사람의 음악을 들으면 그의 덕을 알 수 있다. 이 때문에 내가 백 세의 뒤에서부터 백 세의 왕에 대해 등급을 매겨 보건대, 그 실상을 숨길 수 있는 자가 없으니, 모두 공자처럼 융성한 사람이 없음을 알 수 있다고 말씀한 것이다.
言 大凡見人之禮면 則可以知其政이요 聞人之樂이면 則可以知其德이라.

是以로 我從百世之後하여 差等百世之王컨댄 無有能遁其情者니 而見其
皆莫若夫子之盛也니라.

3-2-28. 또 유약은 "'어찌 오직 사람뿐이겠는가? 뛰어다니는 짐승 가운데 기
린, 날아다니는 새 중에서 봉황, 여러 언덕에 비하여 태산, 길바닥의 물에
비하여 바다와 같은 존재로서, 일반 사람들 중의 성인도 또한 이와 같은
종류다. 동류 가운데서 뛰어나고, 여럿 중에서 빼어난 것들이지만 인류가
생겨난 이래 공자보다 더 훌륭한 분은 있지 않았다'고 말하였느니라."
有若이 曰 豈惟民哉리오. 麒麟之於走獸와 鳳凰之於飛鳥와 太山之於丘
垤과 河海之於行潦에 類也며 聖人之於民에 亦類也시니 出於其類하며 拔
乎其萃나 自生民以來로 未有盛乎孔子也시니라.

'기린(麒麟)'은 털 있는 짐승 중에서 으뜸이요, '봉황(鳳凰)'은 날개달린
짐승 중에서 으뜸이다. '질(垤)'은 개밋둑이다. '행료(行潦)'는 길 위에 있
는 근원이 없는 물이다. '출(出)'은 높이 솟아나온 것이요, '발(拔)'은 특
별하게 일어나는 것이다. '췌(萃)'는 모이는 것이다. 예로부터 성인은 진
실로 모두 중인보다 특이하지만, 공자와 같이 더욱 융성한 자는 있지 않
았다고 말한 것이다. ○ 정자가 말하기를 "『맹자』의 이 장은 전성들이
아직 드러내지 못한 것을 넓힌 것이니, 학자들이 마땅히 마음을 가라앉
혀서 깊이 음미해야 할 것이다"라고 하였다.
麒麟은 毛蟲之長이요 鳳凰은 羽蟲之長이라. 垤은 蟻封也라. 行潦는 道上無
源之水也라. 出은 高出也요 拔은 特起也라. 萃는 聚也라. 言 自古聖人이
固皆異於衆人이나 然이나 未有如孔子之尤盛者也니라. ○程子曰 孟子此

章은 擴前聖所未發하시니 學者所宜潛心而玩索也니라.

3-3-1. 맹자께서 말씀하셨다. "힘으로 인을 빌린 자는 패자이니, 패자는 반드시 큰 나라를 가지고 있어야 한다. 덕으로 인을 행하는 자는 왕자이니, 왕자는 큰 나라를 가지고 있을 필요는 없다. 탕 임금은 칠십 리의 땅으로, 문왕은 백 리의 땅을 가지고 그 일을 하셨다.
孟子曰 以力假仁者는 霸니 霸必有大國하고 以德行仁者는 王이니 王不待大라. 湯이 以七十里하고 文王이 以百里하니라.

'역(力)'은 토지와 군대의 힘을 말한다. '가인(假仁)'은 본래 이러한 마음이 없으면서 그 일을 빌려서 공으로 삼은 것이다. '패(霸)'는 제나라 환공과 진나라 문공과 같은 이들이다. 덕으로 인을 실천하면 내가 마음에서 깨달은 것을 미루어 나가서 어느 곳을 가더라도 인이 아님이 없을 것이다.
力은 謂土地甲兵之力이라. 假仁者는 本無是心而借其事하여 以爲功者也라. 霸는 若齊桓晉文이 是也라. 以德行仁이면 則自吾之得於心者推之하여 無適而非仁也니라.

3-3-2. 힘으로 다른 사람을 굴복시키는 사람은 마음으로 복종하는 것이 아니라 힘이 모자라서 복종하는 것이다. 덕으로 다른 사람을 복종시키는 사람은 마음속으로부터 기뻐해서 진심으로 복종하는 것이니, 칠십 명의 제자가 공자에게 복종하는 것과 같은 것이다. 『시경』에 이르기를, '동서 남북으로부터 마음으로 복종하지 않는 사람이 없었다'고 하였으니, 이를

두고 한 말이니라."

以力服人者는 非心服也라 力不贍也오 以德服人者는 中心이 悅而誠服也니 如七十子之服孔子也라. 詩云 自西自東하며 自南自北이 無思不服이라 하니 此之謂也니라.

'섬(贍)'은 풍족한 것이다. 시는 「대아·문왕유성」편이다. 왕도를 행하는 사람과 패도를 행하는 사람의 마음은 진실함과 거짓됨이 다르다. 그러므로 사람들이 대응하는 것도 또한 이와 같이 다른 것이다. ○추 씨가 말하기를 "힘으로 남을 굴복시키는 사람은 사람을 굴복시키는 것에만 생각이 있어서 사람들이 감히 굴복하지 않을 수 없고, 덕으로 남을 복종시키는 사람은 남을 복종시키는 데 생각이 있는 것이 아니라서 사람들이 복종하지 않을 수 없는 것이다. 예로부터 왕도와 패도에 대해서 논한 사람들이 많지만, 이 장과 같이 의미가 깊고 간절하면서 분명하게 드러난 것이 없다"라고 하였다.

贍은 足也라. 詩는 大雅文王有聲之篇이라. 王霸之心이 誠僞不同이라. 故로 人所以應之者其不同이 亦如此니라. ○鄒氏曰 以力服人者는 有意於服人而人不敢不服하고 以德服人者는 無意於服人而人不能不服하나니 從古以來로 論王霸者多矣로되 未有若此章之深切而著明者也니라.

3-4-1. 맹자께서 말씀하셨다. "어질면 영화롭게 되고, 어질지 않으면 치욕을 당하게 된다. 지금 치욕을 싫어하면서 어질지 않은 데 처하는 것은 습한 것을 싫어하면서 낮은 곳에 있는 것과 같다.

孟子曰 仁則榮하고 不仁則辱하나니 今에 惡辱而居不仁이 是猶惡濕而居

下也니라.

영화로움을 좋아하고 치욕을 싫어하는 것은 사람들의 일반적인 마음이다. 그러나 한갓 치욕을 싫어하기만 하고 치욕 받는 도리를 제거하지 않는다면 면할 수 없을 것이다.
好榮惡辱은 人之常情이라. 然이나 徒惡之而不去其得之之道면 不能免也니라.

3-4-2. 만일 치욕을 싫어한다면 덕을 귀중히 여기고 선비를 존중하는 것보다 좋은 것이 없으니, 어진 사람이 벼슬자리에 있고 유능한 사람이 직책을 맡게 되면 국가는 한가하게 된다. 이런 때를 당하여 정사와 형벌을 밝힌다면 비록 큰 나라일지라도 반드시 그 나라를 두려워할 것이다.
如惡之인댄 莫如貴德而尊士니 賢者在位하며 能者在職하여 國家閒暇어든 及是時하여 明其政刑이면 雖大國이라도 必畏之矣리라.

이것은 치욕을 싫어하는 마음으로 인하여 인에 힘을 쓰는 일로써 나아가게 한 것이다. '귀덕(貴德)'은 '덕을 숭상한다'는 말과 같다. '사(士)'는 그 사람을 가리켜 말한 것이다. '현(賢)'은 덕이 있는 사람이니, 그에게 자리에 있게 한다면 임금을 바르게 하고 풍속을 좋게 할 수 있을 것이다. '능(能)'은 재능이 있는 사람이니, 그에게 직책을 맡게 한다면 정사를 닦고 업적을 세울 수 있을 것이다. '국가한가(國家閒暇)'는 무엇인가 할 수 있는 때이므로 '급(及)' 자를 자세히 음미하면 오직 날마다 부족하다는 의미를 알 수 있을 것이다.

此는 因其惡辱之情하여 而進之以彊仁之事也라. 貴德은 猶尙德也라. 士는 則指其人而言之라. 賢은 有德者니 使之在位면 則足以正君而善俗이요 能은 有才者니 使之在職이면 則足以修政而立事라. 國家閒暇는 可以有爲之時也니 詳味及字하면 則惟日不足之意를 可見矣니라.

3-4-3. 『시경』에 이르기를, '하늘에 구름이 끼고 비가 오기 전에 미리 뽕나무 뿌리를 벗겨다가 창살과 지게문을 튼튼히 얽는다면, 이제 이 백성들이 혹시라도 감히 나를 업신여기겠는가'라고 하였다. 공자께서 '이 시를 지은 사람은 도를 알고 있구나. 자기 나라를 잘 다스리면 누가 감히 업신여기겠는가?' 하고 말씀하셨다.

詩云 迨天之未陰雨하여 徹彼桑土하여 綢繆牖戶면 今此下民이 或敢侮予아 하여늘 孔子曰 爲此詩者 其知道乎인저. 能治其國家면 誰敢侮之리오 하시니라.

시는 『시경』 「빈풍・치효」편이니, 주공이 지은 것이다. '태(迨)'는 미친다는 뜻이다. '철(徹)'은 취한다는 뜻이다. '상두(桑土)'는 뽕나무 뿌리의 껍질이다. '주무(綢繆)'는 얽고 이어서 보수하는 것이다. '유호(牖戶)'는 새의 둥지에 공기가 통하고 새가 출입하는 곳이다. "여(予)"는 새가 스스로를 말한 것이다. '내가 환란에 대비하기를 이와 같이 자세하고 치밀하게 한다면, 지금 이 아래에 있는 사람이 감히 나를 업신여기겠는가?'라고 말한 것이다. 주공이 새가 이와 같이 둥지를 만드는 것을 가지고 임금이 나라를 다스리는 것도 마땅히 환란을 생각하여 미리 방비해야 함을 비유하신 것이니, 공자께서 이 시를 읽고 찬미하시어 도를 안다고 생각하신 것이다.

詩는 豳風鴟鴞之篇이니 周公之所作也라. 迨는 及也라. 徹은 取也라. 桑土는 桑根之皮也라. 綢繆는 纏綿補葺也라. 牖戶는 巢之通氣出入處也라. 予는 鳥自謂也라. 言 我之備患이 詳密如此면 今此在下之人이 或敢有侮予者乎아. 周公이 以鳥之爲巢如此로 比君之爲國이 亦當思患而預防之어시늘 孔子讀而贊之하여 以爲知道也라 하시니라.

3-4-4. 오늘날 국가가 한가하면 이때를 틈타서 크게 즐기고 게으르고 거만을 피우니, 이것은 스스로 화를 불러들이는 것이다.

今에 國家閒暇어든 及是時하여 般樂怠敖하나니 是는 自求禍也니라.

욕망을 따르고 편안한 것만을 탐내기를 날마다 부족하게 여김을 말씀하신 것이다.

言其縱欲偸安을 亦惟日不足也라.

3-4-5. 화와 복은 자신으로부터 불러오지 않는 것이 없다.

禍福이 無不自己求之者니라.

위 글의 뜻을 결론지은 것이다.

結上文之意하니라.

3-4-6. 『시경』에 이르기를, '영원히 하늘이 내려주신 천명에 합치되기를 생각하는 것이 스스로 많은 복을 불러온다'고 하였고, 「태갑」에 이르기를

'하늘이 만든 재앙은 오히려 피할 수 있지만 스스로 만든 재앙은 피할 수 없다'고 하였는데, 이를 두고 한 말이다."

詩云 永言配命이 自求多福이라 하며 太甲에 曰 天作孼은 猶可違어니와 自作孼은 不可活이라 하니 此之謂也니라.

시는 『시경』「대아·문왕」편이다. '영(永)'은 길다는 뜻이다. '언(言)'은 '생각하다'는 뜻과 같다. '배(配)'는 합친다는 뜻이다. '명(命)'은 천명을 말하는데, 이것은 복은 자신이 구한다는 것을 말한 것이다. '태갑'은 『상서』의 편명이다. '얼(孼)'은 재앙이라는 뜻이다. '위(違)'는 피한다는 뜻이다. '활(活)'은 사는 것이니 『서경』에는 '환(逭)'으로 되어 있는데, '환(逭)'은 늦다는 뜻과 같다. 이것은 재앙은 자신이 구한다는 것을 말한 것이다.

詩는 大雅文王之篇이라. 永은 長也라. 言은 猶念也라. 配는 合也라. 命은 天命也니 此는 言福之自己求者라. 太甲은 商書篇名이라. 孼은 禍也라. 違는 避也라. 活은 生也니 書作逭하니 逭은 猶緩也니 此는 言禍之自己求者라.

3-5-1. 맹자께서 말씀하셨다. "어진 사람을 존경하고 유능한 사람을 부려서 준수하고 걸출한 사람이 벼슬자리에 있으면, 천하의 선비들이 모두 기뻐하여 그 나라의 조정에서 벼슬하기를 바랄 것이니라.

孟子曰 尊賢使能하여 俊傑이 在位則天下之士 皆悅而願立於其朝矣리라.

'준걸(俊傑)'은 재주와 덕이 대중보다 특별한 것이다.

俊傑은 才德之異於衆者라.

3-5-2. 시장에서는 점포세만 받고 물품세를 받지 않으며, 법으로 감독만 하고 점포세도 받지 않는다면, 천하의 상인들이 모두 기뻐하며 그 나라의 시장에다 상품을 보관하기를 바랄 것이다.

市에 廛而不征하며 法而不廛則天下之商이 皆悅而願藏於其市矣리라.

'전(廛)'은 가게다. 장자가 말하기를 "혹은 시장의 터에 세금을 부과하고 물건에 대해서는 세금을 징수하지 않으며, 혹은 시장의 관리가 법으로 다스리기만 하고 그 터에도 세금을 부과하지 않으니, 장사를 하는 사람이 많으면 세금을 거두어 억제시키고 장사하는 사람이 적으면 반드시 세금을 거두지 않는다"라고 하였다.

廛은 市宅也라. 張子曰 或賦其市地之廛而不征其貨하고 或治以市官之法而不賦其廛하니 蓋逐末者多하면 則廛而抑之요 少則不必廛也니라.

3-5-3. 관문에서는 감시만 하고 세금을 받지 않으면 천하의 행인들이 모두 기뻐하며 그 나라의 길로 나가기를 바랄 것이다.

關에 譏而不征則天下之旅 皆悅而願出於其路矣리라.

전편에 이 글에 대한 해석이 보인다.

解見前篇하니라.

3-5-4. 농사꾼에게는 공전의 경작을 돕게 하고 세금을 받아가지 않으면 천하의 농민들이 모두 기뻐하며 그 나라의 들에서 경작하기를 바랄 것이다.

耕者를 助而不稅則天下之農이 皆悅而願耕於其野矣리라.

다만 노동력을 제공하여 공전을 경작하는 데 돕도록 하고 사전에 대한 세금을 내지 않게 하는 것이다.
但使出力하여 以助耕公田하고 而不稅其私田也라.

3-5-5. 거주하는 주택에 부포와 이포를 세금으로 받지 않으면 천하의 백성들이 모두 기뻐하여 그 나라의 백성이 되기를 바랄 것이다.
廛無夫里之布則天下之民이 皆悅而願爲之氓矣라.

『주례』에 "집이 불모지인 사람에게는 이포를 세금으로 받고 백성 중에 직업이 없는 사람은 부가(夫家)의 세금을 낸다"고 했는데, 정 씨가 이르기를, "집 주변에 뽕나무와 삼을 심지 않는 사람에게 벌을 주어 한 마을 25가의 포(布)를 세금으로 내게 하고, 백성 중에서 일정한 직업이 없는 사람에게 벌을 주어 장부 한 명이 경작하는 백 무의 세금과 한 집에 대한 부역의 세금을 내게 한다"라고 해석하였다. 전국시대에는 모두 이것을 취하여 시장에 있는 백성들이 이미 자릿세를 내고 또 부포와 이포의 세금을 내게 하였으니 이것은 선왕의 법이 아니다. '맹(氓)'은 백성이다.
周禮에 宅不毛者는 有里布하고 民無職事者는 出夫家之征이라 하니 鄭氏謂 宅不種桑麻者를 罰之하여 使出一里二十五家之布하고 民無常業者를 罰之하여 使出一夫百畝之稅와 一家力役之征也라 하니라. 今戰國時엔 一切取之하여 市宅之民이 已賦其廛하고 又令出此夫里之布하니 非先王之法也라. 氓은 民也라.

3-5-6. 참으로 이 다섯 가지를 시행할 수 있다면 이웃나라의 백성들이 부모

와 같이 우러러볼 것이니, 그 자제를 거느리고 그들의 부모를 공격하는 일은 이 세상에 사람이 생겨난 이래 성공한 예가 없다. 이와 같이 된다면 천하에 대적할 자가 없을 것이니, 천하에 대적할 자가 없으면 천명을 받들어 행하는 사람이다. 이렇게 하고서도 왕자가 되지 못한 사람은 아직 있지 않았다."

信能行此五者則隣國之民이 仰之若父母矣리니 率其子弟하여 攻其父母는 自生民以來로 未有能濟者也니 如此則無敵於天下하리니 無敵於天下者는 天吏也니 然而不王者 未之有也니라.

여 씨가 말하기를, "천명을 받들어 시행하는 것을 천리(天吏)라고 한다. 흥폐와 존망을 오직 하늘이 명령하는 것에 따르고 감히 복종하지 않을 수 없는 것이니, 탕 임금과 무왕 같은 사람이 바로 이들이다"라고 하였다. ○ 이 장은 왕정을 행한다면 도둑과 오랑캐도 아버지와 자식 같은 사이가 되고, 왕정을 행하지 않는다면 어린아이도 원수가 된다고 말한 것이다.

呂氏曰 奉行天命을 謂之天吏니 廢興存亡을 惟天所命하여 不敢不從이니 若湯武是也라. ○ 此章은 言能行王政이면 則寇戎爲父子하고 不行王政이면 則赤子爲仇니라.

3-6-1. 맹자께서 말씀하셨다. "사람은 모두 다른 사람에게 차마 하지 못하는 마음이 있다.

孟子曰 人皆有不忍人之心하니라.

천지는 만물을 생성하는 것으로 마음을 삼으니, 태어난 사물들도 각각 천지가 만물을 생성하는 마음을 자기의 마음으로 삼는다. 그렇기 때문에 사람은 모두 차마 남에게 하지 못하는 마음을 가지고 있는 것이다.
天地以生物爲心하여 而所生之物이 因各得夫天地生物之心하여 以爲心이라. 所以人皆有不忍人之心也니라.

3-6-2. 선왕이 다른 사람에게 차마 하지 못하는 마음을 가지고 다른 사람에게 차마 하지 못하는 정치를 하셨으니, 다른 사람에게 차마 하지 못하는 마음을 가지고 다른 사람에게 차마 하지 못하는 정치를 시행한다면 천하를 손바닥 위에서 움직일 수 있을 것이다.
先王이 有不忍人之心하여 斯有不忍人之政矣니 以不忍人之心으로 行不忍人之政이면 治天下는 可運於掌上이니라.

보통 사람은 비록 '불인인지심(不忍人之心)'을 가지고 있지만 물욕이 그 마음을 해쳐서 보존하고 있는 사람이 드물기 때문에 이것을 잘 살피고 알아서 정사에 미루어 나가지 못한다. 오직 성인은 이 마음을 온전히 보존하여 느끼는 것에 따라서 대응하기 때문에 행하는 것이 남에게 차마 하지 못하는 정사가 아닌 것이 없게 된다.
言 衆人은 雖有不忍人之心이나 然이나 物欲害之하여 存焉者寡라. 故로 不能察識而推之政事之間하고 惟聖人은 全體此心하여 隨感而應이라. 故로 其所行이 無非不忍人之政也니라.

3-6-3. 사람이 모두 다른 사람에게 차마 하지 못하는 마음이 있다고 말하는 까닭은 이러하다. 이제 사람들이 갑자기 어린애가 장차 우물에 빠지려는

것을 보고 다들 놀라고 측은한 마음을 가질 것이니, 그것은 어린애의 부모와 교분을 맺으려는 것도 아니요, 동네 사람과 벗들에게 칭찬을 받으려는 것도 아니요, 구해주지 않았다는 소리를 듣기 싫어서도 아니다.
所以謂人皆有不忍人之心者는 今人이 乍見孺子將入於井하고 皆有怵惕惻隱之心하나니 非所以內交於孺子之父母也며 非所以要譽於鄕黨朋友也며 非惡其聲而然也니라.

'사(乍)'는 '갑자기'라는 말과 같다. '출척(怵惕)'은 놀라서 움직이는 모습이다. '측(惻)'은 절실하게 아파하는 것이요, '은(隱)'은 깊이 아파하는 것이니, 이것이 바로 '불인인지심(不忍人之心)'이다. '납(內)'은 맺는 것이요, '요(要)'는 구하는 것이요, '성(聲)'은 이름이다. 갑자기 보았을 때, 이 마음이 본 것에 따라서 생기는 것이지 이 세 가지로 말미암아 그런 것이 아님을 말씀한 것이다. 정자가 말하기를, "우리 몸에 가득 찬 것이 바로 측은지심이다"라고 하였다. 사 씨가 말하기를, "사람은 반드시 자기의 진심을 알아야 하는데, 바야흐로 어린아이가 우물로 들어가는 것을 갑자기 보았을 때 마음이 놀라서 움직이는 것이 바로 진심이다. 이것은 생각하지 않고도 깨닫는 것이며 힘쓰지 않고도 적중하는 것이니 천리의 자연스러움이다. 교분을 맺기 위해서나, 칭찬을 받기 위해서나, 오명을 싫어해서 그런 것이라면 이것은 인욕의 사사로움이다"라고 하였다.
乍는 猶忽也라. 怵惕은 驚動貌라. 惻은 傷之切也요 隱은 痛之深也니 此卽所謂不忍人之心也라. 內는 結이요 要는 求요 聲은 名也라. 言 乍見之時에 便有此心이 隨見而發이요 非由此三者而然也니라. 程子曰 滿腔子是惻隱之心이니라. 謝氏曰 人須是識其眞心이니 方乍見孺子入井之時에 其心

怵惕이 乃眞心也라. 非思而得이요 非勉而中이니 天理之自然也라. 內交,
要譽,惡其聲而然이면 卽人欲之私矣니라.

3-6-4. 이것으로 미루어 본다면 측은해 하는 마음이 없으면 사람이 아니요,
부끄러워하는 마음이 없으면 사람이 아니요, 사양하는 마음이 없으면 사
람이 아니요, 시비를 가리는 마음이 없으면 사람이 아니다.
由是觀之컨대 無惻隱之心이면 非人也며 無羞惡之心이면 非人也며 無辭讓
之心이면 非人也며 無是非之心이면 非人也니라.

'수(羞)'는 자기의 불선을 부끄러워하는 것이요, '오(惡)'는 남의 불선을
미워하는 것이다. '사(辭)'는 풀어서 자기로부터 떠나게 하는 것이요, '양
(讓)'은 미루어서 남에게 주는 것이다. '시(是)'는 선을 알아서 옳게 여기
는 것이요, '비(非)'는 악을 알아서 그릇되게 여기는 것이다. 사람이 마음
으로 삼는 것이 이 네 가지에서 벗어나지 않는다. 그러므로 측은을 논함
으로 인하여 모두 헤아려서 사람에게 이것이 없으면 사람이라고 말할 수
없을 것이라고 말씀하셨으니, 반드시 사람이면 누구나 가지고 있다는 것
을 밝히신 것이다.
羞는 恥己之不善也요 惡는 憎人之不善也라. 辭는 解使去己也요 讓은 推
以與人也라. 是는 知其善而以爲是也요 非는 知其惡而以爲非也라. 人之
所以爲心이 不外乎是四者라. 故로 因論惻隱而悉數之하여 言 人若無此면
則不得謂之人이라 하시니 所以明其必有也시니라.

3-6-5. 측은해 하는 마음은 인의 단서이고, 부끄러워하는 마음은 의의 단

서이고, 사양하는 마음은 예의 단서이고, 시비를 가리는 마음은 지의 단서다.

惻隱之心은 仁之端也요 羞惡之心은 義之端也요 辭讓之心은 禮之端也요 是非之心은 智之端也니라.

측은·수오·사양·시비는 정(情)이요, 인·의·예·지는 성(性)이며, 심(心)은 성정을 통합한다. '단(端)'은 실마리다. 정의 발현으로 인하여 성의 본연을 볼 수 있으니, 마치 물건이 가운데 있으면 실마리가 밖으로 드러나는 것과 같다.

惻隱羞惡辭讓是非는 情也요 仁義禮知는 性也요 心은 統性情者也라. 端은 緖也라. 因其情之發하여 而性之本然을 可得而見이니 猶有物在中而緖見於外也니라.

3-6-6. 사람이 이 네 가지 단서를 지니고 있는 것은 마치 사지를 지니고 있는 것과 같으니, 이 네 가지 단서를 지니고 있으면서 스스로 그 일을 못한다고 말하는 것은 스스로를 해치는 자이고, 자기 임금이 그 일을 못한다고 말하는 것은 자기 임금을 해치는 자다.

人之有是四端也 猶其有四體也니 有是四端而自謂不能者는 自賊者也오 謂其君不能者는 賊其君者也니라.

'사체(四體)'는 사지를 말하는데, 사람이면 반드시 가지고 있는 것이다. 스스로 불가능하다고 말하는 것은 물욕이 그것을 가렸기 때문일 뿐이다.

四體는 四肢니 人之所必有者也라. 自謂不能者는 物欲蔽之耳니라.

3-6-7. 대체로 네 가지 단서가 나에게 있다는 것을 알아서 확충해 나가면 불이 처음 타오르고 샘물이 처음 솟아나는 것과 같아서, 진실로 그것을 확충시킬 수만 있다면 충분히 천하를 보전할 수가 있고, 진실로 그것을 확충시키지 못한다면 부모를 섬기기에도 부족할 것이다."

凡有四端於我者를 知皆擴而充之矣면 若火之始然하며 泉之始達이니 苟能充之면 足以保四海오 苟不充之면 不足以事父母니라.

'확(擴)'은 미루어 넓힌다는 뜻이요, '충(充)'은 가득 찬다는 뜻이다. 사단은 나에게 있어서 곳에 따라 발현하는 것인데, 모두 이 사단에 나아가서 미루어 넓혀 본연의 양을 충만하게 할 줄 안다면 날로 새롭고 또 날로 새로워져서 장차 스스로 멈출 수 없게 될 것이다. 이로 말미암아 마침내 충만하게 된다면 사해가 비록 멀기는 하지만 나의 척도 안에 있기 때문에 보전하기가 어렵지 않을 것이요, 충족시키지 못한다면 비록 지극히 가까운 일이라고 할지라도 할 수 없게 될 것이다. ○이 장에서 논한 사람의 성정과 마음의 체용은 이처럼 본래부터 완전하게 갖추어져 있고 각각 조리가 있으니, 학자가 이것을 돌이켜서 찾고 묵묵히 알아서 확충한다면 하늘이 나에게 준 것을 다할 수 있을 것이다. ○정자가 말하기를, "사람은 모두 이 마음을 가지고 있는데, 오직 군자만이 이것을 확충할 수 있으니 그렇게 할 수 없는 사람은 모두 스스로 포기하는 자다. 그러나 채우고 채우지 못하는 것은 또한 나에게 달려 있을 뿐이다"라고 하였다. 또 말하기를, "사단 중에서 신(信)을 말하지 않은 것은 이미 진실한 마음으로 사단을 하면 신(信)은 그 가운데 있기 때문이다"라고 하였다. 내가 살펴보건대, 사단의 신(信)은 오행의 토(土)와 같아서 정해진 위치도 없고 이루어진 명칭도 없으며 정해진 기도 없지만, 수・화・금・목이 이것을 기다려 생성되지 않는 것이 없다. 그러므로 토(土)는 사행(四行) 속에 없는 곳이 없고, 사시(四時) 속에는 딱 달라붙어서 왕성하니 그 이치가 또한 이와 같다.

擴은 推廣之意요 充은 滿也라. 四端在我하여 隨處發見하니 知皆卽此推廣而充滿其本然之量이면 則其日新又新이 將有不能自已者矣리니 能由此而遂充之면 則四海雖遠이나 亦吾度內라 無難保者요 不能充之면 則雖事之至近이나 而不能矣리라. ○ 此章所論人之性情과 心之體用이 本然全具而各有條理如此하니 學者於此에 反求黙識而擴充之면 則天之所以與我者를 可以無不盡矣리라. ○ 程子曰 人皆有是心이로되 惟君子爲能擴而充之하나니 不能然者는 皆自棄也라. 然이나 其充與不充은 亦在我而已矣니라. 又曰 四端에 不言信者는 旣有誠心爲四端이면 則信在其中矣니라. 愚按컨대 四端之信은 猶五行之土하여 無定位하고 無成名하고 無專氣로되 而水火金木이 無不待是以生者라. 故로 土於四行에 無不在하고 於四時則寄王焉하니 其理亦猶是也니라.

3-7-1. 맹자께서 말씀하셨다. "화살 만드는 사람이 어찌 갑옷 만드는 사람보다 어질지 못하겠는가마는, 화살 만드는 사람은 오직 사람을 상하게 하지 못할까를 걱정하고, 갑옷 만드는 사람은 오직 사람이 상할까를 걱정한다. 무당과 관 만드는 사람의 관계 또한 그렇다. 그러므로 기술을 택하는 데는 삼가지 않으면 안 된다.

孟子曰 矢人이 豈不仁於函人哉리오마는 矢人은 惟恐不傷人하고 函人은 惟恐傷人하나니 巫匠도 亦然하니 故로 術不可不愼也니라.

'함(函)'은 갑옷이다. 측은한 마음은 모든 사람이 다 가지고 있으므로 화살 만드는 사람의 마음이 본래 갑옷 만드는 사람의 인(仁)보다 못한 것은 아니다. 무당은 남을 위해 기도하여 남의 삶을 이롭게 해주고, 장인은 관곽을 만들어 남의 죽음을 이롭게 한다.

函은 甲也라. 惻隱之心을 人皆有之하니 是矢人之心이 本非不如函人之仁也라. 巫者는 爲人祈祝하여 利人之生하고 匠者는 作爲棺槨하여 利人之死하나니라.

3-7-2. 공자께서 말씀하시기를, '마을에 인후한 풍속이 있는 것이 아름다우니, 가려서 어진 곳에 거처하지 않는다면 어떻게 지혜롭다고 하겠는가?' 하고 말씀하셨다. 인(仁)은 하늘의 존귀한 벼슬이요, 사람의 편안한 집이다. 이것을 막는 사람이 없는데도 어질지 않으니 이것은 지혜롭지 못한 것이다.

孔子曰 里仁이 爲美하니 擇不處仁이면 焉得智리오 하시니 夫仁은 天之尊爵也며 人之安宅也어늘 莫之禦而不仁하니 是는 不智也니라.

'마을에 인후한 풍속이 있는 것도 오히려 아름답게 여기는데, 사람이 스스로 처할 곳을 선택하면서 인을 선택하지 않는다면 어찌 지혜롭다고 할 수 있겠는가?'라고 하셨으니, 이것은 공자의 말씀이다. 인의예지는 모두 하늘이 나에게 준 아름답고 귀한 것인데, 인은 천지가 만물을 생성하는 마음으로 가장 먼저 얻었고 네 가지를 겸하여 거느렸으니, 이른바 《『주역』에 나오는〉 "원(元)은 선의 으뜸이다"라고 하는 것이다. 그러므로 '존작(尊爵)'이라고 말한 것이다. 이것이 사람에게 있으면 본심의 모든 덕이 되어 천리의 자연스런 편안함이 있고 인욕에 빠지는 위태로움이 없으니 사람이 마땅히 항상 그 속에 있으면서 잠시도 떨어질 수 없는 것이다. 그러므로 '안택(安宅)'이라고 말한 것이다. 이것은 또 맹자께서 공자의 뜻을 해석하여 "인도가 이와 같이 위대한데 스스로 그것을 실천하지 않으니 어찌 지혜롭지 못함이 심한 것이 아니겠는가?"라고 한 것이다.

里有仁厚之俗者를 猶以爲美하니 人擇所以自處호되 而不於仁이면 安得爲智乎리오. 此는 孔子之言也니라. 仁義禮智는 皆天所與之良貴로되 而仁者는 天地生物之心으로 得之最先而兼統四者하니 所謂元者善之長也라. 故로 曰尊爵이라. 在人이면 則爲本心全體之德하여 有天理自然之安이요 無人欲陷溺之危하니 人當常在其中而不可須臾離者也라. 故로 曰安宅이라. 此는 又孟子釋孔子之意하여 以爲 仁道之大如此어늘 而自不爲之하니 豈非不智之甚乎리오 하시니라.

3-7-3. 어질지도 못하고 지혜롭지도 못한 것이다. 그래서 예의가 없고 의리가 없으면 남에게 부림을 받게 된다. 남에게 부림을 받으면서 부림 받는 것을 부끄러워하는 것은 활 만드는 사람이 활 만들기를 부끄러워하고, 화살 만드는 사람이 화살 만들기를 부끄러워하는 것과 같다.

不仁不智라 無禮無義면 人役也니 人役而恥爲役이 由弓人而恥爲弓하며 矢人而恥爲矢也니라.

어질지 못하기 때문에 지혜롭지 못하고, 지혜롭지 못하기 때문에 예와 의가 있는 곳을 알지 못하는 것이다.

以不仁故로 不智요 不智故로 不知禮義之所在니라.

3-7-4. 만일 이것을 부끄러워한다면 인을 행하는 것보다 좋은 것은 없다.
如恥之인댄 莫如爲仁이니라.

이 또한 사람이 부끄러워하는 마음으로 인해서 인도하여 인에 뜻을 두게 한 것이다. 지(智)・예(禮)・의(義)를 말하지 않은 것은 인이 전체를 갖추고 있기 때문에 인을 행할 수 있다면 이 세 가지는 모두 그 속에 있기 때문이다.
此亦因人傀恥之心而引之하여 使志於仁也니라. 不言智禮義者는 仁該全體하니 能爲仁이면 則三者在其中矣니라.

3-7-5. 어진 사람이 인을 행하는 것은 활을 쏘는 것과 같다. 활을 쏘는 사람은 자신을 바로 한 뒤에 쏜다. 쏘아서 적중하지 않아도 자신을 이긴 사람을 원망하지 않고 돌이켜서 자신을 반성할 따름이다."
仁者는 如射하니 射者는 正己而後에 發하여 發而不中이라도 不怨勝己者오 反求諸己而已矣니라.

인을 행하는 것은 자신으로부터 말미암는 것이지 남으로부터 말미암는 것이겠는가?
爲仁由己니 而由人乎哉아.

3-8-1. 맹자께서 말씀하셨다. "자로는 남이 자기에게 허물이 있다고 알려주면 기뻐했다.
孟子曰 子路는 人이 告之以有過則喜하더라.

남의 말을 듣고 고치는 것을 기뻐한 것이니 자신을 닦는 데 용감함이 이 와 같았다. 주자가 말하기를, "중유는 허물을 듣는 것을 좋아했기 때문에 좋은 명성이 끝이 없었다. 그런데 오늘날 사람들은 허물이 있으면 다른 사람이 바로잡아 주는 것을 기뻐하지 않는데, 마치 병을 두려워하면서 의사에게 치료받는 것을 꺼려 차라리 자신을 죽이면서도 깨닫지 못하는 것과 같으니 슬프도다"라고 하였다. 정자가 말하기를 "자로는 사람들이 자신에게 허물이 있다고 알려주면 기뻐하였으니 또한 백 세의 스승이 될 수 있을 것이다"라고 하였다.

喜其得聞而改之하니 其勇於自修如此하니라. 周子曰 仲由는 喜聞過라. 令名이 無窮焉이러니 今人은 有過에 不喜人規하여 如諱疾而忌醫하여 寧滅其身而無悟也하니 噫라. 程子曰 子路는 人告之以有過則喜하니 亦可爲百世之師矣로다.

3-8-2. 우 임금은 착한 말을 들으면 절을 하셨다.

禹는 聞善言則拜러라.

『서경』에 "우 임금은 좋은 말에 절을 했다"고 하였는데, 허물이 있기를 기다리지 않고 자신을 굽혀서 천하의 좋은 것을 받아들인 것이다.

書曰 禹拜昌言이라 하니 蓋不待有過하고 而能屈己以受天下之善也니라.

3-8-3. 위대한 순 임금은 이보다 더 위대한 바가 있었으니 선을 사람들과 함께 행하여 자신을 버리고 남을 따랐으며, 남에게서 취하여 선을 행하기를 즐기셨다.

大舜은 有大焉하니 善與人同하여 舍己從人하며 樂取於人하여 以爲善이러라.

순 임금이 했던 것은 우 임금이나 자로가 했던 것보다 위대함이 있다고 말씀하신 것이다. '선여인동(善與人同)'은 천하의 선을 공적인 것으로 여겨 사적으로 하지 않은 것이다. 자기가 선하지 못하면 얽매이거나 인색한 것이 없이 (자신을) 버리고 다른 사람을 따르고, 다른 사람에게 선이 있으면 억지로 힘쓰기를 기다리지 않고 자신이 그것을 취하였으니, 이것은 선을 남과 더불어 같이 행하신 조목이다.

言舜之所爲는 又有大於禹與子路者라. 善與人同은 公天下之善而不爲私也라. 己未善이면 則無所係吝而舍以從人하고 人有善이면 則不待勉强而取之於己하시니 此善與人同之目也니라.

3-8-4. 농사짓고, 질그릇 굽고, 물고기 잡는 때서부터 황제가 되는 데 이르기까지 남에게서 취하지 않은 것이 없었다.

自耕稼陶漁로 以至爲帝히 無非取於人者라.

순 임금은 미천할 때에 역산에서 농사짓고 황하 가에서 그릇을 굽고, 뇌택에서 고기를 잡으셨다.

舜之側微에 耕于歷山하시고 陶于河濱하시고 漁于雷澤하시니라.

3-8-5. 남에게서 취하여 선을 행하는 것이 곧 남이 선을 행하도록 도와주는 것이다. 그러므로 군자는 남이 선을 행하도록 도와주는 것보다 더 중대한 일이 없다."

取諸人以爲善이 是與人爲善者也니 故로 君子는 莫大乎與人爲善이니라.

'여(與)'는 허락하는 것과 같으며 돕는다는 뜻이다. 저 사람의 선을 취하여 나에게 그 선을 행한다면 저 사람은 더욱 선을 하도록 권할 것이니, 이것은 나에게 선을 행하도록 돕는 것이다. 천하의 사람들에게 모두 선을 행하도록 권한다면 군자의 선 중에서 어느 것이 이보다 위대하겠는가? ○ 이 장은 '성현께서 선을 좋아하는 정성이 처음부터 피차의 간격이 없기 때문에 자기가 가진 것을 다른 사람에게 미칠 수 있는 것이다'라고 말씀하신 것이다.

與는 猶許也며 助也라. 取彼之善而爲之於我면 則彼益勸於爲善矣리니 是는 我助其爲善也라. 能使天下之人으로 皆勸於爲善이면 君子之善이 孰大於此리오. ○ 此章은 言聖賢樂善之誠이 初無彼此之間이라 故로 其在人者를 有以裕於己요 在己者를 有以及於人이니라.

3-9-1. 맹자께서 말씀하셨다. "백이는 섬길 만한 임금이 아니면 섬기지 않고, 사귈 만한 벗이 아니면 사귀지 않았으며, 악한 사람의 조정에는 서지 않고, 악한 사람과는 말도 하지 않았다. 악한 사람의 조정에서 악한 사람과 이야기하는 것을 마치 조정에서 입는 옷과 의관을 쓰고 진창과 숯구덩이에 앉아 있는 것처럼 여겼다. 악을 미워하는 마음을 미루어서 생각하기를, 마을 사람과 함께 섰을 때 그 사람의 관이 바르지 않으면 뒤도 돌아보지 않고 떠나 버려 그것에 더럽혀지기나 하는 것같이 여겼다. 그러므로 제후들이 비록 초빙하는 글을 좋게 써서 찾아오는 사람이 있어도 받아들이지 않았으니, 받아들이지 않은 것은 역시 그 직책에 나가는

것을 달갑게 여기지 않았기 때문이다.

孟子曰 伯夷는 非其君不事하며 非其友不友하며 不立於惡人之朝하며 不與惡人言하더니 立於惡人之朝하여 與惡人言하되 如以朝衣朝冠으로 坐於塗炭하며 推惡惡之心하여 思與鄕人立에 其冠不正이어든 望望然去之하여 若將浼焉하니 是故로 諸侯雖有善其辭命而至者라도 不受也하니 不受也者는 是亦不屑就已니라.

'도(塗)'는 진흙이다. '향인(鄕人)'은 향리의 보통 사람을 말한다. '망망(望望)'은 떠나가서 돌아보지 않는 모습이다. '매(浼)'는 더럽다는 뜻이다. '설(屑)'은 조 씨는 '깨끗함이다'라고 했고, 『설문』에서는 '동작을 매우 간절하게 하는 것이다'라고 하였으니, '불설취(不屑就)'는 나아가기를 깨끗하게 여기고 이것에 매우 간절함을 말한 것이다. '이(已)'는 어조사다.

塗는 泥也라. 鄕人은 鄕里之常人也라. 望望은 去而不顧之貌라. 浼는 汚也라. 屑은 趙氏曰 潔也라 하고 說文曰 動作切切也라 하니 不屑就는 言不以就之爲潔而切切於是也라. 已는 語助辭라.

3-9-2. 유하혜는 더러운 임금을 섬기는 것을 부끄럽게 여기지 않고, 작은 벼슬을 하찮게 여기지 않았으며, 벼슬에 나아가서는 자기의 현명함을 숨기지 않고 반드시 자기의 정도대로 해나갔고, 버림을 받아도 원망하지 않았으며, 곤궁에 빠져도 걱정하지 않았다. 그래서 '너는 너이고, 나는 나일 뿐이다. 비록 내 곁에서 팔을 드러내고 벌거벗은들 네가 어찌 나를 더럽힐 수 있겠는가?'라고 말했던 것이다. 그러므로 태연하게 그들과 함께 있으면서도 스스로 품격을 잃지 않았고, 떠나려 하다가도 당겨서 머

물러 있게 하면 머물러 있었으니, 당겨서 멈추게 하면 멈춘 것은 역시 물러나는 것을 달갑게 여기지 않은 것이다."

柳下惠는 不羞汙君하며 不卑小官하여 進不隱賢하여 必以其道하며 遺佚而不怨하며 阨窮而不憫하더니 故로 曰 爾爲爾요 我爲我니 雖袒裼裸裎於我側인들 爾焉能浼我哉리오 하니 故로 由由然與之偕而不自失焉하여 援而止之而止하니 援而止之而止者는 是亦不屑去已니라.

'유하혜'는 노나라의 대부 전금(展禽)으로 유하에 살면서 시호를 혜라고 하였다. '불은현(不隱賢)'은 도를 굽히지 않는 것이다. '유일(遺佚)'은 내쫓아 버리는 것이다. '액(阨)'은 곤궁하다는 뜻이다. '민(憫)'은 근심하는 것이다. '이위이(爾爲爾)'에서 '언능매아재(焉能浼我哉)'까지는 유하혜의 말이다. '단석(袒裼)'은 팔뚝을 드러낸 것이요, '나정(裸裎)'은 몸을 드러낸 것이다. '유유(由由)'는 스스로 깨달은 모습이다. '해(偕)'는 함께 거처하는 것이다. '부자실(不自失)'은 바름을 잃지 않는 것이다. '끌어당겨서 멈추게 하면 멈추었다'는 것은 떠나가려고 하다가도 머무를 수 있다는 것을 말한 것이다.

柳下惠는 魯大夫展禽이니 居柳下而諡惠也라. 不隱賢은 不枉道也라. 遺佚은 放棄也라. 阨은 困也라. 憫은 憂也라. 爾爲爾로 至焉能浼我哉는 惠之言也라. 袒裼은 露臂也요 裸裎은 露身也라. 由由는 自得之貌라. 偕는 並處也라. 不自失은 不失其正也라. 援而止之而止者는 言欲去而可留也라.

3-9-3. 맹자께서 말씀하셨다. "백이는 좁고 유하혜는 공손하지 않으니 좁고 공손하지 않음은 군자가 따르지 않는 것이다."

孟子曰 伯夷는 隘하고 柳下惠는 不恭하니 隘與不恭은 君子不由也니라.

'애(隘)'는 좁다는 뜻이요, '불공(不恭)'은 간소하고 거만한 것이다. 백이와 유하혜의 행실은 진실로 모두 지극한 경지에 이르렀지만, 이미 치우치는 것이 있으면 폐단이 있게 될 것이다. 그러므로 따를 수 없다고 한 것이다.

隘는 狹窄也요 不恭은 簡慢也라. 夷惠之行이 固皆造乎至極之地나 然이나 旣有所偏이면 則不能無弊라. 故로 不可由也니라.

공손추장구 하(公孫丑章句下)

모두 열네 장이다. 제2장에서부터 그 이하로는
맹자의 출처에 대한 행실을 기록한 것이 상세하다.
凡十四章이라. 自第二章以下는 記孟子出處行實이 爲詳하니라.

이 장에서는 천하를 얻기 위해서는
백성의 마음을 얻어야 한다는 것에 대해서 말하고,
군주라도 신하를 함부로 부를 수 없다는 것과
선비를 높일 줄 알아야 함에 대해서 언급하고 있다.
아울러 군자의 출처와 사양하고 취하는 것에 대해
이치에 따르는 것이 합당함을 설명하고 있으며
이익이 아니라 의(義)에 따라야 함을 피력하고 있다.

4-1-1. 맹자께서 말씀하셨다. "하늘의 때를 얻는 것은 지형의 유리함을 얻는 것보다 못하고, 지형의 유리함을 얻는 것은 사람들의 조화로움을 얻는 것보다 못하다.
孟子曰 天時不如地利요 地利不如人和니라.

'천시(天時)'는 시일의 간지에 외롭고 허전함과 왕성하고 돕는 종류들을 말한다. '지리(地利)'는 험하고 성곽과 연못이 견고한 것이다. '인화(人和)'는 인심의 조화로움을 얻는 것이다.
天時는 謂時日支干孤虛王相之屬也요 地利는 險阻城池之固也요 人和는 得民心之和也라.

4-1-2. 3리의 성과 7리의 곽을 포위하고 공격해도 이기지 못하는 경우가 있는데, 포위하고 공격할 때 반드시 하늘의 때를 얻게 되지만, 그런데도 이기지 못하는 것은 하늘의 때가 지형의 유리함을 얻는 것보다 못하기 때문이다.
三里之城과 七里之郭을 環而攻之而不勝하나니 夫環而攻之에 必有得天時者矣언마는 然而不勝者는 是天時不如地利也니라.

3리, 7리라는 것은 성곽이 작은 것을 말한다. '곽(郭)'은 외성이다. '환(環)'은 포위하는 것이다. 사면으로 공격하고 포위하면서 시간을 보내면 반드시 천시가 좋은 때를 만나게 될 것임을 말한 것이다.

三里七里는 城郭之小者라. 郭은 外城이라. 環은 圍也라. 言 四面攻圍하여 曠日持久에 必有値天時之善者라.

4-1-3. 성이 높지 않은 것도 아니고, 못이 깊지 않은 것도 아니며, 무기와 갑옷이 견고하고 예리하지 않은 것도 아니며, 곡식이 많지 않은 것도 아닌데, 이것을 버리고 달아나니 이것은 지형의 유리함을 얻는 것이 사람의 조화로움을 얻는 것보다 못하기 때문이다.

城非不高也며 池非不深也며 兵革이 非不堅利也며 米粟이 非不多也로되 委而去之하나니 是地利不如人和也니라.

'혁(革)'은 갑옷이다. '속(粟)'은 곡식이다. '위(委)'는 버리는 것이다. 민심을 얻지 못하면 백성들이 지켜주지 않을 것임을 말씀하신 것이다.

革은 甲也라. 粟은 穀也라. 委는 棄也라. 言不得民心이면 民不爲守也라.

4-1-4. 그러므로 옛말에 '백성을 구분하는 데는 국경의 경계를 가지고 하지 않고, 나라를 견고히 하는 데는 산이나 골짜기의 험준한 것을 가지고 하지 않고, 천하에 위세를 떨치는 데는 병장기의 예리한 것을 가지고 하지 않는다'고 말한 것이다. 도를 얻은 사람은 도와주는 사람이 많고, 도를 잃은 사람은 도와주는 사람이 적다. 도와주는 사람이 지극히 적은 경우에는 친척도 배반하고, 도와주는 사람이 지극히 많은 경우에는 천하가

모두 순종한다.

故로 曰 域民하되 不以封疆之界하며 固國하되 不以山谿之險하며 威天下하되 不以兵革之利니 得道者는 多助하고 失道者는 寡助라. 寡助之至에는 親戚이 畔之하고 多助之至에는 天下順之니라.

'역(域)'은 한계지우는 것이다.
域은 界限也라.

4-1-5. 천하가 순종하는 것을 가지고 친척이 배반하는 것을 공격하기 때문에 군자는 싸우지 않을지언정 싸우면 반드시 이기는 것이다."
以天下之所順으로 攻親戚之所畔이라. 故로 君子有不戰이언정 戰必勝矣니라.

싸우지 않으면 그만이지만 싸우면 반드시 이긴다고 말씀한 것이다. ○ 윤 씨가 말하기를, "천하를 얻은 사람은 모두 민심을 얻는 것으로써 그렇게 한 것일 뿐이다"라고 하였다.
言不戰則已어니와 戰則必勝이니라. ○尹氏曰 言得天下者는 凡以得民心而已니라.

4-2-1. 맹자께서 장차 왕에게 조회하러 가려고 했는데 왕이 사람을 보내서 말하기를, "과인이 나아가 뵈려고 했는데 감기가 들어 바람을 쐴 수가 없습니다. 아침에 조회하려 하니 선생님의 의중을 잘 모르겠지만 과인이 만나 뵐 수 있겠습니까?"라고 하자, 맹자께서 말씀하셨다. "불행히 병이 나서 조회에 나갈 수 없습니다."

孟子將朝王이러시니 王이 使人來曰 寡人이 如就見者也러니 有寒疾이라 不可以風일새 朝將視朝하리니 不識케이다 可使寡人으로 得見乎잇가. 對曰 不幸而有疾이라 不能造朝로소이다.

'왕(王)'은 제나라 왕이다. 맹자께서 본래 왕에게 조회하려고 하셨는데 왕이 이 사실을 모르고 병을 핑계로 맹자를 불렀다. 그러므로 맹자께서도 또한 병으로 사양하신 것이다.

王은 齊王也라. 孟子本將朝王이러시니 王不知하고 而託疾以召孟子라. 故로 孟子亦以疾辭也하시니라.

4-2-2. 다음날 나가서 동곽 씨에게 조문하려고 하시니, 공손추가 말했다. "어제는 병으로 사양하셨는데 오늘 문상하시는 것은 잘못된 것이 아닙니까?" 맹자께서 말씀하셨다. "어제의 병이 오늘은 나았으니 어찌 조문하지 않겠는가?"

明日에 出吊於東郭氏러시니 公孫丑曰 昔者에 辭以病하시고 今日吊 或者不可乎인저. 曰 昔者疾이 今日愈하니 如之何不吊리오.

'동곽 씨'는 제나라 대부의 집안이다. '석자(昔者)'는 어제라는 말이다. '혹(或)'이란 의문사다. 병이 들었다고 사양한 다음에 다른 집에 조문을 간 것은 공자께서 유비를 만나지 않고 비파를 연주하며 노래를 부른 것과 의미가 같다.

東郭氏는 齊大夫家也라. 昔者는 昨日也라. 或者는 疑辭라. 辭疾而出弔는 與孔子不見孺悲하시고 取瑟而歌로 同意하니라.

4-2-3. 왕이 사람을 시켜 문병하게 하고 의원을 보내자 맹중자가 대답하기를, "어제 왕명이 계셨으나 병이 나서 조회에 나가지 못하였습니다. 오늘은 병이 조금 나아 조회에 달려갔는데 당도했는지 나는 모르겠습니다" 하고 몇 사람을 시켜 중도에서 기다리다 "집으로 돌아오지 마시고 조회에 꼭 나가십시오"라고 이르게 했다.

王이 使人問疾하고 醫來어늘 孟仲子對曰 昔者에 有王命이어시늘 有采薪之憂라. 不能造朝러시니 今病少愈어시늘 趨造於朝하더시니 我는 不識케라 能至否乎아 하고 使數人으로 要於路曰 請必無歸而造於朝하소서.

'맹중자'는 조 씨가 '맹자의 종형제로 맹자에게서 배웠다'고 하였다. '채신지우(采薪之憂)'는 병이 들어 나무를 할 수 없다는 것을 말하는데 겸사다. 맹중자는 임기응변으로 대답하고, 또 사람을 시켜 맹자를 기다리게 하여 돌아오지 말고 지금 바로 조정으로 나가시어 자기의 말을 증명하게 한 것이다.

孟仲子는 趙氏以爲孟子之從昆弟로 學於孟子者也라 하니라. 采薪之憂는 言病不能薪이니 謙辭也라. 仲子權辭以對하고 又使人要孟子하여 今勿歸而造朝하여 以實己言하니라.

4-2-4. 맹자께서 할 수 없이 경추 씨에게 가서 묵었는데, 경추 씨가 말했다. "안으로는 부모와 자식, 밖으로는 임금과 신하의 관계가 인륜 중에서 가장 큰 것입니다. 부모와 자식 사이에는 은혜를 위주로 하고, 임금과 신하 사이에는 공경을 위주로 합니다. 저는 왕이 선생님을 공경하는 것은 보았습니다만 선생님께서 왕을 공경하는 것은 보지 못했습니다." 맹자께

서 말씀하셨다. "아, 이게 무슨 말이오? 제나라 사람들이 인의를 가지고 왕과 더불어 말하는 사람이 없는 것은 어찌 인의가 좋지 않다고 생각해서 그렇겠소? 그들이 마음속으로 '어찌 임금과 더불어 인의를 이야기할 수 있겠는가' 하고 생각해서 그런 것이니, 그렇다면 임금을 공경하지 않는 것이 이보다 더 클 수가 없소. 나는 요·순의 도가 아니면 감히 왕 앞에서 말하지 않소. 그러므로 제나라 사람 가운데 나만큼 왕을 공경하는 사람이 없는 것이오."

不得已而之景丑氏하여 宿焉이러시니 景子曰 內則父子요 外則君臣이 人之大倫也니 父子는 主恩하고 君臣은 主敬하니 丑見王之敬子也요 未見所以敬王也케이다. 曰 惡라 是何言也오. 齊人이 無以仁義與王言者는 豈以仁義로 爲不美也리오. 其心에 曰 是何足與言仁義也云爾 則不敬이 莫大乎是하니 我는 非堯舜之道어든 不敢以陳於王前하노니 故로 齊人이 莫如我敬王也니라.

'경추 씨'는 제나라 대부의 집안이다. '경자(景子)'는 경추다. '오(惡)'는 감탄사다. 경추가 말한 것은 공경 중에서 작은 것이고, 맹자께서 말씀하신 것은 공경 중에서 큰 것이다.

景丑氏는 齊大夫家也라. 景子는 景丑也라. 惡는 歎辭也라. 景丑所言은 敬之小者也요 孟子所言은 敬之大者也라.

4-2-5. 경추 씨가 말했다. "아닙니다. 이것을 말하는 것이 아닙니다. 『예기』에 '아버지가 부르면 느리게 대답하지 않고, 임금이 명령하여 부르면 말에 멍에하기를 기다리지 않고 달려간다'고 하였는데, 본래 조회하러 가시

려다가 왕명을 듣고 마침내 가지 않으셨으니, 아마 그 예에 맞지 않는 것 같습니다."
景子曰 否라. 非此之謂也라. 禮에 曰 父召어시든 無諾하며 君命召어시든 不俟駕라 하니 固將朝也라가 聞王命而遂不果하시니 宜與夫禮로 若不相似然하니이다.

『예기』에 "아버지가 명령하여 부르시거든 '네' 하고 대답하고 느리게 대답하지 않는다"고 하였고, 또 "임금이 명령하여 부르시거든 관청에 있을 때는 신발 신기를 기다리지 않고 밖에 있을 때는 수레에 멍에 매기를 기다리지 않는다"라고 하였다. 맹자께서 본래 왕에게 조회를 하려고 했다가 명령을 듣고 중지하셨으니 『예기』에 나오는 뜻과 같지 않는 것 같다고 말한 것이다.
禮曰 父命呼어시든 唯而不諾이라 하고 又曰君命召어시든 在官不俟屨하며 在外不俟車라 하니라. 言 孟子本欲朝王이라가 而聞命中止하시니 似與此禮之意로 不同也니라.

4-2-6. 맹자께서 말씀하셨다. "어찌 이것을 말하겠소. 증자께서 말씀하시기를 '진나라와 초나라의 부유함은 내가 따라갈 수 없으나, 그들이 부유함을 가지고 대하면 나는 나의 인을 가지고 상대할 것이고, 그들이 관작을 가지고 대하면 나는 나의 의를 가지고 대하리니 내 어찌 부족하겠소?'라고 하셨는데, 어찌 옳지 않은 것을 증자께서 말씀했겠소. 이 말씀에는 한 가지 도리가 있을 것이오. 천하에 보편적으로 존경받아야 할 것이 세 가지가 있는데, 관작이 그 하나요, 나이가 그 하나요, 덕이 그 하나입니

다. 조정에서는 관작보다 더 중요한 것이 없고, 고을에서는 나이보다 더 중요한 것이 없고, 세상을 돕고 백성들의 어른 노릇을 하는 데는 덕보다 더 중요한 것이 없는데, 어찌 그 가운데 한 가지를 가진 사람이 두 가지를 가진 사람을 소홀하게 할 수 있겠소.

曰 豈謂是與리오. 曾子曰 晉楚之富는 不可及也나 彼以其富어든 我以吾仁이오 彼以其爵이어든 我以吾義니 吾何慊乎哉리오 하시니 夫豈不義를 而曾子言之시리오. 是或一道也니라. 天下에 有達尊이 三이니 爵一齒一德一이니 朝廷엔 莫如爵이오 鄕黨엔 莫如齒오 輔世長民엔 莫如德이니 惡得有其一하여 以慢其二哉리오.

'겸(慊)'은 한스럽게 여기는 것이며 적게 여기는 것이다. 혹 '겸(嗛)'으로 쓰는데, 자전에서 '입에 머금는 것이다'라고 하였으니, 겸(慊)은 단지 마음에 머금는 것이 있다는 뜻으로, 흔쾌하고 만족하게 되기도 하고 한스럽고 부족하게 되기도 하는 것은 일에 따라서 머금는 것이 같지 않기 때문일 뿐이다. 맹자께서 말씀하시기를, "내 뜻은 경추 씨가 말한 것과 같지 않다"라고 하시고, 증자의 말을 인용하여 이르기를, "이 어찌 옳지 못한 것을 증자께서 기꺼이 말씀하셨겠는가? 이것은 혹 한 가지 도리가 별도로 있는 것 같다"라고 하셨다. '달(達)'은 통하는 것이다. 천하를 통하여 높이는 것이 이 세 가지가 있는데, 증자께서 말씀하신 것은 덕을 가지고 말씀한 것이다. 지금 제나라 왕은 단지 작위가 있을 뿐인데, 어찌 이것으로 나이와 덕을 가진 사람에게 소홀하게 할 수 있겠는가?

慊은 恨也며 少也라. 或作嗛하니 字書에 以爲口銜也라 하니 然則慊은 亦但爲心有所銜之義니 其爲快爲足爲恨爲少는 則因其事而所銜有不同耳

라. 孟子言 我之意는 非如景子之所言者하시고 因引曾子之言而云하시되 夫此豈是不義를 而曾子肯以爲言이시리오. 是或別有一種道理也하시니라. 達은 通也라. 蓋通天下之所尊이 有此三者하니 曾子之說은 蓋以德言之也라. 今齊王은 但有爵耳니 安得以此慢於齒德乎아.

4-2-7. 그러므로 장차 큰일을 하려는 임금은 반드시 마음대로 부르지 못하는 신하가 있어야 한다. 의논하고 싶은 일이 있으면 그에게 나아가야 하는 것이오, 덕을 존중하고 도를 즐기기를 이와 같이 하지 않으면 더불어 일을 할 수 없을 것이다.

故로 將大有爲之君은 必有所不召之臣이라. 欲有謀焉則就之하나니 其尊德樂道不如是면 不足與有爲也니라.

'대유위지군(大有爲之君)'은 크게 하는 것이 있는 특별한 군주를 말한다. 정자가 말하기를, "옛 사람이 반드시 군주가 공경함을 지극하게 하고 예를 극진하게 하기를 기다린 다음에 그에게 나아가는 까닭은 스스로 높이고 크게 여기고자 한 것이 아니라 이러한 까닭 때문일 뿐이다"라고 하였다.

大有爲之君은 大有作爲非常之君也라. 程子曰 古之人이 所以必待人君致敬盡禮而後에 往者는 非欲自爲尊大也요 爲是故耳니라.

4-2-8. 그러므로 탕 임금은 이윤에게 배운 뒤에 그를 신하로 삼았기 때문에 힘들이지 않고 왕 노릇을 하였고, 환공은 관중에게서 배운 뒤에 그를 신하로 삼았기 때문에 힘들이지 않고 패업을 이룩할 수 있었던 것이오.

故로 湯之於伊尹에 學焉而後에 臣之 故로 不勞而王하고 桓公之於管仲에 學焉而後에 臣之 故로 不勞而霸하니라.

먼저 쫓아가서 배움을 받은 것은 스승으로 삼은 것이요, 그런 뒤에 신하로 삼은 것은 책임을 맡기는 것이다.
先從受學은 師之也요 後以爲臣은 任之也라.

4-2-9. 지금 천하의 제후들이 차지한 땅도 대개 비슷하고 덕망도 비슷하여 서로 뛰어나지 못한 것은 다른 까닭이 있는 것이 아니다. 자기가 가르칠 수 있는 사람을 신하로 삼기를 좋아하고 자기가 가르침을 받을 수 있는 사람을 신하로 삼기를 좋아하지 않기 때문이오.
今天下地醜德齊하여 莫能相尙은 無他라. 好臣其所敎而不好臣其所受敎니라.

'추(醜)'는 비슷하다는 뜻이다. '상(尙)'은 뛰어나다는 뜻이다. '소교(所敎)'는 자기 말을 듣고 따르기 때문에 부릴 수 있는 사람을 말하고, '소수교(所受敎)'는 자신이 따라가서 배우는 사람을 말한다.
醜는 類也라. 尙은 過也라. 所敎는 謂聽從於己하여 可役使者也요 所受敎는 謂己之所從學者也라.

4-2-10. 탕 임금이 이윤에 대해서나 환공이 관중에 대해서는 감히 함부로 부르지 않았으니, 관중도 오히려 부를 수 없었는데 하물며 관중을 대수롭게 여기지 않는 나에 대해서야 말할 것이 있겠소."

湯之於伊尹과 桓公之於管仲에 則不敢召하니 管仲도 且猶不可召는 而況
不爲管仲者乎아.

'불위관중(不爲管仲)'은 맹자께서 자신을 가리켜 말씀하신 것이다. 범
씨가 말하기를 "맹자께서 제나라에 계실 때에는 손님과 스승의 위치에
있었기에 벼슬을 맡아서 관직을 가지고 있지 않았다. 그러므로 이와 같
이 말씀하신 것이다"라고 하였다. ○ 이 장에서는 '손님과 스승이 된 사
람은 달려가서 명령을 따르는 것만을 공손함으로 여기지 않고 어려운 것
을 권장하고 선한 것을 베푸는 것으로 공경함을 삼으며, 군주는 숭고하
고 부귀한 것을 귀중하게 여기지 않고 덕을 권장하고 선비를 높이는 것
으로 어짊을 삼는다면 상하가 교류하게 되고 덕업이 완성될 것이다'라는
것을 볼 수 있다.

不爲管仲은 孟子自謂也라. 范氏曰孟子之於齊에 處賓師之位하여 非當
仕有官職者라. 故로 其言如此하시니라. ○ 此章은 見賓師는 不以趨走承順
爲恭하고 而以責難陳善爲敬하며 人君은 不以崇高富貴爲重하고 而以責德
尊士爲賢이면 則上下交而德業成矣로다.

4-3-1. 진진이 물었다. "전날에 제나라에서 왕이 값진 황금 백 일을 주었을
때는 받지 않으셨고, 송나라에서 칠십 일을 주었을 때는 받으셨고, 설나
라에서는 오십 일을 주었을 때도 받으셨으니, 전날에 받지 않은 것이 옳
다면 오늘 받은 것이 잘못일 것이고, 오늘 받은 것이 옳다면 전날에 받
은 것이 잘못일 것이니 선생님께서는 반드시 이 가운데 한 가지 잘못이
있습니다."

陳臻이 問曰 前日於齊에 王이 餽兼金一百而不受하시고 於宋에 餽七十鎰而受하시고 於薛에 餽五十鎰而受하시니 前日之不受是則 今日之受非也오 今日之受是則 前日之不受非也니 夫子必居一於此矣시리이다.

'진진(陳臻)'은 맹자의 제자다. '겸금(兼金)'은 좋은 금으로 그 가치가 일반적인 금보다 배가 되는 것이다. '일백(一百)'은 백 일(百鎰)이다.
陳臻은 孟子弟子라. 兼金은 好金也니 其價兼倍於常者라. 一百은 百鎰也라.

4-3-2. 맹자께서 말씀하셨다. "모두 옳다.
孟子曰 皆是也니라.

모두 의(義)에 딱 맞는 것이다.
皆適於義也리.

4-3-3. 송나라에 있을 때는 내가 장차 먼 길을 떠나려고 했는데, 길 떠나는 사람에게는 반드시 노자를 주는 것이라, 주며 말하기를 '노자로 준다'라고 하였으니 내 어찌 받지 않겠느냐?
當在宋也하여 予將有遠行이러니 行者는 必以贐이라 辭曰 餽贐이어니 予何爲不受리오.

'신(贐)'은 길을 떠나는 사람을 전송하는 예법이다.
贐은 送行者之禮也다.

4-3-4. 설나라에 있을 때는 경계하는 마음을 가지고 있었는데, 주며 말하기를 '신변을 경계하신다는 말을 들었기 때문에 군비를 위해서 주는 것이다'라고 하는데, 내 어찌 받지 않겠느냐?

當在薛也_{하여} 予有戒心_{이러니} 辭曰 聞戒 故_로 爲兵餽之_{어니} 予何爲不受리오.

당시의 사람 중에서 맹자를 해치고자 하는 사람이 있었는데, 맹자께서 군대를 설치하여 경계하고 대비하셨으니, 군주가 맹자에게 금을 보내 군비를 갖추게 하고, "선생께서 경계하는 마음을 가지고 있다는 말을 들었습니다"라고 하였다.

時人_이 有欲害孟子_{어늘} 孟子設兵以戒備之_{러시니} 君_이 以金餽孟子_{하여} 爲兵備_{하고} 曰 聞子之有戒心也_라 하니라.

4-3-5. 제나라에 있을 때는 두 가지에 해당하는 것이 없었으니, 해당하는 것이 없는데 돈을 주는 것은 재물로 유혹하는 것이다. 어찌 군자로서 재물에 농락을 당할 수 있겠는가?"

若於齊則未有處也_{하니} 無處而餽之_는 是貨之也_니 焉有君子而可以貨取乎_{리오}.

멀리 가거나 경계하는 마음을 둔 일이 없으니 이것은 해당되는 것이 없는 것이다. '취(取)'는 당하다는 것과 같다. ○ 윤 씨가 말하기를, "군자는 사양하고 받는 것과 취하고 주는 것을 오직 이치에 합당하게 할 뿐임을 말씀하신 것이다"라고 하였다.

無遠行戒心之事하니 是未有所處也라. 取는 猶致也라. ○尹氏曰言君子
之辭受取予를 唯當於理而已니라.

4-4-1. 맹자께서 평륙에 가서 그곳 대부에게 말씀하셨다. "당신의 창을 든 병사가 하루에 세 번이나 대오를 이탈한다면 제거해 버리겠습니까, 그냥 두겠습니까?" 대부가 대답하였다. "세 차례까지 기다리지 않겠습니다."
孟子之平陸하사 謂其大夫曰 子之持戟之士가 一日而三失伍則去之아 否乎아. 曰 不待三이니이다.

'평륙(平陸)'은 제나라의 하읍이다. '대부(大夫)'는 읍재를 말한다. '극(戟)'은 가지가 있는 병기를 말한다. '사(士)'는 전사다. '오(伍)'는 여럿이 벌여선 줄을 말한다. '거지(去之)'는 죽이는 것이다.
平陸은 齊下邑也라. 大夫는 邑宰也라. 戟은 有枝兵也라. 士는 戰士也라. 伍는 行列也라. 去之는 殺之也라.

4-4-2. 맹자께서 말씀하셨다. "그렇다면 당신이 대오를 이탈한 것도 또한 많소. 흉년이나 기근이 든 해에 당신의 백성들 가운데 노약자는 구렁텅이에서 뒹굴고 젊은이는 흩어져 사방으로 간 사람이 몇 천 명이나 되오?" 대부가 말하였다. "이것은 제가 할 수 있는 일이 아닙니다."
然則子之失伍也亦多矣로다. 凶年饑歲에 子之民이 老羸는 轉於溝壑하고 壯者는 散而之四方者幾千人矣오. 曰此非距心之所得爲也니이다.

'자지실오(子之失伍)'는 직분을 잃는 것이 마치 전사가 대오를 잃는 것과 같다고 말씀하신 것이다. '거심(距心)'은 대부의 이름이다. 대답하기를 "이것은 곧 왕의 실정이 그렇게 만든 것이니 내가 오로지 할 수 있는 일이 아닙니다"라고 말한 것이다.

子之失伍는 言其失職이니 猶士之失伍아라. 距心은 大夫名이라. 對言 此乃王之失政使然이니 非我所得專爲也라 하니라.

4-4-3. 맹자께서 말씀하셨다. "지금 남의 소와 양을 맡아 그를 위해 기르는 사람이 있다면, 반드시 소와 양을 위해 목장과 풀을 찾아야 할 것이니, 목장과 풀을 찾다가 얻지 못하면 그 사람에게 돌려주어야 하겠소? 그렇지 않으면 그대로 서서 죽는 것을 바라보아야 하겠소?" 대부가 말하였다. "이것은 저의 죄입니다."

曰 今有受人之牛羊而爲之牧之者 則必爲之求牧與芻矣리니 求牧與芻而不得 則反諸其人乎아. 抑亦立而視其死與아. 曰 此則距心之罪也로소이다.

'목지(牧之)'는 기르는 것이다. '목(牧)'은 마소를 기르는 땅이요, '추(芻)'는 풀이다. 맹자께서 "스스로 마음대로 할 수 없다면 어찌 자기의 일을 사양하고 떠나가지 않겠느냐?"라고 말씀하신 것이다.

牧之는 養之也라. 牧은 牧地也요 芻는 草也라. 孟子言 若不自專인댄 何不致其事而去오 하시니라.

4-4-4. 훗날에 왕을 뵙고, "왕의 도읍 다스리는 사람을 제가 다섯 사람을 알고 있는데, 자기 죄를 아는 사람은 오직 공거심뿐입니다"하고 말씀하고,

왕을 위해 전날의 일을 이야기해 주니, 왕이 말했다. "이것은 과인의 죄입니다."

他日에 見於王曰 王之爲都者를 臣知五人焉이로니 知其罪者는 惟孔距心이러이다 하고 爲王誦之하신대 王曰 此則寡人之罪也로소이다.

'위도(爲都)'는 읍을 다스리는 것이다. 읍에 선군의 사당이 있는 것을 '도(都)'라고 말한다. '공(孔)'은 대부의 성이다. 왕을 위해 그 말을 암송한 것은 풍자하여 왕을 깨우치고자 하신 것이다. ○ 진 씨가 말하기를, "맹자께서 한 번 말씀하시자 제나라의 군신이 자기의 죄를 모두 알았으니 진실로 나라를 흥하게 할 수 있을 것이지만, 제나라가 마침내 좋은 나라가 되지 못한 것은, 어찌 기뻐하기만 하고 실마리를 찾지 않고, 따르기만 하고 잘못을 고치지 않았기 때문이 아니겠는가?"라고 하였다.

爲都는 治邑也라. 邑有先君之廟曰都라. 孔은 大夫姓也라. 爲王誦其語는 欲以風曉王也라. ○ 陳氏曰 孟子一言而齊之君臣이 擧知其罪하니 固足以興邦矣로되 然而齊卒不得爲善國者는 豈非說而不繹 從而不改故邪아.

4-5-1. 맹자께서 지와(蚳鼃)에게 말씀하셨다. "그대가 영구의 읍재를 사양하고 사사의 자리를 청한 것은 왕에게 간언을 하기 위한 것으로 생각했소. 그런데 지금 그 자리에 있은 지 여러 달인데도 아직 간언을 할 수 없었던가요?"

孟子謂蚳鼃曰 子之辭靈丘而請士師가 似也는 爲其可以言也니 今旣數月矣로되 未可以言與아.

'지와(蚳鼃)'는 제나라의 대부다. '영구(靈丘)'는 제나라의 하읍이다. '사야(似也)'는 행하는 데에는 도리가 있는데 가까움을 말한 것이다. '가이언(可以言)'은 사사가 되어 왕을 가까이 모시면서 형벌이 적중하지 않는 것을 간언할 수 있음을 말씀하신 것이다.

蚳鼃는 齊大夫也라. 靈丘는 齊下邑이라. 似也는 言所爲近似有理라. 可以言은 謂士師近王하여 得以諫刑罰之不中者라.

4-5-2. 지와가 왕에게 간하였으나 받아들여지지 않자 신하로서의 벼슬자리를 그만두고 떠나가 버렸다.

蚳鼃 諫於王而不用이어늘 致爲臣而去한대

'치(致)'는 돌려주는 것과 같다.

致는 猶還也라.

4-5-3. 제나라 사람들이 말하였다. "맹자가 지와를 위해 말해 준 것은 좋았으나, 맹자 자신이 하는 것은 과연 잘 하는 일인지 우리는 모르겠다."

齊人이 曰 所以爲蚳鼃則善矣어니와 所以自爲則吾不知也케라.

맹자께서 도가 행해지지 않는데도 제나라를 떠나지 않는 것을 비난한 말이다.

譏孟子道不行而不能去也니라.

4-5-4. 공도자가 그 말을 맹자에게 고하니,

公都子以告한대

'공도자(公都子)'는 맹자의 제자다.

公都子는 孟子弟子也라.

4-5-5. 맹자께서 말씀하셨다. "내가 들으니 벼슬자리에 있는 사람은 그 직책을 완수할 수 없으면 떠나가고, 간언할 책임을 가진 사람은 그 간언이 받아들여지지 않으면 떠나간다고 하였다. 나는 벼슬자리도 없고 간언할 책임도 없으니, 나아가고 물러감에 어찌 여유가 있지 않겠는가?"
曰 吾聞之也호니 有官守者 不得其職則去하고 有言責者 不得其言則去라 하니 我無官守하며 我無言責也則吾進退가 豈不綽綽然有餘裕哉리오.

'관수(官守)'는 관직을 가지고 지킴을 삼는 것이요, '언책(言責)'은 말을 가지고 책임을 삼는 것이다. '작작(綽綽)'은 너그러운 모습이요, '유(裕)'는 너그러운 뜻이다. 맹자께서는 손님과 스승의 지위에 있으면서 일찍이 녹을 받지 않았다. 그러므로 진퇴할 때에 이와 같이 너그럽고 여유가 있었던 것이다. 윤 씨가 말하기를 "나아가고 물러남과 오래 있고 빨리 떠나는 것을 이치에 합당하게 할 뿐이다"라고 하였다.
官守는 以官爲守者요 言責은 以言爲責者라. 綽綽은 寬貌요 裕는 寬意也라. 孟子居賓師之位하여 未嘗受祿이라. 故로 其進退之際에 寬裕如此하시니라. 尹氏曰 進退久速을 當於理而已니라.

4-6-1. 맹자께서 제나라의 경이 되어 등나라로 조문을 갈 때 왕이 합 지역

의 대부인 왕환을 부사의 직책으로 수행하게 하였다. 왕환이 아침저녁으로 맹자를 뵈었지만, 제나라와 등나라의 길을 다녀오기까지 함께 행사에 대한 말을 한 적이 없었다.
孟子爲卿於齊하사 出吊於滕하실새 王이 使蓋大夫王驩으로 爲輔行이러니 王驩이 朝暮見이어늘 反齊滕之路토록 未嘗與之言行事也하시다.

'합(盒)'은 제나라의 읍이다. '왕환(王驩)'은 왕이 총애하는 신하다. '보행(輔行)'은 부사다. '반(反)'은 갔다가 돌아온 것이다. '행사(行事)'는 사신의 일이다.
盒은 齊下邑也라. 王驩은 王嬖臣也라. 輔行은 副使也라. 反은 往而還也라. 行事는 使事也라.

4-6-2. 공손추가 물었다. "제나라 경의 지위가 작지 않고, 제나라와 등나라의 길이 가깝지 않은데, 다녀오도록 한 번도 행사에 대해 말씀하지 않으신 것은 무슨 까닭입니까?" 맹자께서 대답하셨다. "그 사람이 이미 잘 처리했는데 내가 무슨 말을 하겠는가?"
公孫丑曰 齊卿之位 不爲小矣며 齊滕之路 不爲近矣로되 反之而未嘗與言行事는 何也잇고. 曰 夫旣或治之어니 予何言哉리오.

왕환이 아마 경을 대신하여 간 것 같다. 그러므로 '제경(齊卿)'이라고 말한 것이다. '부기혹치지(夫旣或治之)'는 유사가 이미 다스렸다는 것을 말한다. 맹자께서 소인을 대할 때에 이와 같이 미워하지 않으면서 엄격하셨다.

王驩이 蓋攝卿以行이라. 故로 曰齊卿이라. 夫旣或治之는 言有司已治之矣
라. 孟子之待小人에 不惡而嚴이 如此하시니라.

4-7-1. 맹자께서 제나라에서 노나라로 가서 장사지내고 제나라로 돌아오다
가 영읍에 머물렀는데, 충우가 청하여 물었다. "전날에는 저의 불초함을
알지 못하시고 저에게 관곽을 짜는 목수 일을 맡기셨는데, 그 당시에는
일이 다급해서 제가 감히 여쭈어 보지 못했습니다. 이제 사사로이 여쭈
어 보고 싶습니다. 관목이 너무 좋았던 것 같습니다."

孟子自齊葬於魯하시고 反於齊하실새 止於嬴이러시니 充虞請曰 前日에 不知
虞之不肖하사 使虞敦匠事어시늘 嚴하여 虞不敢請하니 今願竊有請也하노니
木若以美然하더이다.

맹자께서 제나라에서 벼슬할 때에 어머니가 돌아가시자 노나라로 돌아
가서 장례를 치렀다. '영(嬴)'은 제나라 남쪽의 읍이다. '충우(充虞)'는 맹
자의 제자인데, 일찍이 관을 만드는 일을 감독하였다. '엄(嚴)'은 급하다
는 뜻이다. '목(木)'은 관목을 말한다. '이(以)'는 '이(已)'와 통하니 '이미
(以美)'는 매우 아름다운 것이다.

孟子仕於齊에 喪母하시고 歸葬於魯하시니라. 嬴은 齊南邑이라. 充虞는 孟子
第子니 嘗董治作棺之事者也라. 嚴은 急也라. 木은 棺木也라. 以는 已通하
니 以美는 太美也라.

4-7-2. 맹자께서 말씀하셨다. "옛날에는 관곽이 법도가 없었는데, 중고 시대
에 관의 두께는 일곱 치요, 곽은 그것에 맞추어 썼다. 이것은 천자로부

터 서인까지 이르렀으니 단지 보기 좋게 하기 위해서만이 아니다.

曰 古者에 棺槨이 無度하더니 中古에 棺이 七寸이오 槨을 稱之하여 自天子達於庶人하니 非直爲觀美也라.

'도(度)'는 두텁고 엷은 치수다. '중고(中古)'는 주공이 예를 제정할 때다. '곽칭지(槨稱之)'는 관과 더불어 서로 맞는다는 말이다. 견고하고 두텁고 오래가게 하기 위한 것이요, 다만 다른 사람이 보기에 아름답게 하기 위해서 그런 것이 아닐 뿐이다.

度는 厚薄尺寸也라. 中古는 周公制禮時也라. 槨稱之는 與棺相稱也라. 欲其堅厚久遠이요. 非特爲人觀視之美而已니라.

4-7-3. 이렇게 한 뒤에야 사람으로서의 마음을 다하는 것이기 때문이다. 그렇게 할 수 없으면 마음에 흡족할 수 없고 또 재력이 없어도 마음에 흡족할 수 없는 것이다. 그렇게 할 수 있고, 그렇게 할 만한 재력이 있으면 옛 사람들이 다 그렇게 썼는데, 낸들 어찌 홀로 그렇게 하지 않겠느냐?

然後에 盡而人心이니라. 不得이란 不可以爲悅이시며 無財란 不可以爲悅이니 得之爲有財하여는 古之人이 皆用之하니 吾何爲獨不然이리오.

'부득(不得)'은 법제로 마땅히 할 수 없는 것을 말한다. '득지위유재(得之爲有財)'는 할 수도 있고 또 할 만한 재력도 있는 것을 말한다. 어떤 사람은 "위(爲)는 마땅히 '이(而)'로 써야 한다"고 한다.

不得은 謂法制所不當得이라. 得之爲有財는 言得之而又爲有財也라. 或曰 爲는 當作而라.

4-7-4. 또 죽은 이를 위해서 흙이 살에 닿지 않게 하는 것이 사람의 마음에 좋지 않겠느냐?

且比化者하여 無使土親膚면 於人心에 獨無恔乎아.

'비(比)'는 '위하다'는 뜻과 같다. '화자(化者)'는 죽은 사람이다. '교(恔)'는 흔쾌하다는 뜻이다. "죽은 사람을 위하여 흙이 살갗에 직접 닿지 않게 한다면, 자식 된 마음으로 어찌 흔쾌하여 한스러운 마음이 없어지지 않겠는가?"라고 말씀하신 것이다.

比는 猶爲也라. 化者는 死者也라. 恔는 快也라. 言 爲死者하여 不使土親近其肌膚면 於人子之心에 豈不恔然無所恨乎아.

4-7-5. 내 들으니 '군자는 천하의 재물을 아끼기 위해 부모상의 장례를 절약하지 않는다'라고 하였다."

吾는 聞之也하니 君子는 不以天下儉其親이니라.

죽은 사람을 보내는 예에 마땅히 할 수 있는 것에 대해서도 스스로 힘을 다하지 않는다면 이것은 천하를 위해서 이 물건을 아껴서 내 부모에게 각박하게 하는 것이다.

送終之禮에 所當得爲而不自盡이면 是는 爲天下愛惜此物하여 而薄於吾親也니라.

4-8-1. 심동이 개인적으로 물었다. "연나라를 정벌해도 좋겠습니까?" 맹자께서 대답하셨다. "좋습니다. 자쾌도 남에게 연나라를 내줄 수 없으며, 자

지도 자쾌에게서 연나라를 받을 수 없는 것입니다. 여기 벼슬한 사람이 있는데, 당신이 그를 좋아하여 왕에게 고하지도 않고 개인적으로 당신의 벼슬자리를 그 사람에게 주고, 그 사람 역시 왕의 명령 없이 개인적으로 당신한테서 그것을 받는다면 옳겠습니까? 어찌 이것과 다르겠습니까?"
沈同이 以其私問曰 燕可伐與잇가. 孟子曰 可하니라. 子噲도 不得與人燕이며 子之도 不得受燕於子噲니 有仕於此어든 而子悅之하여 不告於王而私與之 吾子之祿爵이어든 夫士也亦無王命而私受之於子 則可乎아. 何以異於是리오.

'심동(沈同)'은 제나라 신하다. 사사로이 질문했다는 것은 왕명이 아니라는 것이다. 자쾌와 자지의 일은 전편「양혜왕장구 하」에 보인다. 제후는 토지와 백성을 천자에게서 받고 선군에게 전수하였으니 사사로이 다른 사람에게 준다면 준 사람과 받은 사람이 모두 잘못이 있는 것이다. '사(仕)'는 관직을 맡는 것이요, '사(士)'는 벼슬에 종사하는 사람이다.
沈同은 齊臣이라. 以私問은 非王命也라. 子噲子之는 事見前篇하니 諸侯는 土地人民을 受之天子하고 傳之先君하니 私以與人이면 則與者受者皆有罪也라. 仕는 爲官也라. 士는 卽從仕之人也라.

4-8-2. 제나라 사람이 연나라를 쳤다. 그러자 어떤 사람이 물었다. "제나라 사람에게 연나라를 정벌하도록 권했다고 하는데, 그런 일이 있었습니까?" 맹자께서 말씀하셨다. "아닙니다. 심동이 '연나라를 정벌해도 좋습니까? 하고 묻기에, 내가 '좋습니다' 하고 대답하였더니, 그가 그렇게 생각하고 정벌한 것입니다. 그가 만일 '누가 정벌할 수 있습니까?' 하고 물

었다면, 바로 '천명을 받들어 행하는 사람이라면 정벌할 수 있을 것이오' 하고 대답했을 것입니다. 지금 살인자가 있는데, 어떤 사람이 '그 사람을 죽여도 좋겠습니까?' 하고 묻는다면, 바로 '좋겠지요' 하고 대답할 것입니다. 그가 만일 '누가 죽일 수 있습니까?' 하고 묻는다면, '사사라면 죽일 수 있을 것이오' 하고 대답할 것입니다. 지금 연나라로 연나라를 정벌한 것인데 무엇 때문에 그런 일을 권했겠습니까?"

齊人이 伐燕이어늘 或이 問曰 勸齊伐燕이라 하니 有諸잇가. 曰 未也라. 沈同이 問燕可伐與아 하여늘 吾應之曰 可라 하니 彼然而伐之也로다. 彼如曰 孰可以伐之오 하면 則將應之曰 爲天吏則可以伐之라 하리라. 今有殺人者어든 或問之曰 人可殺與아 하면 則將應之曰 可라 하리니 彼如曰 孰可以殺之오 하면 則將應之曰 爲士師則可以殺之라 하리라. 今에 以燕伐燕이어니 何爲勸之哉리오.

'천리(天吏)'는 해석이 상편 「공손추장구 상」에 보인다. "제나라에 도가 없음이 연나라와 다름이 없으니 이것은 마치 연나라로 연나라를 정벌하는 것과 같다"고 말씀한 것이다. 『사기』에 "맹자가 제나라에게 연나라를 정벌하도록 권했다"고 하였으니, 아마 이 말의 그릇된 점만을 전해들은 것 같다. ○양 씨가 말하기를 "연나라는 진실로 정벌할 처지에 있었다. 그러므로 맹자께서 '좋다'고 말씀하신 것이니, 가령 제나라 왕이 연나라 군주를 죽이고 그 백성들을 조문했다면 어찌 안 될 것이 있겠는가? 연나라 백성들의 부모를 죽이고 그 자제들을 포로로 잡은 뒤에야 연나라 사람들이 배반하였거늘, 이것을 가지고 맹자의 말 때문에 그런 것이라고 허물을 돌린다면 이것은 잘못된 것이다"라고 하였다.

天吏는 解見上篇이라. 言齊無道가 與燕無異하니 如以燕伐燕也라. 史記에 亦謂孟子勸齊伐燕이라 하니 蓋傳聞此說之誤니라. ○楊氏曰 燕固可伐矣라. 故로 孟子曰 可라 하시니 使齊王이 能誅其君弔其民이면 何不可之有리오. 乃殺其父兄하고 虜其子弟而後에 燕人畔之어늘 乃以是로 歸咎孟子之言이면 則誤矣니라.

4-9-1. 연나라 사람들이 제나라에 반기를 들자 왕이 말하였다. "맹자 보기가 매우 부끄럽소." 진가가 말하였다. "왕께서는 근심할 것 없습니다. 왕께서는 스스로 주공에 비해서 누가 더 인자하고 지혜롭다고 생각하십니까?" 왕이 말하였다. "아, 그게 무슨 말이오." 진가가 말하였다. "주공이 관숙에게 은나라를 감시하게 했는데, 관숙이 은나라 땅에서 반기를 들었습니다. 알고도 시켰다면 이것은 인자하지 못한 것이요, 알지 못하고 시켰다면 이것은 지혜롭지 못한 것입니다. 인자함과 지혜로움은 주공도 충분하지 못했습니다. 하물며 왕께서야 더 할 말이 있겠습니까? 제가 맹자를 만나 뵙고 해명하겠습니다."

燕人이 畔이어늘 王曰 吾甚慙於孟子하노라. 陳賈曰 王無患焉하소서. 王이 自以爲與周公孰仁且智잇고. 王曰 惡라 是何言也오. 曰 周公이 使管叔監殷이어늘 管叔이 以殷畔하니 知而使之면 是不仁也오. 不知而使之면 是不智也니 仁智는 周公도 未之盡也시니 而況於王乎잇가. 賈請見而解之하리이다.

'진가(陳賈)'는 제나라 대부다. '관숙(管叔)'은 이름이 선(鮮)인데, 무왕의 아우이며 주공의 형이다. 무왕이 상나라에게 이기고 주왕을 죽인 다음 주왕의 아들 무경을 세워 관숙과 아우 채숙·작숙으로 하여금 그 나라를 감독하게 했다. 무왕이 죽고 성왕의 나이가 어려서 주공이 섭정을 하였는데, 관숙이 무경과 더불어 배반을 하자 주공이 토벌하여 죽였다.

陳賈는 齊大夫也라. 管叔은 名鮮이니 武王弟요 周公兄也라. 武王이 勝商殺紂하시고 立紂子武庚하고 而使管叔與弟蔡叔霍叔으로 監其國이러니 武王崩하고 成王幼하여 周公攝政한대 管叔이 與武庚畔이어늘 周公이 討而誅之하시니라.

4-9-2. 진가가 맹자를 뵙고 물었다. "주공은 어떤 분입니까?" 맹자께서 대답하셨다. "옛날의 성인입니다." 진가가 물었다. "관숙에게 은나라를 감독하게 했는데, 관숙이 은나라 땅에서 반기를 들었다고 하니 그런 일이 있었습니까?" 맹자께서 말씀하셨다. "있었습니다." 진가가 말했다. "주공은 그가 배반하리라는 것을 알고도 시켰습니까?" 맹자께서 말씀하셨다. "몰랐습니다." 진가가 물었다. "그러면 성인도 그런 실수를 합니까?" 맹자께서 말씀하셨다. "주공은 동생이고 관숙은 형이니, 주공의 허물이야 또한 그럴 수 있는 것이 아니겠소.

見孟子問曰 周公은 何人也잇고. 曰 古聖人也니라. 曰 使管叔監殷이어늘 管叔이 以殷畔也라 하니 有諸잇가. 曰 然하다. 曰 周公이 知其將畔而使之與잇가. 曰 不知也니라. 然則聖人도 且有過與잇가. 曰 周公은 弟也요 管叔은 兄也니 周公之過 不亦宜乎아.

"주공은 관숙의 동생이고 관숙은 주공의 형인데, 주공이 관숙이 장차 배반할 줄 모르고서 시킨 것이니 그 과실을 면할 수 없을 것이다"라고 말씀하신 것이다. 어떤 사람은 "주공이 관숙의 일을 처리한 것이 순 임금이 이복형인 상의 일을 처리한 것과 다른 것은 무슨 이유 때문입니까?"
라고 묻자, 유 씨가 말하기를 "상의 악함은 이미 드러났고, 상의 뜻은 자
신의 부귀에 지나지 않을 뿐이었다. 그러므로 순 임금께서 이것을 가지
고 온전하게 할 수 있었다. 그러나 관숙의 악함은 드러나지 않았고 그
뜻과 재주가 모두 상과 비교할 수 없었으니, 주공이 어찌 차마 자기 형
의 악함을 미리 헤아려서 버릴 수 있었겠는가? 주공이 형을 사랑하는 것
은 마땅히 극진하지 않을 수 없었는데, 관숙이 배반한 일은 성인의 불행
이다. 순 임금은 진실한 믿음으로 상을 기쁘게 하였고, 주공은 진실한
믿음으로 관숙에게 일을 맡기셨던 것이다. 이것은 천리와 인륜의 지극함
이니, 순 임금이나 주공이 마음을 쓰는 것은 마찬가지다"라고 하였다.

言 周公은 乃管叔之弟요 管叔은 乃周公之兄이니 然則周公이 不知管叔
之將畔而使之하시니 其過有所不免矣라. 或曰 周公之處管叔이 不如舜
之處象은 何也오. 游氏曰 象之惡은 已著요 而其志不過富貴而已라. 故로
舜得以是而全之어니와 若管叔之惡則未著요 而其志其才가 皆非象比也니
周公이 詎忍逆探其兄之惡而棄之邪아. 周公愛兄이 宜無不盡者하니 管
叔之事는 聖人之不幸也라. 舜은 誠信而喜象하시고 周公은 誠信而任管叔
하시니 此는 天理人倫之至니 其用心이 一也니라.

4-9-3. 또 옛날의 군자는 허물이 있으면 고쳤는데, 오늘날의 군자는 허물이
있으면 그것을 밀고 나갑니다. 옛날의 군자는 그 허물이 일식이나 월식
과 같아서 백성들이 모두 그것을 볼 수 있었고, 허물을 고치게 되면 백
성들이 모두 우러러 보았는데, 오늘날의 군자는 어찌 허물을 그대로 밀
고 나갈 뿐이겠는가? 또 뒤따라 변명까지 합니다."

且古之君子는 過則改之러니 今之君子는 過則順之로다. 古之君子는 其過
也如日月之食이라 民皆見之하고 及其更也하야는 民皆仰之러니 今之君子는
豈徒順之리오 又從而爲之辭로다.

'순(順)'은 '뻗어나간다'는 뜻과 같다. '경(更)'은 고친다는 뜻이다. '사(辭)'
는 말을 잘 하는 것이다. 허물을 고치면 밝음을 훼손시킴이 없기 때문에
백성들이 우러러보고, 과실을 밀고 나가고 변명을 하면 허물이 더욱 깊
어지게 될 것이다. 진가가 임금에게 개과천선을 힘쓰도록 하지 않고 그
릇된 것을 따르고 허물을 문식하도록 가르친 것을 꾸짖으신 것이다. ○
임 씨가 말하기를 "제왕이 맹자 보기가 부끄러웠는데, 이것은 제왕의 수
오지심(羞惡之心)이 스스로 멈출 수 없는 것이 있었던 것이다. 가령 신
하 중에서 이러한 마음을 장차 따르는 자가 있었다면 의(義)를 이루 다
쓸 수 없었을 것이다. 그런데 진가는 비루한 사람이라서 그를 위해 왜곡
되게 변설만을 늘어놓고 개과천선의 마음을 저지하고 잘못된 것을 꾸미
고 간언을 막는 악함을 조장하였다. 그러므로 맹자께서 크게 책망하신
것이다. 그러나 이 글의 기사(記事)가 흩어져 나와서 선후의 차례가 없
다. 그러므로 그 설을 반드시 참고한 뒤에 뜻이 통하게 될 것이다. 만약
제2편인 「양혜왕장구 하」편의 제10장과 제11장을 앞 장의 뒤와 이 장의
앞에 둔다면 맹자의 뜻은 논설을 기다리지 않고도 자명해질 것이다"라고
하였다.

順은 猶遂也라. 更은 改也라. 辭는 辯也라. 更之면 則無損於明이라. 故로 民
仰之하고 順而爲之辭면 則其過愈深矣니 責賈不能勉其君以遷善改過하고
而敎之以遂非文過也시니라. ○林氏曰 齊王이 慙於孟子하니 蓋羞惡之心

이 有不能自己者니 使其臣有能因是心而將順之면 則義不可勝用矣어늘 而陣賈는 鄙夫라. 方且爲之曲爲辯說하여 而沮其遷善改過之心하고 長其 飾非拒諫之惡이라. 故로 孟子深責之하시니라. 然이나 此書記事散出而無先 後之次라. 故로 其說을 必參考而後通이니 若以第二篇十章十一章으로 置之前章之後 此章之前이면 則孟子之意 不待論說而自明矣리라.

4-10-1. 맹자께서 신하 노릇 하기를 그만두고 돌아가니,

　　孟子 致爲臣而歸하실새

맹자께서 제나라에서 오래 머무르셨지만 도가 행해지지 않았기 때문에 떠나신 것이다.

孟子久於齊而道不行이라. 故로 去也시니라.

4-10-2. 왕이 와서 맹자를 보고 말하였다. "지난날에는 만나 뵈려 해도 만날 수 없었는데, 모시게 되자 조정에 함께 있는 사람들이 대단히 기뻐했습니다. 이제 또 과인을 버리고 돌아가시니 알지 못하겠습니다만 차후에도 계속해서 만나 뵐 수 있겠습니까?" 맹자께서 말씀하셨다. "감히 청할 수는 없지만 진실로 원하는 바입니다." 다른 날에 왕이 시자에게 말했다. "나는 나라 가운데 맹자의 집을 마련해 주고 만종의 녹을 지급하면서 제자를 기르게 하여 여러 대부와 국민들로 하여금 모두 맹자를 공경하고 본받을 수 있게 하려 하는데, 그대는 어찌 나를 위해 이야기해 주지 않는가?"

王이 就見孟子曰 前日에 願見而不可得이라가 得侍하여는 同朝甚喜러니 今

又棄寡人而歸하시니 不識케이다. 可以繼此而得見乎잇가. 對曰 不敢請耳언정 固所願也니이다. 他日에 王이 謂時子曰 我欲中國而授孟子室하고 養弟子以萬鍾하여 使諸大夫國人으로 皆有所矜式하노니 子盍爲我言之리오.

'시자(時子)'는 제나라 신하다. '중국(中國)'은 나라의 가운데에 해당한다. '만종(萬鍾)'은 봉록의 수다. '종(鍾)'은 양의 이름인데 6곡 4두가 들어간다. '긍(矜)'은 공경하는 것이요, '식(式)'은 본받는 것이다. '합(盍)'은 '어찌 ~하지 않는가?'라는 뜻이다.

時子는 齊臣也라. 中國은 當國之中也라. 萬鍾은 穀祿之數也라. 鍾은 量名이니 受六斛四斗라. 矜은 敬也요 式은 法也라. 盍은 何不也라.

4-10-3. 시자가 진자를 통해서 그 이야기를 맹자에게 고하니, 진자가 시자의 말을 맹자에게 고했다.

時子 因陳子而以告孟子어늘 陳子 以時子之言으로 告孟子한대

'진자(陳子)'는 곧 진진이다.

陳子는 卽陳臻也라.

4-10-4. 맹자께서 말씀하셨다. "그렇다, 시자가 어찌 내가 머무를 수 없는 것을 알겠느냐? 만약 내가 부자가 되고 싶었다면, 십만 종의 녹을 사양하고 만 종을 받는 이것이 부자가 되고자 하는 것이겠느냐?

孟子曰 然하다. 夫時子 惡知其不可也리오. 如使予欲富인댄 辭十萬而受萬이 是爲欲富乎아.

맹자께서 도가 행해지기 않았기 때문에 떠나셨다면 아마도 의리상 다시 머무를 수 없는 것이거늘, 시자가 알지 못하였으니 드러내놓고 말하기 곤란한 점이 있는 것이다. 그러므로 다만 "설령 내가 부자가 되기를 원했다면 지난 날 경이 되었을 때 일찍이 10만 종의 녹을 사양하였는데 지금 이 만 종의 녹을 받는다면 이것은 내가 비록 부자가 될지라도 또한 하지 않을 것이다"라고 말씀하신 것이다.

孟子卽以道不行而去면 則其義不可以復留어늘 而時子不知하니 則又有難顯言者라. 故로 但言 設使我欲當인댄 則我前日爲卿에 嘗辭十萬之祿하니 今乃受此萬鍾之饋면 是我雖欲富라도 亦不爲此也라 하시니라.

4-10-5. 계손이 말하기를 '이상하다, 자숙의여! 자기가 정치를 하다가 받아들여지지 않으면 그만둘 것이지, 또 그 자제로 하여금 경을 삼게 하였으니 사람들이 누구나 부귀를 바라지 않겠는가마는 홀로 부귀 가운데에도 사사롭게 유리한 지점을 차지하는 사람이 있다'라고 하였다.

季孫이 曰 異哉라 子叔疑여. 使己爲政하되 不用則亦已矣어늘 又使其子弟爲卿하니 人亦孰不欲富貴리오마는 而獨於富貴之中에 有私龍斷焉이라 하니라.

이것은 맹자께서 계손의 말을 인용한 것이다. 계손과 자숙의는 어느 때 사람인지 알 수 없다. '농단(龍斷)'은 언덕이 단절되어 높은 것인데, 자세한 뜻은 아래 글에 보인다. 자숙의는 일찍이 등용되지 않자 자기 자제를 경으로 삼게 했으니 계손이 '이미 여기에서 얻지 못하고 또 저기에서 구하고자 하는 것이니, 마치 아래 글에서 천한 장부가 언덕에 올라가서 하는 것과

같다'고 비난한 것이다. 맹자께서 이 글을 인용하여 도가 이미 행해지지
않는데 다시 그 녹을 받는다면 이와 다름이 없음을 밝힌 것이다.
此는 孟子引季孫之語也라. 季孫子叔疑는 不知何時人이라. 龍斷은 岡壟
之斷而高也니 義見下文하니라. 蓋子叔疑者嘗不用而使其子弟爲卿한대
季孫이 譏其旣不得於此하고 而又欲求得於彼하니 如下文賤丈夫登龍斷
者之所爲也라. 孟子引此하여 以明道旣不行이요 復受其祿이면 則無以異
此矣니라.

4-10-6. 옛날의 시장에서 거래하는 자들이 자기가 가지고 있는 물건으로 없는 물건과 바꾸면 유사는 그것을 다스릴 뿐이었다. 그런데 한 천한 사나이가 있어 반드시 유리한 지점을 찾아 올라가서 좌우를 바라보며 시장의 이익을 그물질하니, 사람들이 모두 그를 천하게 여겼다. 그래서 그런 행위에 따라 세금을 징수하였으니, 상인에게 세금을 징수한 것이 이 천박한 사나이로부터 시작되었던 것이다."

古之爲市者 以其所有로 易其所無者어든 有司者治之耳러니 有賤丈夫焉
하니 必求龍斷而登之하여 以左右望而罔市利어늘 人皆以爲賤 故로 從而
征之하니 征商이 自此賤丈夫始矣니라.

맹자께서 농단의 설을 해석한 것이 이와 같다. '치지(治之)'는 송사를 다스리는 것을 말한다. '좌우망(左右望)'은 이것을 얻고 저것을 취하고자 하는 것이다. '망(罔)'은 그물질해서 취하는 것이다. '종이정지(從而征之)'는 이익을 독점하는 것을 사람들이 미워했기 때문에 나아가서 세금을 징수한 것으로, 후세에 이것으로 인하여 마침내 상인들에게 세금을

징수하게 되었다. ○정자가 말하기를 "제왕이 맹자에게 대처한 것이 옳지 않은 것이 아니고 맹자께서도 역시 백성들에게 존경을 받고 본보기가 되기를 원했지만, 제왕은 진실로 맹자를 존경했던 것이 아니라 이익으로써 유인하고자 한 것이었다. 그러므로 맹자께서 거절하고 받지 않으신 것이다"라고 하였다.

孟子釋龍斷之說이 如此하시니라. 治之는 謂治其爭訟이라. 左右望者는 欲得此而又取彼也라. 罔은 謂罔羅取之也라. 從而征之는 謂人惡其專利라. 故로 就征其稅하니 後世緣此하여 遂征商人也니라. ○程子曰 齊王所以處孟子者未爲不可요 孟子亦非不肯爲國人矜式者언마는 但齊王이 實非欲尊孟子요 乃欲以利誘之라. 故로 孟子拒而不受하시니라.

4-11-1. 맹자께서 제나라를 떠날 때에 주읍에 유숙하였다.

孟子去齊하실새 宿於晝러시니

'주(晝)'는 제나라 서남쪽에 있는 도성과 가까운 읍이다.

晝는 齊西南近邑也라.

4-11-2. 왕을 위해 맹자가 떠나는 것을 만류하려는 사람이 앉아서 말하였으나 대꾸하지 않으시고 안석에 기대어 누우셨다.

有欲爲王留行者 坐而言이어늘 不應하시고 隱几而臥하신대

'은(隱)'은 의지하는 것이다. 손님이 앉아서 말했는데 맹자께서는 대꾸하지 않고 누워계신 것이다.

隱은 憑也라. 客坐而言이어늘 孟子不應而臥也라.

4-11-3. 객이 기뻐하지 않으며 말하였다. "소생은 하루 전부터 목욕재계하고 뒤에 감히 말씀드리는데, 선생님께서는 누워서 듣지 아니하시니 다시는 뵙지 않겠습니다." 맹자께서 말씀하셨다. "앉으시오. 내 그대에게 분명히 말하리다. 옛날에 노나라 목공은 자사 곁에 사람이 없으면 자사를 편안케 해드리지 못했고, 설류와 신상은 목공 곁에 사람이 없으면 그들 자신이 편안하지 못했소.

客이 不悅曰 弟子 齊宿而後敢言이어늘 夫子臥而不聽하시니 請勿復敢見矣로리이다. 曰 坐하라. 我明語子하리라. 昔者에 魯繆公이 無人乎子思之側이면 則不能安子思하고 泄柳申詳이 無人乎繆公之側이면 則不能安其身이러니라.

'재숙(齊宿)'은 재계하고 하룻밤을 넘긴 것이다. '목공(繆公)'은 자사를 존경하고 예우하여 항상 사람으로 하여금 시중들게 해서 그 곁에 정성스런 뜻이 전달되어야 편안하게 머물 수 있을 것으로 생각했다. '설류(泄柳)'는 노나라 사람이요, '신상(申詳)'은 자장의 아들인데, 목공이 자사만큼 그들을 존경하지는 않았지만 이 두 사람의 의리는 구차함을 용납하지 않아 현자가 그 임금의 좌우에 있으면서 임금을 유지하고 보호하지 않으면 역시 자기 몸을 편안하게 하지 못했다.

齊宿은 齊戒越宿이라. 繆公이 尊禮子思하여 常使人候伺하여 道達誠意於其側이라야 乃能安而留之也라. 泄柳는 魯人이요 申詳은 子張之子也니 繆公尊之不如子思나 然이나 二子義不苟容하여 非有賢者在其君之左右하여 維持調護之면 則亦不能安其身矣니라.

4-11-4. 그대가 어른을 위해 염려하는 것이 자사에게 미치지 못하니, 그대가 어른을 거절한 것이오? 어른이 그대를 거절한 것이오?"

子爲長者慮而不及子思하니 子絶長者乎아. 長者絶子乎아.

'장자(長者)'는 맹자께서 스스로 일컬은 것이다. "제왕이 그대로 하여금 오게 하지 않았는데 그대가 스스로 왕을 위하여 나를 만류하고자 하니 이것은 나를 위하여 도모하는 것이 목공이 자사를 만류한 것에 미치지 못하여 먼저 나를 끊은 것이다. 내가 누워서 응대하지 않은 것이 어찌 먼저 그대를 끊음이 되겠는가?'라고 말씀한 것이다.

長者는 孟子自稱也라. 言 齊王이 不使子來어늘 而子自欲爲王留我하니 是는 所以爲我謀者 不及繆公留子思之事하여 而先絶我也라. 我之臥而不應이 豈爲先絶子乎아.

4-12-1. 맹자가 제나라를 떠나자 윤사가 사람들에게 말하였다. "왕이 탕왕이나 무왕 같은 성군이 될 수 없다는 것을 몰랐다면 이것은 현명하지 못한 것이고, 불가능한 줄을 알면서도 왔었다면 이것은 은택을 구하려는 것이다. 천 리 길을 와서 왕을 만났다가 뜻이 맞지 않아서 떠나가는 마당에 사흘씩이나 묵은 뒤에 주읍을 떠나니 어찌 그리 오래 머뭇거리는가? 나는 이것이 마음에 들지 않는다."

孟子去齊하실새 尹士語人曰 不識王之不可以爲湯武면 則是不明也요 識其不可 然且至면 則是干澤也니 千里而見王하여 不遇 故로 去하되 三宿而後出晝하니 是何濡滯也오. 士則玆不悅하노라.

'윤사(尹士)'는 제나라 사람이다. '간(干)'은 구하는 것이다. '택(澤)'은 은택이다. '유체(濡滯)'는 늦게까지 머무는 것이다.

尹士는 齊人也라. 干은 求也라. 澤은 恩澤也라. 濡滯는 遲留也라.

4-12-2. 고자가 이 말을 맹자께 고하니

高子以告한대

'고자(高子)'는 역시 제나라 사람인데 맹자의 제자다.

高子는 亦齊人이니 孟子弟子也라.

4-12-3. 맹자께서 말씀하셨다. "윤사가 어찌 나를 알겠는가? 천 리 길을 가서 왕을 만난 것은 내가 원해서 한 것이지만, 뜻이 맞지 않아 떠나가는 것이야 어찌 내가 원하는 것이겠는가? 나도 부득이해서 그런 것이다.

曰 夫尹士 惡知予哉리오. 千里而見王은 是予所欲也니 不遇 故로 去가 豈予所欲哉리오. 予不得已也로라.

'견왕(見王)'은 도를 실행하고자 한 것인데 지금 도가 행해지지 않기 때문에 부득이해서 떠나는 것이요 본래 이와 같이 하고자 한 것이 아니다.

見王은 欲以行道也니 今道不行이라. 故로 不得已而去요 非本欲如此也라.

4-12-4. 내가 사흘을 묵고 주읍을 떠났지만 내 마음에는 오히려 빠르다고 여겼다. 왕이 거의 마음을 고치실 것이니, 왕이 만약 마음을 고치시면 반드시 나를 되돌아오게 할 것이다.

予 三宿而出晝하되 於予心에 猶以爲速하노니 王庶幾改之니 王如改諸면 則必反予라.

고친다는 것은 반드시 한 가지 일을 가리켜 말한 것이다. 그러나 지금은 상고할 수 없다.
所改는 必指一事而言이라. 然이나 今不可考矣라.

4-12-5. 주읍을 떠나는 데도 왕이 나를 쫓아오지 않으니 나도 그때서야 거리낌 없이 돌아갈 뜻을 갖게 되었다. 내가 비록 그러나 어찌 왕을 버리겠는가? 왕은 그래도 착한 정치를 할 만하니 왕이 만일 나를 등용하신다면 어찌 제나라 백성들만 편안해지겠는가? 천하의 백성들이 모두 편안해질 것이니, 왕이 혹시나 마음을 고치기를 나는 날마다 바라고 있다.
夫出晝而王不予追也할새 予然後浩然有歸志하니 予雖然이나 豈舍王哉리오. 王由足用爲善이니 王如用予면 則豈徒齊民安이리오. 天下之民이 擧安하리니 王庶幾改之를 予日望之하노라.

'호연(浩然)'은 마치 물이 흘러 멈추지 않는 것과 같다. 양 씨가 말하기를, "제왕은 천부적인 자질이 소박하고 성실하여 용맹을 좋아하고 재물과 여색과 세속의 음악을 좋아하는 것에 대하여 모두 정직하게 고하고 맹자에게 숨기지 않았다. 그러므로 선을 행할 수 있는 것이다. 만약 마음으로는 그렇지 않으면서 거짓으로 큰 소리를 쳐서 사람을 속인다면 이 사람은 마침내 요·순의 도에 들어갈 수 없을 것이다. 그러니 어찌 선을 행할 수 있겠는가?"라고 하였다.

浩然은 如水之流不可止也라. 楊氏曰 齊王은 天資朴實하여 如好勇 好貨 好色 好世俗之樂을 皆以直告而不隱於孟子라. 故로 足以爲善이니 苦乃 其心不然而謬爲大言以欺人이면 是人은 終不可與入堯舜之道矣리니 何 善之能爲리오.

4-12-6. 내 어찌 이러한 소장부처럼 임금에게 간언하다가 받아들여지지 않으면 노하여 노기를 얼굴에 나타내고, 떠날 때면 해가 질 때까지 힘을 다해 간 뒤에 묵는 것처럼 하겠는가?"
予豈若是小丈夫然哉라 諫於其君而不受則怒하여 悻悻然見於其面하여 去則窮日之力而後에 宿哉리오.

'행행(悻悻)'은 성내는 뜻이다. '궁(窮)'은 다한다는 뜻이다.
悻悻은 怒意也라. 窮은 盡也라.

4-12-7. 윤사가 이 말을 듣고 말하였다. "나는 참으로 소인이로다."
尹士聞之曰 士는 誠小人也로다.

이 장에서는 성현이 도를 실행하고 때를 구제하는 급급한 본심과, 군주를 사랑하고 백성을 은혜롭게 하는 연연한 뜻을 볼 수 있다. 이 씨가 말하기를 "여기에서 군자가 근심이 있으면 떠나가는 실정을 볼 수 있고, 삼태기를 메고 가는 은자가 과단성이 있게 되는 까닭을 알 수 있다"라고 하였다.
此章은 見聖賢行道濟時汲汲之本心과 愛君澤民惓惓之餘意니라. 李氏

曰 於此에 見君子憂則違之之情이요 而荷蕢者所以爲果也니라.

4-13-1. 맹자께서 제나라를 떠날 때 충우가 도중에 물었다. "선생님께서는 유쾌하지 못한 기색이 있는 것 같습니다. 전날에 제가 선생님께 들으니, '군자는 하늘을 원망하지 않고, 사람을 허물하지 않는다'라고 하셨습니다."

孟子去齊하실새 充虞 路問曰 夫子若有不豫色然하시니이다. 前日에 虞聞諸夫子하니 曰君子는 不怨天하며 不尤人이라 하니이다.

'노문(路問)'은 길 가운데서 물은 것이다. '예(豫)'는 기뻐하는 것이다. '우(尤)'는 허물이다. 이 두 구절은 실로 공자의 말씀인데, 맹자께서 일찍이 그것을 일컬어서 사람을 가르치신 것 같다.

路問은 於路中問也라. 豫는 悅也라. 尤는 過也라. 此二句는 實孔子之言이니 蓋孟子嘗稱之以敎人耳시니라.

4-13-2. 맹자께서 말씀하셨다. "그때는 그때고 지금은 지금이다.

曰 彼一時며 此一時也니라.

彼는 前日이요 此는 今日이라.
'피(彼)'는 전 날이요, '차(此)'는 오늘이다.

4-13-3. 오백 년마다 반드시 왕자가 일어나니, 그 사이에 반드시 세상에 이름을 떨치는 사람이 나오기 마련이다.

五百年에 必有王者興하나니 其間에 必有名世者니라.

요·순에서 탕 임금에 이르기까지, 그리고 탕 임금에서 문왕과 무왕에 이르기까지 모두 5백여 년 만에 성인이 나왔다. '명세(名世)'는 그 사람의 덕업과 명성으로 한 세대에 이름을 낼 만한 자가 왕을 위해 보좌하는 것을 말하는데, 마치 고요·직·설·이윤·내주·태공망·산의생과 같은 종류의 사람들이다.

自堯舜至湯과 自湯至文武가 皆五百餘年而聖人出하니라. 名世는 謂其人德業聞望이 可名於一世者 爲之輔佐니 若皐陶稷契伊尹萊朱太公望散宜生之屬이라.

4-13-4. 주나라 이래로 칠백여 년이 되었으니 햇수로 보면 이미 지났고, 시기로 살펴보면 지금이 가능한 시기다.

由周而來로 七百有餘世矣니 以其數則過矣오 以其時考之則可矣니라.

'주(周)'는 문왕과 무왕의 사이를 말한다. '수(數)'는 5백 년의 기간을 말한다. '시(時)'는 혼란이 지극하면 다스려질 것을 생각하여 좋은 일을 할 수 있는 날을 말한다. 이러한 때에 한 번이라도 좋은 일을 하지 못하였으니, 이것이 맹자께서 기쁜 기색이 없는 까닭이다.

周는 謂文武之間이라. 數는 謂五百年之期라. 時는 謂亂極思治하여 可以有爲之日이라. 於是而不得一有所爲하니 此孟子所以不能無不豫也시니라.

4-13-5. 하늘이 아직 천하가 태평하게 다스려지기를 바라지 않기 때문이다.

만일 천하가 태평하게 다스려지기를 바란다면 지금 세상에서 나를 버리고 그 누가 있겠는가? 내 어찌 유쾌하지 못한 기색을 갖겠는가?"
夫天이 未欲平治天下也시니 如欲平治天下인댄 當今之世하여 舍我오 其誰也리오. 吾何爲不豫哉리오.

"이때를 당하여 나로 하여금 제나라에서 뜻을 이루지 못하게 하니, 이것은 하늘이 천하를 다스리고자 하지 않으신 것이다. 그러나 하늘의 뜻은 알 수 없고 그 도구는 나에게 있으니 내가 어찌 기뻐하지 않겠는가?'라고 말씀하신 것이다. 그렇다면 맹자께서 비록 기쁘지 않은 것 같지만 실제로는 기뻐하지 않은 적이 없는 것이다. 성현께서 세상을 걱정하는 마음과 하늘을 좋아하는 정성이 병행되어 어그러짐이 없는 것을 여기에서 알 수 있을 것이다.

言 當此之時하여 而使我不遇於齊하니 是天未欲平治天下也라. 然이나 天意는 未可知요 而其具又在我하니 我何爲不豫哉리오. 然則孟子雖若有不豫然者나 而實未嘗不豫也시니 蓋聖賢憂世之志와 樂天之誠이 有並行而不悖者를 於此見矣니라.

4-14-1. 맹자께서 제나라를 떠나 휴 땅에 머물렀는데 공손추가 물었다. "벼슬하며 녹을 받지 않는 것이 옛날의 도리입니까?"
孟子去齊居休러니 公孫丑 問曰 仕而不受祿이 古之道乎잇가.

'휴(休)'는 지명이다.
休는 地名이라.

4-14-2. 맹자께서 말씀하셨다. "아니다. 숭 땅에서 내가 왕을 만나고 물러나 오면서 바로 떠날 생각을 가졌다. 그 생각을 바꾸고 싶지 않았기 때문에 녹을 받지 않은 것이다.
曰 非也라. 於崇에 吾得見王하고 退而有去志하니 不欲變 故로 不受也호라.

'숭(崇)'은 역시 지명이다. 맹자께서 처음 제왕을 만났을 때는 반드시 합치되지 못하는 것이 있었다. 그러므로 떠나려고 마음먹은 적이 있었다. '변(變)'은 떠나려는 뜻을 변경함을 말한다.
崇은 亦地名이라. 孟子始見齊王에 必有所不合이라. 故로 有去志하시니라. 變은 謂變其去志라.

4-14-3. 뒤이어 바로 군사를 일으키라는 명령이 내려졌다. 그래서 떠나겠다고 청할 수 없었을 뿐이었지 제나라에 오래 머물렀던 것은 내 뜻이 아니었다."
繼而有師命이라 不可以請이언정 久於齊는 非我志也니라.

'사명(師命)'은 군대를 일으키는 명령이다. 나라가 이미 전쟁을 당하여 떠나가기를 청하기 어려운 것이다. ○공 씨가 말하기를, "벼슬하고 녹을 받는 것은 예이고, 제나라의 녹을 받지 않은 것은 의(義)이니, 의가 있는 곳에는 예는 때로 변할 수 있는 것인데, 공손추는 하나의 단서를 가지고 단정하려 하였으니 또한 잘못이 아니겠는가?"라고 하였다.
師命은 師旅之命也라. 國旣被兵하니 難請去也라. ○孔氏曰 仕而受祿은 禮也오. 不受齊祿은 義也니 義之所在에는 禮有時而變이어늘 公孫丑欲以一

端裁之하니 不亦誤乎라.

등문공장구 상(滕文公章句上)

모두 다섯 장이다.

凡五章이다.

이 장에서는 맹자 사상의 핵심 가운데 하나인
성선설(性善說)이 처음으로 언급되고 있는데
성선의 구체적인 내용은 고자장구 편에 나온다.
또한 백성은 일정한 생업인 항산(恒産)이 있어야 하지만
선비는 항산이 없어도 항심(恒心)을 지킬 줄 알아야 한다고 설명하고 있다.
그리고 고대의 다양한 세금에 대해 언급하면서 정전법을 설명하고 있다.

5-1-1. 등문공이 세자였을 때, 초나라로 가는 도중에 송나라를 지나다가 맹자를 만났다.

滕文公이 爲世子에 將之楚할새 過宋而見孟子한대

'세자(世子)'는 태자다.

世子는 太子也라.

5-1-2. 맹자께서 사람의 본성이 착하다는 말을 하면서, 말끝마다 반드시 요임금과 순 임금을 끌어다가 말씀하셨다.

孟子 道性善하시되 言必稱堯舜이러시다.

'도(道)'는 말한다는 뜻이다. '성(性)'이란 사람이 하늘에서 받아서 태어나는 이치이니 혼연히 지극히 선하여 일찍이 악함이 없는 것이다. 사람들이 요·순과 처음에는 조금도 다름이 없었지만 중인은 사욕에 빠져 그것을 잃어버렸고, 요·순은 사욕에 가리지 않아 자기의 본성을 충만하게 했을 뿐이다. 그러므로 맹자께서 세자와 말을 할 때 매양 성선을 말씀하시고 그때마다 반드시 요·순을 칭하여 실증하셨으니, 인의는 밖에서 구하기를 기다리지 않고 성인은 배워서 이를 수 있다는 것을 알아서 힘을 쓰는 데 게으르지 않게 하고자 한 것이다. 문인들이 그 말을 모두 기록하지 못하고 이처럼 대강만 뽑아서 기록하였다. 정자가 말하기를, "성은 곧 이(理)인데, 천하의 이치가 어디에서 왔는지 근원을 찾아보면 불선이 없다. 희·노·애·락이 아직 발현되기 전에 어찌 일찍이 불선함이 있겠는가? 발현되어 절도에 맞으면 어디를 가도 선하지 않음이 없고, 발현되어 절도에 맞지 않은 뒤에야 불선이 되는 것이다. 그러므로 선악(善惡)을 말함에 모두 먼저 선을 하고 악을 뒤에 하며, 길흉(吉凶)을 말할 때에는 모두 길을 먼저 하고 흉을 뒤에 하며, 시비(是非)를 말할 때에는 모두 시를 먼저 하고 비를 뒤에 하는 것이다"라고 하였다.

道는 言也라. 性者는 人所禀於天以生之理也니 渾然至善하여 未嘗有惡이라. 人與堯舜이 初無少異로되 但衆人은 泪於私欲而失之하고 堯舜則無私欲之蔽而能充其性爾라. 故로 孟子與世子言에 每道性善하시고 而必稱堯舜以實之하시니 欲其知仁義不假外求요 聖人可學而至하여 而不懈於用力也라. 門人이 不能悉記其辭하고 而撮其大旨如此하니라. 程子曰 性卽理也니 天下之理 原其所自하면 未有不善이니 喜怒哀樂未發에 何嘗不善이리오. 發而中節이면 卽無往而不善이요 發不中節然後에 爲不善이라. 故로 凡言善惡에 皆先善而後惡하고 言吉凶에 皆先吉而後凶하고 言是非에 皆先是而後非니라.

5-1-3. 세자가 초나라에서 돌아오면서 다시 맹자를 만났는데, 맹자께서 말씀하셨다. "세자께서는 내 말을 의심하십니까? 도는 하나일 뿐입니다.

世子 自楚反하여 復見孟子하신대 孟子曰 世子는 疑吾言乎잇가. 夫道는 一而已矣니이다.

당시 사람들은 본성이 본래 선하다는 것을 모르고 성현의 경지에 미칠 수 없다고 생각했다. 그러므로 세자가 맹자의 말씀을 의심하여 다시 와서 만나기를 요구한 것인데, 아마도 비근하여 행하기 쉬운 말씀이 별도로 있을까 생각해서였다. 맹자께서 그것을 알았기 때문에 다만 이와 같이 말씀하여 예나 지금이나, 성인이나 어리석은 사람이 본래 똑같이 하나의 본성을 가지고 있으니 지난번에 이미 모두 말하여 다른 말을 다시 해줄 것이 없다는 것을 분명하게 하신 것이다.

時人이 不知性之本善하고 而以聖賢爲不可企及이라. 故로 世子於孟子之言에 不能無疑하여 而復來求見하니 蓋恐別有卑近易行之說也라. 孟子知之라 故로 但告之如此하여 以明古今聖愚本同一性하니 前言已盡하여 無復有他說也시니라.

5-1-4. 성간이 제경공에게, '그도 장부이고 나도 장부인데 내 어찌 그를 두려워하겠습니까?' 하고 말했으며, 안연은 '순 임금은 어떤 분이고 나는 어떤 사람인가? 어떤 일을 하려는 의욕이 있는 사람이면 또한 순 임금과 같다'고 말했으며, 공명의는 '문왕은 내 스승이라고 하였으니 주공이 어찌 나를 속이겠는가?' 하고 말하였습니다.

成覵이 謂齊景公曰 彼丈夫也며 我丈夫也니 吾何畏彼哉리오 하며 顔淵이 曰 舜何人也며 予何人也오. 有爲者亦若是라 하며 公明儀曰 文王은 我師也라 하니 周公이 豈欺我哉리오 하니이다.

'성간'은 사람의 성명이다. '피(彼)'는 성현을 말한다. '유위자역약시(有爲者亦若是)'는 사람이 어떤 일을 할 수 있다면 모두 순 임금과 같다는 것을 말한 것이다. '공명(公明)'은 성이요 '의(儀)'는 이름인데, 노나라의 현인이다. '문왕아사야(文王我師也)'는 주공의 말인데, 공명의가 또한 문왕을 반드시 스승으로 삼을 수 있다고 생각하였다. 그러므로 주공의 말을 암송하고 나를 속이지 않았다고 감탄한 것이다. 맹자께서는 이미 세자에게 도에는 두 가지 이치가 없다고 말씀하셨고, 다시 이 세 가지 말을 인용하여 증명하셨으니, 세자에게 독실하게 믿고 힘껏 실행하여 성현을 스승으로 삼고 다시는 다른 말을 구하지 않게 하고자 하신 것이다.

成覸은 人姓名이라. 彼는 謂聖賢也라. 有爲者亦若是는 言人能有爲면 則皆如舜也라. 公明은 姓이요 儀는 名이니 魯賢人也라. 文王我師也는 蓋周公之言이니 公明儀亦以文王爲必可師라. 故로 誦周公之言而歎其不我欺也라. 孟子旣告世子以道無二致하고 而復引此三言以明之하시니 欲世子篤信力行하여 以師聖賢이요 不當復求他說也시니라.

5-1-5. 지금 등나라를 긴 데를 끊어 짧은 데를 보충하면 사방 50리밖에 되지 않으나 그래도 좋은 나라를 만들 수 있습니다. 『서경』에 이르기를 '만약 약이 독해서 현기증이 날 정도가 되지 않으면 그 병이 낫지 않는다'고 하였습니다."

今滕을 絶長補短이면 將五十里也나 猶可以爲善國이니 書에 曰 若藥이 不瞑眩이면 厥疾이 不瘳라 하나이다.

'절(絶)'은 절(截: 끊는다)과 같다. '서(書)'는 『서경』「상서·열명」편이다. '명현(瞑眩)'은 어지러운 것이다. 등나라는 비록 작지만 그래도 다스려질 수 있는데, 다만 비근한 데 편안함을 느끼며 스스로 극복하지 못하면 악을 제거하고 선을 행할 수 없을까 두렵다고 말씀하신 것이다. ○내가 생각하건대, 맹자께서 성선에 대해서 말씀하신 것이 여기에 처음 보이고, 자세한 것은 「고자」편에 갖추어져 있다. 그러나 묵묵히 알아서 사방으로 통달하면 7편 가운데 이 이치가 아닌 것이 없다. 이전의 성현들이 아직 밝혀내지 못한 것을 넓혔기 때문에 성인의 문하에 그 공이 있으니 정자의 말이 믿을 만하다.

絶은 猶截也라. 書는 商書說命篇이라. 瞑眩은 憒亂이라. 言滕國雖小나 猶足爲治니 但恐安於卑近하며 不能自克이면 則不足以去惡而爲善也니라. ○愚按컨대 孟子之言性善이 始見於此하고 而詳具於告子之篇이라. 然이나 默識而旁通之면 則七篇之中에 無非此理니 其所以擴前聖之未發而有功於聖人之門이니 程子之言이 信矣로다.

5-2-1. 등나라 정공이 죽자 세자가 스승인 연우에게 말하였다. "지난번에 맹자께서 나와 함께 송나라에서 이야기한 일이 있었는데, 마음에 끝내 잊혀지지 않습니다. 지금 불행히 큰 변고를 당하게 되었으니, 나는 선생에게 부탁하여 맹자께 물어본 뒤에 장례 일을 행하고자 합니다."

滕定公이 薨커늘 世子 謂然友曰 昔者에 孟子 嘗與我言於宋이어늘 放心終不忘이러니 今也不幸하여 至於大故하니 吾欲使子로 問於孟子然後에 行事이다.

'정공(定公)'은 문공의 아버지다. '연우(然友)'는 세자의 스승이다. '대고(大故)'는 큰 상사다. '사(事)'는 상례를 말한다.

定公은 文公父也라. 然友는 世子之傅也라. 大故는 大喪也라. 事는 謂喪禮라.

5-2-2. 연우가 추나라에 가서 맹자께 물으니, 맹자께서 말씀하셨다. "참 좋은 일이 아닙니까? 친상에는 본래 자기의 마음을 다하는 것입니다. 증자께서 '부모님이 살아계실 때 예로써 섬기고, 돌아가시면 예로써 장사지내고, 예로써 제사지내면 효라 할 수 있다'라고 말씀하셨습니다. 제후의 예를 나는 아직 배우지 못했습니다. 그러나 내가 전에 들은 말이 있는데 삼년상에 거친 상복을 입고 죽을 먹는 것은, 천자에서 서인까지 삼대가 모두 공통이었습니다."

然友之鄒하여 問於孟子한대 孟子曰 不亦善乎아. 親喪은 固所自盡也니 曾子曰 生事之以禮하며 事葬之以禮하며 祭之以禮면 可謂孝矣라 하시니 諸侯之禮는 吾未之學也이니와 雖然이나 吾嘗聞之矣로니 三年之喪에 齊疏之服과 飦粥之食은 自天子達於庶人하여 三代共之하니라.

당시의 제후 중에는 옛날의 상례를 행하는 사람들이 없었는데, 문공이 홀로 이것을 질문하였다. 그러므로 맹자께서 그것을 좋게 여기신 것이다. 또 "부모의 상은 진실로 자식의 마음속에서는 스스로 극진하게 해야 하는 것이므로 슬픈 감정과 아픈 마음이 밖에서부터 이르는 것은 아니다. 그러므로 마땅히 문공은 이것에 대하여 스스로 멈출 수 없는 것이 있다"고 말씀하신 것이다. 그러나 인용한 말은 본래 공자께서 번지에게 알려주신 것이니, 아마도 일찍이 증자가 그것을 암송하여 문인들에게 알려준 듯하다. 3년의 상을 지내는 것은 자식이 태어난 지 3년이 지난 뒤에야 부모의 품을 벗어날 수 있기 때문에 부모의 상을 당해서는 반드시 3년을 지내는 것이다. '자(齊)'는 옷의 아랫부분을 꿰맨 것인데, 꿰매지 않은 것을 참최(斬衰)라 말하고 꿰맨 것을 자최(齊衰)라고 한다. '소

(疏)'는 거칠다는 뜻이니 거친 삼베를 말한다. '전(飦)'은 죽을 말한다. 상례에는 3일 만에 비로소 죽을 먹고 장사지낸 다음에 거친 밥을 먹는데, 이것은 예나 지금이나 귀한 사람이나 천한 사람을 막론하고 모두 행하는 예법이다.

當時諸侯莫能行古喪禮어늘 而文公이 獨能以此爲問이라. 故로 孟子善之하시니라. 又言 父母之喪은 固人子之心에 所自盡者니 蓋悲哀之情과 痛疾之意는 非自外至니 宜乎文公於此에 有所不能自已也라. 但所引曾子之言은 本孔子告樊遲者니 豈曾子嘗誦之하여 以告其門人歟아. 三年之喪者는 子生三年然後에 免於父母之懷라. 故로 父母之喪을 必以三年也라. 齊는 衣下縫也니 不緝曰斬衰요 緝之曰齊衰라. 疏는 麤也니 麤布也라. 飦糜也라. 喪禮에 三日에 始食粥하고 旣葬에 乃疏食하니 此古今貴賤通行之禮也라.

5-2-3. 연우가 세자에게 복명하여 3년 상을 하기로 정하자 부형과 백관들이 반대하며 말했다. "우리 종주국인 노나라의 선군들도 이것을 행하지 않았고, 우리 선군들도 역시 이것을 행하지 않았는데, 당신 몸에 이르러 뒤집는다는 것은 옳지 않습니다. 또 옛 기록에도 '상례와 제례는 선조를 따른다'고 하였으니 우리가 전수받은 것이 있기 때문입니다."

然友反命하여 定爲三年之喪한대 父兄百官이 皆不欲曰 吾宗國魯先君도 莫之行하고 吾先君도 亦莫之行也하니 至於子之身而反之는 不可하니이다. 且志에 曰 喪祭는 從先祖라 하니이다. 曰吾有所受之也로다.

'부형(父兄)'은 같은 성(姓)의 늙은 신하다. 등나라와 노나라는 모두 문왕의 후예이지만 노나라의 조상인 주공이 첫째가 되어 형제들이 그를 종지로 삼는다. 그러므로 등나라는 노나라를 종국이라고 부른 것이다. 그러나 두 나라가 3년의 상을 행하지 않았다고 말한 것은 곧 후세가 잘못한 것이지, 주공의 법이 본래 그러한 것이 아니었다. '지(志)'는 기록하는 것이다. 기록한 말을 인용하고 그 의미를 해석하여 "이렇게 하는 까닭은 윗대로부터 전수되어 온 것이 비록 같지 않을지라도 고칠 수 없다"고 한 것이다. 그러나 기록에서 말한 것은 본래 선왕 시대의 옛 풍속에서 전하던 예문과는 조금 달라서 통행할 수 있는 것만을 말한 것이지, 후세 사람들이 예를 잃어버린 것이 심하다는 것을 말한 것은 아니다.

父兄은 同姓老臣也라. 滕與魯는 俱文王之後而魯祖周公이 爲長하니 兄弟宗之라. 故로 滕謂魯爲宗國也라. 然이나 謂二國不行三年之喪者는 乃其後世之失이요 非周公之法本然也라. 志는 記也라. 引志之言而釋其意하여 以爲所以如此者는 蓋爲上世以來로 有所傳受하니 雖或不同이나 不可改也라. 然이나 志所言은 本謂先王之世舊俗所傳禮文小異하여 而可以通行者耳요 不謂後世失禮之甚者也니라.

5-2-4. 세자가 연우에게 말하였다. "내가 지난 시절에 일찍이 학문을 하지 않고 말달리고 칼 쓰기를 좋아했기 때문에 지금에 와서 부형과 백관들이 나를 부족하게 생각하니 대사에 예를 다하지 못할까 두렵습니다. 선생께서는 나를 위해 맹자께 물어봐 주십시오." 연우가 다시 추나라에 가서 맹자에게 물으니, 맹자께서 말씀하셨다. "그렇겠군요. 달리 방법을 구할 수는 없습니다. 공자께서 말씀하시기를 '임금이 돌아가시면 국정을 총재에게 맡기고, 죽을 마시며 얼굴은 슬픔으로 까맣게 되어 곡하는 자리에

나아가 곡을 하면, 백관과 유사들이 감히 슬퍼하지 않을 수 없는데, 이것은 솔선수범하기 때문입니다. 윗사람이 좋아하는 것이 있으면 아랫사람들은 반드시 그보다 더 좋아하는 법입니다. 군자의 덕은 바람이고 소인의 덕은 풀이니, 풀은 바람이 그 위에 불어오면 반드시 쓰러지는 것입니다'라고 하셨습니다. 이것은 세자가 하기에 달려 있습니다."

謂然友曰 吾他日에 未嘗學問이오 好馳馬試劍이러니 今也에 父兄百官이 不我足也하니 恐其不能盡於大事하노니 子爲我問孟子하라. 然友 復之鄒하여 問孟子한대 孟子曰 然하다. 不可以他求者也라 孔子曰 君薨커든 聽於冢宰하나니 歠粥하고 面深墨하여 卽位而哭이어든 百官有司 莫敢不哀는 先之也라. 上有好者면 下必有甚焉者矣니 君子之德은 風也오 小人之德은 草也니 草上之風이면 必偃이라 하시니 是在世子하니라.

'불아족(不我足)'은 내가 그들의 뜻에 만족하지 않음을 말한 것이다. '연(然)'이란 나를 부족하게 생각한다는 말을 옳게 여긴 것이다. '불가타구(不可他求)'는 마땅히 자신을 책망해야 함을 말한 것이다. '총재(冢宰)'는 육경의 장이다. '철(歠)'은 마신다는 뜻이다. '심묵(深墨)'은 매우 검은 색이다. '즉(卽)'은 나아간다는 뜻이다. '상(尙)'은 더한다는 뜻인데,『논어』에 '상(上)'으로 되어 있으니 옛 글자는 서로 통용되었다. '언(偃)'은 엎드린다는 뜻이다. 맹자께서 단지 세자가 스스로 그 슬픔을 극진하게 하는 데 있을 뿐이라고 말씀하신 것이다.

不我足은 謂不以我滿足其意也라. 然者는 然其不我足之言이라. 不可他求者는 言當責之於己라. 冢宰는 六卿之長也라. 歠은 飮也라. 深墨은 甚黑色也라. 卽은 就也라. 尙은 加也니 論語에 作上하니 古字에 通也라. 偃은 伏

也라. 孟子曰 但在世子自盡其哀而已라 하시니라.

5-2-5. 연우가 복명하자 세자가 말하였다. "그렇습니다. 이것은 진실로 나에게 달려 있소." 그리고 5개월을 여막에서 거처하면서 명령이나 교령을 내리지 않았다. 그러자 백관과 친족들이 모두 예를 안다고 말하였다. 장사를 지낼 때는 사방에서 와서 보았는데, 슬퍼하는 안색과 애통해하는 곡소리에 조문하는 사람들이 크게 만족해했다.

然友 反命한대 世子曰 然하다. 是誠在我라 하고 五月居廬하여 未有命戒어늘 百官族人이 可謂曰 知라 하며 及至葬하여 四方이 來觀之하더니 顔色之戚과 哭泣之哀에 吊者 大悅하더라.

제후는 5개월 만에 장례를 지내는데, 장례를 지내지 않았을 때는 중문 밖에 있는 여막에 거처하는 것이다. 상에 처했을 때는 말을 하지 않기 때문에 명령이나 교령을 내리지 않는 것이다. '가위왈지(可謂曰知)'는 아마도 빠지거나 잘못된 글자가 있는 것 같은데 어떤 사람은 '모두 세자가 예를 안다고 하였다'고 한다. ○임 씨가 말하였다. "맹자 때에 상례가 이미 붕괴되었으나 삼년상에 측은하게 여기는 마음과 아파하는 뜻은 인심의 고유한 것에서 나오므로 처음부터 없었던 것이 아니다. 오직 세속의 폐단에 빠져 있기 때문에 양심을 잃어버려 스스로 알지 못했을 뿐이다. 문공이 맹자를 만나서 성선과 요순의 말을 듣고 진실로 양심을 계발할 수 있었다. 그러므로 이에 이르러 애통해하는 진실된 마음이 발현된 것이다. 부형과 백관들이 모두 행하려 하지 않는데 이르러서는 자신을 돌이켜 스스로 꾸짖어, 전에 했던 행위가 남의 믿음을 받기에 부족함을 슬퍼하였고, 감히 부형과 백관을 비난하는 마음을 가지지 않았으니 비록 자질은 남보다 뛰어났지만 학문의 힘을 또한 속일 수 없는 것이다. 단연코 이것을 행함에 이르러서는 원근의 보고 듣는 사람들이 마음으로 기뻐하였으니, 사람의 마음에서 같다고 여기는 것을 나로부터 발현하여 저들이 마음으로 기뻐하고 진실로 복종하는 것이 또한 기약하지 않아도 그렇게 됨이 있으니, 인성이 선하다는 사실을 어찌 믿을 수 없겠는가?"

諸侯는 五月而葬하니 未葬엔 居倚廬於中門之外라. 居喪不言이라 故로 未有命令教戒也라. 可謂曰知는 疑有闕誤하니 或曰 皆謂世子之知禮也라 하니라. ○林氏曰 孟子之時에 喪禮既壞나 然이나 三年之喪에 惻隱之心과 痛疾之意는 出於人心之所固有者하니 初未嘗亡也언마는 惟其溺於流俗之弊하여 是以로 喪其良心而不自知耳라. 文公이 見孟子而聞性善堯舜之說하니 則固有以啓發其良心矣라. 是以로 至此而哀痛之誠心이 發焉이러니 及父兄百官이 皆不欲行하여든 則亦反躬自責하여 悼其前行之不足以取信하고 而不敢有非其父兄百官之心하니 雖其資質에 有過人者나 而學問之力을 亦不可誣也라. 及其斷然行之하여 而遠近見聞이 無不悅服하니 則以人心之所同然者로 自我發之하여 而彼之心悅誠服이 亦有所不期然而然者하니 人性之善이 豈不信哉리오.

5-3-1. 등나라 문공이 나라를 다스리는 방법을 물으니,

滕文公이 問爲國한대

문공이 예로써 맹자를 초빙하였기 때문에 맹자께서 등나라에 이른 것이고 문공이 질문한 것이다.

文公이 以禮聘孟子라 故로 孟子至滕而文公問之라.

5-3-2. 맹자께서 말씀하셨다. "농사는 늦출 수가 없습니다. 『시경』에 이르기를 '낮에는 나가서 띠풀을 베어오고, 밤에는 새끼를 꼬아서 빨리 지붕에 올라가서 지붕을 이어야 다음 해에 비로소 온갖 곡식을 뿌릴 수 있다'라고 하였습니다.
孟子曰 民事는 不可緩也니 詩云 晝爾于茅요 宵爾索綯하여 亟其乘屋이오사 其始播百穀이라 하니이다.

'민사(民事)'는 농사를 말한다. '시'는 『시경』「국풍·칠월」편이다. '우(于)'는 가서 취하는 것이다. '도(綯)'는 꼰다는 뜻이다. '극(亟)'은 급하다는 뜻이다. '승(乘)'은 오른다는 뜻이다. '파(播)'는 편다는 뜻이다. 농사는 매우 중요한 것이므로 느리게 하거나 경솔하게 해서는 안 된다는 것을 말한 것이다. 그러므로 『시경』의 '지붕을 다스리기를 이와 같이 급하게 하는 것은 내년 봄에 다시 백곡을 파종하기 시작하므로 이 일을 할 겨를이 없다'라고 하는 말을 인용하신 것이다.
民事는 謂農事라. 詩는 國風七月之篇이라. 于는 往取也라. 綯는 絞也라. 亟은 急也라. 乘은 升也라. 播는 布也라. 言農事至重하니 人君이 不可爲緩而忽이라. 故로 引詩言治屋之急이 如此者는 蓋以來春에 將復始播百穀而不暇爲此也라.

5-3-3. 백성들이 살아가는 방법은, 일정한 생업이 있는 사람은 일정한 마음을 지니고, 일정한 생업이 없는 사람은 일정한 마음도 없습니다. 만약

일정한 마음이 없으면 방탕·편벽·사악·사치 등 못하는 짓이 없을 것입니다. 죄를 저지른 다음에 쫓아가서 벌을 준다면 이것은 백성을 그물질하는 것입니다. 어찌 인자한 사람이 지위에 있으면서 백성을 그물질하는 일을 할 수 있겠습니까?

民之爲道也 有恒産者는 有恒心이오 無恒産者는 無恒心이니 苟無恒心이면 放辟邪侈를 無不爲已니 及陷乎罪然後에 從而刑之면 是는 罔民也니 焉有仁人이 在位하여 罔民을 而可爲也리오.

음과 뜻이 모두 전편에 나온다.

音義는 並見前篇하니라.

5-3-4. 그러므로 어진 임금은 반드시 공손하고 검소하게 아랫사람을 예로 대하며, 백성들에게서 조세를 받아들일 때도 제도가 있는 것입니다.

是故로 賢君이 必恭儉하여 禮下하며 取於民이 有制니이다.

공손하면 예로써 아래 사람을 대접할 수 있고, 검소하면 백성에게 취하는 것을 제도에 맞게 할 수 있다.

恭則能以禮接下하고 儉則能取民以制라.

5-3-5. 양호는 '치부를 하면 어질지 못하고, 인을 행하면 치부를 하지 못한다'고 하였습니다.

陽虎曰 爲富면 不仁矣오 爲仁이면 不富矣라 하니이다.

'양호(陽虎)'는 양화이니 노나라 계씨의 가신이다. 천리와 인욕은 함께 서는 것을 용납하지 않으니, 양호가 이것을 말한 것은 인을 실행하는 것이 부자가 되는 것에 방해가 될까 두려워한 것이요, 맹자가 이것을 인용한 것은 부자가 되는 것이 인에 방해가 될까 두려워한 것이니 군자와 소인은 항상 반대가 될 뿐이다.

陽虎는 陽貨니 魯季氏家臣也라. 天理人欲이 不容並立하니 虎之言此는 恐爲仁之害於富也요. 孟子引之는 恐爲富之害於仁也니 君子小人이 每相反而已矣니라.

5-3-6. 하후 씨는 50무로 공법을 실시하였고, 은나라 사람은 70무로 조법을 실시하였으며, 주나라 사람은 백 무로 철법을 실시하였는데, 실제는 모두 10분의 1을 조세로 받는 제도입니다. 철은 통한다는 뜻이요, 조는 것은 빌린다는 뜻입니다.

夏后氏는 五十而貢하고 殷人은 七十而助하고 周人은 百畝而徹하니 其實은 皆什一也니 徹者는 徹也요. 助者는 藉也니이다.

이 이하는 백성들에게 일정한 생업을 제정해 주는 것과 취하는 제도에 대해서 말한 것이다. 하나라 때에는 한 가장이 50이랑의 전지를 받고, 모든 가장은 그 중에서 다섯 이랑의 수입을 계산하여 조세로 바쳤으며, 상나라 사람이 비로소 정전제를 만들어 630이랑의 전지를 구획하여 아홉 구역으로 나누었으니, 한 구역은 70이랑이었다. 가운데가 공전이고 그 나머지는 여덟 가정에 한 구역을 주었다. 그리고 단지 그들의 힘을 빌려 공전을 경작하게 하고, 다시 사전에 세금을 내게 하지 않았다. 주나라 때에는 한 가장이 전지 100이랑을 받아서 향과 수에서는 공법을 사용하여 10명의 가장에게 구(溝)가 있고, 도와 비에서는 조법을 사용하여 여덟 집이 우물을 함께 하여, 밭을 갈 때는 힘을 합하여 일하고, 추수할 때는 이랑을 계산하여 나누었다. 그러므로 철(徹)이라고 하였다. 실제는 모두 10분의 1을 조세로 받는다는 것은 공법은 진실로 10분의 1을 가지고 떳떳한 수로 삼았고, 오직 조법은 9분의 1이지만 상나라의 제도는 상고할 수 없으며, 주나라의 제도는 공전 100이랑을 가운데 20이랑으로 여막을 만들었으니 한 명의 가장이 경작하는 공전은 실제 계산하면 10이랑이다. 사전 100이랑을 합쳐서 계산하면 11분의 1을 취하는 것이니 10분의 1보다 가벼운 제도다. 생각하건대, 상나라의 제도 역시 마땅히 이와 같아서 14이랑을 여막으로 삼아 한 가장이 실제 공전 7이랑을 경작했을 것이다. 이 역시 10분의 1에 지나지 않는다. '철(徹)'은 통한다는 뜻이며, 고르다는 뜻이고, '자(藉)'는 빌린다는 뜻이다.

此以下는 乃言制民常産과 與其取之之制也라. 夏時에 一夫受田五十畝하고 而每夫計其五畝之入以爲貢이러니 商人이 始爲井田之制하여 以六百三十畝之地로 盡爲九區하니 區七十畝라. 中爲公田이오 其外는 八家各授一區하여 但借其力하여 以助耕公田하고 而不復稅其私田이라. 周時엔 一夫受田百畝하여 鄕遂用貢法하여 十夫有溝하며 都鄙用助法하여 八家同井하여 耕則通力而作하고 收則計畝而分이라 故로 謂之徹이라. 其實皆什一者는 貢法은 固以十分之一로 爲常數하고 惟助法은 乃是九一이니 而商制는 不可攷요. 周制則公田百畝에 中以二十畝 爲廬舍하여 一夫所耕公田은 實計十畝니 通私田百畝하면 爲十一分而取其一이니 蓋又輕於十一矣라. 竊科商制亦當似此하여 而以十四畝로 爲廬舍하여 一夫實耕公田七畝러니 是亦

不過十一也라. 徹은 通也며 均也요 藉는 借也라.

5-3-7. 용자가 말하기를, '농지를 다스리는 데는 조법보다 더 좋은 것이 없고, 공법보다 더 나쁜 것이 없다. 공법이란 수년 동안의 소출을 비교하여 일정한 세액을 정하는 것이기 때문에, 풍년에는 곡식이 풍부하여 많이 받아가도 포악한 것이 되지 않는데도 적게 받아가고, 흉년에는 그 토지에 비료를 주기에도 부족한데 반드시 일정액을 가득 채운다. 백성의 부모가 된 임금으로서 백성들이 원망하듯이 바라보아 일 년 내내 애써 농사지어서 그들의 부모조차 봉양할 수 없게 만들고, 또 빚을 내어 보태어서 세금을 내게 하여, 늙은이나 어린것들을 구렁텅이나 골짜기에서 뒹굴게 한다면, 어디에 백성의 부모 된 것이 있겠는가?'라고 하였습니다. 龍子曰 治地는 莫善於助요 莫不善於貢이니 貢者는 校數歲之中하여 以爲常하나니 樂歲에 粒米狼戾하여 多取之而不爲虐이라도 則寡取之하고 凶年에 糞其田而不足이어늘 則必取盈焉하나니 爲民父母라 使民으로 盻盻然將終歲勤動하여 不得以養其父母하고 又稱貸而益之하여 使老稚로 轉乎丘壑이면 惡在其爲民父母也리오 하니이다.

'용자(龍子)'는 옛날의 현인이다. '낭려(狼戾)'는 낭자와 같으니 많은 것을 말한다. '분(糞)'은 북돋운다는 뜻이다. '영(盈)'은 가득하다는 뜻이다. '혜(盻)'는 원망스럽게 보는 것이다. '근동(勤動)'은 수고로운 것이다. '칭(稱)'은 든다는 뜻이고, '대(貸)'는 빌린다는 뜻이니 남에게 물건을 취하고 이자를 만들어 상환하게 하는 것이다. '익지(益之)'는 가득한 숫자를 충분히 취하는 것이다. '치(稚)'는 어린 자식이다.

龍子는 古賢人이라. 狼戾는 猶狼籍이니 言多也라. 糞은 壅也라. 盈은 滿也라. 盻는 恨視也라. 勤動은 勞苦也라. 稱은 擧也요. 貸는 借也니 取物於人하고 而出息以償之也라. 益之는 以足取盈之數也라. 稚는 幼子라.

5-3-8. 대대로 봉록을 주는 것은 등나라가 본래부터 실시해 오던 것입니다.
夫世祿은 滕이 固行之矣니이다.

맹자께서 일찍이 말씀하시기를, "문왕이 기를 다스릴 때에 경작하는 사람들에게는 9분의 1을, 벼슬하는 사람에게는 대대로 봉록을 주었다"고 하셨으니, 두 가지는 왕도정치의 근본이다. 오늘날 대대로 봉록을 주는 것은 등나라에서 이미 시행하였고, 오직 조법만이 아직 시행하지 않았으므로 백성에게 취하는 것이 제한이 없었다. '세록(世祿)'이란 토지를 주어서 공전의 수입을 먹게 하는 것인데, 실제는 조법과 서로 표리가 되니 군자와 소인에게 각각 일정한 생업이 있어서 상하가 서로 편안하게 하는 것이다. 그러므로 아래 글에 마침내 조법을 말한 것이다.

孟子嘗言 文王治岐에 耕者九一하며 仕者世祿이라 하시니 二者는 王政之本也라. 今世祿은 滕已行之요 惟助法未行이라. 故로 取於民者無制耳라. 蓋世祿者는 授之土田하여 使之食其公田之入이니 實與助法으로 相爲表裏하니 所以使君子小人으로 各有定業而上下相安者也라. 故로 下文에 遂言助法하시니라.

5-3-9. 『시경』에 이르기를, '우리 공전에 비를 내리고 마침내 우리 사전에도 미친다'고 하였으니, 오직 조법에만 공전이 있는 것입니다. 이로 말미

암아 관찰하건대 주나라도 역시 조법을 쓴 것입니다.
詩云 雨我公田하여 遂及我私라 하니 惟助서 爲有公田하니 由此觀之컨대 雖周나 亦助也로소이다.

'시(詩)'는『시경』『소아・대전』편이다. '우(雨)'는 비가 내리는 것이다. 하늘이 공전에 비를 내리고 사전에도 미치기를 바란다고 말한 것이니, 공적인 것을 먼저 하고 사적인 것을 뒤로 하는 것이다. 당시에 조법이 모두 폐지되어 전적이 남아 있지 않았고, 오직 이 시가 남아 있기 때문에 주나라 역시 조법을 사용했다는 것을 알 수 있다. 그러므로 인용한 것이다.

詩는 小雅大田之篇이라. 雨는 降雨也라. 言願天雨於公田而遂及私田이라 하니 先公而後私也라. 當時에 助法盡廢하여 典籍不在이요 惟有此詩可見周亦用助라. 故로 引之也시니라.

5-3-10. 그리고 상・서・학・교를 설립하여 백성들을 가르쳤으니, 상은 봉양한다는 뜻이고, 교는 가르친다는 뜻이요, 서는 활쏘기를 배우는 것입니다. 하나라에서는 교라 하였고, 은나라에서는 서라 하였고, 주나라에서는 상이라 하였고, 학은 삼대가 다 같은 칭호를 사용하였으니, 모두 인륜을 밝히기 위한 것입니다. 인륜이 위에서 밝아지면, 백성들은 밑에서 친하게 됩니다.

設爲庠序學校하여 以敎之하니 庠者는 養也요. 校者는 敎也요. 序者는 射也라. 夏曰敎요 殷曰序요 周曰庠이오 學則三代共之하니 皆所以明人倫也라. 人倫이 明於上이면 小民이 親於下니이다.

'상(庠)'은 노인 봉양을 의(義)로 삼고, '교(校)'는 백성 가르치는 것을 의로 삼고, '서(序)'는 활쏘기 연습을 의로 삼았으니 모두 향학이다. '학(學)'은 국학이다. 공지(共之)는 다른 이름이 없었다는 것이다. '윤(倫)'은 차례인데, 부자 사이에는 친함이 있고, 군신 사이에는 의리가 있으며, 부부 사이에는 구별이 있고, 장유 사이에는 차례가 있으며, 친구 사이에는 신의가 있는 것인데, 이것이 인간의 큰 윤리다. 상·서·학·교는 모두 이것을 밝히는 것에 있을 뿐이다.

庠은 以養老爲義요 校는 以敎民爲義요 序는 以習射爲義니 皆鄕學也라. 學은 國學也라. 共之는 無異名也라. 倫은 序也니 父子有親, 君臣有義, 夫婦有別, 長幼有序, 朋友有信이니 此는 人之大倫也라. 庠序學校는 皆以明此而已니라.

5-3-11. 만일 왕자가 일어나면 반드시 와서 본받게 될 것이니, 이렇게 되면 왕자의 스승이 되는 셈입니다.

有王者起면 必來取法하리니 是爲王者師也니이다.

등나라가 좁고 작아서 비록 인정을 실행하더라도 반드시 왕업을 일으키지는 못할 것이다. 그러나 왕자의 스승이 되면 비록 천하를 차지하지는 못해도 그 은혜가 천하에 미칠 수 있을 것이다. 성현의 지극히 공정하고 사심 없는 마음을 여기에서 알 수 있다.

滕國褊小하여 雖行仁政이라도 未必能興王業이라. 然이나 爲王者師면 則雖不有天下라도 而其澤이 亦足以及天下矣니 聖賢至公無我之心을 於此에 可見이니라.

5-3-12. 『시경』에 이르기를, '주나라가 비록 오래된 나라이지만, 부여받은 천명은 오직 새롭다'고 하였으니, 문왕을 두고 한 말입니다. 그대가 힘써 행하시면 또한 당신의 나라를 새롭게 만드실 것입니다."
詩云 周雖舊邦이나 其命維新이라 하니 文王之謂也니 子力行之하시면 亦以新子之國하시리이다.

'시(詩)'는 『시경』 『대아·문왕』편이다. 주나라가 비록 후직 이래로 옛부터 제후가 되었지만, 천명을 받아서 천하를 소유한 것은 문왕부터 시작된 것임을 말한 것이다. '자(子)'는 문공을 가리키는데, 제후로서 아직 1년이 넘지 않은 사람에 대한 호칭이다.
詩는 大雅文王之篇이라. 言周雖后稷以來로 舊爲諸侯나 其受天命而有天下는 則自文王始也라. 子는 指文公이니 諸侯未踰年之稱也라.

5-3-13. 등나라 문공이 필전을 시켜 정전법을 물으니, 맹자께서 말씀하셨다. "그대의 임금이 어진 정치를 행하려고 선택해서 당신을 보냈으니, 당신은 반드시 노력해야겠소. 어진 정치는 반드시 경계를 긋는 데서부터 시작됩니다. 경계가 바르지 않으면 정전이 고르지 못하며 곡록도 공평하지 못하게 됩니다. 그러므로 폭군과 나쁜 관리는 반드시 경계를 소홀히 합니다. 경계가 바르면 토지의 분배와 복록을 제정하는 일은 가만히 앉아서도 정할 수 있습니다.
使畢戰으로 問井地한대 孟子曰 子之君이 將行仁政하여 選擇而使子하시니 子必勉之어다. 夫仁政은 必自經界始니 經界 不正이면 井地不均하며 穀祿不平하리니 是故로 暴君汚吏 必慢其經界하나니 經界旣正이면 分田制祿은

可坐而定也니라.

'필전(畢戰)'은 등나라 신하다. 문공이 맹자의 말씀으로 인하여 필전에게 땅의 경계를 바로잡는 정지의 일을 주관하도록 하였다. 그러므로 또한 그로 하여금 와서 상세한 것을 묻게 한 것이다. '정지(井地)'는 곧 정전법을 말한다. '경계(經界)'는 땅을 다스리고 전지를 나누어 도랑과 길과 영지의 경계를 구획하는 것을 말한다. 이 법이 갖추어지지 못하면 전지를 나누는 데 일정한 법칙이 없어서 부호나 세력이 강한 사람들이 겸병할 수 있으므로 정지가 고르지 못하며, 세법이 정해지지 않아 탐욕스럽고 횡포한 사람들이 많이 취할 수 있으므로 곡록이 공평하지 못하게 된다. 이것은 어진 정치를 행하고자 하는 사람이 반드시 여기서부터 시작하는 까닭이요, 폭군과 탐관오리들은 반드시 게으르게 하여 폐지하고자 하는 것이다. 이것을 바르게 하면 토지를 나누는 것과 봉록을 제정하는 것이 힘들이지 않고 정할 수 있게 된다.

畢戰은 滕臣이라. 文公이 因孟子之言하여 而使畢戰으로 主爲井地之事라. 故로 又使之來問其詳也라. 井地는 則井田也라. 經界는 謂治地分田하여 經畫其溝塗封植之界也라. 此法이 不修면 則田無定分하여 而豪强得以兼幷이라 故로 井地有不均이요. 賦無定法하여 而貪暴得以多取라 故로 穀祿有不平이니 此는 欲行仁政者之所以必從此始요 而暴君汚吏는 則必欲慢而廢之也라. 有以正之면 則分田制祿을 可不勞而定矣리라.

5-3-14. 등나라는 땅이 좁고 작지만 장차 벼슬하는 군자가 될 사람도 있고 장차 야인이 될 사람도 있을 것입니다. 군자가 없으면 야인을 다스리지

못하고, 야인이 없으면 군자를 먹여 살릴 수가 없습니다.

夫滕이 壤地褊小하나 將爲君子焉이며 將爲野人焉이니 無君子면 莫治野人이오 無野人이면 莫養君子니라.

등나라의 영토가 비록 작지만 그 사이에는 또한 반드시 군자가 되어 벼슬할 사람도 있고, 또한 야인이 되어서 경작하는 사람도 있다. 그러므로 토지를 나누고 봉록을 제정하는 방법을 폐지할 수 없다고 말한 것이다.

言 滕地雖小나 然이나 其間에 亦必有爲君子而仕者하며 亦必有爲野人而耕者라. 是以로 分田制祿之法을 不可偏廢也니라.

5-3-15. 청컨대 교외의 농지에서는 9분의 1을 받는 조법을 실시하고, 근교에서는 10분의 1의 조세를 제정하여 스스로 납부하게 하십시오.

請野에 九一而助하고 國中에 什一하여 使自賦하라.

이것은 토지를 나누고 봉록을 제정하는 떳떳한 방법이므로 야인을 다스려 군자를 봉양하게 하는 것이다. '야(野)'는 교외의 도와 비의 땅이다. '구일이조(九一而助)'는 공전을 만들어 조법을 실행하는 것이다. '국중(國中)'은 교문(郊門) 안에 있는 향(鄕)과 수(遂)의 땅인데, 토지를 정전으로 만들어서 주지 않고 다만 도랑만을 만들어서 10분의 1을 스스로 바치게 하는 것이니 대개 공법을 사용한 것이다. 주나라에서 말한 철법이 대개 이와 같다. 이것을 미루어 본다면 당시에 조법이 시행되지 않았을 뿐 아니라 공법도 역시 10분의 1에 그치지 않았을 것이다.

此는 分田制祿之常法이니 所以治野人하여 使養君子也라. 野는 郊外都鄙

之地也라. 九一而助는 爲公田而行助法也라. 國中은 郊門之內,鄕遂之地也니 田不井授하고 但爲溝洫하여 使什而自賦其一이니 蓋用貢法也니 周所謂徹法者蓋如此하니라. 以此推之하면 當時에 非惟助法不行이라 其貢亦不止什一矣라.

5-3-16. 경 이하는 반드시 규전을 주는데, 규전은 50무입니다.

卿以下는 必有圭田하니 圭田은 五十畝니라.

이것은 대대로 봉록을 주는 일정한 제도 이외에 또 규전이 있는 것인데, 군자를 후하게 대하는 까닭이다. '규(圭)'는 깨끗하게 한다는 뜻이니 제사를 받드는 것이다. 세록(世祿)을 말하지 않은 것은 등나라에서 이미 시행하고 있고 단지 이 제도가 미비했을 뿐이기 때문이다.

此는 世祿常制之外에 又有圭田이니 所以厚君子也라. 圭는 潔也니 所以奉祭祀也라. 不言世祿者는 滕已行之요 但此未備耳라.

5-3-17. 여부는 25무씩을 줍니다.

餘夫는 二十五畝니라.

정자가 말하기를, "장정은 위로 부모와 아래로 처자가 있어, 다섯 식구와 여덟 식구를 비율로 삼아 전지 100무를 받았는데, 만약 동생이 있으면 이것을 여부(餘夫)라고 한다. 16세가 되면 별도로 전지 25무를 받고 장성하여 아내를 맞이하기를 기다린 뒤에 다시 100무의 전지를 받는다"라고 하였다. 내가 생각하건대, 100무의 일정한 제도 이외에 또 다시 여부의 전지가 있는 것은 야인을 후하게 대접하는 것이다.

程子曰 一夫는 上父母下妻子하여 以五口八口爲率하여 受田百畝하니 如有弟면 是餘夫也라. 年十六에 別受田二十五畝하고 俟其壯而有室然後에 更受百畝之田하나니라 愚按此는 百畝常制之外에 又有餘夫之田이니 以厚野人也라.

5-3-18. 이렇게 하면 죽어 장사지내고 이사하는데 향리를 떠날 일이 없게 되고, 고을 토지에서 정전을 함께 하는 사람들이 출입하는데 서로 벗이 되고, 마을을 지키고 망볼 때도 서로 돕고, 질병이 들었을 때도 서로 의지하면, 백성들이 서로 친밀해지고 화목해질 것입니다.

死徙에 無出鄕이니 鄕田同井이 出入에 相友하며 守望에 相助하며 疾病에 相扶持하면 則百姓이 親睦하리라.

'사(死)'는 장례를 말하고, '사(徙)'는 거처를 옮기는 것이다. '동정(同井)'이란 여덟 가구다. '우(友)'는 짝과 같은 뜻이다. '수망(守望)'은 도둑을 막는 것이다.

死는 謂葬也요 徙는 謂徙其居也라. 同井者는 八家也라. 友는 猶伴也라. 守望은 防寇盜也라.

5-3-19. 사방 1리가 한 정전이 되니, 한 정전은 900무입니다. 그 가운데가 공전이 되고, 여덟 집이 모두 백 무씩 사유하여 함께 공전을 가꿉니다. 공전의 일을 끝낸 뒤에 감히 사전의 일을 하는데, 이것은 군자와 야인을 구별하기 위해서입니다.

方里而井이니 井이 九百畝니 其中에 爲公田이라. 八家 皆私百畝하여 同養
公田하여 公事를 畢然後에 敢治私事니 所以別野人也니라.

이것은 정전 형체의 제도를 상세하게 말한 것인데, 이것이 바로 주나라
의 조법이다. '공전(公田)'은 군자의 봉록이 되고, '사전(私田)'은 야인이
받는 것이므로 공전을 먼저 경작하고 사전을 경작하는 것은 군자와 야인
의 신분을 구별하는 것이다. 군자를 말하지 않은 것은 야인을 들어서 말
하여 글을 생략한 것일 뿐이다. 윗글에서는 교외와 근교의 두 가지 법에
대해서 말하고, 여기서는 오직 교외를 다스리는 것에 대해서만 상세하게
말한 것은 근교의 공법은 당시에 이미 시행되었는데, 다만 10분의 1보다
지나치게 취했을 뿐이다.

此는 詳言井田形體之制니 及周之助法也라. 公田은 以爲君子之祿이요 而
私田은 野人之所受니 先公後私는 所以別君子野人之分也라. 不言君子는
據野人而言하니 省文耳라. 上言野及國中二法하고 此獨詳於治野者는 國
中貢法은 當世已行이요 但取之過於什一爾라.

5-3-20. 이것이 그 대략입니다. 이것을 윤택하게 하는 것은 임금과 그대에
게 달려 있습니다."

此其大略也니 若夫潤澤之則在君與子矣니라.

정전법은 제후들이 모두 전적을 없애버렸으므로 이것은 다만 대략일 뿐
이다. '윤택'은 시기에 따라 마땅함을 제정하여 인정에 합치되게 하고, 토
속에 마땅하게 하여 선왕의 뜻을 잃지 않는 것을 말한다. 여 씨가 말하

였다. "자장자가 분연히 삼대의 정치에 뜻을 두어 백성을 다스리는 급선무에 대해서 논할 때, 경계를 바로잡는 일을 급하게 여기지 않은 적이 없어서, 법제를 강구하여 찬란하게 모두 갖추었다. 지금 당장 행할 수 있게 요약하였으니, 만약 나를 등용하는 사람이 있다면 들어서 거기에 쓸 뿐이다. 그리고 일찍이 말하기를 '어진 정치는 반드시 경계를 바로잡는 것부터 시작하는 것이니, 빈부가 고르지 못하고 가르치고 기르는 데 법도가 없으면 비록 정치에 대해서 말하고자 하지만 모두 구차할 뿐이다. 세상에 실행하기 어려움을 병으로 여기는 사람들은 부자의 토지를 빨리 빼앗는 것을 핑계로 삼지 않는 자가 없지만, 이 법을 시행하자 좋아하는 사람이 많았으니 만약 좋은 방법을 가지고 처리하여 몇 년을 기약한다면 한 사람도 벌주지 않고 회복할 수 있다. 걱정스러운 것은 단지 위에서 행하지 않는 것일 뿐이다. 이에 말하기를 비록 이것을 천하에 실행할 수 없으나 한 고을에는 시험할 수 있다고 하여 바야흐로 학자들과 더불어 옛 법을 의논하여 토지 일방(一方)을 사서 구획하여 몇 정을 만들었다. 그리하여 위로는 공가의 부역을 잃지 않고 돌아가서는 사전으로 경계를 바르게 하고, 택리를 나누어주고 세금 거두는 법을 확립하며, 저축을 늘이고 학교를 일으키며 예속을 완성하고, 재앙이 있는 사람을 구제하고 근심이 있는 사람들을 불쌍하게 여기며, 농업을 중요하게 여기고 상업을 억제시키며, 선왕이 남긴 법을 미루어서 오늘날 시행할 수 있다는 것을 마땅히 밝힐 수 있다.'고 했는데, 뜻은 있었지만 완성하지 못하고 돌아가셨다." ○내가 생각하건대, 상례와 경계의 두 장에서 맹자의 학문이 매우 크다는 것을 알 수 있었다. 그러므로 예법이 모두 없어진 뒤에 제도와 절문을 다시 상고할 수 없었지만, 간략한 것을 가지고 상세함을 다하였으며, 옛 것을 미루어 새로운 것을 만들어 이미 지난 과거에 연연하지 않으면서도 선왕의 뜻에 부합할 수 있었으니, 진실로 세상에서 유명한 아성의 재능을 가졌다고 말할 수 있다.

井地之法을 諸侯皆去其籍하니 此特其大略已이라. 潤澤은 謂因時制宜하여 使合於人情하고 宜於土俗하여 而不失乎先王之意也라. 呂氏曰 子張子慨然有意三代之治하여 論治人先務에 未始不以經界爲急하여 講求法制하여 粲然備具하시니 要之可以行於今이니 如有用我者면 擧而措之耳라. 嘗曰 仁政은 必自經界始니 貧富不均하며 敎養無法이면 雖欲言治나 皆苟而已라. 世之病難行者는 未始不以亟奪富人之田爲辭나 然이나 玆法之行에 悅之者衆하니 苟處之有術하여 期以數年이면 不刑一人而可復니 所病者는 特上之未行耳라. 乃言曰 縱不能行之天下나 猶可驗之一鄕이라 하여 方與學者로 議古之法하여 買田一方하여 畫爲數井하여 上不失公家之賦役하고 退以其私로 正經界하고 分宅里하여 立斂法하고 廣儲蓄하여 興學校하고 成禮俗하며 救菑䘏患하고 厚本抑末이면 足以推先王之遺法하여 明當今之可行이러니 有志未就而卒하시니라. ○愚按 喪禮經界兩章에 見孟子之學이 識其大者라. 是以로 雖當禮法廢懷之後하여 制度節文을 不可復考나 而能因略以致詳하고 推舊而爲新하여 不屑屑於旣往之迹而能合乎先王之意하시니 眞可謂命世亞聖之才矣로다.

5-4-1. 신농 씨의 말을 하고 다니는 허행이라는 사람이 초나라에서 등나라로 가서 대궐 문에 이르러 문공에게 고하였다. "먼 곳에 사는 사람으로서 임금님께서 어진 정치를 행하신다는 말을 들었습니다. 집을 한 채 얻어 이 나라의 백성이 되기를 원합니다." 그러자 문공이 그에게 거처할

집을 주었다. 그의 무리 수십 명이 모두 거친 털로 짠 옷을 입고, 짚신을 삼고 돗자리를 짜서 그것을 팔아 먹고 살았다.

有爲神農之言者 許行이 自楚之滕하여 踵門而告文公曰 遠方之人이 聞君의 行仁政하고 願受一廛而爲氓하노이다. 文公이 與之處하니 其徒數十人이 皆衣褐하고 捆屨織席하여 以爲食하더라.

'신농'은 염제신농 씨인데 쟁기와 보습을 처음 만들어 백성에게 농사를 가르친 사람이다. 그 말을 하고 다닌다는 것은 사마천이 말한 '농가자류'다. 허는 성이요 행은 이름이다. '종문(踵門)'은 발이 문에 이른 것이다. '인정'은 윗장에서 말한 정전법이다. '전(廛)'은 백성이 거처하는 곳이다. '맹(氓)'은 야인을 가리킨다. '갈(褐)'은 모포인데 천한 사람의 옷이다. '곤(梱)'은 두드리는 것인데, 견고하게 하고자 하는 것이다. '이위식(以爲食)'은 팔아서 식량을 공급하는 것이다. 정자가 말하기를 "허행이 말한 신농 씨의 말은 후세에서 상고의 일을 칭술하되 의리를 잃은 것일 뿐이니, 음양가와 의방가에서 황제의 말이라고 칭하는 것과 같다"라고 하였다.

神農은 炎帝神農氏니 始爲耒耨하여 敎民稼穡者也라. 爲其言者는 史遷所謂農家者流也라. 許는 姓이요 行은 名也라. 踵門은 足至門也라. 仁政은 上章所言井地之法也라. 廛은 民所居也라. 氓은 野人之稱이라. 褐은 毛布니 賤者之服也라. 梱은 扣椓이니 欲其堅也라. 以爲食은 賣以供食也라. 程子曰 許行所謂神農之言은 乃後世稱術上古之事하되 失其義理者耳니 猶陰陽醫方이 稱黃帝之說也라.

5-4-2. 진량의 제자 진상이 그의 아우 신과 함께 농구를 짊어지고 송나라에

서 등나라로 가서 말하였다. "임금님께서 성인의 정치를 행한다는 말을 들었는데 이런 분이 또한 성인이시니 성인의 백성이 되고 싶습니다."
陳良之徒陳相이 與其弟辛으로 負耒耜而自宋之滕하여 曰 聞君의 行聖人之政하니 是亦聖人也시니 願爲聖人氓하노이다.

'진량'은 초나라의 유자다. '사(耜)'는 토지를 일구는 것이고, '뇌(耒)'는 그 자루를 말한다.
陳良은 楚之儒者라. 耜는 所以起土요 耒는 其柄也라.

5-4-3. 진상이 허행을 만나보고 매우 기뻐하면서 자기가 배운 학문을 모두 버리고 그에게 배웠다. 진상이 맹자를 만나 허행의 말을 전하면서 말했다. "등나라 임금은 참으로 어진 임금입니다. 비록 그렇지만 아직 도를 깨닫지는 못했습니다. 현명한 사람은 백성들과 함께 농사지어서 먹고, 아침저녁의 식사도 손수 지어먹으면서 나라를 다스립니다. 지금 등나라에는 양곡 창고와 재물 창고가 있습니다. 이것은 백성들을 괴롭힘으로써 자신을 부양하는 것이니, 어찌 현명하다고 할 수 있겠습니까?"
陳相이 見許行而大悅하여 盡棄其學而學焉이러니 陳相이 見孟子하여 道許行之言曰 滕君則誠賢君也어니와 雖然이나 未聞道也로다. 賢者는 與民並耕而食하며 饔飱而治하나니 今也에 滕有倉廩府庫하니 則是厲民而以自養也니 惡得賢이리오.

'옹손'은 익은 밥인데, 아침밥을 '옹'이라 하고 저녁밥을 '손'이라고 한다. 마땅히 스스로 밥을 짓고 불을 때서 음식을 만들고, 백성 다스리는 일을 겸해야 한다고 말한 것이다. '여'는 병들게 한다는 뜻이다. 허행이 이 말을 한 것은 군자와 야인을 구분했던 맹자의 방법을 몰래 깨뜨리고자 한 것이다.

饔飧은 熟食也니 朝日饔이요 夕日飧이라. 言當自炊爨以爲食하고 而兼治民事也라. 厲는 病也라. 許行此言은 蓋欲陰壞孟子分別君子野人之法이라.

5-4-4. 맹자께서 말씀하셨다. "허자는 반드시 곡식을 심어서 먹는가?" 진상이 "그렇습니다"라고 하였다. 맹자께서 또 물었다. "허자는 반드시 베를 짜서 옷을 만들어 입는가?" 진상이 "아닙니다. 허자는 털로 짠 누추한 옷을 입습니다"라고 하였다. 맹자께서 또 "허자는 관을 씁니까?"라고 하자, "관을 씁니다"라고 대답하였다. 맹자께서 "무슨 관이오?"라고 묻자, "흰 관입니다"라고 하였다. 맹자께서 "자신이 그것을 짜는 것이오?"라고 하자, 진상이 "아닙니다. 곡식으로 바꿉니다"라고 하였다. 맹자께서 "허자는 왜 자기가 짜서 입지 않는가?"라고 하자, "농사짓는 데 방해가 되기 때문입니다"라고 하였다. 맹자께서 "허자는 솥과 시루로 밥을 짓고, 쟁기로 밭을 가는가?"라고 하자, 진상이 "그렇습니다"라고 하였고, 맹자께서 "자기가 만드는 것이오?"라고 하자, 진상이 "아닙니다. 곡식으로 바꿉니다"라고 하였다.

孟子曰 許子는 必種粟而後에 食乎아. 曰 然하니이다. 許子는 必織布而後에 衣乎아. 曰 否라. 許子는 衣褐이니이다. 許子는 冠乎아. 曰 冠이니이다. 曰 奚冠고. 曰 冠素이니이다. 曰 自織之與아. 曰 否라. 以粟易之니이다. 曰 許子는 奚爲不自織고. 曰 害於耕이니이다. 曰 許子는 以釜甑爨하며 以鐵耕乎아. 曰 然하니이다. 自爲之與아. 曰 否라. 以粟易之니이다.

'부'는 삶는 것이요, '증'은 밥을 짓는 것이다. '찬'은 불을 때는 것이다. '철'은 보습의 종류다. 여기서 말을 여덟 번 뒤집은 것은 모두 맹자가 묻고 진상이 대답한 것이다.

釜는 所以煮요 甑은 所以炊라. 爨은 然火也라. 鐵은 耜屬也라. 此語八反은 皆孟子問而陳相對也라.

5-4-5. 맹자께서 말씀하셨다. "곡식과 기계를 바꾸는 것이 도공과 야공을 괴롭히는 것이 아닐진대, 도공과 야공 역시 솥이나 시루로 곡식을 바꾸는 것이 어찌 농부를 괴롭히는 것이 되겠소. 그리고 허자는 왜 도공과 야공의 일을 해서 모든 것을 자기 집안에서 내다 쓰지 않고 무엇 때문에 귀찮게 장인들과 교역을 하는 거요? 왜 허자는 번거로운 일을 꺼리지 않는단 말이오?" 그러자 진상이 말하였다. "여러 장인들의 일은 본래 농사 지으면서 할 수는 없는 것입니다."

以粟易械器者 不爲厲陶冶니 陶冶亦以其械器易粟者 豈爲厲農夫哉리오. 且許子는 何不爲陶冶하여 舍皆取諸其宮中而用之하고 何爲紛紛然與百工交易고 何許子之不憚煩고. 曰 百工之事는 固不可耕且爲也니이다.

이것은 맹자께서 말하고 진상이 대답한 것이다. '기계'는 솥과 시루의 종류다. '도'는 시루를 만드는 사람이고, '야'는 솥과 쇠를 만드는 사람이다. '사'는 다만이라는 뜻이다. 어떤 사람은 위 구절에 이어서 읽는데, '사'는 도공과 야공이 그릇을 만드는 장소로 여긴다.

此는 孟子言而陳相對也라. 械器는 釜甑之屬也라. 陶는 爲甑者요 冶는 爲釜鐵者라. 舍는 止也라. 或讀屬上句하니 舍는 爲作陶冶之處也라.

5-4-6. 맹자께서 말씀하셨다. "그렇다면 천하를 다스리는 일은 농사를 지으면서 할 수 있다는 것이오? 대인이 할 일이 있고, 소인이 할 일이 있소. 또한 한 사람의 몸에 온갖 장인들이 만든 것이 다 갖추어져 있으니, 만일 반드시 자기가 만들어서 쓴다면, 이것은 온 천하 사람들을 끌어다가 노상에서 분주하게 오가게 만드는 것이오. 그러므로 옛말에 '어떤 사람은 마음을 쓰고, 어떤 사람은 힘을 쓰는 것이니, 마음을 쓰는 사람은 남을 다스리고, 힘을 쓰는 사람은 남에게 다스림을 받는다'고 하였소. 남에게 다스림을 받는 사람은 남을 먹여 주고, 남을 다스리는 사람은 남한테 얻어먹는 것이 천하의 공통된 의리인 것이오.

然則治天下는 獨可耕且爲與아 有大人之事하며 有小人之事하니 且一人之身而百工之所爲備하니 如必自爲而後에 用之면 是는 率天下而路也니라 故로 曰 或勞心하며 或勞力이니 勞心者는 治人하고 勞力者는 治於人이라하니 治於人者는 食人하고 治人者는 食於人이 天下之通義也니라

이 이하는 모두 맹자의 말씀이다. '노'는 길에서 분주하게 오가는 것을 말한다. '사인(食人)'은 세금을 내서 공상에게 주는 것이다. '사어인(食於人)'은 남에게 얻어먹는 것이다. 이 네 구절은 모두 옛말인데, 맹자께서 인용하신 것이다. 군자는 소인이 없으면 굶게 되고, 소인은 군자가 없으면 혼란하게 된다. 이것을 가지고 서로 바꾸는 것은 바로 농부와 도공이나 야공이 곡식과 기계를 가지고 서로 바꾸는 것과 같다. 이것은 서로 구제하는 것이지 서로 해치는 것이 아니다. 천하를 다스리는 사람이 어찌 반드시 밭을 갈면서 정치를 하겠는가?

此以下는 皆孟子言也라 路는 謂奔走道路하여 無時休息也라 治於人者

는 見治於人也라. 食人者는 出賦稅하여 以給公上也요 食於人者는 見食於
人也라. 此四句는 皆古語而孟子引之也라. 君子는 無小人則飢하고 小人은
無君子則亂하니 以此相易은 正猶農夫陶冶가 以粟與械器相易이니 及所
以相濟요 而非所以相病也라. 治天下者 豈必耕且爲哉리오.

5-4-7. 요 임금 때는 천하가 아직 태평하지 못하여 홍수가 마구 흘러내려
천하에 범람하고, 초목이 울창하게 자라고, 금수가 번식하였소. 오곡은
익지 않고 금수가 사람에게 달려들고, 짐승의 발굽과 새의 발자국이 난
길이 나라 한복판에 얽혀 있었소. 요 임금이 유독 그것을 근심하여 순을
등용하여 다스림을 펴게 하였소. 순은 익을 시켜 불을 맡아보게 하였는
데, 익이 산과 연못에 불을 질러 초목을 태워버리니 새와 짐승들이 도망
쳐 숨어 버렸소. 우는 아홉 강물을 제대로 흐르게 하고, 제수와 탑수를
소통하게 하여 바다로 흘러가게 하며, 여수와 한수를 트고, 회수와 사수
를 헤쳐 내어 강으로 빠지게 하였소. 그렇게 한 뒤에 나라 안에서 먹고
살 수 있게 되었소. 이때에 우는 8년을 밖에서 지내면서, 세 번이나 자기
집 문 앞을 지나가면서도 들어가지 못하였으니, 비록 농사를 짓고 싶어
도 할 수가 있었겠소?

當堯之時하여 天下猶未平하여 洪水橫流하여 氾濫於天下하여 草木暢茂하며
禽獸繁殖이라 五穀不登하며 禽獸偪人하여 獸蹄鳥跡之道 交於中國이어늘
堯獨憂之하여 擧舜而敷治焉이어시늘 舜使益掌火한대 益이 烈山澤而焚之하니
禽獸逃匿이어늘 禹 疏九河하며 瀹濟漯而注諸海하며 決汝漢하며 排淮泗而
注之江하니 然後에 中國이 可得而食也하니 當是時也하여 禹 八年於外에
三過其門而不入하니 雖欲耕이나 得乎아.

천하가 아직 태평하지 못하다는 것은 홍수가 지고 황폐해진 시대에 백성들의 피해가 많았는데 성인들이 번갈아 일어나서 차츰 제거하고 다스렸지만, 이때까지도 아직 평안하지 못했다는 것이다. '홍(洪)'은 크다는 뜻이다. '횡류(橫流)'는 길을 따라가지 않고 분산되어 흘러서 제멋대로 흐르는 것이다. '범람(氾濫)'은 제멋대로 흐르는 모양이다. '창무(暢茂)'는 성장이 왕성한 것이다. '번식(繁殖)'은 많다는 뜻이다. '오곡(五穀)'은 벼·기장·피·보리·콩을 말한다. '등(登)'은 성숙하다는 뜻이다. '도(道)'는 길이다. '짐승의 발굽과 새의 발자국이 난 길이 나라 한복판에 얽혀 있었다'는 것은 금수가 많다는 것을 말한다. '부(敷)'는 편다는 뜻이다. '익(益)'은 순 임금의 신하 이름이다. '열(烈)'은 불이 성한 것이다. 금수가 도망가고 숨은 뒤에야 우 임금이 홍수를 다스리는 일을 시행할 수 있었다. '소(疏)'는 통한다는 뜻이며 분산된다는 뜻이다. '구하(九河)'는 도해(徒駭)·태사(太史)·마협(馬頰)·복부(覆釜)·호소(胡蘇)·간(簡)·결(潔)·구반(鉤盤)·격진(鬲津)을 말한다. '윤(淪)'은 또한 소통한다는 뜻이다. 제탑(濟漯)은 두 강의 이름이다. '결배(決排)'는 모두 막힌 것을 제거하는 것이다. 여(汝)·한(漢)·회(淮)·사(泗)는 또한 모두 강물 이름이다. 「우공」에 나오는 것과 오늘날의 물길을 비교해보면 한(漢)만이 양자강으로 흘러 들어갈 뿐이요, 여(汝)와 사(泗)는 회수로 들어가고, 회수는 저절로 바다로 들어가는데, 여기서 네 강물이 모두 양자강으로 들어간다고 한 것은 기록한 사람의 잘못이다.

天下猶未平者는 洪荒之世에 生民之害多矣러니 聖人迭興하사 漸次除治하시되 至此尙未盡平也라. 洪은 大也라. 橫流는 不由其道而散溢妄行也라. 氾濫은 橫流之貌라. 暢茂는 長盛也요 繁殖은 衆多也라. 五穀은 稻黍稷麥

菽也라. 登은 成熟也라. 道는 路也라. 獸蹄鳥跡이 交於中國은 言禽獸多也라. 敷는 布也라. 益은 舜臣名이라. 烈은 熾也라. 禽獸逃匿然後에 禹得施治水之功이라. 疏는 通也며 分也라. 九河는 曰徒駭, 曰太史, 曰馬頰, 曰覆釜, 曰胡蘇, 曰簡, 曰潔, 曰鉤盤, 曰鬲津이라. 瀹은 亦疏通之意라. 濟漯은 二水名이라. 決排는 皆去其壅塞也라. 汝漢淮泗는 亦皆水名也라. 據禹貢及今水路컨대 惟漢水入江耳요. 汝泗則入淮而淮自入海하니 此謂四水皆入於江은 記者之誤也라.

5-48. 후직은 백성들에게 농사일을 가르쳐 오곡을 심고 가꾸었는데, 오곡이 익어 백성들이 먹고 살게 되었소. 사람에게는 도리가 있는데, 배불리 먹고 따뜻하게 옷을 입고서 편안하게 살기만 하고 가르침이 없으면 금수에 가까운 생활을 하게 되는 것이오. 그래서 성인이 이를 근심하여 설에게 사도의 직책을 맡겨 인륜을 가르치게 하였소. 부모와 자식 사이에는 친함이 있고, 임금과 신하 사이에는 의리가 있고, 남편과 아내 사이에는 분별이 있고, 어른과 어린이 사이에는 차례가 있고, 친구 사이에는 신의가 있는 것이오. 요 임금은 '백성들을 위로해 주어 따라오게 만들고, 바로잡아 주어 곧게 만들고, 도와주고 북돋아 주어 그들 스스로 선한 본성을 얻게 하고, 다시 또 구원해 주고 은혜를 베풀도록 하라'고 말하였소. 성인이 백성을 근심한 것이 이러했는데 농사지을 겨를이 있었겠소?

后稷이 敎民稼穡하여 樹藝五穀한대 五穀이 熟而民人이 育하니 人之有道也에 飽食煖衣하여 逸居而無敎면 則近於禽獸일새 聖人이 有憂之하서 使契爲司徒하여 敎以人倫하니 父子有親이며 君臣有義며 夫婦有別이며 長幼有序며 朋友有信이니라. 放勳이 曰 勞之來之하며 匡之直之하며 輔之翼之하여 使自

得之하고 又從而振德之라 하시니 聖人之憂民이 如此하니 而暇耕乎아.

강물과 토지를 평정한 뒤에 농사법을 가르칠 수 있고, 의식이 풍족한 뒤에 교육을 시킬 수 있다. 후직은 관직 이름인데, 기(棄)가 후직을 지냈다. 그러나 백성을 가르쳤다고 말했으니 또한 함께 경작한 것은 아니다. '수(樹)'는 또한 파종한다는 뜻이다. '예(藝)'는 번식한다는 뜻이다. '설(契)' 역시 순 임금의 신하 이름이다. '사도'는 관직 이름이다. '인지유도'는 모두 모두 착한 본성을 가지고 있다는 것을 말한다. 그러나 가르침이 없으면 또한 방탕하고 안일하며 게을러져서 이것을 잃어버린다. 그러므로 성인이 관직을 설치하여 인륜을 가르쳤으니 또한 본래 가지고 있던 것을 통하여 인도했을 뿐이다. 『서경』에 이르기를 "하늘이 법칙을 펴시니 우리 오전(오륜)을 경계하여 다섯 가지를 돈독하게 한다"라고 하였는데, 바로 이것을 말한 것이다. '방훈(放勳)'은 본래 사신이 요를 칭찬하는 말인데, 맹자께서 그것을 따라서 요의 호로 삼았다. '덕(德)'은 은혜와 같은 뜻이다. 요 임금이 말하기를 "힘든 사람을 위로하고, 오는 사람은 오게 하며, 사악한 사람을 바르게 하고, 굽은 사람을 곧게 하며, 도와서 세워주고, 이루어서 행하게 하여 스스로 자기 본성을 터득하게 하고, 또 따라서 이끌어 경각시켜 은혜를 더해 주어, 방탕하고 안일하며 게을러서 혹 본성을 잃게 해서는 안 된다"라고 하였는데, 대개 설에게 명령한 말이다.

言 水土平然後에 得以敎稼穡하고 衣食足然後에 得以施敎化라. 后稷은 官名이니 棄爲之라. 然이나 言敎民則亦非竝耕矣라. 樹는 亦種也라. 藝는 殖也라. 契은 亦舜臣名也라. 司徒는 官名也라. 人之有道는 言其皆有秉

舜之性也라. 然이나 無敎면 則亦放逸怠惰而失之라. 故로 聖人이 說官而 敎以人倫하시니 亦因其固有者而道之耳라. 書曰 天敍有典하시니 勑我五 典하사 五를 惇哉라 하시니 此之謂也라. 放勳은 本史臣贊堯之辭어늘 孟子因 以爲堯號也라. 德은 猶惠也라. 堯言勞者를 勞之하고 來者를 來之하며 邪者 를 正之하고 枉者를 直之하며 輔以立之하고 翼以行之하여 使自得其性矣요 又從而提撕警覺以加惠焉하여 不使其放逸怠惰而或失之라 하시니 蓋命契 之辭也라.

5-4-9. 요 임금은 순을 얻지 못할까 하는 것으로 자기 걱정을 삼으셨고, 순 은 우와 고요(皐陶)를 얻지 못할까 하는 것으로 자기 걱정을 삼으셨소. 백 무의 밭을 가꾸지 못하는 것을 가지고 자기의 걱정을 삼는 사람은 농 부요.
堯以不得舜으로 爲己憂하시고 舜이 以不得禹皐陶로 爲己憂하시니 夫以百畝 之不易로 爲己憂者는 農夫也니라.

'이(易)'는 다스린다는 뜻이다. 요와 순이 백성을 걱정한 것은 일마다 걱 정한 것이 아니고 먼저 힘써야 할 것을 급하게 여긴 것뿐이다. 백성을 걱정하는 마음이 이렇게 크다면 경작할 겨를이 없을 뿐 아니라 반드시 경작할 필요도 없다.
易는 治也라. 堯舜之憂民은 非事事而憂之也요. 急先務而已니 所以憂民 者其大如此면 則不惟不暇耕이요 而亦不必耕矣니라.

5-4-10. 남에게 재물을 나누어 주는 것을 은혜라 이르고, 남에게 선을 가르

치는 것을 충이라 이르고, 천하를 위해 인재를 얻는 것을 인(仁)이라 하오. 그러므로 천하를 남에게 주기는 쉽고, 천하를 위해 인재를 얻기란 어려운 일이오.

分人以財를 謂之惠요 敎人以善을 謂之忠이오 爲天下得人者를 謂之仁이니 是故로 以天下與人은 易하고 爲天下得人은 難하니라.

'분인이재(分人以財)'는 작은 은혜일 뿐이고, '교인이선(敎人以善)'은 비록 애민의 실상은 있지만 미치는 것이 한계가 있고 오래 지속하기가 어려운 것이다. 오직 요가 순을 얻고, 순이 우와 고요를 얻은 것처럼 해야 이른바 천하를 위해 인재를 얻은 것이 된다. 그러면 그 은혜가 광대하고 교화가 무궁할 것이니, 이 때문에 인이 되는 것이다.

分人以財는 小惠而已요 敎人以善은 雖有愛民之實이나 然이나 其所及이 亦有限而難久니라. 惟若堯之得舜과 舜之得禹皐陶라야 乃所謂爲天下得人者而其恩惠廣大하고 敎化無窮矣니 此所以爲仁也라.

5-4-11. 공자께서 말씀하시기를, '위대하도다, 요의 임금됨이여! 오직 하늘이 위대한데 요 임금이 이것을 본받으셨으니, 덕이 넓고 커서 백성들이 형용할 수 없구나. 임금답다, 순 임금이여! 덕이 높고 커서 천하를 차지하고도 관여하지 않았도다'고 하셨으니, 요순이 천하를 다스리는 데 어찌 그 마음을 쓰지 않았겠소마는 또한 밭가는 데에는 쓰지 않았던 것이오.

孔子曰 大哉라 堯之爲君이여 惟天이 爲大어늘 惟堯則之하니 蕩蕩乎民無能名焉이로다 君哉라 舜也여 巍巍乎有天下而不與焉이라 하시니 堯舜之治天下에 豈無所用心哉리오마는 亦不用於耕耳니라.

'칙(則)'은 본받는다는 뜻이다. '탕탕(蕩蕩)'은 광대한 모습이다. '군재(君哉)'는 임금의 도리를 다했다는 말이다. '외외(巍巍)'는 높고 큰 모습이다. '불여(不與)'는 상관하지 않는다는 말과 같으니, 지위를 가지고 즐거움으로 여기지 않음을 말한 것이다.

則은 法也라. 蕩蕩은 廣大之貌라. 君哉는 言盡君道也라. 巍巍는 高大之貌라. 不與는 猶言不相關이니 言其不以位爲樂也라.

5-4-12. 나는 중화의 법을 사용하여 오랑캐의 풍속을 변화시켰다는 말은 들었어도, 오랑캐에게 변화를 당했다는 말은 듣지 못했소. 진량은 초나라 출신으로 주공과 공자의 도를 좋아하여 북쪽으로 중국에 가서 그 학문을 배웠는데 북방의 학자들이 혹시라도 그보다 앞선 자가 없었으니 그는 이른바 호걸스러운 선비였소. 당신의 형제가 그를 수십 년 섬기다가 스승이 죽자 마침내 배반하는군요.

吾聞用夏變夷者요. 未聞變於夷者也케라. 陳良은 楚産也니 悅周公仲尼之道하여 北學於中國이어늘 北方之學者 未能或之先也하니 彼所謂豪傑之士也라 子之兄弟事之數十年이라가 師死而遂倍之온여.

이 이하는 진상이 스승을 배반하고 허행에게 배운 것을 꾸짖은 것이다. '하(夏)'는 중국의 예의 있는 가르침이다. '변이(變夷)'는 오랑캐의 사람을 변화시키는 것이고, '변어이(變於夷)'는 도리어 오랑캐의 사람에게 변화를 당하는 것이다. '산(産)'은 태어났다는 뜻이다. 진량은 초나라에서 태어났는데, 중국의 남쪽에 있었기 때문에 북쪽으로 유학가서 중국에서 배운 것이다. '선(先)'은 뛰어나다는 뜻이다. '호걸(豪傑)'은 재주와 덕망이 출중한 것을 말하는데, 스스로 세속의 사람들보다 빼어난 것을 말한다. '배(倍)'는 배반하다는 배(背)와 같다. 진량은 중국의 법도를 가지고 오랑캐를 변화시켰는데, 진상은 오랑캐에게 변화되었음을 말한 것이다.
此以下는 責陳相倍師而學許行也라. 夏는 諸夏禮義之敎也라. 變夷는 變化蠻夷之人也요. 變於夷는 反見變化於蠻夷之人也라. 産은 生也라. 陳良이 生於楚하니 在中國之南이라 故로 北遊而學於中國也라. 先은 過也라. 豪傑은 才德出衆之稱이니 言其能自拔於流俗也라. 倍는 與背同이라. 言陳良은 用夏變夷어늘 陳相은 變於夷也라.

5-4-13. 옛날에 공자가 돌아가시자, 3년이 지난 다음에 제자들이 짐을 꾸려 집으로 돌아가면서, 자공에게 들어가 인사하고 서로 마주보며 곡을 하는데, 모두 목이 쉰 뒤에야 돌아갔소. 그리고 자공은 공자의 무덤에 돌아와 묘 마당에 집을 짓고 혼자 3년을 더 지낸 뒤에 돌아갔소. 훗날에 자하·자장·자유는 유약이 성인을 닮았다고 해서 공자를 섬기던 것처럼 그를 섬기려고 하여 증자께 강요하였는데, 증자께서는 '안 된다. 선생님의 덕은 마치 장강과 한수의 물로 씻는 것과 같으며 가을볕으로 쪼이는 것과 같아서 희고 희어서 더할 수 없다'라고 말씀하셨소.
昔者에 孔子沒커시늘 三年之外에 門人이 治任將歸할새 入揖於子貢하고 相嚮而哭하여 皆失聲然後에 歸어늘 子貢은 反築室於場하여 獨居三年然後에 歸하니라. 他日에 子夏子張子游 以有若似聖人이라 하여 欲以所事孔子로 事之하여 彊曾子한대 曾子曰 不可하니 江漢以濯之며 秋陽以暴之라 皜皜乎不可尙已라 하시니라.

'삼년'은 옛날에 스승을 위해서 심상 3년을 입은 것인데, 아버지를 잃은 것처럼 하지만 복은 없는 것이다. '임(任)'은 짐이라는 뜻이다. '장(場)'은 무덤가의 제단과 마당이다. '유약사성인(有若似聖人)'은 그의 언행과 기상이 공자와 유사함이 있는 것이다. 마치『예기』「단궁」에 기록된 "자유가 말하기를 유약의 말이 부자와 같다"고 한 종류가 그것이다. '소사공자(所事孔子)'는 부자를 섬기는 예법이다. '강한(江漢)'은 물이 많아서 깨끗하게 씻는다는 말이고, '추일(秋日)'은 건조하면서 뜨거우니 쬐어 말리는 것을 말한다. '호호(皜皜)'는 결백한 모습이다. '상(尙)'은 더한다는 뜻이다. 부자의 도덕은 밝게 드러나 빛나고 결백하므로 유약이 비교할 수 있는 것이 아님을 말씀한 것이다. 어떤 사람은 말하기를 "이 세 가지 말은 맹자께서 증자를 찬미한 말씀이다"라고 하였다.

三年은 古者에 爲師心喪三年하니 若喪父而無服也라. 任은 擔也라. 場은 冢上之壇場也라. 有若似聖人은 蓋其言行氣象이 有似之者하니 如檀弓所記 子游謂 有若之言이 似夫子之類是也라. 所事孔子는 所以事夫子之禮也라. 江漢은 水多하니 言濯之潔也요 秋日은 燥烈하니 言暴之乾也라. 皜皜는 潔白貌라. 尙은 加也라. 言 夫子道德明著하여 光輝潔白하시니 非有若所能彷彿也라. 或曰 此三語者는 孟子贊美曾子之辭也라.

5-4-14. 이제 남쪽 오랑캐의 왜가리같이 떠벌이는 사람의 말은 선왕의 도가 아닌데, 그대는 그대의 스승을 배반하고 그에게 배우니 또한 증자와 다르구려.

今也에 南蠻鴃舌之人이 非先王之道어늘 子倍子之師而學之하니 亦異於曾子矣로다.

'격(鴃)'은 왜가리인데, 소리가 나쁜 새를 말한다. 남쪽 오랑캐의 소리가 이와 유사하므로 허행을 가리켜 말한 것이다.
鴃은 博勞也니 惡聲之鳥라. 南蠻之聲이 似之하니 指許行也라.

5-4-15. 나는 깊은 계곡에서 나와서 높은 나무로 옮겨 간다는 말은 들었지만 높은 나무에서 내려와 깊은 계곡으로 들어간다는 말은 듣지 못했소.
吾聞出於幽谷하여 遷于喬木者요. 未聞下喬木而 入於幽谷者케라.

『시경』「소아·벌목」의 시에서 말하기를, "나무를 땅땅 베거늘 새가 앵앵 우는구나. 깊은 계곡에서 나와 높은 나무로 옮겨가네"라고 하였다.
小雅伐木之詩云 伐木丁丁이어늘 鳥鳴嚶嚶이로다 出自幽谷하여 遷于喬木이라 하니라.

5-4-16. 「노송」에, '융과 적을 이에 공격하니 형과 서가 이에 다스려졌다'고 했소. 주공도 바야흐로 이들을 응징하셨는데, 그대는 이것을 배우니 또한 잘 변화하지 못한 것이구려."
魯頌에 曰 戎狄是膺하니 荊舒是懲이라 하니 周公이 方且膺之어늘 子是之學하니 亦爲不善變矣로다.

'노송'은 비궁편이다. '응(膺)'은 공격한다는 뜻이다. '형(荊)'은 초나라의 본래 칭호다. '서(舒)'는 나라 이름인데 초나라와 가깝다. '징(懲)'은 다스린다는 뜻이다. 지금 살펴보면 이 시는 희공의 송인데, 맹자께서 주공이라고 말하였으니 또한 단장취의한 것이다.

魯頌은 閟宮之篇也라. 膺은 擊也라. 荊은 楚本號也라. 舒는 國名이니 近楚者也라. 懲은 艾也라. 今按 此詩는 爲僖公之頌이어늘 而孟子以周公言之하시니 亦斷章取義也라.

5-4-17. 진상이 말하였다. "허행의 도를 따르면 시장의 물가가 서로 일정하여 나라 안에 거짓이 없어서, 비록 오척 동자를 시켜 시장에 보내도 혹시라도 그를 속이는 일이 없을 것입니다. 베와 비단은 길이가 같으면 값이 서로 같고, 삼실과 명주실, 생사와 솜의 무게가 같으면 값이 같고, 오곡은 양이 같으면 값이 서로 같으며, 신의 크기가 같으면 값이 서로 같을 것입니다."

從許子之道 則市賈不貳하여 國中이 無僞하여 雖使五尺之童으로 適市라도 莫之或欺니 布帛長短이 同則賈相若하며 麻縷絲絮輕重이 同則賈相若하며 五穀多寡同則賈相若하며 屨大小同則賈相若이니이다

진상이 또 허자의 도가 이와 같다고 말하였는데, 대개 신농이 처음 시정을 만들었기 때문에 허행이 신농에게 의탁하여 이 말을 한 것이다. '오척지동(五尺之童)'은 어려서 알 수 없음을 말한 것이다. 허행은 시장에서 파는 물건을 모두 정밀하고 거칠고 좋고 나쁨을 논하지 않고 다만 길고 짧으며, 가볍고 무거우며, 많고 적으며, 크고 작은 것을 가지고 가격을 매겼다.

陳相이 又言許子之道如此하니 蓋神農이 始爲市井이라. 故로 許行이 又託於神農而有是說也라. 五尺之童은 言幼小無知也라. 許行이 欲使市中所粥之物로 皆不論精粗美惡하고 但以長短, 輕重, 多寡, 大小로 爲價也라.

5-4-18. 맹자께서 말씀하셨다. "대체로 물건의 질이 같지 않은 것이 물건의 실정이니, 값이 혹 서로 배가 되거나 다섯 배가 되며, 혹 서로 열 배나 백 배가 되고, 혹 서로 천 배나 만 배가 되는데, 그대는 양만 비교해 보고 값을 동일하게 하려 하니, 이것은 천하를 어지럽히는 것이오. 큰 신과 작은 신이 값이 같다면 사람들이 어찌 큰 신을 만들겠소. 허자의 도를 따른다면 서로 이끌고 다니면서 거짓을 하게 될 것이니, 어찌 국가를 다스릴 수 있겠소?"

曰 夫物之不齊는 物之情也니 或相倍蓰하며 或相什伯하며 或相千萬이어늘 子比而同之하니 是는 亂天下也로다. 巨屨小屨 同賈면 人豈爲之哉리오. 從許子之道면 相率而爲僞者也니 惡能治國家리오.

'배(倍)'는 1배이고, '사(蓰)'는 5배이며, 십·백·천·만은 모두 배수다. '비(比)'는 비교하는 것이다. 맹자께서 "물건의 질이 같지 않은 것은 자연의 이치인데, 정밀하고 거친 것이 있는 것은 크고 작은 것이 있는 것과 같다. 만약 큰 신발과 작은 신발의 가격이 같다면 사람들이 어찌 큰 신발을 만들겠는가? 이제 정밀하고 거친 것을 논하지 않고 값을 같게 한다면, 이것은 천하의 사람으로 하여금 모두 정밀한 것을 즐겨 만들지 않고 나쁜 물건을 다투어 만들어 서로 속이게 할뿐이다"라고 하신 것이다.

倍는 一倍也요 蓰는 五倍也요 什伯千萬은 皆倍數也라. 比는 次也라. 孟子言物之不齊는 乃其自然之理니 其有精粗는 猶其有大小也라. 若大屨小屨同價면 則人豈肯爲其大者哉리오. 今不論精粗하고 使之同價면 是는 使天下之人으로 皆不肯爲其精者하고 而競爲濫惡之物하여 以相欺耳니라.

5-5-1. 묵자인 이지가 서벽을 통해 맹자를 만나고자 요청하니, 맹자께서 말씀하셨다. "내가 본래는 만나고 싶었는데, 지금은 내가 아직 병중이니 병이 낫거든 내가 장차 가서 만나볼 것이니 이자는 올 것이 없다고 하라."
墨者夷之 因徐辟而求見孟子_{한대} 孟子曰 吾固願見_{이러니} 今吾尙病_{이라} 病愈_{어든} 我且往見_{하리니} 夷子_는 不來_{니라}.

'묵자(墨者)'는 묵적의 도를 다스리는 사람이다. 이(夷)는 성이고 지(之)는 이름이다. '서벽(徐辟)'은 맹자의 제자다. 맹자께서 아프다고 칭한 것은 아마도 말에 의탁하여 그의 의지가 성실한지 아닌지를 보고자 한 것이다.
墨者_는 治墨翟之道者_라. 夷_는 姓_{이요} 之_는 名_{이라}. 徐辟_은 孟子弟子_라. 孟子稱疾_은 疑亦託辭以觀其意之誠否_라.

5-5-2. 훗날에 또 맹자를 만나고자 요청하자 맹자께서 말씀하셨다. "내가 이제는 만나볼 수 있는데, 말을 바르게 하지 않으면 도가 나타나지 않을 것이니, 내가 우선 바르게 말하리라. 내가 들으니 이자는 묵자라고 하는데, 묵자는 상을 치를 때 검소함을 정도로 삼고 있다. 이자는 그렇게 해서 천하의 풍속을 바꾸려고 생각하는데, 어찌 옳지 않다고 해서 그들의 도를 존중하지 않겠는가? 그러나 이자는 자기 어버이를 장례를 후하게 하였으니, 이것은 천하게 여기는 것으로 어버이를 섬긴 셈이다."
他日_에 又求見孟子_{한대} 孟子曰 吾今則可以見矣_{어니와} 不直則道不見_{하나니} 我且直之_{하리라}. 吾聞夷子_는 墨者_라 _{하니} 墨之治喪也_는 以薄爲其道也_라 夷子思以易天下_{하나니} 豈以爲非是而不貴也_{리오}. 然而夷子 葬其親_이 厚

하니 則是以所賤事親也로다.

또 만나기를 요청하였으니 의지가 이미 성실한 것이다. 그러므로 서벽을 통해 이와 같이 질정한 것이다. '직(直)'은 말을 극진하게 하여 서로 바르게 한 것이다. 장자가 말하기를, "묵자는 살아 있을 때에는 노래 부르지 않고, 죽었을 때는 상복을 입지 않으며, 세 치 오동나무 관을 사용하되 곽은 없었다"라고 하였으니, 이것은 묵자가 치상할 때 검소함을 정도로 삼은 것이다. '역천하(易天下)'는 천하의 풍속을 바꾸는 것을 말한다. 이자는 묵씨에게서 배웠지만 그의 가르침을 따르지 않았으니 마음에 불안한 것이 있었던 것이다. 그러므로 맹자께서 이것을 가지고 따진 것이다.

又求見則其意已誠矣라 故로 因徐辟以質之如此하시니라. 直은 盡言以相正也라. 莊子曰 墨子는 生不歌하고 死無服하며 桐棺三寸而無槨이라 하니 是는 墨之治喪이 以薄爲道也라. 易天下는 謂移易天下之風俗也라. 夷子學於墨氏로되 而不從其敎하니 其心에 必有所不安者라 故로 孟子因以詰之하시니라.

5-5-3. 서자가 이 말을 이지에게 고하니 이지가 말하였다. "유자의 도에, 옛날 사람은 갓난아이 보살피듯이 한다고 하였는데, 이 말은 무엇을 말한 것입니까? 나는 그것이 사랑에 차등이 없으며, 사랑을 베푸는 데는 어버이로부터 시작한다는 뜻으로 생각합니다." 서자가 이 말을 맹자께 일러주니, 맹자께서 말씀하셨다. "이자는 참으로 사람들이 자기 형의 아들을 사랑하는 것이 자기 이웃집 어린아이를 사랑하는 것과 같다고 한다는 말인가? 『서경』의 말은 따로 취하는 바가 있었던 것이다. 어린아이가 엉금

엉금 기어서 우물에 빠지려고 하는 것은 어린아이의 잘못이 아니라고 말한 것이다. 또한 하늘이 만물을 만들 때 근본은 한가지였는데, 이자는 근본을 두 가지로 생각하기 때문이다.

徐子以告夷子 한대 夷子曰 儒者之道에 古之人이 若保赤子라 하니 此言은 何謂也오. 之則以爲愛無差等이요 施由親始라 하노라. 徐子以告孟子 한대 孟子曰 夫夷子는 信以爲人之親其兄之子 爲若親其隣之赤子乎아. 彼有取爾也니 赤子匍匐將入井이 非赤子之罪也라 且天之生物也 使之一本이어늘 而夷子는 二本故也로다.

'약보적자(若保赤子)'는 『서경』「주서·강고」편에 나오는 글인데, 이것은 유자의 말이다. 이자가 이 말을 인용한 것은 유자를 이끌고서 묵자에게 들어가 맹자가 자신을 비난한 것을 막아보고자 한 것이다. 또 "사랑에 차등이 없으며, 사랑을 베푸는 데는 어버이로부터 시작한다"고 말한 것은 묵자를 밀어내고 유자에게 붙어서 자기가 어버이를 후하게 장사지낸 뜻을 해명한 것인데, 모두 이른바 둔사(遁辭: 빠져나가려고 꾸며대는 말)라고 하는 것이다. 맹자께서 말씀하시기를 "사람이 자기 형의 아들과 이웃집의 아들을 사랑하는 데는 본래 차등이 있으니, 『서경』에서 비유를 취한 것은 본래 백성들이 무지하여 법을 어긴 것이 어린아이가 무지하여 우물에 들어가는 것과 같기 때문이다. 또 사람과 사물이 생겨나는 것은 반드시 각각 부모에게서 근본하는 것으로 두 가지가 아니다. 이것이 바로 자연의 이치인데, 하늘이 그렇게 시킨 것과 같다. 그러므로 사랑은 이것에서 시작되어 확립되고 남에게 미루어서 차등이 있게 되는 것이다. 그런데 지금 이자의 말과 같다면, 이것은 부모를 길가는 사람과 같이 보는 것이며, 다만 베푸는 차례가 이로부터 시작된 것이니 두 가지 근본이 아니고 무엇이겠는가?"라고 하신 것이다. 그러나 선후의 사이에서 여전히 선택할 것을 알았으니 또한 본심의 총명함이 마침내 종식되지 않은 것이다. 이 때문에 마침내 명을 받아서 스스로 잘못을 깨달은 것이다.

若保赤子는 周書康誥篇文이니 此儒者之言也라. 夷子引之는 蓋欲援儒而入於墨하여 以拒孟子之非己라. 又曰 愛無差等이요 施由親始는 則推墨而附於儒하여 以釋己所以厚葬其親之意니 皆所謂遁辭也라. 孟子言 人之愛其兄子與隣之子가 本有差等하니 書之取譬는 本爲小民無知而犯法이 如赤子無知而入井耳라. 且人物之生이 必各本於父母而無二하니 乃自然之理니 若天使之然也라. 故로 其愛由此立而推以及人하여 自有差等이어늘 今如夷子之言이면 則是視其父母本無異於路人이요 但其施之之序姑自此始耳니 非二本而何哉오. 然이나 其於先後之間에 猶知所擇하니 則又本心之明이 有終不得而息者라. 此其所以卒能受命而自覺其非也니라.

5-5-4. 대체로 상고시대에 일찍이 부모를 매장하지 않는 사람이 있었는데, 그 부모가 돌아가시자 들어다가 산골짜기에 버렸다. 훗날 그곳을 지나다가 여우와 살쾡이가 뜯어먹고 파리와 모기가 빨아먹고 있는 것을 보고 이마에 진땀이 나고 곁눈질로만 볼 뿐 차마 바로 보지 못했던 것이다. 진땀이 솟은 것은 다른 사람이 보기 때문이 아니라 자기 속마음이 면목에 나타난 것이다. 그리하여 집으로 돌아와서 삼태기와 들것에 흙을 담아 덮어씌워 시신을 가렸다. 시신을 가리는 것이 참으로 옳은 일이라면 효자와 어진 사람이 자기 부모를 가리는 데는 반드시 도리가 있을 것이니라."

蓋上世에 嘗有不葬其親者러니 其親이 死커늘 則擧而委之於壑하고 他日過

之할새 狐狸食之하며 蠅蚋姑嘬之어늘 其顙有泚하여 睨而不視하니 夫泚也는 非爲人泚라 中心이 達於面目이니 蓋歸하여 反虆梩而掩之하니 掩之誠是也면 則孝子仁人之掩其親이 亦必有道矣니라.

이자가 자기 어버이를 후하게 장사지낸 것을 가지고 이것을 말씀하여 근본이 하나라는 뜻을 깊이 밝힌 것이다. '상세(上世)'는 태고시대를 말한다. '위(委)'는 버린다는 뜻이다. '학(壑)'은 산의 물이 달려가는 곳이다. '예(蚋)'는 모기 종류다. '고(姑)'는 어조사인데 어떤 사람은 땅강아지라고 한다. '최(嘬)'는 모여서 함께 먹는 것이다. '상(顙)'은 이마라는 뜻이다. '체(泚)'는 흥건하게 땀이 나는 모습이다. '예(睨)'는 흘겨보는 것이고, '시(視)'는 바로 보는 것이다. 보지 않을 수도 없고 또 차마 똑바로 볼 수도 없는 것은 애통함이 절박하여 마음을 다스릴 수 없음이 심한 것이다. '비위인체(非爲人泚)'는 다른 사람이 보기 때문에 그런 것이 아니다. 이른바 근본이 하나라고 하는 것을 여기에서 본다면 더욱 친절한데 지극히 가까운 사이이기 때문이다. 그러므로 이와 같은 것이다. 다른 사람이라면 비록 차마 하지 못하는 마음이 있지만 애통함이 절박하여 이렇게 심한 지경에 이르지는 않을 것이다. '반(反)'은 덮는다는 뜻이다. '유(虆)'는 흙으로 만든 삼태기요, '이(梩)'는 흙으로 만든 수레다. 이에 돌아와서 어버이의 시신을 가리고 덮었으니 여기서부터 매장하는 예법이 나온 것이다. 어버이를 가리는 것이 만약 마땅한 일이라면, 효자와 어진 사람이 어버이를 가리는 데도 반드시 도리가 있어서 검소하게 장사지내는 것만을 귀중하게 여기지 않을 것이다.

因夷子厚葬其親而言此하여 以深明一本之意라. 上世는 謂太古也라. 委는

棄也라. 壑은 山水所趨也라. 蚋는 蚊屬이라. 姑는 語助聲이니 或曰螻蛄也라.
嘬는 攢共食之也라. 顙은 額也라. 泚는 泚然汗出之貌라. 睨는 邪視也요 視
는 正視也라. 不能不視하고 而又不忍正視는 哀痛迫切이 不能爲心之甚也
라. 非爲人泚는 言非爲他人見之而然也라. 所謂一本者를 於此見之면 尤
爲親切이니 蓋惟至親이라. 故로 如此요 在他人이면 則雖有不忍之心이나 而
其哀痛迫切이 不至若此之甚矣라. 反은 覆也라. 虆는 土籠也요 梩는 土轝
也라. 於是에 歸而掩覆其親之尸하니 此는 葬埋之禮所由起也라. 此掩其
親者가 若所當然이면 則孝子仁人所以掩其親者 必有其道而不以薄爲
貴矣리라.

5-5-5. 서자가 이 말을 이자에게 고하니, 이자가 멍하니 한참 동안 있다가
말하였다. "맹자께서 나를 가르쳐 주셨도다."
徐子 以告夷子한대 夷子 憮然爲間曰 命之矣샸다.

'무연(憮然)'은 망연자실한 모습이다. '위간(爲間)'이란 잠깐의 사이를 말
한다. '명(命)'은 가르친다는 뜻과 같으니, 맹자께서 이미 나를 가르쳤다
고 말한 것이다. 본심의 밝음을 가지고 배운 것의 폐단을 공격하였기 때
문에 내 말이 쉽게 들어가고 그의 의혹이 쉽게 풀린 것이다.
憮然은 茫然自失之貌라. 爲間者는 有頃之間也라. 命은 猶敎也니 言孟子
已敎我矣라. 蓋因其本心之明하여 以攻其所學之蔽라. 是以로 吾之言易
入하고 而彼之惑易解也니라.

등문공장구 하(滕文公章句下)

모두 열 장이다.

凡十章이라.

이 장에서는 주로 군자의 거취 문제와 지조를 지키는 대장부,
정당한 도리에 따른 벼슬살이에 대해 언급했다.
또한 소인이 많고 군자가 적으면
아무리 바른 임금도 바른 정치를 할 수 없고,
옳지 않은 일은 빨리 고치는 것이 옳다는 주장도 하였다.
그리고 소위 이단이라고 말하는
양주·묵적·불씨의 해악에 대해서 처음으로 언급하고 있다.

6-1-1. 진대가 말하였다. "제후를 만나보지 않는 것은 아마도 작은 일인 것 같습니다. 이제 한 번 만나보시면 크게는 왕도를 펼 수 있고, 작게는 패업을 이룰 수 있을 것입니다. 또 옛 기록에도 '한 자를 굽혀 여덟 자를 편다'고 하였으니 마땅히 해볼 만한 것 같습니다."
陳代曰 不見諸侯 宜若小然하니이다. 今一見之하시면 大則以王이오 小則以霸니 且志에 曰 枉尺而直尋이라 하니 宜若可爲也로소이다.

'진대(陳代)'는 맹자의 제자다. '소(小)'는 작은 절개를 말한다. '왕(枉)'은 굽힌다는 뜻이요, '직(直)'은 펼친다는 뜻이다. 여덟 자를 심(尋)이라고 한다. '왕척직심(枉尺直尋)'은 자신을 굽혀 제후를 한 번 만나보면 왕도와 패도를 이룰 수 있으니 굽힌 것은 작고 펼친 것은 큰 것과 같다.
陳代는 孟子弟子也라. 小는 謂小節也라. 枉은 屈也요 直은 伸也라. 八尺曰尋이라. 枉尺直尋은 猶屈己一見諸侯而可以致王霸니 所屈者小하고 所伸者大也라.

6-1-2. 맹자께서 말씀하셨다. "옛날에 제나라 경공이 사냥을 나가서 깃발을 가지고 동산을 지키는 관리를 불렀는데, 오지 않자 장차 그를 죽이려 하였다. 공자께서 '뜻있는 선비는 구렁텅이에 던져지는 것을 잊지 않고, 용

감한 선비는 목이 달아나는 것을 잊지 않는다'라고 하였으니, 공자께서는 무엇을 취하셨던가? 정당한 부름이 아니면 가지 않은 점을 취하신 것이다. 만약 정당하게 부르는 것을 기다리지 않고 간다면 어떻게 되겠는가? 孟子曰 昔에 齊景公이 田할새 招虞人以旌한대 不至어늘 將殺之러니 志士는 不忘在溝壑이오 勇士는 不忘喪其元이라 하시니 孔子는 奚取焉고 取非其招不往也시니 如不待其招而往엔 何哉리오.

'전(田)'은 사냥한다는 뜻이다. '우인(虞人)'은 동산을 지키는 관리다. 대부는 깃발을 가지고 부르고, 동산을 지키는 관리인은 가죽으로 만든 관을 가지고 부른다. '원(元)'은 머리라는 뜻이다. 뜻있는 선비는 곤궁함을 굳게 지켜 항상 죽으면 관곽이 없어 도랑에 버려져도 한스럽게 여기지 않을 것을 생각하고, 용감한 선비는 삶을 가볍게 여겨 항상 전투하다가 죽어서 머리를 잃더라도 돌아보지 않을 것을 생각한다. 이 두 구절은 공자께서 동산 지키는 관리를 칭찬하신 말씀이다. 동산 지키는 관리는 자신을 정당한 물건으로 부르지 않으면 오히려 죽음으로 지키고 가지 않았는데, 하물며 군자가 어찌 부르기를 기다리지 않고 스스로 가서 만나볼 수 있겠는가? 이 이상은 가서 만날 수 없다는 뜻을 알려준 것이다.

田은 獵也라. 虞人은 守苑囿之吏也라. 招大夫以旌하고 招虞人以皮冠이라. 元은 首也라. 志士는 固窮하여 常念死無棺槨하여 棄溝壑而不恨하고 勇士는 輕生하여 常念戰鬪而死하여 喪其首而不顧也라. 此二句는 乃孔子歎美虞人之言이라. 夫虞人은 招之不以其物이라도 尙守死而不往이어든 況君子豈可不待其招而自往見之邪아. 此以上은 告之以不可往見之意하시니라.

6-1-3. 또한 한 자를 굽혀서 여덟 자를 편다는 것은 이로움을 가지고 말한 것이니, 만일 이로움을 가지고 말한다면 여덟 자를 굽혀서 한 자를 펴는 것도 이롭다면 또한 하겠는가?

且夫枉尺而直尋者는 以利言也니 如以利則枉尋直尺而利라도 亦可爲與아.

이 이하는 그가 말한 '한 자를 굽혀서 여덟 자를 편다'는 것의 잘못을 바로잡은 것이다. "이른바 굽히는 것이 작고 펴는 것이 크다면 그것을 하겠다는 것은 이익을 가지고 계산한 것뿐이니, 하나라도 이익을 계산하는 마음이 있다면 비록 굽히는 것이 많고 펴는 것이 적어서 이익이 있더라도 또한 그것을 하겠는가?"라고 하셨으니 옳지 않음을 심하게 말씀하신 것이다.

此以下는 正其所稱枉尺直尋之非라. 夫所謂枉小而所伸者大則爲之者는 計其利耳니 一有計利之心이면 則雖枉多伸少而有利라도 亦將爲之邪아 하시니 甚言其不可也시니라.

6-1-4. 옛날에 조간자가 왕량으로 하여금 총애하는 신하인 해와 더불어 수레를 타고 사냥을 하게 했는데, 종일토록 한 마리의 짐승도 잡지 못했다. 해가 복명하기를, '천하에 하찮은 수레꾼입니다'라고 하였다. 어떤 사람이 그 말을 왕량에게 고하니, 왕량이 다시 한 번 수레를 몰게 해달라고 청했다. 억지로 청하여 겨우 승낙을 받았는데, 하루아침에 열 마리의 짐승을 잡았다. 그러자 총애하는 신하인 해가 복명하기를, '천하에 훌륭한 수레꾼입니다'라고 하였다. 간자가 '내가 왕량에게 너의 수레를 맡아서 몰게 하리라'하고, 왕량에게 그렇게 하도록 일렀다. 왕량은 응낙하지 않

고 '제가 그를 위해 법도에 맞게 몰아주면 하루 종일 한 마리도 잡지 못하고, 그를 위해 속임수를 써서 짐승을 만나게 해주면 하루아침에 열 마리를 잡았습니다. 『시경』에 이르기를, 마차를 모는 법도를 잃지 않으면 활을 쏘아 새를 맞혀 깨지듯이 명중한다고 하였습니다. 저는 소인의 수레를 모는 것을 익히지 않았으니 사양하겠습니다' 하고 말하였다.

昔者애 趙簡子使王良으로 與嬖奚乘한대 終日而不獲一禽하고 嬖奚反命曰 千下之賤工也러니이다. 或이 以告王良한대 良이 曰 請復之하리라. 彊而後可라 하여늘 一朝而獲十禽하고 嬖奚反命曰 天下之良工也러니이다. 簡子曰 我使掌與女乘하리라 하고 謂王良한대 良이 不可曰 吾爲之範我馳驅하니 終日不獲一하고 爲之詭遇하니 一朝而獲十하니 詩云 不失其馳어늘 舍矢如破라 하니 我는 不貫與小人乘하니 請辭라 하니라.

조간자는 진나라의 대부 조앙이다. 왕량은 말을 잘 모는 사람이다. '폐해(嬖奚)'는 조간자가 총애하는 신하다. '여지승(與之乘)'은 그를 위해 말을 모는 것이다. '부지(復之)'는 다시 수레에 타는 것이다. '강이후가(彊而後可)'는 총애하는 신하 해가 사냥하려고 하지 않는 것을 억지로 시킨 뒤에야 다시 사냥한 것이다. '일조(一朝)'는 새벽부터 아침밥을 먹을 때까지를 말한다. '장(掌)'은 오로지 담당하는 것이다. '범(範)'은 법도다. '궤우(詭遇)'는 바르지 않는 방법으로 말을 몰아서 짐승을 만나게 한 것이다. 해는 활을 잘 쏘지 못하여 법도에 맞게 말을 몰면 잡지를 못하고, 법도를 어기고 속임수를 써서 만나게 한 뒤에야 짐승을 적중시킬 수 있었다는 것을 말한다. '시'는 『시경』「소아・거공」편이다. 말을 모는 사람은 말을 모는 법도를 잃지 않고, 활을 쏘는 사람은 화살을 쏘아서 모두 적중하도록 힘을 써야 하는데 ,지금 총애하는 신하 해는 그렇게 하지 못함을 말한 것이다. '관(貫)'은 익힌다는 뜻이다.

趙簡子는 晉大夫趙鞅也라. 王良은 善御者也라. 嬖奚는 簡子幸臣이라. 與之乘은 爲之御也라. 復之는 再乘也라. 彊而後可는 嬖奚不肯하여 彊之而後肯也라. 一朝는 自晨至食時也라. 掌은 專主也라. 範은 法度也라. 詭遇는 不正而與禽遇也라. 言奚不善射하여 以法馳驅면 則不獲하고 廢法詭遇而後中也라. 詩는 小雅車攻之篇이라. 言御者不失其馳驅之法하고 而射者發矢皆中而力이어늘 今嬖奚不能也라. 貫은 習也라.

6-1-5. 수레 모는 사람도 또한 활 쏘는 사람에게 아부하기를 부끄러워하여 아부해서 새와 짐승을 비록 산더미처럼 잡는다 하더라도 하지 않았는데, 만약 도를 굽혀 제후들을 따라간다면 어떻게 되겠는가? 또한 그대의 잘못이다. 자기를 굽히는 사람이 남을 곧게 펴는 경우는 있을 수 없는 일이다."

御者 且羞與射者比하여 比而得禽獸 雖若丘陵이라도 弗爲也하니 如枉道而從彼엔 何也오. 且子過矣로다. 枉己者 未有能直人者也니라.

'비(比)'는 서로 아부하는 무리다. '약구릉(若丘陵)'은 많은 것을 말한다. ○어떤 사람이 말하기를 "오늘날의 세상에 살면서 출처와 거취를 반드시 하나하나 법도에 맞게 할 수 없으니, 모두 법도에 맞게 하려면 도가 행해지지 않을 것이다"라고 하자, 양 씨가 말하기를 "어찌 스스로 신중하지 않는가? 자신을 굽히면 남을 곧게 할 수 있겠는가? 옛 사람들은 차라리 도가 행해지지 않을지언정 거취를 가볍게 여기지 않았다. 이 때문에 공자와 맹자께서 비록 춘추전국시대에 살았지만, 반드시 정도로 나아가서 끝내 도를 행하지 못하고 죽음에 이르게 된 것이다. 만약 거취를 생각하지 않고 도를 행할 수 있다면 공자와 맹자께서 마땅히 먼저 하셨을 것이다. 공자와 맹자께서 도를 행하고자 하지 않았겠는가?"라고 하였다.

比는 阿黨也라. 若丘陵은 言多也라. ○或曰 居今之世하여 出處去就를 不必一一中節이니 欲其一一中節이면 則道不得行矣라 하니 楊氏曰 何其不自重也오. 枉己면 其能直人乎아. 古之人은 寧道之不行이언정 而不輕其去就라. 是以로 孔孟이 雖在春秋戰國之時라도 而進必以正하사 以至終不得行而死也하시니 使不恤其去就而可以行道면 孔孟이 當先爲之矣시리라. 孔孟이 其不欲道之行哉시리오.

6-2-1.
경춘이 말하였다. "공손연과 장의는 어찌 진정한 대장부가 아니겠습니까? 한 번 화를 내면 제후들이 두려워하고, 편안히 들어앉아 있으면 천하가 잠잠해집니다."

景春이 曰 公孫衍張儀는 豈不誠大丈夫哉리오. 一怒而諸侯懼하고 安居而天下熄하나이다.

'경춘(景春)'은 사람의 성명이다. 공손연과 장의는 모두 위나라 사람인데, 한 번 화를 내면 제후들에게 유세하여 서로 공격하게 만들었다. 그러므로 제후들이 두려워한 것이다.

景春은 人姓名이라. 公孫衍, 張儀는 皆魏人이니 怒則說諸侯하여 使相攻伐이라. 故로 諸侯懼也라.

6-2-2. 맹자께서 말씀하셨다. "이 어찌 대장부라 할 수 있겠소. 당신은 예를 배우지 않았소? 장부가 관례를 할 때는 아버지가 성인의 도리를 가르쳐 주고, 여자가 시집갈 때는 어머니가 시집가서의 도리를 가르쳐 주는 것이오. 시집감에 문에서 전송할 때에 훈계하기를, '남편의 집에 가서 반드시 공경하고 조심하여 남편의 뜻을 어기지 말라'고 하니, 순종하는 것을 바른 도리로 삼는 것은 부녀자의 도리입니다.

孟子曰 是焉得爲大丈夫乎리오. 子未學禮乎아. 丈夫之冠也에 父命之하고 女子之嫁也에 母命之하나니 往에 送之門할새 戒之曰 往之女家하여 必敬必戒하여 無違夫子라 하나니 以順爲正者는 妾婦之道也니라.

머리에 관을 씌우는 것을 '관례'라고 한다. '여가(女家)'는 남편의 집이다. 부인은 남편의 집을 안으로 여기므로 시집가는 것을 돌아간다고 여긴다. '부자(夫子)'는 남편이다. 여자는 남자를 따르는데, 순종하는 것을 올바른 도리로 삼는다. 대개 공손연과 장의는 아첨하고 구차하게 용납하여 권세를 절취하였으니 이것은 곧 부녀자의 순종하는 도리일 뿐이지 장부의 일은 아니라고 말씀하신 것이다.

加冠於首曰冠이라. 女家는 夫家也라. 婦人은 內夫家하니 以嫁爲歸也라. 夫子는 夫也라. 女子는 從人이니 以順爲正道也라. 蓋言 二子阿諛苟容하여 竊取權勢하니 乃妾婦順從之道耳요 非丈夫之事也라.

6-2-3. 천하의 넓은 집에 살며, 천하의 바른 자리에 서며, 천하의 큰 도를 행하여 뜻을 얻으면, 백성들과 함께 그 도를 행하고, 뜻을 얻지 못하면 홀로 그 도를 행하여, 부귀가 그의 마음을 방탕하게 하지 못하게 하고,

빈천이 그의 절개를 변하게 하지 못하게 하며, 위엄과 무력이 그의 지조를 꺾지 못하게 하는 것, 이러한 사람을 일러 대장부라 말하는 것이오."
居天下之廣居하며 立天下之正位하며 行天下之大道하여 得志하야 與民由之하고 不得志하얀 獨行其道하여 富貴不能淫하며 貧賤이 不能移하며 威武不能屈이 此之謂大丈夫니라.

'광거(廣居)'는 인이고, '정위(正位)'는 예이며, '대도(大道)'는 의다. '여민유지(與民由之)'는 얻은 것을 다른 사람에게 미루어가는 것이고, '독행기도(獨行其道)'는 얻은 것을 자신에게서 지키는 것이다. '음(淫)'은 마음을 방탕하게 하는 것이고, '이(移)'는 절개가 변하는 것이며, '굴(屈)'은 지조를 꺾는 것이다. ○하숙경이 말하기를, "전국시대에 성현의 도가 막혀서 천하가 다시는 그 덕업의 융성함을 보지 못하고 다만 간교한 무리들이 횡행하여 두려운 기염만을 보고 마침내 대장부라고 하였는데, 군자의 관점에서 보면 부녀자의 도리인 것을 알지 못한 것이다. 그러므로 어찌 말할 것이 있겠는가?"라고 하였다.

廣居는 仁也요 正位는 禮也요 大道는 義也라. 與民由之는 推其所得於人也요. 獨行其道는 守其所得於己也라. 淫은 蕩其心也요 移는 變其節也요 屈은 挫其志也라. ○何叔京曰 戰國之時에 聖賢道否하여 天下不復見其德業之盛하고 但見姦巧之徒得之橫行하여 氣焰可畏하고 遂以爲大丈夫라 하니 不知由君子觀之면 是乃妾婦之道耳니 何足道哉리오.

6-3-1. 주소가 "옛날 군자도 벼슬을 했습니까?" 하고 물으니, 맹자께서 말씀하셨다. "벼슬을 했소. 전해 내려오는 글에, '공자는 석 달 동안 섬길 임

금이 없으면 안타까워하여 국경을 나갈 때는 반드시 폐백을 싣고 갔다'고 하였고, 공명의는 '옛 사람은 석 달 동안 섬길 임금이 없으면 위로해 준다'고 말하였소."

周霄問曰 古之君子仕乎잇가. 孟子曰 仕니라. 傳에 曰 孔子三月無君 則 皇皇如也하사 出疆에 必載質라 하고 公明儀曰 古之人이 三月無君則吊라 하니라.

'주소(周霄)'는 위나라 사람이다. '무군(無君)'은 벼슬하여 임금을 섬길 수 없는 것을 말한다. '황황(皇皇)'은 추구하는 것이 있지만 얻지 못했다는 의미와 같다. '출강(出疆)'은 지위를 잃고 나라를 떠나는 것을 말한다. '지(質)'는 사람을 만날 때 들고 가는 것인데, 선비가 꿩을 들고 가는 것과 같다. 국경을 나갈 때 폐백을 싣고 가는 것은 장차 가고자 하는 나라의 군주를 만나고 그를 섬기고자 한 것이다.

周霄는 魏人이라. 無君은 謂不得仕而事君也라. 皇皇은 如有求而弗得之意라. 出疆은 謂失位而去國也라. 質는 所執以見人者니 如士則執雉也라. 出疆載之者는 將以見所適國之君 而事之也라.

6-3-2. 주소가 물었다. "석 달 동안 섬길 임금이 없으면 위로한다는 것은 너무 성급하지 않습니까?"

三月無君則吊 不以急乎잇가.

주소가 질문한 것이다. '이(以)'는 '이(已)'와 통하는데 크다는 뜻이다. 뒷장도 이와 같다.

周霄問也라. 以는 已通이니 太也라. 後章放此하니라.

6-3-3. 맹자께서 말씀하셨다. "선비가 벼슬자리를 잃는 것은 제후가 국가를 잃는 것과 같소. 고례에 '제후가 경작을 하면 백성이 도와서 제사 음식을 제공하고, 부인은 누에를 치고 실을 뽑아서 의복을 만든다'고 하였으니 희생이 잘 자라지 않고, 제사 음식이 정결하지 않고, 의복이 갖추어지지 않으면 감히 제사를 지내지 못하고, 선비가 경작지가 없으면 또한 제사를 드리지 못하는 것이오. 희생과 그릇과 의복이 갖추어지지 않아서 감히 제사를 드리지 못하면, 감히 제사 끝의 잔치도 베풀지 못할 것이니, 또한 위문할 만하지 않겠소?"

曰 士之失位也는 猶諸侯之失國家也니 禮에 曰 諸侯耕助하여 以供粢盛하고 夫人이 蠶繅하여 以爲衣服이라 하니 犧牲이 不成하며 粢盛이 不潔하며 衣服이 不備하면 不敢以祭하고 惟士無田則亦不祭하노니 牲殺器皿衣服이 不備하여 不敢以祭 則不敢以宴이니 亦不足吊乎아.

예에 이르기를, "제후가 백 무의 적전을 만들어 면류관을 쓰고 푸른 끈을 매고서 몸소 쟁기를 잡고 경작을 하면, 서민들이 도와서 경작을 끝내고 수확한 것을 임금의 창고에 저장했다가 종묘의 자성에 바친다. 세부에게 공상잠실에서 누에를 치게 하여 고치를 받들어 임금에게 보이게 하고, 부인에게 바치면 부인이 예복을 입고 받아서 손으로 세 번 동이에 담아 고치를 켠다. 마침내 삼궁의 부인과 세부에게 나누어 주고 고치를 켜서 보불문장을 만들게 하여 그것을 입고 선왕과 선공에게 제사한다"고 하였다. 또 말하기를, "선비에게 경작지가 있으면 제사를 지내고 경작지가 없으면 음식만 올린다"라고 하였다. 기장을 '자(粢)'라고 하고, 그릇에 있는 것을 '성(盛)'이라고 한다. '생살(牲殺)'은 희생을 반드시 특별하게 죽이는 것이다. '명(皿)'은 그릇을 덮는 것이다.

禮曰 諸侯爲藉百畝_{하여} 冕而靑紘_{하여} 躬秉耒以耕_{이어든} 而庶人助以終畝_{하여} 收而藏之御凜_{하여} 以供宗廟之粢盛_{하며} 使世婦_로 蠶于公桑蠶室_{하여} 奉繭以示于君_{하고} 遂獻于夫人_{이어든} 夫人_이 副褘受之_{하여} 繅三盆手_{하고} 遂布于三宮世婦_{하여} 使繅以爲黼黻文章_{하여} 而服以祀先王先公_{이라} 하니라. 又曰 士有田則祭_{하고} 無田則薦_{이라} 하니라. 黍稷曰粢_요 在器曰盛_{이라}. 牲殺_은 牲必特殺也_라. 皿_은 所以覆器者_라.

6-3-4. 주소가 물었다. "국경을 나갈 때 반드시 폐백을 싣고 간다는 것은 무엇 때문입니까?"

出疆_에 必載質_는 何也_{잇고}.

주소가 질문한 것이다.

周霄問也_라.

6-3-5. 맹자께서 말씀하셨다. "선비가 벼슬하는 것은 농부가 밭을 가는 것과 같소. 농부가 어찌 국경을 나면서 쟁기와 보습을 버리겠소?" 주소가 말했다. "진나라도 벼슬살이를 할 만한 나라입니다만 벼슬살이가 이와 같이 다급한 일이라고는 들어보지 못했습니다. 벼슬살이가 이와 같이 다급한 일이라면 군자가 벼슬살이를 어렵게 여기는 것은 무엇 때문입니까?" 맹자께서 말씀하셨다. "사나이가 태어나면 그를 위해 좋은 아내가

생기기를 바라며, 여자가 태어나면 그를 위해 좋은 남편이 생기기를 바라는 것은 부모의 마음이오. 사람마다 모두 그런 마음을 가지고 있지만, 부모의 명령과 중매쟁이의 말을 기다리지 않고 구멍을 뚫어 서로 들여다보고 담장을 넘어 서로 쫓아다닌다면, 부모와 나라 사람들이 모두 천하게 여기는 것이오. 옛 사람들이 벼슬살이를 원하지 않는 것은 아니지만, 또한 정당한 도리에 따르지 않는 것을 싫어하셨소. 정당한 도리에 따르지 않고 벼슬하러 나가는 것은 담장에 구멍을 뚫는 부류와 같은 것이기 때문이오."

曰 士之仕也 猶農夫之耕也니 農夫 豈爲出疆하여 舍其耒耜哉리오. 曰 晉國이 亦仕國也로되 未嘗聞仕 如此其急하니 仕如此其急也인댄 君子之難仕는 何也잇고. 曰 丈夫生而願爲之有室하며 女子生而願爲之有家는 父母之心이라 人皆有之언마는 不待父母之命과 媒妁之言하고 鑽穴隙相窺하며 踰牆相從하면 則父母國人이 皆賤之하나니 古之人이 未嘗不欲仕也언마는 又惡不由其道하니 不由其道而往者는 與鑽穴隙之類也니라.

잔나라에 대한 것은 해설이 전편에 보인다. '사국(仕國)'은 군자가 즐겁게 벼슬하는 나라를 말한다. 주소는 맹자가 제후를 만나지 않는 이유가 벼슬하는 것을 어렵게 여기기 때문이라고 생각했다. 그러므로 '옛날의 군자도 벼슬을 하였습니까?'라고 질문을 한 다음에 이것을 말하여 풍자한 것이다. 남자는 여자를 실(室)로 삼고 여자는 남자를 가(家)로 삼는다. '작(妁)'은 또한 중매한다는 뜻이다. 부모는 자식에게 실가(室家)가 있기를 원하지만 또한 도를 따르지 않는 것을 싫어한다. 군자가 비록 자기 몸을 청결하게 하여 인륜을 어지럽히지 않고 또한 이익을 따르다가 의리를 망각하지도 않는다.

晉國은 解見首篇하니라. 仕國은 謂君子遊宦之國이라. 霄意以孟子不見諸侯爲難仕라. 故로 先問古之君子仕否然後에 言此하여 以風切之也니라. 男은 以女爲室하고 女는 以男爲家라. 妁은 亦媒也라. 言 爲父母者非不願其男女之有室家로되 而亦惡其不由道하나니 蓋君子雖不潔身而亂倫이나 而亦不徇利而忘義也니라.

6-4-1. 팽갱이 물었다. "뒤에 따르는 수레가 수십 대이며, 수행하는 종자가 수백 명인데 제후에게 전전하며 의식을 제공을 받는 것은 너무 지나치지 않습니까?" 맹자께서 말씀하셨다. "정도가 아니면 한 대그릇의 밥도 남에게 받아서는 안 되지만, 만일 정도라면 순 임금은 요 임금의 천하를 받고도 지나치다고 여기지 않았다. 그대는 이것을 지나치다고 생각하는가?"

彭更이 問曰 後車數十乘과 從者數百人으로 以傳食於諸侯 不以泰乎잇가. 孟子曰 非其道則 一簞食라도 不可受於人이어니와 如其道則舜이 受堯之天下하되 不以爲泰하니 子以爲泰乎아.

팽갱은 맹자의 제자다. '태(泰)'는 분수에 넘친다는 뜻이다.

彭更은 孟子弟子也라. 泰는 侈也라.

6-4-2. 팽갱이 말하였다. "아닙니다. 선비가 하는 일 없이 의식만 제공받는 것이 옳지 않다는 것입니다."

曰 否라 士無事而食이 不可也니이다.

'순 임금을 지나치다고 말한 것이 아니라 다만 오늘날의 선비들이 아무런 공도 없이 남의 밥을 얻어먹는 것이 옳지 않다고 말한 것이다'라고 하였다.

言 不以舜爲泰요 但謂今之士無功而食人之食을 則不可也.

6-4-3. 맹자께서 말씀하셨다. "그대가 공을 소통하고 일을 서로 바꾸어 남은 것으로 부족한 것을 보충해 주지 않는다면, 농부는 남아서 버리는 곡식이 생기고, 여인네는 남아서 버리는 옷감이 생길 것이니라. 그러나 그대가 만일 서로 융통하게 한다면, 목수와 수레 만드는 사람도 모두 그대한테서 얻어먹게 될 것이다. 여기 어떤 사람이 있는데, 집에 들어와서는 부모에게 효도하고 나가서는 어른에게 공경하여 선왕의 도를 잘 지키고 후세의 학자를 기다리더라도 그대에게서 얻어먹지 못할 것이다. 그대는 어찌 목수와 수레 만드는 사람은 존중하면서 인의를 행하는 사람은 소홀히 여긴단 말인가?"

曰 子不通功易事하여 以羨補不足이면 則農有餘粟하며 女有餘布어니와 子如通之면 則梓匠輪輿 皆得食於子하리니 於此有人焉하니 入則孝하고 出則悌하여 守先王之道하여 以待後之學者하되 而不得食於子하나니 子何尊梓匠輪輿 而輕爲仁義者哉오.

'통공역사(通功易事)'는 남의 공을 소통하여 일을 서로 교역하는 것을 말한다. '선(羨)'은 남는다는 뜻이다. '유여(有餘)'는 무역하는 것이 없어서 쓸모없이 축적되어 있는 것을 말한다. 재인(梓人)과 장인(匠人)은 모두 목공이고, 윤인(輪人)과 여인(輿人)은 수레공이다.

通功易事는 謂通人之功而交易其事라. 羨은 餘也라. 有餘는 言無所貿易
而續於無用也라. 梓人,匠人은 木工也요 輪人, 輿人은 車工也라.

6-4-4. 팽갱이 말했다. "목수와 수레 만드는 사람은 그 뜻이 장차 먹을 것을
구하는 데 있지만, 군자가 도를 행하는 것도 그 뜻이 또한 먹을 것을 구
하려는 데 있습니까?" 맹자께서 말씀하셨다. "그대는 왜 그 뜻을 가지고
따지는가? 그대에게 공이 있어 먹여 줄 만하면 먹여 주는 것이다. 또 그
대는 뜻을 보고 먹여 주는가, 아니면 공을 보고 먹여 주는가?" 팽갱이 말
했다. "뜻을 보고 먹여 줍니다."
曰 梓匠輪輿는 其志將以求食也아니와 君子之爲道也도 其志 亦將以求
食與잇가. 曰 子何以其志爲哉오. 其有功於子에 可食而食之矣니 且子는
食志乎아. 食功乎아. 曰 食志니이다.

맹자께서 말씀하시기를, "나로부터 말한다면 진실로 먹을 것을 구하지
않지만, 저들로부터 말한다면 공로가 있는 사람은 마땅히 먹여 주어야
한다"라고 하신 것이다.
孟子言 自我而言이면 固不求食이어니와 自彼而言이면 凡有功者를 則當食
之니라.

6-4-5. 맹자께서 말씀하셨다. "여기 어떤 사람이 있는데, 기와를 부수고 담
장에 낙서를 하면서, 그 뜻이 장차 먹을 것을 구하는 데 있다면 그대는
그 사람을 먹여주겠는가?" 팽갱이 말하였다. "아닙니다." 맹자께서 말씀
하셨다. "그렇다면 그대는 뜻을 보고 먹여 주는 것이 아니라, 공을 보고

먹여 주는 것이니라."
曰 有人於此하니 毁瓦畵墁이오 其志將以求食也 則子食之乎아. 曰 否라.
曰 然則子非食志也라. 食功也로다.

'만(墁)'은 담장 벽을 장식하는 것이다. '훼와화만(毁瓦畵墁)'은 공로는 없고 해악만 있음을 말한 것이다. 이미 '공로를 가지고 먹여 준다'고 한다면, 선비는 아무 일도 하지 않고 먹는 자로 여겨서 진실로 재장과 윤여만을 존중하고 인의를 행하는 자를 가볍게 여기는 것이다.
墁은 牆壁之飾也라. 毁瓦畵墁은 言無功而有害也라. 旣曰食功이면 則以士爲無事而食者는 眞尊梓匠輪輿而輕爲仁義者矣니라.

6-5-1. 만장이 물었다. "송나라는 작은 나라입니다. 이제 장차 왕정을 행하려고 하는데, 제나라와 초나라가 미워해서 그를 정벌하면 어찌합니까?"
萬章이 問曰 宋은 小國也라 今에 將行王政하나니 齊楚惡而伐之則如之何니잇고.

만장은 맹자의 제자다. 송나라의 왕 언이 일찍이 등나라를 멸망시키고 설나라를 정벌하였으며, 제나라·초나라·위나라의 군대를 물리치고 천하의 패자가 되려고 했다고 하는데, 아마도 이때인 것 같다.
萬章은 孟子弟子라. 宋王偃이 嘗滅滕伐薛하고 敗齊楚魏之兵하여 欲霸天下라 하니 疑卽此時也라.

6-5-2. 맹자께서 말씀하셨다. "탕 임금이 박에 거처할 때 갈나라와 이웃하

였는데, 갈백이 방탕하며 제사를 지내지 않자, 탕 임금이 사람을 시켜 '왜 제사를 지내지 않소?' 하고 물으니, '제사에 바칠 희생이 없어서 그렇습니다' 하고 말하였다. 탕 임금이 사람을 시켜 소와 양을 보내 주었는데, 갈백이 그것을 먹어 버리고 또 제사를 지내지 않았다. 탕 임금이 또 사람을 시켜 '왜 제사를 지내지 않소?' 하고 물으니 '제사에 바칠 음식이 없어서 그렇습니다' 하고 말하였다. 탕 임금이 박의 백성들에게 갈나라에 가서 그들을 위해 농사를 지어 주게 하자 늙은이와 어린이들이 먹을 것을 날라다 주었다. 그러자 갈백이 자기 백성들을 거느리고 와서 술과 밥과 기장과 쌀을 가진 사람에게 강요하여 그것을 빼앗고, 주지 않는 사람은 죽였다. 한 아이가 기장과 고기를 가지고 와서 밥을 먹이자 갈백이 그 아이를 죽이고 빼앗아 갔다. 『서경』에 이르기를, '갈백이 밥을 먹이는 사람을 원수로 보았다'고 하였는데, 이를 두고 한 말이다.

孟子曰 湯이 居亳하실새 與葛爲隣이러시니 葛伯이 放而不祀어늘 湯이 使人問之曰 何爲不祀오. 曰 無以供犧牲也로이다. 湯이 使遺之牛羊하신대 葛伯이 食之하고 又不以祀어늘 湯이 又使人問之曰 何爲不祀오. 曰 無以供粢盛也로이다. 湯이 使亳衆으로 往爲之耕이어시늘 老弱이 饋食러니 葛伯이 帥其民하여 要其有酒食黍稻者하여 奪之하되 不授者를 殺之하더니 有童子 以黍肉餉이어늘 殺而奪之하니 書에 曰 葛伯이 仇餉이라 하니 此之謂也니라.

'갈(葛)'은 나라 이름이다. '백(伯)'은 벼슬이다. '방이불사(放而不祀)'는 방종하고 무도하여 선조에게 제사를 지내지 않은 것이다. '박중(亳衆)'은 탕 임금의 백성이고, '기민(其民)'은 갈나라의 백성이다. '수(授)'는 준다는 뜻이다. '향(餉)'은 또한 먹인다는 뜻이다. '서(書)'는 『상서·중훼지고』편이다. '구향(仇餉)'은 먹여주는 자와 원수가 된다는 것을 말한다.
葛은 國名이라. 伯은 爵也라. 放而不祀는 放縱無道하여 不祀先祖也라. 亳
衆은 湯之民이요 其民은 葛民也라. 授는 與也라. 餉은 亦饋也라. 書는 商書
仲虺之誥也라. 仇餉은 言與餉者爲仇也라.

6-5-3. 갈백이 그 아이를 죽였기 때문에 탕 임금이 그를 정벌하자 사해 안의 사람들이 모두 '천하를 탐내서 그런 것이 아니라 필부와 필부를 위해서 원수를 갚아 주려고 한 것이다'라고 말하였다.
爲其殺是童子而征之한대 四海之內 皆曰 非富天下也라 爲匹夫匹婦하여 復讐也라 하니라.

'비부천하(非富天下)'는 탕임금의 마음이 천하를 부유하게 여겨서 그것을 차지하고자 하는 것이 아님을 말한 것이다.
非富天下는 言湯之心이 非以天下爲富而欲得之也라.

6-5-4. 탕 임금이 처음 정벌을 갈나라부터 시작하여 열한 나라를 정벌하셨는데, 천하에 대적할 이가 없었다. 동쪽으로 향하여 정벌하면 서쪽 오랑캐들이 원망하며, 남쪽을 향하여 정벌하면 북쪽 오랑캐들이 원망하여, '왜 우리를 뒤에 정벌하는가?' 하고 말하여 백성들이 탕 임금의 정벌을 바라는 것을 마치 큰 가뭄에 비를 바라듯이 하였다. 시장에 가는 사람들이 발걸음을 멈추지 않았고, 김매는 사람은 일손을 멈추지 않았다. 탕 임금이 그 임금을 죽이고 그 백성을 위로하니, 때맞추어 비가 내린 듯이 백성들이 크게 기뻐하였다. 『서경』에 '우리 임금님을 기다리노니, 우리

임금님이 오시면 형벌이 없어지겠지'라고 하였느니라.

湯이 始征을 自葛로 載하샤 十一征而無敵於天下하니 東面而征에 西夷怨하며 南面而征에 北狄怨하야 曰 奚爲後我오 하며 民之望之 若大旱之望雨也하야 歸市者弗止하며 芸者不變이어늘 誅其君而弔其民하신대 如時雨降이라 民이 大悅하니 書에 曰徯我后하노소니 后來하시면 其無罰아 하니라.

'재(載)'는 또한 시작한다는 뜻이다. '십일정(十一征)'은 정벌한 나라가 열한 나라라는 뜻이다. 나머지는 이미 전편에 보인다.

載는 亦始也라. 十一征은 所征十一國也라. 餘는 已見前篇하니라.

6-5-5. 『서경』에 '주나라의 신하가 되지 않는 자가 있자, 동쪽을 정벌하여 그 남자와 여자들을 편안하게 해주니, 그곳 사람들이 검고 누런 비단을 광주리에 담아 가지고 나와서 우리 주왕을 영접하고 아름답게 되어 큰 읍인 주나라에 복종한다'라고 하였다. 군자들은 검고 누런 비단을 광주리에 가득 담아 가지고 와서 군자를 맞이하고, 소인들은 대그릇에 밥을 담고 호리병에 음료를 담아서 소인들을 맞이하였으니, 이것은 백성들을 물과 불의 재난 속에서 구원해 주고 잔학한 자를 제거해 주었을 뿐이었기 때문이다.

有攸不爲臣이어늘 東征하여 綏厥士女하신대 匪厥玄黃하여 紹我周王見休하여 惟臣附于大邑周하니 其君子는 實玄黃於匪하여 以迎其君子하고 其小人은 簞食壺漿으로 以迎其小人하니 救民於水火之中하여 取其殘而已矣니라.

『주서·무성편』을 살펴보면 무왕의 말이 기록되어 있는데, 맹자께서 그

글을 이와 같이 요약한 것이다. 그러나 그 말이 때로 오늘날 『서경』의 글과 다른데, 지금은 이 글에 의하여 해석한다. '신하가 되지 않는 사람이 있다'는 것은 주(紂) 임금을 도와서 나쁜 짓을 하고 주(周)나라의 신하가 되지 않는 자를 말한다. '비(匪)'는 '비(筐)'와 같다. '현황(玄黃)'은 폐백을 말한다. '소(紹)'는 잇는다는 뜻인데 섬긴다고 말하는 것과 같다. 남자와 여자들이 광주리에 검고 누런 폐백을 가득 채워 무왕을 맞이하고 섬기는 것을 말한다. 상나라 사람들이 '우리 주왕'이라고 말한 것은 『상서』에서 '우리 임금[我后]'이라고 말한 것과 같다. '휴(休)'는 아름답다는 뜻이다. 무왕이 하늘의 아름다운 명령에 순응하자 그를 섬기는 사람들이 모두 아름답게 된다는 말이다. '신부(臣附)'는 돌아와서 복종하는 것이다. 맹자께서 또한 그 뜻을 해석하여 말씀하시기를, '상나라 사람이 주나라 군사가 온다는 말을 듣고 각각 부류에 따라서 맞이한 것은 무왕이 물과 불 가운데서 백성을 구제하여 백성을 잔학하게 하는 자들을 잡아서 죽이고 포학한 일을 하지 않았기 때문이다'라고 한 것이다. '군자'는 직책이 있는 사람을 말하고, '소인'은 일반 백성을 말한다.

按周書武成篇컨대 載武王之言이어늘 孟子約其文如此라. 然이나 其辭時與今書文不類하니 今姑依此文解之하노라. 有所不爲臣은 謂助紂爲惡하여 而不爲周臣者라. 匪는 與筐同이라. 玄黃은 幣也라. 紹는 繼也니 猶言事也라. 言 其士女以匪盛玄黃之幣하여 迎武王而事之也라. 商人而曰我周王은 猶商書所謂我后也라. 休는 美也라. 言武王이 能順天休命하여 而事之者 皆見休也라. 臣附는 歸服也라. 孟子又釋其意하여 言 商人이 聞周師之來하고 名以其類相迎者는 以武王能救民於水火之中하여 取其殘民者하여 誅之하고 而不爲暴虐耳라. 君子는 謂在位之人이요 小人은 謂細民也라.

6-5-6. 『서경』「태서」에, '우리 무왕이 무력을 발휘하여 저들의 국경을 침공하여 잔학한 자를 제거하고 정벌하는 공이 크게 베풀어지니 탕 임금보다 빛나도다'라고 하였느니라.

太誓에 曰 我武를 惟揚하여 侵于之彊하여 則取于殘하여 殺伐用張하니 于湯에 有光이라 하니라.

'태서'는「주서」다. 오늘날의『서경』과 조금 다르다. 무왕이 위엄과 무용을 떨쳐 주(紂)의 경계를 침공하여 잔학한 사람을 잡아서 죽인 공이 매우 컸는데, 이것은 탕 임금이 걸 왕을 정벌한 공에 비하여 더욱 빛난다고 말한 것이다. 이것을 인용하여 윗글에서 잔학한 자를 잡았다는 뜻을 증명한 것이다.

太誓는 周書也라. 今書文亦小異라. 言 武王이 威武奮揚하여 侵彼紂之彊界하여 取其殘賊하여 而殺伐之功이 因以張大하니 比於湯之伐桀에 又有光焉이라. 引此하여 以證上文取其殘之義하시니라.

6-5-7. 왕정을 행하지 않아서 그렇지 진실로 왕정을 행한다면 사해의 안이 모두 고개를 들어 바라보면서 자기들의 임금으로 삼으려 할 것이니, 제나라 초나라가 비록 크지만 어찌 두려워할 것이 있겠는가?'

不行王政云爾언정 苟行王政이면 四海之內 皆擧首而望之하여 欲以爲君하리니 齊楚雖大나 何畏焉이리오.

송나라는 실제로 왕정을 행하지 않아 훗날 과연 제나라에게 멸망을 당하여 송나라 왕 언이 도망가다 죽었다. ○윤 씨가 말하였다. "나라를 다스리는 사람이 자기 스스로 다스려 민심을 얻으면 천하가 모두 장차 그에게로 돌아가서 일찍 정벌하지 않는 것을 원망할 것이다. 그런데 어찌 강국이라고 해서 두려워하겠는가? 진실로 스스로 다스리지 않고 강하고 약한 세력만 가지고 말한다면 이것은 두려울 만한 것이다."

宋實不能行王政이러니 後果爲齊所滅하여 王偃이 走死하니라. ○尹氏曰 爲國者 能自治而得民心이면 則天下皆將歸往之하여 恨其征伐之不早也리니 尙何彊國之足畏哉리오. 苟不自治하고 而以彊弱之勢言之면 是는 可畏而已矣니라.

6-6-1. 맹자께서 대불승에게 말씀하셨다. "당신은 당신의 왕이 착해지기를 바랍니까? 내가 분명히 당신에게 말씀드리겠소. 여기에 초나라 대부가 있는데, 그 아들이 제나라 언어를 사용하기 바란다면 제나라 사람을 시켜서 가르치겠소? 아니면 초나라 사람을 시켜서 가르치겠소?" 그러자 대불승이 대답하였다. "제나라 사람에게 가르치게 하겠습니다." 맹자께서 말씀하셨다. "한 명의 제나라 사람이 가르치는데 여러 명의 초나라 사람이 떠들어대면, 비록 날마다 매를 들고 제나라 말을 하도록 요구하더라도 되지 않을 것이오. 그러나 그를 데려다가 제나라 장악이란 거리에 몇 년 동안 놓아둔다면, 비록 날마다 매를 들고 초나라 말을 하도록 요구해도 또한 되지 않을 것이오.

孟子謂戴不勝曰 子欲子之王之善與아. 我明告子하리라. 有楚大夫於此하니 欲其子之齊語也 則使齊人傅諸아. 使楚人傅諸아. 曰 使齊人傅之니라. 曰 一齊人이 傅之어든 衆楚人이 咻之면 雖日撻而求其齊也라도 不可得矣어니와 引而置之莊嶽之間數年이면 雖日撻而求其楚라도 亦不可得矣리라.

'대불승(戴不勝)'은 송나라 신하다. '제어(齊語)'는 제나라 사람의 말이다. '부(傅)'는 가르친다는 뜻이다. '휴(咻)'는 시끄럽다는 뜻이다. '제(齊)'는 제나라 말이다. '장악(莊嶽)'은 제나라의 거리 이름이다. '초(楚)'는 초나라 말이다. 이것은 먼저 비유를 가지고 깨우쳐준 것이다.

戴不勝은 宋臣也라. 齊語는 齊人語也라. 傅는 敎也라. 咻는 讙也라. 齊는 齊語也라. 莊嶽은 齊街里名也라. 楚는 楚語也라. 此는 先設譬以曉之也라.

6-6-2. 당신이 설거주를 선량한 선비라고 해서 그를 왕의 처소에 거처하게 했는데, 왕의 처소에 있는 사람들이 어른이나 어린이나, 낮은 사람이나 높은 사람이나 모두 설거주와 같은 선량한 사람이라면 왕이 누구와 더불어 착하지 않은 일을 하겠소? 또 왕의 처소에 있는 사람들이 어른이나 어린이나, 낮은 사람이나 높은 사람이나 모두 설거주와 같은 선량한 사람이 아니라면, 왕이 누구와 더불어 착한 일을 하겠소? 한 명의 설거주가 혼자서 송나라 왕을 어떻게 하겠소?"

子謂薛居州를 善士也라 하여 使之居於王所하나니 在於王所者 長幼卑尊이 皆薛居州也면 王誰與爲不善이며 在王所者 長幼卑尊이 皆非薛居州也면 王誰與爲善이리오. 一薛居州獨如宋王에 何리오.

'거주(居州)'는 또한 송나라 신하다. 소인이 많고 군자가 혼자라면 임금을 바르게 하는 공을 이룰 수 없다고 말한 것이다.

居州는 亦宋臣이라. 言小人衆而君子獨이면 無以成正君之功이라.

6-7-1. 공손추가 물었다. "제후를 만나지 않는 것은 무슨 뜻입니까?" 맹자께

서 말씀하셨다. "옛날에는 그 신하가 되지 않고서는 그 임금을 만나보지 않았느니라."

公孫丑 問曰 不見諸侯 何義잇고. 孟子曰 古者에 不爲臣하여 不見하더니라.

'불위신'은 아직 그 나라에서 벼슬하지 않는 것을 말한다. 이것이 제후를 만나지 않는 의미다.

不爲臣은 謂未仕於其國者也라. 此는 不見諸侯之義也라.

6-7-2. 단간목은 담을 넘어 피하였고, 설류는 문을 닫고 들어오지 못하게 했는데, 이것은 모두 너무 심한 처사였다. 만약 만나려는 뜻이 간절하다면 만나볼 수 있는 것이다.

段干木은 踰垣而辟之하고 泄柳는 閉門而不內하니 是皆已甚하니 迫이어든 斯可以見矣니라.

단간목은 위나라 문후 때의 사람이고, 설류는 노나라 목공 때의 사람이다. 문후와 목공은 이 두 사람을 보려고 했는데 두 사람이 보려고 하지 않았으니, 아직 신하가 되지 않았기 때문이다. '이심'은 너무 심한 것이다. '박'은 요구해서 만나려는 마음이 간절함을 말한다.

段干木은 魏文侯時人이요. 泄柳는 魯繆公時人이라. 文侯繆公이 欲見此二人이로되 而二人不肯見之하니 蓋未爲臣也라. 已甚은 過甚也라. 迫은 謂求見之切也라.

6-7-3. 양화가 공자를 불러서 만나보고 싶었는데 사람들이 무례하다고 할까

싫었다. 그래서 대부가 사(士)에게 물건을 하사할 경우, 자기 집에서 직접 받지 못했으면, 나중에 보내 온 대부의 문에 가서 절을 하는 예법이 있었다. 양화는 공자께서 출타하신 틈을 엿보아 공자께 삶은 돼지고기를 보냈다. 공자께서도 역시 양화가 없는 틈을 엿보아 찾아가서 그 문에 절을 하셨다. 이때 양화가 먼저 예를 갖추어 찾아뵈었으면 어찌 공자께서 만나보지 않았겠는가?

陽貨 欲見孔子而惡無禮하여 大夫有賜於士이든 不得受於其家면 則往拜其門일새 陽貨 矙孔子之亡也 而饋孔子蒸豚한대 孔子亦矙其亡也 而往拜之하시니 當是時하여 陽貨先이면 豈得不見이시리오.

이것은 공자의 일을 인용하여 만날 수 있는 절차를 밝힌 것이다. '욕견공자'는 공자를 불러서 자기를 만나게 하려는 것이다. '오무례'는 다른 사람이 자신을 무례하다고 여길까 두려운 것이다. '수어기가'는 사람을 시켜서 집에서 절하고 받게 한 것이다. '기문'은 대부의 문이다. '감'은 엿본다는 뜻이다. 양화는 노나라 대부이고 공자는 사(士)였다. 그러므로 이 물건을 가지고 공자가 없는 틈을 타서 주고 그가 와서 절하고 만나려고 한 것이다. '선'은 먼저 와서 예를 갖추는 것을 말한다.

此는 又引孔子之事하여 以明可見之節也라. 欲見孔子는 欲召孔子하여 來見己也라. 惡無禮는 畏人以己爲無禮也라. 受於其家는 對使人하여 拜受於家也라. 其門은 大夫之門也라. 矙은 窺也라. 陽貨는 於魯에 爲大夫요 孔子는 爲士라. 故로 以此物로 及其不在而饋之하여 欲其來拜而見之也라. 先은 謂先來加禮也라.

6-7-4. 증자께서 말씀하시기를, '어깨를 들썩거리고 억지로 웃는 것이 여름에 밭에서 일하는 것보다 힘들다'고 하셨고, 자로는 말하기를, '뜻이 일치하지 않은데 함께 말하는 사람은 그 표정을 살펴보면 무안해서 얼굴빛이 붉어진다. 이런 것은 내 알 바가 아니다'라고 말하였다. 이로 미루어 살펴보건대, 군자가 기르는 것을 알 수 있다."

曾子曰 脅肩諂笑 病于夏畦라 하며 子路曰 未同而言을 觀其色컨대 赧赧然이라. 非由之所知也라 하니 由是觀之 則君子之所養을 可知已矣니라.

'협견'은 몸을 삼가는 것이다. '첨소'는 억지로 웃는 것이다. 이것은 모두 소인이 옆에서 아첨하는 태도다. '병'은 피로한 것이다. '하휴'는 여름에 밭에서 일하는 사람이다. 이렇게 아첨하는 사람은 여름에 밭에서 일하는 사람보다 피곤하다고 말한 것이다. '미동이언'은 다른 사람과 아직 뜻이 일치하지 않았는데 그와 함께 억지로 말하는 것이다. '난난'은 부끄러워서 얼굴이 빨개지는 모습이다. '유'는 자로의 이름이다. 자기가 알 바가 아니라고 말한 것은 매우 미워하는 말이다. 맹자께서 말씀하시기를, 이 두 가지 말로 관찰해보면 두 사람이 기르는 것을 알 수 있으니, 반드시 예가 이르기를 기다리지 않고 문득 가서 만나는 것을 좋아하지 않은 것이다. ○이 장은 "성인은 예의가 바르고 절도에 맞았으니 지나친 사람은 박절한데 상하여 넓지 않고, 미치지 못하는 사람은 더럽고 천박한데 빠져서 부끄러워하지 않는다"고 말한 것이다.

脅肩은 竦體요 諂笑는 彊笑니 皆小人側媚之態也라. 病은 勞也라. 夏畦는 夏月治畦之人也라. 言爲此者其勞過於夏畦之人也라. 未同而言은 與人未合而彊與之言也라. 赧赧은 慙而面赤之貌라. 由는 子路名이라. 言非己

所知는 甚惡之之辭也라. 孟子言 由此二言觀之면 則二子之所養을 可知
니 必不肯不侯其禮之至而輒往見之也라라. ○此章은 言聖人은 禮義之
中正이니 過之者는 傷於迫切而不洪하고 不及者는 淪於汚賤而不恥니라.

6-8-1. 대영지가 말하였다. "10분의 1만 조세와 관문과 시장의 세금을 철폐
하여 백성의 부담을 덜어주고 싶습니다만 지금 당장은 할 수 없으니, 청
컨대 금년에는 세금을 줄여 주고 내년을 기다린 뒤에 폐지하려고 하는데
어떻겠습니까?"
戴盈之曰 什一과 去關市之征을 今玆未能이란대 請輕之하여 以待來年然
後에 已호대 何如하니잇고.

'영지'는 또한 송나라 대부다. '십일'은 정전의 제도다. '관시지정'은 상인
에 대한 세금이다. '이'는 그친다는 뜻이다.
盈之는 亦宋大夫也라. 什一은 井田之法也라. 關市之征은 商賈之稅也라.
已는 止也라.

6-8-2. 맹자께서 말씀하셨다. "지금 어떤 사람이 매일 이웃집의 닭을 훔쳤
는데, 누군가가 그에게 '그것은 군자의 도리가 아니오' 하고 일러주었습
니다. 대답하기를, '청컨대 그 수를 줄여서 한 달에 한 마리씩 훔치다가
내년을 기다린 뒤에 그만두도록 하겠소' 하고 말했다면 어떻겠습니까?
孟子曰 今有人이 日攘其鄰之雞者어든 或이 告之曰 是非君子之道라 한대
曰 請損之하여 月攘一雞하여 以待來年然後에 已로다.

'양'은 사물이 스스로 오는 것을 취한 것이다. '손'은 줄이는 것이다.
攘은 物自來而取之也라. 損은 減也라.

6-8-3. 만일 옳지 않다는 것을 알았으면 빨리 그만둘 것이지 어찌 내년까지 기다려야 하겠소?"
如知其非義인댄 斯速已矣니 何待來年이리오.

의리상 옳지 않다는 사실을 알고 빨리 고치지 않는 것은 매달 한 마리의 닭을 훔치는 것과 무엇이 다르겠는가?
知義理之不可而不能速改는 與月攘一鷄로 何以異哉리오.

6-9-1. 공도자가 말하였다. "외부 사람들이 모두 선생님께서 변론을 좋아한다고 하는데, 감히 여쭈어 보겠습니다. 왜 그렇습니까?" 맹자께서 말씀하셨다. "내가 어찌 변론을 좋아하겠는가? 마지못해 그러는 것이니라. 천하에 사람이 살아온 지가 오래되었는데, 한 번 다스려지고 한 번 혼란했었다.
公都子曰 外人이 皆稱夫子好辯하나니 敢問何也잇고. 孟子曰 予豈好辯哉리오. 予不得已也로라. 天下之生이 久矣라 一治一亂이니라.

'생'은 생민을 말한다. 한 번 다스려지고 한 번 혼란한 것은 기의 변화가 융성하고 쇠퇴함과 인사의 득실이 반복하여 서로 찾는 것이니 이치의 떳떳함이다.
生은 謂生民也라. 一治一亂은 氣化盛衰와 人事得失이 反覆相尋이니 理之

常也라.

6-9-2. 요 임금의 때를 당하여 물이 역행하여 중국에 범람하게 되자 뱀과 용이 우글거리니, 백성들이 정착할 데가 없어서 낮은 지역에 있는 사람들은 둥지를 만들어 살았고, 높은 지역에 있는 사람들은 굴을 파고 살았다. 『서경』에 '강수가 나를 경각하게 했다'고 했으니, 강수란 홍수를 말한다.

當堯之時하여 水逆行하여 氾濫於中國하여 蛇龍이 居之하니 民無所定하여 下者는 爲巢하고 上者는 爲營窟하니 書에 曰 洚水警余라 하니 洚水者는 洪水也니라.

'수역행'은 하류가 막힌 것이다. 그러므로 물이 거꾸로 흘러 옆으로 넘치는 것이다. '하'는 낮은 땅이고, '상'은 높은 땅이다. '영굴'은 굴 속에 거처하는 것이다. '서'는『서경』「우서·대우모」이다. '강수'는 흘러내리는 데 끝이 없는 물이다. '경'은 경계한다는 뜻이다. 이것은 한 번 혼란한 것이다.

水逆行은 下流壅塞이라. 故로 水倒流而旁溢也라. 下는 下地요 上은 高地也라. 營窟은 穴處也라. 書는 虞書大禹謨也라. 洚水는 洚洞無涯之水也라. 警은 戒也라. 此는 一亂也라.

6-9-3. 우 임금으로 하여금 홍수를 다스리게 하니, 우 임금이 땅을 파서 바다로 빠지게 하고, 뱀과 용을 몰아내어 늪으로 쫓아 버렸다. 물이 양 언덕 사이로 흘러 들어가니, 장강과 회수와 황하와 한수가 그것이다. 어려

움이 이미 제거되고 새와 짐승이 사람을 해치는 일이 사라진 뒤에야 사람들이 평지를 얻어 살게 되었다.

使禹治之어늘 禹掘地而注之海하고 驅蛇龍而放之菹한대 水由地中行하니 江淮河漢이 是也라 險阻旣遠하며 鳥獸之害人者 消然後에 人得平土而居之하니라.

'굴지'는 땅을 파서 막힌 것을 제거하는 것이다. '저'는 연못에서 나는 풀이다. '험저'는 물이 범람하는 것을 말한다. '원'은 제거된 것이다. '소'는 사라진 것이다. 이것은 한 번 다스려진 것이다.

掘地는 掘去壅塞也라. 菹는 澤生草者也라. 地中은 兩涯之間也라. 險阻는 謂水之氾濫也라. 遠은 去也요 消는 除也라. 此는 一治也라.

6-9-4. 요 임금과 순 임금이 돌아가시니 성인의 도가 쇠퇴하여 폭군이 대대로 일어나 백성들의 집을 허물고 웅덩이와 연못을 만들어 백성들이 편안히 쉴 곳이 없었고, 농지를 버려 동산을 만들자 백성들은 옷과 음식을 얻지 못하게 되었다. 괴이한 학설과 포악한 행동이 생겨나고, 동산과 연못과 늪이 많아져 새와 짐승이 모이게 되었다. 주 왕의 몸에 이르러 천하가 또 다시 크게 어지러웠다.

堯舜이 旣沒하시니 聖人之道衰하여 暴君이 代作하여 壞宮室以爲汙池하여 民無所安息하며 棄田以爲園囿하여 使民不得衣食하고 邪說暴行이 又作하여 園囿汙池沛澤이 多而禽獸至하니 及紂之身하여 天下又大亂하니라.

'폭군'은 하나라의 태강·공갑·이계와 상나라의 무을과 같은 사람을 말한다. '궁실'은 백성이 사는 곳이다. '패'는 초목이 생겨나는 곳이고, '택'은 물이 모이는 곳이다. 요순이 죽고 여기에 이르기까지 다스림과 혼란함이 한결같지 않으니 주에 이르러 한 번 크게 혼란했다.

暴君은 謂夏太康孔甲履癸와 商武乙之類也라. 宮室은 民居也라. 沛는 草木之所生也요 澤은 水所鍾也라. 自堯舜沒로 至此에 治亂非一이니 及紂而又一大亂也라.

6-9-5. 주공이 무왕을 도와 주왕을 죽이고, 엄나라를 정벌한 지 3년 만에 그 임금을 죽이고, 비렴을 바다 구석으로 몰아내어 죽이니 나라를 멸망시킨 것이 50여개 국에 이르렀고, 범·표범·물소·코끼리를 몰아내어 멀리 쫓아 버리니, 온 천하가 크게 기뻐하였다. 『서경』에 이르기를, '크게 빛나는구나, 문왕의 계획이여. 크게 계승하셨구나, 무왕의 빛나는 공훈이여. 우리 후인을 도와 계발시키되, 모두 정도로써 하고 결함이 없게 하셨도다'라고 하였느니라.

周公이 相武王하서 誅紂하시고 伐奄三年에 討其君하시고 驅飛廉於海隅而戮之하시니 滅國者五十이오 驅虎豹犀象而遠之하신대 天下大悅하니 書에 曰 丕顯哉라 文王謨여. 丕承哉라 武王烈이여. 佑啓我後人하사대 咸以正無缺이라 하니라.

'엄'은 동쪽의 나라인데 주를 도와서 포악한 짓을 했다. '비렴'은 주가 총애하는 신하다. '오십 국'은 모두 주와 같은 무리들인데 백성을 학대했다. '서'는 「주서·군아」편이다. '비'는 크다는 뜻이고, '현'은 밝다는 뜻이다. '모'는 꾀한다는 뜻이다. '승'은 잇는다는 뜻이다. '열'은 빛난다는 뜻이다.

'우'는 돕는다는 뜻이고, '계'는 열다는 뜻이다. '결'은 무너진다는 뜻이다. 이것은 한 번 다스려진 경우다.

奄은 東方之國이니 助紂爲虐者也라. 飛廉은 紂幸臣也라. 五十國은 皆紂黨虐民者也라. 書는 周書君牙之篇이라. 丕는 大也요 顯은 明也라. 謨는 謀也라. 承은 繼也라. 烈은 光也라. 佑는 助也요 啓는 開也라. 缺은 壞也라. 此는 一治也라.

6-9-6. 세상이 쇠퇴하고 도가 미약해져서, 괴이한 학설과 난폭한 행위가 일어나게 되어, 신하로서 자기 임금을 죽이는 자도 있었고, 자식으로서 자기 아버지를 죽이는 자도 있었느니라.

世衰道微하여 邪說暴行이 有作하여 臣弑其君者 有之하며 子弑其父者 有之하니라.

이것은 주나라 왕조가 동쪽으로 도읍을 옮긴 뒤의 일이므로 또 한 번 혼란한 것이다.

此는 周室東遷之後니 又一亂也라.

6-9-7. 공자께서 이러한 일을 두렵게 여겨 『춘추』를 지으셨으니, 『춘추』는 천자가 하는 일이다. 그렇기 때문에 공자께서 말씀하시기를, '나를 알아주는 사람도 오직 『춘추』 때문일 것이며, 나를 비방하는 사람도 오직 『춘추』 때문일 것이다'라고 하셨느니라.

孔子懼하셔 作春秋하시니 春秋는 天子之事也라. 是故로 孔子曰 知我者도 其惟春秋乎며 罪我者도 其惟春秋乎인저 하시니라.

호 씨가 말하기를, "중니께서 『춘추』를 저술하여 왕법에 붙이셨으니 법을 두텁게 하고, 예를 사용하고, 덕을 명하고, 죄를 토벌함의 큰 요지가 모두 천자의 일이다. 공자를 아는 사람은 이 책을 저술한 것이 횡행하는 인욕을 막고 없어진 천리를 보존하여 후세를 위한 생각이 지극히 심원하게 되었다고 말한다. 공자를 비방하는 사람은 지위가 없이 242년 동안의 왕권에 위탁하여 난신적자로 하여금 욕심을 막고 방자하지 못하게 하였으니 슬픈 일이라고 말한다. 내가 생각하건대, 공자께서 『춘추』를 저술하여 난신적자를 성토하여 다스리는 법이 만세에 드리워졌는데, 이 또한 한 번 다스려진 경우다.

胡氏曰 仲尼作春秋하여 以寓王法하시니 惇典庸禮와 命德討罪가 其大要皆天子之事也라. 知孔子者는 謂此書之作이 遏人欲於橫流하고 存天理於旣滅하여 爲後世慮가 至深遠也라 하고 罪孔子者는 以謂無其位而託二百四十二年南面之權하여 使亂臣賊子로 禁其欲而不得肆하니 則戚矣라 하니라. 愚謂 孔子作春秋하여 以討亂賊하시니 則致治之法이 垂於萬世하니 是亦一治也니라.

6-9-8. 성왕이 나오지 아니하여 제후가 방자해지고, 재야 학자들도 학설을 함부로 의논하여 양주와 묵적의 말이 천하에 가득해서, 천하의 말이 양주에게로 돌아가지 않으면 묵적에게로 돌아간다. 양 씨는 자신만을 위하니 이것은 임금이 없는 것과 같고, 묵 씨는 모든 사람을 똑같이 사랑하니 이것은 부모가 없는 것과 같은 것이다. 부모가 없고 임금이 없다면 이것은 짐승에 불과하다. 공명의가 말하기를, '푸줏간에 살찐 고기가 있고 마굿간에 살찐 말이 있는데도, 백성들은 굶주린 기색이 있고, 들에 굶

어 죽은 시체가 있다면, 이것은 짐승을 몰아다가 사람을 잡아먹게 하는 것이다'라고 하였다. 양주와 묵적의 도가 사라지지 않으면 공자의 도가 드러나지 않을 것이다. 이것은 괴이한 말이 백성들을 속여서 인의를 꼭 막아 버리는 것이니, 인의가 막히면 짐승을 몰아다가 사람을 잡아먹게 하다가, 이윽고는 사람이 서로 잡아먹게 될 것이니라.

聖王이 不作하여 諸侯放恣하며 處士橫議하여 楊朱墨翟之言이 盈天下하여 天下之言이 不歸楊則歸墨하니 楊氏는 爲我하니 是는 無君也오 墨氏는 兼愛하니 是는 無父也니 無父無君은 是禽獸也니라. 公明儀曰 庖有肥肉하며 廐有肥馬어든 民有飢色하며 野有餓莩면 此는 率獸而食人也라 하니 楊墨之道 不息하면 孔子之道不著하리니 是는 邪說이 誣民하여 充塞仁義也니 仁義充塞 則率獸食人하다가 人將相食하리라.

'양주'는 다만 자신만을 사랑할 줄 알고 몸을 바치는 의리가 있음을 알지 못하였기 때문에 임금이 없는 것과 같다. 묵자는 사랑하는 데 차별이 없어서 아주 친한 사람을 일반 사람과 다름이 없이 보았기 때문에 부모가 없는 것과 같다. 부모가 없고 임금이 없으면 인간의 도리가 끊어지게 되는 것이니 이것은 금수일 뿐이다. 공명의의 말은 뜻이 머리편에 나타나 있다. '충색인의'는 간악한 말이 가득 차서 인의를 방해하는 것이다. 맹자께서 공명의의 말을 인용하여 양주와 묵적의 도가 행해진다면 사람이 모두 부모도 없고 임금도 없으므로 금수에 빠지게 되어 큰 혼란이 장차 일어날 것이니 이것은 또한 짐승을 몰아다 사람을 먹게 하는 것이고 사람들이 서로 잡아먹는 것을 밝힌 것이다. 이것은 또한 한 번 혼란하게 된 경우다.

楊朱는 但知愛身而不復知有致身之義라 故로 無君이요 墨子는 愛無差等
하여 而視其至親을 無異衆人이라 故로 無父라. 無父無君이면 則人道滅絶이
니 是亦禽獸而已라. 公明儀之言은 義見首篇하니라. 充塞仁義는 謂邪說偏
滿하여 妨於仁義也라. 孟子引儀之言하사 以明楊墨道行이면 則人皆無父
無君하여 以陷於禽獸而大亂將起하리니 是亦率獸食人而人又相食也라.
此는 又一亂也라.

6-9-9. 나는 이것을 두려워하여 앞서가신 성인의 도를 지켜서 양주·묵적
을 배척하며, 음란한 말을 몰아내서 괴이한 학설을 내세우는 자가 나오
지 못하게 하려는 것이다. 괴이한 사상이 마음에 일어나면 일에 해가 되
고, 그것이 일에서 일어나면 정사에 해가 미치게 되니, 성인이 다시 나오
셔도 내 말을 바꾸지 않으실 것이다.
吾爲此懼하여 閑先聖之道하여 距楊墨하며 放淫辭하여 邪說者不得作게 하노
니 作於其心하여 害於其事하며 作於其事하여 害於其政하나니 聖人이 復起사
도 不易吾言矣시리라.

'한'은 지킨다는 뜻이다. '방'은 몰아다가 멀리 내치는 것이다. '작'은 일어
난다는 뜻이다. '사'는 행하는 것이고, '정'은 큰 요체다. 맹자께서 비록
당시에 뜻을 얻지 못하였으나 양묵의 해가 이로부터 사라져서 군신과 부
자의 도리가 여기에 힘입어 실추되지 않았으니 또한 한 번 다스려진 경
우다. 정자가 말하기를, "양주와 묵적의 해악은 신불해(申不害)나 한비
자보다 심하고, 불교와 노장의 해악은 양주와 묵적보다 심하다. 대개 양
씨는 나만을 위하기 때문에 의로 의심되고, 묵 씨는 겸애이기 때문에 인

으로 의심되고, 신도와 한비자는 천박하여 알기 쉽다. 그렇기 때문에 맹자께서 양묵을 물리치셨는데, 세상을 혼란하게 하고 백성을 속이는 것이 심하기 때문이다. 불 씨의 말은 이치에 가까워 또한 양묵에 견줄 수 없는데 해악은 더욱 심하다"라고 하였다.

閑은 衛也라. 放은 驅而遠之也라. 作은 起也라. 事는 所行이요 政은 大體也라. 孟子雖不得志於時나 然이나 楊墨之害自是滅息하여 而君臣父子之道賴以不墜하니 是亦一治也라. 程子曰 楊墨之害는 甚於申韓하고 佛老之害는 甚於楊墨하니 蓋楊氏는 爲我하니 疑於義하고 墨氏는 兼愛하니 疑於仁이요 申韓則淺陋易見이라. 故로 孟子止闢楊墨하시니 爲其惑世之甚也니라. 佛氏之言은 近理하니 又非楊墨之比라 所以爲害尤甚이니라.

6-9-10. 옛날에 우 임금이 홍수를 막자 천하가 태평해졌고, 주공이 이적을 병합하고 맹수를 몰아내자 백성들이 편안해졌고, 공자께서 『춘추』를 완성하자 난신적자들이 두려워하게 되었느니라.

昔者에 禹抑洪水 而天下平하고 周公이 兼夷狄驅猛獸 而百姓이 寧하고 孔子成春秋 而亂臣賊子 懼하니라.

'억'은 그치게 하는 것이다. '겸'은 병합하는 것이다. 윗글을 모두 결론지은 것이다.

抑은 止也라. 兼은 幷之也라. 總結上文也라.

6-9-11. 『시경』에, '융적을 치니 형서가 이에 징계되어 나에게 감히 대적할 자가 없었다'고 하였거니와, 부모도 없고 임금도 없는 것은 주공도 징계

한 것이다.
詩云 戎狄是膺_{하니} 荊舒是懲_{하여} 則莫我敢承_{이라} _{하니} 無父無君_은 是周公所膺也_{니라}.

해설이 윗 편에 나타난다. '승'은 대적한다는 뜻이다.
說見上篇_{하니라}. 承_은 當也_라.

6-9-12. 내가 또한 사람의 마음을 바로잡아 괴이한 학설을 종식시키며, 편벽된 행실을 막고, 음란한 말을 몰아내서 세 분 성인을 계승하려 하는데, 어찌 변론을 좋아하겠는가? 나는 마지못해 하는 것이다.
我亦欲正人心_{하여} 息邪說_{하며} 距詖行_{하며} 放淫辭_{하여} 以承三聖者_{로니} 豈好辯哉_{리오}. 予不得已也_{니라}.

'피음'은 해석이 전편에 나타난다. '사'는 말이 자세한 것이다. '승'은 계승한다는 뜻이다. '삼성'은 우 임금·주공·공자를 말한다. 대개 사악한 말들이 횡행하여 사람의 마음을 파괴하는 것이 홍수나 맹수의 재앙보다 심하고, 오랑캐가 임금을 찬탈하고 죽이는 재앙보다 참혹하다. 그러므로 맹자께서 매우 두려워하여 힘써서 구제하려고 한 것이다. 거듭 '어찌 변론을 좋아하겠는가? 나는 마지못해 하는 것이다'라고 말한 것은 깊이 자기의 뜻을 전한 것이다. 그러나 도를 아는 군자가 아니면 누가 부득이해서 그렇게 하는 까닭을 진실로 알 수 있겠는가?
詖淫_은 解見前篇_{하니라}. 辭者_는 說之詳也_라. 承_은 繼也_라. 三聖_은 禹周公孔子也_라. 蓋邪說橫流_{하여} 壞人心術_이 甚於洪水猛獸之災_{하고} 慘於夷狄

篡弑之禍라. 故로 孟子深懼而力救之하시니라. 再言豈好辯哉予不得已也는 所以深致意焉이라. 然이나 非知道之君子면 孰能眞知其所以不得已之故哉리오.

6-9-13. 양주·묵적을 막는 것을 말하는 자는 성인의 무리다."
能言距楊墨者는 聖人之徒也니라.

진실로 양주와 묵적의 학설을 막는 사람이 있다면 따르는 것이 바를 것이니, 비록 반드시 도를 알지 못하더라도 또한 성인의 무리다. 맹자께서 이미 공도자의 질문에 대답하셨지만, 뜻이 미진하기 때문에 다시 이 말씀을 하신 것이다. 대개 사악한 학설이 바른 것을 해치면 사람들이 공격하기 때문에 반드시 성현이 할 필요는 없다. 마치 『춘추』의 법에 난신적자를 사람들이 죽이지 반드시 사사가 할 필요가 없는 것과 같다. 성인께서 세상을 구제하고 법을 세우는 의미가 이와 같이 간절하니, 만약 이 뜻으로 미루어 본다면 공격하고 토벌하지 못하고, 또 반드시 공격하고 토벌할 필요가 없다고 주장하는 사람은 간악한 무리이고 난신적자의 집단이라는 것을 알 수 있다. ○윤 씨가 말했다. "학자가 시비의 근원에 대하여 조금이라도 차질이 있으면 백성들에게 해로움이 생기고 재앙이 후세에 미치게 된다. 그러므로 맹자께서 사악한 학설을 이와 같이 엄격하게 변론하고, 스스로 세 성인의 공적을 계승했다고 여겼다. 이때에 바야흐로 변론을 좋아한다고 지목을 받았으니 이것은 보통 사람의 마음으로 성현의 마음을 헤아린 것이다."

言苟有能爲此距楊墨之說者면 則其所趨正矣니 雖未必知道나 是亦聖

人之徒也_라. 孟子旣答公都子之問而意有未盡_{이라}. 故_로 復言此_{하시니라}. 蓋邪說害正_을 人人得而攻之_요 不必聖賢_{이니} 如春秋之法_에 亂臣賊子_를 人人得而誅之_요 不必士師也_라. 聖人救世立法之意_가 其切如此_{하니} 若以此意推之_면 則不能攻討_{하고} 而又唱爲不必攻討之說者_는 其爲邪詖之徒 亂賊之黨_을 可知矣_{로다}. ○ 尹氏曰 學者於是非之原_에 毫釐有差_면 則害流於生民_{하고} 禍及於後世_라. 故_로 孟子辯邪說_을 如是之嚴_{하시고} 而自以爲承三聖之功也_{어시늘} 當是時_{하여} 方且以好辯目之_{하니} 是_는 以常人之心_{으로} 而度聖賢之心也_{니라}.

6-10-1. 광장이 말하였다. "진중자는 어찌 참으로 청렴한 선비가 아니겠습니까? 오릉에서 살 때 사흘을 먹지 못하여 귀가 들리지 않고 눈이 보이지 않았는데, 우물가에 굼벵이가 그 열매를 반 이상이나 파먹은 오얏나무가 있어, 기어가서 장차 집어먹고 세 번 삼킨 뒤에야 귀가 들리고 눈이 보였습니다."

匡章_이 曰 陳仲子_는 豈不誠廉士哉_{리오}. 居於陵_{할새} 三日不食_{하여} 耳無聞_{하며} 目無見也_{러니} 井上有李 螬食實者 過半矣_{어늘} 匍匐往將食之_{하여} 三咽然後_{에야} 耳有聞_{하며} 目有見_{하니이다}.

광장과 진중자는 모두 제나라 사람이다. '염'은 분별이 있어서 구차하게 취하지 않는 것이다. '오릉'은 지명이다. '조(螬)'는 굼벵이를 말한다. '포복'은 힘이 없어서 가지 못하는 것을 말한다. '인'은 삼킨다는 뜻이다.

匡章, 陳仲子_는 皆齊人_{이라}. 廉_은 有分辨_{하여} 不苟取也_라. 於陵_은 地名_{이라}. 螬_는 蠐螬蟲也_라. 匍匐_은 言無力不能行也_라. 咽_은 吞也_라.

6-10-2. 맹자께서 말씀하셨다. "제나라 선비 중에서 나는 반드시 중자를 으뜸으로 생각합니다. 그러나 어찌 중자를 청렴하다 할 수 있겠소? 중자의 지조를 채우려면 지렁이가 된 뒤에야 가능할 것입니다.
孟子曰 於齊國之士에 吾必以仲子로 爲巨擘焉이어니와 雖然이나 仲子는 惡能廉이리오. 充仲子之操면 則蚓而後可者也니라.

'거벽'은 큰 손가락을 말하는데, 제나라 사람 가운데 중자가 있는 것은 마치 여러 작은 손가락 가운데 큰 손가락이 있는 것과 같다. '충'은 미루어 가득 채우는 것이다. '조'는 지키는 것이다. '인'은 지렁이를 말한다. 중자는 아직 청렴하다고 말할 수 없으니 반드시 자신이 지키는 의지를 가득 채운다면 오직 지렁이처럼 세상에 요구하는 것이 없게 된 다음에야 청렴하게 될 뿐이라고 말한 것이다.
巨擘은 大指也니 言齊人中에 有仲子는 如衆小指中에 有大指也라. 充은 推而滿之也라. 操는 所守也라. 蚓은 丘蚓也라. 言仲子未得爲廉也니 必若滿其所守之志면 則惟丘蚓之無求於世然後에 可以爲廉耳니라.

6-10-3. 지렁이는 위로 마른 흙을 먹고, 아래로 흐린 물을 마십니다. 중자가 거처하는 집은 백이가 지은 것이오, 아니면 도척이 지은 것이오? 그가 먹는 곡식은 백이가 심은 것이오, 아니면 도척이 심은 것이오? 이것을 알 수 없군요."
夫蚓은 上食槁壤하고 下飮黃泉하나니 仲子所居之室은 伯夷之所築與아 抑亦盜跖之所築與아. 所食之粟은 伯夷之所樹與아. 抑亦盜跖之所樹與아. 是未可知也로다.

'고양'은 마른 흙이고, '황천'은 흐린 물이다. '억'은 발어사다. 지렁이는 남에게 요구하는 것이 없고 스스로 만족하는데, 중자는 집에 거처하고 곡식 먹는 것을 면하지 못하였으니, 만약 근원지가 혹 옳지 않다면 이것은 지렁이의 청렴함보다 못한 것이다.

槁壤은 乾土也라. 黃泉은 濁水也라. 抑은 發語辭也라. 言蚓은 無求於人而自足이어니와 而仲子는 不免居室食粟하니 若所從來가 或有非義면 則是未能如蚓之廉也라.

6-10-4. 광장이 말했다. "그 어찌 나쁜 것입니까? 그는 몸소 신을 만들고 아내는 베를 짜고 길쌈하여 다른 곡식과 바꾸어 먹고 있습니다."

曰 是何傷哉리오. 彼身織屨하고 妻辟纑하여 以易之也니이다.

'벽'은 짜는 것이고, '노'는 길쌈하는 것이다.

辟은 績也요 纑는 練麻也라.

6-10-5. 맹자께서 말씀하셨다. "중자는 제나라에서 대대로 벼슬하던 집안 사람이오. 형 대는 합 고을에서 받는 녹이 만 종이었는데, 형의 녹이 의롭지 않은 녹이라고 해서 먹지 않았으며, 형의 집을 의롭지 않은 집이라고 해서 살지 않고, 형을 피하고 어머니를 떠나서 오릉에 살았던 것이오. 훗날 집에 돌아가자, 그의 형에게 살아있는 거위를 선물하는 사람이 있었는데, 그는 이맛살을 찌푸리며 '이 꽥꽥거리는 것을 어디에 쓰겠는가?' 하고 말했소. 훗날에 그의 어머니가 이 거위를 잡아서 중자에게 먹였는데, 그의 형이 밖에서 들어와서 '그것은 꽥꽥거리는 짐승의 고기다' 하고

말하자, 그는 밖으로 나가서 토해 버렸소.

曰 仲子는 齊之世家也라 兄戴 蓋祿이 萬鍾이러니 以兄之祿으로 爲不義之祿而不食也하며 以兄之室로 爲不義之室而不居也하고 辟兄離母하여 處於於陵이러니 他日에 歸則有饋其兄生鵝者어늘 己頻顣曰 惡用是鶃鶃者爲哉리오 他日에 其母殺是鵝也하여 與之食之러니 其兄이 自外至曰 是鶃鶃之肉也라 한대 出而哇之하니라.

'세가'는 대대로 경의 벼슬을 한 집안이다. 형의 이름이 대였는데, 합 땅을 채읍으로 삼으니 그 수입이 만 종이었다. '귀'는 오릉에서 돌아온 것이다. '기'는 중자다. '얼얼(鶃鶃)'은 거위의 소리다. 찡그리며 말하는 것은 형이 선물로 받는 것은 의로움이 아니기 때문이다. '와(哇)'는 토하는 것이다.

世家는 世卿之家라. 兄名戴가 食采於蓋하니 其入萬鍾也라. 歸는 自於陵歸也라. 己는 仲子也라. 鶃鶃은 鵝聲也라. 頻顣而言은 以其兄受饋爲不義也라. 哇는 吐之也라.

6-10-6. 어머니가 주면 먹지 않고 아내가 주면 먹으며, 형의 집에서는 살지 않고 오릉에서는 살았으니, 이런 것으로 오히려 그의 지조를 충족시킨다고 할 수 있겠소? 중자 같은 사람은 지렁이가 된 뒤에야 그 지조를 충족시킬 수 있을 것이오."

以母則不食하고 以妻則食之하며 以兄之室則弗居하고 以於陵則居之하니 是尙爲能充其類也乎아. 若仲子者는 蚓而後充其操者也니라.

중자는 어머니가 주는 음식과 형의 집을 옳지 않다고 여겨서 먹지도 않고 거처하지도 않았으며, 이와 같이 지조를 지켰다. 그런데 아내가 길쌈을 해서 바꾼 곡식과 오릉에 거처하는 집은 이미 백이가 한 행위가 아니라면 역시 불의한 종류일 뿐인데, 지금 중자는 여기서는 먹지도 않고 살지도 않으며 저기서는 먹기도 하고 살기도 하니 어찌 지조를 지키는 종류에 충만할 수 있겠는가? 반드시 스스로 만족함이 없기를 지렁이같이 해야 자기의 뜻을 충족시켜 청렴하다고 할 수 있을 것이다. 그러나 어찌 사람이 할 수 있는 일이겠는가? ○ 범 씨가 말하기를, "하늘이 낳는 것과 땅이 기르는 것 가운데 오직 사람이 가장 위대하다. 사람이 위대한 까닭은 오륜이 있기 때문이다. 중자가 형을 피하고 어머니와 떨어지는 것은 친척과 군신과 상하 관계가 없는 것이다. 이것은 인륜이 없는 것이니, 어찌 인륜이 없이 청렴할 수 있겠는가?"라고 하였다.

言仲子以母之食, 兄之室로 爲不義라 하여 而不食不居하니 其操守如此로되 至於妻所易之粟과 於陵所居之室하여는 旣未必伯夷之所爲면 則亦不義之類耳어늘 今仲子於此則不食不居하고 於彼則食之居之하니 豈爲能充滿其操守之類者乎아. 必其無求自足을 如丘蚓然이라야 乃爲能滿其志而得爲廉耳라. 然이나 豈人之所可爲哉리오. ○ 范氏曰 天之所生과 地之所養에 惟人爲大하니 人之所以爲大者는 以其有人倫也라. 仲子避兄離母하여 無親戚君臣上下하니 是는 無人倫也니 豈有無人倫而可以爲廉哉리오.

이루장구 상(離婁章句上)

모두 스물여덟 장이다.

凡二十八章이라.

이 장에서는 요순과 같은 선왕의 정치를 본받아야 하며,
천명과 화복이 스스로 만든 것임을 주장하고 있다.
또한 많이 회자되는 자포자기에 대해 설명하고,
이익에 따라 자신을 굽혀서는 안 된다고 말하고 있다.
부모를 섬기는 도리와 스승을 섬기는 도리가
모든 도리의 근원임을 설명하고 있다.

7-1-1. 맹자께서 말씀하셨다. "이루의 밝은 눈과 공수자의 교묘한 기술로도 걸음쇠와 자를 사용하지 않으면 모난 것과 둥근 것을 만들 수 없고, 사광의 총명한 귀로도 육률을 사용하지 않으면 다섯 가지 음을 바로 잡을 수 없고, 요 임금과 순 임금의 도로도 어진 정사를 쓰지 않으면 천하를 화평하게 다스릴 수 없다.

孟子曰 離婁之明과 公輸子之巧로도 不以規矩면 不能成方員이오 師曠之聰으로도 不以六律이면 不能正五音이오 堯舜之道로도 不以仁政이면 不能平治天下니라.

'이루'는 옛날에 눈이 밝았던 자다. '공수자'는 이름이 반인데 노나라의 기술자다. '규'는 둥근 것을 만드는 기구요, '구'는 모난 것을 만드는 기구다. '사광'은 진나라의 악사인데 소리를 아는 자다. '육률'은 대나무를 끊어서 통을 만들어 음양을 각각 여섯 개씩을 가지고 오음의 상하를 조절한다. 황종·대주·고선·유빈·이칙·무사는 양이 되고, 대려·협종·중려·임종·남려·응종은 음이 된다. 오음은 궁·상·각·치·우를 말한다. 범 씨가 말하기를 "이것은 천하를 다스릴 때에 법도가 없을 수 없으니, 어진 정치라는 것은 천하를 다스리는 법도임을 말한 것이다"라고 하였다.

離婁는 古之明目者라. 公輸子는 名班이니 魯之巧人也라. 規는 所以爲員之器也요, 矩는 所以爲方之器也라. 師曠은 晉之樂師니 知音者也라. 六律은 截竹爲筩하여 陰陽各六하여 以節五音之上下하니 黃鍾,大簇,姑洗,蕤賓,夷則,無射은 爲陽이요 大呂,夾鍾,仲呂,林鍾,南呂,應鍾은 爲陰也라. 五音은 宮,商,角,徵,羽也라. 范氏曰 此는 言治天下에 不可無法度니 仁政者는 治天下之法度也니라.

7-1-2. 지금 어진 마음과 인자하다는 평판이 있으면서도 백성들이 그 혜택을 입지 못하여, 후세에 모범이 되지 못하는 것은 선왕의 도를 행하지 않기 때문이다.

今有仁心仁聞而民不被其澤하여 不可法於後世者는 不行先王之道也일새니라.

'인심'은 사람을 사랑하는 마음이고, '인문'은 사람을 사랑한다는 명성이 남에게 들리는 것이다, '선왕지도'는 바로 인정이다. 범 씨가 말하기를, "제 선왕은 한 마리의 소가 죽는 것을 차마 보지 못하여 양으로 바꾸라고 하였으니 인자한 마음이 있다고 할 수 있고, 양 무제는 하루 종일 한 끼의 나물만 먹고 종묘에는 면으로 희생을 올렸으며 사형을 집행할 때는 반드시 눈물을 흘려 천하가 그의 인자함을 알았으니 인자하다는 평판이 있다고 할 것이다. 그러나 선왕 때에는 제나라가 다스려지지 않았고, 무제 말기에는 강남이 매우 혼란했으니, 그 까닭은 무엇 때문인가? 인자한 마음과 인자하다는 소문이 있으면서도 선왕의 도를 실천하지 않았기 때문이다"라고 하였다.

仁心은 愛人之心也요 仁聞者는 有愛人之聲이 聞於人也라. 先王之道는
仁政이 是也라. 范氏曰 齊宣王은 不忍一牛之死하여 以羊易之하니 可謂有
仁心이요 梁武帝는 終日一食蔬素하고 宗廟에 以麪爲犧牲하며 斷死刑에 必
爲之涕泣하여 天下知其慈仁하니 可謂有仁聞이라. 然而宣王之時에 齊國
不治하고 武帝之末에 江南大亂하니 其故는 何哉오. 有仁心仁聞而不行先
王之道故也니라.

7-1-3. 그러므로 '한갓 선하기만 한 것으로는 정치를 잘 할 수 없고, 한갓
법도만으로 스스로 행할 수 없다'고 하는 것이다.

故로 曰 徒善이 不足以爲政이오 徒法이 不能以自行이라 하니라.

'도'는 공(空)과 같다. 마음은 있지만 정사가 없는 것을 도선이라고 하고,
정사는 있지만 마음이 없는 것을 도법이라고 한다. 정자가 일찍이 말하
기를, "정치를 할 때는 반드시 기강과 문장이 있어야 한다. 도량형을 삼
가고, 수량을 잘 살피며, 법을 읽고, 값을 고르게 하는 것을 모두 빠뜨려
서는 안 된다"라고 하고, 또 말하기를, "반드시 『시경』에 나오는 「관저」
장과 「인지」장의 의미를 가진 다음에 주나라 관직의 법도를 행할 수 있
다"라고 하였으니 바로 이것을 말한 것이다.

徒는 猶空也라. 有其心無其政을 是謂徒善이요 有其政無其心을 是謂徒法
이라. 程子嘗言 爲政에 須要有綱紀文章이니 謹權,審量,讀法,平價를 皆
不可闕이라 하시고 而又曰 必有關雎麟趾之意然後에 可以行周官之法度라
하시니 正謂此也니라.

7-1-4. 『시경』에, '허물하지도 않고 잊지도 않음은 옛 법을 따르기 때문이다'라고 하였으니, 선왕의 법도를 따르고서 잘못된 경우는 아직 없었다.
詩云 不愆不忘을 率由舊章이라 하니 遵先王之法而過者는 未之有也니라.

'시'는 『시경』「대아·가락」편이다. '건'은 허물이라는 뜻이고, '솔'은 따른다는 뜻이다. '장'은 법전이다. 행하는 데에 차질이 없고 잃어버리지 않는 것은 옛 법도를 따라서 사용하기 때문이다.
詩는 大雅假樂之篇이라. 愆은 過也요 率은 循也라. 章은 典法也라. 所行이 不過差, 不遺忘者는 以其循用舊典故也니라.

7-1-5. 성인이 이미 시력을 다하고 이어 걸음쇠와 자, 수준기와 먹줄을 사용했기 때문에 모나고 둥글고 평평하고 곧게 하는 데 이루 다 쓸 수 없게 되었고, 이미 청력을 다하고, 이어 육률을 사용했기 때문에 다섯 가지 음을 바로잡는 데 이루 다 쓸 수 없게 되었다. 이미 마음과 생각을 다하고, 이어 남에게 차마하지 못하는 마음으로 정치를 행했기 때문에 인자함이 천하에 충만하였느니라.
聖人이 旣竭目力焉하시고 繼之以規矩準繩하시니 以爲方員平直에 不可勝用也며 旣竭耳力焉하시고 繼之以六律하시니 正五音에 不可勝用也며 旣竭心思焉하시고 繼之以不忍人之政하시니 而仁覆天下矣시니라.

'준'은 평평하게 하기 위한 것이고, '승'은 곧게 하기 위한 것이다. '부'는 덮는 것이다. 이것은 옛 성인이 이미 이목(耳目)과 마음과 생각하는 힘을 다하고도 오히려 천하와 후세에 미치지 못한 것으로 여겼다고 말한 것이다. 그러므로 법도를 제정하여 계속하였으니 쓰임이 끊임없어 어진 혜택을 입는 사람이 많아졌다.

準은 所以爲平이요 繩은 所以爲直이라. 覆는 被也라. 此는 言古之聖人이 旣竭耳目心思之力하시되 然이나 猶以爲未足以偏天下及後世라. 故로 制爲法度하여 以繼續之하시니 則其用不窮하여 而仁之所被者廣矣니라.

7-1-6. 그러므로 '높은 것을 만들 때는 반드시 언덕을 따라서 하고, 낮은 것을 만들려면 반드시 개울이나 연못을 따라서 한다'고 하였으니, 정치를 하는 데 선왕의 도를 따라서 하지 않는다면 어찌 지혜롭다고 하겠는가?

故로 曰 爲高하되 必因丘陵하며 爲下하되 必因川澤이라 하니 爲政하되 不因先王之道면 可謂智乎아.

'구릉'은 본래 높고 '천택'은 본래 낮으니 높고 낮음을 이것에 따르면 적은 힘을 쓰고도 성공은 많게 될 것이다. 추 씨가 말하기를, "장의 첫머리부터 여기까지는 인자한 마음과 인자한 소문으로 선왕의 법도를 행하는 것에 대해서 논하였다"라고 하였다.

丘陵은 本高하고 川澤은 本下하니 爲高下者因之면 則用力少而成功多矣라. 鄒氏曰 自章首로 至此는 論以仁心仁聞行先王之道하니라.

7-1-7. 이러한 까닭에 오직 어진 사람만이 높은 지위에 있어 마땅하다. 인자하지 못하고서 높은 지위에 있으면 이것은 많은 사람에 악을 뿌리는 것이다.

是以惟仁者아 宜在高位니 不仁而在高位면 是는 播其惡於衆也니라.

'인자'는 인자한 마음과 인자하다는 소문을 가지고 확충하여 선왕의 법도를 행하는 사람이다. 악을 대중에게 뿌린다는 것은 아랫사람에게 근심을 주는 것을 말한다.
仁者는 有仁心仁聞而能擴而充之하여 以行先王之道者也라. 播惡於衆은 謂貽患於下也라.

7-1-8. 윗사람이 도로 헤아리지 않고 아랫사람이 법을 지키지 않으며, 조정에서 도를 믿지 않고 관리들이 법을 믿지 않으며, 군자는 의를 범하고 소인은 형벌을 범하면, 나라가 보존된다는 것은 요행이다.
上無道揆也하며 下無法守也하여 朝不信道하며 工不信度하여 君子犯義오 小人이 犯刑이면 國之所存者 幸也니라.

이것은 인자하지 못하면서 높은 자리에 있을 때의 재앙을 말한 것이다. '도(道)'는 의리다. '규(揆)'는 법도다. '법'은 제도다. '도규'는 의리로 사물을 헤아려 마땅함을 제정하는 것을 말하고, '법수'는 법도를 스스로 지키는 것이다. '공'은 관리다. '도(度)'는 곧 법이다. 군자와 소인은 지위를 가지고 말한 것이다. 윗사람이 정도를 가지고 사물을 헤아리지 않기 때문에 아래 사람이 법도를 지키지 않는 것이다. 정도를 가지고 사물을 헤아리지 않으면 조정은 도를 믿지 않아 군자는 의리를 범하고, 법도를 지키지 않으면 공인들은 척도를 믿지 않아 소인들이 법을 범하게 된다. 이 여섯 가지가 있으면 나라가 반드시 망하게 될 것인데, 망하지 않는 것은 요행일 뿐이다.
此는 言不仁而在高位之禍也라. 道는 義理也라. 揆는 度也라. 法은 制度也

라. 道揆는 謂以義理度量事物而制其宜요 法守는 謂以法度自守라. 工은 官也라. 度는 卽法也라. 君子小人은 以位而言也라. 由上無道揆故로 下無法守하나니 無道揆면 則朝不信道하여 而君子犯義하고 無法守면 則工不信度하여 而小人犯刑이라. 有此六者면 其國必亡이니 其不亡者는 僥倖而已니라.

7-1-9. 그러므로 '성곽이 완전하지 못하고 병사와 무기가 많지 않은 것이 나라의 재앙이 아니며, 토지가 개간되지 않고 재화가 모이지 않는 것이 나라의 폐해가 아니다. 윗사람이 예가 없고 아랫사람이 배움이 없으면 난폭한 백성이 일어나서 나라가 망하는 데 며칠 걸리지 않을 것이다'라고 하는 것이다.

故로 曰 城郭不完하며 兵甲不多非國之災也며 田野不辟하며 貨財不聚非國之害也라. 上無禮하며 下無學이면 賊民이 興하여 喪無日矣라 하니라.

윗사람이 예를 알지 못하면 백성을 가르칠 수 없고, 아래 사람이 배움을 알지 못하면 난을 일으키는 데 참여하기 쉽다. 추 씨가 말하기를, "'시이유인자(是以有仁者)'에서부터 여기까지는 임금을 책망한 것이다"라고 하였다.

上不知禮면 則無以敎民이요 下不知學이면 則易與爲亂이라. 鄒氏曰 自是以惟仁者로 至此는 所以責其君이니라.

7-1-10. 『시경』에, '하늘이 바야흐로 너의 나라를 전복시키려 하니 태만하게 있지 말라'라고 하였는데,

詩曰 天之方蹶_{시니} 無然泄泄_라 _{하니}

'시'는 『시경』 「대아·판」편이다. '궤'는 전복시킨다는 뜻이다. '예예'는 게으르고 느린 것을 기쁘게 쫓는 모습이다. 하늘이 주나라 왕조를 전복시키려고 하니 모든 신하가 태만하게 하지 말고 급하게 구원해서 바로잡으려 하지 말라고 말한 것이다.

詩_는 大雅板之篇_{이라}. 蹶_은 顚覆之意_라. 泄泄_는 怠緩悅從之貌_라. 言天欲顚覆周室_{하니} 群臣_이 無得泄泄然 不急救正之_{니라}.

7-1-11. 태만하다는 말은 머뭇거린다는 뜻이다.

泄泄_는 猶沓沓也_{니라}.

'답답'은 곧 예예의 의미이니, 대개 맹자 때의 사람들이 사용하던 말이 이와 같았다.

沓沓_은 卽泄泄之意_니 蓋孟子時人語如此_라.

7-1-12. 임금을 섬기는 데 의리가 없고, 나아가고 물러가는 데 예가 없으며, 말하면 선왕의 도를 비방하는 것이 답답함과 같은 것이다.

事君無義_{하며} 進退無禮_{하고} 言則非先王之道者 猶沓沓也_{니라}.

'비'는 욕하고 헐뜯는 것이다.

非_는 詆毁也_라.

7-1-13. 그러므로 '어려운 일을 임금에게 권하는 것을 공손이라 하고, 선한 것을 베풀고 사악한 것을 막는 것을 공경이라 하며, 우리 임금이 무능하다고 하는 것을 도적이라 한다'고 하는 것이다."

故로 曰 責難於君을 謂之恭이오 陳善閉邪를 謂之敬이오 吾君不能을 謂之賊이라 하니라.

범 씨가 말하기를, "신하가 어려운 일을 임금에게 권하여 임금으로 하여금 요순 같은 임금이 되게 하는 것은 임금을 존경함이 큰 것이고, 선도를 펼쳐서 임금의 사악한 마음을 막아 임금이 혹 허물이 있는 곳에 빠질까 두려워하는 것은 임금을 존경함이 지극한 것이요, 자기 임금이 선도를 행할 수 없다고 말하여 알려주지 않는 것은 그 임금을 해침이 심한 것이다"라고 하였다. 추 씨가 말하기를 "'시운천지방궐(詩云天之方蹶)에서 여기까지는 신하를 책망한 것이다"라고 하였다. ○추 씨가 말했다. "이 장은 통치하는 사람은 마땅히 인자한 마음과 인자한 소문을 가지고 선왕의 정사를 행해야 하고, 군신은 또 마땅히 각자의 임무를 맡아야 함을 말한 것이다."

范氏曰 人臣이 以難事責於君하여 使其君爲堯舜之君者는 尊君之大也요 開陳善道하여 以禁閉君之邪心하여 惟恐其君或陷於有過之地者는 敬君之至也요 謂其君不能行善道하여 而不以告者는 賊害其君之甚也니라. 鄒氏曰 自詩云天之方蹶로 至此는 所以責其臣이니라. ○鄒氏曰 此章은 言爲治者는 當有仁心仁聞하여 以行先王之政이요 而君臣이 又當各任其責也니라.

7-2-1. 맹자께서 말씀하셨다. "걸음쇠와 자는 네모와 둥근 것을 만드는 표준이고, 성인은 인륜의 표준이다.
孟子曰 規矩는 方圓之至也요 聖人은 人倫之至也니라.

'지'는 지극하다는 뜻이다. '인륜'은 해설이 전편에 나타난다. 규구는 네모지고 둥근 것을 만드는 이치를 극진하게 하는 것이니, 마치 성인이 사람 된 도리를 극진하게 하는 것과 같다.
至는 極也라. 人倫은 說見前篇하니라. 規矩盡所以爲方員之理하니 猶聖人盡所以爲人之道니라.

7-2-2. 임금이 되고자 한다면 임금의 도리를 다해야 하고, 신하가 되고자 한다면 신하의 도리를 다해야 할 것이니, 이 두 가지는 모두 요순을 본받을 뿐이다. 순이 요 임금을 섬기던 도리로 자기 임금을 섬기지 않으면 그 임금을 공경하지 않는 사람이고, 요 임금이 백성을 다스리는 도리로 자기 백성을 다스리지 않는다면 그 백성을 해치는 사람이다.
欲爲君인댄 盡君道요 欲爲臣인댄 盡臣道니 二者를 皆法堯舜而已矣니 不以舜之所以事堯로 事君이면 不敬其君者也요 不以堯之所以治民으로 治民이면 賊其民者也니라.

요순을 본받아서 임금과 신하의 도리를 다하는 것은 마치 규구를 사용하여 네모진 것과 둥근 것의 지극함을 다하는 것과 같다. 이것이 맹자께서 성선을 말씀하시면서 요순을 칭송하신 까닭이다.
法堯舜以盡君臣之道는 猶用規矩以盡方員之極이니 此는 孟子所以道性

善而稱堯舜也시니라.

7-2-3. 공자께서 말씀하시기를, '방법은 두 가지이니, 어짊과 어질지 않음이다'라고 하셨다.

孔子曰 道二니 仁與不仁而已矣라 하시니라.

요순을 본받으면 군신의 도리를 극진하게 하여 어질게 되고, 요순을 본받지 않으면 임금을 업신여기고 백성을 해쳐 어질지 않게 된다. 이 두 가지 단서 이외에 다른 도리가 없다. 여기[仁])서 나오면 저기[不仁]로 들어가니 삼가지 않을 수 있겠는가?

法堯舜이면 則盡君臣之道而仁矣요 不法堯舜이면 則慢君賊民而不仁矣니 二端之外에 更無他道라. 出乎此則入乎彼矣니 可不謹哉아.

7-2-4. 백성들을 포학하게 다루는 것이 지나치면 자신은 시해당하고 나라는 멸망하며, 지나치지 않다면 자신은 위태롭고 나라는 줄어들게 될 것이다. 시호가 유나 여로 이름 지어지면, 비록 효성 있는 자식이나 자애로운 손자라고 할지라도, 백세토록 고칠 수 없는 것이다.

暴其民이 甚則身弑國亡하고 不甚則身危國削하나니 名之曰幽厲면 雖孝子慈孫이라도 百世에 不能改也니라.

'유'는 어둡다는 뜻이요, '여'는 학대한다는 뜻이니 모두 악한 임금들의 시호다. 진실로 그 실상을 얻으면 비록 효자와 어진 손자가 그 할아버지와 아버지를 매우 사랑한다고 할지라도 또한 공적인 의리를 없애거나 고칠 수 없다. 불인의 재앙이 반드시 이 지경에 이르니 매우 두려운 것임을 말한 것이다.

幽는 暗이요 厲는 虐이니 皆惡諡也라. 苟得其實이면 則雖有孝子慈孫愛其祖考之甚者라도 亦不得廢公義而改之라. 言不仁之禍가 必至於此하니 可懼之甚也니라.

7-2-5. 『시경』에 이르기를, '은나라의 본보기가 멀리 있지 않다. 하후의 세대에 있다'고 하였는데, 이를 두고 한 말이니라."

詩云 殷鑒不遠이라 在夏后之世라 하니 此之謂也니라.

'시'는 『시경』 「대아·탕」편이다. 상나라의 주 임금이 거울로 삼을 것이 가까이 하나라의 걸 임금 시대에 있었다고 말하니, 맹자께서 이것을 인용하여 후대의 사람들에게 유려를 거울로 삼게 하고자 한 것이다.

詩는 大雅蕩之篇이라. 言商紂之所當鑑者가 近在夏桀之世라 하니 而孟子引之하여 又欲後人以幽厲爲鑑也시니라.

7-3-1. 맹자께서 말씀하셨다. "삼대가 천하를 얻은 것은 어질었기 때문이요, 천하를 잃은 것은 어질지 못했기 때문이다.

孟子曰 三代之得天下也는 以仁이요 其失天下也는 以不仁이니라.

'삼대'는 하·상·주를 말한다. 우·탕·문·무는 인으로 얻고 걸·주·유·려는 불인으로 잃었다.

三代는 謂夏商周也라. 禹湯文武는 以仁得之하고 桀紂幽厲는 以不仁失之라.

7-3-2. 나라가 무너지고 일어나며, 보존되고 멸망하는 것도 역시 마찬가지다.
國之所以廢興存亡者 亦然하니라.

'국'은 제후의 나라를 말한다.
國은 謂諸侯之國이라.

7-3-3. 천자가 인자하지 못하면 사해를 보전하지 못하고, 제후가 인자하지 못하면 사직을 보전하지 못하며, 경대부가 인자하지 못하면 종묘를 보전하지 못하고, 선비나 서민이 인자하지 못하면 자기 몸도 보전하지 못한다.
天子不仁이면 不保四海하고 諸侯不仁이면 不保社稷하고 卿大夫不仁이면 不保宗廟하고 士庶人이 不仁이면 不保四體니라.

반드시 죽거나 망할 것이라고 말한 것이다.
言必死亡이라.

7-3-4. 오늘날 사람들이 죽거나 망하는 것을 싫어하면서 인자하지 못한 것을 즐기는데, 이것은 취하기를 싫어하면서 억지로 술을 마시는 것과 같다."
今에 惡死亡而樂不仁하나니 是猶惡醉而强酒니라.

이것은 윗장의 뜻을 이어서 미루어 말한 것이다.
此는 承上章之意而推言之也니라.

7-4-1. 맹자께서 말씀하셨다. "다른 사람을 사랑해도 친해지지 않을 때는

자신의 인자함을 돌이켜 생각해 보고, 다른 사람을 다스려도 다스려지지 않을 때는 자기의 지혜를 돌이켜 생각해 보고, 다른 사람에게 예를 다했는데 답례가 없으면 자기의 공경하는 태도를 돌이켜 생각해 봐야 한다.
孟子曰 愛人不親_{이어든} 反其仁_{하고} 治人不治_{어든} 反其智_{하고} 禮人不答_{이어든} 反其敬_{이니라}.

내가 다른 사람을 사랑하는데 그 사람이 나를 친하게 대하지 않으면 돌이켜서 자신에게서 원인을 찾는 것이니, 나의 어짊이 지극하지 않을까 두려워한 것이다. 지혜와 공경도 이와 같다.
我愛人而人不親我_면 則反求諸己_{하니} 恐我之仁未至也_라. 智敬放此_{하니라}.

7-4-2. 행해서 얻어지지 않는 것이 있으면 모두 자신에게 돌이켜 반성할 것이니, 그 자신이 바르면 온 천하가 돌아올 것이다.
行有不得者_{어든} 皆反求諸己_니 其身_이 正而天下歸之_{니라}.

'부득'은 원하는 것을 얻지 못하는 것을 말하는데, 불친・불치・부답과 같은 것이 이것이다. '반구저기'는 반기인・반기지・반기경을 말한다.
不得_은 謂不得其所欲_{이니} 如不親不治不答_이 是也_라. 反求諸己_는 謂反其仁,反其智, 反其敬也_라. 如此則自治益詳_{하여} 而身無不正矣_{리라} 天下歸之_는 極言其效也_라.

7-4-3. 『시경』에 '길이 천명에 부응하는 것이 스스로 많은 복을 구하는 것이다'라고 하였느니라."

詩云 永言配命이 自求多福이라 하니라.

해설은 전편에 나타난다. ○ 또한 윗장을 이어서 말한 것이다.
解見前篇하니라. ○ 亦承上章而言이니라.

7-5-1. 맹자께서 말씀하셨다. "사람들이 항상 말하기를, '천하·나라·가정'이라고 하는데, 천하의 근본은 나라에 있고, 나라의 근본은 가정에 있고, 가정의 근본은 자신에게 있는 것이다."
孟子曰 人有恒言하되 皆曰 天下國家라 하나니 天下之本은 在國하고 國之本은 在家하고 家之本은 在身하니라.

'항'은 항상이라는 뜻이다. 비록 항상 말하지만 아직 말에 차례가 있음을 알지 못한 것이다. 그러므로 미루어 말하고, 또 가정은 자신을 근본으로 한다고 하였다. 이것은 또한 윗장을 이어서 미루어 말한 것이니, 『대학』에서 말한 '천자에서 서민에 이르기까지 일체가 모두 수신을 근본으로 삼는다'라고 말한 것이 이런 까닭이다.
恒은 常也라. 雖常言之나 而未必知其言之有序也라. 故로 推言之하고 而又以家本乎身也라. 此는 亦承上章而推言之하니 大學所謂自天子至於庶人히 壹是皆以修身爲本은 爲是故也니라.

7-6-1. 맹자께서 말씀하셨다. "정치를 하는 것은 어렵지 않으니 큰 가문에게 죄를 얻지 않으면 된다. 큰 가문이 사모하는 것을 한 나라가 사모하고, 한 나라가 사모하는 것을 천하가 사모한다. 그러므로 성대한 덕의

교화가 천하에 넘쳐 흐르게 된다."

孟子曰 爲政이 不難하니 不得罪於巨室이니 巨室之所慕를 一國이 慕之하고 一國之所慕를 天下慕之하나니 故로 沛然德敎가 溢乎四海하나니라.

'거실'은 세신의 큰 집안이다. '득죄'는 몸이 바르지 않아 원망과 노여움을 받는 것을 말한다. 맥구읍의 사람이 제환공에게 축하하여 말하기를, "원컨대 주군께서는 모든 신하들과 백성들에게 죄를 짓지 마소서"라고 하였으니, 의미가 대개 이와 같은 것이다. '모'는 향한다는 뜻인데, 마음으로 기뻐하며 진실로 복종하는 것을 말한다. '패연'은 성대하게 흘러가는 모습이다. '일'은 충만하다는 뜻이다. 큰 집안의 마음은 힘으로 복종시키기 어렵고 나라 사람들이 평소 신뢰하고 있는 바이다. 그런데 그들이 지금 기뻐하고 복종한다면 국인들도 모두 복종하여 내 덕교가 먼데까지 베풀어져 도달하지 않는 곳이 없을 것이다. 이것은 윗장을 이어서 말한 것이니 모두 군자는 사람의 마음이 복종하지 않음을 근심하지 않고 내 몸이 닦여지지 않음을 근심하는 것이다. 내 몸이 이미 닦여지면 복종하기 어려운 인심도 먼저 복종하여 한 사람도 복종하지 않음이 없을 것이다. ○임 씨가 말하기를, "전국시대에는 제후들이 덕을 잃어 큰 집안들이 권력을 전횡하였으므로 근심이 컸다. 그러나 어떤 사람이 근본을 닦지 않고 갑자기 이기려고만 한다면 반드시 이기지도 못하면서 재앙만 초래할 것이다. 그러므로 맹자께서 근본을 미루어 말씀하시기를, '오직 덕을 닦아서 마음을 복종시키는 데 힘을 써야 할 것이니 저들이 이미 기뻐하고 복종한다면 나의 덕교가 멈추거나 막힘이 없어서 온 세상에 미칠 수 있다'라고 하신 것이다. 배도가 말한 '한홍이 병에 걸렸음에도 불구하고 적을 물리치고 승종이 손을 거두고 땅을 잘라준 것은 조정의 힘이 생사와 명령의 권한을 가지고 있어서가 아니라 다만 조정의 조치가 마땅하여 마음을 복종시켰기 때문일 것이다'라고 하였으니, 바로 이러한 종류이다"라고 하였다.

巨室은 世臣大家也라. 得罪는 謂身不正而取怨怒也라. 麥丘邑人이 祝齊桓公曰 願主君은 無得罪於群臣百姓이라 하니 意皆如此라. 慕는 向也니 心悅誠服之謂也라. 沛然은 盛大流行之貌라. 溢은 充滿也라. 蓋巨室之心은 難以力服이요 而國人素所取信이니 今旣悅服이면 則國人皆服하여 而吾德敎之所施가 可以無遠而不至矣라. 此는 亦承上章而言이니 皆君子不患人心之不服이요 而患吾身之不修하나니 吾身旣修면 則人心之難服者先服하여 而無一人之不服矣리라. ○林氏曰 戰國之世에 諸侯失德하여 巨室擅權하니 爲患甚矣라. 然이나 或者不修其本하고 而遽欲勝之면 則未必能勝而適以取禍라. 故로 孟子推本而言 惟務修德以服其心이니 彼旣悅服이면 則吾之德敎無所留礙하여 可以及乎天下矣라 하시니라. 裵度所謂 韓洪이 與疾討賊하고 承宗이 斂手削地는 非朝廷之力이 能制其死命이요 特以處置得宜하여 能服其心故爾라 하니 政此類也니라.

7-7-1. 맹자께서 말씀하셨다. "천하에 도가 있을 때엔 덕이 적은 사람은 덕이 큰 사람에게 부림을 받고, 조금 어진 사람은 크게 어진 사람에게 부림을 받는다. 천하에 도가 없을 때엔 작은 자가 큰 자에게 부림을 받고, 약한 자가 강한 자에게 부림을 받는다. 이 두 가지는 하늘의 뜻이니, 하늘의 뜻에 따르는 자는 보존되고, 하늘의 뜻에 거슬리는 자는 멸망하느니라.

孟子曰 天下有道에 小德이 役大德하며 小賢이 役大賢하고 天下無道에 小役大하며 弱役強하나니 斯二者는 天也니 順天者는 存하고 逆天者는 亡하나니라.

도가 행해지는 세상에서는 사람들이 덕을 닦아 자리가 덕의 크고 작음에 딱 맞았고, 세상에 도가 없을 때에는 사람들이 덕을 닦지 않으니 다만 힘으로 서로 부릴 뿐이다. '하늘'은 이치와 세력의 당연함이다.

有道之世에는 人皆修德하여 而位必稱其德之大小하고 天下無道에는 人不修德하니 則但以力相役而已라. 天者는 理勢之當然也라.

7-7-2. 제나라 경공이 말하기를, '이미 명령을 내릴 수도 없고 또한 명령을 받지도 않는다면, 이것은 남과의 관계를 끊는 것이다' 하고 눈물을 흘리면서 오나라에 딸을 시집보냈다.

齊景公이 日 旣不能令하고 又不受命이면 是는 絶物也라 하고 涕出而女於吳하니라.

이것을 인용하여 작은 것이 큰 것을 부리고 약한 것이 강한 것을 이기는 일을 말씀하신 것이다. '영'은 명령을 내려서 사람을 부리는 것이고, '수명'은 남에게 명령을 듣는 것이다. '물'은 사람이라는 뜻과 같다. '여'는 딸을 다른 사람에게 주는 것이다. '오'는 오랑캐의 나라인데, 경공이 그와 혼인하는 것을 부끄럽게 여겼지만, 그의 강함을 두려워하였기 때문에 울면서 딸을 준 것이다.

引此以言小役大,弱役強之事也라. 令은 出令以使人也요 受命은 聽命於人也라. 物은 猶人也라. 女는 以女與人也라. 吳는 蠻夷之國也니 景公이

羞與爲昏이나 而畏其强이라. 故로 涕泣而以女與之하니라.

7-7-3. 지금 작은 나라가 큰 나라를 스승으로 받들면서도 명령을 받기를 부끄러워한다면, 이것은 마치 제자가 스승에게 명령을 받는 것을 부끄러워하는 것과 같다.

今也에 小國이 師大國而恥受命焉하나니 是猶弟子而恥受命於先師也니라.

작은 나라가 덕을 닦아서 스스로 강하게 하지 않고 즐겁게 놀고 태만하게 하는 것을 강대국이 하는 것과 똑같이 하면서 오직 가르침과 명령받는 것을 부끄러워하니 이것은 해서는 안 될 일임을 말한 것이다.

言小國이 不修德以自强하고 其般樂怠敖를 皆若效大國之所爲者而獨恥受其敎命하니 不可得也라.

7-7-4. 만일 부끄러워한다면 문왕을 스승으로 받드는 것보다 더 좋은 방법이 없다. 문왕을 스승으로 받들면 대국은 5년, 소국은 7년 만에 반드시 천하에 정치를 행할 수 있게 될 것이다.

如恥之인댄 莫若師文王이니 師文王이면 大國은 五年이요 小國은 七年에 必爲政於天下矣리라.

이것은 부끄러워하는 마음으로 인하여 덕을 닦는 데 힘쓰도록 한 것이다. 문왕의 정사는 책에 나와 있으니 이것을 시행한다면 문왕을 스승으로 삼는 것이라고 할 수 있다. 5년, 7년이라는 말은 처한 형세가 다른 것을 가지고 차등을 삼은 것이다. 세상이 비록 도가 없지만 덕을 닦음이 지극하면 도가 나로부터 행해져서 대국이 도리어 나의 부림을 받을 것이다. 정자가 말하기를, "5년, 7년은 성인이 그때 정도면 가능하다고 헤아린 것이다. 그러나 이러한 종류의 말들은 학자들이 마땅히 어떻게 시행할 것인가를 생각해야 유익함이 있을 것이다.

此는 因其愧恥之心而勉以修德也라. 文王之政이 布在方策하니 擧而行之면 所謂師文王也라. 五年, 七年은 以其所乘之勢不同爲差라. 蓋天下雖無道나 然이나 修德之至면 則道自我行하여 而大國이 反爲吾役矣리라. 程子曰 五年七年은 聖人度其時則可矣라. 然이나 凡此類를 學者皆當思其作爲如何라야 乃有益耳니라.

7-7-5. 『시경』에 이르기를, '상나라의 자손이 그 수가 십만에 그치지 않지만 상제께서 이미 명령을 내려 주나라에 복종하였도다. 주나라에 복종하니 천명은 일정하지 않구나. 은나라의 선비로서 크게 통달한 자들이 주나라 서울에서 강신주를 붓는구나'라고 하였는데, 공자께서 말씀하시기를, '어진 사람에게는 많은 수효로도 대적하지 못하는 것이니, 나라의 임금이 어짊을 좋아하면 천하에 대적할 자가 없다'라고 하셨다.

詩云 商之孫子 其麗不億이언마는 上帝旣命이라 侯于周服이로다. 侯服于周하니 天命靡常이라 殷士膚敏이 祼將于京이라 하여늘 孔子曰 仁不可爲衆也니 夫國君이 好仁이면 天下無敵이라 하시니라.

'시'는 『시경』「대아·문왕」편이다. 맹자께서 이 시와 공자의 말씀을 인용하여 문왕의 일을 말씀하셨다. '여'는 숫자라는 뜻이다. 십만을 '억'이라고 말한다. '후'는 유와 같은 어조사다. '상사'는 상나라 자손의 신하다.

'부'는 크다는 뜻이고, '민'은 통달한다는 뜻이다. '관'은 종묘의 제사에 울창주로 땅에 붓고 신을 내려오게 하는 것이다. '장'은 돕는다는 뜻이다. 상나라의 자손이 많아서 그 숫자가 십만뿐이 아닌데 상제가 이미 주나라에게 천하를 명령하시니 이 상나라의 자손이 모두 주나라에 신하로 복종하였다. 그렇게 된 까닭은 천명이 일정하지 않아 덕이 있는 사람에게 돌아가기 때문이다. 이 때문에 상나라의 선비로서 크고 명민한 사람들은 모두 강신제를 올리는 예를 지켜 왕의 제사를 주나라의 서울에서 돕는 것이다. 공자께서 이 시를 읽고 말씀하시기를, '어진 사람이 있으면 비록 10만이나 되는 무리가 있더라도 그를 당하지 못할 것이다. 그러므로 임금이 인을 좋아하면 반드시 천하에 대적할 사람이 없을 것이다'라고 하셨다. '불가위중'은 마치 '형 되기도 어렵고 아우 되기도 어렵다'고 말한 것과 같다.

詩는 大雅文王之篇이라. 孟子引此詩及孔子之言하여 以言文王之事하시니라. 麗는 數也라. 十萬曰億이라. 侯는 維也라. 商士는 商孫子之臣也라. 膚는 大也요 敏은 達也라. 祼는 宗廟之祭에 以鬱鬯之酒로 灌地而降神也라. 將은 助也라. 言商之孫子衆多하여 其數不但十萬而已언마는 上帝旣命周以天下하니 則凡此商之孫子 皆臣服于周矣니 所以然者는 以天命不常하여 歸于有德故也라. 是以로 商士之膚大而敏達者가 皆執祼獻之禮하여 助王祭事于周之京師也라. 孔子因讀此詩而言하시되 有仁者면 則雖有十萬之衆이라도 不能當之라. 故로 國君好仁이면 則必無敵於天下也라 하시니라 不可爲衆은 猶所謂難爲兄, 難爲弟云爾라.

7-7-6. 지금 천하에 대적할 사람이 없기를 바라면서도 인정으로 다스리지

않으니, 이것은 뜨거운 것을 잡고도 물로 씻지 않는 것과 같다. 『시경』에, '그 누가 뜨거운 것을 잡고도 물에 씻지 않겠는가?'라고 하였느니라."
今也_에 欲無敵於天下而不以仁_{하나니} 是猶執熱而不以濯也_니 詩云 誰能執熱_{하여} 逝不以濯_{이리오} 하니라.

대국에게 명령받기를 부끄러워하는 것은 천하에 대적할 자가 없기를 바라는 것이고, 대국을 본받고 문왕을 본받지 않은 것은 인을 행하지 않는 것이다. '시'는 「대아·상유」편이다. '서'는 어조사다. 누가 뜨거운 물건을 잡고서도 물로 그 손을 씻지 않겠는가 하고 말씀한 것이다. ○ 이 장은 스스로 힘쓰지 않으면 하늘이 명하는 것을 들어야 하고, 덕을 닦고 인을 행하면 천명이 자신에게 있다는 것을 말한 것이다.
恥受命於大國_은 是欲無敵於天下也_요 乃師大國而不師文王_은 是不以仁也_라. 詩_는 大雅桑柔之篇_{이라}. 逝_는 語辭也_라. 言誰能執持熱物_{하여} 而不以水自濯其手乎_아. ○此章_은 言 不能自强_{이면} 則聽天所命_{이요} 修德行仁_{이면} 則天命在我_{니라}.

7-8-1. 맹자께서 말씀하셨다. "어질지 못한 사람과 함께 이야기할 수 있겠는가? 위태로움을 편안히 여기고 재앙을 이롭게 여겨 망하게 될 일을 즐긴다. 어질지 않은데 함께 이야기할 수 있다면 어찌 나라를 망치고 집안을 패망시키는 일이 있겠는가?
孟子曰 不仁者_는 可與言哉_아. 安其危而利其菑_{하여} 樂其所以亡者_{하나니} 不仁而可與言_{이면} 則何亡國敗家之有_{리오}.

'안기위' '이기재'는 위태롭고 재앙이 되는 줄을 모르고 도리어 편안하고 이롭게 여기는 것이다. '소이망'은 포악하고 잔인하여 망하게 되는 도리를 말한다. 어질지 못한 사람은 사욕에 굳게 가려져 본심을 잃는다. 그러므로 거꾸러지고 혼란함이 이와 같은 데 이르니, 충언으로 알려주지 않아 마침내 패망에 이르게 된다.

安其危,利其災者는 不知其爲危災하고 而反以爲安利也라. 所以亡者는 謂荒暴淫虐하여 所以致亡之道也라. 不仁之人은 私欲固蔽하여 失其本心이라. 故로 其顚倒錯亂이 至於如此하니 所以不可告以忠言而卒至於敗亡也니라.

7-8-2. 어떤 아이가 노래하기를, '창랑의 물이 맑으면 내 갓끈을 씻을 것이오, 창랑의 물이 흐리면 내 발을 씻을 것이다'라고 하였다.

有孺子歌曰 滄浪之水淸兮어든 可以濯我纓이오 滄浪之水濁兮어든 可以濯我足이라 하여늘

'창랑'은 물 이름이다. '영'은 갓끈이다.

滄浪은 水名이라. 纓은 冠系也라.

7-8-3. 공자께서 말씀하시기를, '제자들아, 들어보거라. 맑으면 갓끈을 씻고 흐리면 발을 씻는다고 하였으니, 이것은 스스로 초래한 것이다'라고 하셨다.

孔子曰 小子아 聽之하라. 淸斯濯纓이오 濁斯濯足矣로소니 自取之也라 하시니라.

물의 맑고 흐림은 스스로 그렇게 만든 것임을 말한 것이다. 성인은 소리가 들리면 마음으로 통달하여 지극한 이치가 아님이 없다는 것을 이와 같은 종류에서 알 수 있다.
言水之淸濁이 有以自取之也라. 聖人은 聲入心通하여 無非至理를 此類可見이니라.

7-8-4. 사람은 반드시 스스로 업신여긴 다음에 남이 업신여기고, 집안은 반드시 스스로 헐뜯은 다음에 남이 헐뜯고, 나라는 반드시 스스로 정벌한 다음에 남이 정벌하는 것이니라.
夫人必自侮然後에 人이 侮之하며 家必自毁而後에 人이 毁之하며 國必自伐而後에 人이 伐之하나니라.

이른바 스스로 그렇게 만든 것이다.
所謂自取之者라.

7-8-5. 「태갑」에, '하늘이 만든 재앙은 오히려 피할 수 있지만, 스스로 만든 재앙은 피할 수 없다'고 하였으니, 이것을 두고 한 말이니라."
太甲에 曰 天作孼은 猶可違어니와 自作孼은 不可活이라 하니 此之謂也니라.

해석이 전편에 나타난다. ○이 장은 마음이 있으면 득실의 기미를 살필 수 있고, 마음이 없으면 존망의 현상도 구별하지 못하니, 화복이 오는 것도 모두 스스로 만든 것임을 말한 것이다.
解見前篇하니라. ○此章은 言心存則有以審夫得失之幾요 不存則無以辨

於存亡之著니 禍福之來가 皆其自取니라.

7-9-1. 맹자께서 말씀하셨다. "걸·주가 천하를 잃은 것은 그 백성을 잃었기 때문이니, 백성을 잃은 것은 그 마음을 잃었다는 것이다. 천하를 얻는 데 방법이 있으니 그 백성을 얻으면 천하를 얻게 된다. 백성을 얻는 데도 방법이 있으니, 그 마음을 얻으면 백성을 얻게 된다. 마음을 얻는 데도 방법이 있으니, 원하는 것을 모아 주고 싫어하는 것을 베풀지 말아야 한다.

孟子曰 桀紂之失天下也는 失其民也니 失其民者는 失其心也라. 得天下有道하니 得其民이면 斯得天下矣리라. 得其民이 有道하니 得其心이면 斯得民矣리라. 得其心이 有道하니 所欲을 與之聚之오 所惡를 勿施爾也니라.

백성이 원하는 것은 모두 세금 거두듯이 해주고, 백성이 싫어하는 것은 베풀지 말아야 한다. 조조가 말한, '사람의 마음은 장수하고자 하는데 삼왕은 바로 살게 해주고 다치게 하지 않았으며, 사람의 마음은 부유하고자 하는데 삼왕은 두텁게 해주고 곤궁하게 하지 않았으며, 사람의 마음은 편안하고자 하는데 삼왕은 부축해 주고 위태롭게 하지 않았으며, 사람의 마음은 몸이 편안하기를 원하는데 삼왕이 힘을 절제하고 다하게 하지 않았다'라고 하니 이러한 종류를 말한다.

民之所欲을 皆爲致之를 如聚斂然하고 民之所惡는 則勿施於民이니 鼂錯所謂 人情이 莫不欲壽어늘 三王이 生之而不傷하고 人情이 莫不欲富어늘 三王이 厚之而不困하고 人情이 莫不欲安이어늘 三王이 扶之而不危하고 人情이 莫不欲逸이어늘 三王이 節其力而不盡이라 하니 此類之謂也니라.

7-9-2. 백성들이 인자한 데로 돌아가는 것은 마치 물이 아래로 흘러 내려가고, 짐승이 넓은 들로 달아나는 것과 같으니라.
民之歸仁也 猶水之就下ᄆᆞ 獸之走壙也ᄂᆞ니라.

'광'은 넓은 들판이다. 백성이 이곳으로 돌아가는 것은 원하는 것이 이곳에 있기 때문이라고 말한 것이다.
壙ᄋᆞᆫ 廣野也ᄅᆞ. 言民之所以歸乎此ᄂᆞᆫ 以其所欲之在乎此也ᄂᆞ니라.

7-9-3. 그러므로 연못을 위해서 물고기를 몰아넣는 것은 수달이고, 숲을 위해서 새를 몰아넣는 것은 새매며, 탕왕과 무왕을 위하여 백성들을 몰아다 주는 것은 걸과 주다.
故ᄅᆞ 爲淵敺魚者ᄂᆞᆫ 獺也오. 爲叢敺爵者ᄂᆞᆫ 鸇也오. 爲湯武敺民者ᄂᆞᆫ 桀與紂也ᄂᆞ니라.

'연'은 깊은 물이다. '달'은 고기를 먹는 짐승이다. '총'은 무성한 숲을 말한다. '전'은 참새를 먹는 새다. 백성이 이곳을 떠나는 것은 원하는 것이 저기에 있고 두려움이 이곳에 있기 때문이라고 말한 것이다.
淵ᄋᆞᆫ 深水也ᄅᆞ. 獺ᄋᆞᆫ 食魚者也ᄅᆞ. 叢ᄋᆞᆫ 茂林也ᄅᆞ. 鸇ᄋᆞᆫ 食雀者也ᄅᆞ. 言民之所以去此ᄂᆞᆫ 以其所欲在彼而所畏在此也ᄂᆞ니라.

7-9-4. 지금 천하의 임금 가운데 인을 좋아하는 사람이 있으면, 제후들이 모두 그를 위해 백성들을 몰아다 줄 것이니, 비록 왕 노릇을 하지 않으려 해도 어찌 할 수 없을 것이다. 지금 왕 노릇 하기를 바라는 사람은

마치 7년 묵은 병에 3년 말린 쑥을 구하는 것과 같으니라. 진실로 미리 저축해 두지 않는다면 종신토록 얻지 못할 것이다. 진실로 인에 뜻을 두지 않으면 종신토록 근심하고 치욕스럽게 되어 죽음의 구렁텅이로 빠지게 될 것이다.

今天下之君ㅇ 有好仁者면 則諸侯 皆爲之敺矣리니 雖欲無王이나 不可得已니라. 今之欲王者는 猶七年之病에 求三年之艾也니 苟爲不畜이면 終身不得하리니 苟不志於仁이면 終身憂辱하여 以陷於死亡하리라.

'애'는 풀 이름으로 뜸을 뜨는 것인데, 오래 말린 것이 더욱 좋다. 병이 이미 깊었는데 오래 말린 쑥을 구하려고 하면 진실로 갑자기 준비할 수 없다. 그러나 지금부터 쌓아두면 혹 고칠 수 있다. 그렇지 않으면 병이 날로 더욱 깊어지고 죽음이 날로 임박하여도 쑥을 끝내 얻을 수 없을 것이다.

艾는 草名이니 所以灸者니 乾久益善이라. 夫病已深而欲求乾久之艾면 固難卒辦이라. 然이나 自今畜之면 則猶或可及이어니와 不然이면 則病日益深하고 死日益迫하여도 而艾終不可得矣리라.

7-9-5. 『시경』에, '그 어찌 착할 수 있으리오? 곧 서로 멸망의 구렁텅이로 빠지게 된다'라고 하였으니, 이를 두고 한 말이니라."

詩云 其何能淑이리오. 載胥及溺이라 하니 此之謂也니라.

'시'는 「대아·상유」편이다. '숙'은 좋다는 뜻이다. '재'는 '곧'이라는 뜻이다. '서'는 서로라는 뜻이다. "지금 하는 것이 어찌 착할 수 있겠는가? 곧 서로 인도하여 어지러움과 멸망하는 데로 빠지게 될 뿐이다"라고 말한 것이다.

詩는 大雅桑柔之篇이라. 淑은 善也라. 載는 則也라. 胥는 相也라. 言今之所 爲가 其何能善이리오 則相引以陷於亂亡而已니라.

7-10-1. 맹자께서 말씀하셨다. "자기 자신을 해치는 사람과는 함께 말할 수 없고, 자기 자신을 버리는 사람과는 함께 일할 수 없다. 말할 때 예의를 비방하는 것을 자신을 해치는 사람이라고 하고, 내 몸은 인에 머물거나 의에 따라가지 못한다고 하는 것을 자신을 버리는 사람이라고 한다.

孟子曰 自暴者는 不可與有言也요 自棄者는 不可與有爲也니 言非禮義 를 謂之自暴也요 吾身不能居仁由義를 謂之自棄니라.

'포'는 해친다는 뜻과 같고, '비'는 헐뜯는 것과 같다. 자기 몸을 스스로 해치는 사람은 예의가 아름답다는 것을 모르고 헐뜯는 것이니, 비록 그와 더불어 말을 하더라도 반드시 믿음을 받지 못할 것이다. 자기 몸을 스스로 버리는 사람은 인의가 아름답다는 것은 알지만 게으름에 빠져 반드시 스스로 행할 수 없다고 말할 것이니, 그와 더불어 일을 하더라도 반드시 힘을 쓰지 못할 것이다. 정자가 말하기를, "사람이 진실로 선을 가지고 스스로 다스리면 옮기지 못할 것이 없으니, 비록 지극히 어리석은 자라도 모두 점차 연마하여 진보할 수 있을 것이다. 오직 스스로 해치는 자는 그것을 거절하여 믿지 않고, 스스로 버리는 자는 단절시켜서 하지 않는다. 비록 성인이 그와 함께 거처하더라도 교화시켜 들어갈 수 없다. 이것이 이른바 '하우불이(가장 어리석은 사람은 변할 수 없다)'라고 말하는 것이다.

暴는 猶害也요 非는 猶毁也라. 自害其身者는 不知禮義之爲美而非毁之하니 雖與之言이라도 必不見信也요 自棄其身者는 猶知仁義之爲美로되 但溺於怠惰하여 自謂必不能行이니 與之有爲라도 必不能勉也라. 程子曰 人苟以善自治면 則無不可移者니 雖昏愚之至라도 皆可漸磨而進也라. 惟自暴者는 拒之以不信하고 自棄者는 絶之以不爲하나니 雖聖人與居라도 不能化而入也니 此所謂下愚之不移也니라.

7-10-2. 인은 사람의 편안한 집이고, 의는 사람의 바른 길이다.

仁은 人之安宅也요 義는 人之安路也라.

'인택'은 이미 전편에 나타나 있다. '의'는 마땅하다는 뜻이니 곧 천리가 마땅히 행해지는 것이요 인욕의 사악함이 없는 것이다. 그러므로 '바른 길'이라고 한 것이다.

仁宅은 已見前篇하니라. 義者는 宜也니 乃天理之當行이요 無人欲之邪曲이라. 故로 曰正路라 하니라.

7-10-3. 편안한 집을 비워 두고 살지 않으며, 바른 길을 버리고 따라가지 않으니 슬픈 일이로다."

曠安宅而弗居하며 舍正路而不由하나니 哀哉라.

'광'은 비었다는 뜻이다. '유'는 가다는 뜻이다. ○ 이 장은 도는 본래 고유한 것이지만, 사람이 스스로 단절시켜버리니 애석한 일이라고 말한 것이다. 이것은 성현이 깊이 경계한 것이니 학자들이 마땅히 힘써 반성해야 할 것이다.

曠은 空也라. 由는 行也라. ○此章은 言道本固有로되 而人自絶之하니 是可哀也라. 此는 聖賢之深戒니 學者所當猛省也니라.

7-11-1. 맹자께서 말씀하셨다. "도는 가까운 데 있는데도 먼데서 찾고, 일은 쉬운 데 있는데도 어려운 데서 찾는다. 세상 사람들이 자기 부모를 친애하고, 자기 어른을 어른으로 섬기면 천하는 평안해질 것이다."

孟子曰 道在爾而求諸遠하며 事在易而求諸難하나니 人人이 親其親하며 長其長이면 而天下平하리라.

어버이와 어른은 사람 사이에서 매우 가깝고, 친애하고 어른으로 대접하는 것은 사람에게 있어서 매우 쉬운데, 도는 처음부터 여기서 벗어나지 않는다. 이것을 버리고 다른 것을 구하면 멀고 또 어려워서 도리어 잃게 된다. 다만 사람들이 각각 자기 어버이를 친하게 지내고 어른을 어른으로 대접하면 천하가 저절로 평안해질 것이다.

親長은 在人에 爲甚邇하고 親之長之는 在人에 爲甚易而道初不外是也라. 舍此而他求면 則遠且難而反失之니 但人人이 各親其親하고 各長其長이면 則天下自平矣리라.

7-12-1. 맹자께서 말씀하셨다. "아랫자리에 있으면서 윗사람에게 신임을 얻지 못하면 백성을 다스릴 수 없다. 윗사람에게 신임을 얻는 데 방법이 있으니, 벗에게 신임을 받지 못하면 윗사람에게 신임을 얻을 수 없다.

벗에게 신임을 받는 데도 방법이 있으니, 부모를 섬길 때 기쁘게 해드리지 못하면 벗에게 신임을 얻지 못한다. 부모를 기쁘게 해드리는 데도 방법이 있으니 자신에게 돌이켜서 성실하지 못하다면 부모를 기쁘게 할 수 없다. 자신을 성실하게 하는 데도 방법이 있으니 선에 밝지 못하다면 자신을 성실하게 할 수 없다.

孟子曰 居下位而不獲於上_{이면} 民不可得而治也_{리라}. 獲於上이 有道_{하니} 不信於友_면 弗獲於上矣_{리라}. 信於友有道_{하니} 事親弗悅_{이면} 弗信於友矣_{리라}. 悅親이 有道_{하니} 反身不誠_{이면} 不悅於親矣_{리라}. 誠身이 有道_{하니} 不明乎善_{이면} 不誠其身矣_{리라}.

'획어상'은 윗사람에게 신임을 얻는 것이다. '성'은 성실하다는 뜻인데, '반신불성'은 돌이켜 자신에게서 구하는데 선을 행하려는 마음이 성실하지 못한 것이다. '불명호선'은 사물에 나가서 이치를 찾지 못하여 선의 소재를 진실로 알지 못하는 것이다. 유 씨가 말하기를, "자신의 의지를 성실하게 하고자 한다면 먼저 자신의 앎을 극진하게 해야 하는 것이니, 선에 밝지 못하면 몸을 성실하게 할 수 없을 것이다. 학문이 몸을 성실하게 하는 데 이르면 어느 곳을 간들 지극함을 이루지 못하겠는가? 안으로는 어버이에게 순종하고 밖으로는 붕우에게 믿음을 받고, 위로는 임금에게 신임을 얻고 아래로는 백성에게 신임을 얻을 것이다"라고 하였다.

獲於上_은 得其上之信任也_라. 誠_은 實也_니 反身不誠_은 反求諸身而其所以爲善之心_이 有不實也_라. 不明乎善_은 不能卽事以窮理_{하여} 無以眞知善之所在也_라. 游氏曰 欲誠其意_{인댄} 先致其知_니 不明乎善_{이면} 不誠乎身矣_{리라}. 學至於誠身_{이면} 則安往而不致其極哉_{리오}. 以內則順乎親_{이요} 以外

則信乎友요 以上則可以得君이요 以下則可以得民矣라.

7-12-2. 이런 까닭에 성실이란 것은 하늘의 도리이고, 성실해지려고 생각하는 것은 사람의 도리이니라.

是故로 誠者는 天之道也요 思誠者는 人之道也니라.

'성'이란 나에게 있는 이치를 모두 성실하게 하여 거짓이 없는 것이니 천도의 본연이다. '사성'이란 나에게 있는 이 이치를 모두 성실하게 하여 거짓이 없게 하고자 하는 것이니 인도의 당연함이다.

誠者는 理之在我者 皆實而無僞니 天道之本然也요 思誠者는 欲此理之在我者 皆實而無僞니 人道之當然也라.

7-12-3. 지극히 성실하면 감동시키지 못할 것이 없고, 성실하지 않으면 남을 감동시킬 수 있는 것이 없느니라."

至誠而不動者 未之有也니 不誠이면 未有能動者也니라.

'지'는 지극하다는 뜻이다. 양 씨가 말하기를 "동은 곧 효험이 나타나는 곳이니, 마치 윗사람에게 신임을 얻고 친구에게 믿음을 얻으며 어버이를 기쁘게 하는 종류가 이것이다"라고 하였다. ○이 장은 『중용』에 나오는 공자의 말씀을 인용한 것인데, '사성'은 수신의 근본이 되고 '명선'은 사성의 근본이 됨을 알 수 있다. 자사가 증자에게 듣고, 맹자가 자사에게 받은 것이다. 또한 『대학』과 더불어 서로 표리가 되니 학자들은 마땅히 마음을 가라 앉혀 새겨야 할 것이다.

至는 極也라. 楊氏曰 動은 便是驗處니 若獲乎上 信乎友 悅於親之類是
也니라. ○此章은 述中庸孔子之言하니 見思誠爲修身之本이요 而明善又
爲思誠之本이니 乃子思所聞於曾子요 而孟子所受乎子思者라. 亦與大
學相表裏하니 學者宜潛心焉이니라.

7-13-1. 맹자께서 말씀하셨다. "백이가 주 왕을 피하여 북쪽 바닷가에 살았
는데, 문왕이 일어나 선정을 베푼다는 말을 듣고, '어찌 돌아가지 않겠는
가? 내가 들으니 서백은 늙은이를 잘 봉양한다고 하더라' 하고 말하였다.
태공은 주를 피하여 동쪽 바닷가에 살았는데, 문왕이 일어나 선정을 편
다는 말을 듣고, '어찌 돌아가지 않겠는가? 내 들으니 서백은 늙은이를
잘 봉양한다고 하더라'하고 말하였다.
孟子曰 伯夷辟紂하여 居北海之濱이러니 聞文王作興하고 曰盍歸乎來리오.
吾聞西伯은 善養老者라 하고 太公이 辟紂하여 居東海之濱이러니 聞文王作
興하고 曰盍歸乎來리오. 吾聞西伯은 善養老者라 하니라.

'작과 흥'은 모두 일어난다는 뜻이다. '합'은 '어찌~하지 않겠는가?'라는
뜻이다. '서백'은 곧 문왕인데, 주가 명령하여 서쪽 제후의 우두머리로 삼
아 정벌을 전횡할 수 있게 하였다. 그러므로 서백이라고 칭한 것이다.
'태공'은 성이 강이고 씨는 여이니 이름은 상이다. 문왕이 정사를 펼 때
반드시 홀아비·과부·고아·자식 없는 노인을 우선하였고 서민의 노
인들도 모두 얼거나 굶주리는 사람이 없게 하였다. 그러므로 백이와 태
공이 문왕에게 와서 그의 봉양을 받은 것이지 벼슬을 요구한 것이 아니
다.

作興은 皆起也라. 盍은 何不也라. 西伯은 卽文王也니 紂命爲西方諸侯長하여 得專政伐이라. 故로 稱西伯이라. 太公은 姜姓이요 呂氏니 名尙이라. 文王發政에 必先鰥寡孤獨하시고 庶人之老皆無凍餒라. 故로 伯夷 太公이 來就其養이요 非求仕也니라.

7-13-2. 두 노인은 천하의 훌륭한 노인들인데 문왕에게로 돌아왔으니, 이것은 천하의 아버지 되는 사람들이 문왕에게로 돌아온 것이다. 천하의 아버지들이 돌아왔는데 그 자식들은 어디로 가겠는가?
二老者는 天下之大老也而歸之하니 是는 天下之父歸之也라. 天下之父歸之하니 其子焉往이리오.

'이노'는 백이와 태공이다. '대노'는 일반 사람의 늙은이가 아니다. '천하지부'는 나이와 덕이 모두 높아서 많은 사람들의 아버지와 같은 것을 말한다. 이미 그 마음을 얻었으면 천하의 마음이 여기서 벗어나지 않을 것이다. 소하가 이른바 "백성을 기르고 어진 사람을 불러오게 하여 천하를 도모한다"고 하는 말의 의미가 은연중에 이와 합치된다. 다만 그 뜻에 공사의 분별이 있으니 학자는 또한 살펴야 한다.
二老는 伯夷 太公也라. 大老는 言非常人之老者라. 天下之父는 言齒德皆尊하여 如衆父然이라. 旣得其心이면 則天下之心이 不能外矣니라. 蕭何所謂養民致賢하여 以圖天下者가 其意暗與此合이라. 但其意則有公私之辨하니 學者又不可不察也니라.

7-13-3. 제후 가운데 문왕의 정사를 행하는 사람이 있으면 7년 안에 반드시

천하에 정사를 행하게 될 거이다."
諸侯有行文王之政者면 七年之內에 必爲政於天下矣리라.

'칠년'은 소국을 가지고 말한 것인데, 대국 오년은 그 가운데 있다.
七年은 以小國而言也니 大國五年은 在其中矣니라.

7-14-1. 맹자께서 말씀하셨다. "염구가 계씨의 가신이 되어 그의 부덕함을 고치지 못하고 세금을 전보다 배로 늘리자 공자께서 말씀하시기를, '염구는 우리 무리가 아니다. 제자들아, 북을 쳐서 그를 공격함이 옳을 것이다'라고 하셨다.
孟子曰 求也爲季氏宰하여 無能改於其德이요 而賦粟이 倍他日한대 孔子曰 求는 非我徒也로소니 小子아 鳴鼓而攻之 可也라 하시니라.

'구'는 공자의 제자인 염구다. '계씨'는 노나라 경이다. '재'는 가신이다. '부'는 취한다는 것과 같은데, 백성의 곡식을 취하는 것이 다른 날에 비해서 두 배가 된다는 것이다. '소자'는 제자다. '명고이공지'는 죄를 성토하여 꾸짖는 것이다.
求는 孔子弟子冉求라. 季氏는 魯卿이라. 宰는 家臣이라. 賦는 猶取也니 取民之粟이 倍於他日也라. 小子는 弟子也라. 鳴鼓而攻之는 聲其罪而責之也라.

7-14-2. 이로 미루어보건대, 임금이 인정을 행하지 않는데 그 임금을 부유하게 해주면 모두 공자에게 버림을 받을 것이다. 하물며 임금을 위해 무

리하게 전쟁을 하여, 땅을 쟁탈하는 싸움에 사람을 죽여 들에 가득 차게 하고, 성을 쟁탈하는 싸움에 사람을 죽여 성에 가득 차게 하는 것이야 더 말할 것이 있겠는가? 이것은 이른바 토지 때문에 사람 고기를 먹게 하는 것이니 그 죄가 죽음을 면치 못할 것이다.
由此觀之컨대 君不行仁政而富之면 皆棄於孔子者也니 況於爲之强戰하여 爭地以戰에 殺人盈野하며 爭城以戰에 殺人盈城이온여 此所謂率土地而食人肉이라 罪不容於死니라.

임 씨가 말했다. "임금을 부유하게 하는 자는 백성의 재물만을 빼앗은 것인데도 부자께서 미워하셨으니, 하물며 토지를 뺏으려는 이유 때문에 사람을 죽여 간과 뇌를 땅바닥에 바른다면 이것은 토지를 몰아다가 사람 고기를 먹이는 것이다. 죄가 너무 커서 비록 죽음에 이르더라도 오히려 용서받지 못할 것이다."
林氏曰 富其君者는 奪民之財耳로되 而夫子猶惡之하시니 況爲土地之故而殺人하여 使其肝腦塗地면 則是率土地而食人之肉이라. 其罪之大가 雖至於死라도 猶不足以容之也니라.

7-14-3. 그러므로 전쟁을 잘 하는 자는 극형을 받고, 제후들을 연합시키는 자는 그 다음의 형벌을 받으며, 황무지를 개간해서 토지를 억지로 떠맡겨 세금을 징수해 가는 자는 그 다음의 형벌을 받는다."
故로 善戰者는 服上刑하고 連諸侯者次之하고 辟草萊任土地者次之니라.

'선전'은 손빈과 오기 같은 무리이고, 제후를 연결하는 것은 소진과 장의 같은 무리다. '벽'은 개간하는 것이다. '임토지'는 땅을 나누어 백성들에게 주어 받가는 책임을 맡긴 것이니, 마치 이회가 지력을 다하고 상앙이 천맥의 제도를 열어놓은 것과 같은 종류다.

善戰은 如孫臏 吳起之徒요 連結諸侯는 如蘇秦 張儀之類라. 辟은 開墾也라. 任土地는 謂分土授民하여 使任耕稼之責이니 如李悝盡地力과 商鞅開阡陌之類라.

7-15-1. 맹자께서 말씀하셨다. "사람에게 갖추어져 있는 것 가운데 눈동자보다 선량한 것이 없다. 눈동자는 그 사람의 악함을 감추지 못한다. 마음속이 바르면 눈동자가 맑고, 바르지 못하면 눈동자가 흐리다.

孟子曰 存乎人者 莫良於眸子하니 眸子不能掩其惡하니 胸中이 正則眸子瞭焉하고 胸中이 不正則眸子眊焉이니라.

'양'은 착하다는 뜻이다. '모자'는 눈동자다. '요'는 밝다는 뜻이다. '모'는 가려서 눈이 밝지 못한 모습이다. 사람과 사물이 만날 때에 신이 눈에 있기 때문에 마음속이 바르면 신이 정밀하여 밝고, 바르지 않으면 신이 흩어져 어둡게 된다.

良은 善也라. 眸子는 目瞳子也라. 瞭는 明也라. 眊者는 蒙蒙하여 目不明之貌라. 蓋人與物接之時에 其神在目이라. 故로 胸中正則神精而明하고 不正則神散而昏이니라.

7-15-2. 그 말을 듣고 그 눈동자를 보면 사람이 어찌 그 본심을 속일 수 있겠는가?"

聽其言也요 觀其眸子면 人焉廋哉리오.

'수'는 숨긴다는 뜻이다. 말 역시 마음에서 나오는 것이다. 그러므로 이 것을 아울러 관찰한다면 사람의 사악함과 바름을 숨길 수 없다. 그러나 말은 오히려 거짓으로 할 수 있지만, 눈동자는 거짓을 용납하지 못한다.
廋는 匿也라. 言亦心之所發이라. 故로 幷此以觀이면 則人之邪正을 不可匿 矣라. 然이나 言猶可以僞爲어니와 眸子則有不容僞者니라.

7-16-1. 맹자께서 말씀하셨다. "공손한 사람은 남을 업신여기지 않고, 검소한 사람은 남의 것을 빼앗지 않는다. 남을 업신여기고 남의 것을 빼앗는 임금은 오직 남들이 순종하지 않을까 두려워하는 것이니 어찌 공손하고 검소할 수 있겠는가? 공손함과 검소함을 어찌 목소리와 웃는 모습으로 할 수 있겠는가?"
孟子曰 恭者는 不侮人하고 儉者는 不奪人하나니 侮奪人之君은 惟恐不順 焉이어니 惡得爲恭儉이리오. 恭儉은 豈可以聲音笑貌爲哉리오.

'유공불순'은 사람들이 자신을 따르지 않을까 두려워한 것이다. '성음소모'는 거짓으로 외모를 꾸미는 것이다.
惟恐不順은 言恐人之不順己라. 聲音笑貌는 僞爲於外也라.

7-17-1. 순우곤이 말했다. "남녀가 직접 주고받지 않는 것이 예의입니까?" 맹자께서 말씀하셨다. "예의다." 순우곤이 말했다. "형수가 물에 빠지면 손으로 끌어당겨 구해야 합니까?" 맹자께서 말씀하셨다. "형수가 물에 빠

졌는데 손으로 끌어당겨 구해주지 않는다면, 이것은 승냥이나 이리 같은 짐승이다. 남녀가 직접 주고받지 않는 것은 예의이고, 형수가 물에 빠졌을 때 손으로 끌어당겨 구해 주는 것은 권도다."

淳于髡이 曰 男女授受不親이 禮與잇가. 孟子曰 禮也니라. 曰 嫂溺則援之以手乎잇가. 曰 嫂溺不援이면 是豺狼也니 男女授受不親은 禮也요 嫂溺이어든 援之以手者는 權也니라.

순우는 성이고 곤은 이름인데 제나라의 변사다. '수(授)'는 준다는 뜻이고, '수(受)'는 취한다는 뜻이다. 고례에 남녀가 직접 주고받지 않는다고 하였으니 이것은 구별을 멀게 하고자 한 것이다. '원'은 구원해 주는 것이다. '권'은 저울과 저울대. 사물의 경중을 헤아려 왕래하면서 딱 맞는 것을 취하는 것이다.

淳于는 姓이요 髡은 名이니 齊之辯士라. 授는 與也요 受는 取也라. 古禮에 男女不親授受하니 以遠別也하니라. 援은 救之也라. 權은 稱錘也니 稱物輕重而往來以取中者也라. 權而得中이면 是乃禮也니라.

7-17-2. 순우곤이 말하였다. "지금 천하가 물에 빠졌는데 선생님께서 구하지 않는 것은 무슨 까닭입니까?"

曰 今天下溺矣어늘 夫子之不援은 何也잇고.

지금 천하가 혼란하여 백성들이 함정과 물에 빠졌는데 마땅히 권도를 따라 구원해주고 성왕의 바른 도리만을 지켜서는 안 된다고 말한 것이다.

言今天下大亂하여 民遭陷溺하니 亦當從權以援之요 不可守先王之正道

也라.

7-17-3. 맹자께서 말씀하셨다. "천하가 물에 빠졌으면 도로써 구원해 주고, 형수가 물에 빠졌으면 손으로 끌어당겨 구해주는 것인데, 그대는 손으로 천하를 구하고자 하는가?"
曰 天下溺이어든 援之以道요 嫂溺이어든 援之以手니 子欲手援天下乎아.

천하가 물에 빠지면 오직 도로 구원할 수 있으니, 제수가 물에 빠졌을 때 손으로 구원할 수 '있는 것과는 다르다. 지금 그대가 천하를 구원하고자 하면서 나에게 도를 굽혀서 영합하도록 하니 먼저 구원할 도구를 잃는 것과 같다. 그대는 나에게 천하를 손으로 구원하라고 하는가?"라고 말한 것이다. ○이 장은 자신을 정직하게 하고 도를 지키는 것이 세상을 구제하는 것과 같으니, 도를 굽혀 남을 따르는 것은 한갓 자신을 잃는 것임을 말한 것이다.
言天下溺엔 惟道可以抹之니 非若嫂溺可手援也라. 今子欲援天下하되 乃欲使我枉道求合하니 則先失其所以援之之具矣니 是欲使我以手援天下乎아. ○此章은 言直己守道가 所以濟時니 枉道徇人은 徒爲失己니라.

7-18-1. 공손추가 말하였다. "군자가 자기 자식을 가르치지 않는 것은 무슨 까닭입니까?"
公孫丑曰 君子之不敎子는 何也잇고.

직접 가르치지 않는 것이다.

不親敎也니라.

7-18-2. 맹자께서 말씀하셨다. "자연스럽게 잘되지 않기 때문이다. 가르침은 반드시 바른 것을 가지고 하는데, 바른 것을 가지고 가르쳐서 행하지 않으면 이어 화를 내게 되고, 화를 내게 되면 도리어 자식과의 사이를 상하게 한다. 아버지가 나를 정도로써 가르친다고 하면서 아버지도 정도로 하지 않는다고 생각한다면, 이것은 부자가 서로 상하게 하는 것이다. 부자가 서로 상한다면 나쁜 일이다.
孟子曰 勢不行也니라. 敎者는 必以正이니 以正不行이어든 繼之以怒하고 繼之以怒則反夷矣니 夫子 敎我以正하사대 夫子도 未出於正也라 하면 則是父子相夷也니 父子相夷則惡矣니라.

'이'는 상하게 하는 것이다. 자식을 가르치는 것은 본래 자식을 사랑하는 것인데, 계속해서 화를 낸다면 도리어 자식을 상하게 하는 것이다. 아버지가 이미 자식을 상하게 하면 자식의 마음에 또 아버지를 책망하여 "아버지께서는 정도로 나를 가르치면서 아버지 스스로도 정도를 행하지 않는다"라고 하면, 이것은 또한 자식이 그 아버지를 상하게 하는 것이다.
夷는 傷也니라. 敎子者는 本爲愛其子也로되 繼之以怒면 則反傷其子矣라. 父旣傷其子하면 子之心에 又責其父曰 夫子敎我以正道하시되 而夫子之身도 未必自行正道라 하면 則是子又傷其父也니라.

7-18-3. 그래서 옛날에는 자식을 서로 바꾸어 가르쳤다.
古者에 易子而敎之하니라.

'역자이교'는 아버지와 자식의 은혜를 온전히 하고 또한 가르침을 잃지 않게 하는 것이다.

易子而教는 所以全父子之恩하고 而亦不失其爲敎니라.

7-18-4. 부자 사이에는 선을 요구하지 않는 것이니, 선을 요구하면 부자 사이에 틈이 생기고, 틈이 생기면 상서롭지 못한 일이 이보다 더 큰 것이 없다."

父子之間은 不責善이니 責善則離하나니 離則不祥이 莫大焉이니라.

'책선'은 친구 간의 도리다. ○ 왕 씨가 말하기를, "아버지에게는 간언하는 자식이 있어야 한다는 것은 무엇 때문인가? 이른바 간언한다는 것은 책선이 아니다. 불의에 처하면 간언할 뿐이다. 아버지가 자식에 대해서 어떻게 해야겠는가? 불의에 처하면 역시 경계할 뿐이다"라고 하였다.

責善은 朋友之道也라. ○ 王氏曰 父有爭子는 何也오 所謂爭者는 非責善也라. 當不義면 則爭之而已矣니라. 父之於子也에 如何오 曰 當不義면 則亦戒之而已矣니라.

7-19-1. 맹자께서 말씀하셨다. "섬기는 일 가운데 무엇이 가장 중요한가? 부모를 섬기는 일이 중요하다. 지키는 일 가운데 무엇이 가장 중요한가? 자신을 지키는 것이 가장 중요하다. 자기 몸을 잃지 않고 부모를 섬길 수 있다는 말은 내가 들었지만, 자기 몸을 잃고서 부모를 섬길 수 있었다는 말은 내가 아직 듣지 못했다.

孟子曰 事孰爲大요 事親이 爲大하니라. 守孰爲大요 守身이 爲大하니라. 不

失其身而能事其親者를 吾聞之矣요 失其身而能事其親者를 吾未之聞
也로라.

'수신'은 몸을 지켜서 불의에 빠지지 않게 하는 것이다. 한 번 몸을 잃게
되면 신체를 훼손하고 어버이를 욕되게 할 것이니, 비록 날마다 세 가지
희생으로 봉양하더라도 효라고 할 수 없을 것이다.
守身은 持守其身하여 使不陷於不義也라. 一失其身이면 則虧體辱親하니
雖日用三牲之養이라도 亦不足以爲孝矣니라.

7-19-2. 어느 일이나 섬기는 일이 아니겠는가만 부모를 섬기는 일이 섬기는
것의 근본이요, 어느 일이나 지키는 일이 아니겠는가만 몸을 지키는 일
이 지키는 것의 근본이 된다.
孰不爲事리오마는 事親이 事之本也요 孰不爲守리오마는 守身이 守之本也니라.

어버이를 효로 섬기면 임금에게 충성을 옮길 수 있고, 어른에게 순종함
을 옮길 수 있으며, 몸이 바르면 집안이 가지런해지고 나라가 다스려지
며 천하가 평안하게 될 것이다.
事親孝면 則忠可移於君이요 順可移於長이며 身正이면 則家齊國治而天下
平이니라.

7-19-3. 증자가 증석을 봉양할 때 반드시 술과 고기를 준비했는데, 상을 물
릴 때는 반드시 남은 것을 누구에게 줄 것인가를 여쭈었으며, 더 남은
것이 있느냐고 물으면 반드시 '있습니다'라고 대답하였다. 증석이 죽고

중원이 증자를 봉양할 때 반드시 술과 고기를 준비했는데, 상을 물릴 때 남은 것을 누구에게 줄 것인가를 여쭙지 않았고, 더 남은 것이 있느냐고 물으면 '없습니다'라고 대답하였는데, 나중에 다시 차려드리려는 것이었다. 이것은 이른바 입과 몸을 봉양하는 것일 뿐이며, 증자같이 하는 것이 부모의 뜻을 받들었다고 할 수 있다.

曾子養曾晳하되 必有酒肉이러시니 將徹할새 必請所與하시며 問有餘어든 必曰 有라 하더시다. 曾晳이 死커늘 曾元이 養曾子하되 必有酒肉하더니 將徹할새 不請所與하며 問有餘어시든 曰 亡矣라 하니 將以復進也라. 此所謂養口體者也니 若曾子則可謂養志也니라.

이것은 윗글의 '사친'을 이어서 말한 것이다. '증석'은 이름이 점인데, 증자의 아버지이고, '증원'은 증자의 아들이다. 증자가 아버지를 봉양할 때 매번 식사 때마다 반드시 술과 고기를 올렸는데 식사를 마치고 상을 물리려 할 때 반드시 아버지에게 "남은 음식을 누구에게 줄까요?" 하고 물었다. 간혹 아버지가 "이 음식이 아직 남았느냐?"라고 물으면 반드시 "있습니다"라고 대답하였으니, 어버이의 뜻이 남에게 주려고 하는 데 있었기 때문이다. 증원은 누구에게 줄 것인가를 묻지 않았고 비록 음식이 남았더라도 없다고 말하였으니, 그 뜻은 장차 어버이에게 남은 음식을 다시 올리고 남에게 주려고 하지 않은 것이다. 이것은 다만 부모의 육체만을 봉양하는 것일 뿐이다. 증자는 곧 부모의 뜻을 받들어 차마 상하게 하지 않은 것이다.

此는 承上文事親言之라. 曾晳은 名點이니 曾子父也요 曾元은 曾子子也라. 曾子養其父할새 每食에 必有酒肉이러시니 食畢將徹去할새 必請於父曰 此

餘者를 與誰오 하며 或父問此物尙有餘否어든 必曰有라 하시니 恐親意更欲
與人也라. 曾元은 不請所與하고 雖有라도 言無하니 其意將以復進於親이요
不欲其與人也니 此는 但能養父母之口體而已라. 曾子則能承順父母之
志하여 而不忍傷之也시니라.

7-19-4. 어버이를 섬기는 데는 증자처럼 하는 것이 좋다."
事親을 若曾子者 可也니라.

마땅히 증자처럼 부모의 뜻을 봉양할 것이요 증원과 같이 육체만을 봉양
해서는 안 된다고 말씀한 것이다. 정자가 말하기를, "자식의 몸으로 할
수 있는 것은 모두 마땅히 해야 하는 것이니 분수에 넘치는 일이 없는
것이다. 그러므로 부모를 증자같이 섬기면 지극한 효자라고 할 수 있을
것인데, 맹자께서는 단지 '좋다'고만 하셨으니 어찌 증자의 효성이 지극
하다고 하겠는가?"라고 하였다.
言當如曾子之養志요 不可如曾元但養口體니라. 程子曰 子之身에 所能
爲者는 皆所當爲니 無過分之事也라. 故로 事親若曾子면 可謂至矣어늘 而
孟子止曰可也라 하시니 豈以曾子之孝爲有餘哉리오.

7-20-1. 맹자께서 말씀하셨다. "사람을 허물할 수 없고, 정치는 비난할 것이
못된다. 오직 큰 인물만이 임금 마음의 그릇된 점을 바로잡을 수 있다.
임금이 인자하면 인자하지 않을 사람이 없고, 임금이 의로우면 의롭지
않을 사람이 없고, 임금이 바르면 바르지 않을 사람이 없다. 한 번 임금
을 바르게 하면 나라가 안정된다."

孟子曰 人不足與適也며 政不足間也라 惟大人이아 爲能格君心之非니
君仁이면 莫不仁이요 君義면 莫不義요 君正이면 莫不正이니 一正君而國이
定矣니라.

조 씨가 말하기를, "적(適)은 허물이라는 뜻이고 간(間)은 비난한다는 뜻
이다. '격'은 바르다는 뜻이다"라고 하였다. 서 씨가 말하였다. "격은 사
물의 바른 것을 취하는 것인데, 『서경』에 '그릇된 마음을 바로잡는다'라
고 하였다." 내가 생각하건대, '간(間)'이라는 글자 위에도 마땅히 '여(與)'
자가 있어야 한다. 임금이 사람을 등용하는 잘못을 허물할 수 없고, 정
치의 잘못을 비난할 수 없다. 오직 대인의 덕이 있으면 바르지 못한 임
금의 마음을 바로잡아 바른 데로 돌아가게 하여 나라가 다스려지게 됨을
말한 것이다. 대인이란 큰 덕을 가진 사람인데 자기를 바르게 하여 사물
이 바르게 되는 자이다. ○ 정자가 말하기를, "세상이 다스려지거나 혼란
하게 되는 것은 임금의 인과 불인에 달려 있을 뿐이다. 마음이 그릇되면
바로 정사에 해를 끼치게 되니 밖으로 나타나기를 기다리지 않는다. 옛
날에 맹자께서 제나라 왕을 세 번 만났으면서도 정사에 대해서 말하지
않자 문인들이 이상하게 여겼다. 맹자께서 말씀하기를, '나는 먼저 사악
한 마음을 다스린다'라고 하셨으니, 마음이 바른 뒤에 천하의 일을 따라
서 다스릴 수 있다. 정사의 잘못과 사람을 쓰는 잘못은 지혜로운 사람은
고치고 정직한 사람은 간언한다. 그러나 그릇된 마음이 있으면 일마다
고치더라도 나중에 다시 그런 일이 있어서 장차 모두 고칠 수 없을 것이
며, 사람마다 제거하더라도 나중에 다시 그런 사람을 등용하여 장차 모
두 제거할 수 없을 것이다. 이 때문에 군주를 보필하는 신하의 직분은

반드시 군주의 나쁜 마음을 바르게 하는 데 있다. 그런 다음에 바르지 않은 것이 없고, 군주의 나쁜 마음을 바르게 하고자 하는 사람은 대인의 덕이 없으면 또한 이것을 능히 할 수 없다"라고 하였다.

趙氏曰 適은 過也요 間은 非也라. 格은 正也라. 徐氏曰 格者는 物之所取正也니 書曰 格其非心이라 하니라. 愚謂 間字上에 亦當有與字라. 言人君用人之非를 不足過謫이요 行政之失을 不足非間이라. 惟有大人之德이면 則能格君心之不正하여 以歸于正하여 而國無不治矣라. 大人者는 大德之人이니 正己而物正者也니라. ○程子曰 天下之治亂이 繫乎人君之仁與不仁耳라. 心之非는 卽害於政이니 不待乎發之於外也라. 昔者에 孟子三見齊王而不言事어시늘 門人疑之한대 孟子曰 我先攻其邪心이라 하시니 心旣正而後에 天下之事를 可從而理也라. 夫政事之失과 用人之非는 知者能更之하고 直者能諫之라. 然이나 非心이 存焉이면 則事事而更之라도 後復有其事하여 將不勝其更矣요 人人而去之라도 後復用其人하여 將不勝其去矣라. 是以로 輔相之職은 必在乎格君心之非니 然後에 無所不正이요 而欲格君心之非者는 非有大人之德이면 則亦莫之能也니라.

7-21-1. 맹자께서 말씀하셨다. "뜻하지 않게 칭찬을 받을 수가 있고, 온전함을 추구하다가 훼방을 받는 수도 있다."

孟子曰 有不虞之譽하며 有求全之毁하니라.

'우'는 헤아린다는 뜻이다. 여 씨가 말하기를 "행동이 칭찬을 받을 수 없는데 우연히 칭찬을 받는 것을 '뜻하지 않은 칭찬'이라고 한다. 훼방을 면하려다 도리어 훼방을 받는 것을 '온전하기를 바라다가 받는 훼방'이라고 한다. 훼방하고 칭찬하는 말이 모두 진실한 것은 아니므로 몸을 닦는 사람이 이것을 가지고 갑자기 걱정하거나 기뻐해서는 안 되고, 사람을 관찰하는 자가 이것을 가지고 가볍게 진퇴해서는 안 된다는 것을 말씀한 것이다"라고 하였다.

虞는 度也라. 呂氏曰 行不足以致譽而偶得譽를 是謂不虞之譽요 求免於毁而反致毁를 是謂求全之毁라. 言毁譽之言이 未必皆實이니 修己者는 不可以是遽爲憂喜요 觀人者는 不可以是輕爲進退니라.

7-22-1. 맹자께서 말씀하셨다. "사람들이 말을 쉽게 하는 것은 질책을 당하지 않았기 때문이다."

孟子曰 人之易其言也는 無責耳矣니라.

사람이 말을 가볍고 쉽게 하는 까닭은 실언의 질책을 당하지 않았기 때문이다. 일반 사람의 마음은 이전에 징계당한 경우가 없으면 뒤에도 경계하지 않는다. 군자의 학문이 반드시 질책이 있은 다음에 그 말을 감히 쉽게 하지 않는다고 여긴 것은 아니다. 그러나 이것은 역시 이유가 있기 때문에 말한 것이다.

人之所以輕易其言者는 以其未遭失言之責故耳라. 蓋常人之情은 無所懲於前이면 則無所警於後하니 非以爲君子之學이 必俟有責而後不敢易其言也라. 然이나 此豈亦有爲而言之與인저.

7-23-1. 맹자께서 말씀하셨다. "사람의 병폐는 남의 스승 되기를 좋아하는 데 있다."

孟子曰 人之患이 在好爲人師니라.

왕면이 말하기를, "학문하고 여유가 있어서 사람들이 자기에게 의지하거든 부득이 응하는 것은 좋지만, 만약 남의 스승이 되기를 좋아한다면 스스로 만족하게 되어 다시는 진전이 없을 것이다. 이것이 사람들의 큰 병통이다"라고 하였다.

王勉曰 學問有餘하여 人資於己어든 不得已而應之는 可也어니와 若好爲人師면 則自足而不復有進矣니 此는 人之大患也니라.

7-24-1. 악정자가 자오를 따라 제나라에 갔다.

樂正子從於子敖하여 之齊러니

'자오'는 왕환의 자이다.

子敖는 王驩의 字라.

7-24-2. 악정자가 맹자를 찾아뵈니, 맹자께서 말씀하셨다. "자네도 역시 나를 만나러 왔는가?" 악정자가, "선생님께서는 왜 그런 말씀을 하십니까?"라고 하자, "자네가 제나라에 온 지 며칠 되었나?" 하셨다. 악정자가 "어제 왔습니다"라고 하자, 맹자께서 "어제 왔다면 내가 이런 말을 하는 것이 또한 마땅하지 않은가?"라고 하셨다. 악정자가 "숙소를 정하지 못했기 때문입니다"라고 하였다. 맹자께서 말씀하셨다. "자네는 숙소를 정한 뒤에 어른을 찾아뵌다고 들었던가?"

樂正子 見孟子한대 孟子曰 子亦來見我乎아. 曰 先生은 何爲出此言也시니잇고. 曰 子來幾日矣오. 曰 昔者니이다. 曰 昔者則我出此言也 不亦宜乎아.

曰 舍館을 未定이러이다. 曰 子聞之也아 舍館을 定然後에 求見長者乎아.

'석자'는 전날이라는 말이다. '관'은 객사다. 왕환은 맹자께서 함께 말하지 않은 자이므로 사람됨을 알 수 있다. 악정자가 그를 따라서 갔으니 몸을 망친 죄가 크다. 또한 일찍이 어른을 찾아뵙지 않았으니 그 죄가 또한 더욱 심한 것이다. 그러므로 맹자께서 우선 이것으로 꾸짖은 것이다.
昔者는 前日也라. 館은 客舍也라. 王驩은 孟子所不與言者니 則其人을 可知矣어늘 樂正子乃從之行하니 其失身之罪大矣요 又不早見長者하니 則其罪又有甚者焉이라. 故로 孟子姑以此責之시니라.

7-24-3. 악정자가 말하였다. "제가 잘못했습니다."
曰 克이 有罪호이다.

진 씨가 말하기를, "악정자는 진실로 죄가 있다. 그러나 이와 같이 용감하게 질책을 수용하였으니 선을 좋아하고 독실하게 믿는 사람이 아니라면 이와 같을 수 있겠는가? 세상에는 자신을 억지로 변론하여 잘못을 꾸미고 간언을 듣고 더욱 심하게 하는 사람이 있으니 이들은 또한 악정자의 죄인이다"라고 하였다.
陳氏曰 樂正者固不能無罪矣니 然이나 其勇於受責이 如此하니 非好善而篤信之면 其能若是乎아. 世有强辯飾非하여 聞諫愈甚者하니 又樂正子之罪人也라.

7-25-1. 맹자께서 악정자에게 말씀하셨다. "그대가 자오를 따라 여기 온 것

은 한갓 먹고 마시기 위한 것이로다. 나는 그대가 옛 성현의 도를 배워서 먹고 마시는 데 쓸 줄은 생각하지 못했다."
孟子謂樂正子曰 子之從於子敖來는 徒餔啜也로다. 我不意子學古之道而以餔啜也호라.

'도'는 다만이라는 뜻이다. '포'는 먹는다는 뜻이고, '철'은 마신다는 뜻이다. 추종할 사람을 가리지 않고 다만 먹고 마실 뿐임을 말씀한 것이다. 이것은 곧 죄를 바르게 하여 간절하게 책망한 것이다.
徒는 但也라. 餔는 食也요 啜은 飮也라. 言其不擇所從하고 但求食耳라. 此乃正其罪以切責之니라.

7-26-1. 맹자께서 말씀하셨다. "불효에는 세 가지가 있는데, 그 중에 자손이 없는 것이 가장 큰 불효다.
孟子曰 不孝有三하니 無後爲大하니라.

조 씨가 말하기를, "예에 불효가 세 가지 있는데, 부모의 뜻에 아첨하고 자신을 굽혀서 따라가다가 어버이를 불의에 빠지게 하는 것이 첫 번째요, 집이 가난하고 부모가 연로한데도 벼슬을 하지 않는 것이 두 번째요, 장가들지 않아 자식이 없어서 선조의 제사를 단절시키는 것이 세 번째다. 이 세 가지 가운데 자손이 없는 것이 가장 큰 불효다"라고 하였다.
趙氏曰 於禮에 有不孝者三事하니 謂阿意曲從하여 陷親不義가 一也요 家貧親老하되 不爲祿仕가 二也요 不娶無子하여 絶先祖祀가 三也니 三者之中에 無後爲大하니라.

7-26-2. 순 임금이 부모에게 알리지 않고 아내를 맞이한 것은 자손이 끊어져 불효가 될까 걱정했기 때문이다. 군자는 '부모에게 알린 것과 마찬가지다'라고 여긴다."

舜이 不告而娶는 爲無後也시니 君子 以爲猶告也라 하니라.

순 임금이 부모에게 알렸다면 장가들지 못해 자식이 없었을 것이다. 알리는 것은 예이고, 알리지 않는 것은 권도다. '유고'는 알리는 것과 같다는 뜻이다. 저울질해서 중도에 맞으면 정도에서 벗어나지 않는 것이다. ○범 씨가 말했다. "천하의 도에는 정도와 권도가 있다. 정도는 만세의 떳떳함이요 권도는 일시적인 쓰임이다. 상도는 사람들이 모두 지킬 수 있지만, 권도는 도를 체득한 사람이 아니면 쓸 수 없다. 대개 권도는 부득이한 경우에 나오는 것이니 만약 아버지가 고수가 아니고 자식이 대순이 아니면서 알리지 않고 장가들었다면 천하의 죄인이다."

舜告焉이면 卽不得娶而終於無後矣라. 告者는 禮也요 不告者는 權也라. 猶告는 言與告同也라. 盖權而得中이면 則不離於正矣니라. ○范氏曰 天下之道有正有權하니 正者는 萬世之常이요 權者는 一時之用이라. 常道는 人皆可守아니와 權은 非體道者면 不能用也라. 盖權은 出於不得已者也니 苦父非瞽瞍요 子非大舜이어늘 而欲不告而娶則 天下之罪人也니라.

7-27-1. 맹자께서 말씀하셨다. "인의 실상은 부모를 섬기는 것이고, 의의 실상은 형을 따르는 것이다.

孟子曰 仁之實은 事親이 是也요 義之實은 從兄이 是也니라.

인은 사랑을 주로 하고, 사랑은 어버이를 섬기는 것보다 간절한 것이 없다. 의는 공경을 주로 하고, 공경은 형을 따르는 것보다 좋은 것이 없다. 그러므로 인의의 도는 쓰임이 지극히 넓지만 실제는 어버이를 섬기고 형을 따르는 것에 지나지 않는다. 양심의 발현이 가장 절실하고 가까우면서 정밀하고 실질적인 것이다. 유자가 효와 제로 인을 행하는 근본으로 삼았으니 그 의미도 또한 이와 같다.

仁主於愛而愛莫切於事親이요 義主於敬而敬莫善於從兄이라. 故로 仁義之道는 其用至廣이나 而其實은 不越於事親從兄之間하니 蓋良心之發이 最爲切近而精實者라. 有子以孝弟爲爲仁之本하니 其意亦猶此也니라.

7-27-2. 지의 실상은 이 두 가지를 알고서 이것을 버리지 않는 데 있다. 예의 실상은 이 두 가지를 조절하고 문식하는 것이다. 낙의 실상은 이 두 가지를 즐거워하는 것이다. 즐거워하면 마음이 생겨나고, 마음이 생겨나면 어찌 그만둘 수 있겠는가? 그만둘 수 없다면 자신도 모르게 저절로 발이 껑충거리고, 손이 너울거려 춤을 추게 된다."

智之實은 知斯二者하여 弗去是也요 禮之實은 節文斯二者 是也요 樂之實은 樂斯二者니 樂則生矣니 生則惡可已也리오. 惡可已則不知足之蹈之하며 手之舞之니라.

'사이'란 어버이를 섬기고 형을 따르는 것을 가리켜 말하는 것이다. 알면서도 떠나지 않는 것은 보는 것이 분명하고 지키는 것이 견고한 것이다. '절문'은 품절과 문장을 말하는 것이다. '낙즉생의'는 온순하고 여유가 있어 억지로 힘쓰지 않아도 사친과 종형의 의미가 저절로 생겨나서, 마치 초목이 생존하고자 하는 뜻이 있는 것과 같다. 이미 생존하려는 뜻이 있으면 무성하고 가지가 뻗어나가는 것을 막을 수가 없으니, 이것이 이른바 '오가이'란 것이다. 더욱 왕성해지면 손과 발이 춤추고 뛰면서도 스스로 알지 못하는 경지에 이르게 될 것이다. ○ 이 장은 사친과 종형은 양심의 진실하고 간절함이니, 천하의 도리가 모두 여기에 근원한다고 말한 것이다. 그러나 반드시 아는 것이 분명하고 지키는 것이 확고한 뒤에 절도가 치밀해지고 즐거워함이 깊어질 것이다.

斯二者는 指事親從兄而言이라. 知而不去는 則見之明而守之固矣라. 節文은 謂品節文章이라. 樂則生矣는 謂和順從容하여 無所勉强하여 事親從兄之意가 油然自生이 如草木之有生意也라. 卽有生意면 則其暢茂條達이 自有不可遏者니 所謂惡可已也라. 其又盛이면 則至於手舞足蹈而不自知矣라. ○ 此章은 言事親從兄은 良心眞切이니 天下之道皆原於此라. 然이나 必知之明而守之固然後에 節之密而樂之深也니라.

7-28-1. 맹자께서 말씀하셨다. "온 천하가 크게 기뻐하여 장차 자기에게 돌아오려 하는데, 천하가 기뻐하여 자기에게 돌아오려는 것 보기를 초개같이 여긴 것은 오직 순 임금이 그러했다. 이것은 부모에게 인정을 받지 못하고는 사람이 될 수 없고, 부모에게 순종하지 못한다면 자식이 될 수 없기 때문이다.

孟子曰 天下大悅而將歸己어든 視天下悅而歸己하되 猶草芥也는 惟舜이 爲然하시니 不得乎親이면 不可以爲人이요 不順乎親이면 不可以爲子러시다.

순 임금은 천하가 자신에게 돌아오는 것을 마치 초개같이 보고 오직 어버이에게 인정을 받고 순종하고자 한 것을 말씀한 것이다. '득'이란 굽혀서 받들어 순종하여 마음의 기쁨을 얻는 것일 뿐이요, '순'이란 도를 가지고 깨우쳐 마음이 그것과 일치되어 비로소 어그러지지 않는 것이니, 사람들이 더욱 어렵게 여기는 것이다. '위인'은 넓게 말한 것이고, '위자'는 더욱 세밀하게 말한 것이다.

言舜視天下之歸己를 如草芥하시고 而惟欲得其親而順之也라. 得者는 曲爲承順하여 以得其心之悅而耳요. 順則有以諭之於道하여 心與之一而未始有違니 尤人所難也라. 爲人은 蓋泛言之요 爲子는 則愈密矣라.

7-28-2. 순 임금이 부모 섬기는 도리를 다하자 고수가 기뻐하기에 이르렀다. 고수가 기뻐하기에 이르자 천하가 모두 감화되었고, 고수가 기뻐하기에 이르자 천하의 부모와 자식 된 자의 도리가 정해졌으니, 이것을 큰 효도라고 말한다."

舜이 盡事親之道而瞽瞍厎豫하니 瞽瞍厎豫而天下化하며 瞽瞍厎豫而天下之爲父子者定하니 此之謂大孝니라.

'고수'는 순 임금의 아버지 이름이다. '지'는 이룬다는 뜻이다. '예'는 기뻐한다는 뜻이다. 고수가 지극히 완악하여 순 임금을 죽이려고 하였는데 이 무렵에 기쁘게 되었으니 『서경』에서 말한, "간악함에 이르지 않고 또한 믿고 순응했다"는 것이 이것이다. 순 임금이 이때에 이르러 어버이를 순응하게 함이 있었다. 이 때문에 천하의 자신 된 사람들은 모두 섬길 수 없는 어버이가 없다는 것을 알았고, 단지 내가 순 임금처럼 섬기지 못한다는 것을 알았다. 이에 힘써서 효를 행하지 않는 사람이 없어, 그 어버이도 또한 기뻐하기에 이르렀으니, 천하의 부모 된 사람들은 인자하지 않음이 없게 되었으니 이것을 교화라고 한다. 자식이 효도하고 부모가 자애로워 각각 자기 자리에 멈추어 자리를 편안하게 여기는 뜻이 바로 '정'이다. 천하에 모범이 되어 후세에 전할 수 있으니, 자기 한 몸이나 한 집안의 효에만 그치는 것이 아니었으므로 이것이 대효가 된 까닭이다. ○이 씨가 말했다. "순 임금이 고수를 기쁘게 할 수 있었던 까닭은 어버이 섬기는 도리를 다하여 공손하게 자식의 직분을 행하고, 부모의 그릇됨을 보지 않았기 때문이다. 옛날에 나중소가 이에 대해 말하기를, '천하에 옳지 못한 부모가 없다'라고 하였는데, 요옹(陳瓘)이 듣고서 좋게 여겨 말하기를, '오직 이와 같이 한 다음에 천하의 부모와 자식들이 안정되는 것이니, 신하가 임금을 시해하고 자식이 부모를 시해하는 것은 항상 옳지 못한 곳을 보는 데서 비롯된 것이다."

瞽瞍는 舜父名이라. 厎는 致也라. 豫는 悅樂也라. 瞽瞍至頑하여 嘗欲殺舜이러니 至是而厎豫焉하니 書所謂不格姦,亦允若이 是也라. 蓋舜至此而有以順乎親矣라. 是以로 天下之爲子者知天下無不可事之親이요 顧吾所以事之者未若舜耳라. 於是에 莫不勉而爲孝하여 至於其親亦厎豫焉하니 則天下之爲父者亦莫不慈하니 所謂化라. 子孝父慈하여 各止其所하여 而無不安其位之意가 所謂定也라. 爲法於天下하여 可傳於後世요 非止一身一家之孝而已니 此所以爲大孝也니라. ○李氏曰 舜之所以能使瞽瞍厎豫者는 盡事親之道하여 共爲子職이요 不見父母之非而已라. 昔에 羅仲素語此云只爲天下無不是厎父母라 한데 了翁이 聞而善之曰 唯如此而後에 天下之爲父子者定이니 彼臣弑其君하며 子弑其父者는 常始於見其有不是處耳라 하니라.

이루장구 하(離婁章句下)

모두 서른세 장이다.

凡三十三章이라.

세상을 다스리는 것은 큰 덕으로 해야 하며
작은 은혜로 해서는 안 된다는 주장과,
군주는 신하를 예로써 대우해야 하며,
학자들은 근본에 힘써야 할 것을 언급하였다.
또한 우·탕·문무·주공·공자 등 여러 성인들의 좋은 점을 열거하고
군자의 종신지우(終身誌憂)에 대해서도 언급하였다.
이밖에도 다섯 가지 불효와 부귀를 쫓는 사람들의 모습에 대해 언급하였다.

8-1-1. 맹자께서 말씀하셨다. "순 임금은 저풍에서 태어나 부하로 옮겼다가 명조에서 돌아가셨으니, 동이의 사람이다.
孟子曰 舜은 生於諸馮하사 遷於負夏하사 卒於鳴條하시니 東夷之人也시니라.

저풍・부하・명조는 모두 지명인데, 동쪽 이복의 땅에 있었다.
諸馮, 負夏, 鳴條는 皆地名이니 在東方夷服之地하니라.

8-1-2. 문왕은 기주에서 태어나 필영에서 돌아가셨으니 서이의 사람이다.
文王은 生於岐周하사 卒於畢郢하시니 西夷之人也시니라.

'기주'는 기산 아래에 있는 주나라의 옛 읍으로 견이와 가깝다. '필영'은 풍과 호에 가까운데, 오늘날의 문왕의 묘가 있는 곳이다.
岐周는 岐山下周舊邑이니 近畎夷하니라. 畢郢은 近豐鎬하니 今有文王墓하니라.

8-1-3. 이들은 지역적인 거리가 천여 리요, 세대의 차이가 천여 년이나 되지만, 뜻을 이루어 중국에 행한 것은 부절을 합한 것과 같았다.
地之相去也 千有餘里며 世之相後也 千有餘歲로되 得志行乎中國하산 若合符節하니라.

'뜻을 이루어 중국에 행한다'는 것은 순이 천자가 되고 문왕이 방백이 되어 온 세상에 그 도를 행한 것을 말한다. '부절'은 옥으로 만드는데, 문자를 새겨서 가운데를 나누어 서로 그 반을 보관하고 있다가 무슨 일이 생기면 좌우의 것을 서로 합하여 신표로 삼는다. '부절을 합한 것과 같다'는 것은 같음을 말한 것이다.

得志行乎中國은 謂舜爲天子하고 文王爲方伯하여 得行其道於天下也라. 符節은 以玉爲之하니 篆刻文字而中分之하여 彼此各藏其半이라가 有故則左右相合하여 以爲信也니라. 若合符節은 言其同也니라.

8-1-4. 전대의 성인과 후대의 성인이 행한 법도는 한 가지였다."

先聖後聖이 其揆一也니라.

'규'는 헤아린다는 뜻이니, '규일'은 헤아려보니 그 도가 같지 않음이 없음을 말한다. ○범 씨가 말하기를, "성인의 태어남은 비록 선후와 원근의 차이는 있지만 그 도는 곧 하나다"라고 하였다.

揆는 度也니 其揆一者는 言度之而其道無不同也니라. ○范氏曰 言聖人之生이 雖有先後遠近之不同이나 然이나 其道則一也니라.

8-2-1. 자산이 정나라의 정치를 맡아보고 있을 때, 자신이 타고 있던 수레로 사람들을 태워 진수와 유수를 건너게 해주었다.

子産이 聽鄭國之政할새 以其乘輿로 濟人於溱洧한대

자산은 정나라 대부 공손교다. 진(溱)과 유(洧)는 두 강물의 이름이다.

자산은 이 물을 맨발로 건너가는 사람이 있는 것을 보고 자기가 타는 수레에 태워서 건네주었다.

子産은 鄭大夫公孫僑也라. 溱洧는 二水名也라. 子産이 見人有徒涉此水者하고 以其所乘之車로 載而渡之하니라.

8-2-2. 맹자께서 말씀하셨다. "은혜로운 사람이지만 정치를 할 줄 모르는구나.

孟子曰 惠而不知爲政이로다.

'혜'는 사사로운 은혜와 작은 이익을 말하고, '정'은 공평정대한 체통과 기강과 법도의 베풂이 있는 것이다.

惠는 謂私恩小利요 政則有公平正大之體와 綱紀法度之施焉이니라.

8-2-3. 11월에 도보로 건너는 다리를 만들고, 12월에 수레가 건너는 다리를 만들면 백성들이 건너가는 데 걱정하지 않을 것이다.

歲十一月에 徒杠이 成하며 十二月에 輿梁이 成하면 民未病涉也니라.

'강'은 네모진 다리인데, '도강(徒杠)'은 걸어서 가는 사람을 통행하게 하는 것이다. '양(梁)'도 역시 다리인데, '여량(輿梁)'은 수레를 통행하게 하는 것이다. 주나라의 11월은 하나라의 9월이요, 주나라의 12월은 하나라의 10월이다. 하령에 이르기를, "10월에 다리를 완성한다"라고 하였는데, 농사짓는 일이 이미 끝나서 백성들의 힘을 사용할 수 있고, 또 때가 장차 추워져서 물이 얼 것이니, 물에 다리가 있으면 백성들이 도보로 건너는 것을 걱정하지 않을 것이다. 이 또한 왕정의 한 가지 일이다.

杠은 方橋也니 徒杠은 可通徒行者라. 梁은 亦橋也니 輿梁은 可通車輿者라. 周十一月은 夏九月也요 周十二月은 夏十月也라. 夏令曰 十月成梁이라 하니 蓋農功已畢하여 可用民力이요 又時將寒沍하니 水有橋梁이면 則民不患於徒涉이니 亦王政之一事也니라.

8-2-4. 군자가 정치를 공평히 한다면 길을 갈 때 사람들을 물리치고 가도 좋은데, 어떻게 사람마다 모두 건너게 해줄 수 있겠는가?

君子 平其政이면 行辟人이 可也니 焉得人人而濟之리오.

'벽'은 깨끗하게 치운다는 뜻인데, 『주례』에 "문지기가 위하여 깨끗하게 치운다"는 벽(辟)과 같다. "정치를 공평하게 한다면 길을 갈 때에 행인들을 깨끗이 치워 자기를 피하게 하더라도 허물이 되지 않는다. 하물며 나라 안에 있는 물 가운데 마땅히 건너야 할 곳이 많은데 어찌 모두 수레로 건너게 할 수 있겠는가?"라고 말씀한 것이다.

辟은 辟除也니 如周禮閽人爲之辟之辟이라. 言能平其政이면 則出行其際에 辟際行人하여 使之避己라도 亦不爲過라. 況國中之水에 當涉者衆이니 豈能悉輿濟之哉리오.

8-2-5. 그러므로 정치를 하는 사람이 사람마다 모두 기쁘게 해주려면 날마다 그 일만 해도 모자랄 것이다."

故로 爲政者 每人而悅之면 日亦不足矣리라.

사람마다 모두 사사로운 은혜를 이루어서 그 마음을 기쁘게 하려 한다면, 사람은 많고 날짜는 적어서 쓰기에 부족할 것이라고 말씀한 것이다. 제갈무후가 일찍이 "세상을 다스리는 것은 큰 덕으로 해야 하며 작은 은혜로 해서는 안 된다"라고 하였는데, 이 말이 바로 맹자의 뜻을 터득한 것이다.

言每人을 皆欲致私恩하여 以悅其意면 則人多日少하여 亦不足於用矣라.
諸葛武候嘗言治世는 以大德이요 不以小惠라 하니 得孟子之意矣로다.

8-3-1. 맹자께서 제선왕에게 말씀하셨다. "임금이 신하 보기를 자기 손발같이 여기면 신하는 임금 보기를 자기 배와 심장같이 여기고, 임금이 신하 보기를 개나 말처럼 여기면 신하는 임금 보기를 일반 백성같이 여기고, 임금이 신하 보기를 흙이나 풀포기처럼 여기면 신하는 임금 보기를 원수같이 여깁니다."

孟子告齊宣王曰 君之視臣이 如手足則臣視君을 如腹心하고 君之視臣이 如犬馬則臣視君을 如國人하고 君之視臣이 如土芥則臣視君을 如寇讐니이다.

공 씨가 말하였다. "선왕이 신하를 대우할 때 은혜와 예의가 부족하여 예전에 등용했던 사람이 오늘날 도망간 것도 모르는 지경에 이르렀으니, 뭇 신하들에 대하여 아득히 공경함이 없었다고 말할 만하다. 그러므로 맹자께서 이것을 가지고 말씀하신 것이다. 손과 발, 배와 심장은 서로 한 몸처럼 대하므로 은혜와 의리가 지극한 것이요, 개와 말처럼 대한다면 가볍고 천박하게 여기는 것이지만 오히려 길러주는 은혜는 있다. '국인'은 '노인(路人)'이란 말과 같으니, 원망하는 것도 없고 덕망도 없는 것을 말한다. 흙이나 풀포기처럼 여긴다면 밟아주고 벨 뿐이니, 천박하게 여기고 미워함이 더욱 심한 것이다. 원수처럼 여겨서 보답하는 것이 마땅하지 않겠는가?

孔氏曰 宣王之遇臣下에 恩禮衰薄하여 至於昔者所進을 今日不知其亡하니 則其於群臣에 可謂邈然無敬矣라. 故로 孟子告之以此하시니라. 手足腹心은 相待一體니 恩義之至也요 如犬馬則輕賤之라. 然이나 猶有芻養之恩焉이라. 國人은 猶言路人이니 言無怨無德也라. 土芥則踐踏之而已요 斬刈之而已矣니 其賤惡之又甚矣라. 怨讐之報가 不亦宜乎아.

8-3-2. 제선왕이 말하였다. "예에 전에 섬기던 군주를 위해 복을 입는다고 하는데, 어떻게 해야 복을 입게 할 수 있습니까?"

王曰 禮에 爲舊君有服하니 何如라야 斯可爲服矣니잇고.

『의례』에 말하기를 "올바른 도리로 군주를 떠났지만 아직 절교하지 않은 사람은 자최 3월의 복을 입는다"라고 하였으니, 제선왕은 맹자의 말씀이 너무 심하다고 의심하였다. 그러므로 이 예법을 가지고 질문한 것이다.

儀禮曰 以道去君而未絶者는 服齊衰三月이라 하니 王疑孟子之言太甚이라. 故로 以此禮爲問하니라.

8-3-3. 맹자께서 말씀하셨다. "신하가 간언하면 행하고, 말하면 들어주어서, 혜택이 백성들에게 베풀어지며, 사연이 있어 떠나게 되면 임금이 사람을 시켜 국경까지 바래다주고, 또 그가 가는 곳에 먼저 사람을 시켜 잘 말해 주고, 3년이 지나도록 돌아오지 않은 뒤에야 그가 차지하고 있던 토

지와 거주지를 회수합니다. 이것을 세 가지 예가 있다고 말하는 것입니다. 이렇게 한다면 임금을 위해 복을 입을 것입니다.

曰 諫行言聽하여 膏澤이 下於民이요 有故而去則君이 使人導之出彊하고 又先於其所往하며 去三年不反然後에 收其田里하나니 此之謂三有禮焉이니 如此則爲輯服矣니이다.

'국경까지 바래다주는 것'은 위험과 노략질로부터 막아주는 것이다. '그가 가는 곳에 먼저 사람을 시켜 잘 말해주는 것'은 그의 어짊을 칭송하여 그를 등용하도록 하고자 한 것이다. 3년이 지난 뒤에 토지와 봉록, 거주하는 집을 회수하는데, 이전에 그가 돌아오기를 바라는 것이다.

導之出彊은 防剽掠也라. 先於其所往은 稱道其賢하여 欲其收用之也라. 三年而後에 收其田祿里居하니 前此에 猶望其歸也니라.

8-3-4. 지금은 신하가 되어 아무리 간언해도 행하지 않고, 말을 해도 듣지 않아서, 은혜가 백성들에게 베풀어지지 않으며, 사연이 있어 떠나게 되면 붙잡아 놓고, 또 그가 가는 곳에서 극도로 고통을 받게 하며, 떠나는 날에 그가 차지하고 있던 토지와 거주지를 회수해 버립니다. 이것을 원수라고 하는 것이니, 원수의 상에 어찌 복을 입겠습니까?"

今也엔 爲臣이라 諫則不行하며 言則不聽하며 膏澤이 不下於民이요 有故而去則君이 搏執之하고 又極之於其所往하며 去之日에 遂收其田里하나니 此之謂寇讐니 寇讐에 何服之有리오.

'극'은 곤궁하게 만드는 것이므로 그가 가는 나라에 곤궁하게 하는 것이니 진나라에서 난영을 가둔 것과 같은 것이다. ○반흥사가 말하였다. "맹자께서 제선왕에게 해준 말은 공자께서 정공에게 대답했던 뜻과 같지만 말씀에 자취가 있어서 공자의 혼연함만 못하다. 대개 성현의 구별이 이와 같다." 양 씨가 말하였다. "군신은 의리로 합해진 것이다. 그러므로 맹자께서 제선왕을 위하여 베푸는 도리를 깊이 말씀하여 군주는 신하를 예로써 대우해야 한다는 사실을 알게 하셨을 뿐이다. 군자가 스스로 처하는 경우는 어찌 박한 곳에 처하겠는가? 맹자께서 '왕께서 고치시기를 나는 날마다 바란다'고 하셨으니 군자의 말씀이 이와 같은 것이다."

極은 窮也니 窮之於其所往之國이니 如晉錮欒盈也라. ○潘興嗣曰 孟子告齊王之言은 猶孔子對定公之義也로되 而其言有迹하여 不若孔子之渾然也하니 蓋聖賢之別이 如此하니라. 楊氏曰 君臣은 以義合者也라. 故로 孟子爲齊王하여 深言報施之道하여 使知爲君者不可不以禮遇其臣耳라. 若君子之自處는 則豈處其薄乎아. 孟子曰 王庶幾改之를 予日望之라 하시니 君子之言이 蓋如此하니라.

8-4-1. 맹자께서 말씀하셨다. "죄 없이 선비를 죽이면 대부가 그 나라를 떠날 수 있고, 죄 없이 백성을 죽이면 선비가 옮겨 갈 수 있는 것이다."

孟子曰 無罪而殺士 則大夫可以去요 無罪而戮民 則士可以徙니라.

군자는 마땅히 기미를 보고 떠나는 것인데, 재앙이 닥쳐오면 떠날 수 없음을 말씀한 것이다.

言君子當見幾而作이니 禍而迫이면 則不能去矣니라.

8-5-1. 맹자께서 말씀하셨다. "임금이 어질면 어질지 않은 사람이 없고, 임금이 의로우면 의롭지 않은 사람이 없을 것이다."
孟子曰 君仁이면 莫不仁이요 君義면 莫不義니라.

장 씨가 말하였다. "이 장은 거듭 나왔다. 그러나 상편에서는 신하가 마땅히 군주를 바로잡는 것을 급하게 여기는 것을 주로 말씀하셨고, 여기서는 다만 군주를 경계하였으니 뜻도 조금 다르다."
張氏曰 此章은 重出이라. 然이나 上篇은 主言人臣當以正君爲急이요 此章은 直戒人君이니 義亦小異耳니라.

8-6-1. 맹자께서 말씀하셨다. "예가 아닌 예와, 의가 아닌 의를 대인은 결코 행하지 않느니라."
孟子曰 非禮之禮와 非義之義를 大人이 弗爲니라.

이치를 살피는 것이 정밀하지 않기 때문에 두 가지의 가림이 있는 것이다. 대인은 일에 따라서 이치를 따르고, 때에 따라서 마땅하게 처리하니 어찌 이런 일을 하겠는가?
察理不精이라 故로 有二者之蔽라. 大人則隨事而順理하고 因時而處宜하니 豈爲是哉리오.

8-7-1. 맹자께서 말씀하셨다. "중용의 덕을 갖춘 사람이 중용의 덕을 갖추지 못한 사람을 가르쳐 주고, 재능 있는 사람은 재능 없는 사람을 길러 준다. 그러므로 사람들은 어진 부모와 형이 있는 것을 즐거워한다. 만일

중용의 덕을 갖춘 사람이 그렇지 못한 사람을 버리고, 재능 있는 사람이 재능 없는 사람을 버린다면, 잘난 사람과 못난 사람과의 거리란 그 간격이 한 치도 못될 것이다."

孟子曰 中也養不中하며 才也養不才라. 故로 人樂有賢父兄也니 如中也 棄不中하며 才也 棄不才면 則賢不肖之相去 其間이 不能以寸이니라.

지나침과 모자람이 없는 것을 '중(中)'이라 말하고, 충분히 할 수 있는 것을 '재(才)'라고 말한다. '양(養)'은 기르고 가르쳐서 스스로 변화하기를 기다리는 것이다. '현(賢)'은 도리에 맞으면서 재주가 있는 것을 말한다. '어진 부형이 있는 것을 즐거워한다'는 것은 마침내 자신을 완성시킬 수 있음을 즐거워하는 것이다. 부형된 사람이 만약 자제가 어질지 못하다고 하여 갑자기 절교하고 가르치지 않는다면 자신도 역시 중용의 도리에서 벗어나 재주가 없는 것이니, 서로의 거리가 얼마나 되겠는가?

無過不及之謂中이요 足以有爲之謂才라. 養은 謂涵育薰陶하여 俟其自化也라. 賢은 謂中而才也라. 樂有賢父兄者는 樂其終能成己也라. 爲父兄者若以子弟之不賢으로 遂遽絶之而不能敎면 則吾亦過中而不才矣니 其相去之間이 能幾何哉리오.

8-8-1. 맹자께서 말씀하셨다. "사람은 하지 않는 것이 있은 뒤에 할 수 있는 일이 있게 되느니라."

孟子曰 人有不爲也而後에 可以有爲니라.

정자가 말하였다. "하지 않음이 있다는 것은 선택할 줄 아는 것이다. 오직 하지 않는 것이 있기 때문에 하는 것이 있게 되니, 하지 않는 것이 없는 사람이 어찌 할 일이 있겠는가?"

程子曰 有不爲는 知所擇也라. 惟能有不爲라 是以로 可以有爲니 無所不爲者는 安能有所爲耶아.

8-9-1. 맹자께서 말씀하셨다. "남의 불선을 말하다가 후환을 당하면 어떻게 할 작정인가?"

孟子曰 言人之不善하다가 當如後患에 何오.

이 또한 이유가 있기 때문에 하신 말씀이다.

此亦有爲而言이시니라.

8-10-1. 맹자께서 말씀하셨다. "중니께서는 너무 심한 것을 하지 않으셨느니라."

孟子曰 仲尼는 不爲已甚者러시다.

'이(已)'는 '태(太)'와 같다. 양 씨가 말하였다. "성인께서 하시는 일은 본분 이외에 조금도 더할 것이 없다는 것을 말한 것이니, 맹자께서 진실로 공자를 알지 못했다면 이렇게 칭송할 수 없을 것이다."

已는 猶太也라. 楊氏曰 言聖人所爲는 本分之外에 不加毫末이니 非孟子眞知孔子면 不能以是稱之라.

8-11-1. 맹자께서 말씀하셨다. "대인은 말함에 반드시 믿어줄 것을 기대하

지 않고, 행함에 반드시 결과를 기대하지 않으며, 오직 의로움이 있는 곳에 따를 뿐이다."
孟子曰 大人者는 言不必信이며 行不必果요 惟義所在니라.

'필(必)'은 기대한다는 뜻과 같다. 대인은 언행을 할 때에 먼저 신용과 결과가 나오기를 기대하지 않고 단지 의로움이 있는 곳이라면 반드시 따른다. 마침내 일찍이 신용을 지키려고 하거나 결과를 바라지 않는 것이 아니다. ○윤 씨가 말했다. "의리를 주로 하면 신용과 결과가 그 가운데 있고, 신용과 결과를 주로 하면 반드시 의리에 합치되지 못할 것이다." 왕면이 말하였다. "만약 의리에 합치되지도 못하고 신용도 결과도 없다면 망령된 사람일 뿐이다."
必은 猶期也라. 大人은 言行이 不先期於信果요 但義之所在면 則必從之하나니 卒亦未嘗不信果也니라. ○尹氏曰 主於義면 則信果在其中矣요 主於信果면 則未必合義니라 王勉曰 若不合於義而不信果면 則妄人爾니라.

8-12-1. 맹자께서 말씀하셨다. "대인은 그가 갓난아이 때의 마음을 잃지 않는다."
孟子曰 大人者는 不失其赤子之心者也니라.

대인의 마음은 모든 변화에 통달하고 갓난아이의 마음은 순일하여 거짓이 없을 뿐이다. 그러나 대인이 대인이 된 까닭은 바로 사물에 유혹되지 않고 순일하고 거짓 없는 본연의 마음을 온전하게 하였기 때문이다. 그러므로 이 마음을 확충시킨다면 알지 못하는 것이 없고, 하지 못하는 것이 없어 위대함을 극진하게 할 것이다.

大人之心은 通達萬變하고 赤子之心은 則純一無僞而已라. 然이나 大人之所以謂大人은 正以其不爲物誘하여 而有以全其純一無僞之本然이라. 是以로 擴而充之면 則無所不知하고 無所不能하여 而極其大也라.

8-13-1. 맹자께서 말씀하셨다. "살아계실 때 봉양하는 것은 마땅히 큰일에 해당하지 못하며, 오직 돌아가신 사람을 보내는 일만이 큰일에 해당한다."

孟子曰 養生者 不足以當大事요 惟送死아 可以當大事니라.

살아있는 사람을 섬길 때에는 진실로 마땅히 사랑하고 공경해야 한다. 그러나 이것은 인도의 떳떳함일 뿐이요, 죽은 사람을 보내는 일은 인도의 커다란 변고이므로 효자가 어버이를 섬길 때에 이것을 버린다면 그 힘을 쓸 곳이 없을 것이다. 그러므로 더욱 큰 일로 여겨서 반드시 정성과 믿음을 다하여 훗날에 조금이라도 후회가 되게 해서는 안 된다.

事生을 固當愛敬이라. 然이나 亦人道之常耳요 至於送死하여는 則人道之大變이니 孝子之事親에 舍是면 無以用其力矣라. 故로 尤以爲大事而必誠必信하여 不使少有後日之悔니라.

8-14-1. 맹자께서 말씀하셨다. "군자가 도로써 깊이 탐구하는 것은 스스로 체득하기 위한 것이다. 스스로 도를 체득하게 되면 거처하는 데 편안하고, 거처하는 데 편안하면 사용하는 데 깊이가 있고, 사용하는 데 깊이가 있으면 왼쪽에서나 오른쪽에서나 마음대로 취해 써도 도의 근원을 만나

게 된다. 그러므로 군자는 스스로 체득하려고 하는 것이다."
孟子曰 君子深造之以道는 欲其自得之也니 自得之則居之安하고 居之
安則資之深하고 資之深則取之左右에 逢其原이니 故로 君子는 欲其自得
之也니라.

'조(造)'는 나아간다는 것이니, 깊이 나아간다는 것은 전진하여 멈추지 않는다는 뜻이다. '도(道)'는 나아가는 방법이다. '자(資)'는 사용한다는 뜻과 같다. '좌우'는 몸의 양쪽 곁인데 너무 가까우면서도 한 곳이 아님을 말한 것이다. '봉'은 만난다는 뜻이다. '원'은 근본이니 물이 나오는 곳이다. 군자가 깊이 나아가기를 힘쓰되 반드시 올바른 도리로써 하는 것은, 믿고 따르는 것이 있어서 묵묵히 알고 마음으로 통하여 자연스럽게 자기 몸에 터득되기를 기다리고자 하는 것이다. 스스로 체득하면 처하는 것이 편안하고 견고하여 흔들림이 없다. 처하는 것이 편안하고 견고하면 사용하는 것이 심원하여 다함이 없다. 사용하는 것이 깊으면 날마다 사용하는 사이에 지극히 가까운 곳에서 취하여 어느 곳을 가든 사용하는 것의 근본을 만나지 않는 경우가 없다. ○정자가 말하였다. "학문은 말 없이 스스로 체득하는 것이 바로 체득하는 것이니, 안배하거나 배치하는 것은 모두 스스로 터득하는 것이 아니다. 그러나 반드시 마음을 가라앉히고 생각을 쌓아서 그 사이에서 여유를 갖고 충분히 섭취한 뒤에 체득할 수 있으니, 만약 급하게 구한다면 이것은 사사로운 자기일 뿐이다. 끝내 그것을 터득하지 못할 것이다."
造는 詣也니 深造之者는 進而不已之意라. 道는 則其進爲之方也라. 資는
猶藉也라. 左右는 身之兩旁이니 言至近而非一處也라. 逢은 猶値也라. 原

은 本也니 水之來處也라. 言君子務於深造而必以其道者는 欲其有所持
循하여 以俟夫黙識心通하여 自然而得之於己也니라. 自得於己면 則所以
處之者安固而不搖하고 處之安固면 則所藉者深遠而無盡하고 所藉者深이
면 則日用之間에 取之至近하여 無所往而不值其所資之本也라. ○程子
曰 學은 不言而自得者 乃自得也니 有安排布置者는 皆非自得也라. 然
이나 必潛心積慮하여 優遊厭慮於其間然後에 可以有得이니 若急迫求之
면 則是私己而已라. 終不足以得之也니라.

8-15-1. 맹자께서 말씀하셨다. "널리 배우고 자세히 그 이치를 설명하는 것
은 장차 본원으로 되돌아가서 간략하게 설명하려는 것이다."
孟子曰 博學而詳說之는 將以反說約也니라.

글을 널리 배우고 이치를 자세히 설명하는 것은 많은 것을 자랑하고 화
려함을 다투고자 하는 것이 아니라, 소상하게 이해하고 관통하여 되돌아
가서 지극한 요점을 설명하고자 하는 것임을 말한 것이다. 이것은 윗 장
의 뜻을 이어서 말한 것인데, 학문은 넓기만 해서도 안 되고 또한 요점
만을 간추려서도 안 된다는 것이다.
言所以博學於文而詳說其理者는 非欲以誇多而鬪靡也라 欲其融會貫
通하여 有以反而說到至約之地耳니라. 蓋承上章之意而言하니 學은 非欲
其徒博이요 而亦不可以徑約也니라.

8-16-1. 맹자께서 말씀하셨다. "선으로 남을 복종시키려는 사람은 아직까지
남을 복종시킨 경우가 없었다. 선으로 남을 길러 준 뒤에야 천하를 복종

시킬 수가 있다. 온 천하가 마음으로 복종하지 않고서 왕 노릇한 사람은 아직까지 있지 않았다."

孟子曰 以善服人者는 未有能服人者也니 以善養人然後에 能服天下하나니 天下不心服而王者 未之有也니라.

'남을 복종시키려는 사람'은 다른 사람에게 승리를 취하고자 하는 것이요, '남을 길러주는 사람'은 함께 선에 돌아가고자 하는 것이니, 마음의 공과 사가 조금 다르면 사람의 향배는 크게 달라진다. 따라서 학자는 이것을 살피지 않으면 안 된다.

服人者는 欲以取勝於人이요. 養人者는 欲其同歸於善이니 盖心之公私小異에 而人之嚮背頓殊하니 學者於此에 不可以不審也니라.

8-17-1. 맹자께서 말씀하셨다. "말이란 실상이 있으면 상서롭지 못한 경우가 없으니 상서롭지 못한 실상은 어진 사람을 가리는 것이 이것에 해당한다."

孟子曰 言無實不祥하니 不祥之實은 蔽賢者 當之니라.

어떤 사람은 "천하의 말은 실상이 있으면 상서롭지 못한 경우가 없는데 오직 어진 사람을 가리는 것이 상서롭지 못함의 실상이다"라고 말하고, 어떤 사람은 "말을 하지만 실상이 없는 것이 상서롭지 못한 것이다. 그러므로 어진 사람을 가리는 것이 상서롭지 못함의 실상이다"라고 하였으니, 두 말이 서로 달라서 누가 옳은지 모르겠다. 아마 빠진 글이 있는 것 같다.

或曰 天下之言이 無有實不祥者하니 惟蔽賢이 爲不祥之實이라 하고 或曰 言而無實者不祥이라 故로 蔽賢이 爲不祥之實이라 하니 二說不同하여 未知孰是라. 疑或有闕文焉이니라.

8-18-1. 서자가 말하였다. "공자께서 자주 물에 대해서 칭찬하여 '물이여! 물이여!'라고 하셨는데, 물에서 무엇을 취하신 것입니까?"
徐子曰 仲尼亟稱於水曰 水哉水哉어 하시니 何取於水也잇고.

'기'는 자주라는 뜻이다. '물이여! 물이여!'라고 한 것은 찬미한 말이다.
亟는 數也라. 水哉水哉는 歎美之辭라.

8-18-2. 맹자께서 말씀하셨다. "근원이 있는 물은 졸졸 흘러내려 밤낮으로 쉬지 않고, 구덩이를 채운 뒤에 앞으로 나아가 바다에까지 도달한다. 근본이 있는 것은 이와 같으니, 이러한 점을 취하신 것이다.
孟子曰 原泉이 混混하여 不舍晝夜하여 盈科而後에 進하여 放乎四海하나니 有本者 如是라 是之取爾시니라.

'원천'은 근원이 있는 물이다. '혼혼'은 샘솟아 나오는 모습이다. '밤낮으로 쉬지 않는다'는 것은 항상 흘러서 끝이 없음을 말한 것이다. '영'은 가득 찬다는 말이요, '과'는 구덩이이니, 점점 나아감을 말한 것이다. '방'은 이른다는 뜻이다. 물은 근원이 있어서 멈추지 않고 점차 나아가 바다에 도달하는데, 마치 사람이 실행하면 또한 멈추지 않고 점차 전진하여 지극한 곳에 도달하는 것과 같다는 것을 말한 것이다.

原泉은 有原之水也라. 混混은 湧出之貌라. 不舍晝夜는 言常出不竭也라. 盈은 滿也요 科는 坎也니 言其進以漸也라. 放은 至也라. 言水有原本하여 不已而漸進하여 以至于海하니 如人有實行이면 則亦不已而漸進하여 以至于極也니라.

8-18-3. 진실로 근본이 없다면 7, 8월 사이에 빗물이 모여 크고 작은 도랑을 모두 채우지만, 비가 그치기만 하면 그 물이 금방 말라 버리는 것을 서서 기다릴 수가 있다. 그러므로 명성이 실제보다 지나친 것을 군자는 부끄러워한다."

苟爲無本이면 七八月之間에 雨集하여 溝澮皆盈이나 其涸也 可立而待也니 故로 聲聞過情을 君子 恥之니라.

'집'은 모인다는 뜻이다. '회'는 밭 사이로 난 물길이다. '학(涸)'은 마른다는 뜻이다. 마치 사람이 실행하지 못하고 갑자기 헛된 명예를 얻으면 오래가지 못하는 것과 같다. '성문'은 명예다. '정'은 실제라는 뜻이다. 부끄러워하는 것은 실제가 없어서 장차 계속하지 못함을 부끄러워하는 것이다. 임 씨가 말하였다. "서자의 사람됨은 반드시 등급을 뛰어넘고 명예를 구하는 병통이 있었을 것이다. 그러므로 맹자께서 이렇게 대답하신 것이다." ○추 씨가 말하였다. "공자께서 물을 칭송한 것은 뜻이 작지만 맹자께서 유독 이것을 취한 것은 서자가 시급하게 여기는 것으로부터 말씀하신 것이다. 공자께서 일찍이 문달(聞達)을 가지고 자장에게 알려주셨으니, 달이란 근본이 있음을 말한 것이요, 문(聞)이란 근본이 없음을 말한 것이다. 그렇다면 학자들이 근본에 힘쓰지 않을 수 있겠는가?"

集은 聚也라. 澮는 田間水道也라. 涸은 乾也라. 如人無實行而暴得虛譽면 不能長久也라. 聲聞은 名譽也라. 情은 實也라. 恥者는 恥其無實而將不繼也라. 林氏曰 徐子之爲人이 必有躐等干譽之病이라 故로 孟子以是答之하시니라. ○ 鄒氏曰 孔子之稱水는 其旨微矣어늘 孟子獨取此者는 自徐子之所急者로 言之也시니라. 孔子嘗以聞達로 告子張矣시니 達者는 有本之謂也요 聞은 則無本之謂也라. 然則學者其可以不務本乎아.

8-19-1. 맹자께서 말씀하셨다. "사람이 새나 짐승과 다른 점은 매우 드물다. 일반 사람들은 그것을 버리고 군자는 그것을 보존한다.

孟子曰 人之所以異於禽獸者 幾希하니 庶民은 去之하고 君子는 存之니라.

'기희(幾希)'는 적다는 뜻이다. '서(庶)'는 많다는 뜻이다. 사람과 사물이 만들어질 때는 똑같이 천지의 이치를 얻어서 본성으로 삼고, 똑같이 천지의 기운을 얻어서 형체를 삼았다. 그런데 같지 않은 점은, 오직 사람은 그 사이에서 형기의 바름을 얻어 본성을 온전하게 할 수 있다는 점이 조금 다를 뿐이다. 비록 조금 다르다고 말하지만, 사람과 사물이 구분되는 까닭은 사실 여기에 있다. 일반 사람들은 이것을 알지 못하고 버리므로 이름은 비록 사람이지만 실상은 금수와 다름이 없고, 군자는 이것을 알아서 보존하므로 두려워하고 조심하여 마침내 받은 것의 올바름을 보존할 수 있는 것이다.

幾希는 少也라. 庶는 衆也라. 人物之生이 同得天地理하여 以爲性하고 同得天地氣하여 以爲形하니 其不同者는 獨人於其間에 得形氣之正而能有以全其性이 爲少異耳라. 雖曰 少異나 然이나 人物之所以分이 實在於此하니

衆人은 不知此而去之면 則名雖爲人이나 而實無以異於禽獸요 君子는 知此而存之라 是以로 戰兢惕厲하여 而卒能有以全其所受之正也니라.

8-19-2. 순 임금은 여러 사물의 이치에 밝고 인륜을 살피셨으니 저절로 인과 의를 따라 행한 것이요, 인과 의를 일부러 행한 것이 아니다."
舜은 明於庶物하시며 察於人倫하시니 由仁義行이라 非行仁義也시니라.

'물(物)'은 사물이고, '명(明)'은 이치를 알 수 있는 것이다. 인륜은 해설이 전편에 보인다. '찰'은 이치의 상세함을 다할 수 있는 것이다. 사물의 이치는 진실로 생각 밖의 것이 아니지만 인륜은 더욱 몸에 간절하다. 그러므로 아는 것에는 자세하고 간략한 차이가 있는 것이니, 순 임금 같은 경우는 모두 태어나면서부터 아는 사람이다. '인과 의를 따라 행한 것이요, 인과 의를 행하려고 해서 행한 것이 아니다'는 것은 인의가 이미 마음에 뿌리 박혀 행하는 것이 모두 여기로부터 나오는 것이요, 인의를 아름답게 여긴 이후에 억지로 그것을 행하는 것이 아니다. 이른바 편안하게 그것을 행한다는 뜻이다. 이것은 성인의 일인데 보존하기를 기다리지 않아도 보존되는 것이다. ○ 윤 씨가 말하였다. "그것을 보존하려 하는 사람은 군자요, 보존되는 것은 성인이다. 군자가 보존하는 것은 천리를 보존하는 것이므로 인의를 따라 행한다는 것은 보존하는 사람만이 할 수 있는 것이다."

物은 事物也요 明은 則有以識其理也라. 人倫은 說見前篇하니라. 察은 則有以盡其理之詳也라. 物理固非度外로되 而人倫尤切於身이라. 故로 其知之有詳略之異하니 在舜則皆生而知之也니라. 由仁義行이요 非行仁義는 則

仁義已根於心하여 而所行이 皆從此出이요 非以仁義爲美而後에 勉強行之니 所謂安而行之也니라. 此則聖人之事니 不待存之而無不存矣니라. ○ 尹氏曰 存之者는 君子요 存者는 聖人也라. 君子所存은 存天理也이니 由仁義行은 存者能之니라.

8-20-1. 맹자께서 말씀하셨다. "우 임금은 맛있는 술을 싫어하고 선한 말을 좋아하셨다.
孟子曰 禹는 惡旨酒而好善言이러시다.

『전국책』에 말하였다. "이적이 술을 만들자 우 임금이 마셔보고 달게 여겼다. 그리고 '후세에 반드시 술로 나라를 망하게 할 사람이 있을 것이다'라고 말씀하시고, 마침내 의적을 멀리 대하고 술을 끊었다." 『서경』에 "우 임금은 좋은 말을 들으면 절을 하였다"라고 하였다.
戰國策曰 儀狄이 作酒어늘 禹飮而甘之曰 後世에 必有以酒亡其國者라 하시고 遂疏儀狄而絶酒라 하니라 書曰 禹拜昌言이라 하니라.

8-20-2. 탕 임금은 중도를 지키고, 어진 이를 등용해 쓰는 데 신분을 따지지 않았다.
湯은 執中하며 立賢無方이러시다.

'집(執)'은 지켜서 잃지 않음을 말한다. '중(中)'이란 지나침과 모자람이 없는 것을 이름한다. '방(方)'은 '유(類)'와 같은데, '입현무방(立賢無方)'은 어질면 자리에 세우고 그 부류를 묻지 않으신 것이다.

執은 謂守而不失이라. 中者는 無過不及之名이라. 方은 猶類也니 立賢無方은 惟賢則立之於位하고 不問其類也니라.

8-20-3. 문왕은 백성 보기를 다친 사람 대하듯이 하였고, 도를 갈망하기를 보지 못한 듯이 하셨다.
文王은 視民如傷하며 望道而未之見이러시다.

백성이 이미 편안한데도 그들을 보기를 마치 다친 사람처럼 하였고, 도가 이미 지극한데도 그것을 갈망하기를 마치 보지 못한 듯이 하셨으니, 성인이 백성을 사랑하는 것이 깊고 도를 구하는 간절함이 이와 같았다. 스스로 만족하지 못하여 종일토록 부지런히 힘을 쓰는 마음을 가지고 계셨다.
民已安矣로되 而視之를 猶若有傷하고 道已至矣로되 而望之를 猶若未見하시니 聖人之愛民深而求道切이 如此하시니 不自滿足하여 終日乾乾之心也니라.

8-20-4. 무왕은 가까운 사람을 너무 함부로 대하지 않았고, 먼 사람을 잊지 않았다.
武王은 不泄邇하시며 不忘遠이러시다.

'설(泄)'은 함부로 대하는 것이다. 가까운 사람은 함부로 대하기 쉬운데도 너무 함부로 대하지 않았고, 먼 사람은 잊기 쉬운데도 잊지 않았으니 덕이 융성한 것이요 어진 마음이 지극한 것이다.
泄은 狎也라. 邇者는 人所易狎而不泄하시고 遠者는 人所易忘而不忘하시니

德之盛이요 仁之至也니라.

8-20-5. 주공은 삼대의 성왕을 겸하여 네 가지 일을 시행할 것을 생각하셨다. 그것이 당시 사회에 맞지 않는 것이 있으면 우러러 생각하기를 밤낮으로 계속하여, 다행히 터득하게 되면 앉아서 날이 새기를 기다려 시행했다"

周公은 思兼三王하사 以施四事하사대 其有不合者어든 仰而思之하사 夜以繼日하사 幸而得之어시든 坐以待旦러시다.

'삼왕(三王)'은 우・탕・문무를 말한다. '사사(四事)'란 위의 네 가지 조항의 일이다. 시대가 다르고 세력이 다르기 때문에 일에 있어서도 혹 합치되지 않음이 있지만, 생각하여 터득하면 그 이치는 처음부터 다른 것이 아니다. '앉아서 날이 새기를 기다린다'는 것은 실행하기를 급하게 하신 것이다. ○이것은 윗장에서 순 임금에 대하여 말한 것을 이어서, 차례로 여러 성인들을 이어가면서 각기 하나의 일을 열거하며, 걱정하고 부지런하게 하며 두려워하는 뜻을 드러낸 것이니, 하늘의 이치가 항상 보존되는 까닭이요, 사람의 마음이 죽지 않는 까닭이다. 정자가 말하였다. "맹자께서 일컬은 것은 각각 한 가지 일을 가지고 말한 것인데, 무왕은 중용을 지키고 어진 사람을 등용하지 못하였으며, 탕왕은 가까운 사람을 너무 친하게 대하고 먼 사람을 잊었다고 말한 것은 아니다. 사람들은 각각 융성한 것을 열거했다고 하지만 이 역시 그런 것이 아니다. 성인은 융성하지 않은 것이 없는 분이다."

三王은 禹也, 湯也, 文武也요 四事는 上四條之事也라 時異勢殊라 故로

其事或有所不合이나 思而得之면 則其理初不異矣라. 坐以待旦은 急於行
也니라. 此는 承上章言舜하여 因歷敍群聖以繼之而各擧其一事하여 以見其
憂勤惕厲之意하니 蓋天之所以常存이요 而人心之所以不死也니라. 程子曰
孟子所稱은 各因其一事而言이니 非謂武王不能執中立賢이요 湯却泄邇忘
遠也니라. 人謂各擧其盛이라 하나 亦非也라. 聖人은 亦無不盛이시니라.

8-21-1. 맹자께서 말씀하셨다. "왕자의 자취가 사라지자 시가 없어졌으니,
시가 없어진 뒤에 『춘추』가 지어졌다.

孟子曰 王者之跡이 熄而詩亡하니 詩亡然後에 春秋作하니라.

왕자의 자취가 사라졌다는 것은 평왕이 동쪽으로 도읍을 옮기자 정교와
호령이 천하에 미치지 못함을 말한 것이다. '시망(詩亡)'은 「서리」편이
강등되어 국풍이 되자 아(雅)가 없어진 것을 말한다. 『춘추』는 노나라
사기의 명칭인데, 공자께서 그것을 이어받아 기록하고 삭제하면서 노나
라 은공 원년에서 시작하였으니 실로 평왕이 즉위한 지 49년이다.

王者之跡熄은 謂平王東遷에 而政敎號令이 不及於天下也라. 詩亡은 謂
黍離降爲國風而雅亡也라. 春秋는 魯史記之名이니 孔子因而筆削之하시되
始於魯隱公之元年하니 實平王之四十九年也니라.

8-21-2. 진나라의 승과 초나라의 도올과 노나라의 춘추는 모두 한가지다.

晉之乘과 楚之檮杌과 魯之春秋一也니라.

'승(乘)'은 뜻이 자세하지 않다. 조 씨는 "토지에서 거두는 세금과 말을

타는 일에서 나왔다"고 하고, 어떤 사람은 "당시의 행사에 대해 기재하는 것을 취하여 이름하였다"고 한다. '도올(檮杌)'은 악한 짐승의 이름이다. 옛날에는 이 대문에 흉악한 사람의 호로 삼았으니 악한 것을 기록하여 경계하도록 하는 뜻을 취한 것이다. 춘추란 사건을 기록하는 사람이 반드시 연도를 표시하여 사건 앞에 기록하였는데, 한 해에는 네 계절이 있기 때문에 번갈아 가면서 기록한 것의 이름으로 삼았다. 옛날에는 열국에 모두 사관을 두어 당시의 일을 기록하게 하였는데, 이 세 가지는 모두 기록한 바의 책 이름이다.

乘은 義未詳이라. 趙氏는 以爲興於田賦乘馬之事라 하고 或曰 取記載當時行事而名之也라 하니라. 檮杌은 惡獸名이라. 古者에 因以爲凶人之號하니 取記惡垂戒之義也라. 春秋者는 記事者必表年以首事하니 年有四時라 故로 錯擧以爲所記之名也라. 古者에 列國이 皆有史官하여 掌記時事하니 此三者는 皆其所記冊書之名也라.

8-21-3. 거기에 다룬 일은 제나라 환공과 진나라 문공에 관한 것이고, 그 글은 사관이 쓴 기록이다. 공자께서 말씀하시기를, '그 대의는 내가 외람되이 취해서 덧붙인 것이다'라고 하셨느니라."

其事則齊桓晉文이요. 其文則史니 孔子曰 其義則丘竊取之矣로라 하시니라.

춘추시대에는 5패가 번갈아 일어났는데, 제환공과 진문공이 가장 융성하였다. '사(史)'는 사관이다. '절취(竊取)'는 겸손한 말이다. 「공양전」에, '그 말에 있어서는 나에게 죄가 있다'고 하였으니 의미가 또한 이와 같다. 결단이 자신에게 있음을 말씀하신 것이니, '기록할 것은 기록하고 삭제할 것은 삭제하여 자유와 자하가 한 마디 말도 돕지 못했다'는 것이다.
윤 씨가 말하였다. "공자께서 춘추를 저술하심에 사관의 문장으로 당시의 일을 기록하였는데, 그 의미는 천하의 사악함과 바름을 결정하여 모든 왕의 큰 본보기가 되게 하였다고 말씀하신 것이다." ○ 이것은 또한 윗장에서 여러 성인들을 차례로 서술한 것을 이어서 공자의 일로 계속했는데, 공자의 일은 『춘추』보다 큰 것이 없다. 그러므로 특별하게 말씀하신 것이다.

春秋之時에 五霸迭興而桓文爲盛하니라. 史는 史官也라. 竊取者는 謙辭也라. 公羊傳에 作其辭則丘有罪焉爾라 하니 意亦如此하니라. 蓋言斷之在己하니 所謂筆則筆, 削則削하여 游夏不能贊一辭者也라. 尹氏曰 言 孔子作春秋에 亦以史之文으로 載當時之事也니 而其義則定天下之邪正하여 爲百王之大法이니라. ○ 此는 又承上章歷敍群聖하여 因以孔子之事繼之而孔子之事는 莫大於春秋라 故로 特言之하시니라.

8-22-1. 맹자께서 말씀하셨다. "군자의 은택도 5세면 끊어지고, 소인의 은택도 5세면 끊어진다.

孟子曰 君子之澤도 五世而斬이요 小人之澤도 五世而斬이니라.

'택(澤)'은 유풍과 여운이라고 말한 것과 같다. 부자가 서로 계승하는 것을 1세라고 하고, 삼십 년을 또한 1세라고 한다. '참(斬)'은 끊어진다는 뜻이니, 대략 군자와 소인의 은택은 5세면 끊어진다. 양 씨가 말하였다. "4세(四世)에는 시마복을 입는데 복이 다한 것이요, 5세에는 단문을 하니 같은 성으로 내려간 것이고, 6세엔 친속이 다한다. 복이 다하면 남겨진 은택도 점차 작아진다. 그러므로 5세면 끊어진다."

澤은 猶言流風餘韻也라. 父子相繼爲一世요 三十年이 亦爲一世라. 斬은 絶也니 大約君子小人之澤이 五世而絶也라. 楊氏曰 四世而緦하니 服之窮也요 五世엔 袒免하니 殺同姓也요 六世엔 親屬竭矣니라. 服窮이면 則遺澤寖微라 故로 五世而斬이니라.

8-22-2. 내가 공자의 문도는 되지 못했지만, 나는 사람들을 통해서 몰래 착하게 되었다."

予未得爲孔子徒也나 予는 私淑諸人也로라.

'사(私)'는 절(竊)과 같고 '숙(淑)'은 선(善)하다는 뜻이다. 이 씨는 방언이라고 했는데, 그의 말이 옳다. '인(人)'은 자사의 문도를 말한다. 공자께서 돌아가신 뒤로부터 맹자가 양(梁)에서 놀 때에 이르기까지 바야흐로 140여 년이었는데, 맹자께서 이미 늙었으니 그렇다면 맹자의 출생은 공자와의 거리가 백 년이 안 된다. 그러므로 맹자께서 "내가 비록 직접 공자의 문하에서 수업을 받지는 못했지만 성인의 은택이 아직 남아 있어서 그 학문을 전하는 자가 있었다. 그러므로 나는 사람들에게 공자의 도를 듣고서 사사로이 그윽이 내 몸을 착하게 할 수 있었다"라고 하였으니, 공자를 높이고 스스로 겸손하게 한 말씀이다. ○ 이것은 또한 위의 세 장에서 순·우를 차례로 서술하고 주공과 공자에 이른 것을 이어서 끝마쳤으니, 그 말이 비록 겸손한 말이지만 스스로 책임을 지는 신중함은 또한 사양할 수 없는 점이 있다.

私는 猶竊요 淑은 善也라. 李氏以爲方言이라 하니 是也라. 人은 謂子思之徒

也라. 自孔子卒로 至孟子遊梁時에 方百四十餘年而孟子已老하시니 然則 孟子之生이 去孔子未百年也라. 故로 孟子言予雖未得親受業於孔子之 門이나 然이나 聖人之澤이 尙存하여 猶有能傳其學者라. 故로 我得聞孔子 之道於人而私竊以善其身이라 하시니 蓋推尊孔子而自謙之辭也시니라. ○ 此는 又承上三章歷敍舜禹至於周孔하여 而以是終之하니 其辭雖謙이나 然 이나 其所以自任之重은 亦有不得而辭者矣니라.

8-23-1. 맹자께서 말씀하셨다. "받을 수도 있고 받지 않을 수도 있는데, 받는다면 청렴을 해치게 되고, 줄 수도 있고 주지 않을 수도 있는데 준다면 은혜를 해치게 되고, 죽을 수도 있고 죽지 않을 수도 있는데 죽는다면 용기를 해치는 것이다."

孟子曰 可以取며 可以無取에 取면 傷廉이요 可以與며 可以無與에 與면 傷 惠요 可以死며 可以無死에 死면 傷勇이니라.

앞에서 '가이(可以)'라고 말한 것은 대강 보고서 스스로 허락한 말이고, 뒤에 '가이무(可以無)'라고 말한 것은 깊이 관찰하고 의심하는 말이다. 지나치게 취하는 것은 진실로 청렴함에 해가 되지만 지나치게 주는 것도 또한 도리어 은혜를 해치고, 지나치게 죽음도 또한 도리어 용기를 해치는 것이므로, 모두 지나침과 모자람이 같다는 뜻이다. 임 씨가 말하였다. "공서화가 오병의 곡식을 받은 것은 청렴함을 손상시킨 것이요, 염자가 준 것은 은혜를 해친 것이요, 자로가 위나라에서 죽은 것은 용기를 해친 것이다."

先言可以者는 略見而自許之辭也요. 後言可以無者는 深察而自疑之辭

也라. 過取固害於廉이나 然이나 過與亦反害其惠요 過死亦反害其勇이니 蓋過猶不及之意也니라. 林氏曰 公西華受五秉之粟은 是傷廉也요 冉子 與之는 是傷惠也요 子路之死於衛는 是傷勇也니라.

8-24-1. 방몽이 활쏘기를 예에게 배워서, 예의 활 쏘는 법을 다 배우고 나서는 '천하에 오직 예만이 나보다 활을 잘 쏜다'고 생각하고, 이에 예를 죽여 버렸다. 맹자께서 말씀하셨다. "이에 대해서는 역시 예에게도 잘못이 있다." 공명의가 말했다. "예에게는 거의 잘못이 없는 것 같다." 맹자께서 말씀하셨다. "방몽에 비해 그 죄가 가벼울 뿐이지, 어찌 잘못이 없다고 할 수 있겠는가?"

逢蒙이 學射於羿하여 盡羿之道하고 思天下에 惟羿爲愈己라 하여 於是에 殺 羿한대 孟子曰 是亦羿有罪焉이니라. 公明儀曰 宜若無罪焉하이다. 日薄乎 云爾언정 惡得無罪리오.

'예(羿)'는 유궁이라는 나라의 군주 예다. 방몽은 예의 가신이다. 예는 활쏘기를 잘 하여 하나라를 찬탈하고 스스로 즉위했는데, 나중에 가신에게 살해당했다. '유(愈)'는 '승(勝)'과 같다. '박(薄)'은 그 죄가 조금 적음을 말한 것이다.

羿는 有窮后羿也라. 逢蒙은 羿之家衆也라. 羿善射하여 簒夏自立이러니 後 爲家衆所殺하니라. 愈는 猶勝也라. 薄은 言其罪差薄耳라.

8-24-2. 맹자께서 말씀하셨다. "정나라 사람이 자탁유자를 시켜 위나라를 침범하게 했는데, 위나라에서는 유공사를 시켜 그를 추격하게 하였다.

자탁유자가 '오늘은 내가 병이 나서 활을 잡을 수 없으니, 나는 죽었구나' 하고, 그의 시종에게 '나를 쫓아오는 자가 누구냐?' 하고 물었다. 시종이 '유공사입니다' 하고 말하자, 자탁유자가 '나는 살았구나'라고 말하였다. 그의 시종이 '유공사는 위나라에서 활을 잘 쏘는 사람인데, 선생님께서 나는 살았다고 말씀하신 것은 무슨 까닭입니까' 하자, 자탁유자는 '유공사는 윤공타에게서 활쏘기를 배웠고, 윤공타는 나에게 활쏘기를 배웠다. 윤공타는 단정한 사람이므로, 그가 취한 벗도 반드시 단정할 것이다'라고 말하였다. 유공사가 뒤쫓아 와서 '선생님은 왜 활을 잡지 않으십니까?' 하니, 자탁유자가 '오늘은 내가 병이 나서 활을 잡을 수가 없게 되었소'라고 하였다. 유공사가 말하기를 '저는 윤공타에게서 활쏘기를 배웠고, 윤공타는 선생님에게 활쏘기를 배웠습니다. 저는 차마 선생님이 가르친 방법으로 선생님을 해칠 수 없습니다. 비록 그렇지만 오늘의 일은 임금이 명하신 일이라 제가 감히 그만둘 수는 없습니다' 하고는 화살을 뽑아 수레바퀴에 두들겨 그 촉을 빼버리고, 화살 네 발을 쏜 뒤에 돌아갔다."

鄭人이 使子濯孺子로 侵衛어늘 衛使庾公之斯로 追之러니 子濯孺子曰 今日에 我疾作이라 不可以執弓이로소니 吾死矣夫인저 하고 問其僕曰 追我者는 誰也오. 其僕이 曰 庾公之斯也로소이다. 曰 吾生矣로다. 其僕이 曰 庾公之斯는 衛之善射者也어늘 夫子曰 吾生은 何謂也잇고. 曰 庾公之斯는 學射於尹公之他하고 尹公之他는 學射於我하니 夫尹公之他는 端人也라 其取友 必端矣리라. 庾公之斯 至曰 夫子는 何爲不執弓고. 曰 今日에 我疾作이라 不可以執弓이로다. 曰 小人은 學射於尹公之他하고 尹公之他는 學射於夫子하니 我不忍以夫子之道로 反害夫子하노라. 雖然이나 今日之事는 君事也라. 我不敢廢라 하고 抽矢扣輪하여 去其金하고 發乘矢而後에 反하니라.

'지(之)'는 어조사다. '복(僕)'은 말을 모는 것이다. 윤공타는 역시 위나라 사람이다. '단(端)'은 바르다는 뜻이다. 유자는 윤공이 바른 사람이므로 벗을 취하는 것도 반드시 바를 것이라는 것을 알았다. 그러므로 유공(庾公)이 반드시 자기를 해치지 않을 것을 헤아렸던 것이다. '소인'은 유공이 스스로를 일컬은 것이다. '금(金)'은 화살촉이다. 수레에 두드려 화살촉을 빼내어 사람을 다치지 않게 하고 쏘았던 것이다. '승시(乘矢)'는 네 개의 화살이다. 맹자께서 말씀하시기를, "만약 자탁유자가 윤공타를 얻어서 가르친 것처럼 예가 했더라면 반드시 방몽의 재앙이 없었을 것이다." 그러나 이 예는 왕위를 찬탈하고 군주를 시해한 역적이요, 방몽 또한 역적의 무리이며, 유사는 비록 사사로운 은혜를 온전하게 하였지만 또한 공적인 의리를 없앤 것이니 그 일은 모두 논할 가치도 없다. 맹자께서는 단지 벗을 취하는 것을 가지고 말씀하셨을 뿐이다.

之는 語助也라. 僕은 御也라. 尹公他는 亦衛人也라. 端은 正也라. 孺子以尹公正人이니 知其取友必正이라. 故로 度庾公必不害己하니라. 小人은 庾公自稱也라. 金은 鏃也라. 扣輪出鏃하여 令不害人하고 乃以射也라. 乘矢는 四矢也라. 孟子言 使羿如子濯孺子得尹公他而敎之면 則必無逢蒙之禍라. 然이나 夷羿는 簒弑之賊이요 蒙乃逆儔며 庾斯는 雖全私恩이나 亦廢公義하니 其事皆無足論者라. 孟子蓋特以取友而言耳시니라.

8-25-1. 맹자께서 말씀하셨다. "아름다운 서시라도 불결한 것을 뒤집어쓰면, 사람들이 모두 코를 가리고 지나갈 것이다.

孟子曰 西子蒙不潔 則人皆掩鼻而過之니라.

'서자(西子)'는 아름다운 부인이다. '몽(蒙)'은 뒤집어 쓰다는 뜻과 같다.
'불결'은 더러운 사물이다. '엄비'는 그 냄새를 싫어하는 것이다.
西子는 美婦人이라. 蒙은 猶冒也라. 不潔은 汚穢之物也라. 掩鼻는 惡其臭
也라.

8-25-3. 비록 얼굴이 추악한 사람이라도 재계하고 목욕하면 상제에게 제사 지낼 수 있을 것이다."
雖有惡人이나 齊戒沐浴則可以祀上帝니라.

악인은 추한 얼굴을 한 사람이다. ○ 윤 씨가 말하였다. "이 장은 사람들이 선을 잃어버릴까 걱정하고 사람들이 스스로 새로워지기를 권하신 것이다."
惡人은 醜貌者也라. ○ 尹氏曰 此章은 戒人之喪善하고 而勉人以自新也
시니라.

8-26-1. 맹자께서 말씀하셨다. "천하 사람들이 본성을 말할 때는, 이미 그러한 자취로써 할 뿐이니, 이미 그러한 자취는 순리를 근본으로 삼는다.
孟子曰 天下之言性也는 則故而已矣니 故者는 以利爲本이니라.

'성(性)'이란 사람과 사물이 얻어서 태어난 이치다. '고(故)'는 이미 그러한 자취이니 이른바 '천하의 이미 지나간 자취'라고 말한 것과 같다. '이(利)'는 '순(順)'과 같으니 자연의 기세를 말한다. 사물의 이치는 비록 형체가 없어서 알기 어려운 것 같지만 발현되어 이미 그러한 것은 반드시 자취가 있어서 보기 쉽다. 그러므로 천하에 '성'을 말하는 사람은 단지 자취에 대해서 말하면 이치가 저절로 분명해진다. 이른바 '하늘을 잘 말하는 사람은 반드시 사람에게서 증명할 수 있다'는 말과 같다. 그러나 이른바 자취라는 것은 또한 반드시 자연의 기세에 근본하여, 사람이 선하고 물이 아래로 내려가는 것과 같아서 바로잡거나 조작하는 것이 있어서 그렇게 되는 것이 아니다. 사람이 악을 행하고 물이 산에 있는 것과 같은 것은 자연스런 자취가 아니다.

性者는 人物所得以生之理也라. 故者는 其已然之跡이니 若所謂天下之故者也라. 利는 猶順也니 語其自然之勢也라. 言 事物之理 雖若無形而難知나 然이나 其發見之已然은 則必有跡而易見이라. 故로 天下之言性者 但言其故而理自明하니 猶所謂善言天者必有驗於人也라. 然이나 其所謂故者는 又必本其自然之勢하니 如人之善, 水之下하여 非有所矯揉造作而然者也라. 若人之爲惡, 水之在山은 則非自然之故矣니라.

8-26-2. 작은 지혜를 미워하는 것은 너무 천착하기 때문이다. 만일 지혜로운 사람이 우 임금이 홍수를 다스리듯이 순리대로 한다면 지혜를 미워할 것이 없다. 우 임금이 홍수를 다스린 것은 일삼은 바가 없이 자연의 형세를 따라 하였으니, 만일 지혜로운 사람이 일삼은 바가 없이 자연의 형세에 따른다면 그 지혜로움은 또한 위대하게 될 것이다.

所惡於智者는 爲其鑿也니 如智者 若禹之行水也면 則無惡於智矣라.
禹之行水也는 行其所無事也니 如智者 亦行其所無事면 則智亦大矣라.

천하의 이치는 본래 모두 이롭고 순리에 따르는데, 작은 지혜를 가진 사람은 천착하는 데 힘을 쓰기 때문에 잃게 된다. 우왕이 홍수를 다스리는 것은 자연의 세력에 의해서 인도하는 것이지 사사로운 지혜로 천착해서 일삼은 것이 아니다. 이 때문에 물이 윤택하고 아래로 내려가는 성질을 얻어서 해가 되지 않는다.

天下之理 本皆利順이러늘 小智之人은 務爲穿鑿하니 所以失之라. 禹之行水는 則因其自然之勢而導之요 未嘗以私智穿鑿而有所事라. 是以로 水得其潤下之性而不爲害也니라.

8-26-3. 하늘이 높고 별이 멀다지만, 진실로 이미 그러한 자취를 추구한다면, 천 년 뒤의 동짓날도 가만히 앉아서 알 수 있을 것이다."

天之高也와 星辰之遠也나 苟求其故면 千歲之日至를 可坐而致也니라.

하늘이 비록 높고 별이 비록 멀리 있지만 이미 그러한 자취를 구하면 일정한 운행이 있어서 비록 천 년이나 지나도 동짓날의 도수를 앉아서 알 수 있으니, 하물며 가까운 사물에 있어서 그 자취로 인하여 구한다면 어찌 그 이치를 알지 못하여 어떻게 천착하겠는가? 반드시 '일지(日至)'라고 말한 것은 달력을 만든 사람이 상고시대의 11월 갑자삭 야반에 동지가 든 날을 달력의 기원으로 삼았기 때문이다. ○정자가 말하였다. "이 장은 오로지 지혜를 위해서 말한 것이다." 내가 생각하건대, 사물의 이치는 자연스럽지 않음이 없다. 순리대로 따르면 큰 지혜가 되고, 만약 작은 지혜를 사용하여 천착해서 스스로 사사롭게 한다면 본성을 해쳐서 도리어 지혜롭지 못하게 된다. 정자의 말은 이 장의 취지를 깊이 터득했다고 말할 수 있다.

天雖高하고 星辰雖遠이나 然이나 求其已然之跡이면 則其運有常하여 雖千歲之久라도 其日至之度를 可坐而得이니 況於事物之近에 若因其故而求之면 豈有不得其理者而何以穿鑿爲哉리오. 必言日至者는 造歷(曆)者以上古十一月甲子朔夜半冬至로 爲歷元也니라. ○程子曰 此章은 專爲智而發이니라. 愚謂 事物之理 莫非自然이니 順而循之면 則爲大智요 若用小智而鑿以自私면 則害於性而反爲不智라. 程子之言이 可謂深得此章之旨矣로다.

8-27-1. 공행자가 아들의 상을 당하자 우사가 조문을 갔는데, 그가 문에 들어서자 쫓아 나와 우사와 이야기를 나누는 사람도 있었고, 우사의 자리에 가서 우사와 이야기하는 사람도 있었다.

公行子 有子之喪이어늘 右師往吊할새 入門커든 有進而與右師言者하며 有就右師之位而與右師言者러니

'공행자'는 제나라 대부다. '우사'는 왕환을 말한다.
公行子는 齊大夫라. 右師는 王驩也라.

8-27-2. 그러나 맹자께서는 우사와 말을 하지 않으시자 우사가 불쾌히 여기며 말했다. "여러 군자들이 모두 나와 이야기를 나누는데 맹자께서 유독 나와 이야기하지 않으니, 이것은 나를 소홀히 여기는 것이오."

孟子不與右師言하신대 右師不悅曰 諸君子皆與驩言이어늘 孟子獨不與驩言하시니 是는 簡驩也로다.

'간(簡)'은 소홀하게 하는 것이다.

簡은 略也라.

8-27-3. 맹자께서 들으시고 말씀하셨다. "예법에 의하면 조정에서는 남의 자리를 지나가서 서로 이야기하지 않으며, 위계를 넘어서 서로 인사하지 않는 법이다. 나는 예를 행하려고 하는데 자오(왕환)가 나보고 소홀히 여긴다고 하니 또한 이상한 노릇이 아닌가?"
孟子聞之하시고 曰 禮에 朝廷에 不歷位而相與言하며 不踰階而相揖也하나니 我欲行禮어늘 子敖以我爲簡하니 不亦異乎아.

이때에 제나라 경대부가 임금의 명령에 의해 조문 가서 각각 차례가 있었는데, 『주례』에 관직을 가진 사람들의 상례에는 상을 담당하는 사람이 금령을 보고 일의 차례를 정하는 것과 같다. 그러므로 조정이라고 말한 것이다. '역(歷)'은 지나간다는 뜻이다. '위(位)'는 타인의 자리다. 우사가 아직 자리에 나가지 않았는데, 나아가서 그와 더불어 말을 한다면 우사는 자기의 자리를 지나간 것이 되고, 우사가 이미 자리로 나아갔는데 나아가서 그와 더불어 말을 한다면 자기가 우사의 자리를 지나간 것이다. 맹자와 우사의 지위가 또한 계급이 다르므로 맹자는 감히 이 예를 잃지 않고자 한 것이다. 그러므로 우사와 함께 말을 하지 않은 것이다.
是時에 齊卿大夫以君命弔하여 各有位次하니 若周禮에 凡有爵者之喪禮엔 則職喪이 涖其禁令하여 序其事라. 故로 云朝廷也라. 歷은 更涉也라. 位는 他人之位也라. 右師未就位而進與之言이면 則右師歷己之位矣요 右師已就位而就與之言이면 則己歷右師之位矣라. 孟子右師之位가 又不同階하니 孟子不敢失此禮라. 故로 不與右師言也하시니라.

8-28-1. 맹자께서 말씀하셨다. "군자가 보통 사람들과 다른 까닭은 본심을 보존하고 있기 때문이다. 군자는 인으로써 본심을 보존하고, 예로써 본심을 보존한다.

孟子曰 君子所以異於人者는 以其存心也니 君子는 以仁存心하며 以禮存心이니라.

인과 예로써 본심을 보존한다는 것은 이것을 마음에 보존하여 잊지 않는다는 말이다.

以仁禮存心은 言以是存於心而不忘也라.

8-28-2. 어진 사람은 남을 사랑하고, 예가 있는 사람은 남을 공경한다.

仁者는 愛人하고 有禮者는 敬人하나니

이것은 인과 예를 베푸는 것이다.

此는 仁禮之施라.

8-28-3. 남을 사랑하는 사람은 남도 항상 그를 사랑하고, 남을 공경하는 사람은 남도 항상 그를 공경한다.

愛人者는 人恒愛之하고 敬人者는 人恒敬之니라.

이것은 인과 예의 효능에 대한 것이다.

此는 仁禮之驗이라.

8-28-4. 여기에 어떤 사람이 있는데, 나를 대하기를 무례하고 횡포하게 한다면, 군자는 반드시 스스로 반성하여 '내가 틀림없이 어질지 못하고, 틀림없이 무례한 탓이다. 이런 일이 어떻게 일어날 수 있는가?' 하고 생각할 것이다.

有人於此하니 其待我以橫逆 則君子必自反也하여 我必不仁也며 必無禮也로다. 此物이 奚宜至哉오 하나니라.

'횡역(橫逆)'은 강압적이고 포악하여 이치를 따르지 않는 것을 말한다.
'물(物)'은 일이다.

橫逆은 謂强暴不順理也라. 物은 事也라.

8-28-5. 스스로 반성해서도 자신이 어질고, 스스로 반성해서도 자신이 예의를 차렸는데도 무례함과 횡포함이 예전과 마찬가지라면, 군자는 반드시 스스로 반성하여 '내가 틀림없이 성실하지 못한 것이로다' 하고 생각한다.

其自反而仁矣며 自反而有禮矣로되 其橫逆이 由是也어든 君子必自反也하여 我必不忠이로다 하나니라.

'충(忠)'은 자신을 다 바치는 것을 말한다. '내가 틀림없이 성실하지 못한 것이로다'라고 하는 말은 남을 사랑하고 공경하는 것에 마음을 다하지 않았을까 두려워하는 것이다.

忠者는 盡己之謂라. 我必不忠은 恐所以愛敬人者有所不盡其心也라.

8-28-6. 스스로 반성해서 성실한데도 무례함과 횡포함이 예전과 마찬가지라

면, 군자는 '이 사람은 역시 망녕된 사람일 뿐이다'라고 할 것이니, 이와 같다면 짐승과 무엇이 다르겠는가? 짐승에 대해서 또 무엇을 따질 수 있겠는가?

自反而忠矣_{로되} 其橫逆_이 由是也_{어든} 君子曰 此亦妄人也已矣_{로다} _{하나니} 如此則與禽獸奚擇哉_{리오}. 於禽獸_에 又何難焉_{이리오}.

'해택(奚擇)'은 '무엇이 다르겠는가?'라는 뜻이다. '우하난언(又何難焉)'은 함께 헤아릴 수 없음을 말한다.

奚擇_은 何異也_라. 又何難焉_은 言不足與之校也_라.

8-28-7. 그렇기 때문에 군자는 일생 동안의 근심은 있을지언정 하루아침의 걱정은 없다. 만약 근심하는 바가 있다면 이런 것이 있다. 순 임금도 사람이고 나도 또한 사람인데, 순 임금은 천하에 모범이 되어서 후세에 전해지게 되었는데 나는 여전히 시골 사람을 면하지 못하고 있으니, 이것이 근심할 만한 일이다. 근심한다면 어떻게 할 것인가? 순 임금과 같아지려고 할 뿐이다. 군자라면 걱정하는 일은 없다. 인이 아니면 하지 않고, 예가 아니면 행하지 않기 때문이다. 만일 하루아침의 걱정이 있을지라도 군자는 걱정하지 않느니라."

是故_로 君子 有終身之憂_요 無一朝之患也_니 乃若所憂則有之_{하니} 舜_도 人也_며 我亦人也_{로되} 舜_은 爲法於天下_{하서} 可傳於後世_{어시늘} 我_는 由未免 爲鄕人也_{하니} 是則可憂也_라. 憂之如何_오. 如舜而已矣_{니라}. 若夫君子所患 則亡矣_{니라}. 非仁無爲也_며 非禮無行也_라 如有一朝之患_{이라도} 則君子不患矣_{니라}.

'향인(鄕人)'은 마을에 있는 일반 사람이다. 군자는 마음 간직하는 것을 구차하게 하지 않는다. 그러므로 뒷날의 근심이 없는 것이다.
鄕人은 鄕里之常人也라. 君子는 存心不苟라. 故로 無後憂니라.

8-29-1. 우와 직이 태평한 세상을 만나서 자기 집 문 앞을 세 번 지나면서도 들어가지 않았는데, 공자께서 그들을 현자라고 칭찬하셨다.
禹稷이 當平世하여 三過其門而不入한대 孔子賢之하시니라.

이와 관련된 일이 전편 「등문공 상」편에 보인다.
事見前篇하니라.

8-29-2. 안자는 난세를 만나서 누추한 마을에 살면서 한 대바구니에 담긴 밥과 한 표주박에 담긴 음료수를 먹으며 살았다. 다른 사람들은 그런 근심을 견디지 못하는데, 안회는 그 즐거움을 고치지 않았으니 공자께서 그를 어질다고 칭찬하셨다. 맹자께서 말씀하셨다. "우와 직과 안회는 도가 같았다.
顔子 當亂世하여 居於陋巷하서 一簞食와 一瓢飮을 人不堪其憂어늘 顔子 不改其樂하신대 孔子賢之하시니라. 孟子曰 禹稷顔回 同道하니라.

성인의 도는 앞으로 나가면 백성을 구제하고 뒤로 물러나면 자신을 수양하는데, 그 마음은 한가지일 뿐이다.
聖賢之道는 進則救民하고 退則修己하니 其心一而已矣니라.

8-29-3. 우는 천하에 물에 빠진 자가 있으면 마치 자기가 물에 빠뜨린 것처럼 생각하였고, 직은 천하에 굶주리는 사람이 있으면 마치 자기가 굶주리게 한 것처럼 생각하였다. 그러므로 그렇게 급하게 여겼던 것이다.
禹는 思天下有溺者어든 由己溺之也하며 稷은 思天下有饑者어든 由己饑之也하니 是以로 如是其急也시니라.

우와 직은 몸소 그 직책을 맡았기 때문에 자기의 책임으로 여겨서 급하게 구한 것이다.
禹稷은 身任其職이라 故로 以爲己責而救之急也시니라.

8-29-4. 우와 직과 안자가 입장을 바꾸더라도 모두 그렇게 했을 것이다.
禹稷顔子 易地則皆然이리라.

성현의 마음은 치우친 것이 없기 때문에 느낌에 따라서 대응하여 각각 그 도를 다한다. 그러므로 우와 후직이 안자의 입장에 처했다면 또한 안자의 즐거움을 즐겼을 것이요, 안자가 우와 후직의 책임을 맡았다면 또한 우와 후직의 근심을 걱정했을 것이다.
聖賢之心은 無所偏倚하여 隨感而應하여 各盡其道라. 故로 使禹稷居顔子之地면 則亦能樂顔子之樂이요. 使顔子居禹稷之任이면 亦能憂禹稷之憂也시리라.

8-29-5. 가령 같은 방에서 사람이 있으면서 서로 싸운다면, 그들을 말리되 비록 머리를 풀어헤친 채로 갓끈을 매고 싸움을 말리더라도 괜찮다.

今有同室之人이 鬪者어든 救之하되 雖被髮纓冠而救之라도 可也니라.

머리를 묶을 겨를이 없어 갓끈을 매고서 싸움을 말리러 가는 것이니 급한 상황임을 말한 것이다. 우왕과 후직을 비유한 것이다.
不暇束髮而結纓往救하니 言急也니 以喩禹稷이라.

8-29-6. 그러나 마을이나 이웃에 싸우는 사람이 있다면 머리를 풀어헤친 채로 갓끈만 매고서 싸움을 말리는 것은 정당하지 못한 것이다. 비록 문을 닫고 상관하지 않아도 괜찮다."
鄕隣에 有鬪者어든 被髮纓冠而往救之則惑也니 雖閉戶라도 可也니라.

안자를 비유한 것이다. ○ 이 장은 성현의 마음은 모두 같고, 일은 만나는 경우에 따라서 다름을 말한 것이다. 그러나 각각 이치에 합당하게 대처하였으니 이것이 바로 같은 것이 되는 까닭이다. 윤 씨가 말하기를 "옳음에 합당한 것을 때에 맞다고 하는 것이니 앞의 성인과 뒤의 성인이 모두 하나의 마음이다. 그러므로 만나는 것이 모두 지극히 선한 것이다"라고 하였다.
喩顔子也라. ○ 此章은 言聖賢이 心無不同이요 事則所遭或異라. 然이나 處之各當其理하니 是乃所以爲同也니라. 尹氏曰 當其可之謂時니 前聖後聖이 其心一也라. 故로 所遇皆盡善이니라.

8-30-1. 공도자가 말하였다. "광장을 온 나라 사람들이 모두 불효자라고 하는데, 선생님께서는 그와 더불어 교유하시고, 또 그와 상종하면서 예의

를 차리시니, 감히 어찌된 일인지 여쭙겠습니다."

公都子曰 匡章을 通國이 皆稱不孝焉이어늘 夫子與之遊하시고 又從而禮貌之하시니 敢問何也잇고.

'광장(匡章)'은 제나라 사람이다. '통국(通國)'은 한 나라의 사람을 모두 말한 것이다. '예모(禮貌)'는 공경하는 것이다.

匡章은 齊人이라. 通國은 盡一國之人也라. 禮貌는 敬之也라.

8-30-2. 맹자께서 말씀하셨다. "세속에서 말하는 불효에는 다섯 가지가 있다. 그 몸을 게을리 하여 부모의 봉양을 돌보지 않는 것이 첫 번째 불효요, 장기와 바둑을 두고 술 마시기를 좋아하여 부모의 봉양을 돌보지 않는 것이 두 번째 불효요, 재물을 좋아하고 처자에 빠져 부모의 봉양을 돌보지 않는 것이 세 번째 불효요, 육체적인 욕망을 쫓느라 부모를 욕되게 하는 것이 네 번째 불효요, 용맹함을 좋아하고 싸우며 난폭한 짓을 하여 부모를 위태롭게 하는 것이 다섯 번째 불효다. 그런데 장자가 이 가운데 한 가지 잘못이라도 저질렀는가?

孟子曰 世俗所謂不孝者五니 惰其四肢하여 不顧父母之養이 一不孝也요 博奕好飲酒하여 不顧父母之養이 二不孝也요 好貨財하며 私妻子하여 不顧父母之養이 三不孝也요 從耳目之欲하여 以爲父母戮이 四不孝也요 好勇鬪狠하여 以危父母 五不孝也니 章子有一於是乎아.

'육(戮)'은 부끄럽고 욕되는 것이다. '한(狠)'은 성내고 어그러지는 것이다.

戮은 羞辱也라. 狠은 忿戾也라.

8-30-3. 광장은 아버지와 자식이 서로 선을 요구하다가 의견이 맞지 않았던 것이다.

夫章子는 子父責善而不相遇也니라.

'우(遇)'는 합치되는 것이다. 서로 선을 권장하다가 서로 합치되지 못한 것이다. 그러므로 아버지에게 쫓겨난 것이다.

遇는 合也라. 相責以善而不相合이라. 故로 爲父所逐也니라.

8-30-4. 선을 요구하는 것은 친구들 사이에서 행하는 도리이지, 아버지와 아들 사이에서 선을 요구하는 것은 은혜를 크게 해치는 일이다.

責善은 朋友之道也니 父子責善이 賊恩之大者니라.

'적(賊)'은 해친다는 뜻이다. 친구는 마땅히 서로 선을 권장해야 하지만 부모와 자식이 이것을 행한다면 천성의 은혜를 해치게 될 것이다.

賊은 害也라. 朋友는 當相責以善이어니와 父子行之면 則害天性之恩也니라.

8-30-5. 광장인들 어찌 남편과 아내, 어머니와 아들의 관계를 갖고 싶지 않았겠는가? 다만 아버지에게 죄를 얻어 가까이 할 수 없었기 때문에 아내를 내보내고 아들을 물리치고서, 평생토록 그들의 봉양을 받지 않았다. 그가 마음먹기를, 이와 같이 하지 않고서는 죄가 더욱 커진다고 여겼기 때문이다. 이것이 바로 광장일 뿐이다."

夫章子는 豈不欲有夫妻子母之屬哉리오마는 爲得罪於父하여 不得近이라 出妻屛子하여 終身不養焉하니 其設心에 以爲不若是면 是則罪之大者라 하

니 是則章子已矣니라.

장자는 자신이 부부의 짝을 가지고 있고, 자식으로서 모자의 권속을 가지고 싶었지만, 그러나 스스로 아버지를 가까이 할 수 없었기 때문에 감히 처자의 봉양을 받지 않고 스스로 꾸짖고 벌을 주었으니, 그의 마음속에 '이와 같이 하지 않으면 그 죄가 더욱 커질 것이다'라고 생각했었다. ○이 장의 뜻은 대중에게 미움을 받는 것도 반드시 살펴야 하는 것이므로 성현의 지극히 공정하고 어진 마음을 알 수 있다. 양 씨가 말하기를, "장자의 행동을 맹자가 취한 것이 아니라 다만 그 뜻을 슬프게 생각하여 그와 절교하지 않았을 뿐이다"라고 하였다.

言 章子非不欲身有夫妻之配하고 子有子母之屬이언마는 但爲身不得近於父라 故로 不敢受 妻子之養하여 以自責罰하니 其心에 以爲不如此면 則其罪益大也라 하니라. ○此章之旨는 於衆所惡而必察焉이니 可以見聖賢至公至仁之心矣니라. 楊氏曰 章子之行을 孟子非取之也요 特哀其志而不與之絶耳시니라.

8-31-1. 증자께서 무성에 계실 때 월나라의 도적이 쳐들어왔다. 어떤 사람이 말하였다. "도적이 쳐들어왔는데 왜 피하지 않습니까?" 그러자 증자께서 "내가 없는 동안 사람을 내 집에 들여보내어 초목을 손상시키지 않도록 하라"고 당부하고서 떠나셨다. 도적이 물러가자, "내 집 담과 안을 수리하여라. 내가 장차 돌아가리라" 하고 분부하셨다. 도적이 물러가고 증자께서 돌아오시자, 좌우 사람들이 말하기를, "무성 사람들이 선생님을 대우하는 것이 이렇게 충성스럽고 공경스러웠는데, 도적이 쳐들어오면

먼저 피하여 백성들이 그 본을 받게 하고, 도적이 물러가자 돌아오셨으니, 매우 옳지 못한 일이 아닌가 생각됩니다"라고 하자, 심유행이 말했다. "이것은 너희들이 알 바가 아니다. 옛날에 심유가 부추의 화를 당했는데, 선생님을 따라다니던 제자 70명 중에서 그 환란에 참여한 사람이 없었다."

曾子居武城하실새 有越寇러니 或曰 寇至하나니 盍去諸리오. 曰 無寓人於我室하여 毀傷其薪木하라. 寇退則曰 脩我牆屋하라. 我將反하리라. 寇退커늘 曾子反하신대 左右曰 待先生이 如此之忠且敬也어늘 寇至則先去하여 以爲民望하시고 寇退則反하시니 殆於不可로소이다. 沈猶行이 曰 是는 非汝所知也라. 昔에 沈猶有負芻之禍어늘 從先生者七十人이 未有與焉이라 하니라.

'무성(武城)'은 노나라의 읍 이름이다. '합(盍)'은 어찌 아니라는 뜻이다. '좌우(左右)'는 맹자의 문인이다. '충경(忠敬)'은 무성의 대부가 충성과 공경으로 맹자를 섬겼음을 말한 것이다. '위망민(爲望民)'은 백성들이 바라보고 본받게 하고자 함을 말한다. 심유행은 제자의 성명이다. 증자가 일찍이 심유행의 집에 머물렀는데, 당시에 부추가 난을 일으켜 심유 씨를 공격하자 증자께서 제자들을 거느리고 떠나가 난에 참여하지 않았음을 말한 것인데. 스승과 손님은 신하와 다름을 말한 것이다.

武城은 魯邑名이라. 盍은 何不也라. 左右는 曾子之門人也라. 忠敬은 言 武城之大夫가 事曾子忠誠恭敬也라. 爲民望은 言使民望而敎之라. 沈猶行은 弟子姓名也라. 言 曾子嘗舍於沈猶氏러니 時有負芻者作亂하여 來攻沈猶氏어늘 曾子率其弟子去之하여 不與其難하시니 言師賓不與臣同이니라.

8-31-2. 자사께서 위나라에 계실 때 제나라의 도적이 쳐들어 왔다. 어떤 사람이 "도적이 쳐들어왔는데 왜 피하지 않습니까?" 하고 말하자, 자사께서 "만일 내가 떠나간다면 임금은 누구와 함께 나라를 지키겠느냐?" 하고 말씀하셨다. 맹자께서 말씀하셨다. "증자와 자사의 도는 같았다. 증자께서는 스승이었고 부형의 입장에 있었으며, 자사께서는 신하였고 미천한 신분에 있었으니, 증자와 자사가 입장을 바꾼다면 모두 그렇게 했을 것이다."

子思 居於衛하실새 有齊寇러니 或曰 寇至하나니 盍去諸리오 子思曰 如伋이 去면 君誰與守리오 하시니라. 孟子曰 曾子子思 同道하니 曾子는 師也며 父兄也요 子思는 臣也며 微也니 曾子子思 易地則皆然이니라.

떠나지 않은 뜻을 이와 같이 말씀한 것이다. '미(微)'는 미천하다는 뜻이다. 윤 씨가 말하기를, "어떤 경우에는 해악을 멀리하고 어떤 경우에는 난에 죽기를 각오하여 그 일이 같지 않은 것은 처한 경우가 달랐기 때문이다. 군자의 마음은 이해에 얽매이지 않고 오직 옳게 할 뿐이다. 그러므로 입장을 바꾸면 모두 할 수 있는 것이다"라고 하였다. ○ 공 씨가 말하기를, "옛 성현은 언행이 서로 다르고 사업이 또한 다르지만, 도에 대해서는 처음부터 다르지 않았다. 학자들이 이러한 것을 알면 만나는 것에 따라 대응하는 것을 마치 저울로 물건을 다는 것과 같이 해서 오르고 내리는 것이 여러 번 변하지만 같은 것이 되는 데에는 해가 되지 않는다"라고 하였다.

言所以不去之意如此하시니라. 微는 猶賤也라. 尹氏曰 或遠害하고 或死難하여 其事不同者는 所處之地不同也라. 君子之心은 不繫於利害하고 惟其是

而已라. 故로 易地則皆能爲之니라. ○孔氏曰 古之聖賢이 言行不同하고 事業亦異나 而其道는 未始不同也라. 學者知此면 則因所遇而應之를 若權衡之稱物하여 低昂屢變이나 而不害其爲同也니라.

8-32-1. 저자가 말하였다. "왕이 사람을 시켜 선생님을 가만히 살펴보게 하셨는데, 과연 선생님께서는 남과 다른 점이 있습니까?" 맹자께서 말씀하셨다. "어찌 다른 사람과 다르겠소? 요 임금과 순 임금도 보통 사람과 같았을 뿐이오."

儲子曰 王이 使人瞷夫子하시나니 果有異於人乎잇가. 孟子曰 何以異於人哉리오. 堯舜도 與人同耳니라.

'저자(儲子)'는 제나라 사람이다. '간(瞷)'은 몰래 보는 것이다. 성인 역시 사람일 뿐이니 어찌 남과 다른 점이 있겠는가?

儲子는 齊人也라. 瞷은 竊視라. 聖人亦人耳니 豈有異於人哉리오.

8-33-1. 제나라 사람 가운데 아내와 첩을 거느리고 한 집에 사는 사람이 있었다. 남편은 나가면 언제나 술과 고기를 실컷 먹은 뒤에 집에 돌아오곤 하였다. 그의 아내가 같이 먹고 마신 사람이 누구냐고 물으면, 모두 부귀한 사람들이었다. 그의 아내가 첩에게 말하였다. "남편이 나가면 반드시 술과 고기를 실컷 먹은 뒤에 돌아오는데, 같이 먹고 마신 사람을 물으면 모두 부귀한 사람이라고 하지만, 지금까지 이름난 사람이 찾아온 일이 없었다. 나는 남편이 가는 곳을 몰래 쫓아가 보려네." 그리고 일찍 일어나 남편이 가는 곳을 뒤따랐는데, 온 도시를 두루 다녀도 함께 서서

이야기하는 사람이라곤 없었다. 마침내 동쪽 성 밖의 무덤 사이에서 제사지내는 사람한테로 가서, 남은 제물을 구걸하고, 부족하면 또 돌아보고 다른 곳으로 갔다. 이것이 그가 실컷 먹고 돌아오는 방법이었다. 그의 아내가 돌아와서 첩에게 말해주었다. "남편은 우러러보고 평생을 살 사람인데, 지금 이 모양이라네" 하고, 그의 첩과 함께 남편을 원망하면서 마당 가운데서 서로 울었다. 그런데 남편은 그런 줄도 모르고 의기양양하며 밖에서 돌아와 아내와 첩에게 교만하게 굴었다.

齊人이 有一妻一妾而處室者러니 其良人이 出則必饜酒肉而後에 反이어늘 其妻問所與飮食者則盡富貴也러라. 其妻 告其妾曰 良人이 出則必饜酒肉而後에 反할새 問其與飮食者하니 盡富貴也로되 而未嘗有顯者來하니 吾將瞯良人之所之也호리라 하고 蚤起하여 施從良人之所之하니 徧國中하되 無與立談者러니 卒之東郭墦間之祭者하여 乞其餘하고 不足이어든 又顧而之他하니 此其謂饜足之道也러라. 其妻歸告其妾曰 良人者는 所仰望而終身也어늘 今若此라 하고 與其妾으로 訕其良人而相泣於中庭이어늘 而良人이 未之知也하여 施施從外來하여 驕其妻妾하더라.

이 장의 제일 앞에 마땅히 '맹자왈'이란 글자가 있어야 하는데 글자가 빠진 것이다. '양인(良人)'은 남편을 말한다. '염(饜)'은 배부른 것이다. '현자(顯者)'는 부귀한 사람이다. '이(施)'는 몰래 따라가서 남편이 알지 못하게 한 것이다. '번(墦)'은 무덤이다. '고(顧)'는 바라보는 것이다. '산(訕)'은 원망하고 꾸짖는 것이다. '시시(施施)'는 스스로 깨달은 것을 기뻐하는 모습니다.

章首에 當有孟子曰字하니 闕文也라. 良人은 夫也라. 饜은 飽也라. 顯者는

富貴人也라. 施는 邪施而行하여 不使良人知也라. 墦은 冢也라. 顧는 望也라. 訕은 怨詈也라. 施施는 喜悅自得之貌라.

8-33-2. 군자의 눈으로 보건대, 사람들이 부귀와 영달을 구하는 자들은 그들의 아내와 첩이 그것을 보면 부끄러워하여 서로 울지 않을 사람이 거의 없을 것이다.
由君子觀之컨대 則人之所以求富貴利達者 其妻妾이 不羞也而不相泣者 幾希矣니라.

맹자께서 말씀하시기를, "군자의 관점에서 본다면 오늘날 부귀를 구하는 사람들은 모두 이 사람과 같으니, 그 아내와 첩이 그것을 본다면 부끄러워서 울지 않을 사람이 적을 것이다"라고 하셨으니, 이것은 수치스러움이 심함을 말씀하신 것이다. ○조 씨가 말하기를, "오늘날 부귀를 구하는 사람들은 모두 부당한 방법으로 어두운 곳에서 애걸하며 구하고 대낮과 같이 환한 곳에서 사람을 속이니, 이 사람과 어찌 다르겠는가?"라고 하였다.
孟子言 自君子而觀하면 今之求富貴者 皆若此人耳니 使其妻妾見之면 不羞而泣者少矣라 하시니 言可羞之甚也니라. ○趙氏曰 言 今之求富貴者 皆以枉曲之道로 昏夜乞哀以求之하여 而以驕人於白日하니 與斯人何以異哉리오.

만장장구 상(萬章章句上)

모두 아홉 장이다.

凡九章이라.

이 장에서는 순 임금이 부모를 모시는 방법과,
공적인 마음으로 일을 처리하는 것에 대해 많이 언급했고,
왕위의 계승도 백성들의 마음을 얻어서 자연스럽게
하늘이 그에게 준 것임을 언급하고 있다.
또한 군자와 소인은 그 사람이 어울리는 무리에 따라
구별될 수 있다는 주장을 하며,,
주인으로 섬길 사람을 잘 선택해야 하는 것도 언급하였다.

9-1-1. 만장이 묻기를, "순 임금께서는 밭에 나가서 하늘을 우러러 울부짖었다는데, 무엇 때문에 그렇게 울부짖었던 것입니까?"라고 하자, 맹자께서 말씀하셨다. "부모에게 사랑받지 못한 것을 원망하고 사모하셨기 때문이다." 萬章이 問曰 舜이 往于田하사 號泣于旻天하시니 何爲其號泣也잇고. 孟子曰 怨慕也시니라.

'순왕우전'은 수 임금이 역산에서 밭을 갈 때다. 사랑으로 덮어주고 아랫사람을 가엽게 여기는 것을 '민천(旻天)'이라고 한다. '호읍우민천(號泣于旻天)'은 하늘에 호소하며 울부짖는 것이다. 이 일이 『서경』「우서·대우모」편에 보인다. '원모(怨慕)'는 자신이 부모에게 사랑을 받지 못한 것을 원망하고 사모한 것이다.
舜往于田은 耕歷山時也라. 仁覆閔下를 謂之旻天이라. 號泣于旻天은 呼天而泣也니 事見虞書大禹謨篇하니라. 怨慕는 怨己之不得其親而思慕也라.

9-1-2. 만장이 말했다. "부모가 사랑하면 기뻐하면서 잊지 않고, 부모가 미워하면 더욱 노력하면서 원망하지 않는 것인데, 그렇다면 순 임금께서는 부모를 원망한 것입니까?" 맹자께서 말씀하셨다. "장식이 공명고에게 묻기를, '순 임금께서 밭에 나갔다는 것은 제가 이미 들어서 알고 있습니다

만, 하늘과 부모에게 울부짖었다는 것에 대해서는 제가 알지 못하겠습니다'라고 하니, 공명고가 말하기를, '이것은 네가 알 바 아니다'라고 했다. 저 공명고는 '효자의 마음이란 이같이 근심이 없을 수 없다. 순 임금의 마음은 나는 힘을 다하여 밭을 갈아 자식 된 직분을 다할 뿐인데, 부모께서 나를 사랑하지 않는 것은 나에게 무슨 잘못이 있기 때문인가?' 하고 근심한 것이다.

萬章이 曰 父母愛之어시든 喜而不忘하고 父母惡之어시든 勞而不怨이니 然則 舜은 怨乎잇가. 曰 長息이 問於公明高曰 舜이 往于田則吾旣得聞命矣어니와 號泣于旻天과 于父母則吾不知也로이다. 公明高曰 是는 非爾所知也라 하니 夫公明高는 以孝子之心이 爲不若是恝이라. 我는 竭力耕田하여 共爲 子職而已矣니 父母之不我愛는 於我何哉오 하니라.

'장식(長息)'은 공명고의 제자요, '공명고'는 증자의 제자이다. '우부모(于父母)'는 또한 『서경』의 말인데, 부모에게 호소하며 울부짖는 것을 말한다. '괄(恝)'은 근심이 없는 모습이다. '어아하재(於我何哉)'는 자신에게 무슨 죄가 있는지 모르고 자책한 것이니 부모를 원망한 것이 아니다. 양씨가 말했다. "맹자께서 순 임금의 마음을 잘 알지 못했다면 이러한 말을 할 수 없을 것이다. 순 임금은 오직 부모에게 사랑 받지 못하는 것을 두려워한 것이요 일찍이 스스로 효도한다고 생각하지 않았다. 만약 스스로 효도한다고 여겼다면 효도가 아닐 것이다."

長息은 公明高弟子요 公明高는 曾子弟子라. 于父母는 亦書辭니 言呼父母而泣也라. 恝은 無愁之貌라. 於我何哉는 自責不知己有何罪耳니 非怨父母也라. 楊氏曰 非孟子深知舜之心이면 不能爲此言이라. 蓋舜은 惟恐

不順於父母요 夫嘗自以爲孝也시니 若自以爲孝면 則非孝矣니라.

9-1-3. 요 임금이 자기의 아들 아홉과 두 딸을 시켜 백관과 소와 양과 창고를 갖추어 밭 가운데서 일하는 순을 섬기게 하니, 천하의 선비들이 순에게로 가는 자가 많았다. 요 임금이 장차 천하가 다스려지는 것을 보고 그에게 천자의 자리를 물려주려 하였다. 그런데 순은 부모에게 순종하지 못했기 때문에 곤궁한 사람이 돌아갈 곳이 없는 것처럼 하였다.
帝使其子九男二女로 百官牛羊倉廩을 備하여 以事舜於畎畝之中하시니 天下之士 多就之者어든 帝將胥天下而遷之焉이러시니 爲不順於父母라 如窮人無所歸러라.

'제(帝)'는 요 임금을 말한다. 『사기』에 이르기를 "두 딸을 시집보내서 집안을 살피게 하고, 아홉 아들이 그를 섬겨서 집밖을 살피게 하였다"라고 하였다. 또 말하기를, "1년 만에 거처하는 곳에 사람들이 모여들었고, 2년 만에 읍을 이루고, 3년 만에 도읍을 이루었다"라고 하였으니, 이것은 천하의 선비들이 모여든 것이다. '서(胥)'는 서로 보는 것이다. '천지(遷之)'는 옮겨서 그에게 주는 것이다. 곤궁한 사람이 돌아갈 곳이 없는 것처럼 하였다는 말은 원망하고 사모하는 것이 매우 절박함을 말한 것이다.
帝는 堯也라. 史記云 二女妻之하여 以觀其內하고 九男事之하여 以觀其外라 하고 又曰 一年所居成聚하고 二年成邑하고 三年成都라 하니 是는 天下之士就之也라. 胥는 相視也라. 遷之는 移以與之也라. 如窮人之無所歸는 言其怨慕迫切之甚也라.

9-1-4. 천하의 선비들이 기뻐하는 것은 사람들이 원하는 일이지만, 그의 근심을 풀어주기에는 부족하였다. 잘 생긴 여자를 좋아하는 것은 사람들이 원하는 일이지만, 요 임금의 두 딸을 아내로 삼고도 그의 근심을 풀어주기에는 부족하였다. 부유함은 사람들이 원하는 것이지만, 부유함으로 온 천하를 차지하고도 그의 근심을 풀어주기에는 부족하였다. 귀함은 사람들이 원하는 것이지만, 귀함이 천자의 몸이 되었는데도 그의 근심을 풀어주기에는 부족하였다. 사람들이 좋아하는 것도, 잘 생긴 여자도, 부귀도 그의 근심을 풀어주기에는 충분하지 못했고, 오직 부모에게 사랑을 받는 것만이 그의 근심을 풀어 줄 수 있었다.

天下之士 悅之는 人之所欲也어늘 而不足而解憂하시며 好色은 人之所欲이어늘 妻帝之二女하사대 而不足而解憂하시며 富는 人之所欲이어늘 富有天下하사대 而不足而解憂하시며 貴는 人之所欲이어늘 貴爲天子하사대 而不足而解憂하시니 人悅之와 好色과 富貴에 無足而解憂者요 惟順於父母라야 可以解憂러시다.

맹자께서 이와 같이 순의 마음을 추측하여 윗글의 의미를 해석하신 것이다. "천하의 모든 욕망을 극진하게 하였지만 그의 근심을 풀 수 없었고, 오직 부모에게 사랑을 받아야만 근심을 풀 수 있었다"라고 하셨으니, 맹자께서는 진실로 순의 마음을 아신 것이다.

孟子推舜之心如此하여 以解上文之意하시니라. 極天下之欲이라도 不足以解憂요 而惟順於父母라야 可以解憂라 하시니 孟子眞知舜之心哉신저.

9-1-5. 사람이 어려서는 부모를 사모하다가 여자를 알게 되면 어여쁜 소녀

를 사모하고, 아내와 자식을 갖게 되면 아내와 자식을 사모하며, 벼슬을
하면 임금을 사모하고, 임금에게 신임을 얻지 못하면 속이 달아오른다.
큰 효자는 평생토록 부모를 사모하는데, 쉰 살이 되어서도 부모를 사모
하는 사람을 나는 위대한 순에게서 보았느니라."
人이 少則慕父母하다가 知好色則慕少艾하고 有妻子則慕妻子하고 仕則慕
君하고 不得於君則熱中이니 大孝는 終身慕父母하나니 五十而慕者를 予於
大舜에 見之矣로라.

보통 사람의 마음은 사물 때문에 변하지만 오직 성인만큼은 자기의 본심
을 잃지 않는다고 말씀한 것이다. '애(艾)'는 아름답고 예쁜 것이다. 『초
서』와 『전국책』에 이른바 '어리고 예쁘다(幼艾)'고 말한 의미도 이와 같
은 것이다. '부득(不得)'은 뜻을 잃은 것이다. '열중(熱中)'은 조급하여 마
음이 달아오른 것이다. 50이라고 말한 것은 순 임금이 섭정할 때의 나이
가 50세였기 때문이다. 50이 되어서도 사모했다면 죽을 때까지 사모했다
는 것을 알 수 있다. ○ 이 장은 '순 임금께서는 중인들이 원하는 것을
얻는 것으로 자신의 즐거움으로 삼지 않고 부모에게 사랑을 받지 못하는
마음을 자신의 근심으로 여겼다'고 말한 것이니, 성인이 본성을 다하지
못한다면 누가 그렇게 할 수 있겠는가?
言 常人之情은 因物有遷이나 惟聖人은 爲能不失其本心也니라. 艾는 美好
也니 楚書戰國策에 所謂幼艾가 義與此同이라. 不得은 失意也라. 熱中은
躁急心熱也라. 言五十者는 舜攝政時年五十也라. 五十而慕면 則其終身
慕를 可知矣니라. ○ 此章은 言 舜不以得衆人之所欲으로 爲己樂하시고 而
以不順乎親之心으로 爲己憂하시니 非聖人之盡性이면 其孰能之리오.

9-2-1. 만장이 물었다. "『시경』에, '아내를 얻는 데는 어떻게 할 것인가? 반드시 부모에게 고해야 한다'고 하였습니다. 진실로 이 말을 믿는다면 마땅히 순처럼 해서는 안 될 것이니, 순이 부모에게 아뢰지 않고 아내를 맞은 것은 어찌된 일입니까?" 맹자께서 대답하셨다. "부모에게 아뢰면 아내를 맞을 수 없었기 때문이다. 남녀가 가정을 이루는 것은 인륜 중에서도 중대한 일인데, 만일 아뢰었다면 큰 인륜을 폐하게 되어 결국 부모를 원망하였을 것이다. 그래서 아뢰지 않은 것이다."

萬章이 問曰 詩云 娶妻如之何오 必告父母라 하니 信斯言也댄 宜莫如舜이어시니 舜之不告而娶는 何也잇고. 孟子曰 告則不得娶하시리니 男女居室은 人之大倫也니 如告則廢人之大倫하여 以懟父母라 是以不告也시니라.

시는 『시경』 「제국풍·남산」 편이다. '신(信)'은 '진실로'라는 뜻이니, 진실로 이 시의 말과 같다는 말이다. '대(懟)'는 원수와 원한이다. 순 임금은 아버지가 완악하고 어머니가 모질어서 항상 순 임금을 죽이고자 하였으니, 부모에게 말씀드렸다면 장가드는 것을 허락받지 못했을 것이다. 이것은 사람의 큰 윤리를 폐하여 부모를 원망하게 되는 것이다.

詩는 齊國風南山之篇也라. 信은 誠也니 誠如此詩之言也라. 懟는 讎怨也라. 舜이 父頑母嚚하여 常欲害舜하니 告則不聽其娶리니 是는 廢人之大倫하여 以讎怨於父母也니라.

9-2-2. 만장이 말했다. "순이 고하지 않고 아내를 맞은 이유는 제가 이제 들어서 알겠습니다만, 요 임금이 순을 사위로 맞이하면서도 그의 부모에게 알리지 않은 것은 무엇 때문입니까?" 맹자께서 말씀하셨다. "요 임금 또

한 순의 부모에게 알리면 순을 사위로 삼을 수 없다는 것을 알고 있었기 때문이다."
萬章이 曰 舜之不告而娶則吾旣得聞命矣어니와 帝之妻舜而不告는 何也잇고 曰 帝亦知告焉則不得妻也시니라.

딸을 남의 아내가 되게 하는 것을 '처(妻)'라고 한다. 정자가 말하기를, "요 임금이 순에게 딸을 시집보내는데 순의 부모에게 알리지 않은 것은 군주의 신분으로 다스린 것일 뿐이니, 마치 오늘날의 관청에서 백성의 사적인 일을 다스리는 경우가 많은 것과 같다"라고 하였다.
以女爲人妻曰妻라. 程子曰 堯妻舜而不告者는 以君治之而已니 如今之官府에 治民之私者亦多니라.

9-2-3. 만장이 말했다. "부모가 순에게 창고 지붕을 고치게 한 뒤 사다리를 치워버리고 고수가 창고에 불을 질렀습니다. 또 우물을 파도록 하고, 나오려는 것을 그대로 묻어버렸습니다. 그리고는 상이 말하기를, '도군을 덮어 버릴 꾀를 낸 것은 모두 내 공이다. 소와 양은 부모의 것이고, 창고도 부모의 것이다. 방패와 창은 내 것이고, 거문고도 내 것이고, 아로새긴 활도 내 것이고, 두 형수는 내 거처를 다스리게 하리라' 하였다. 상이 순의 집에 들어가 보니, 순은 평상에서 거문고를 타고 있었습니다. 상이 말하기를 '울적하여 형님 생각이 나서 왔습니다' 하고 부끄러워하니, 순이 말하기를, '이 신하들을 네가 나를 대신하여 다스려라'고 하였다는데, 저는 잘 모르겠습니다. 순은 정말 상이 자기를 죽이려고 했다는 것을 몰랐습니까?" 맹자께서 말씀하셨다. "왜 몰랐겠느냐? 상이 근심하면 따라

근심하고, 상이 기뻐하면 따라 기뻐한 것이니라."

萬章이 曰 父母使舜으로 完廩捐階하고 瞽瞍焚廩하며 使浚井하여 出커시늘 從而揜之하고 象이 曰 謨蓋都君은 咸我績이니 牛羊父母요 倉廩父母요 干戈朕이요 琴朕이요 弤朕이요 二嫂는 使治朕棲하리라 하고 象이 往入舜宮한대 舜이 在牀琴이어시늘 象이 曰 鬱陶思君爾라 하고 忸怩한대 舜이 曰 惟玆臣庶를 汝其于予治라 하시니 不識게이다 舜이 不知象之將殺己與잇가. 曰 奚而不知也시리오. 象憂亦憂하시고 象喜亦喜하시니라.

완(完)은 다스린다는 뜻이다. 연(捐)은 제거한다는 뜻이다. 계(階)는 사다리다. 엄(揜)은 덮는다는 뜻이다. 『사기』를 살펴보면, "순으로 하여금 지붕에 올라가서 창고에 흙을 바르게 하고 고수가 아래에서 불을 놓아 창고를 태우자 순이 두 개의 삿갓을 가지고 스스로 몸을 가리고 아래로 내려와 죽지 않을 수 있었다. 그 뒤에 또 순으로 하여금 우물을 파게 하였는데, 순이 우물을 파면서 숨은 구멍을 만들어 나올 곳을 미리 만들어 두었다. 순이 우물 속으로 깊이 들어가자 고수는 상과 함께 흙을 아래로 내려서 우물을 메워버렸다. 그러자 순은 숨은 구멍을 따라서 밖으로 나왔다"라고 하였으니, 곧 이 일을 말한다. 상(象)은 순의 이복동생이다. 모(謨)는 꾀한다는 뜻이다. 개(蓋)는 우물을 덮는 것이다. 순이 거주하던 곳은 3년이면 도읍을 이루었기 때문에 도군(都君)이라고 말한 것이다. 함(咸)은 모두라는 뜻이다. 적(績)은 공(功)이라는 뜻인데, 순이 이미 우물에 들어가고, 상은 순이 이미 나온 줄을 모르고 순을 죽인 것을 자기의 공으로 삼고자 하였다. 간(干)은 방패이고, 과(戈)는 창이다. 금(琴)은 순이 연주하던 오현금(五弦琴)이고, 저(弤)는 그림을 새긴 활인데,

상이 순의 우양(牛羊)과 창고의 곡식은 부모에게 주고, 이러한 물건들은 자기가 취하고자 한 것이다. 이수(二嫂)는 요 임금의 두 딸이다. 서(棲)는 평상인데, 상이 자기의 아내로 만들고자 한 것이다. 상이 순의 궁궐로 가서 소유물을 나누어 갖고자 하였는데, 순이 평상에 앉아 거문고를 연주하는 것을 보았으니, 이것은 이미 우물에서 빠져 나온 다음 몰래 궁궐로 돌아간 것이다. 울도(鬱陶)는 생각이 깊어서 기운이 퍼지지 못한 것이다. 상이 말하기를, '내가 임금을 매우 생각했기 때문에 와서 뵙는 것이다'라고 한 것이다. 육니(忸怩)는 부끄러워하는 얼굴빛이다. 신서(臣庶)는 백관을 말한다. 상은 본래 순을 미워하여 궁궐에 오지 않았기 때문에 순은 상이 온 것을 보고 기뻐하여 그로 하여금 백관을 다스리게 한 것이다. 맹자께서 말씀하시기를, '순은 상이 자기를 죽이려고 한 것을 모른 것은 아니지만, 상이 근심하는 것을 보면 근심하고, 상이 기뻐하는 것을 보면 기뻐하셨으니 형제의 정이 자연히 그만둘 수 없는 것이 있을 뿐이다'라고 하셨다. 만장이 말한 것은 사실 여부를 알 수 없지만 순의 마음은 맹자께서 알고 있는 것이니, 다른 것은 변론할 것도 없다. 정자가 말하기를, "상이 근심하면 근심하시고, 상이 기뻐하면 기뻐하셨으니 인정과 천리가 여기에서 지극하게 되었다"라고 하였다.

完은 治也라 捐은 去아라 階는 梯也라 捭은 蓋也라 按史記曰 使舜으로 上塗廩하고 瞽瞍從下하여 縱火焚廩이어늘 舜이 乃以兩笠으로 自捍而下去하여 得不死하여 後又使舜穿井이어늘 舜穿井에 爲匿空穿出이러니 舜旣入深에 瞽瞍與象으로 共下土實井이어늘 舜從匿空中出去라 하니 卽其事也라 象은 舜異母弟也라 謨는 謀也라 蓋는 蓋井也라 舜所居에 三年成都라 故로 謂之都君이라 咸은 皆也라 績은 功也니 舜旣入井에 象이 不知舜已出하고 欲以殺舜

爲己功也라 干은 盾也요 戈는 戟也라 琴은 舜所彈五弦琴也요 弤는 彫弓也
니 象欲以舜之牛羊倉廩으로 與父母而自取此物也라 二嫂는 堯二女也라
棲는 牀也니 象欲使爲己妻也라 象往舜宮하여 欲分取所有라가 見舜生在
牀彈琴하니 蓋旣出애 卽潛歸其宮也라 鬱陶는 思之甚而氣不得伸也라 象
言 己思君之甚이라 故로 來見爾라 忸怩는 慙色也라 臣庶는 謂其百官也라
象素憎舜하여 不至其宮이라 故로 舜見其來而喜하여 使之治其臣庶也라 孟
子言 舜非不知其將殺己언마는 但見其憂則憂하고 見其喜則喜하시니 兄弟
之情이 自有所不能已耳니라 萬章所言은 其有無를 不可知나 然이나 舜之
心則孟子有以知之矣시니 他亦不足辨也니라 程子曰 象憂亦憂하시고 象喜
亦喜하시니 人情天理가 於是爲至니라.

9-2-4. 만장이 말했다. "그렇다면 순은 거짓으로 기뻐한 것입니까?" 맹자께서 말씀하셨다. "아니다. 옛날에 어떤 사람이 정나라 자산에게 살아 있는 물고기를 선물했는데, 자산이 연못 관리인을 시켜 그것을 연못에다 기르게 하였다. 그런데 연못 관리인이 그 물고기를 삶아 먹어 버리고 돌아와 말하기를, '처음에 놓아주었을 때는 힘을 못 쓰더니, 조금 뒤에 점점 활기차게 유유히 가버렸습니다' 하였다. 자산이 말했다. '제 살 곳을 찾았구나! 제 살 곳을 찾았구나!' 연못 관리인이 물러 나와서 말했다. '누가 자산을 지혜롭다고 했던가? 내가 벌써 삶아서 먹어 버렸는데, 제 살 곳을 찾았구나. 제 살 곳을 찾았구나 하더군.' 그러므로 군자는 사리에 맞는 일을 가지고는 속일 수가 있지만, 올바른 일이 아닌 것을 가지고는 속이기 어려운 것이니라. 상이 형을 사랑하는 도리를 내세우고 왔기 때문에 정말로 믿고 기뻐한 것이지 어찌 거짓으로 그랬겠느냐?"

曰 然則舜은 僞喜者與잇가. 曰 否라. 昔者에 有饋生魚於鄭子産이어늘 子産이 使校人으로 畜之池한대 校人이 烹之하고 反命曰 始舍之하니 圉圉焉이러니 少則洋洋焉하여 攸然而逝하더이다. 子産이 曰 得其所哉인저 得其所哉인저 하여늘 校人이 出曰 孰謂子産을 智오. 予旣烹而食之하니 曰 得其所哉인저 得其所哉인저 하니 故로 君子는 可欺以其方이어니와 難罔以非其道니 彼以愛兄之道로 來故로 誠信而喜之시니 奚僞焉이시리오.

교인(校人)은 연못을 관리하는 작은 벼슬아치다. 어어(圉圉)는 피곤해서 몸을 제대로 펴지 못하는 모습이요, 양양(洋洋)은 조금 풀린 것이다. 유연이서(攸然而逝)는 스스로 힘을 얻어서 멀리 간 것이다. 방(方)은 또한 도(道)다. 망(罔)은 덮고 가리는 것이다. '기이기방(欺以其方)'은 이치에 맞는 것을 가지고 속이는 것을 말하고, '망이비기도(罔以非其道)'는 이치에 맞지 않는 것을 가지고 속이는 것을 말한다. 상이 형을 사랑하는 도리를 가지고 다가왔으니 이것이 바로 이치에 맞는 것을 가지고 속인다는 것이다. 순은 본래 상의 위선을 알지 못했기 때문에 진실로 기뻐하였으니 어찌 거짓이었겠는가? ○이 장은 또한 순 임금이 인륜의 변고를 만났지만 천리의 상도를 잃지 않았음을 말한 것이다.

校人은 主池沼小吏也라 圉圉는 困而未舒之貌요 洋洋則稍縱矣라 攸然而逝者는 自得而遠去也라 方은 亦道也라 罔은 蒙蔽也라 欺以其方은 謂誑之以理之所有오 罔以非其道는 謂昧之以理之所無라 象以愛兄之道來하니 所謂欺之以其方也라 舜本不知其僞라 故로 實喜之하시니 何僞之有리오. ○此章은 又言舜遭人倫之變而不失天理之常也시니라.

9-3-1. 만장이 물었다. "상은 매일같이 순을 죽이려고 일삼았는데, 순이 천자가 되어서 그를 추방한 것은 어찌된 일입니까?" 맹자께서 말씀하셨다. "그를 임금에 봉해 주었는데, 어떤 사람들은 추방했다고 말하는 것이다."
萬章이 問曰 象이 日以殺舜爲事어늘 立爲天子則放之는 何也잇고. 孟子曰 封之也어시늘 或曰 放焉이라 하나라.

'방(放)'은 버려두는 것과 같으니, 여기에 방치하여 떠나지 못하게 한 것이다. 만장은 "순이 왜 그를 죽이지 않았는가?"라고 의심하자, 맹자께서는 "순 임금께서 진실로 그를 봉해주었는데 혹자들이 추방했다고 잘못 안 것이다"라고 말씀하신 것이다.
放은 猶置也니 置之於此하여 使不得去也라. 萬章이 疑舜何不誅之오 한대 孟子言 舜實封之어시늘 而或者誤以爲放也라 하시나라.

9-3-2. 만장이 말했다. "순이 공공을 유주로 유배시키고, 환도를 숭산으로 내쫓고, 삼묘를 삼위에서 죽이고, 곤을 우산에서 죽였습니다. 이 네 죄인을 처벌함으로써 천하가 모두 복종하게 된 것은 어질지 못한 자를 죽였기 때문입니다. 그런데 상은 지극히 어질지 못한 자인데도 유비에 봉해주었으니, 유비의 백성들은 무슨 죄가 있습니까? 어진 사람도 진실로 이와 같이 할 수 있습니까? 다른 사람에게 죄가 있으면 죽이고, 동생에게 죄가 있으면 임금으로 봉했으니 말입니다." 맹자께서 대답하셨다. "어진 사람은 동생에게 분노를 감춰 두지 않고, 원한을 묵혀 두지 않고 친애할 따름이니라. 친하면 귀하게 해주고 싶고, 사랑하면 부유하게 해주고 싶은 것이다. 상을 유비에 봉한 것은 그를 귀하고 부유하게 해주려는 것이

었다. 자신이 천자가 되었는데도 동생이 평범한 사람이라면 친애한다고 하겠느냐?"

萬章이 曰 舜이 流共工于幽州하시고 放驩兜于崇山하시고 殺三苗于三危하시고 殛鯀于羽山하사 四罪하신대 而天下咸服은 誅不仁也니 象은 至不仁이어늘 封之有庳하시니 有庳之人은 奚罪焉고. 仁人도 固如是乎잇가. 在他人則誅之하고 在弟則封之온여. 曰 仁人之於弟也에 不藏怒焉하며 不宿怨焉이요 親愛之而已矣니 親之란 欲其貴也요 愛之란 欲其富也니 封之有庳는 富貴之也시니 身爲天子요 弟爲匹夫면 可謂親愛之乎아.

유(流)는 귀양보내는 것이다. 공공(共工)은 관직 이름이요, 환도(驩兜)는 사람의 이름이니 두 사람이 아첨하고 뭉쳐서 서로 편당을 만들었다. 삼묘(三苗)는 나라 이름이니 견고함을 믿고 복종하지 않은 것이다. 살(殺)은 임금을 죽이는 것이다. 극(殛)은 죽이는 것이다. 곤(鯀)은 우 임금의 아버지 이름이니, 명령을 거역하고 종족을 해쳤으며 치수(治水)에 공로가 없었으니 모두 불인(不仁)한 사람들이다. 유주(幽州)·숭산(崇山)·삼위(三危)·우산(羽山)·유비(有庳)는 모두 지명이다. 어떤 사람이 말하기를, "오늘날의 도주 비정이 바로 유비의 지역이다"라고 하였는데, 옳은지는 모르겠다. 만장이 "순 임금은 마땅히 상을 봉해주어서는 안 되는데, 저 유비 지역에 사는 백성들로 하여금 죄 없이 상에게 폭정을 당하게 한 것은 어질지 못한 사람의 마음이다"라고 의심한 것이다. 장노(藏怒)는 자기의 노여움을 숨기는 것을 말하고, 숙원(宿怨)은 자기의 원망을 남겨두고 축적하는 것을 말한다.

流는 徙也라 共工은 官名이요 驩兜는 人名이니 二人比周하여 相與爲黨하니라

三苗는 國名이니 負固不服하니라 殺은 殺其君也라 極은 誅也라 鯀은 禹父名이니 方命圮族하고 治水無功하니 皆不仁之人也라 幽州,崇山,三危,羽山,有庳는 皆地名也라 或曰 今道州鼻亭이 卽有庳之地也라 하니 未知是否라 萬章이 疑舜不當封象이니 使彼有庳之民으로 無罪而遭象之虐은 非仁人之心也라 藏怒는 謂藏匿其怒요 宿怨은 謂留蓄其怨이라.

9-3-4. 만장이 말했다. "감히 여쭙겠습니다. 어떤 사람이 추방했다고 말하는 것은 무엇을 말하는 것입니까?" 맹자께서 대답하셨다. "상이 자기 뜻대로 그 나라를 다스리지 못하고, 천자가 관리를 시켜 그 나라를 다스리게 하고, 그 나라에서 징수한 조세를 상에게 올리게 하였다. 그래서 추방했다고 하는 것이다. 어찌 그 백성에게 포악하게 할 수 있었겠느냐? 비록 그렇지만 늘 만나고 싶었기 때문에 끊임없이 찾아오게 했던 것이다. '조공할 때가 되지 않았는데도 정치적인 일로 유비의 임금을 만나보았다'고 한 것은 이것을 두고 말한 것이다."

敢問或曰 放者는 何謂也잇고. 曰 象이 不得有爲於其國하고 天子使吏로 治其國而納其貢稅焉하니 故로 謂之放이니 豈得暴彼民哉리오. 雖然이나 欲常常而見之 故로 源源而來하니 不及貢하여 以政接于有庳라 하니 此之謂也니라.

맹자께서 말씀하시기를, "상이 비록 유비의 군주로 봉해졌으나 나라를 다스릴 수 없어서 천자가 관리를 시켜 대신 다스리게 하고 그곳에서 거둔 세금을 상에게 바치게 하였으니 추방한 것과 비슷했다. 그렇기 때문에 혹자들은 추방했다고 한다"라고 하셨다. 상이 매우 불인(不仁)하였는데도 대처하기를 이와 같이 하였다면, 나는 친애의 마음을 잃지 않은 것이고 상도 또한 유비의 백성들을 포악하게 할 수 없는 것이다. 원원(源源)은 물이 서로 이어지는 것과 같다. 내(來)는 와서 조회하는 것을 말한다. 세금을 거둘 때가 아닌데 정사로 유비에 가서 접견했다는 것은 제후들이 조공하는 시기가 되기를 기다리지 않고 정사로써 유비의 군주를 접견한 것이니, 아마도 옛『서경』의 말인 것 같은데, 맹자께서 이 말을 인용하여 계속해서 온 뜻을 증명하여 동생을 사랑하는 마음이 이와 같이 그치지 않았다는 것을 증명한 것이다. ○오 씨가 말하기를 "성인은 공의(公義)로써 사은(私恩)을 없애지 않고, 또한 사은으로써 공의를 해치지 않는다고 말씀하셨으니, 순 임금은 상에 대해서 인을 지극하게 하였고 의를 다한 것이다"라고 하였다.

孟子言 象雖封爲有庳之君이나 然이나 不得治其國이요 天子使吏代之治하고 而納其所收之貢稅於象하니 有似於放이라 故로 或者以爲放也라 蓋象至不仁하니 處之如此면 則不失吾親愛之心而彼亦不得虐有庳之民也라 源源은 若水之相繼也라 來는 謂來朝覲也라 不及貢以政接于有庳는 謂不待及諸侯朝貢之期하고 而以政事로 接見有庳之君이니 蓋古書之辭니 而孟子引以證源源而來之意하여 見其親愛之無已如此也시니라. ○吳氏曰 言 聖人은 不以公義廢私恩하고 亦不以私恩害公義하시니 舜之於象에 仁之至요 義之盡也시니라.

9-4-1. 함구몽이 물었다. "전해 내려오는 말에, '덕이 높은 선비는 임금이 그를 신하로 삼지 못하고, 부모가 그를 자식으로 삼지 못하는 것이다. 순 임금이 남쪽을 향해서 서자, 요 임금이 제후들을 거느리고 북쪽을 향해

서 조회를 했고, 고수 또한 북쪽을 향해서 조회를 하니, 순 임금이 고수를 보고 그 얼굴이 불안한 빛으로 일그러졌다'라고 합니다. 공자께서도 말씀하시기를, '이 당시 천하는 위태로운 상태였다'고 말씀하셨다고 합니다. 알 수 없습니다만 이 말이 정말입니까?" 맹자께서 말씀하셨다. "아니다. 이것은 군자의 말이 아니고 제나라 동쪽 시골 사람들의 말이다. 요임금이 늙어서 순이 섭정을 한 것이다. 『서경』「요전(堯典)」에서 '이십팔 년 만에 방훈[요 임금]이 세상을 떠나자, 백성들이 부모의 상을 당한 것처럼 삼년상을 하였고, 사해에서는 팔음을 그치고 조용히 하였다'고 하였고, 공자께서도 '하늘에 두 해가 없는 것처럼 백성들에게도 두 임금이 없다'고 말씀하셨다. 순이 이미 천자가 되고나서도 천하의 제후를 거느리고 요 임금의 삼년상을 치렀다면, 이것은 두 천자가 있는 셈이 되느니라."

咸丘蒙이 問曰 語에 云 盛德之士는 君不得而臣하며 父不得而子라 舜이 南面而立이어시늘 堯帥諸侯하여 北面而朝之하시고 瞽瞍亦北面而朝之어늘 舜이 見瞽瞍하시고 其容이 有蹙이라 하여늘 孔子曰 於斯時也에 天下 殆哉岌岌乎저 하시니 不識케이다 此語誠然乎哉잇가. 孟子曰 否라. 此非君子之言이라. 齊東野人之語也니라. 堯老而舜이 攝也러시니 堯典에 曰 二十有八載에 放勳이 乃徂落커시늘 百姓은 如喪考妣三年하고 四海는 遏密八音이라 하며 孔子曰 天無二日이요 民無二王이라 하시니 舜이 旣爲天子矣요 又帥天下諸侯하여 以爲堯三年喪이면 是는 二天子矣니라.

함구몽은 맹자의 제자다. 어(語)는 고어다. 축(蹙)은 얼굴을 찌푸리며 불안한 것이다. 급급(岌岌)은 불안한 모습이니, 인륜이 어그러지고 혼란스

러워 천하가 장차 위태롭게 될 것을 말한 것이다. 제동(齊東)은 제나라
의 동쪽 시골이다. 맹자께서 말씀하시기를, "요 임금이 다만 늙어서 정사
를 다스리지 못하자 순이 천자의 일을 섭정했을 뿐이다. 요 임금이 계실
때에 순이 일찍이 천자의 자리에 오른 것이 아니니 요가 어찌 북면하여
조회를 하였겠는가?"라고 하시고, 또한 『서경』과 공자의 말씀을 인용하
여 밝힌 것이다. 「요전」은 우서의 편명이다. 지금 이 글은 「순전」에 보
이는데, 아마도 옛 책에서는 두 편이 합쳐져서 한 편이었던 것 같다. 순
이 섭정을 한 지 28년 만에 요 임금이 돌아가셨다는 것을 말한 것이다.
조(徂)는 오른다는 뜻이고, 낙(落)은 내려간다는 뜻이니, 사람이 죽으면
혼은 올라가고 백은 내려온다. 그러므로 옛날에는 사람이 죽는 것을 조
락이라고 하였다. 알(遏)은 그친다는 뜻이요, 밀(密)은 고요하다는 뜻이
다. 팔음은 쇠[金]・돌[石]・실[絲]・대나무[竹]・박[匏]・흙[土]・가죽
[革]・나무[木]로 악기의 소리다.

咸丘蒙은 孟子弟子也라. 語者는 古語也라. 蹙은 蹙蹙不自安也라. 岌岌은
不安之貌也니 言人倫乖亂하여 天下將危也라. 齊東은 齊國之東鄙也라.
孟子言 堯但老不治事하여 而舜攝天子之事耳요. 堯在時에 舜未嘗卽天
子位하시니 堯何由北面而朝乎아 하시고 又引書及孔子之言하여 以明之하시니
라 堯典은 虞書篇名이라. 今此文은 乃見於舜典하니 蓋古書는 二篇이 或合
爲一耳라. 言舜攝位二十八年而堯死也라. 徂는 升也요 落은 降也니 人死
則魂升而魄降이라. 故로 古者에 謂死爲徂落이라. 遏은 止也요 密은 靜也라.
八音은 金石絲竹匏土革木이니 樂器之音也라.

9-4-2. 함구몽이 말했다. "순이 요 임금을 신하로 다루지 않았다는 것은 제

가 이제 선생님께 들어 알겠습니다. 『시경』에 '넓은 하늘 아래 왕의 땅이 아닌 곳이 없고, 모든 땅의 사람이 왕의 신하 아닌 사람이 없다'고 하였습니다. 순이 이미 천자가 되었는데, 고수만이 신하가 아니라면 어떻게 되는 것인지 감히 여쭙겠습니다." 맹자께서 대답하셨다. "이 시는 그런 뜻으로 한 말이 아니라, 왕의 일에 힘쓰느라 부모를 봉양하지 못한다는 뜻이다. 그래서 '이것이 왕의 일이 아님이 없는데도 내가 홀로 어질다고 해서 수고하는구나'라고 말한 것이다. 그러므로 시를 말하는 사람은 글자로 말을 해쳐서는 안 되고, 말로 뜻을 해쳐서도 안 된다. 마음으로 시의 뜻을 헤아려야 올바로 이해할 수 있다. 만약 말만을 가지고 한다면, 운한시(雲漢詩)에 '주나라의 남은 백성은 단 한 사람도 남아 있지 않다'고 하였는데, 이 말을 그대로 믿는다면 이것은 주나라에는 남은 백성이라고는 한 사람도 없었다는 것이 된다.

咸丘蒙이 曰 舜之不臣堯則吾旣得聞命矣어니와 詩云 普天之下 莫非王土며 率土之濱이 莫非王臣이라 하니 而舜이 旣爲天子矣시니 敢問瞽瞍之非臣은 如何잇고 曰 是詩也는 非是之謂也라 勞於王事而不得養父母也하여 曰 此莫非王事어늘 我獨賢勞也라 하니 故로 說詩者 不以文害辭하며 不以辭害志요 以意逆志라야 是爲得之니 如以辭而已矣인댄 雲漢之詩에 曰 周餘黎民이 靡有孑遺라 하니 信斯言也인댄 是는 周無遺民也니라.

불신요(不臣堯)는 요를 신하로 삼아서 북면하여 조회하게 한 것이 아니라는 말이다. 시는 『소아·북산』편이다. 보(普)는 두루 넓음이요, 솔(率)은 따른다는 뜻이다. 이 시는 오늘날 모시 서문에 이르기를, "역사가 고르지 못하여 자기만 왕사(王事)에 수고로워 부모를 봉양할 수 없다"라고 하고, 그 시의 아래 글에도 또한 "대부들이 고르지 못하여 나만이 종사하여 홀로 어질다"라고 하였으니, 이것은 시를 지은 사람이 스스로 말하기를, "천하가 모두 왕의 신하인데, 어찌 홀로 나에게만 어진 재주가 있다고 해서 고생해야 하는가?"라고 말한 것이지, 천자가 아버지를 신하로 삼을 수 없다고 말한 것은 아니다. 문(文)은 글자이고, 사(辭)는 말이다. 역(逆)은 맞이한다는 뜻이다. 운한(雲漢)은 『시경·대아』의 편명이다. 혈(孑)은 홀로 서 있는 모습이요, 유(遺)는 벗어난다는 뜻이다. 시를 설명하는 방법은 한 글자로 한 구절의 의미를 해쳐서는 안 되고, 한 구절로 말의 의미를 해쳐서는 안 되며, 마땅히 자기의 뜻으로 작자의 뜻을 헤아려 취해야 시의 본의를 알 수 있는 것이다. 만약 단지 그 말만 가지고 파악한다면 「운한」에서 말한 것과 같은 것은 주나라의 백성들이 진실로 한 명도 남은 종자가 없다는 뜻이다. 오로지 자기의 생각으로 작자의 뜻을 헤아린다면 시를 지은 사람의 뜻이 가뭄을 걱정하는 데에 있었던 것이지 진실로 유민이 없는 것이 아님을 알 수 있을 것이다.

不臣堯는 不以堯爲臣하여 使北面而朝也라 詩는 小雅北山之篇也라 普는 徧也요 率은 循也라 此詩는 今毛氏序云 役使不均하여 己勞於王事而不得養其父母焉이라 하고 其詩下文에 亦云 大夫不均하여 我從事獨賢이라 하니 乃作詩者自言 天下皆王臣이어늘 何爲獨使我以賢才而勞苦乎아 하니 非謂天子可臣其父也라 文은 字也요 辭는 語也라 逆은 迎也라 雲漢은 大雅篇名也라 孑은 獨立之貌라 遺는 脫也라 言 說詩之法은 不可以一字而害一句之義하며 不可以一句而害設辭之志요 當以己意로 迎取作者之志라야 乃可得之니 若但以其辭而已면 則如雲漢所言인댄 是周之民이 眞無遺種矣라 惟以意逆之면 則知作詩者之志가 在於憂旱而非眞無遺民也니라

9-4-3. 효자의 지극한 도리는 어버이를 높이는 것보다 더 큰 것이 없고, 어버이를 높이는 지극한 도리는 천하를 가지고 봉양하는 것보다 더 큰 것이 없다. 고수는 천자의 아버지가 되었으니 이것은 높임이 지극한 것이요, 천하를 가지고 봉양하니 이것은 봉양함이 지극한 것이다. 『시경』에 '오래토록 효도하고 사모하니, 효도하고 사모함이 법도가 되었다'고 하였으니, 이를 두고 한 말이다.

孝子之至는 莫大乎尊親이요 尊親之至는 莫大乎以天下養이니 爲天子父하니 尊之至也요 以天下養하니 養之至也라 詩曰永言孝思라 孝思維則이라 하니 此之謂也니라.

"고수가 이미 천자의 아버지가 되었으면 마땅히 천하의 봉양을 누려야 하는데, 이것은 순 임금이 부모를 높이고 봉양하는 것이 지극한 것이다. 어찌 부모에게 북면하여 조회하는 이치가 있겠는가?"라고 말씀하신 것이다. 시는 「대아·하무」편이니, 사람이 효도하고 사모하여 잊지 않는다면 천하의 법칙이 될 수 있음을 말씀하신 것이다.

言瞽瞍旣爲天子之父면 則當享天下之養이니 此는 舜之所以爲尊親養親之至也라. 豈有使之北面而朝之理乎아. 詩는 大雅下武之篇이니 言人能長言孝思而不忘이면 則可以爲天下法則也라.

9-4-4. 『서경』에 이르기를, '순이 일을 조심하며 고수 뵙기를 삼가고 두려운 듯이 하니, 고수 또한 순을 믿고 따랐다'고 하였다. 이것은 부모가 자식을 마음대로 할 수 없다고 말하는 것이다."

書에 曰 祗載見瞽瞍하사대 夔夔齊栗하신대 瞽瞍亦允若이라 하니 是爲父不得

而子也니라.

서(書)는 『서경・대우모』편이다. 지(祗)는 공경한다는 뜻이요, 재(載)는 일이라는 뜻이다. 기기제율(夔夔齊栗)은 공경하고 삼가며 두려워하는 모습이다. 윤(允)은 믿는다는 뜻이요, 약(若)은 순조롭다는 뜻이다. 순 임금이 공경히 고수를 섬겨, 가서 뵐 때에 이와 같이 공경하고 삼가셨으니, 고수 또한 믿고 따른 것이다. 맹자께서 이것을 인용하고 말씀하시기를, "고수는 불선했기 때문에 자기 아들의 덕에도 미치지 못하였고, 도리어 아들에게 교화를 당하였으니 이것이 이른바 부모가 자식을 마음대로 할 수 없다는 것이요, 함구몽이 말한 것과 같은 것이 아니다"라고 하셨다.

書는 大禹謀篇也라. 祗는 敬也요 載는 事也라. 夔夔齊栗은 敬謹恐懼之貌라. 允은 信也요 若은 順也라. 言舜敬事瞽瞍하여 往而見之에 敬謹如此하시니 瞽瞍亦信而順之也라. 孟子引此而言瞽瞍不能以不善及其子하고 而反見化於其子하니 則是所謂父不得而子者요 而非如咸丘蒙之說也라하시니라.

9-5-1. 만장이 말했다. "요 임금이 천하를 순에게 주었다고 하는데, 그런 일이 있었습니까?" 맹자께서 대답하셨다. "아니다. 천자는 천하를 남에게 줄 수 없다."

萬章이 曰 堯以天下與舜이라 하니 有諸잇가. 孟子曰 否라. 天子不能以天下與人이니라.

'천하(天下)'란 온 세상 사람들의 천하요, 한 사람의 사유가 아니기 때문이다.

天下者는 天下之天下요 非一人之私有故也니라.

9-5-2. 만장이 말했다. "그렇다면 순이 천하를 차지한 것은 누가 준 것입니까?" 맹자께서 말씀하셨다. "하늘이 준 것이다."
然則舜有天下也는 孰與之잇고 曰 天이 與之시니라.

만장이 질문하고 맹자께서 대답하신 것이다.
萬章問而孟子答也라.

9-5-3. 만장이 물었다. "하늘이 주었다는 것은, 자세히 말을 하며 명령한 것입니까?"
天이 與之者는 諄諄然命之乎잇가.

만장이 질문한 것이다. '순순(諄諄)'은 자세히 말하는 모습이다.
萬章問也라. 諄諄은 詳語之貌라.

9-5-4. 맹자께서 말씀하셨다. "아니다. 하늘은 말을 하지 않는다. 행위와 사업을 가지고 보여 줄 뿐이다."
曰 否라. 天이 不言이라 以行與事로 示之而已矣니라.

자신에게 실행하는 것을 '행(行)'이라 하고, 온 천하에 시행하는 것을 '사(事)'라고 말한다. 다만 순 임금의 행위와 사업으로 인하여 그에게 주려는 뜻을 보여준 것뿐임을 말씀하신 것이다.

行之於身을 謂之行이요 措諸天下를 謂之事라. 言但因舜之行事하여 而示以與之之意耳니라.

9-5-5. 만장이 말했다. "행위와 사업을 가지고 보여 준다는 것은 어떻게 하는 것입니까?" 맹자께서 말씀하셨다. "천자가 사람을 하늘에 천거할 수는 있으나, 하늘로 하여금 그에게 천하를 주게 할 수는 없다. 제후는 사람을 천자에게 천거할 수는 있으나, 천자로 하여금 그에게 제후의 직위를 주게 할 수는 없다. 대부는 사람을 제후에게 천거할 수는 있으나, 제후로 하여금 그에게 대부의 직위를 주게 할 수는 없다. 옛날에 요 임금이 순을 하늘에 천거하자 하늘이 그를 받아들였고, 백성들에게 내 놓았는데 백성들이 받아들였다. 그렇기 때문에 하늘은 말을 하지 않고, 행위와 사업을 가지고 보여 줄 뿐이라고 하는 것이다."

曰 以行與事로 示之者는 如之何잇고. 曰 天子 能薦人於天이언정 不能使天으로 與之天下며 諸侯能薦人於天子이언정 不能使天子로 與之諸侯며 大夫 能薦人於諸侯언정 不能使諸侯로 與之大夫니 昔者에 堯薦舜於天而天이 受之하시고 暴之於民而民이 受之하니 故로 曰 天이 不言이라 以行與事로 示之而已矣라 하노라.

'폭(暴)'은 드러내는 것이다. 아래에서 윗사람에게 사람을 천거할 수는 있지만, 윗사람에게 반드시 등용하도록 할 수는 없다고 말씀하신 것이다. 순 임금은 하늘과 백성들에게 받아들여졌으니 이것은 순의 행위와 사업으로 인하여 그에게 〈천하를 넘겨〉 주려는 뜻을 보여준 것이다.

暴은 顯也라. 言下能薦人於上이언정 不能令上必用之라. 舜爲天人所受하

시니 是는 因舜之行與事而示之以與之之意也니라.

9-5-6. 만장이 말했다. "감히 여쭈어 보겠습니다. 하늘에 천거하자 하늘이 받아들이고, 백성에게 내놓자 백성들이 받아들였다고 하는 것은 어떤 것입니까?" 맹자께서 말씀하셨다. "순에게 제사를 주관하게 했는데 모든 신이 흠향하였으니 이것은 하늘이 받아들인 것이요, 순에게 정사를 주관하게 했는데 국사가 다스려지고 백성들이 편안하였으니 이것은 백성들이 받아들인 것이다. 하늘이 주고 백성들이 주는 것이기 때문에, 천자는 천하를 남에게 주지 못한다고 하는 것이다. 순이 요 임금을 28년 동안이나 도왔는데, 이것은 사람의 힘으로 할 수 있는 것이 아니라 하늘이 시킨 것이다. 요 임금이 세상을 떠나자 삼년상을 마친 뒤에, 순은 요 임금의 아들을 피하여 남하의 남쪽으로 가서 숨었는데, 천하의 조회하는 제후들이 요 임금의 아들한테로 가지 않고 순에게로 갔고, 소송을 하는 사람들이 요 임금의 아들한테로 가지 않고 순에게로 갔고, 공덕을 칭송하는 사람들이 요 임금의 아들을 칭송하지 않고 순을 칭송했다. 그래서 하늘이 시킨 것이라 하는 것이다. 그런 뒤에 나라 가운데로 가서 천자의 위에 오른 것이다. 만일 요 임금이 있던 궁궐에 거처하면서 요 임금의 아들을 핍박했다면, 이것은 찬탈이지 하늘이 준 것이 아니다.

曰 敢問薦之於天而天이 受之하시고 暴之於民而民이 受之는 如何잇고. 曰 使之主祭而百神이 享之하니 是는 天이 受之요 使之主事而事治하여 百姓이 安之하니 是는 民이 受之也라. 天이 與之하며 人이 與之 故로 曰 天子 不能以天下與人이라 하노라. 舜이 相堯二十有八載하시니 非人之所能爲也라 天也라. 堯崩커시늘 三年之喪을 畢하고 舜이 避堯之子於南河之南이어늘 天下

諸侯朝覲者 不之堯之子而之舜하며 訟獄者 不之堯之子而之舜하며 謳歌者 不謳歌堯之子而謳歌舜하니 故로 曰 天也라 夫然後에 之中國하사 踐天子位焉하시니 而居堯之宮하여 逼堯之子면 是는 簒也라 非天與也니라.

'남하(南河)'는 기주의 남쪽에 있는데, 그 남쪽이 바로 예주다. '송옥(訟獄)'은 옥사를 결정하지 못하고 소송하는 것을 말한다.
南河는 在冀州之南하니 其南은 卽豫州也라. 訟獄은 謂獄不決而訟之也라.

9-5-7. 『서경』「태서(太誓)」에, '하늘이 보는 것은 우리 백성들을 통해서 보고, 하늘이 듣는 것은 우리 백성들을 통해서 듣는다'고 하였으니, 이것을 두고 한 말이다."
太誓에 曰 天視自我民視며 天聽自我民聽이라 하니 此之謂也니라.

'자(自)'는 '부터'라는 뜻이다. 하늘은 형체가 없기 때문에 보고 듣는 것이 모두 백성들이 보고 듣는 것으로부터 하는 것이다. 백성들이 이와 같이 순 임금에게 돌아가면 하늘이 그에게 천하를 준 것을 알 수 있을 것이다.
自는 從也라. 天無形하여 其視聽이 皆從於民之視聽하니 民之歸舜이 如此면 則天與之를 可知矣니라.

9-6-1. 만장이 물었다. "사람들이 말하기를, '우 임금에 이르러 덕이 쇠퇴하여, 임금의 자리가 어진 사람에게 전해지지 못하고 아들에게 전해졌다'고 하는데, 그런 일이 있습니까?" 맹자께서 말씀하셨다. "아니다. 그렇지 않다. 하늘이 어진 사람에게 주려고 하면 어진 사람에게 주어지고, 하늘이

아들에게 주려고 하면 아들에게 주어진다. 옛날에 순 임금이 우를 하늘에 천거하고, 17년 만에 세상을 떠났다. 삼년상을 끝마치고, 우가 순 임금의 아들을 피해 양성으로 갔는데, 천하의 백성들이 그를 따랐다. 그것은 마치 요 임금이 세상을 떠난 뒤에 요 임금의 아들을 따르지 않고 순을 따른 것과 같았다. 우 임금은 익을 하늘에 천거하고, 7년 만에 세상을 떠났다. 삼년상을 마치고 익이 우 임금의 아들을 피하여 기산 북쪽으로 갔는데, 조회하고 소송하는 사람들이 익에게 가지 않고 계에게로 가서 말하기를, '우리 임금님의 아들이시다'라고 말하였고, 공덕을 칭송하는 사람들은 익을 칭송하지 않고 계를 칭송하면서 말하기를 '우리 임금님의 아들이시다'라고 하였다.

萬章이 問曰 人이 有言하되 至於禹而德衰하여 不傳於賢而傳於子라 하니 有諸잇가. 孟子曰 否라. 不然也라. 天이 與賢則與賢하고 天이 與子則與子니라. 昔者에 舜이 薦禹於天十有七年에 舜이 崩커시늘 三年之喪을 畢하고 禹避舜之子於陽城이러시니 天下之民이 從之를 若堯崩之後에 不從堯之子而從舜也하니라. 禹薦益於天七年에 禹崩커시늘 三年之喪을 畢하고 益이 避禹之子於箕山之陰이러니 朝覲訟獄者 不之益而之啓曰 吾君之子也라 하며 謳歌者 不謳歌益而謳歌啓曰 吾君之子也라 하니라.

양성과 기산의 북쪽은 모두 숭산 아래의 깊은 골짜기 속으로 숨을 수 있는 곳이다. 계(啓)는 우 임금의 아들이다. 양 씨가 말하기를, "이 말은 맹자께서 반드시 전수받은 곳이 있었을 텐데 상고할 수 없다. 다만 하늘이 어진 사람에게 주려 하면 어진 사람에게 주고, 하늘이 아들에게 주려 하면 아들에게 준다고 하였으니, 요·순·우의 마음이 모두 털끝만큼의 사사로운 뜻이 없음을 알 수 있다"라고 하였다.

陽城, 箕山之陰은 皆嵩山下深谷中可藏處라. 啓는 禹之子也라. 楊氏曰 此語는 孟子必有所受라. 然이나 不可考矣로다 但云天與賢則與賢하고 天與子則與子라 하시니 可以見堯舜禹之心이 皆無一毫私意也시니라.

9-6-2. 단주가 현명하지 못했고, 순 임금의 아들 역시 현명하지 못했다. 순이 요 임금을 도운 것과 우가 순 임금을 도운 세월이 길어서 은택이 백성들에게 오래 베풀어졌다. 계는 현명해서 공경스럽게 우 임금의 도를 계승할 수 있었으며, 익이 우 임금을 도운 세월이 짧아서 은택이 백성들에게 오래 베풀어지지 못했다. 순 임금과 우 임금과 익은 서로간의 거리가 멀리 떨어졌고, 그 자식의 어질고 불초한 것은 모두 하늘의 뜻이요, 사람이 할 수 있는 일이 아니었다. 그렇게 하려고 하지 않는데 저절로 되는 것이 하늘의 뜻이요, 그렇게 하려고 하지 않는데 저절로 닥쳐오는 것이 운명이다.

丹朱之不肖에 舜之子 亦不肖하며 舜之相堯와 禹之相舜也는 歷年이 多하여 施澤於民이 久하고 啓는 賢하여 能敬承繼禹之道하며 益之相禹也는 歷年이 少하여 施澤於民이 未久하며 舜禹益相去久遠과 其子之賢不肖 皆天也라 非人之所能爲也니 莫之爲而爲者는 天也요 莫之致而至者는 命也니라.

요순의 아들은 모두 어질지 못하였고, 순과 우가 재상이 된 것은 오래되었으니, 이것이 요순의 아들이 천하를 소유하지 못하고 순우가 천하를 소유하게 된 까닭이다. 우의 아들은 어질고, 익이 재상이 된 것은 오래되지 않았으니, 이것이 계가 천하를 소유하고 익이 천하를 소유하지 못한 까닭이다. 그러나 이것은 모두 인력으로 할 수 있는 것이 아니고 스스로 한 것이요, 인력으로 이르게 한 것이 아니라 스스로 이른 것이다. 이치로 말한다면 천(天)이라고 말하고, 사람으로 말하면 명(命)이라고 말하는데, 그 실상은 한가지다.

堯舜之子는 皆不肖하고 而舜禹之爲相은 久하니 此堯舜之子所以不有天下而舜禹有天下也며 禹之子는 賢하고 而益相은 不久하니 此啓所以有天下而益不有天下也라. 然이나 此皆非人力所爲而自爲요 非人力所致而自至者라. 蓋以理言之면 謂之天이요 自人言之면 謂之命이니 其實則一而已니라.

9-6-3. 필부로서 천하를 차지하게 되는 사람은 덕이 반드시 순 임금이나 우 임금 같아야 하고, 또 그를 천거하는 천자가 있어야 한다. 그래서 공자께서 천하를 차지하지 못했던 것이다.

匹夫而有天下者는 德必若舜禹而又有天子薦之者니 故로 仲尼不有天下하시니라.

맹자께서 우와 익의 일로 인하여 다음의 두 조항을 일일이 열거하여 미루어 밝힌 것이다. 중니의 덕은 비록 순 임금과 우 임금에게 부끄럽지 않으나 천자가 천거해 주지 않았기 때문에 천하를 소유하지 못하였다. 孟子因禹益之事하여 歷擧此下兩條하여 以推明之하시니라. 言仲尼之德이 雖無愧於舜禹나 而無天子薦之者라 故로 不有天下하시니라.

9-6-4. 대를 이어서 천하를 차지하였다가 하늘의 버림을 받은 것은 반드시

걸과 주 같은 자들이다. 그래서 익과 이윤과 주공이 천하를 차지하지 못했던 것이다.

繼世而有天下에 天之所廢 必若桀紂者也니 故로 益伊尹周公이 不有天下하시니라.

대를 이어 천하를 차지한 사람은 그 선조가 모두 백성에게 큰 공덕이 있는 것이다. 그러므로 반드시 대악이 걸주와 같아야 하늘이 없애는 것이요, 계와 태갑과 성왕은 비록 익·이윤·주공의 현성(賢聖)에는 미치지 못하지만 선대의 위업을 계승할 수 있다면 하늘이 없애지 않는 것이다. 그러므로 익·이윤·주공이 비록 순·우의 덕을 가지고 있더라도 또한 천하를 소유하지 못한 것이다.

繼世而有天下者는 其先世皆有大功德於民이라. 故로 必有大惡如桀紂라야 則天乃廢之요 如啓及太甲成王은 雖不及益伊尹周公之賢聖이나 但能嗣守先業이면 則天亦不廢之라. 故로 益伊尹周公이 雖有舜禹之德이나 而亦不有天下하시니라.

9-6-5. 이윤이 탕 임금을 도와서 천하에 왕 노릇을 하게 했다. 탕 임금이 세상을 떠나자 태정은 왕위에 오르기 전에 죽었고, 외병은 2년, 중임은 4년 동안 왕위에 있었다. 태갑이 탕 임금의 법도를 전복시키자 이윤이 태갑을 동 땅으로 3년 동안 추방했는데, 태갑이 자기의 과오를 뉘우쳐서 스스로 원망하고 스스로 허물을 고쳐, 동 땅에 머무는 3년 동안 인과 의를 실천했다. 그리하여 이윤이 자신을 훈계하는 말을 따르게 되어 다시 박으로 돌아왔다.

伊尹이 相湯하여 以王於天下러니 湯이 崩커시늘 太丁은 未立하고 外丙은 二年이요 仲壬은 四年이러니 太甲이 顚覆湯之典刑이어늘 伊尹이 放之於桐三年한대 太甲이 悔過하여 自怨自艾하여 於桐에 處仁遷義三年하여 以聽伊尹之訓己也하여 復歸于亳하시니라.

이것은 윗글을 이어서 이윤이 천하를 소유하지 못한 일을 말한 것이다. 조 씨가 말하기를, "태정은 탕 임금의 태자인데, 즉위하지 못하고 죽었으며, 외병은 즉위한 지 2년이며, 중임은 즉위한 지 4년이니, 모두 태정의 아우이고, 태갑은 태정의 아들이다"라고 하였다. 정자가 말하기를, "고인들은 세(歲)를 년(年)이라고 하였으니, 탕 임금이 돌아가셨을 때에 외병은 바야흐로 2세였으며, 중임은 바야흐로 4세였고 오직 태갑이 조금 많았기 때문에 그를 세웠다"라고 하였는데, 두 설 중에 누가 옳은지는 모르겠다. 전복(顚覆)은 무너뜨린다는 뜻이다. 전형(典刑)은 불변하는 법칙이다. 동(桐)은 탕 임금의 묘가 있는 곳이다. 예(艾)는 다스린다는 뜻이다. 『설문』에 "풀을 베는 것이다"라고 하였으니, 베어 단절시켜 스스로 새로워진다는 뜻이다. 박(亳)은 상나라가 도읍을 정한 곳이다.

此는 承上文하여 言伊尹不有天下之事하시니라. 趙氏曰 太丁은 湯之太子니 未立而死하고 外丙은 立二年이요 仲壬은 立四年이니 皆太丁弟也요 太甲은 太丁子也라 하고 程子曰 古人은 謂歲爲年하니 湯崩時에 外丙은 方二歲요 仲壬은 方四歲며 惟太甲差長이라 故로 立之也라 하시니 二說이 未知孰是라. 顚覆은 壞亂也라. 典刑은 常法也라. 桐은 湯墓所在라. 艾는 治也라. 說文云 艾草也라 하니 蓋斬絶自新之意라. 亳은 商所都也라.

9-6-6. 주공이 천하를 차지하지 못한 것은 마치 익이 하나라에서의 경우와, 이윤이 은나라에서의 경우와 같다.
周公之不有天下는 猶益之於夏와 伊尹之於殷也니라.

이것은 다시 주공이 천하를 소유하지 못하는 이유를 말씀하신 것이다.
此는 復言周公所以不有天下之意하시니라.

9-6-7. 공자께서 '요 임금과 순 임금은 선양하고, 하후와 은나라와 주나라는 아들이 계승했는데, 그 뜻은 한가지다'라고 말씀하셨느니라."
孔子曰 唐虞는 禪하고 夏后殷周는 繼하니 其義一也라 하시니라.

선은 받는다는 뜻이다. 선양하는 것과 계승하는 것은 모두 천명이니 성인께서 어찌 그 사이에 사사로운 뜻이 있겠는가? ○ 윤 씨가 말하기를, "공자께서는 당·우는 선양하였고 하후·은·주 계승하였다고 하는데, 그 뜻은 한가지라고 하셨으며, 맹자께서는 하늘이 어진 사람에게 주려면 어진 사람에게 주고 하늘이 아들에게 주려면 아들에게 준다고 하셨으니, 지난 성인의 마음을 아는 사람은 공자 같은 이가 없으며, 공자를 계승한 것은 맹자일 뿐이다"라고 하였다.
禪은 受也라. 或禪或繼가 皆天命也니 聖人이 豈有私意於其間哉시리오. ○ 尹氏曰 孔子曰唐虞는 禪하고 夏后殷周는 繼하니 其義一也라 하시고 孟子曰 天與賢則與賢하고 天與子則與子라 하시니 知前聖之心者는 無如孔子요 繼孔子者는 孟子而已矣시니라.

9-7-1. 만장이 물었다. "사람들이 말하기를, '이윤은 요리하는 솜씨를 가지고 탕 임금에게 자기를 써달라고 요구했다'고 하는데, 그런 일이 있었습니까?"
萬章이 問曰 人이 有言하되 伊尹이 以割烹要湯이라 하니 有諸잇가.

'요(要)'는 요구하는 것이다. 『사기』를 살펴보면, "이윤이 도를 실행하려고 임금에게 가까이 하고자 하였으나, 길이 없어서 유신 씨의 잉신(媵臣: 신부를 따라가는 남자)이 되어 솥과 도마를 짊어지고 맛있는 음식으로 탕을 설득하여 왕도에 이르게 하였다"라고 하였으니, 아마도 전국시대에 이런 말을 하는 사람들이 있었던 것 같다.
要는 求也라. 按史記컨대 伊尹이 欲行道以致君而無由하여 乃爲有莘氏之媵臣하여 負鼎俎하여 以滋味說湯하여 致於王道라 하니 蓋戰國時에 有爲此說者하니라.

9-7-2. 맹자께서 말씀하셨다. "아니다. 그렇지 않다. 이윤은 유신 씨의 들에서 밭을 갈면서 요순의 도를 즐겼다. 의롭지 못하고 도리에 어긋난다면 천하를 봉록으로 준다고 해도 돌아보지 않았고, 사천 필의 말을 준다 해도 거들떠보지도 않았다. 또 의롭지 못하고 도리에 어긋난다면 지푸라기 하나라도 남에게 주지 않았고, 지푸라기 하나도 남에게서 받으려 하지 않았다.
孟子曰 否라. 不然하니라. 伊尹이 耕於有莘之野而樂堯舜之道焉하여 非其義也며 非其道也어든 祿之以天下라도 弗顧也하며 繫馬千駟라도 弗視也하고 非其義也며 非其道也어든 一介를 不以與人하며 一介를 不以取諸人하니라.

'신'은 나라 이름이다. 요순의 도를 즐겼다는 것은 그의 시를 암송하고 그의 글을 읽으며 흠모하고 사랑하고 즐거워한 것이다. '사(駟)'는 네 필의 말이다. '개(介)'는 초개와 같은데, 사양하고 받으며 취하고 주는 것에 대해서 크고 작은 것 없이 한결같이 도에 맞게 하며 구차하게 하지 않는 것을 말한다.

莘은 國名이라 樂堯舜之道者는 誦其詩讀其書하여 而欣慕愛樂之也라. 駟는 四匹也라. 介는 與草芥로 同하니 言其辭受取與를 無大無細히 一以道而不苟也라.

9-7-3. 탕 임금이 사람을 시켜 예물을 보내 초빙했으나, 이윤이 태연히 말하기를, '내가 어찌 탕이 초빙을 위해 보내는 예물 때문에 벼슬을 하겠는가? 어찌 내가 밭 가운데 살면서 요순의 도를 즐기는 것과 같겠는가?'라고 하였다.

湯이 使人以幣聘之한대 囂囂然曰 我何以湯之聘幣爲哉리오. 我豈若處畎畝之中하여 由是以樂堯舜之道哉리오.

'효효(囂囂)'는 사욕이 없이 스스로 만족해 하는 모습이다.

囂囂는 無欲自得之貌라.

9-7-4. 탕 임금이 세 차례나 사람을 보내어 그를 초빙하였다. 이윽고 이윤이 마음을 고쳐먹고 말하기를, '내가 밭 가운데 살며 요순의 도를 즐기는 것이 어찌 이 임금으로 하여금 요순 같은 임금으로 만드는 것과 같겠는가? 어찌 이 백성으로 하여금 요순의 백성같이 만드는 것과 같겠는가?

어찌 내 자신이 요순 같은 세상을 직접 보는 것과 같겠는가?
湯이 三使往聘之한대 旣而오 幡然改曰 與我處畎畝之中하여 由是以樂堯舜之道로는 吾豈若使是君으로 爲堯舜之君哉며 吾豈若使是民으로 爲堯舜之民哉며 吾豈若於吾身에 親見之哉리오.

'번연(幡然)'은 변동하는 모습이다. 내가 직접 본다는 것은 내 몸에 도가 행해지는 것을 직접 보는 것이요, 한갓 암송하거나 말하고 향하고 사모하지 않는 것일 뿐이라는 것을 말씀하신 것이다.
幡然은 變動之貌라. 於吾身親見之는 言於我之身에 親見其道之行이요 不徒誦說嚮慕之而已也니라.

9-7-5. 하늘이 백성들을 이 세상에 내면서 선지자로 하여금 후지자를 일깨우게 하고, 선각자로 하여금 후각자를 일깨워 주게 하였다. 나는 하늘이 낸 백성들 가운데 선각자다. 나는 장차 이 도를 가지고 이 백성들을 일깨워 주어야 한다. 내가 일깨워 주지 않으면 누가 하겠는가?라고 하였다.
天之生此民也는 使先知로 覺後知하며 使先覺으로 覺後覺也시니 予는 天民之先覺者也로니 予將以斯道로 覺斯民也니 非予覺之오 而誰也리오.

이 역시 이윤의 말이다. '지(知)'는 일의 당연한 것을 아는 것이요, '각(覺)'은 이치의 그러한 까닭을 깨달은 것을 말한다. 후지자와 후각자를 일깨운다는 것은 마치 잠자는 사람을 불러서 깨우는 것과 같은 것이다. 하늘이 시켰다고 말한 것은 천리는 마땅한 것이기 때문에 그것이 시킨 것과 같다는 말이다. 정자가 말하기를, "내가 하늘이 낸 백성들 가운데 선각자라고 한 것은 내가 바로 하늘이 낸 백성 중에서 사람의 도를 모두 터득하여 먼저 깨달았다는 것을 말한 것이다. 이미 먼저 깨달은 백성이 되었다면 어찌 아직 깨우치지 못한 사람들을 일깨우지 않겠는가? 그들이 깨우치게 된 것은 또한 내가 가지고 있는 것을 그들에게 나누어준 것이 아니라, 모두 그들 스스로 이러한 이치를 가지고 있다는 것을 단지 깨우쳐준 것뿐이다"라고 하였다.

此亦伊尹之言也라. 知는 謂識其事之所當然이요 覺은 謂悟其理之所以然이라. 覺後知後覺은 如呼寐者而使之寤也라. 言天使者는 天理當然하여 若使之也라. 程子曰 予天民之先覺은 謂我乃天生此民中에 盡得民道而先覺者也라. 旣爲先覺之民인댄 豈可不覺其未覺者리오 及彼之覺하여는 亦非分我所有以予之也라 皆彼自有此理어늘 我但能覺之而已니라.

9-7-6. 그는 천하의 백성들 가운데 요순의 은택을 입지 못하는 사람이 있으면, 마치 자기가 밀어서 개천에 빠지게 한 것처럼 생각했다. 스스로 천하의 중대한 사명을 자임하고 나선 것이 이와 같았다. 그러므로 탕 임금에게로 가서 그를 설득하여 하나라를 쳐서 백성들을 구원해 주었던 것이다.

思天下之民이 匹夫匹婦 有不被堯舜之澤者이든 若己推而內之溝中하니 其自任以天下之重이 如此라 故로 就湯而說之하여 以伐夏救民하니라.

『서경』에 말하기를, "옛날 선현인 보형[이윤]이 우리 선왕을 진작시켜 말하기를, '내가 그 임금을 요순과 같이 만들지 못하면 시장에서 회초리를 맞는 것처럼 마음이 부끄러웠으며, 한 남자라도 거처를 얻지 못하면 이것은 나의 잘못이라고 하였다"라고 하였으니, 맹자의 말씀은 아마도 이것을 취한 것 같다. 당시에 하나라의 걸 임금이 무도하여 백성들을 학대하였기 때문에 탕 임금으로 하여금 하나라를 정벌하여 구제하려고 한 것이다. 서 씨가 말하기를, "이윤이 요순의 도를 좋아하였는데, 요순은 서로 절하고 사양하였지만, 이윤은 탕에게 유세하여 하나라를 정벌하게 한 것은 시기가 다르기 때문이다. 그러나 의리는 곧 한가지다"라고 하였다. 書曰 昔先正保衡이 作我先王하여 曰 予弗克俾厥后爲堯舜이면 其心愧恥若撻于市하며 一夫不獲이어든 則曰 時予之辜라 하니 孟子之言이 蓋取諸此하시니라. 是時에 夏桀無道하여 暴虐其民이라 故로 欲使湯伐夏以救之하니라. 徐氏曰 伊尹이 樂堯舜之道로되 堯舜揖遜이어늘 而伊尹說湯以伐夏者는 時之不同이니 義則一也니라.

9-7-7. 나는 자신을 굽혀 남을 바로잡았다는 자에 대해서 듣지 못했다. 하물며 자신을 욕되게 하면서 천하를 바로잡았다는 자에 대해서야 말해 무엇하겠는가? 성인의 행동은 똑같지 않아서 혹 멀리 물러나 있기도 하고, 혹 가까이 섬기기도 하며, 혹 떠나가 버리기도 하고, 혹 떠나지 않고 견디기도 하나, 그 근본으로 돌아가면 자기 자신을 깨끗이 하는 것일 뿐이다. 吾未聞枉己而正人者也로니 況辱己以正天下者乎아. 聖人之行이 不同也라 或遠或近하며 或去或不去나 歸는 潔其身而已矣니라.

자신을 욕되게 하는 것은 자신을 굽히는 것보다 심한 일이고, 천하를 바로잡는 것은 남을 바로잡는 것보다 어려운 일이니, 만약 이윤이 요리하는 솜씨를 가지고 탕 임금에게 자기를 써달라고 요구했다면 자신을 욕되게 함이 심한 것이다. 그런데 어떻게 천하를 바로잡을 수 있겠는가? '원

(遠)'은 은둔하는 것을 말하고, '근(近)'은 벼슬하여 군주를 가깝게 하는 것을 말한다. "성인의 행동이 비록 반드시 같지는 않지만 귀결은 자신을 깨끗하게 하는 데 있을 뿐이니 이윤이 어찌 요리하는 솜씨를 가지고 자기를 써달라고 요구했겠는가?"라고 말씀한 것이다.

辱己는 甚於枉己하고 正天下는 難於正人하니 若伊尹이 以割烹要湯이면 辱己甚矣니 何以正天下乎리오 遠은 謂隱遁也요 近은 謂仕近君也라 言聖人之行이 雖不必同이나 然이나 其要歸는 在潔其身而已니 伊尹이 豈肯以割烹要湯哉리오.

9-7-8. 나는 요순의 도를 가지고 탕 임금에게 실천하도록 요구했다는 말은 들었어도, 요리하는 솜씨를 가지고 그렇게 했다는 말은 듣지 못했다.

吾는 聞其以堯舜之道로 要湯이요 未聞以割烹也케라.

임 씨가 말하기를, "요순의 도를 가지고 탕 임금에게 요구했다는 것은 실제 이것을 가지고 요구했다는 것이 아니고 도가 이곳에 있음에 탕 임금의 부름이 저절로 이른 것일 뿐이다. 마치 자공이 '선생님께서 구하신 것은 다른 사람들이 구한 것과는 다르다'라고 말한 것과 같다. 내가 생각하건대, 이 말은 또한 전장에서 말한 '아버지가 그를 아들로 삼지 못하는 것이다'는 것과 의미가 같다.

林氏曰 以堯舜之道要湯者는 非實以是要之也요 道在此而湯之聘自來耳니 猶子貢言夫子之求之는 異乎人之求之也라 愚謂 此語는 亦猶前章所論父不得而子之意니라.

9-7-9. 『서경』「이훈」에 이르기를, '천명에 의해 걸에 대한 주벌을 목궁으로부터 시작한 것을 나는 박으로부터 이 일을 시작했다'고 하였느니라."
伊訓에 曰 天誅造攻을 自牧宮은 朕載自亳이라 하니라.

'이훈'은 『상서』의 편명이다. 맹자께서 인용하여 하나라를 정벌하여 백성을 구제한 일을 증명한 것이다. 오늘날 『서경』에는 목궁을 '명조'라고 했다. '조'와 '재'는 모두 비로소(始)와 같은 의미다. 이윤이 걸의 무도함을 정벌한 것은 내가 박에서부터 그 일을 시작했다고 말한 것이다.
伊訓은 商書篇名이니 孟子引以證伐夏救民之事也라 今書에 牧宮을 作鳴條하니라 造載는 皆始也라 伊尹이 言始攻桀無道는 由我始其事於亳也하니라.

9-8-1. 만장이 물었다. "어떤 사람이 말하기를, '공자께서 위나라에서는 종기 고치는 의원 집에 계셨고, 제나라에서는 내시인 척환의 집에 계셨다'고 하는데, 그런 일이 있었습니까?" 맹자께서 말씀하셨다. "아니다. 그렇지 않다. 일 꾸미기를 좋아하는 사람들이 지어낸 것이다.
萬章이 問曰 或이 謂孔子於衛에 主癰疽하시고 於齊에 主侍人瘠環이라 하니 有諸乎잇가. 孟子曰 否라. 不然也라. 好事者 爲之也니라.

'주'는 그 집에 머무르며 주인으로 삼는 것이다. '옹저'는 종기를 치료하는 것이다. '시인'은 내시다. '척'은 성이고 '환'은 이름인데, 모두 당시 임금과 가까운 사람이다. '호사'는 말을 만들어내기 좋아하고 일을 꾸미기 좋아하는 사람을 말한다.
主는 謂舍於其家하여 以之爲主人也라. 癰疽는 瘍醫也요 侍人은 奄人也라.

瘠은 姓이요 環은 名이니 皆時君所近狎之人也라. 好事는 謂喜造言生事之人也라.

9-8-2. 위나라에서는 안수유의 집에 머무르셨는데, 미자의 아내는 자로의 아내와 자매였다. 미자가 자로에게 말하기를, '공자께서 우리 집에 계신 다면 위나라 경의 벼슬을 얻을 수 있을 것이오'라고 하였다. 자로가 공자께 이 말을 아뢰자 공자께서, '천명에 달려 있는 것이다'라고 말씀하셨다. 공자께서는 나아가시는 데는 예로 하고, 물러나시는 데는 의로써 하여, 벼슬을 하고 못하는 것은 천명에 달려 있다고 말씀하셨다. 그런데 종기 고치는 의원이나 내시 척환의 집에 머물렀다면, 이것은 의도 없고 천명도 없는 일이다.

於衛에 主顔讎由러시니 彌子之妻與子路之妻로 兄弟也라. 彌子謂子路曰 孔子主我하시면 衛卿을 可得也라 하여늘 子路以告한대 孔子曰 有命이라 하시 니 孔子進以禮하시며 退以義하사 得之不得에 曰 有命이라 하시니 而主癰疽與侍人瘠環이시면 是는 無義無命也니라.

안수유는 위나라의 어진 대부인데,『사기』에 안탁추로 되어 있다. 미자는 위령공의 총애하는 신하 미자하를 말한다. 서 씨가 말하기를, "예는 사양과 겸손을 위주로 하기 때문에 예로써 나아가고, 의는 쪼개고 자르는 것을 주로 하기 때문에 의로써 물러나는 것이니, 나아가기는 어렵고 물러나기는 쉬운 것이다. 나에게 있는 것은 예와 의가 있을 뿐이요, 얻고 얻지 못하는 것은 명에 달려 있을 뿐이다"라고 하였다.

顔讎由는 衛之賢大夫也니 史記에 作顔濁鄒하니라. 彌子는 衛靈公幸臣彌

子瑕也라. 徐氏曰 禮는 主於辭遜이라 故로 進以禮하고 義는 主於斷制라 故로 退以義하니 難進而易退者也라. 在我者는 有禮義而已요 得之不得은 則有命存焉이니라.

9-8-3. 공자께서는 노나라와 위나라에 머무는 것을 좋아하지 않으셨는데, 송나라 환사마가 길목에서 기다렸다가 죽이려고 한 일을 당하시고는, 미복으로 변장하고 송나라를 지나가셨다. 이때 공자께서 횡액을 당했지만 진나라 임금 주의 신하가 된 사성정자 집에 머물러 계셨다.
孔子不悅於魯衛하사 遭宋桓司馬將要而殺之하여 微服而過宋하시니 是時에 孔子當阨하시되 主司城貞子爲陳侯周臣하시니라.

'불열'은 그 나라에 거처하는 것을 좋아하지 않는 것이다. '환사마'는 송나라 대부 상퇴다. '사성정자'는 또한 송나라 대부로 어진 사람이다. 진후의 이름은 '주'다. 『사기』를 살펴보건대, "공자께서 노나라의 사구가 되자 제나라 사람이 여자 악사를 보내어 이간질을 시켰다. 그러자 공자께서 마침내 노나라를 떠나 위나라로 가셨다. 한 달 만에 다시 위나라를 떠나 송나라로 가셨다. 사마 퇴가 공자를 죽이고자 하자 공자께서 송나라를 떠나 진나라로 가서 사성정자의 집에 머무르셨다"라고 하였다. 맹자께서 말하기를, "공자께서 비록 곤욕을 당하셨지만 머무를 곳은 잘 선택하셨으니, 하물며 제나라와 위나라에서처럼 아무 일이 없을 때에야 어찌 옹저와 내시의 집에서 머무셨겠는가?"라고 하신 것이다.
不悅은 不樂居其國也라. 桓司馬는 宋大夫向魋也라 司城貞子는 亦宋大夫之賢者也라 陳侯名周라 按史記컨대 孔子爲魯司寇하시니 齊人이 餽女樂

以間之어늘 孔子遂行하사 適衛하여 月餘에 去衛適宋이러시니 司馬魋欲殺孔子어늘 孔子去至陳하사 主於司城貞子하시니라 孟子言孔子雖當阨難하시나 然이나 猶擇所主하시니 況在齊衛無事之時에 豈有主癰疽侍人之事乎리오.

9-8-4. 내가 듣기로는 가까운 신하를 살피는 데는 그의 집에 유숙하고 있는 사람을 가지고 살피고, 멀리 있는 신하를 살피는 데는 그가 유숙하고 있는 집 주인을 가지고 살핀다고 하는데, 만일 공자께서 종기 고치는 의원의 집과 내시 척환의 집에 머물러 계셨다면 어떻게 공자라 하겠는가?"라고 하셨다.

吾聞觀近臣하되 以其所爲主요 觀遠臣하되 以其所主라 하니 若孔子主癰疽與侍人瘠環이시면 何以爲孔子리오.

'근신'은 조정에 있는 신하요, '원신'은 먼 곳에서 와서 벼슬하는 사람이다. 군자와 소인은 각각 자기 무리에 따른다. 그러므로 주인의 됨됨이와 주인으로 삼는 것을 관찰하여야 그 사람됨을 알 수 있는 것이다.

近臣은 在朝之臣이요 遠臣은 遠方來仕者라. 君子小人이 各從其類라. 故로 觀其所爲主與其所主者하여 而其人을 可知니라.

9-9-1. 만장이 물었다. "어떤 사람이 말하기를, '백리해는 진나라의 희생을 기르는 사람에게 겨우 양가죽 다섯 장에 자신을 팔아, 소를 키우다가 진 목공에게 등용해 줄 것을 요구했다'고 하는데, 정말입니까?" 맹자께서 말씀하셨다. "아니다. 그렇지 않다. 일 꾸미기를 좋아하는 사람들이 지어낸 것이다.

萬章이 問曰 或曰 百里奚自鬻於秦養牲者하여 五羊之皮로 食牛하여 以
要秦穆公이라 하니 信乎잇가. 孟子曰 否라. 不然하니라. 好事者爲之也니라.

'백리해'는 우나라의 어진 신하다. 사람들이 말하기를, "백리해가 진나라의
희생을 기르는 사람의 집에 팔려가서 다섯 마리의 양가죽을 받고서 그를
위하여 소를 키우다가 진 목공에게 등용되기를 요구했다"라고 하였다.
百里奚는 虞之賢臣이라. 人言其自賣於秦養牲者之家하여 得五羊之皮而
爲之食牛하여 因以干秦穆公也라.

9-9-2. 백리해는 우나라 사람이다. 진나라 사람들이 수극에서 난 벽옥과 굴
땅에서 난 말을 선물하며 우나라의 길을 빌려 괵나라를 치려고 하는데
궁지기는 간언하고, 백리해는 간언하지 않았다.
百里奚는 虞人也이. 晉人이 以垂棘之璧과 與屈産之乘으로 假道於虞하여
以伐虢이어늘 宮之奇는 諫하고 百里奚는 不諫하니라.

'우'와 '괵'은 모두 나라 이름이다. '수극지벽(垂棘之璧)'은 수극의 땅에서
나온 벽옥이요, '굴산지승(屈産之乘)'은 굴 땅에서 나오는 좋은 말이다.
'승'은 네 필이다. 진나라가 괵나라를 정벌하려고 할 때 길이 우나라를
경유해야 했기 때문에 이 물건을 주고 길을 빌린 것인데, 사실은 아울러
우나라를 취하고자 한 것이다. 궁지기는 또한 우나라의 어진 신하인데,
우공에게 간언하여 허락하지 말도록 하였는데 우공이 듣지 않다가 마침
내 진나라에게 멸망을 당했다. 백리해는 간언해도 소용없다는 것을 알았
기 때문에 간하지 않고 진나라로 떠나갔다.

虞虢은 皆國名이라. 垂棘之璧은 垂棘之地所出之璧也요 屈産之乘은 屈地所生之良馬也라. 乘은 四匹也라 晉欲伐虢할새 道經於虞라 故로 以此物借道하니 其實은 欲幷取虞라 宮之奇는 亦虞之賢臣이니 諫虞公하여 令勿許하되 虞公不用이라가 遂爲晉所滅하니라. 百里奚는 知其不可諫이라 故로 不諫而之秦하니라.

9-9-3. 우공에게 간할 수 없음을 알고 우를 떠나 진나라로 갔는데, 그때 그의 나이가 이미 70세였다. 일찍이 소를 먹이는 기회를 타서 진 목공에게 등용해 줄 것을 요구하는 것이 더러운 줄을 몰랐다면, 지혜롭다고 말할 수 있겠느냐? 간할 수 없어서 간하지 않았으니, 지혜롭지 않다고 말할 수 있겠느냐? 우공이 장차 멸망할 줄을 알고 먼저 떠났으니 지혜롭지 않다고 말할 수 없다. 그때 진나라에 천거되어 진 목공과 함께 행할 수 있음을 알고 도왔으니 지혜롭지 않다고 말할 수 있겠느냐? 진나라를 도와 그 임금을 천하에 드러내서 후세에 전하게 할 수 있었으니 현자가 아니고서 그렇게 할 수 있었겠는가? 자기 몸을 팔아서 그 임금을 성취시키는 일은 시골에서 자신을 아끼는 사람조차도 하지 않는데, 현자가 그런 짓을 했다고 말할 수 있겠느냐?"

知虞公之不可諫而去之秦하니 年已七十矣라 曾不知以食牛로 干秦穆公之爲汚也면 可謂智乎아. 不可諫而不諫하니 可謂不智乎아. 知虞公之將亡而先去之하니 不可謂不智也니라. 時擧於秦하여 知穆公之可與有行也而相之하니 可謂不智乎아. 相秦而顯其君於天下하여 可傳於後世하니 不賢而能之乎아. 自鬻以成其君을 鄕黨自好者도 不爲온 而謂賢者爲之乎아.

'자호'는 스스로 자기 몸을 아끼는 사람이다. 맹자께서 말씀하시기를, "백리해의 지혜가 이와 같으니 소를 먹여서 임금에게 벼슬을 구하는 것이 더러운 일임을 반드시 알았을 것이고, 또 이와 같이 어질었으니 자신을 팔아서 임금을 성취시키는 일은 반드시 즐겨하지 않았을 것이다"라고 말씀하신 것이다. 그러나 이 일은 맹자 당시에는 이미 근거할 곳이 없으니 맹자께서 단지 사리를 가지고 반복해서 추측하여 반드시 그렇지 않았음을 아신 것이다. ○범 씨가 말하기를, "옛날의 성현이 아직 때를 만나지 못했을 때에는 비천한 일을 부끄럽게 여기지 않았는데, 백리해가 남을 위해서 소를 길렀던 일이 괴이한 일이 아닌 것 같다. 오직 임금이 공경을 다하고 예를 극진하게 하지 않으면 만나 볼 수도 없었는데, 어찌 먼저 자신을 욕되게 하여 그 임금에게 요구했겠는가?"라고 하였다. 장주가 말하기를, "백리해는 벼슬을 마음에 두지 않았다. 그러므로 소를 먹이고 소를 살찌게 하여 목공으로 하여금 그 비천함을 잊고 그에게 정사를 맡겼으니 도한 백리해를 알았다고 할 수 있다"라고 하였다. 이윤과 백리해의 일은 모두 성현들의 출처에 대한 큰 절개다. 그러므로 맹자께서 변론하지 않을 수 없는 것이다. 유 씨가 말하기를, "당시 말하기 좋아하는 사람들의 논의가 대개 이와 같으니 부정한 마음을 가지고 성현의 마음을 헤아린 것이다"라고 하였다.

自好는 自愛其身之人也라 孟子言百里奚之智如此하니 必知食牛以干主之爲汚요 其賢又如此하니 必不肯自鬻以成其君也라 然이나 此事는 當孟子時하여 已無所據하니 孟子直以事理로 反覆推之하여 而知其必不然耳시니라 ○范氏曰 古之聖賢이 未遇之時에 鄙賤之事를 不恥爲之하니 如百里奚爲人養牛는 無足怪也라 惟是人君이 不致敬盡禮면 則不可得而見이

니 豈有先自汚辱하여 以要其君哉리오 莊周曰 百里奚는 爵祿이 不入於心이라 故로 飯牛而牛肥하여 使穆公으로 忘其賤而與之政이라 하니 亦可謂知百里奚矣로다 伊尹百里奚之事는 皆聖賢出處之大節이라 故로 孟子不得不辨이시니라 尹氏曰當時好事者之論이 大率類此하니 蓋以其不正之心으로 度聖賢也니라.

만장장구 하(萬章章句下)

모두 아홉 장이다.

凡九章이라.

이 장에서는 백이 · 이윤 · 유하혜의 공이 크지만
공자가 이를 집대성한 인물임을 극찬하고 있으며,
또한 벗의 도리, 신하를 대하는 도리, 공자의 출처,
벼슬하는 이유 등에 대해서도 언급하고 있다.
아울러 신하의 도리인 간언에 대해서도 언급하며
간언을 듣지 않으면 군주도 바꿀 수 있다는 주장을 하고 있다.

10-1-1. 맹자께서 말씀하셨다. "백이는 눈으로 나쁜 빛을 보지 않고, 귀로 나쁜 소리를 듣지 않으며, 그 임금이 아니면 섬기지 않고, 그 백성이 아니면 부리지 않았다. 다스려지면 나가고, 어지러우면 물러나서 횡포한 정치가 행해지는 곳과 횡포한 백성들이 머물러 있는 곳에 차마 살지 않았다. 도리를 모르는 시골 사람과 함께 있는 것을 마치 조회할 때의 옷과 관을 착용하고 시궁창이나 숯 구덩이에 앉아 있는 것처럼 생각하였다. 주 임금의 때를 당해서, 북해의 바닷가에 살면서 천하가 맑아지기를 기다렸다. 그러므로 백이의 풍모를 들은 사람은 완악한 사람이 청렴해지고 나약한 사람이 뜻을 세울 수 있게 되었다.

孟子曰 伯夷는 目不視惡色하며 耳不聽惡聲하고 非其君不事하며 非其民不使하여 治則進하고 亂則退하여 橫政之所出과 橫民之所止에 不忍居也하며 思與鄕人處하되 如以朝衣朝冠으로 坐於塗炭也러니 當紂之時하여 居北海之濱하여 以待天下之淸也하니 故로 聞伯夷之風者는 頑夫廉하며 懦夫有立志하나라.

'횡'은 법도를 따르지 않는 것을 말한다. '완(頑)'은 지각이 없는 것이요, '염(廉)'은 분별이 있는 것이다. '나(懦)'는 유약한 것이다. 나머지는 모두 전편 「공손추장구 상」에 보인다.

橫은 謂不循法度라. 頑者는 無知覺이요 廉者는 有分辨이라. 懦는 柔弱也라. 餘는 竝見前篇하니라.

10-1-2. 이윤은 말하기를 '누구를 섬긴들 임금이 아니며, 누구를 부린들 백성이 아니겠는가?'라고 하여, 다스려져도 나가며 어지러워도 나갔다. 그리고 말하기를, '하늘이 백성들을 이 세상에 내면서 선지자로 하여금 후지자를 일깨우게 하고, 선각자로 하여금 후각자를 일깨워 주게 하였다. 나는 하늘이 낸 백성들 가운데 선각자다. 나는 장차 이 도를 가지고 이 백성들을 일깨워 주어야 한다'라고 하며, 천하의 백성들 가운데 요순의 은택을 입지 못하는 사람이 있으면, 마치 자기가 밀어서 개천에 빠지게 한 것처럼 생각했다. 이것은 천하의 중대한 사명을 자임한 것이다.

伊尹이 曰 何事非君이며 何使非民이리오 하여 治亦進하며 亂亦進하여 曰 天之生斯民也는 使先知로 覺後知하며 使先覺으로 覺後覺이시니 予는 天民之先覺者也로니 予將以此道로 覺此民也라 하며 思天下之民이 匹夫匹婦 有不與被堯舜之澤者어든 若己推而內之溝中하니 其自任以天下之重也니라.

'하사비군(何事非君)'은 섬기는 사람이 곧 임금이라고 말한 것이요, '하사비민(何使非民)'은 부리는 사람이 곧 백성이라고 말한 것이니, 섬길 수 없는 군주가 없으며, 부릴 수 없는 백성이 없는 것이다. 나머지는 전편에 보인다.

何事非君은 言所事卽君이요 何使非民은 言所使卽民이니 無不可事之君이며 無不可使之民也라. 餘見前篇하니라.

10-1-3. 유하혜는 더러운 임금 섬기기를 부끄럽게 여기지 않고, 작은 벼슬을 사양하지 않았으며, 나아가서는 자기의 현명함을 감추지 않고 반드시 바른 도로써 행했고, 버림을 받아도 원망하지 않았으며, 곤궁에 빠져도 걱정하지 않았다. 시골 사람들과 함께 있어도 유유히 차마 떠나가지 못하며 '너는 너고 나는 나인데, 내 곁에서 비록 팔을 걷어 올리고 벌거벗은들 네가 어찌 나를 더럽힐 수 있겠는가?' 하고 생각했다. 그러므로 유하혜의 풍모를 들은 사람은 비루한 사람은 너그러워지고, 각박한 사람은 인정이 두터워졌다.

柳下惠는 不羞汙君하며 不辭小官하며 進不隱賢하여 必以其道하며 遺佚而不怨하며 阨窮而不憫하며 與鄕人處하되 由由然不忍去也하여 爾爲爾요 我爲我니 雖袒裼裸裎於我側인들 爾焉能浼我哉리오 하니 故로 聞柳下惠之風者는 鄙夫寬하며 薄夫敦하나니라.

'비(鄙)'는 좁고 누추한 것이다. '돈(敦)'은 두터운 것이다. 나머지는 전편에 보인다.

鄙는 狹陋也라. 敦은 厚也라. 餘見前篇하니라.

10-1-4. 공자께서 제나라를 떠나실 때에는 밥을 지으려고 물에 불린 쌀을 건져서 가셨고, 노나라를 떠나실 때에는 '더디고 더디구나, 내 발걸음이여!' 하고 말씀하셨는데, 이것은 모국을 떠나는 도리였다. 빨리 할 만하면 빨리 하고, 오래 있을 만하면 오래 있고, 숨어 있을 만하면 숨어 있고, 벼슬할 만하면 벼슬하시는 분이 공자였던 것이다."

孔子之去齊에 接淅而行하시고 去魯에 曰 遲遲라 吾行也여 하시니 去父母國

之道也라. 可以速則速하며 可以久則久하며 可以處則處하며 可以仕則仕는 孔子也시니라.

'접'은 받든다는 승(承)과 같다. '석'은 쌀이 물에 담긴 것인데, 쌀을 씻어서 불을 때려고 하다가 빨리 떠나야 했기 때문에 손으로 물에 담긴 쌀을 건져 길을 떠나서 불을 때는 데 미치지 못한 것이다. 이 하나의 일을 가지고 오래 있고 빨리 떠나고 벼슬하고 멈추는 것이 각각 옳았음을 보인 것이다. 어떤 사람은 "공자께서 노나라를 떠나실 때 면류관을 벗지 않고 가셨으니 어찌 천천히 가셨다고 하겠느냐?"라고 하였다. 양 씨가 말하기를 "공자께서 떠나려는 마음을 가진 지는 오래 되었지만 구차하게 떠나려고 하지 않았다. 그러므로 '더디다 내 발걸음이여'라고 하셨는데, 제사 고기가 이르지 않았으므로 작은 죄를 핑계삼아 떠나셨다. 그러므로 면류관을 벗지 않고 떠나신 것이니 빠른 것이 아니다"라고 하였다.

接은 猶承也라. 淅은 漬米水也니 漬米將炊而欲去之速이라. 故로 以手承水取米而行하여 不及炊也라. 擧此一端하여 以見其久速仕止가 各當其可也시니라. 或曰 孔子去魯에 不稅冕而行하시니 豈得爲遲리오 하니 楊氏曰 孔子欲去之意久矣로되 不欲苟去라. 故로 遲遲其行也시니 膰肉不至면 則得以微罪行矣라. 故로 不稅冕而行하시니 非速也니라.

10-1-5. 맹자께서 또 말씀하셨다. "백이는 성인 가운데 청렴결백한 인물이요, 이윤은 성인 가운데 천하의 중책을 스스로 맡은 분이요, 유하혜는 성인 가운데 화합한 인물이요, 공자는 성인 가운데 때에 맞게 행한 분이었다.

孟子曰 伯夷는 聖之淸者也요 伊尹은 聖之任者也요 柳下惠는 聖之和者

也요 孔子는 聖之時者也시니라.

장자가 말하기를, "잡스러운 것이 없는 것은 청렴함의 극치요, 다름이 없는 것은 조화로움의 극치이니, 힘써서 청렴한 것은 성인의 청렴함이 아니고, 힘써서 온화한 것은 성인의 온화함이 아니다. 성인은 힘쓰지 않고 생각하지 않아도 이르는 사람이다"라고 하였다. 공 씨가 말하기를, "자임한다는 것은 천하를 자기의 책임으로 삼는 것이다"라고 하였다. 내가 생각하건대, 공자께서는 벼슬하고, 멈추고, 오래하고, 빠르게 함이 각각 옳음에 합당하였으니, 세 사람의 성인 된 까닭을 겸하여 때에 맞게 드러내신 분이므로 세 사람이 하나의 덕으로 이름을 붙이는 것과는 같지 않다. 어떤 사람은 이윤의 출처가 공자와 합치되었는데도 때에 맞게 행한 성인이 되지 못한 것은 무엇 때문인가 하고 의심하였다. 정자가 말하기를, "끝내 자임하는 뜻이 있었기 때문이다"라고 하였다.

張子曰 無所雜者는 淸之極이요 無所異者는 和之極이니 勉而淸은 非聖人之淸이요 勉而和는 非聖人之和라. 所爲聖者는 不勉不思而至焉者也니라 孔氏曰 任者는 以天下爲己責也니라 愚謂 孔子는 仕止久速이 各當其可하시니 蓋兼三子之所以聖者而時出之니 非如三子之可以一德名也니라 或疑伊尹出處合乎孔子어늘 而不得爲聖之時는 何也오 程子曰 終是任底意思在니라.

10-1-6. 공자를 모아서 크게 완성한 분이라고 하는 것이니, 모아서 크게 완성했다는 것은 음악에서 금속성으로 시작하여 옥소리로 거둔다는 뜻이다. 금속성으로 시작한다는 것은 조리 있게 시작한다는 뜻이고, 옥소리

로 거둔다는 것은 조리 있게 끝맺는다는 뜻이다. 조리 있게 시작하는 것은 지혜로운 사람의 일이고, 조리 있게 끝맺는다는 것은 성인의 일이다. 孔子之謂集大成이시니 集大成也者는 金聲而玉振之也라. 金聲也者는 始條理也요 玉振之也者는 終條理也니 始條理者는 智之事也요 終條理者는 聖之事也니라.

이것은 공자께서 세 성인의 일을 모아서 하나의 큰 성인의 일을 만든 것이니, 마치 음악을 만드는 사람이 여러 가지 소리의 작은 것들을 모아서 하나의 큰 소리를 완성하는 것과 같다. '성(成)'은 음악이 한 번 끝나는 것이니, 『서경』에서 말한 '소소가 아홉 번 이루어진다'고 하는 말이 이것이다. '금(金)'은 종의 종류이고, '성(聲)'은 널리 퍼뜨리는 것이니, 죄를 퍼뜨리고 성토하는 소리와 같다. '옥(玉)'은 경쇠이고, '진(振)'은 거둔다는 뜻이니, '마치 바다를 거두어 새지 않게 한다'는 진(振)과 같다. '시(始)'는 시작하는 것이고, '종(終)'은 마치는 것이다. '조리'는 맥락이라는 말과 같은데, 여러 가지 소리를 가리켜 말한 것이다. '지(智)'는 앎이 미치는 곳이고, '성(聖)'은 덕이 나아가는 곳이다. 대개 음악에는 여덟 가지 소리가 있는데, 금(金)·석(石)·사(絲)·죽(竹)·박(匏)·토(土)·혁(革)·목(木)이다. 만약 홀로 하나의 음악을 연주하면 하나의 소리가 스스로 시종이 되어 작은 완성을 하게 된다. 마치 세 사람이 아는 것은 하나에 치우쳐 성취하는 것 역시 하나에 치우치는 것과 같다. 여덟 가지 소리 가운데 금과 석이 중요하다. 그러므로 특히 모든 소리의 기강이 된다. 또 금은 시작할 때 울리고 옥은 끝날 때 접는 것이다. 그러므로 여덟 가지 소리를 함께 연주하면 시작하기 전에 먼저 쇠북을 쳐서 그 소리를 퍼뜨리고, 그 소리가 끝나기를 기다린 다음에 경쇠를 쳐서 그 소리를 거두는 것이다. 시작은 널리 퍼뜨리고 끝날 때는 거두어들이는데, 이 두가지 사이에서 맥락이 서로 관통하여 갖추어지면 작은 음악이 합해져 큰 음악이 이루어지는 것이다. 마치 공자의 지혜가 극진하지 않음이 없고 덕이 온전하지 않음이 없는 것과 같다. '금성옥진'과 '시종조리'는 아마 옛『악경』의 말인 것 같다. 그러므로 아관이 말하기를 "오직 천자가 중화의 극을 세워 모든 조리를 겸하여 금으로 소리를 내고 옥으로 거두신다"라고 하였으니 또한 이러한 의미다.

此는 言孔子集三聖之事하여 而爲一大聖之事니 猶作樂者集衆音之小成하여 而爲一大成也라 成者는 樂之一終이니 書所謂簫韶九成이 是也라 金은 鐘屬이요 聲은 宣也니 如聲罪致討之聲이라 玉은 磬也요 振은 收也니 如振河海而不洩之振이라 始는 始之也요 終은 終之也라 條理는 猶言脈絡이니 指衆音而言也라 智者는 知之所及이요 聖者는 德之所就也라 蓋樂有八音하니 金石絲竹匏土革木이라 若獨奏一音이면 則其一音이 自爲始終而爲一小成이니 猶三子之所知偏於一하여 而其所就亦偏於一也라 八音之中에 金石爲重이라 故로 特爲衆音之綱紀요 又金始震而玉終詘然也라 故로 竝奏八音이면 則於其未作에 而先擊鏄鐘하여 以宣其聲하고 俟其旣闋而後에 擊特磬하여 以收其韻하나니 宣以始之하고 收以終之하여 二者之間에 脈絡通貫하여 無所不備면 則合樂小成而爲一大成이니 猶孔子之知無不盡而德無不全也라 金聲玉振,始終條理는 疑古樂經之言이라 故로 兒寬云 唯天子建中和之極하여 兼總條貫하여 金聲而玉振之라 하니 亦此意也니라.

10-1-7. 지혜를 비유하면 기교요, 성스러움을 비유하면 힘이다. 마치 백 보

밖에서 활을 쏘는 것과 같은데, 화살이 도달하는 것은 그대의 힘이지만, 적중시키는 것은 그대의 힘이 아니다."

智를 譬則巧也ㅇ 聖을 譬則力也니 由射於百步之外也하니 其至는 爾力也 아니와 其中은 非爾力也니라.

이것은 다시 활을 쏘는 기교와 힘을 가지고 성(聖)과 지(智) 두 글자의 뜻을 밝힌 것으로, 공자께서는 기교와 힘을 모두 갖추어 성과 지를 겸비하셨고, 세 사람은 힘에는 남음이 있지만 기교가 부족하다는 것을 나타낸 것이다. 이 때문에 하나의 단계는 비록 성에 이르렀지만 지혜는 시중(時中)에 미치지 못한 것이다. ○이 장은 "세 사람의 행실은 각기 한 쪽에 지극하였으나 공자의 도는 모든 이치를 겸하여 온전하게 하였으니, 치우친 까닭은 처음부터 가려졌기 때문이다. 이 때문에 끝에 결함이 있는 것이다. 온전한 까닭은 앎이 지극함으로 말미암기 때문에 행동이 극진하게 된 것이다. 세 사람은 마치 춘하추동의 한 계절과 같고 공자께서는 태화 원기가 사시에 유행하는 것과 같은 것이다"라고 말한 것이다. 此는 復以射之巧力으로 發明聖智二字之義하여 見孔子는 巧力俱全而聖智兼備하고 三子則力有餘而巧不足이라 是以로 一節이 雖至於聖이나 而智不足以及乎時中也니라. ○此章은 言三子之行은 各極其一偏하고 孔子之道는 兼全於衆理하니 所以偏者는 由其蔽於始라 是以缺於終이요 所以全者는 由其知之至라 是以行之盡이라 三子는 猶春夏秋冬之各一其時요 孔子則太和元氣之流行於四時니라.

10-2-1. 북궁의가 물었다. "주나라 왕실에서 벼슬과 봉록을 규정하는데 어

떻게 하였습니까?"

北宮錡問曰 周室班爵祿也는 如之何잇고.

북궁(北宮)은 성(姓)이요, 의(錡)는 이름이니 위나라 사람이다. '반(班)'은 반열하는 것이다.

北宮은 姓이요 錡는 名이니 衛人이라. 班은 列也라.

10-2-2. 맹자께서 말씀하셨다. "그 자세한 것은 듣지 못했다. 제후들이 그 제도가 자기네들을 해칠까 두려워서 모두 그 전적을 없애 버렸기 때문이다. 그러나 내가 일찍이 그에 관한 대략의 내용은 들은 일이 있다.

孟子曰 其詳은 不可得而聞也로다. 諸侯惡其害己也 而皆去其籍이어니와 然而軻也 嘗聞其略也로라.

당시의 제후들은 토지를 합치고 참람되게 도둑질을 했다. 그러므로 주나라의 제도가 자신들의 일을 방해한다고 싫어했던 것이다.

當時諸侯 兼幷僭竊이라 故로 惡周制妨害己之所爲也라.

10-2-3. 천자가 한 계급, 공이 한 계급, 후가 한 계급, 백이 한 계급, 자와 남이 똑 같이 한 계급이니, 이렇게 모두 다섯 등급이다. 제후국에는 임금이 한 계급, 경이 한 계급, 대부가 한 계급, 상사가 한 계급, 중사가 한 계급, 하사가 한 계급이니, 모두 여섯 등급이다.

天子一位요 公이 一位요 侯一位요 伯이 一位요 子男이 同一位니 凡五等也라. 君이 一位요 卿이 一位요 大夫一位 上士一位 中士一位 下士一

位니 凡六等이라.

이것은 벼슬의 제도다. '오등'은 천하에 통용되는 것이고, '육등'은 나라 가운데 실시하는 것이다.
此는 班爵之制也라 五等은 通於天下하고 六等은 施於國中이라.

10-2-4. 천자의 제도는 땅이 사방 천 리이고, 공과 후는 모두 사방 백 리이며, 백은 사방 70리이고, 자와 남은 사방 50리이니, 모두 네 등급이다. 50리가 되지 못하는 작은 나라는 천자에게 직접 통하지 못하고 제후에 부속되니 이러한 작은 나라를 '부용'이라고 한다.
天子之制는 地方千里요 公侯는 皆方百里요 伯은 七十里요 子男은 五十里니 凡四等이라. 不能五十里는 不達於天子하여 附於諸侯하나니 曰 附庸이니라.

이 이하는 녹봉의 제도다. '불능'은 '부족'과 같다. 소국의 영토가 50리가 되지 못하면 천자에게 직접 통할 수 없고 대국을 통해서 성명을 통하는데, 이것을 부용이라고 말한다. 마치 『춘추』에 나오는 주의보의 종류와 같은 것이다.
此以下는 班祿之制也라 不能은 猶不足也라 小國之地 不足五十里者는 不能自達於天子하고 因大國하여 以姓名通하니 謂之附庸이라 若春秋邾儀父之類 是也니라.

10-2-5. 천자의 경은 제후와 비등하게 땅을 받고, 대부는 백과 비등하게 땅을 받고, 원사는 자와 남과 비등하게 땅을 받는다.

天子之卿은 受地視侯하고 大夫는 受地視伯하고 元士는 受地視子男이니라.

'시'는 비교한다는 뜻이다. 서 씨가 말하기를 "왕기의 안에 도읍과 시골을 제정하여 땅을 받는 것이다"라고 하였다. '원사'는 상사다.
視는 比也라. 徐氏曰 王畿之內에 亦制都鄙受地也라. 元士는 上士也라.

10-2-6. 큰 나라는 땅이 사방 백 리인데, 임금의 녹은 경의 10배이고, 경의 녹은 대부의 4배이며, 대부의 녹은 상사의 배이고, 상사의 녹은 중사의 배이며, 중사의 녹은 하사의 배이고, 하사와 평민으로 관직에 있는 자는 봉록이 같으니, 봉록이 농사짓는 수확과 대치할 수 있었다.
大國은 地方百里니 君은 十卿祿이요 卿祿은 四大夫요 大夫는 倍上士요 上士는 倍中士요 中士는 倍下士요 下士與庶人在官者는 同祿하니 祿足以代其耕也니라.

'십'은 열 배이고, '사'는 네 배이고, '배'는 한 배를 더한 것이다. 서 씨가 말하기를, "대국은 군주의 밭이 3만 2천 무인데 그 수입이 2,880명을 먹일 수 있고, 경의 밭은 3천 2백 무인데 288명을 먹일 수 있으며, 대부의 밭은 800무인데 72명을 먹일 수 있고, 상사의 밭은 400무인데 36명을 먹일 수 있고, 중사의 밭은 200무인데 18명을 먹일 수 있고, 하사와 서민으로 벼슬이 있는 사람은 100무인데 9명에서 5명까지 먹일 수 있다. 서민으로 벼슬에 있는 사람은 부·사·서·도이다"라고 하였다. 내가 생각하건대, 군주 이하 먹는 녹은 모두 조법의 공전인데, 농부의 힘을 빌려 경작하여 조세를 거두는 것이다, 밭이 없는 선비와 관직에 있는 서민은 다만 관청에서 녹을 받아서 밭에서 나는 수입과 같게 할 뿐이다.

十은 十倍之也요 四는 四倍之也요 倍는 加一倍也라 徐氏曰 大國은 君田이 三萬二千畝니 其入이 可食二千八百八十人이요 卿田은 三千二百畝니 可食二百八十八人이요 大夫田은 八百畝니 可食七十二人이요 上士田은 四百畝니 可食三十六人이요 中士田은 二百畝니 可食十八人이요 下士與庶人在官者田은 百畝니 可食九人至五人이라 庶人在官은 府史胥徒也라 愚按 君以下所食之祿은 皆助法之公田이니 藉農夫之力以耕하여 而收其租하고 士之無田與庶人在官者는 則但受祿於官을 如田之入而已니라

10-2-7. 그 다음의 나라는 땅이 사방 70리인데, 임금의 봉록은 경의 10배이고, 경의 봉록은 대부의 3배이며, 대부의 봉록은 상사의 배이고, 상사의 봉록은 중사의 배이며, 중사의 봉록은 하사의 배이고, 하사와 평민으로 관직에 있는 자는 봉록이 같으니, 봉록이 농사짓는 수확과 대치할 수 있었다.

次國은 地方七十里니 君은 十卿祿이요 卿祿은 三大夫요 大夫는 倍上士요 上士는 倍中士요 中士는 倍下士요 下士與庶人在官者는 同祿하니 祿足以代其耕也니라

'삼'은 세 배를 말하는 것이다. 서 씨가 말하기를 "대국 다음의 나라는 군주의 밭이 2만 4천 무인데 2,160 명을 먹일 수 있고, 경의 밭은 2,400무인데 216명을 먹일 수 있다"라고 하였다.

三은 謂三倍之也라 徐氏曰 次國은 君田이 二萬四千畝니 可食二千一百六十人이요 卿田은 二千四百畝니 可食二百十六人이라

10-2-8. 작은 나라는 땅이 사방 50리인데, 임금의 봉록은 경의 10배이고, 경의 봉록은 대부의 2배이며, 대부의 봉록은 상사의 배이고, 상사의 봉록은 중사의 배이며, 중사의 봉록은 하사의 배이고, 하사와 평민으로 관직에 있는 자는 봉록이 같으니, 봉록이 농사짓는 수확과 대치할 수 있었다.
小國은 地方五十里니 君은 十卿祿이요 卿祿은 二大夫요 大夫는 倍上士요 上士는 倍中士요 中士는 倍下士요 下士與庶人在官者는 同祿하니 祿足以代其耕也니라.

'이(二)'는 곧 배다. 서 씨가 말하기를, "소국은 군주의 밭이 1만 6천 무인데 1,440 명을 먹일 수 있고, 경의 밭은 1600무인데 144명을 먹일 수 있다"라고 하였다.
二는 卽倍也라 徐氏曰 小國은 君田이 一萬六千畝니 可食千四百四十人이요 卿田은 一千六百畝니 可食百四十四人이라.

10-2-9. 농사짓는 사람이 받는 것은 한 장정이 백 무씩인데, 백 무를 잘 가꾸면 상농부는 아홉 식구를 먹이고, 상농부에 버금가는 농부는 여덟 식구를 먹이고, 중농부는 일곱 식구를 먹이고, 중농부에 버금가는 농부는 여섯 식구를 먹이고, 하농부는 다섯 식구를 먹인다. 평민으로서 관직에 있는 자의 봉록은 이에 따라 차등을 두었다."
耕者之所獲은 一夫 百畝라 百畝之糞에 上農夫는 食九人하고 上次는 食八人하고 中은 食七人하고 中次는 食六人하고 下는 食五人이니 庶人在官者 其祿이 以是爲差니라.

'획'은 얻는다는 뜻이다. 한 남자와 한 여자가 밭 100무를 갈고 비료를 주는데, 비료를 많이 주고 부지런히 일하는 사람은 상농이 된다. 그 수입은 9명을 먹일 수 있다. 그 다음은 힘을 쓰는 것이 고르지 않으므로 다섯 등급이 있다. 서민으로 벼슬이 있는 사람은 녹을 받는 것이 다르기 때문에 역시 다섯 등급이 있다. ○내가 생각하건대, 이 장의 말은 『주례』「왕제」와 다르기 때문에 상고할 수 없으므로 빼는 것이 좋다. 정자가 말하기를, "맹자 때는 선왕과 거리가 멀지 않고, 서적이 분서갱유를 당하지 않았으나 작록의 제도에 대해서는 자세한 것을 들을 수 없었다. 오늘날의 예서는 모두 불에 타고 남은 것을 모아서 한유들이 일시적으로 견강부회한 것에서 나온 것이 많다. 그런데 어찌 모두 믿고 말을 해석할 수 있겠는가? 그러므로 그 일들에 대해서 일일이 회복할 수 없다"라고 하였다.

獲은 得也라 一夫一婦가 佃田百畝하여 加之以糞하니 糞多而力勤者는 爲上農이니 其所收可供九人이요 其次는 用力不齊라 故로 有此五等이라 庶人在官者는 其受祿不同하여 亦有此五等也라. ○愚按 此章之說은 與周禮王制로 不同하니 蓋不可考라 闕之可也니라 程子曰 孟子之時는 去先王未遠하고 載籍未經秦火로되 然而班爵祿之制를 已不聞其詳이라 今之禮書는 皆掇拾於煨燼之餘하고 而多出於漢儒一時之傳會하니 奈何欲盡信而句爲之解乎아 然則其事를 固不可一一追復矣로다.

10-3-1. 만장이 물었다. "감히 벗의 도리에 대해 여쭈어 보겠습니다." 맹자께서 말씀하셨다. "나이 많은 것을 내세우지 말고, 존귀한 지위에 있는 것을 내세우지 않으며, 자기 형제를 내세워 잘난 체하지 않고 벗을 사귀어야 한다. 벗의 사귐은 그 사람의 덕을 벗하는 것이므로 내세우는 것이

있어서는 안 된다.
萬章이 問曰 敢問友하노이다. 孟子曰 不挾長하며 不挾貴하며 不挾兄弟而友니 友也者는 友其德也니 不可以有挾也니라.

'挾'은 소유하고 그것을 믿는 것을 겸해서 칭하는 것이다.
挾者는 兼有而恃之之稱이라.

10-3-2. 맹헌자는 백 승의 큰 집안이었다. 다섯 사람의 벗이 있었는데, 악정구와 목중이 있고, 나머지 세 사람은 내가 잊어버렸다. 맹헌자는 이 다섯 사람을 벗으로 사귐에 자신의 가문을 내세우지 않고 교우하였다. 이 다섯 사람 역시 맹헌자의 가문을 안중에 두었다면 그와 더불어 벗하지 않았을 것이다.
孟獻子는 百乘之家也라 有友五人焉하더니 樂正裘와 牧仲이요 其三人則予忘之矣로라. 獻子之與此五人者로 友也에 無獻子之家者也니 此五人者亦有獻子之家면 則不與之友矣리라.

맹헌자는 노나라의 어진 대부로 중손멸이다. 장자가 말하기를, "헌자는 자기 세력을 잊고 다섯 사람도 남의 세력을 잊었으니, 그 세력에 의지하지 않고 자기가 가진 것을 이롭게 한 다음에 남의 세력을 잊을 수 있는 것이다. 만약 다섯 사람이 헌자의 가문을 안중에 두었다면 도리어 헌자가 천하게 여겼을 것이다"라고 하였다.
孟獻子는 魯之賢大夫仲孫蔑也라 張子曰 獻子는 忘其勢하고 五人者는 忘人之勢하니 不資其勢而利其有然後에 能忘人之勢라 若五人者有獻子

之家면 則反爲獻子之所賤矣리라.

10-3-3. 단지 백 승의 집안만이 그런 것이 아니라, 비록 작은 나라의 임금이라도 또한 그러한 예가 있다. 비읍의 혜공은 말하기를, '나는 자사에 대해서는 스승으로 섬기고, 안반에 대해서는 벗으로 사귀고, 왕순과 장식은 그들이 나를 섬기는 자들이다'라고 하였다.

非惟百乘之家爲然也라 雖小國之君이라도 亦有之하니 費惠公이 曰 吾於子思則師之矣오 吾於顏般則友之矣오 王順長息則事我者也라 하니라.

혜공은 비읍의 군주다. '사'는 높이는 것이요, '우'는 공경하는 것이다. '나를 섬긴다'는 말은 부린다는 뜻이다.

惠公은 費邑之君也라. 師는 所尊也오 友는 所敬也오 事我者는 所使也라.

10-3-4. 단지 작은 나라의 임금만이 그러한 것이 아니다. 비록 큰 나라의 임금이라도 그러한 예가 있다. 진나라 평공은 해당에 대해서, 그가 들어오라고 하면 들어가고, 앉으라고 하면 앉고, 먹으라고 하면 먹어서 비록 거친 밥과 나물국이라도 일찍이 배불리 먹지 않은 적이 없었으니, 감히 배불리 먹지 않을 수 없었기 때문이다. 그러나 여기서 그쳤을 뿐, 그와 더불어 하늘에서 준 지위를 함께 누리지 않았고, 하늘에서 준 직분을 함께 수행하지 않았고, 하늘에서 내린 봉록을 함께 먹지도 않았다. 이것은 선비가 어진 사람을 공경하는 것이지, 왕공이 어진 사람을 공경하는 것은 아니었다.

非惟小國之君이 爲然也라 雖大國之君이라도 亦有之하니 晉平公之於亥唐

也_에 入云則入_{하며} 坐云則坐_{하며} 食云則食_{하여} 雖疏食菜羹_{이라도} 未嘗不飽_{하니} 蓋不敢不飽也_라 然_{이나} 終於此而已矣_요 弗與共天位也_며 弗與治天職也_{하며} 弗與食天祿也_{하니} 士之尊賢者也_라 非王公之尊賢也_{니라}.

'해당'은 진나라 현인이다. 평공이 이르자 해당이 들어오라고 말하면 공이 들어오고, 앉으라고 말하면 앉고, 먹으라고 말하면 먹었다. '소사'는 거친 밥이다. '불감불포(不敢不飽)'는 어진 사람의 명을 공경하는 것이다. ○범 씨가 말하기를, "지위를 천위, 자리를 천직, 녹을 천록이라고 말하는데, 하늘을 말한 것은 어진 사람을 기다려 천민을 다스리게 하는 것이니 임금이 전횡하는 것이 아니다"라고 하였다.

亥唐_은 晉賢人也_라 平公_이 造之_에 唐言入_{이라야} 公乃入_{하고} 言坐_{라야} 乃坐_하고 言食_{이라야} 乃食也_라 疏食_는 糲飯也_라 不敢不飽_는 敬賢者之命也_라. ○范氏曰 位曰天位_요 職曰天職_{이요} 祿曰天祿_{이라} _{하니} 言 天所以待賢人_{하여} 使治天民_{이니} 非人君所得專者也_{니라}.

10-3-5. 순이 높은 자리에 올라가 요 임금을 뵈었을 때, 요 임금은 사위 순을 부궁에 머물게 하고, 또 순을 위해 향연을 베풂에 서로 객이 되고 주인이 되었다. 이것은 천자의 몸으로 필부를 벗으로 사귄 것이다.

舜_이 尙見帝_{어시늘} 帝館甥于貳室_{하시고} 亦饗舜_{하여} 迭爲賓主_{하시니} 是_는 天子而友匹夫也_{니라}.

'상'은 오른다는 뜻인데, 순이 지위가 상승되어 요 임금을 알현한 것이다. '관'은 머무는 곳이다. 예에 처의 아버지를 외구(外舅)라고 한다고 하였는데, 나에게 구라고 하는 사람을 나는 질이라고 한다. 요 임금이 딸을 순에게 시집보냈다. 그러므로 생이라고 말한 것이다. '이실'은 부궁인데, 요 임금이 순을 부궁에 머물게 하고 나아가 음식을 먹게 하신 것이다.
尙은 上也니 舜上而見於帝堯也라 館은 舍也라 禮에 妻父曰外舅니 謂我舅者를 吾謂之甥이라 하니 堯以女妻舜이라 故로 謂之甥이라 貳室은 副宮也니 堯舍舜於副宮而就饗其食하시니라.

10-3-6. 아랫사람으로서 윗사람을 공경하는 것을 귀한 사람을 귀하게 여긴다고 이르고, 윗사람으로서 아랫사람을 공경하는 것을 어진 사람을 높인다고 하는 것이니, 귀한 사람을 귀하게 여기는 것과 어진 사람을 높이는 것은 그 뜻이 똑같은 것이다."
用下敬上을 謂之貴貴요 用上敬下를 謂之尊賢이니 貴貴尊賢이 其義一也니라.

'귀귀' '존현'은 모두 일의 마땅함이다. 그러나 당시에는 다만 '귀한 사람을 귀하게 여기는 것'만을 알고 '어진 사람을 존경하는 것'은 알지 못했다. 그러므로 맹자께서 "그 의미는 한가지다"라고 하셨다. ○이것은 "붕우는 인륜의 하나인데 인으로 서로 돕는 것이다. 그러므로 천자가 필부를 벗으로 삼아도 굽히는 것이 아니고, 필부가 천자를 벗으로 삼아도 참람된 것이 아니다"라고 말한 것이다. 이것은 요 임금과 순 임금이 인륜의 지극함으로 여긴 것이니 맹자께서 말씀마다 일컬은 것이다.
貴貴, 尊賢은 皆事之宜者라 然이나 當時에 但知貴貴而不知尊賢이라 故로 孟子曰 其義一也라 하시니라. ○此는 言朋友는 人倫之一이니 所以輔仁이라

故로 以天子友匹夫而不爲詘이요 以匹夫友天子而不爲僭이니 此는 堯舜
所以爲人倫之至而孟子言必稱之也시니라.

10-4-1. 만장이 물었다. "감히 여쭈어보겠습니다. 교제하는 데는 어떤 마음
으로 해야 합니까?" 맹자께서 말씀하셨다. "공경하는 마음으로 해야 하느
니라."
萬章이 問曰 敢問交際는 何心也잇고. 孟子曰 恭也니라.

'제'는 교제하는 것인데, 교제는 사람이 예의와 폐백으로 서로 교제하는
것을 말한다.
際는 接也니 交際는 謂人以禮儀幣帛으로 相交接也라.

10-4-2. 만장이 말했다. "자꾸 받지 않고 물리치는 것을 공경스럽지 못하다
고 하는 것은 무엇 때문입니까?" 맹자께서 말씀하셨다. "존귀한 사람이
주는데 그것을 취하는 것이 의로운 것인가 의롭지 않은 것인가를 따진
뒤에 받는다면 공경스럽지 못한 것이 된다. 그래서 물리치지 않는 것이
다."
曰 却之却之 爲不恭은 何哉잇고. 曰 尊者賜之어든 曰 其所取之者義乎아
不義乎아 而後受之라 以是爲不恭이니 故로 弗却也니라.

'각(却)'은 받지 않고 돌려보내는 것이다. 거듭 말한 이유는 자세하지 않
다. 만장이 교제할 때 물리치는 것이 있으면 사람들이 불공하다고 여기
는 것을 의심하여 물은 것이다. 맹자께서 말씀하시기를, "존귀한 사람이

주면 이 물건을 받는 것이 의에 맞는지 아닌지를 마음속으로 몰래 생각해서 반드시 의에 합당한 뒤에 받는 것이고 합당하지 않으면 물리치는 것이다. 그렇기 때문에 물리치는 것은 불공한 것이다"라고 하셨다.

却은 不受而還之也라 再言之는 未詳이라. 萬章이 疑交際之間에 有所却者면 人便以爲不恭이라 하니 何哉오 孟子言 尊者之賜에 而心竊計其所以得此物者未知合義與否하여 必其合義然後에 可受요 不然則却之矣니 所以却之爲不恭也라 하시니라.

10-4-3. 만장이 말했다. "청하건대, 말로 직접 물리치지 않고 마음으로 물리치며, 말하기를 '그것은 백성들한테서 취한 불의한 것이다'라고 생각하고, 다른 구실을 대서 받지 않으면 되지 않겠습니까?" 맹자께서 말씀하셨다. "정도로써 교제하고 예를 갖추어 대접하면 이것은 공자께서도 받으셨다."

曰 請無以辭却之요. 以心却之曰 其取諸民之不義也 而以他辭로 無受不可乎잇가. 曰 其交也以道요. 其接也以禮면 斯는 孔子도 受之矣시니라.

만장은 '저 사람이 얻은 것이 이미 불의한 것이라면 준 것을 받을 수 없다고 생각했다. 다만 말로써 거절하지 않고 마음으로 옳지 않은 것을 헤아려 다른 말로 핑계를 대서 물리쳐야 하는데, 이러한 일이 옳은 일인가 그른 일인가?'를 물은 것이다. 정당한 도리로 사귄다는 것은 노자를 주어 보내고, 소문을 경계하고, 굶주린 사람을 도와주는 종류다. 예로써 교제한다는 것은 명령을 알리고 공경하게 하는 절차를 말한다. 공자께서 받으셨다는 것은 양화가 삶은 돼지를 준 것과 같은 종류다.

萬章以爲彼既得之不義면 則其餽를 不可受니 但無以言辭間而却之요 直以心度其不義하여 而託於他辭以却之니 如此可否邪아 하니라 交以道는 如餽贐聞戒周其飢餓之類요 接以禮는 謂辭命恭敬之節이라 孔子受之는 如受陽貨蒸豚之類也니라.

10-4-4. 만장이 말했다. "지금 성문 밖에서 사람을 가로막고 재물을 강탈한 자가 있는데, 정도로써 교제하고 예로써 선물을 보내준다면, 그런 경우에는 강탈한 것이라도 받을 수 있습니까?" 맹자께서 말씀하셨다. "안 된다. 『서경』「강고(康誥)」에서 말하기를 '재물 때문에 사람을 죽이고도 감히 죽음을 두려워하지 않으면 모든 백성들이 원망하지 않는 이가 없다'고 하였으니, 그런 자는 타일러 가르칠 것도 없이 죽여 마땅한 자다. 어떻게 그런 물건을 받겠느냐?"

萬章이 曰 今有禦人於國門之外者 其交也以道요 其餽也以禮면 斯可受禦與잇가. 曰 不可하니 康誥에 曰 殺越人于貨하여 閔不畏死를 凡民이 罔不譈라 하니 是는 不待敎而誅者也니 殷受夏周受殷所不辭也 於今爲烈 如之何其受之리오.

'어(禦)'는 멈추는 것인데, 사람을 멈추게 하여 죽이고 재물을 약탈하는 것이다. '국문지외'는 사람이 없는 곳이다. 만장은 진실로 물건의 출처를 묻지 않고 다만 사귀는 예를 본다면, 설령 사람을 가로막고 강탈하여 얻은 재물을 예로써 나에게 준다면 받을 수 있느냐고 질문한 것이다. '강고'는 『주서』의 편명이다. '월'은 넘어뜨리는 것이다. 오늘날 『서경』에는 민(閔)은 민(暋)으로 쓰고 범민(凡民) 두 글자가 없다. '대(譈)'는 원망한다는 뜻이다. 사람을 죽여 넘어뜨리고 재물을 취하고도 태연히 죽음을 두려워하지 않으면 백성들이 원망할 것이라고 말한 것이다. 맹자께서 이러한 사람은 교육과 훈계를 기다릴 것도 없이 당장 죽여야 할 자인데 어찌 그들이 준 물건을 받겠는가라고 말씀하신 것이다. '은수(殷受)'에서 '위열(爲烈)'까지 14글자는 말뜻이 고르지 않아 이 씨는 여기에 반드시 착간이나 빠진 글이 있다고 생각하였는데, 거의 그런 것 같다. 나는 다만 빠진 글자가 있을 거라고 생각한다. 그러나 고증할 방법이 없으니 우선 빼는 것이 좋을 것 같다.

禦는 止也니 止人而殺之하고 且奪其貨也라 國門之外는 無人之處也라 萬章以爲苟不問其物之所從來하고 而但觀其交接之禮면 則設有禦人者 用其禦得之貨하여 以禮餽我면 則可受之乎아하니라 康誥는 周書篇名이라 越은 顚越也라 今書에 閔은 作瞀하고 無凡民二字하니라 譈는 怨也라 言殺人而顚越之하고 因取其貨하여 閔然不知畏死를 凡民이 無不怨之라 孟子言此乃不待敎戒而當卽誅者也니 如何而可受之乎아 하시니라 殷受至爲烈十四字는 語意不倫하니 李氏以爲此必有斷簡或闕文者가 近之어니와 而愚는 意其直爲衍字耳라 然이나 不可考하니 姑闕之可也니라.

10-4-5. 만장이 말했다. "지금의 제후들이 백성한테서 재물을 취하는 것이 강탈하는 것과 같습니다. 진실로 예와 교제를 잘 하면 그런 경우에는 군자도 받는다고 하시니 감히 무슨 말씀인지 여쭈어 보겠습니다." 맹자께서 말씀하셨다. "그대 생각에는 왕자가 일어난다면 지금의 제후들을 모조리 죽이겠는가? 그들을 가르쳤는데도 고쳐지지 않은 뒤에 죽이겠는가? 자기의 소유가 아닌데 취하는 것을 도둑이라고 하는 것은 유추하여 뜻이

지극한 데까지 이른 극단적인 표현이다. 공자께서 노나라에서 벼슬하고 계실 때, 노나라 사람들이 엽각을 하면 공자께서도 엽각을 하셨다. 엽각이 괜찮다면, 하물며 제후가 내려 주는 것을 받는 것이야 무슨 문제가 되겠느냐?"

曰 今之諸侯取之於民也 猶禦也_{어늘} 苟善其禮際矣_면 斯_는 君子_도 受之_라 _{하시니} 敢問何說也_{니잇고}. 曰 子以爲有王者作_{인댄} 將比今之諸侯而誅之乎_아. 其敎之不改而後_에 誅之乎_아. 夫謂非其有而取之者_를 盜也_는 充類至義之盡也_라. 孔子之仕於魯也_에 魯人_이 獵較_{이어늘} 孔子亦獵較_{하시니} 獵較_도 猶可_온 而況受其賜乎_{인져}.

'비(比)'는 잇는다는 뜻이다. 오늘날 제후가 백성에게 취하는 것이 진실로 불의한 것이 많다. 그러나 왕자가 일어난다면 반드시 연결하여 모두 죽이지 않고 반드시 가르쳐서 고쳐지지 않은 다음에야 죽이는 것이다. 사람을 강탈하는 도둑이 가르침을 기다리지 않고 죽이는 것과는 다르다. 국문 밖에서 사람을 강탈하는 것과 자기 것이 아닌데 취하는 것은 두 가지 모두 불의한 종류다. 그러나 반드시 사람을 강탈하는 사람이라야 진짜 도둑이요, 자기 것이 아닌데 취하는 것을 도둑이라고 말하는 것은 유추해서 뜻이 지극히 정밀한 지경에 이르러 극단적으로 말한 것뿐이지 진짜 도둑이라고 하는 것이 아니다. 그러므로 오늘날의 제후가 비록 자기 것이 아닌 것을 취하지만 어찌 사람을 강탈하는 도둑과 같겠는가? 또한 공자의 일을 인용하여 세속에서 숭상하는 것을 따를 수 있음을 밝힌 것이니, 하물며 주는 것을 받는 것이 어찌 불가하겠는가? '엽각'의 뜻은 자세하지 않은데, 조 씨는 "사냥하면서 서로 겨루어 금수를 빼앗아 제사지내는 것이다. 공자께서 어기지 않은 것은 세속과 조금 같은 것이다"라고 말하고, 장 씨는 "사냥을 해서 획득한 것의 다소를 비교하는 것이다"라고 하였으니 두 설 가운데 누가 옳은지는 모르겠다.

比는 連也라 言今諸侯之取於民이 固多不義나 然이나 有王者起면 必不連合而盡誅之요 必敎之不改而後에 誅之니 則其與禦人之盜不待敎而誅者로 不同矣라 夫禦人於國門之外와 與非其有而取之는 二者固皆不義之類나 然이나 必禦人이라야 乃爲眞盜요 其謂非有而取爲盜者는 乃推其類하여 至於義之至精至密之處而極言之耳요 非便以爲眞盜也니 然則今之諸侯雖曰取非其有나 而豈可遽以同於禦人之盜也哉리오 又引孔子之事하여 以明世俗所尙을 猶或可從이니 況受其賜何爲不可乎아 獵較는 未詳이라 趙氏는 以爲田獵相較하여 奪禽獸以祭니 孔子不違는 所以小同於俗也라 하고 張氏는 以爲獵而較所獲之多少也라 하니 二說이 未知孰是라

10-4-6. 만장이 말했다. "그렇다면 공자께서 벼슬한 것은 도를 행하려는 것이 아니었습니까?" 맹자께서 말씀하셨다. "도를 행하려는 것이었다." 만장이 말했다. "도를 행하려고 하셨다면 왜 엽각을 하셨습니까?" 맹자께서 말씀하셨다. "공자께서는 먼저 장부에 의해서 제기를 바로잡았다. 사방의 진기한 식품으로 장부에 바로잡아 놓은 제기에 공급하지 않도록 하셨다." 만장이 말했다. "그런데 왜 그만두고 떠나지 않으셨습니까?" 맹자께서 말씀하셨다. "도가 행해질 징조가 있었기 때문이다. 그 징조가 충분히 실행될 만한 것이었는데도 실행되지 못한 뒤에야 떠나셨으니, 이 때문에 일찍이 3년이 지나도록 머물러 계신 곳이 없으셨던 것이다.

曰 然則孔子之仕也는 非事道與잇가 曰 事道也시니라 事道어시니 奚獵較

也잇고. 曰 孔子先簿正祭器하사 不以四方之食으로 供簿正하시니라. 曰 奚不
去也시니잇고. 曰 爲之兆也시니 兆足以行矣而不行而後에 去하시니 是以로
未嘗有所終三年淹也시니라.

이것은 공자의 일로 인하여 반복해서 변론한 것이다. '사도(事道)'는 도
를 행하는 것을 일삼는 것이다. '도를 행하려고 하셨다면 왜 엽각을 하셨
습니까?'라고 한 것은 만장이 질문한 것이다. 먼저 장부에 제기를 바르게
한 것은 무슨 의미인지 자세하지 않다. 서 씨가 말하기를, "먼저 장부에
기록하여 제기를 바르게 해서 정수가 있게 하고, 사방에서 얻기 어려운
물건으로 가득 채우지 않는 것이다. 제기에는 일정한 수가 있으니 채우
는 데 일정한 품목이 있으면 근본이 바르게 된다. 저 엽각이라는 것은
장차 오래되어서 스스로 폐지된 것이니 옳고 그름을 알 수 없다. '조(兆)'
는 작은 조짐과 같으니 대개 일의 단서다. 공자께서 떠나지 않은 것은
도를 행하는 단서를 조금 시험해서 사람들에게 보이고, 나의 도가 과연
행할 수 있다는 것을 알게 하신 것이다. 만약 그 단서는 이미 시행할 수
있는데, 사람이 마침내 행하지 못한 다음에 부득이 떠나는 것이다. 대개
떠나는 것이 비록 가벼운 것은 아니지만, 또한 흔쾌하지 않은 것도 아니
다. 그러므로 일찍이 삼 년 동안 한 나라에 머무르지 않으셨다"라고 하
였다.

此는 因孔子事而反覆辯論也라. 事道者는 以行道爲事也라. 事道奚獵較
也는 萬章問也라. 先簿正祭器는 未詳이라. 徐氏曰 先以簿書로 正其祭器
하여 使有定數而不以四方難繼之物實之니 夫器有常數니 實有常品이면
則其本正矣라. 彼獵較者 將久而自廢矣라 하니 未知是否也라. 兆는 猶小

之兆니 蓋事之端也라. 孔子所以不去者는 亦欲小試行道之端하여 以示
於人하여 使知吾道之果可行也라. 若其端旣可行인데 而人不能遂行之然
後에 不得已而必去之하시니 蓋其去雖不輕이나 而亦未嘗不決이라. 是以로
未嘗終三年留於一國也시니라.

10-4-7. 공자께서는 도가 행해질 가능성이 있음을 보시고 벼슬하셨고, 예를
갖추어 대접해준 경우에 벼슬하셨고, 현자를 기르는 예를 다할 경우에
벼슬하셨다. 계환자에게서는 도가 행해질 가능성이 있음을 보시고 벼슬
하셨고, 위 영공에게서는 예를 갖추어 대접해 주어서 벼슬하셨고, 위 효
공에게서는 현자를 길러 주는 예를 다해 주어서 벼슬을 하신 것이다."
孔子有見行可之仕하시며 有際可之仕하시며 有公養之仕하시니 於季桓子엔
見行可之仕也요 於衛靈公엔 際可之仕也요 於衛孝公엔 公養之仕也니라.

'견행가(見行可)'는 도가 행해질 수 있음을 보는 것이다. '제가(際可)'는
예로 대접하는 것이다. '공양(公養)'은 임금이 어진 사람을 기르는 예다.
계환자는 노나라의 경으로 계손사다. 위령공은 위후 원(元)이다. 효공은
『춘추』와 『사기』에 모두 없는데 아마도 출공첩인 것 같다. 공자께서 노
나라에서 벼슬할 때에 벼슬하는 경우에는 이 세 가지가 있음을 말한 것
이다. 그러므로 노나라에서는 행할 만한 조짐이 있었으나 행해지지 않은
다음에 떠나셨고, 위나라의 일은 교제하면서 선물을 받고 물리치지 않은
하나의 증거다. ○윤 씨가 말하기를, "맹자의 뜻을 듣지 못하면 스스로
좋아하는 사람은 오릉의 중자일 뿐이다. 성현께서 사양하고 받고 나가고
물러가는 것은 오직 뜻에 달려 있다. 내가 생각하건대, 이 장의 글 뜻은

알 수 없는 것이 많으니 반드시 억지로 하도록 한 말은 아니다.

見行可는 見其道之可行也요 際可는 接遇以禮也요 公養은 國君養賢之禮也라 季桓子는 魯卿季孫斯也라 衛靈公은 衛侯元也라 孝公은 春秋史記에 皆無之하니 疑出公輒也라 因孔子仕魯而言其仕有此三者라 故로 於魯則兆足以行矣而不行然後去요 而於衛之事엔 則又受其交際問饋而不卻之一驗也니라 ○ 尹氏曰 不聞孟子之義면 則自好者 爲於陵仲子而已니 聖賢辭受進退는 惟義所在니라 愚按컨대 此章文義는 多不可曉하니 不必强爲之說이니라

10-5-1. 맹자께서 말씀하셨다. "벼슬을 하는 것이 가난 때문에 하는 것은 아니지만, 때로는 가난 때문에 하기도 한다. 아내를 맞는 것은 부모를 봉양하기 위한 것은 아니지만, 때로는 부모의 봉양 때문에 하기도 한다.
孟子曰 仕非爲貧也 而有時乎爲貧하며 娶妻 非爲養也 而有時乎爲養이니라

벼슬하는 것은 본래 도를 행하기 위한 것이지만, 또한 집이 가난하거나 부모가 늙었거나 혹은 도가 때에 따라 어긋나서 다만 봉록을 위해서 벼슬하는 사람도 있다. 마치 아내를 얻는 것이 본래 대를 잇기 위한 것이지만, 직접 조석을 짓지 못하기 때문에 부모를 봉양하기 위한 것일 수도 있다.
仕는 本爲行道로되 而亦有家貧親老하고 或道與時違而但爲祿仕者하니 如娶妻本爲繼嗣로되 而亦有爲不能親操井臼而欲資其饋養者니라

10-5-2. 가난 때문에 벼슬하는 사람은 높은 자리를 사양하고 낮은 자리에 있어야 하며, 많은 봉록을 사양하고 적은 봉록을 받아야 한다.
爲貧者는 辭尊居卑하며 辭富居貧이니라.

빈부는 봉록의 많고 적음을 말한다. 벼슬하는 것이 도를 행하기 위한 것이 아니면 이미 출처가 바르지 않게 된다. 그러므로 거처하는 것을 마땅히 이와 같이 해야 한다.
貧富는 謂祿之厚薄이라. 蓋仕不爲道면 已非出處之正이라 故로 其所居但當如此니라.

10-5-3. 높은 자리를 사양하고 낮은 자리에 있고 많은 봉록을 사양하고 적은 봉록을 받으려면 무슨 자리가 마땅한가? 관문을 지키는 문지기나 야경꾼 정도가 알맞다.
辭尊居卑하며 辭富居貧은 惡乎宜乎오. 抱關擊柝이니라.

'탁(柝)'은 야경꾼이 나무를 치는 것이다. 가난 때문에 벼슬하는 사람은 비록 도를 행하는 것을 주로 삼지는 않지만 또한 구차하게 녹을 먹지도 않는다. 그러므로 오직 문지기나 야경꾼 같은 관리만이 지위가 낮고 봉록이 적어서 그 직분에 쉽게 맞으니 그런 사람들이 마땅히 거처할 곳이다. 이 씨가 말하기를, "도가 행해지지 않는데 가난 때문에 벼슬하는 사람은 이것을 법으로 삼아야 한다. 만약 그렇지 않다면 지위를 탐하고 봉록을 좋아하는 것일 뿐이다"라고 하였다.
柝은 夜行所擊木也라. 蓋爲貧者는 雖不主於行道나 而亦不可以苟祿이라

故로 惟抱關擊柝之吏位卑祿薄하여 其職易稱하니 爲所宜居也니라. 李氏
曰 道不行矣요. 爲貧而仕者는 此其律令也니 若不能然이면 則是貪位慕
祿而已矣니라.

10-5-4. 공자께서 일찍이 위리가 되어 '회계를 합당하게 할 뿐이다'라고 말
씀하셨고, 또 승전이 되어서 말씀하시기를 '소와 양을 포동포동 살찌고
자라게 할 뿐이다'라고 하셨다.
孔子 嘗爲委吏矣하사 曰 會計를 當而已矣라 하시고 嘗爲乘田矣하사 曰 牛
羊을 茁壯長而已矣라 하시니라.

이것은 공자께서 가난 때문에 벼슬한 것이다. '위리'는 곡식 창고를 주관
하는 관리다. '승전'은 목장에서 희생을 기르는 일을 주관하는 관리다.
'줄'은 살찐 모습이다. 공자와 같은 위대한 성인께서도 일찍이 천한 관리
가 되었지만 욕되게 여기지 않은 것은 이른바 가난 때문에 벼슬하였으므
로 관직이 낮고 봉록이 박하여 직분에 안성맞춤이었다.
此는 孔子之爲貧而仕者也라. 委吏는 主委積之吏也요. 乘田은 主苑囿芻
牧之吏也라. 茁은 肥貌라. 言以孔子大聖으로도 而嘗爲賤官이로되 不以爲
辱者는 所謂爲貧而仕하여 官卑祿薄而職易稱也니라.

10-5-5. 벼슬이 낮은데도 말을 높게 하는 것은 죄가 되고, 남의 조정에 있
으면서 도가 행해지지 않는 것도 수치스런 일이다."
位卑而言高 罪也요 立乎人之本朝而道不行이 恥也니라.

벼슬에 나가는 것을 죄로 여기면 도를 행할 책임이 없는 것이고, 도를 없애는 것을 부끄러움으로 여기면 봉록을 훔치는 관리는 아니다. 이것은 가난 때문에 벼슬하는 사람은 반드시 높고 부유한 것을 사양하고 차라리 가난하고 천한 것에 처하는 까닭이다. ○윤 씨가 말하기를, "가난 때문에 벼슬하는 사람은 높은 자리에 앉아서는 안 되고, 높은 자리에 앉는 사람은 반드시 도를 행해야 함을 말한 것이다"라고 하였다.

以出位爲罪면 則無行道之責이요 以廢道爲恥면 則非竊祿之官이니 此는 爲貧者之所以必辭尊富而寧處貧賤也니라. ○尹氏曰 言爲貧者는 不可以居尊이요. 居尊者는 必欲以行道니라.

10-6-1. 만장이 말했다. "선비가 제후에게 몸을 의지하지 않는 것은 무엇 때문입니까?" 맹자께서 말씀하셨다. "감히 그렇게 할 수 없기 때문이다. 제후가 나라를 잃은 뒤에 다른 제후에게 의지하는 것은 예이지만, 선비가 제후에게 의지하는 것은 예가 아니다."

萬章이 曰 士之不託諸侯는 何也잇고. 孟子曰 不敢也니라. 諸侯 失國而後에 託於諸侯는 禮也요. 士之託於諸侯는 非禮也니라.

'탁(託)'은 의지하는 것이니 벼슬하지 않고 봉록만 먹는 것을 말한다. 옛날에 제후가 다른 나라로 달아나 창고의 곡식을 먹는 것을 기공(寄公)이라 말한다. 사(士)는 작토가 없어서 제후에게 비교할 수 없으니 벼슬하지 않고 봉록만 먹으면 예가 아니다.

託은 寄也니 謂不仕而食其祿也니라. 古者에 諸侯出奔他國하여 食其廩餼를 謂之寄公이라. 士無爵土하여 不得比諸侯하니 不仕而食祿이면 則非禮也니라.

10-6-2. 만장이 말했다. "임금이 곡식을 보내 주면 받아도 됩니까?" 맹자께서 말씀하셨다. "받아도 된다." 만장이 말했다. "받아도 되는 것은 무슨 뜻입니까?" 맹자께서 말씀하셨다. "임금은 백성에 대해서는 진실로 구제하는 것이다."

萬章이 曰 君이 餽之粟則受之乎잇가. 曰 受之니라. 受之는 何義也잇고. 曰 君之於氓也에 固周之니라.

'주(周)'는 구제하는 것이다. 궁핍한 사람을 보면 구휼하는 데 일정한 수가 없으니 임금이 백성을 대우하는 예법이다.

周는 救也라. 視其空乏이면 則周卹之니 無常數하니 君待民之禮也라.

10-6-3. 만장이 말했다. "구제해 주면 받고, 하사하면 받지 않는 것은 무엇 때문입니까?" 맹자께서 말씀하셨다. "감히 그렇게 할 수 없기 때문이다." 만장이 물었다. "감히 여쭈어 보겠습니다. 감히 받지 못한다는 것은 무슨 이유 때문입니까?" 맹자께서 말씀하셨다. "문지기나 야경꾼도 모두 일정한 직책이 있어서 임금에게 봉록을 받아 먹는데, 일정한 직책이 없이 임금에게 하사 받는 것은 공경스럽지 않다고 여기기 때문이다."

曰 周之則受하고 賜之則不受는 何也잇고. 曰 不敢也니라. 曰 敢問其不敢은 何也잇고. 曰 抱關擊柝者 皆有常職하여 以食於上하나니 無常職而賜於上者를 以爲不恭也니라.

'사(賜)'는 주는 것을 말한다. 봉록은 정해진 수가 있으니 임금이 신하를 대우하는 예법이다.

賜는 謂予之이니 祿有常數하니 君所以待臣之禮也라.

10-6-4. 만장이 말했다. "임금께서 보내주시면 받는다고 하시니, 잘 모르겠습니다만 계속해서 받아도 괜찮습니까?" 맹자께서 말씀하셨다. "목공이 자사에게 자주 안부를 묻고 자주 익은 고기를 보내 주었다. 그러나 자사께서는 좋아하지 않고 마침내는 보내온 사자에게 손짓하여 대문 밖으로 내보내고, 북쪽을 향해 머리를 조아려 두 번 절하고 나서, 임금이 보내준 것을 받지 않고 말하기를, '이제야 임금께서 나를 개나 말처럼 기른다는 것을 알았다'라고 말했다. 대개 이로부터 심부름꾼을 통해서 고기를 보내 주는 일이 없어졌으니, 어진 사람을 좋아하면서도 등용하지 못하고 또 봉양하지 못한다면, 어진 사람을 좋아한다고 할 수 있겠느냐?"

曰君이 餽之則受之라 하시니 不識케이다. 可常繼乎잇가. 曰 繆公之於子思也에 亟問하고 亟餽鼎肉이어시늘 子思不悅하사 於卒也에 摽使者하여 出諸大門之外하시고 北面稽首再拜 而不受曰 今而後에 知君之犬馬畜伋이라 하시니 蓋自是로 臺無餽也하니 悅賢不能擧요 又不能養也면 可謂悅賢乎아.

'기(亟)'는 자주라는 뜻이다. '정육'은 삶은 고기다. '졸'은 끝내라는 뜻이다. '표'는 손짓하는 것이다. 자주 임금의 명령으로 선물을 보내주면 마땅히 절하고 받아야 하는데, 이것은 현자를 기르는 예법이 아니다. 그러므로 기뻐하지 않고 끝내 다시 선물을 가지고 왔을 때에 사자에게 손짓하여 내 보내고 절하고 사양하였다. '나를 개와 말처럼 가른다'는 것은 예로써 자기를 대우하지 않았음을 말한 것이다. '대'는 천한 관직이니 임금의 명을 전달하는 일을 주로 삼는 자다. 목공이 부끄러워하고 깨달아

서 이로부터 다시는 심부름하는 사람에게 고기를 보내는 명령을 내리지
않았다. '거'는 등용한다는 뜻이다. 기를 수 있는 사람도 반드시 등용하
지 못하는데, 하물며 기를 수 없는 것이야 어떻겠는가?

亟는 數也라. 鼎肉은 熟肉也라. 卒은 末也라. 標는 麾也라. 數以君命來餽면
當拜受之니 非養賢之禮라. 故로 不悅而於其末後復來餽時에 麾使者出하
고 拜而辭之하시니라. 犬馬畜伋은 言不以人禮待己也라. 臺는 賤官이니 主使
令者라. 蓋繆公愧悟하여 自此로 不復令臺來致餽也라. 擧는 用也라. 能養
者도 未必能用이어든 況又不能養乎아.

10-6-5. 만장이 물었다. "감히 여쭈어 보겠습니다. 나라의 임금이 군자를 기
르고자 한다면 어떻게 해야 기른다고 할 수 있겠습니까?" 맹자께서 말씀
하셨다. "임금의 명령으로 보내 주면 두 번 절하고 머리를 조아리며 받
는 것이다. 그 뒤에 창고를 맡은 관원은 양곡을 계속해서 대주고, 고기
를 맡은 관원은 고기를 대주는데 임금의 명령으로 보내지 않는 것이다.
자사는 익은 고기를 보내서 자기를 귀찮게 자주 절하게 만드는 것은 군
자를 기르는 도리가 아니라고 생각했던 것이다.

曰 敢問國君이 欲養君子인댄 如何라야 斯可謂養矣리잇고. 曰 以君命將之
어든 再拜稽首而受하나니 其後에 廩人이 繼粟하며 庖人이 繼肉하여 不以君命
將之니 子思以爲鼎肉이 使己僕僕爾亟拜也라 非養君子之道也라 하시니라.

처음에 임금의 명령으로 와서 선물을 주면 마땅히 절하고 받았으나 그
뒤에 유사들이 각각 자기의 직책에 따라서 없는 것을 보내주고 임금의
명령으로 보내지 않는 것인데, 이것은 어진 사람이 자주 절하는 수고를

없게 하려는 것이다. '복복'은 번거롭고 함부로 하는 모습이다.

初以君命來餼면 則當拜受니 其後에 有司各以其職으로 繼續所無요 不以君命來餼하여 不使賢者有亟拜之勞也라. 僕僕은 煩猥貌라.

10-6-6. 요 임금은 순에 대해서 자기의 아홉 아들을 시켜서 순을 섬기게 하고, 두 딸을 그에게 시집보냈다. 또한 백관과 소와 양과 창고를 갖추어서 순을 밭 가운데서 봉양하게 하였다. 그런 뒤에 그를 등용하여 윗자리에 앉혔으니, 그러므로 말하기를, '왕공이 현자를 존경한 것이다'라고 한다.

堯之於舜也에 使其子九男으로 事之하며 二女로 女焉하시고 百官牛羊倉廩을 備하여 以養舜於畎畝之中이러시니 後에 擧而加諸上位하니 故로 曰 王公之尊賢者也니라.

어진 사람을 봉양하고 등용하는 것은 현자를 기쁘게 하는 지극함이다. 오직 요순만이 극진하게 할 수 있었으니 후세 사람들이 마땅히 본받아야 할 것이다.

能養能擧는 悅賢之至也라. 惟堯舜이 爲能盡之하시니 而後世之所當法也니라.

10-7-1. 만장이 말했다. "감히 여쭈어 보겠습니다. 제후를 만나지 않는 것은 무슨 뜻입니까?" 맹자께서 말씀하셨다. "국도에 살고 있는 사람을 시정지신(市井之臣)이라 하고, 초야에 사는 사람을 초망지신(草莽之臣)이라 하는데, 이들을 모두 서민이라고 한다. 서민은 예물을 드리고 신하가 되지 않고서는 감히 제후를 만나보지 못하는 것이 예다."

萬章이 曰 敢問不見諸侯는 何義也잇고. 孟子曰 在國曰 市井之臣이오 在野曰 草莽之臣이라 皆謂庶人이니 庶人이 不傳質爲臣하얀 不敢見於諸侯禮也니라.

'전'은 통하는 것이다. '질'이란 선비는 꿩을 가지고, 서인은 오리를 가지고 서로 만나서 통하는 것이다. 나라 안에서는 군신관계가 아닌 것이 없지만, 벼슬하지 않는 사람은 폐백을 잡는 것이 재위에 있는 신하와 다르다. 그러므로 감히 만나지 못한다.

傳은 通也라. 質者는 士執雉하고 庶人執鶩하여 相見以自通者也라. 國內莫非君臣이나 但未仕者는 與執贄在位之臣으로 不同이라. 故로 不敢見也니라.

10-7-2. 만장이 말했다. "서민은 부역으로 부르면 가서 부역을 합니다. 그런데 임금이 그를 만나고 싶어서 부르면 가서 만나지 않는 것은 어떤 이유에서입니까?" 맹자께서 말씀하셨다. "가서 부역을 하는 것은 의(義)이고, 가서 만나는 것은 불의(不義)다.

萬章이 曰 庶人이 召之役則往役하고 君이 欲見之하여 召之則不往見之는 何也잇고. 曰 往役은 義也요 往見은 不義也니라.

가서 부역을 하는 것은 서인의 직분이고, 가서 만나지 않는 것은 선비의 예법이다.

往役者는 庶人之職이요. 不往見者는 士之禮라.

10-7-3. 그런데 임금이 그를 만나보고 싶어 하는 것은 무엇 때문이라고 생

각하는가?" 만장이 말했다. "그가 들어서 아는 것이 많고 또 현명하기 때문입니다." 맹자께서 말씀하셨다. "그가 들어서 아는 것이 많기 때문이라면, 천자도 스승을 불러서 만나지 않는데, 하물며 제후가 그렇게 할 수 있겠느냐? 그가 현명하기 때문이라면, 나는 아직껏 현자를 만나보고 싶어서 그를 불렀다는 말을 듣지 못했다. 목공이 자주 자사를 만나보고, '옛날에 천 승의 나라 임금이 선비를 벗으로 사귀었다는데 어떻습니까?'라고 했다. 자사가 그 말을 불쾌하게 생각하고, '옛사람이 섬긴다고 말했을지언정, 어찌 벗으로 사귄다고 말했겠습니까?'라고 하였다. 자사가 기뻐하지 않은 것은 '지위를 가지고 한다면 당신은 임금이고 나는 신하인데, 어찌 감히 신하가 임금과 벗이 되겠습니까? 덕으로 한다면 당신은 나를 섬겨야 할 텐데, 당신이 어찌 나하고 벗이 될 수 있겠습니까?'라는 것이 아니겠느냐? 천 승의 임금이 그와 벗이 되기를 바랐으나 될 수 없었는데, 하물며 그를 부를 수 있었겠느냐?

且君之欲見之也는 何爲也哉오. 曰 爲其多聞也며 爲其賢也니이다. 曰 爲其多聞也則天子도 不召師온 而況諸侯乎아. 爲其賢也 則吾未聞欲見賢而召之也케라. 繆公이 亟見於子思曰 古에 千乘之國이 以友士하니 何如하니잇고. 子思不悅曰 古之人이 有言曰 事之云乎언정 豈曰 友之云乎리오 하시니 子思之不悅也는 豈不曰 以位則子는 君也요 我는 臣也니 何敢與君友也며 以德則子는 事我者也니 奚可以與我友리오. 千乘之君이 求與之友而不可得也온 而況可召與아.

맹자께서 자사의 말을 인용하고 해석함으로써 부를 수 없는 뜻을 밝힌 것이다.

孟子引子思之言而釋之하여 以明不可召之意하시니라.

10-7-4. 제나라 경공이 사냥을 나가서 깃발을 가지고 동산을 지키는 관리를 불렀는데, 오지 않자 장차 그를 죽이려 하였다. 공자께서 '뜻있는 선비는 구렁텅이에 던져지는 것을 잊지 않고, 용감한 선비는 목이 달아나는 것을 잊지 않는다'라고 하였으니, 공자께서는 무엇을 취하셨던가? 정당한 부름이 아니면 가지 않은 점을 취하신 것이다."

齊景公이 田할새 招虞人以旌한대 不至어늘 將殺之러니 志士는 不忘在溝壑이오 勇士는 不忘喪其元이라 하시니 孔子는 奚取焉고 取非其招不往也시니라.

해설이 전편에 나와 있다.

說見前篇하니라.

10-7-5. 만장이 물었다. "감히 여쭈어 보겠습니다. 동산을 지키는 관리를 부르는 데는 무엇으로 합니까?" 맹자께서 말씀하셨다. "가죽 관으로 부르는 것이다. 서민을 부를 때는 전기(旃旗)로 하고, 선비는 기기(旂旗)로 부르고, 대부는 정기(旌旗)로 부른다.

曰 敢問招虞人何以잇고 曰 以皮冠이니 庶人은 以旃이오. 士는 以旂오 大夫는 以旌이니라.

'피관'은 사냥할 때 쓰는 관인데, 『춘추전』에 나타나 있다. 그러나 피관은 우인이 맡은 일이다. 그러므로 이것을 가지고 그를 부른다. 서인은 벼슬하지 않은 신하다. 통백을 전이라고 한다. 사는 이미 벼슬한 자를

말한다. 용을 교차해서 그린 것이 '기(旂)'이고, 깃을 꺾어서 깃대 꼭대기
에 단 것을 '정(旌)'이라고 한다.
皮冠은 田獵之冠也니 事見春秋傳하니라. 然則皮冠者는 虞人之所有事也
라. 故로 以是招之라. 庶人은 未仕之臣이라. 通帛曰旃이라. 士는 謂已仕者
라. 交龍爲旂요 折羽而注於旂干之首曰旌이라.

10-7-6. 대부를 부르는 예로 동산을 지키는 관리를 불렀으므로 그 관리는
죽어도 감히 가지 못했던 것이다. 선비를 부르는 예로 서민을 부른다면
서민이 어찌 감히 가겠느냐? 하물며 어질지 않은 사람을 부르는 예로 어
진 사람을 부르는 것이야 말할 것도 없다.
以大夫之招로 招虞人이어늘 虞人이 死不敢往하니 以士之招로 招庶人이면
庶人이 豈敢往哉리오. 況乎以不賢人之招로 招賢人乎아.

보고 싶어서 부르는 것은 어질지 않은 사람을 부르는 것이 아니다. 선비
를 부르는 예법으로 서인을 부르면 감히 가지 못하는 것이고, 어질지 않
은 사람을 부르는 것으로 어진 사람을 부르면 가지 않는다.
欲見而召之는 是不賢人之招也라. 以士之招로 招庶人이면 則不敢往이요
以不賢人之招로 招賢人이면 則不可往矣니라.

10-7-7. 어진 사람을 만나고자 하면서 정당한 도리로 하지 않는다면, 마치
어진 사람이 들어오기를 바라면서 그가 들어올 문을 닫아 버리는 것과
같다. 대체로 의는 길이고, 예는 문과 같다. 오직 군자만이 이 길을 따라
갈 수 있고 이 문으로 출입할 수 있는 것이다. 『시경』에, '주나라의 길은

숫돌 같으니 그 곧음이 화살 같도다. 군자가 밟는 것이고, 소인이 본받는 곳이다'라고 하였느니라."

欲見賢人而不以其道면 猶欲其入而閉之門也니라. 夫義는 路也요 禮는 門也니 惟君子 能由是路하며 出入是門也니 詩云 周道如底하니 其直如矢로다. 君子所履요 小人所視라 하니라.

'시'는 『소아·대동』편이다. '지(底)'는 '지(砥)'와 같으니, 숫돌인데 평평함을 말한 것이다. '시(矢)'는 곧은 것을 말하는 것이다. '시(視)'는 보고 본받는 것이다. 이것을 인용하여 윗글의 '능유시로(能由是路)'의 의미를 증명한 것이다.

詩는 小雅大東之篇이라. 底는 與砥同하니 礪石也라. 言其平也라. 矢는 言其直也라. 視는 視以爲法也라. 引此하여 以證上文能由是路之義하시니라.

10-7-8. 만장이 말했다. "공자께서는 임금이 명하여 부르면 수레를 기다리지 않고 갔다고 하는데, 그렇다면 공자께서는 잘못한 것입니까?" 맹자께서 말씀하셨다. "그 당시 공자께서는 관직을 가지고 있었으므로 공적인 일로 불렀던 것이다."

萬章이 曰 孔子는 君이 命召어시든 不俟駕而行하시니 然則孔子非與잇가. 曰 孔子는 當仕有官職而以其官으로 召之也니라.

공자께서 벼슬하여 직책을 맡자 임금이 관명으로 그를 불렀다. 그러므로 가마를 기다리지 않고 가신 것이다. 서 씨가 말하기를, "공자와 맹자께서 입장을 바꾸셨다고 해도 그렇게 했을 것이다"라고 하였다. ○ 이 장은 제후를 만나지 않은 의미를 말한 것으로 가장 자세하다. 다시 진대와 공손추가 질문한 것을 합해서 본다면 그 말을 모두 다 알 것이다.

孔子方仕而任職이어시늘 君이 以其官名召之라. 故로 不俟駕而行하시니라.

徐氏曰 孔子孟子易地則皆然이시니라. ○此章은 言不見諸侯之義가 最爲詳悉하니 更合陳代公孫丑所問者而觀之면 其說乃盡이니라.

10-8-1. 맹자께서 만장에게 말씀하셨다. "한 고을의 착한 선비라야 한 고을의 착한 선비를 벗으로 삼을 수 있고, 한 나라의 착한 선비라야 한 나라의 착한 선비를 벗으로 삼을 수 있으며, 천하의 착한 선비라야 천하의 착한 선비를 벗으로 삼을 수 있다.

孟子謂萬章曰 一鄕之善士가 斯友一鄕之善士하고 一國之善士가 斯友一國之善士하고 天下之善士가 斯友天下之善士니라.

자신의 선함이 한 고을을 덮은 다음에 한 고을의 선한 선비를 벗할 수 있으니, 미루어서 한 국가와 천하에 이르러도 모두 그러한 것이다. 그 높고 낮은 것에 따라서 넓고 좁은 것이 된다.

言己之善이 蓋於一鄕然後에 能盡友一鄕之善士니 推而至於一國天下에도 皆然하니 隨其高下하여 以爲廣狹也니라.

10-8-2. 천하의 착한 선비를 벗으로 사귀고도 부족하여 또 옛사람을 숭상하고 논하니, 그 사람이 지은 시를 외우고, 그 사람이 쓴 책을 읽으면서도 그의 사람됨을 모른다면 되겠는가? 이 때문에 그 사람이 살던 시대를 논하게 되는 것이니, 이것이 옛사람을 벗하는 것이다."

以友天下之善士로 爲未足하여 又尙論古之人하나니 頌其詩하며 讀其書하되
不知其人이 可乎아. 是以로 論其世也니 是尙友也니라.

'상(尙)'은 '상(上)'과 같은데, 나아가 올라가는 것을 말한다. '송(頌)'은 외워서 통하는 것이다. '논기세(論其世)'는 당세에 행한 일의 자취를 논하는 것이다. 이미 그 말을 관찰하면 그 사람의 실상을 알게 된다. 이 때문에 또한 그 행실을 상고할 수 있게 된다. 천하의 착한 선비를 벗으로 삼을 수 있다면 벗하는 것이 많을 것이지만, 오히려 충분하지 않아서 또 나아가서 옛 사람에게 취하는 것이니, 이것은 나아가서 벗을 취하는 도리요, 세상의 선비 가운데 한 사람을 위하는 데 그치는 것이 아니다.
尙은 上同하니 言進而上也라. 頌은 誦通이라. 論其世는 論其當世行事迹也라. 言旣觀其言이면 則不可以不知其爲人之實이라. 是以로 又考其行也라. 夫能友天下之善士면 其所友衆矣로되 猶以爲未足하여 又進而取於古人하니 是能進其取友之道而非止爲一世之士矣니라.

10-9-1. 제나라 선왕이 경에 관해서 물으니, 맹자께서 말씀하셨다. "왕께서는 어떤 경을 물으시는 것입니까?" 선왕이 말했다. "경이면 다 같지 않습니까?" 맹자께서 말씀하셨다. "같지 않습니다. 귀척의 경이 있고, 이성의 경이 있습니다." 선왕이 말했다. "귀척의 경에 관해서 여쭈어 보고 싶습니다." 맹자께서 말씀하셨다. "임금에게 큰 허물이 있으면 간언하고, 되풀이해서 간언해도 듣지 않으면 임금의 지위를 바꾸는 것입니다."
齊宣王이 問卿한대 孟子曰 王은 何卿之問也시니잇고. 王曰 卿이 不同乎잇가.
曰 不同하니 有貴戚之卿하며 有異姓之卿하니이다. 王曰 請問貴戚之卿하노이

다. 曰 君이 有大過則諫하고 反覆之而不聽則易位니이다.

'대과(大過)'는 그 나라를 망칠 수 있음을 말한다. '역위(易位)'는 임금의 지위를 바꾸어 다시 친척 중에서 어진 자를 세우는 것이다. 대개 임금과 친친의 은혜가 있고 떠날 수 없는 의리가 있으니 종묘를 중하게 여겨서 차마 앉아서 망하는 것을 보지 못하는 것이다. 그러므로 부득이 여기에 이르는 것이다.

大過는 謂足以亡其國者라. 易位는 易君之位하고 更立親戚之賢者라. 蓋與君有親親之恩하고 無可去之義하니 以宗廟爲重하여 不忍坐視其亡이라. 故로 不得已而至於此也니라.

10-9-2. 왕이 갑자기 놀라면서 안색이 변했다.

王이 勃然變乎色하신대

'발연'은 얼굴빛이 변하는 모습이다.

勃然은 變色貌라.

10-9-3. 맹자께서 말씀하셨다. "왕께서는 이상히 여기지 마십시오. 왕께서 저에게 물으시는데, 제가 감히 바른 말로 대답하지 않을 수 있겠습니까?"

曰 王은 勿異也하소서. 王이 問臣하실새 臣이 不敢不以正對하니이다.

맹자께서 말씀하신 것이다.

孟子言也라.

10-9-4. 왕은 얼굴빛을 안정시킨 뒤에 이성의 경에 대해서 물었다. 맹자께서 말씀하셨다. "임금이 허물이 있으면 간언하고, 되풀이해서 간언해도 듣지 않으면 떠나는 것입니다."

王이 色定然後에 請問異姓之卿하신대 曰 君이 有過則諫하고 反覆之而不聽則去니이다.

군신 사이는 의리로 합해지는 것인데 합치되지 않으면 떠나는 것이다. ○이 장은 대신의 의리는 친소가 다름을 말한 것이다. 불변의 도리를 지키고 권도를 행하는 데는 각각 분수가 있으니, 귀척의 경은 작은 허물도 간언하지만 반드시 큰 허물을 듣지 않아야 자리를 바꾸고, 이성(異姓)의 경은 큰 허물도 간언하지만 비록 작은 허물이라도 듣지 않아야 떠날 수 있는 것이다. 그러나 세 어진 사람은 귀척의 신하이지만 주(紂)에게 행하지 못했고, 곽광은 성이 다르지만 창읍에서 행하였으니, 이 또한 권력을 위임한 것이 다른 것이므로 한가지로 논의할 수 없는 것이다.

君臣은 義合하니 不合則去니라. ○此章은 言大臣之義는 親疏不同이라. 守經行權이 各有其分하니 貴戚之卿은 小過를 非不諫也로되 但必大過而不聽이라야 乃可易位요 異姓之卿은 大過를 非不諫也로되 雖小過而不聽이라도 已可去矣라. 然이나 三仁은 貴戚이로되 不能行之於紂하고 而霍光은 異姓이로되 乃能行之於昌邑하니 此又委任權力之不同이니 不可以執一論也니라.

고자장구 상(告子章句上)

모두 스무 장이다.

凡二十章이라.

이 장에서는 맹자와 고자의 본성에 대한 논쟁이 심도 있게 언급된다.
특히 주석에서 "性卽理"(본성이 곧 이치)라는
성리학의 명제가 나온다.
아울러 학문의 도리는 잃어버린
마음을 찾는 것일 뿐이라는 주장을 통해
인간에게서 마음이 얼마나 중요한 것인지를 설명한다.

11-1-1. 고자가 말했다. "인간의 본성은 버드나무와 같고, 의는 그릇과 같으니, 사람의 본성으로 인의를 행하는 것은 마치 버드나무로 그릇을 만드는 것과 같다."
告子曰 性은 猶杞柳也요 義는 猶桮棬也니 以人性爲仁義 猶以杞柳爲桮棬이니라.

성이란 사람이 태어날 때 받은 천리다. '기류'는 버드나무이고, '배권'은 나무를 구부려서 만드는 것으로 마치 그릇과 같은 종류다. 고자가 말하기를, "인간의 본성에는 본래 인의가 없어서 반드시 고치기를 기다린 다음에 이루어지는 것이다"라고 하니, 마치 순자의 성악설과 같은 것이다.
性者는 人生所稟之天理也라. 杞柳는 柜柳요. 桮棬은 屈木所爲니 若卮匜之屬이라. 告子言人性은 本無仁義하여 必待矯揉而後成이라 하니 如荀子性惡之說也니라.

11-1-2. 맹자께서 말씀하셨다. "그대는 버드나무의 본래 성품에 따라서 그릇을 만들 수 있는가? 장차 버드나무의 성질을 해치고 난 뒤에야 그릇을 만들 수 있을 것이다. 만약에 버드나무의 성질을 해치고서야 그릇을 만들면, 또한 장차 사람의 본성을 손상시켜서 인의를 행한다는 말인가? 온

천하 사람을 이끌어다가 인의를 해치는 것은 반드시 그대의 말일 것이다."

孟子曰 子能順杞柳之性 而以爲桮棬乎아. 將戕賊杞柳而後에 以爲桮棬也니, 如將戕賊杞柳 而以爲桮棬이면 則亦將戕賊人하여 以爲仁義與아. 率天下之人而禍仁義者는 必子之言夫인저.

이와 같다면 천하의 사람이 모두 인의를 가지고 본성을 해친다고 여겨서 하지 않을 것이니, 이것이 바로 그대의 말이 인의를 해치게 될 것이라고 말한 것이다.

言如此면 則天下之人이 皆以仁義爲害性而不肯爲하리니 是因子之言而 爲仁義之禍也니라.

11-2-1. 고자가 말했다. "인간의 본성은 마치 소용돌이치는 물과 같다. 동쪽으로 터놓으면 동쪽으로 흐르고 서쪽으로 터놓으면 서쪽으로 흘러간다. 인간의 본성에 선과 불선의 구별이 없는 것은 마치 물에 동서의 구별이 없는 것과 같다."

告子曰 性은 猶湍水也라 決諸東方則東流하고 決諸西方則西流하나니 人性之無分於善不善也 猶水之無分於東西也이오.

'단(湍)'은 파도치는 물결이 돌아 흐르는 모습이다. 고자가 앞의 설명으로 인하여 조금 변한 것인데, 양자가 선악이 섞여 있다고 말한 학설에 가깝다.

湍은 波流瀠回之貌也라. 告子因前說而小變之하니 近於揚子善惡混之

說하니라.

11-2-2. 맹자께서 말씀하셨다. "물은 진실로 동서의 구분이 없지만 그렇다고 상하의 구분도 없겠는가? 인간의 본성이 선한 것은 마치 물이 아래로 내려가는 것과 같으니, 인간의 본성은 착하지 않음이 없으며 물의 본성은 아래로 내려가지 않음이 없는 것이다.
孟子曰 水信無分於東西어니와 無分於上下乎아. 人性之善也는 猶水之就下也니 人無有不善하며 水無有不下니라.

"물은 진실로 동서의 구별이 없지만 어찌 상하의 구별이 없겠는가? 본성이 곧 하늘의 이치이니 선하지 않음이 없는 것"이라고 말한 것이다.
言水誠不分東西矣어니와 然이나 豈不分上下乎아. 性卽天理니 未有不善者也니라.

11-2-3. 이제 물을 손으로 쳐서 튀어 오르게 하면 사람의 이마도 넘어가게 할 수 있고, 물을 격동하게 하여 역류시키면 산에라도 올라가게 할 수 있으니, 이것이 어찌 물의 본성이겠는가? 외부의 세력이 그렇게 만드는 것이다. 사람이 불선을 하게 만드는 것도 역시 이와 마찬가지다."
今夫水를 搏而躍之면 可使過顙이며 激而行之면 可使在山이어니와 是豈水之性哉리오. 其勢則然也니 人之可使爲不善이 其性이 亦猶是也니라.

'박(搏)'은 친다는 뜻이다. '약(躍)'은 뛴다는 뜻이다. '상(顙)'은 이마다. 물이 이마를 지나고 산에 있는 것은 모두 아래로 가는 것이 아니다. 그러나 그 본성은 일찍이 아래로 내려가지 않음이 없다. 다만 물을 튀겨서 그렇게 만드는 것은 본성을 어기는 것일 뿐이다. ○이 장은 본성은 본래 선하기 때문에 순리에 따르면 선하지 않음이 없고, 본래 악함이 없기 때문에 이것을 거역한 뒤에 악이 되는 것이니, 본래 정해진 본체가 없어서 하지 못하는 것이 없는 것이 아님을 말한 것이다.

搏은 擊也라. 躍은 跳也라. 顙은 額也라. 水之過顙在山은 皆不就下也라. 然이나 其本性은 未嘗不就下요 但爲搏擊所使而逆其性耳니라. ○此章은 言性本善이라 故로 順之而無不善이요 本無惡이라 故로 反之而後에 爲惡이니 非本無定體而可以無所不爲也니라.

11-3-1. 고자가 말했다. "타고난 그대로를 본성이라고 한다."

告子曰 生之謂性이니라.

'생(生)'은 인물이 운동하고 지각하는 것을 가리켜 말한 것이다. 고자가 본성에 대해서 논한 앞뒤의 네 장이 말은 비록 다르지만, 큰 요지는 여기서 벗어나지 않는다. 근래의 불씨(佛氏)가 이른바 이 '작용하는 것이 본성이다'라고 말한 것과 서로 비슷하다.

生은 指人物之所以知覺運動者而言이라. 告子論性前後四章이 語雖不同이나 然이나 其大指는 不外乎此하니 與近世佛氏所謂作用是性者로 略相似하니라.

11-3-2. 맹자께서 말씀하셨다. "타고난 그대로를 본성이라고 말하는 것은 흰 것을 하얗다고 말하는 것과 같은 것인가?" 고자가 말했다. "그렇다."

맹자께서 말씀하셨다. "흰 깃털의 하얀 것은 흰 눈의 하얀 것과 같으며, 흰 눈의 하얀 것은 흰 옥의 하얀 것과 같단 말인가?" 고자가 말했다. "그렇다."

孟子曰 生之謂性也는 猶白之謂白與아. 曰 然하다. 白羽之白也는 猶白雪之白이며 白雪之白이 猶白玉之白與아. 曰 然하다.

흰 것을 희다고 말하는 것은 마치 모든 사물의 흰 것을 똑같이 희다고 말하는 것과 같아 다른 차별이 없는 것이다. '백우' 이하는 맹자께서 두 번 질문하고 고자가 그렇다고 대답한 것인데, 이것은 무릇 생을 똑 같은 하나의 본성이라고 말하는 것이다.

白之謂白은 猶言凡物之白者를 同謂之白이요 更無差別也라. 白羽以下는 孟子再問而告子曰然이라 하니 則是謂凡有生者는 同是一性矣니라.

11-3-3. 맹자께서 말씀하셨다. "그렇다면 개의 본성이 소의 본성과 같고, 소의 본성과 사람의 본성이 같단 말인가?"

然則犬之性이 猶牛之性이며 牛之性이 猶人之性與아.

맹자께서 만약 이와 같다면 개와 소가 사람과 같이 모두 지각이 있고 운동을 할 수 있는 것이니 본성도 다름이 없는 것이냐고 말하자, 고자가 스스로 자기 학설이 틀렸다는 것을 알고 대답하지 못한 것이다. ○내가 생각하건대, 본성이란 사람이 얻은 하늘의 이치고, '생'이란 사람이 얻은 하늘의 기운이니, 성은 형이상적인 것이고 기는 형이하적인 것이다. 사람과 사물이 태어날 때 이 본성이 없을 수 없고, 또한 이 기운도 없을 수 없다. 그러나 기를 가지고 말하면 지각과 운동은 사람과 사물이 다르지 않지만, 이치로써 말하면 인의예지의 품수를 사물이 온전하게 받았겠는 가? 이것은 사람의 본성이 선하지 않음이 없기 때문에 만물의 영장이 된 까닭이다. 고자는 본성이 이치가 됨을 알지 못하고 이른바 기를 가지고 거기에 해당시켰다. 이 때문에 버들가지와 소용돌이치는 물에 비유한 것, 식색이 본성이라고 말한 것, 선도 불선도 없다는 학설이 종횡으로 어그러지고 어지럽게 섞였지만, 이 장의 오류가 가장 근본적인 것이다. 그 까닭은 대개 지각과 운동에 있어서 사람과 사물이 같은 줄만 알고 인의예지의 순수함에서는 사람과 물건이 다르다는 것을 알지 못한 것이다. 맹자가 이러한 것을 분석하였으니 그 뜻이 매우 정밀하다.

孟子又言 若果如此면 則犬牛與人이 皆有知覺하고 皆能運動하니 其性이 皆無以異矣라 하시니 於是에 告子自知其說之非하고 而不能對也하니라. ○ 愚按 性者는 人之所得於天之理也요 生者는 人之所得於天之氣也니 性은 形而上者也요 氣는 形而下者也라. 人物之生이 莫不有是性이요 亦莫不有是氣언마는 然이나 以氣言之하면 則知覺運動은 人與物이 若不異也로되 以理言之하면 則仁義禮智之稟이 豈物之所得而全哉아. 此는 人之性이 所以無不善而爲萬物之靈也니라. 告子不知性之爲理하고 而以所謂氣者로 當之라. 是以로 杞柳湍水之喩와 食色無善無不善之說이 縱橫繆戾하고 紛紜舛錯이로되 而此章之誤가 乃其根本이니 所以然者는 蓋徒知知覺運動之蠢然者人與物同이요 而不知仁義禮智之粹然者人與物異也라. 孟子以是析之하시니 其義精矣로다.

11-4-1. 고자가 말했다. "음식을 먹는 것과 여색을 좋아하는 것이 바로 본성

이다. 인은 내재적인 것이지 외재적인 것이 아니며, 의는 외재적인 것이지 내재적인 것이 아니다."
告子曰 食色이 性也니 仁은 內也라 非外也요 義는 外也라 非內也니라.

고자는 인간의 지각과 운동을 본성이라고 여겼기 때문에 사람이 달게 먹고 여색을 좋아하는 것을 본성이라고 여겼다. 그러므로 인애의 마음은 내면에서 생기고 사물의 마땅함은 외면에서 생기는 것이니, 학자가 마땅히 인에 힘을 쓰고 반드시 의에 합치될 필요는 없다고 말한 것이다.
告子以人之知覺運動者爲性이라 故로 言人之甘食悅色者卽其性이라. 故로 仁愛之心은 生於內하고 而事物之宜는 由乎外하니 學者但當用力於仁이요 而不必求合於義也니라.

11-4-2. 맹자께서 말씀하셨다. "무엇 때문에 인은 내재적이고 의는 외재적이라고 말하는가?" 고자가 말했다. "저 사람이 어른이기 때문에 내가 그를 어른으로 받드는 것이지, 결코 나한테 어른이 있는 것이 아니다. 그것은 마치 저것이 하얗기 때문에 내가 그것을 하얗다고 하는 것과 같은 것이니, 밖에 나타난 하얀 것을 좇아서 그렇게 여기는 것이다. 그러므로 외재적인 것이라고 하는 것이다."
孟子曰 何以謂仁內義外也오. 曰 彼長而我長之라 非有長於我也니 猶彼白而我白之라 從其白於外也라. 故로 謂之外也라 하노라.

'아장지'는 내가 저 사람을 어른으로 여긴 것이고, '아백지'는 내가 저 것을 하얗다고 여긴 것이다.

我長之는 我以彼爲長也요 我白之는 我以彼爲白也라.

11-4-3. 맹자께서 말씀하셨다. "백마의 흰 것은 백인의 흰 것과 다를 바 없을지 모르나, 말의 나이 많은 것을 나이 많다고 하는 것과 사람으로서 연장자를 연장자라고 하는 것과 다를 바가 없다고 하겠는가? 또 나이 많은 것을 의라고 하겠는가? 아니면 나이 많다고 여기는 것을 의라고 하겠는가?"

曰 異於白馬之白也는 無以異於白人之白也아니와 不識케라 長馬之長也 無以異於長人之長與아. 且謂長者義乎아. 長之者義乎아.

장 씨가 말하기를, "위의 이어(異於) 두 글자는 마땅히 빠져야 한다"라고 하였고, 이 씨가 말하기를 "거기에 혹 빠진 글이 있는 것 같다"라고 하였다. 내가 생각하건대, 백마와 백인은 그것이 하얗기 때문에 내가 희다고 말하는 것이고, 나이 많은 말과 나이 많은 사람은 저들이 나이가 많기 때문에 내가 나이 많다고 여기는 것이다. 백마와 백인은 다르지 않지만 나이 많은 말과 나이 많은 사람은 다른데, 이것이 이른바 의다. 의는 그가 나이 많은 데 있는 것이 아니고 내가 어른으로 대접하는 마음에 있는 것이다. 그러므로 의가 외면에 있지 않다는 사실이 분명하다.

張氏曰 上異於二字는 宜衍이라 하고 李氏曰 或有闕文焉이라 하니라. 愚按 白馬白人은 所謂彼白而我白之也요 長馬長人은 所謂彼長而我長之也라. 白馬白人은 不異하나 而長馬長人은 不同하니 是乃所謂義也라. 義不在彼之長이요 而在我長之之心하니 則義之非外가 明矣니라.

11-4-4. 고자가 말했다. "내 동생이면 사랑하고, 잔나라 사람의 동생이면 사랑하지 않는데, 이것은 나를 기쁨의 기준으로 삼기 때문이다. 그러므로 인을 내재적인 것이라고 하는 것이다. 초나라 사람의 어른을 어른으로 받들고, 또 자기의 어른을 어른으로 받드는데, 이것은 어른을 기쁨의 기준으로 삼기 때문이다. 그래서 의를 외재적인 것이라고 하는 것이다."

曰 吾弟則愛之_{하고} 秦人之弟則不愛也_{하나니} 是_는 以我爲悅者也라. 故_로 謂之內_오 長楚人之長_{하며} 亦長吾之長_{하나니} 是_는 以長爲悅者也_라. 故_로 謂之外也_라 하노라.

사랑이란 내가 주가 되므로 인은 내면에 있고, 공경은 어른을 주로 하므로 의는 외면에 있는 것이라고 말한 것이다.

言愛主於我_라 故_로 仁在內_요 敬主於長_{이라} 故_로 義在外_라.

11-4-5. 맹자께서 말씀하셨다. "잔나라 사람이 구운 고기를 즐기는 것과 내가 구운 고기를 즐기는 것과 다를 것이 없다. 대체로 사물에는 그렇게 말할 수 있는 경우가 있으니, 그렇다면 구운 고기를 즐기는 것도 역시 외재적인 것인가?"

曰 耆秦人之炙 無以異於耆吾炙_{하니} 夫物_이 則亦有然者也_니 然則耆炙_도 亦有外與_아.

어른으로 여기는 것과 음식을 즐기는 것이 모두 마음에서 나왔다고 말한 것이다. 임 씨가 말하기를, "고자는 음식을 먹고 여색을 좋아하는 것을 본성이라고 여겼다. 그러므로 분명한 것으로 인하여 통하게 한 것이다.

○ 이 편의 앞에서부터 이 네 장까지는 고자의 변론이 여러 번 나오는데, 자신의 말을 여러 번 바꾸어서 이기려고 했다. 그러나 마침내 스스로 돌이켜 볼 것은 듣지 못하고 의문이 있었으니, 이것이 바로 말에서 얻지 못하거든 마음에서 구하지 말라는 것인데, 경솔하게 마음을 쓰지 않아 바름을 얻지 못한 것이다.

言長之耆之가 皆出於心也라 林氏曰 告子以食色爲性이라 故로 因其所明者而通之하시니라 ○ 自篇首로 至此四章에 告子之辯이 屢屈而屢變其說하여 以求勝하고 卒不聞其能自反而有所疑也하니 此正其所謂不得於言勿求於心者니 所以卒於鹵莽而不得其正也니라

11-5-1. 맹계자가 공도자에게 물었다. "왜 의를 내재적인 것이라고 말하는 것인가?"

孟季子 問公都子曰 何以謂義內也오

'맹계자'는 아마 맹중자의 아우인 것 같다. 맹자의 말씀을 듣고 아직 이해하지 못했기 때문에 사적으로 논한 것이다.

孟季子는 疑孟仲子之弟也니 蓋聞孟子之言而未達이라 故로 私論之하니라

11-5-1. 공도자가 말했다. "내가 공경을 행하기 때문에 내재적이라고 하는 것이다."

曰 行吾敬 故로 謂之內也니라

공경하는 사람이 비록 밖에 있지만, 마땅히 공경할 줄 알아서 내 마음의

공경함을 가지고서 공경하는 것이므로 밖에 있는 것이 아니다.
所敬之人이 雖在外나 然이나 知其當敬而行吾心之敬以敬之면 則不在外也니라.

11-5-3. 맹계자가 말했다. "동네 사람이 자기 큰형보다 한 살 더 많으면 누구를 공경하겠는가?" 공도자가 말했다. "형을 공경할 것이다." 맹계자가 물었다. "술을 따를 경우 누구에게 먼저 따르겠는가?" 공도자가 말했다. "동네 사람에게 먼저 술을 따를 것이다." 맹계자가 말했다. "공경해야 할 대상은 여기 큰형에게 있고, 연장자로 받들 대상은 저 동네 사람에게 있으니, 과연 의는 외재적인 것이지 안에서 나오는 것이 아니다."
鄕人이 長於伯兄一歲則誰敬고. 曰 敬兄이니라. 酌則誰先고 曰 先酌鄕人이니라. 所敬은 在此하고 所長은 在彼하니 果在外라 非由內也로다.

'백'은 어른이다. '작'은 술을 따르는 것이다. 이것은 모두 계자가 묻고 공도자가 대답한 것이다. 계자가 또한 이와 같다면 어른을 공경하는 마음이 과연 마음에서부터 나오는 것은 아니라고 말한 것이다.
伯은 長也라. 酌은 酌酒也라. 此皆季子問에 公都子答이요 而季子又言如此면 則敬長之心이 果不由中出也라 하니라.

11-5-4. 공도자가 대답을 못하고 그 말을 맹자에게 고하자, 맹자께서 말씀하셨다. "맹계자에게 '숙부를 공경하겠는가? 동생을 공경하겠는가?' 하고 물으면, 그는 '숙부를 공경할 것이다'라고 말할 것이다. '만약에 동생이 시동이 되면 누구를 공경하겠는가?' 하고 물으면, 그 사람은 '동생을 공

경할 것이다'라고 말할 것이다. 그대가 '왜 숙부를 공경하지 않는가?' 하고 물으면, 그는 장차 '자리에 있기 때문이다'라고 대답할 것이다. 그대 또한 '동네 사람이 자리에 있기 때문이다'라고 말하라. 평소에 공경하는 마음은 형에게 있고, 잠간의 공경하는 마음은 동네 사람에게 있는 것이다."

公都子 不能答하여 以告孟子한대 孟子曰 敬叔父乎아 敬弟乎아 하면 彼將曰 敬叔父라 하리라. 曰 弟爲尸則誰敬고 하면 彼將曰 敬弟라 하리라. 子曰 惡在其敬叔父也오 하면 彼將曰 在位故也라 하리니 子亦曰 在位故也라 하라. 庸敬은 在兄하고 斯須之敬은 在鄕人하니라.

시동은 제사의 주가 되는 것으로 신을 형상한 것이니, 비록 아우라고 할지라도 공경하는 것은 마땅히 조상과 같이 해야 한다. '재위'는 아우가 시동의 자리에 있는 것이고, 향인은 빈객의 자리에 있는 것이다. '용'은 평상시를 말하고, '사수'는 잠시라는 뜻이다. 때에 따라서 마땅한 것을 만드는 것이니 모두 마음속에서 나오는 것이다.

尸는 祭祀所主以象神이니 雖弟子爲之나 然이나 敬之를 當如祖考也라. 在位는 弟在尸位요 鄕人은 在賓客之位也라. 庸은 常也요 斯須는 暫時也라. 言因時制宜가 皆由中出也니라.

11-5-5. 맹계자가 그 말을 듣고 말했다. "숙부를 공경해야 할 경우에는 숙부를 공경하고, 동생을 공경해야 할 경우에는 동생을 공경해야 하는 것이니, 결국 의는 외재적인 것이지 내부에서 나오는 것이 아니다." 공도자가 말했다. "겨울에는 뜨거운 물을 마시고 여름에는 냉수를 마시는데, 그렇

다면 마시고 먹고 하는 것도 또한 외재적인 것이다."
季子聞之하고 曰 敬叔父則敬하고 敬弟則敬하니 果在外라 非由內也로다.
公都子曰 冬日則飮湯하고 夏日則飮水하나니 然則飮食도 亦在外也로다.

이것은 또한 윗 장에서 말한 구운 고기를 즐긴다는 의미다. ○범 씨가 말하기를, "두 장의 문답은 요지가 대략 같다. 모두 반복된 비유를 가지고 당세를 깨닫게 하여 인의가 내면에 있음을 밝힌 것이니, 사람의 선한 본성을 알아서 모두 요순이 될 수 있다고 한 것이다"라고 하였다.
此亦上章耆炙之義니라. ○范氏曰 二章問答이 大指略同하니 皆反覆譬喩하여 以曉當世하여 使明仁義之在內하시니 則知人之性善하여 而皆可以爲堯舜矣리라.

11-6-1. 공도자가 말했다. "고자는 '본성은 선한 것도 불선한 것도 없다'고 말하고,
公都子曰 告子曰 性은 無善無不善也라 하고

이 문장 역시 '생이 곧 성이다' '식색이 본성이다'라고 하는 의미인데, 근세의 소 씨와 호 씨의 학설이 대개 이와 같다.
此亦生之謂性, 食色性也之意니 近世蘇氏胡氏之說이 蓋如此하니라.

11-6-2. 어떤 사람은 '본성은 선하게 될 수도 있고, 불선하게 될 수도 있다. 그렇기 때문에 문왕과 무왕이 일어나면 백성들이 선을 좋아하게 되고, 유왕과 여왕이 일어나면 백성들이 난폭한 것을 좋아하게 된다'고 말하고,

或曰 性은 可以爲善이며 可以爲不善이니 是故로 文武興則民이 好善하고 幽厲興則民이 好暴라 하고

이것은 곧 물이 소용돌이친다는 학설과 같다.
此는 卽湍水之說也라.

11-6-3. 어떤 사람은 '본성이 선한 사람도 있고, 본성이 불선한 사람도 있기 때문에 요를 임금으로 받들고도 상과 같은 패륜아가 있었고, 고수를 아비로 삼고도 순과 같은 효자가 있었으며, 주를 형의 아들로 두고 또 임금으로 받들고도 미자계와 왕자 비간 같은 인물이 나왔다'라고 말합니다.
或曰 有性善하며 有性不善하니 是故로 以堯爲君而有象하며 以瞽瞍爲父而有舜하며 以紂爲兄之子요 且以爲君而有微子啓王子比干이라 하나니

한자가 본성에는 세 가지 등급이 있다고 말한 것이 대개 이와 같다. 이 글을 살펴보면 미자와 비간은 모두 주의 숙부인데 『서경』에서는 미자를 상왕의 원자라고 하였으니 아마도 잘못된 글자가 있는 것 같다.
韓子性有三品之說이 蓋如此하니라. 按此文하면 則微子比干이 皆紂之叔父로되 而書稱微子爲商王元子라 하니 疑此或有誤字라.

11-6-4. 그런데 지금 선생님께서는 '본성은 선하다'라고 하셨는데, 그렇다면 위에서 말한 여러 가지 학설이 잘못된 것입니까?" 맹자께서 말씀하셨다. "사람의 감정으로 말하면 선하게 될 수 있기 때문에 그래서 내가 선하다고 말하는 것이다.

今日 性善이라 하시니 然則彼皆非與잇가. 孟子曰 乃若其情則可以爲善矣
니 乃所謂善也니라.

'내약'은 발어사다. '정'은 본성의 발현이다. 사람의 감정은 본래 선하게
될 수도 있고 악하게 될 수도 있으니, 본성이 본래 선하다는 것을 알 수
있다.
乃若은 發語辭라. 情者는 性之動也라. 人之情은 本但可以爲善이요 而不
可以爲惡이니 則性之本善을 可知矣니라.

11-6-5. 사람이 불선을 하는 것은 자기가 지니고 있는 재질이 나빠서 그렇
게 되는 것은 아니다.
若夫爲不善은 非才其罪也니라.

'재'는 재질과 같으니 사람이 능한 것이다. 사람에게 본성이 있으면 재질
이 있으니, 본성이 이미 선하면 재질 또한 선하다. 사람의 불선은 곧 물
욕에 빠지는 것이니, 그 재질의 잘못이 아니다.
才는 猶材質이니 人之能也라. 人有是性이면 則有是才하니 性旣善이면 則才
亦善이라. 人之爲不善은 乃物欲陷溺而然이니 非其才之罪也니라.

11-6-6. 남의 불행을 측은하게 여기는 마음은 사람이면 누구나 가지고 있
고, 불의와 부정을 부끄럽게 여기는 마음은 사람이면 누구나 가지고 있
고, 윗사람을 공경하는 마음도 사람이면 누구나 가지고 있으며, 옳고 그
름을 가리는 마음도 사람이면 누구나 가지고 있다. 측은해 하는 마음은

인이고, 부끄러워하는 마음은 의이고, 공경하는 마음은 예이고, 옳고 그름을 가리는 마음은 지다. 인의예지는 밖에서부터 나에게 녹아 들어온 것이 아니라 내가 본래부터 가지고 있던 것인데, 다만 생각하지 않고 있을 뿐이다. 그러므로 '구하면 얻고, 버려두면 잃어버린다'고 말하는 것이다. 혹 선악의 차이가 서로 배가 되며 다섯 배가 되어, 심하면 헤아릴 수 없을 만큼 악하게 되는데, 그런 인간은 자기의 재능을 발휘하지 못했기 때문이다.

惻隱之心은 人皆有之하며 羞惡之心은 人皆有之하며 恭敬之心은 人皆有之하며 是非之心은 人皆有之하니 惻隱之心은 仁也요 羞惡之心은 義也요 恭敬之心은 禮也요 是非之心은 智也니 仁義禮智 非由外鑠我也라. 我固有之也언마는 弗思耳矣니 故로 曰 求則得之하고 舍則失之라 하니 或相倍蓰而無算者는 不能盡其才者也니라.

'공'은 '경'이 겉으로 드러난 것이고, '경'은 '공'이 마음에 주가 되는 것이다. '삭(鑠)'은 불로 쇠를 녹이는 명칭인데, 밖으로부터 안으로 이르는 것이다. '산'은 셈하는 것이다. 네 가지의 마음은 사람이 본래부터 가지고 있는 것인데 다만 사람이 스스로 생각해서 구하지 않을 뿐이다. 그렇기 때문에 선악의 거리가 먼 것은 생각하지 않고 구하지 않아서 그 재질을 확충할 수 없기 때문이다. 전편에 이 네 가지는 인의예지의 단서라고 했는데, 여기서 단서라고 말하지 않은 것은 앞에서는 확충하기 위한 것이고 이곳에서는 다만 본체를 나타낸 것이므로 말이 서로 다른 것이다.

恭者는 敬之發於外者也요 敬者는 恭之主於中者也라. 鑠은 以火銷金之名이니 自外以至內也라. 算은 數也라. 言四者之心은 人所固有로되 但人自

不思而求之耳니 所以善惡相去之遠을. 由不思不求而不能擴充以盡其才也니라. 前篇에 言是四者爲仁義禮智之端이어늘 而此不言端者는 彼欲其擴而充之요 此直因用以著其本體라. 故로言有不同耳니라.

11-6-7. 『시경』에 '하늘이 모든 백성을 내시니 사물이 있으면 법칙이 있도다. 백성들은 변치 않는 본성을 지녀서, 이 아름다운 덕을 좋아하도다'라고 하였다. 공자께서 '이 시를 지은 사람은 도를 알고 있구나. 그래서 사물이 있으면 반드시 법칙이 있으니 백성들이 변치 않는 본성을 지니고 있는 것이다. 그러므로 이 아름다운 덕을 좋아하는 것이다'라고 말씀하셨던 것이다."

詩曰 天生蒸民하시니 有物有則이로다. 民之秉夷라 好是懿德이라 하여늘 孔子曰 爲此詩者여 其知道乎인저. 故로 有物이면 必有則이니 民之秉夷也라. 故로 好是懿德이라 하시니라.

'시'는 「대아·증민」편이다. '증(蒸)'은 『시경』에 '증(烝)'으로 되어 있는데, 많다는 뜻이다. '물'은 '사(事)'요, '칙'은 본받는다는 뜻이다. '이'는 『시경』에 '이(彝)'로 되어 있는데 떳떳하다는 뜻이다. '의'는 아름답다는 뜻이다. 사물이 있으면 반드시 법칙이 있는 것은 마치 이목이 있으면 총명의 덕이 있고 부자가 있으면 자효의 마음이 있는 것과 같으니, 이것은 백성들이 모두 가지고 있는 떳떳한 본성이다. 그러므로 사람의 정은 이 아름다운 덕을 좋아하지 않음이 없다. 이것으로 보면 인간의 본성이 선하다는 것을 알 수 있으니, 공도자가 질문한 세 가지 말은 모두 변론하지 않아도 자명한 것이다. ○ 정자가 말하기를, "본성은 곧 이치다. 이치는 요순에서 일반 사람에게 이르기까지 모두 똑 같다. 재능은 기(氣)에서 받는 것인데, 기에는 청탁이 있어서 맑은 것을 받은 사람은 어질게 되고 흐린 것을 받은 사람은 어리석게 된다. 배워서 알게 되면 기에 맑고 탁한 차별이 없어져서 모두 선에 이르고 본성의 근본을 회복할 수 있게 되는데, 탕왕과 무왕이 몸소 했다고 하는 것이다. 공자께서 가장 어리석은 사람은 옮길 수 없다고 한 것은 자포자기하는 사람이다"라고 하였다. 또 말하기를, "본성을 논하면서 기질을 논하지 않으면 완비되지 못하고, 기질에 대해서 논하면서 본성을 논하지 않으면 분명해지지 않으니 두 가지로 분리하는 것은 옳지 않다"라고 하였다. 장자가 말하기를, "형체가 있은 뒤에 기질의 성품이 있는 것이니, 잘 돌이키면 천지의 성품이 보존된다. 그러므로 기질의 본성을 군자는 본성이라고 말하지 않는 것이 있다"라고 하였다. 내가 생각하건대, 정자가 '재'자를 말한 것은 『맹자』본문과 약간 다르다. 『맹자』에는 오로지 본성에서 발현된 것만을 지칭하여 말한 것이다. 그러므로 재능은 선하지 않은 것이 없다고 하였고, 정자는 기에서 부여받은 것을 겸해서 지칭한 것이니, 사람의 재능은 진실로 어둡고 밝으며, 강하고 약한 차이가 있는 것이다. 장자가 말한 이른바 기질의 본성이라고 하는 것이 이것이다. 두 학설이 비록 다르지 않을지라도 각각 당연한 것이 있다. 그러나 사리로써 고찰해보면 정자가 더욱 정밀하다. 대개 기질에서 부여받은 것은 비록 불선이 있지만, 본성의 본래 선함을 해치지 않고, 본성이 비록 선하지만 잘 살펴서 바로잡는 수고로움이 없어서는 안 된다. 배우는 사람이 깊이 음미해야 할 것이다.

詩는 大雅蒸民之篇이라 蒸은 詩作烝하니 衆也라. 物은 事也요 則은 法也라. 夷는 詩作彝也니 常也라. 懿는 美也라. 有物必有法은 如有耳目則有聽明

之德하고 有父子則有慈孝之心이니 是民所秉執之常性也라. 故로 人之情이 無不好此懿德者니라. 以此觀之면 如人性之善을 可見이니 而公都子所問之三說을 皆不辨而自明矣니라. ○程子曰 性卽理也니 理則堯舜至於塗人에 一也요 才禀於氣하니 氣有淸濁하여 禀其淸者爲賢이요 禀其濁者爲愚하니 學而知之면 則氣無淸獨하여 皆可至於善而復性之本이니 湯武身之是也라. 孔子所言下愚不移者는 則自暴自棄之人也니라. 又曰 論性不論氣면 不備요 論氣不論性이면 不明이며 二之則不是니라. 張子曰 形而後에 有氣質之性이니 善反之면 則天地之性이 存焉이라. 故로 氣質之性을 君子有弗性者焉이니라. 愚按 程子此說才字는 與孟子本文으로 小異하니 蓋孟子는 專指其發於性者言之라. 故로 以爲才無不善이라 하시고 程子는 兼指其禀於氣者言之하시니 則人之才는 固有昏明强弱之不同矣니 張子所謂氣質之性이 是也. 二說이 雖殊나 各有所當이라. 然이나 以事理考之면 程子謂密하니 蓋氣質所禀이 雖有不善이나 而不害性之本善이요 性雖本善이나 而不可以無省察矯揉之功이니 學者所當深玩也니라.

11-7-1. 맹자께서 말씀하셨다. "풍년에는 자제들이 의지하는 것이 많아서 착하게 되고, 흉년에는 자제들이 대개 포악하게 된다. 이것은 하늘이 내려준 재질이 다르기 때문이 아니라, 그들의 마음을 욕망에 빠지게 만들어서 그런 것이다.

孟子曰 富歲엔 子弟多賴하고 凶歲엔 子弟多暴하나니 非天之降才爾殊也라. 其所以陷溺其心者然也니라.

'부세'는 풍년을 말한다. '뇌'는 의지한다는 뜻이다. 풍년에는 옷과 음식이 풍족하다. 그러므로 의지하는 것이 있어서 착하게 되고, 흉년에는 의식이 부족하기 때문에 마음이 욕망에 빠져서 포악하게 된다.
富歲는 豊年也라. 賴는 藉也라. 豊年엔 衣食饒足이라. 故로 有所賴藉而爲善이요 凶年엔 衣食不足이라. 故로 有以陷溺其心而爲暴니라.

11-7-2. 이제 보리를 파종하고 흙을 덮어주되 심은 땅이 같고 심은 때가 또한 같다면, 싹이 부쩍 돋아나서 하지 때에 가서는 모두 잘 익게 된다. 비록 다른 점이 있으나 땅에 비옥하고 척박한 차이가 있으며, 비와 이슬의 배양함과 사람이 손질하는 것이 같지 않기 때문이다.
今夫麰麥을 播種而耰之하되 其地同하며 樹之時又同하면 勃然而生하여 至於日至之時하여 皆熟矣나니 雖有不同이나 則地有肥磽하며 雨露之養과 人事之不齊也니라.

'모(麰)'는 보리다. '우'는 씨앗을 덮는 것이다. 하지 때라고 하는 것은 성숙하는 시기에 해당함을 말한다. '요'는 척박하다는 뜻이다.
麰는 大麥也라. 耰는 覆種也라. 日至之時는 謂當成熟之期也라. 磽는 瘠薄也라.

11-7-3. 그러므로 같은 종류라면 모두 서로 비슷하니 유독 사람의 경우에만 본성이 다르다고 의심하겠는가? 성인도 나와 같은 종류의 사람인 것이다.
故로 凡同類者 擧相似也니 何獨至於人而疑之리오. 聖人도 與我同類者시니라.

성인 역시 사람일 뿐이므로 본성의 선함은 똑 같다.
聖人亦人耳니 其性之善이 無不同也시니라.

11-7-4. 그래서 용자는 '발의 크기를 알지 못하고 신을 만들어도 나는 그것이 삼태기는 되지 않는다는 것을 안다'고 말했던 것이다. 신이 서로 비슷한 것은 천하 사람의 발이 비슷하기 때문이다.
故로 龍子曰 不知足而爲屨라도 我知其不爲蕢也라 하니 屨之相似는 天下之足이 同也일새니라.

'蕢'는 풀로 만든 삼태기다. 사람의 발이 크고 작은 줄을 알지 못하면 비록 반드시 딱 맞게는 만들지 못하지만, 반드시 발의 모습과 유사하게 만들 것이지 삼태기처럼 만들지는 않는다.
蕢는 草器也라. 不知人足之大小而爲之屨하면 雖未必適中이나 然이나 必似足形이요 不至成蕢也니라.

11-7-5. 입으로 맛보는 미각에도 똑같이 좋아하는 것이 있다. 역아는 인간의 미각을 누구보다 먼저 안 사람이다. 만약에 입이 가진 미각의 성질이, 이를테면 개나 말이 우리와 동류가 아닌 정도로 그렇게 서로 다르다면, 천하의 사람들이 왜 역아가 가려놓은 맛을 즐기겠는가? 미각에 있어서는 온 천하 사람들이 모두 역아에게 기대하는데, 이것은 천하 사람들의 미각이 비슷하기 때문이다.
口之於味에 有同耆也하니 易牙는 先得我口之所耆者也라. 如使口之於味也에 其性이 與人殊 若犬馬之於我不同類也면 則天下何耆를 皆從易

牙之於味也라오. 至於味하여는 天下期於易牙하나니 是는 天下之口 相似也일새니라.

'역아'는 옛날의 맛을 아는 사람이다. 역아가 조리한 음식은 천하가 모두 맛있게 여긴다는 것을 말하였다.
易牙는 古之知味者라. 言易牙所調之味는 則天下皆以爲美也라.

11-7-6. 오직 청각의 경우도 또한 그렇다. 소리에 이르러서는 천하가 사광에게 기대하는데, 이것은 천하 사람의 청각이 서로 비슷하기 때문이다.
惟耳도 亦然하니 至於聲하여는 天下期於師曠하나니 是는 天下之耳 相似也일새니라.

사광은 소리를 살필 수 있는 자다. 사광이 조화롭게 한 소리는 천하가 모두 아름답게 여긴다는 것을 말하였다.
師曠은 能審音者也라. 言師曠所和之音은 則天下皆以爲美也라.

11-7-7. 오직 시각의 경우도 또한 그렇다. 자도에 이르러서는 천하 사람이 모두 그의 어여쁨을 알지 못하는 사람이 없는데, 자도의 어여쁨을 알지 못하는 사람은 눈이 없는 사람이라 하겠다.
惟目도 亦然하니 至於子都하여는 天下莫不知其姣也하나니 不知子都之姣者는 無目者也니라.

자도는 옛날의 미인이다.

子都는 古之美人也라.

11-7-8. 그러므로 입으로 맛보는 경우에 똑같이 좋아하는 것이 있고, 귀로 듣는 경우에 똑같이 듣기 좋은 것이 있고, 눈으로 여색을 보는 경우에 똑같이 아름답게 여기는 것이 있으니, 유독 마음에 이르러서만 똑같이 그러한 것이 없겠는가? 마음이 똑같이 옳다고 여기는 것이란 대체 무엇인가? 그것은 도리와 의로움이다. 성인은 우리 마음속에 똑같이 옳다고 여기는 것을 먼저 알았다는 것뿐이다. 그러므로 도리와 의로움이 우리들의 마음을 기쁘게 하는 것은 마치 고기가 우리 입을 즐겁게 하는 것과 같은 것이다."

故로 曰 口之於味也에 有同耆焉하며 耳之於聲也에 有同聽焉하며 目之於色也에 有同美焉하니 至於心하여 獨無所同然乎아. 心之所同然者는 何也오. 謂理也義也니 聖人은 先得我心之所同然耳시니 故로 理義之悅我心이 猶芻豢之悅我口니라.

'연'은 좋다라고 하는 뜻과 같다. 초식동물을 추라고 하는데 소와 양과 같은 것이고, 곡식을 먹는 짐승을 환이라고 하는데 개와 돼지가 이들이다. 정자가 말하기를, "사물에 있는 것이 이치이고 사물에 대처하는 것이 의인데, 본체와 작용을 말하는 것이다"라고 하였다. 맹자가 말하기를, "사람의 마음은 이치와 의를 좋아하지 않음이 없다. 다만 성인께서는 이것을 먼저 알고 깨달을 뿐이고, 다른 사람보다 특이한 것을 가진 것은 아니다"라고 하였다. 정자가 또 말하기를, "이치와 의가 내 마음을 기쁘게 하는 것은 소와 돼지가 내 입을 즐겁게 하는 것과 같다"라고 하였으니, 이 말은 친절하고 의미가 있으니 모름지기 의리가 마음을 기쁘게 하는 것이 진실로 추·환이 입을 즐겁게 하는 것과 같다는 것을 몸소 체득해야 비로소 얻게 되는 것이다.

然은 猶可也라. 草食曰芻니 牛羊是也요 穀食曰豢이니 犬豚是也라. 程子曰 在物爲理요 處物爲義니 體用之謂也니라. 孟子言 人心이 無不悅理義者하니 但聖人則先知先覺乎此耳요 非有以異於人也니라. 程子又曰 理義之悅我心이 猶芻豢之悅我口라 하시니 此語는 親功有味하니 須實體察得義理之悅心이 眞猶芻豢之悅口라야 始得이니라.

11-8-1. 맹자께서 말씀하셨다. "우산의 나무는 일찍이 아름다웠는데, 큰 나라의 교외에 있었기 때문에 도끼와 자귀로 베니 아름다워질 수 있겠는가? 밤낮으로 자라나고 비와 이슬이 윤택하게 만들어서 싹이 돋아나지 않는 것은 아니지만, 소와 양을 방목하여 뜯어먹게 하니 저렇게 벌거숭이가 되어버린 것이다. 사람들은 벌거숭이가 된 산을 보고 본래부터 재목이 될 만한 나무가 있은 적이 없다고 하는데, 이것이 어찌 산의 본성이겠는가?

孟子曰 牛山之木이 嘗美矣러니 以其郊於大國也라. 斧斤이 伐之어니 可以爲美乎아. 是其日夜之所息과 雨露之所潤에 非無萌蘖之生焉이언마는 牛羊이 又從而牧之라. 是以로 若彼濯濯也하니 人이 見其濯濯也하고 以爲未嘗有材焉이라 하나니 此豈山之性也哉리오.

'우산'은 제나라 동남쪽에 있는 산이다. 읍 밖을 교라고 말한다. 우산의 나무가 전에는 진실로 아름다웠는데 오늘날에는 대국의 교외에 있어서 벌목하는 자가 많기 때문에 아름다움을 잃어버렸다고 말한 것이다. '식'은 생장하는 것이다. 밤낮으로 자란다는 것은 기화가 유행하여 일찍이 단절된 적이 없음을 말한다. 그러므로 밤낮의 사이에 모든 사물이 생장하는 것이다. '맹'은 싹이다. '얼(蘖)'은 싹이 옆에서 나오는 것이다. '탁탁'은 빛나고 깨끗한 모습이다. '재'는 재목이다. 산의 나무는 비록 자르더라도 싹이 나오지만 소와 양이 또 쫓아가서 그것을 해친다. 그러므로 민둥산이 되어 초목이 없게 됨을 말한 것이다.

牛山은 齊之東南山也라. 邑外를 謂之郊라. 言牛山之木이 前此固嘗美矣러니 今爲大國之郊하여 伐之者衆이라 故로 失其美耳라. 息은 生長也라. 日夜之所息은 謂氣化流行하여 未嘗間斷이라. 故로 日夜之間에 凡物이 皆有所生長也니라. 萌은 芽也요. 蘖은 芽之旁出者也라. 濯濯은 光潔之貌라. 材는 材木也라. 言山木雖伐이나 猶有萌蘖이어늘 而牛羊이 又從而害之라. 是以로 至於光潔而無草木也니라.

11-8-2. 비록 사람에게 있어서라도 어찌 인의의 마음이 없겠는가? 다만 그 양심을 놓아 버리는 것이 마치 도끼와 자귀로 나무를 아침마다 찍어대는 것과 같으니 어찌 아름다워질 수가 있겠는가? 밤낮으로 양심이 되살아나는 것과 새벽의 청명한 기운에도 좋아하고 싫어하는 마음이 남과 서로 비슷한 점이 적은 것은 아침과 낮에 하는 행위가 또 그것을 질곡하기 때문이다. 질곡하는 행위를 되풀이하면 밤사이에 생기는 청명한 기운이 보존되지 못하며, 밤사이에 생기는 청명한 기운이 보존되지 못하면 짐승과의 거리가 멀지 않을 것이다. 사람들이 그가 짐승과 같은 것을 보고 그는 본래부터 인의를 행할 만한 재질이 없었다고 생각하는데, 이것이 어

찌 인간의 정(情)이겠는가?

雖存乎人者인들 豈無仁義之心哉리오마는 其所以放其良心者 亦猶斧斤之於木也에 旦旦而伐之어니 可以爲美乎아. 其日夜之所息과 平旦之氣에 其好惡與人相近也者幾希어늘 則其旦晝之所爲 有梏亡之矣나니 梏之反覆則其夜氣不足以存이요. 夜氣不足以存 則其違禽獸不遠矣나니 人이 見其禽獸也 而以爲未嘗有才焉者라 하나니 是豈人之情也哉리오.

'양심'이란 본연의 선한 마음인데, 이른바 인의의 마음을 말한다. '평단지기'는 아직 사물과 접촉하지 않은 맑고 밝은 기운을 말한다. 좋아하고 미워하는 것이 다른 사람과 서로 비슷하다는 것은 사람의 마음이 같은 점이 있음을 말한다. '기희'는 많지 않다는 뜻이다. '곡'은 기계를 말한다. '반복'은 되풀이한다는 뜻이다. 사람의 양심을 비록 잃어버렸지만 밤과 낮 사이에 반드시 다시 생장하기 때문에 아직 사물과 접촉하지 않은 기운이 맑고 밝을 때에는 양심이 반드시 발견된다. 다만 발견되는 것이 지극히 미세하고, 아침과 낮에 한 불선한 행위가 또한 자기를 질곡하는 것이 마치 산의 나무가 모두 베어져도 여전히 싹이 나오는데 소와 양이 또 뜯어먹는 것과 같다. 낮에 한 행위가 이미 밤에 길러진 것을 손상시키고, 밤에 길러진 것이 또 낮에 한 행위를 이길 수 없게 된다. 이 때문에 반복되면서 서로 손상시켜 야기가 생성될 때에도 날로 번져서 인의의 양심을 보존할 수 없다면 평단의 기운 역시 맑을 수 없어서 좋아하고 미워하는 것이 마침내 사람과 멀어지게 될 것이다.

良心者는 本然之善心이니 卽所謂仁義之心也라. 平旦之氣는 謂未與物接之時淸明之氣也라. 好惡與人相近 言得人心之所同然也라. 幾希는

不多也라. 梏은 械也라. 反覆은 展轉也라. 言人之良心이 雖已放失이나 然이나 其日夜之間에 猶必有所生長이라. 故로 平旦未與物接하여 其氣淸明之際에 良心이 猶必有發見者라. 但其發見至微하고 而旦晝所爲之不善이 又已隨而梏亡之하니 如山木皆伐에 猶有萌蘖이어늘 而牛羊이 又牧之也라. 晝之所爲가 旣有害其夜之所息하고 夜之所息이 又不能勝其 晝之所爲라. 是以로 展轉相害하여 至於夜氣之生이 日以寖薄하여 而不足以存其仁義之良心이면 則平旦之氣亦不能淸하여 而所好惡遂與人遠矣니라.

11-8-3. 그러므로 진실로 보호 육성될 힘을 얻게 되면 만물은 성장하지 않는 것이 없고, 진실로 보호 육성될 힘을 잃어버리게 되면 만물은 소멸되지 않는 것이 없을 것이다.
故로 苟得其養이면 無物不長이요 苟失其養이면 無物不消니라.

산의 나무와 사람의 마음은 이치가 한가지다.
山木, 人心이 其理一也라.

11-8-4. 공자께서도 말씀하시기를, '잡으면 남아 있고, 놓으면 없어진다. 때 없이 드나들어 정처를 알 수 없는 것은 오직 마음을 두고 하는 말이구나'라고 하셨느니라."
孔子曰 操則存하고 舍則亡하여 出入無時하여 莫知其鄕은 惟心之謂與인저 하시니라.

공자께서 말씀하시기를, "마음은 잡으면 보존되고 놓으면 없어져서 출입하는데, 이와 같이 정해진 시간이 없고 또한 일정한 곳이 없다"라고 하셨는데, 맹자께서 이것을 인용하여 마음의 신명스러움은 헤아릴 수 없어 얻고 잃는 것은 쉽고 지키는 것은 어려움을 밝힌 것이다. 짧은 시간이라도 수양을 잃어버려서는 안 되기 때문에 학자들은 마땅히 어느 때라도 힘을 써서 정신이 맑고 기운이 안정되게 하여 항상 아침과 같이 한다면 이 마음이 항상 보존되어 어느 곳을 가더라도 인의가 아님이 없게 된다. 정자가 말하기를, "마음에 어찌 출입이 있겠는가? 또한 잡고 버리는 것으로 말한 것이니 잡는 도리는 경으로써 내면을 곧게 할 뿐이다"라고 하였다. ○내가 스승에게 들으니, "사람에게 이(理)와 의(義)의 마음이 일찍이 있었는데, 오직 그것을 잘 간직하면 곧 나에게 있게 된다. 만약 아침과 낮 사이에 질곡하고 없어지는 지경이 되지 않으면 야기는 더욱 맑아지게 된다. 야기(夜氣)가 맑아지면 아침의 기운이 아직 사물과 접촉하기 전에는 맑고 허령하고 밝은 기상을 볼 수 있을 것이다. 맹자께서 밤기운의 학설을 발명하여 학자들에게 매우 힘이 되었으니, 마땅히 깊이 완미하고 성찰해야 한다"라고 하셨다.

孔子言 心은 操之則在此하고 舍之則失去하여 其出入이 無定時하고 亦無定處如此라 하시니 孟子引之하여 以明心之神明不測이 得失之易而保守之難이라. 不可頃刻失其養하시니 學者當無時而不用其力하여 使神淸氣定하여 常如平旦之時면 則此心常存하여 無適而非仁義니라. 程子曰 心豈有出入이리오 亦以操舍而言이니 操之之道는 敬以直內而已니라. ○愚聞之師하니 曰 人理義之心이 未嘗無하니 惟持守之면 卽在爾니라. 若於旦晝之間에 不至梏亡이면 則夜氣愈淸이요 夜氣淸이면 則平旦未與物接之時에 湛然虛明氣象을 自可見矣니라. 孟子發此夜氣之說하시니 於學者에 極有力하니 宜熟

玩而深省之也니라.

11-9-1. 맹자께서 말씀하셨다. "왕이 지혜롭지 못하다고 이상하게 여길 것이 없다.
孟子曰 無或乎王之不智也로다.

'혹(或)'은 혹(惑)과 같은 뜻인데, 의심하고 괴상하게 여기는 것이다. '왕'은 아마도 제왕을 가리키는 것 같다.
或은 與惑同하니 疑怪也라. 王은 疑指齊王이라.

11-9-2. 비록 천하에 쉽게 자라는 식물이 있더라도 하루는 햇볕을 쬐고 열흘은 추운 곳에 둔다면 자랄 수 없을 것이다. 내가 왕을 만나보는 기회는 드물고, 내가 물러나면 왕의 양심을 얼게 하는 자가 뒤따르니, 내가 싹틔워 준들 어찌하겠는가?
雖有天下易生之物也나 一日暴之요 十日寒之면 未有能生者也니 吾見이 亦罕矣요 吾退而寒之者 至矣니 吾如有萌焉에 何哉리오.

'폭'은 따뜻하게 하는 것이다. 내가 왕을 만날 기회가 적으니, 마치 하루 동안 햇볕을 쬐는 것과 같고, 내가 물러가면 아첨하고 잡스런 무리들이 나아가는 날이 많으니 이것이 바로 열흘 동안 춥게 만드는 것이다. 비록 싹이 나오더라도 내 또한 어떻게 할 수 있겠는가?
暴은 溫之也라. 我見王之時少하니 猶一日暴之也요. 我退則諂諛雜進之日多하니 是十日寒之也라. 雖有萌蘖之生이나 我亦安能如之何哉리오.

11-9-3. 가령 바둑의 수는 대단한 수가 아니지만, 마음을 집중하고 의지를 극진하게 하지 않으면 터득하지 못할 것이다. 혁추는 나라 안에서 바둑을 잘 두는 사람이다. 혁추를 시켜 두 사람에게 바둑을 가르치는데, 한 사람은 마음을 집중하고 의지를 극진하게 해서 혁추의 말을 듣고, 다른 한 사람은 비록 혁추의 말을 듣기는 하지만 마음 한 구석에서는 기러기가 장차 날아오면 활에 주살을 메겨서 맞힐 것을 생각한다면, 비록 함께 바둑을 배운다고는 하지만 같지 않을 것이다. 이것은 지혜가 같지 않기 때문이겠는가? 그렇지 않다."

今夫奕之爲數 小數也나 不專心致志 則不得也니 奕秋는 通國之善奕者也라. 使奕秋로 誨二人奕이어든 其一人은 專心致志하여 惟奕秋之爲聽하고 一人은 雖聽之나 一心에 以爲有鴻鵠이 將至어든 思援弓繳而射之하면 雖與之俱學이라도 弗若之矣나니 爲是其智弗若與아. 曰 非然也니라.

'혁'은 바둑을 두는 것이다. '수'는 기술이다. '치'는 극진하게 하는 것이다. '혁추'는 바둑을 잘 두는 사람인데 이름이 추이다. '작(繳)'은 줄에 화살을 매달아 쏘는 것이다. ○정자가 강론하는 벼슬을 맡아 임금에게 말하기를, "임금께서는 하루 중에서 어진 사대부를 만나는 경우가 많고 환관이나 첩을 가깝게 하는 시간을 적게 한다면, 기질을 함양하여 덕성을 잘 만들어갈 수 있을 것입니다"라고 하였다. 그런데 임금이 이것을 당시에 사용하지 않으니 식자들이 한탄하였다. 범 씨가 말하기를, "임금의 마음은 오직 길러지는 데 있으니, 군자가 선으로 길러주면 지혜롭게 되고 소인이 악으로 길러주면 어리석게 된다, 그러나 어진 사람은 멀리하기 쉽고 소인은 친하게 지내기가 쉽다. 이 때문에 적은 숫자로 많은 숫자를 이길 수 없고, 정도를 가지고 사악함을 이길 수 없다. 예로부터 국가가 다스려지는 날이 항상 적고 어지러운 날이 항상 많은 것은 대개 이러한 이유 때문이다"라고 하였다.

奕은 圍棋也라. 數는 技也라. 致는 極也라. 奕秋는 善奕者 名秋也라. 繳은 以繩繫矢而射也라. ○程子爲講官하여 言於上曰 人主一日之間에 接賢士大夫之時多하고 親宦官宮妾之時少하면 則可以涵養氣質而薰陶德性이라 하여시늘 時不能用하니 識者恨之하니라. 范氏曰 人君之心은 惟在所養이니 君子養之以善則智하고 小人養之以惡則愚라. 然이나 賢人은 易疎하고 小人은 易親이라. 是以로 寡不能勝衆하고 正不能勝邪하니 自古로 國家治日常少而亂日常多는 蓋以此也니라.

11-10-1. 맹자께서 말씀하셨다. "물고기도 내가 원하는 것이며 곰 발바닥도 내가 좋아하는 것이지만, 두 가지를 겸할 수 없다면 물고기를 버리고 곰 발바닥을 택하리라. 삶도 내가 원하는 것이며 의(義)도 내가 원하는 것이지만, 두 가지를 겸할 수 없다면 삶을 버리고 의를 택하겠다.

孟子曰 魚我所欲也며 熊掌도 亦我所欲也언마는 二者를 不可得兼인댄 舍魚而取熊掌者也로리라. 生亦我所欲也며 義亦我所欲也언마는 二者를 不可得兼인댄 舍生而取義者也로리라.

물고기와 곰 발바닥은 모두 맛있는 음식인데, 곰 발바닥이 더 맛이 있다. 魚與熊掌이 蓋美味로되 而熊掌尤美也라.

11-10-2. 삶 또한 내가 원하는 것이지만, 삶보다 더 간절하게 원하는 것이

있다. 그러므로 구차하게 삶을 얻으려 하지 않는 것이다. 죽음 역시 내가 싫어하는 것이지만, 죽음보다 더 싫어하는 것이 있다. 그러므로 구차하게 환난을 피하지 않는 경우가 있다.
生亦我所欲_{이언마는} 所欲_이 有甚於生者_라. 故_로 不爲苟得也_{하며} 死亦我所惡_{언마는} 所惡 有甚於死者_라 故_로 患有所不辟也_{니라}.

사생취의의 의미를 해석한 것이다. '득'은 삶을 얻는 것이다. 살고 싶고 죽기를 싫어하는 것은 비록 모든 사람들의 이해의 떳떳한 감정이지만, 하고 싶은 것과 미워하는 것이 살고 죽는 것보다 심한 것이 있는데, 이것이 바로 떳떳한 의리의 양심이다. 그러므로 살고자 해서 구차하게 얻으려고 하지 않고, 죽음을 미워하지만 피하지 않는 것이 있다.
釋所以舍生取義之意_라. 得_은 得生也_라. 欲生惡死者_는 雖衆人利害之常情_{이나} 而欲惡有甚於生死者_는 乃秉彛義理之良心_{이라}. 是以_로 欲生而不爲苟得_{하고} 惡死而有所不避也_{니라}.

11-10-3. 만약 사람이 원하는 것에 삶보다 더 심한 것이 없다면, 삶을 얻을 수 있는 일이라면 무슨 일이든지 하지 않겠는가? 사람이 싫어하는 것에 죽음보다 심한 것이 없다면, 환난을 피할 수 있는 일이라면 무슨 일이든지 하지 않겠는가?
如使人之所欲_이 莫甚於生_{이면} 則凡可以得生者_를 何不用也_며 使人之所惡 莫甚於死者_면 則凡可以辟患者_를 何不爲也_{리오}.

설령 사람이 떳떳한 양심이 없고 이해의 사사로운 감정이 있다면, 삶을

훔치고 죽음을 면하려고 하는 행위를 모두 예의를 돌아보지 않고 하게
될 것이다.
設使 人無秉彛之良心이오 而但有利害之私情이면 則凡可以偸生免死者
를 皆將不顧禮義而爲之矣니라.

11-10-4. 이로 말미암아 삶을 위한 것이라도 하지 않는 일이 있고, 이로 말
미암아 피할 수 있는 환난이라도 피하지 않는 경우가 있는 것이다.
由是라 則生而有不用也하며 由是라 則可以辟患而有不爲也니라.

반드시 떳떳한 양심을 가지고 있기 때문에 사생취의를 이와 같이 할 수
있다.
由其必有秉彛之良心이라. 是以로 其能舍生取義如此니라.

11-10-5. 그러므로 원하는 것이 삶보다 심한 것이 있고, 싫어하는 것이 죽
는 것보다 심한 것이 있는 것이다. 오직 현자만이 이런 마음을 가지고
있는 것이 아니라, 사람이면 누구나 다 가지고 있는 것이다. 다만 어진
사람은 그 마음을 잃지 않을 수 있을 뿐이다.
是故로 所欲이 有甚於生者하며 所惡 有甚於死者하니 非獨賢者有是心也
라 人皆有之언마는 賢者는 能勿喪耳니라.

부끄러워하는 마음을 사람들이 모두 가지고 있지만, 중인은 욕심에 빠져
잊어버리고 오직 어진 사람만이 잘 보존하여 잃지 않을 뿐이다.
羞惡之心을 人皆有之로되 但衆人은 汨於利欲而忘之하고 惟賢者는 能存

之而不喪耳니라.

11-10-6. 한 그릇의 밥과 한 그릇의 국을 얻으면 살고, 얻지 못하면 굶어 죽는 경우에도 욕을 하면서 던져주면 길 가던 사람도 받지 않고, 발로 차서 주면 거지도 달갑게 여기지 않을 것이다.
一簞食와 一豆羹을 得之則生하고 弗得則死라도 嘑爾而與之면 行道之人도 弗受하며 蹴爾而與之면 乞人도 不屑也니라.

'두'는 나무 그릇이다. '호(嘑)'는 꾸짖어 부르는 모습이다. '행도지인'은 길가는 평범한 사람을 말한다. '축'은 밟는다는 뜻이다. '걸인'은 빌어먹는 사람이다. '불설'은 깨끗하게 여기지 않는 것이다. 비록 먹고 싶은 마음이 아무리 급하더라도 여전히 무례한 것을 싫어하여 차라리 죽을지언정 먹지 않는 경우가 있는데, 이것이 바로 수오(羞惡)의 본심이다. 원하는 것과 싫어하는 것이 생사보다 심한 경우가 있음을 사람들은 모두 가지고 있다고 말한 것이다.
豆는 木器也라. 嘑는 咄啐之貌라. 行道之人은 路中凡人也라. 蹴은 踐踏也라. 乞人은 丐乞之人也라. 不屑은 不以爲潔也라. 言雖欲食之急이라도 而猶惡無禮하여 有寧死而不食者하니 是其羞惡之本心이니 欲惡有甚於生死者를 人皆有之也니라.

11-10-7. 만 종의 녹이라면 예의를 차리지도 않고 받는데, 만 종의 녹이 나에게 무슨 보탬이 되겠는가? 궁실의 아름다움과 아내와 첩이 받들어 주는 것과 내가 아는 궁핍한 사람이 나에게서 얻어가게 하기 위해서인가?

萬鍾則不辯禮義而受之_{하나니} 萬鍾_이 於我何加焉_{이리오}. 爲宮室之美_와 妻妾之奉_과 所識窮乏者 得我與_{인저}.

'만종어아하가(萬鍾於我何加)'는 내 몸에 도움되는 것이 없음을 말한 것이다. '소식궁핍자득아(所識窮乏者得我)'는 내가 아는 궁핍한 사람이 내 은혜에 감동하는 것을 말한 것이다. 위에서는 사람들이 모두 수오지심을 가지고 있다고 말하고, 여기서는 중인들이 이 세 가지 때문에 이것을 잃는다고 말한 것이다. 이(理)와 의(義)의 마음이 비록 고유한 것이지만, 물욕에 가려지는 것도 역시 사람이 어두워지기 쉬운 것들이다.

萬鍾於我何加_는 言於我身無所增益也_라. 所識窮乏者得我_는 謂所知識之窮乏者 感我之惠也_라. 上言人皆有羞惡之心_{하고} 此言衆人所以喪之由此三者_{하니} 蓋理義之心_이 雖曰固有_나 而物欲之蔽亦人所易昏也_{니라}.

11-10-8. 전에는 자신을 위해서는 죽어도 받지 않다가 이제는 궁실의 아름다움을 위해서 그것을 받으며, 전에는 자신을 위해서는 죽어도 받지 않다가 이제는 처첩의 받들어 줌을 위해서 그것을 받으며, 전에는 자신을 위해서는 죽어도 받지 않다가 이제는 내가 아는 궁핍한 사람이 나에게서 얻어가게 하기 위해서 그것을 받으니, 이 또한 할 수 없어서 그러는 것이겠는가? 이것을 일러 본심을 잃어버렸다고 하는 것이다."

鄕爲身_엔 死而不受_{라가} 今爲宮室之美_{하여} 爲之_{하며} 鄕爲身_엔 死而不受_{라가} 今爲妻妾之奉_{하여} 爲之_{하며} 鄕爲身_엔 死而不受_{라가} 今爲所識窮乏者得我而爲之_{하나니} 是亦不可以已乎_아. 此之謂失其本心_{이니라}.

"세 가지는 자신 밖에 있는 사물인데 득실이 생사에 비해서 매우 가볍다. 지난번에는 자신을 위해서 죽어도 꾸짖고 발로 차며 주는 음식을 받지 않다가 이제는 이 세 가지를 위해서 무례하게 주는 만종의 녹을 받으니 어찌 멈출 수 없는 일이겠는가?"라고 말한 것이다. '본심'은 수오지심을 말한다. ○이 장은 "수오지심은 사람이 본래 가지고 있는 것이지만 간혹 위급한 상황에서는 생사를 결정하면서 편안한 때에는 풍요로움을 계산하는 마음에서 벗어나지 못한다. 이 때문에 군자는 짧은 시간이라도 이것을 성찰하지 않을 수 없다"고 말씀 것이다.

言三者는 身外之物이니 其得失이 比生死爲甚輕이어늘 鄕爲身엔 死猶不肯受嘑蹴之食이라가 今乃爲此三者而受無禮義之萬鍾하니 是豈不可以止乎아 本心은 謂羞惡之心이라. ○此章은 言羞惡之心은 人所固有언마는 或能決死生於危迫之際로되 而不免計豐約於晏安之時라 是以로 君子不可頃刻而不省察於斯焉이니라.

11-11-1. 맹자께서 말씀하셨다. "인은 사람의 마음이요, 의는 사람의 길이다.
孟子曰 仁은 人心也요 義는 人路也니라.

인이란 마음의 덕이니, 정자가, "마음은 곡식의 씨앗과 같고 인은 씨앗이 태어나는 본성이다"라고 말한 것과 같다. 그러나 다만 인을 말하면 사람들이 자신에게 간절한 것인 줄을 모른다. 그러므로 돌이켜서 인심(人心)이라고 명명하였으니, 이 몸이 웅대하고 변화하는 주인이 되어서 잠시라도 잃어버려서는 안 된다는 것을 알 수 있다. 의라는 것은 일을 행하는 마땅함이므로 사람의 길이라고 말한 것이니, 출입하고 왕래할 때 반드시 경유

해야 할 길이 되어서 잠시라도 버려서는 안 된다는 것임을 알 수 있다. 仁者는 心之德이니 程子所謂心如穀種이요 仁則其生之性이 是也라. 然이나 但謂之仁이면 則人不知其切於己라. 故로 反而名之曰人心이라 하시니 則可以見其爲此身酬酢萬變之主而不可須臾失矣니라. 義者는 行事之宜니 謂之人路라 하시니 則可以見其爲出入往來必由之道而不可須臾舍矣니라.

11-11-2. 그 길을 버리고 따라가지 않고, 그 마음을 놓아 버리고 찾을 줄 모르니 슬프다.
舍其路而不由하며 放其心而不知求하나니 哀哉라.

'애재' 두 글자를 잘 음미해야 할 것인데, 사람들에게 두려움을 주어서 깊이 반성하게 만드는 곳이다.
哀哉二字를 最宜詳味하니 令人惕然有深省處니라.

11-11-3. 사람이 닭이나 개를 잃어버리면 찾을 줄 알면서도, 마음을 잃어버리고는 찾을 줄 모른다.
人이 有鷄犬이 放則知求之하되 有放心而不知求하나니

정자가 말하기를, "마음은 지극히 중요하고 닭과 개는 지극히 가벼운 존재인데, 닭과 개를 잃어버리면 찾을 줄 알면서도 마음을 잃어버리고 구할 줄도 모르니, 어찌 지극히 가벼운 것을 사랑하면서 지극히 중요한 것을 망각하는가? 생각하지 않기 때문일 뿐이다"라고 하였다. 내가 생각하건대, 위에서는 인의를 겸하여 말하고, 이 아래에서는 '구방심'을 논한 것은 잃어버린 마음을 찾을 수 있다면 인에서 벗어나지 않게 되어 의로움이 그 가운데 있기 때문이다.

程子曰 心은 至重하고 鷄犬은 至輕이어늘 鷄犬放則知求之하되 心放則不知求하나니 豈愛其至輕而忘其至重哉아 弗思而已矣니라. 愚謂 上兼言仁義하고 而此下專論求放心者는 能求放心이면 則不違於仁하여 而義在其中矣니라.

11-11-4. 학문의 도리는 다른 것이 없다. 그 잃어버린 마음을 되찾는 것일 뿐이다."

學問之道는 無他라. 求其放心而已矣니라.

학문의 일은 진실로 한 가지 단서는 아니지만 길은 곧 구방심에 있을 뿐이다. 이와 같이 할 수 있다면 지기가 청명해지고 의리가 밝아져 상달할 수 있다. 그렇지 않으면 혼미하고 방일해져서, 비록 학문에 종사할지라도 끝내 발명하는 것이 없을 것이다. 그러므로 정자가 말하기를, "성인의 수많은 말씀이 단지 사람들로 하여금 이미 잃어버린 마음을 단속하여 반복해서 자신에게 돌아오게 하는 것이니, 저절로 위를 향해 찾아가서 일상적인 데서 배워 위로 통달하는 것이다"라고 하였다. 이것이 곧 맹자가 간절하게 보여주신 말인데, 정자가 또 그것을 발명하여 그 의미를 다하였으니 학자들은 마땅히 가슴에 품고 잃지 말아야 할 것이다.

學問之事固非一端이나 然이나 其道則在於求其放心而已라. 蓋能如是면 則志氣淸明하고 義理昭著하여 而可以上達이요 不然이면 則昏昧放逸하여 雖曰從事於學이나 而終不能有所發明矣라. 故로 程子曰 聖賢千言萬語가

只是欲人將已放之心約之하여 使反復入身來니 自能尋向上去하여 下學而上達也라 하시니라. 此乃孟子開示切要之言이어늘 程子又發明之하여 曲盡其指하시니 學者宜服膺而勿失也니라.

11-12-1. 맹자께서 말씀하셨다. "지금 무명지가 구부러져서 펴지지 않는 것이 아프거나 일하는 데 지장이 있는 것은 아니다. 그러나 만약 그 손가락을 펼 수 있는 사람이 있다면 진나라나 초나라의 길이라도 멀게 여기지 않고 찾아가 고칠 것이니, 그것은 손가락이 남과 다르기 때문이다.
孟子曰 今有無名之指 屈而不信이 非疾痛害事也언마는 如有能信之者면 則不遠秦楚之路하나니 爲指之不若人也니라.

'무명지'는 손의 네 번째 손가락이다.
無名指는 手之第四指也라.

11-12-2. 손가락이 남과 다르면 그것을 싫어할 줄 알면서도 마음이 남과 다를 경우에는 싫어할 줄 모르니, 이런 것을 일러 종류를 알지 못한다고 말하는 것이다."
指不若人 則知惡之하되 心不若人 則不知惡하나니 此之謂不知類也니라.

'부지류'는 경중의 차등을 알지 못하는 것을 말한다.
不知類는 言其不知輕重之等也라.

11-13-1. 맹자께서 말씀하셨다. "한 아름이나 되거나 한 손아귀에 쥘 수 있

는 오동나무나 가래나무라도 사람이 그것을 살리고자 한다면 모두 재배하는 방법을 알 수 있지만, 자기 자신에 이르러서는 기르는 방법을 알지 못하니 어찌 자기 자신을 사랑하는 것이 오동나무나 가래나무를 사랑하는 것보다 못하단 말인가? 깊이 생각하지 않는 것이 심하구나!"

孟子曰 拱把之桐梓를 人苟欲生之인댄 皆知所以養之者로되 至於身하여는 而不知所以養之者하나니 豈愛身이 不若桐梓哉리오. 弗思甚也일새니라.

'공'은 두 손으로 에워싸는 것이다. '파'는 한 손으로 움켜쥐는 것이다. '동재'는 두 나무의 이름이다.

拱은 兩手所圍也요 把는 一手所握也라. 桐梓는 二木名이라.

11-14-1. 맹자께서 말씀하셨다. "사람이 자기 자신에 대해서는 사랑하는 것을 겸하였으니, 사랑하는 것을 겸하면 기르는 것을 겸한 것이다. 한 자 한 치의 살이라도 사랑하지 않는 것이 없다면, 한 자 한 치의 살이라도 기르지 않는 것이 없는 것이다. 잘 기르고 잘못 기르는 것을 살피는 데는 어찌 다른 방법이 있겠는가? 자기 자신에서 돌이켜 취할 뿐이다.

孟子曰 人之於身也에 兼所愛니 兼所愛則兼所養也라. 無尺寸之膚를 不愛焉則無尺寸之膚를 不養也니 所以考其善不善者는 豈有他哉리오. 於己에 取之而已矣니라.

사람은 자기 몸에 대해서는 진실로 마땅히 겸해서 길러주어야 한다. 그러나 길러주는 것의 좋고 나쁨을 살피는 데는 오직 자신에게 돌이켜 경중을 살피는 데에 있을 뿐이다.

人於一身ᅦ 固當兼養이라. 然이나 欲考其所養之善否者는 惟在反之於身
하여 以審其輕重而已矣니라.

11-14-2. 한 사람의 몸에는 귀한 것과 천한 것이 있고 큰 것과 작은 것이
있으니, 작은 것으로 큰 것을 해쳐서는 안 되고 천한 것으로 귀한 것을
해쳐서는 안 된다. 작은 것을 기르는 사람은 소인이 되고, 큰 것을 기르
는 사람은 대인이 되는 것이다.
體有貴賤하며 有大小하니 無以小害大하며 無以賤害貴니 養其小者 爲小
人이오 養其大者 爲大人이니라.

천하고 작은 것은 육체적인 것이고, 귀하고 큰 것은 마음과 의지다.
賤而小者는 口腹也요 貴而大者는 心志也라.

11-14-3. 이제 한 원예사가 오동나무나 재나무를 버리고 멧대추나무를 재배
한다면, 하급 원예사가 되고 말 것이다.
今有場師 舍其梧檟하고 養其樲棘하면 則爲賤場師焉이니라.

'장사'는 채마밭을 가꾸는 사람이다. '오'는 오동나무이고, '가'는 재나무이
니 모두 좋은 재목이다. '이극'은 작은 대추나무이니 좋은 재목이 아니다.
場師는 治場圃者라. 梧는 桐也요 檟는 梓也니 皆美材也라. 樲棘은 小棗니
非美材也라.

11-14-4. 손가락 하나만을 기르고 어깨와 등을 잃어버리는 데도 알지 못한

다면 곧 낭질에 걸린 사람이 되고 말 것이다.
養其一指하고 而失其肩背而不知也면 則爲狼疾人也니라.

이리는 돌아보기를 잘하지만 병에 걸리면 그렇게 하지를 못한다. 그러므로 어깨와 등을 잃어버리는 비유로 삼은 것이다.
狼은 善顧나 疾則不能이라. 故로 以爲失肩背之喩하니라.

11-14-5. 음식만 생각하는 사람을 사람들이 천박하게 여길 것이니, 그는 작은 것을 기르고 큰 것을 잃어버리고 있기 때문이다.
飮食之人을 則人賤之矣나니 爲其養小以失大也니라.

'음식지인'은 오로지 육체적인 것만을 기르는 사람이다.
飮食之人은 專養口服者也라.

11-14-6. 음식만 생각하는 사람이라 할지라도 잃어버리는 것이 없다면 입과 배가 어찌 다만 한 자 한 치의 살 정도밖에 안 되겠는가?"
飮食之人이 無有失也면 則口腹이 豈適爲尺寸之膚哉리오.

이것은 오직 육체적인 것을 기르면서 대체를 잃지 않을 수 있다면 육체적인 기름은 몸과 생명에 관련되는 것이니, 다만 한 자 한 치의 살에 불과할 뿐이 아니다. 다만 작은 것을 기르는 사람은 큰 것을 잃지 않을 수 없다. 그러므로 육체적인 것을 비록 마땅히 길러야 하지만 끝내 작은 것으로 큰 것을 해치고 천한 것으로 귀한 것을 해쳐서는 안 된다고 말한 것이다.

此는 言若使專養口腹而能不失其大體면 則口腹之養은 軀命所關이니 不但爲尺寸之膚而已라 但養小之人은 無不失其大者라 故로 口腹이 雖所當養이나 而終不可以小害大賤害貴也니라.

11-15-1. 공도자가 물었다. "똑같은 사람인데 어떤 사람은 대인이 되고 어떤 사람은 소인이 되는 것은 무엇 때문입니까?" 맹자께서 말씀하셨다. "대체에 따라 행동하는 사람은 대인이 되고, 소체에 따라 행동하는 사람은 소인이 된다."

公都子問曰 鈞是人也로되 或爲大人하며 或爲小人은 何也잇고. 孟子曰 從其大體 爲大人이오 從其小體 爲小人이니라.

'균'은 같다는 뜻이다. '종'은 따른다는 뜻이다. '대체'는 마음이고 '소체'는 이목의 종류다.

鈞은 同也라. 從은 隨也라. 大體는 心也요 小體는 耳目之類也라.

11-15-2. 공도자가 말했다. "똑같은 사람인데 어떤 사람은 대체에 따라 행동하고, 어떤 사람은 소체에 따라 행동하는 것은 무엇 때문입니까?" 맹자께서 말씀하셨다. "귀와 눈 같은 기관은 생각하지 못하기 때문에 사물에 가린다. 사물이 사물을 사귀면 이끌릴 뿐이다. 그러나 마음 같은 기관은 생각을 한다. 생각하면 사리를 깨닫게 되고, 생각하지 않으면 사리를 깨닫지 못하게 되는데, 이것이 하늘이 나에게 부여한 것이다. 먼저 큰 것을 확립시켜 놓으면 작은 것이 빼앗을 수 없으니, 이러한 사람이

대인이 될 뿐이다."

曰 鈞是人也로되 或從其大體하며 或從其小體는 何也잇고 曰 耳目之官은 不思而蔽於物하나니 物이 交物則引之而已矣요 心之官則思라 思則得之하고 不思則不得也니 此天之所與我者라 先立乎其大者면 則其小者 不能奪也니 此爲大人而已矣니라

'관(官)'이라는 말은 담당한다는 뜻이다. 귀는 듣는 것을 담당하고, 눈은 보는 것을 담당하여, 각각 직분이 있는데 생각하지 않는 것이다. 이 때문에 외물에 가려지게 되는 것이니 이미 생각하지 않아서 외물에 가려지게 되면 또한 하나의 사물에 불과할 뿐이다. 또한 외물을 가지고 귀나 눈과 같은 사물과 접촉하게 되면 거기에 이끌려 가는 것도 어렵지 않다. 마음은 곧 생각할 수 있어서 생각하는 것을 자기 직분으로 삼으니, 모든 사물이 올 때에 마음이 자기 직분을 잘 하면 이치를 얻어서 사물이 가려지지 않을 것이고, 직분을 잃으면 이치를 얻지 못하여 사물이 다가오면 가려지게 된다. 이 세 가지는 모두 하늘이 나에게 주신 것이지만 마음은 큰 것이니, 만약 그것을 확립할 수 있다면 일은 생각하지 않음이 없어서 이목의 욕심이 그것을 빼앗지 못할 것이다. 이것이 바로 대인이 되는 까닭이다. 그러나 '차천(此天)'의 '차'라는 글자는 옛 책에 '비(比)'로 되어 있고 조 씨의 주에도 역시 비방으로 해석하였는데, 오늘날 책에는 이미 대부분 '차'로 되어 있고, 주석에서도 역시 '차내(此乃)'로 되어 있으니 누가 옳은지 자세하지 않다. 다만 '비'로 쓴다면 의미상 부족하기 때문에 오늘날의 책에 따른다. ○ 범준의 [심잠]에 말하기를, "망망한 천지여, 위아래로 끝이 없구나. 인간이 그 사이에 조그맣게 몸을 두고 있으니 육신

의 미미함은 우주 속의 작은 낱알이로되 참여하여 삼재가 된 것은 오직
마음 때문이다. 지난 과거와 다가올 미래일지라도 모두 이러한 마음을 가
지고 있는데, 마음이 육신의 부림을 받아 마침내 금수가 되는 것이다. 오
직 입과 귀와 눈, 수족과 동정이 그 사이에 던져지고 틈에 파고들어 그 마
음의 병이 된다. 한 마음의 은미함은 많은 욕망이 공격하는 것이니 보존된
것이 아아 드물구나. 군자는 성실함을 보존하여 생각하고 공경하는 것이
니 마음이 태연하여 백체가 명령에 따르게 되느니라"라고 하였다.

官之爲言은 司也라. 耳司聽하고 目司視하여 各有所職而不能思라. 是以로
蔽於外物하나니 旣不能思而蔽於外物이면 則亦一物而已라. 又以外物로
交於此物이면 其引之而去不難矣라. 心則能思而以思爲職하니 凡事物之
來에 心得其職이면 則得其理而物不能蔽요. 失其職이면 則不得其理而物
來蔽之라. 此三者는 皆天之所以與我者로되 而心爲大하니 若能有以立之
면 則事無不思하여 而耳目之欲이 不能奪之矣니 此所以爲大人也라. 然이
나 此天之此를 舊本에 多作比하고 而趙註에 亦以比方釋之어늘 今本에 旣
多作此하고 而註亦作此乃하니 未詳孰是라. 但作比字면 於義爲短이라 故로
且從今本云이라. ○范浚心箴曰 茫茫堪輿여 俯仰無垠이라. 人於其間에
眇然有身하니 是身之微는 太倉稊米로되 參爲三才는 曰惟心爾라. 往古來
今에 孰無此心이리오마는 心爲形役하여 乃獸乃禽이라. 惟口耳目과 手足動靜
이 投間抵隙하여 爲厥心病이니라. 一心之微를 衆欲攻之하니 其與存者가 嗚
呼幾希로다. 君子存誠하여 克念克敬하나니 天君泰然하여 百體從令하나니라.

11-16-1. 맹자께서 말씀하셨다. "하늘이 준 벼슬도 있고, 사람이 준 벼슬도
있는데, 인・의・충・신하여 선을 즐겨 행하고 게을리 하지 않는 것이

바로 하늘이 준 벼슬이고, 공경과 대부 같은 것은 사람이 준 벼슬이다.
孟子曰 有天爵者ᄒ며 有人爵者하니 仁義忠信 樂善不倦은 此天爵也ᄋ
公卿大夫는 此人爵也니라.

천작이라는 것은 덕과 의가 존경할 만한 것이니 자연의 귀함이다.
天爵者는 德義可尊이니 自然之貴也라.

11-16-2. 옛날 사람들은 하늘이 준 벼슬을 잘 닦음에 사람이 준 벼슬이 자연스럽게 따라왔다.
古之人은 修其天爵而人爵이 從之러니라.

천작을 닦는 것은 내 직분의 당연한 것을 하는 것이요, 인작이 자연스럽게 따른다는 것은 대개 구하기를 기다리지 않아도 스스로 이르는 것이다.
修其天爵은 以爲吾分之所當然者ᄋ 人爵從之는 蓋不待求之而自至也라.

11-16-3. 그런데 요즘 사람들은 하늘이 준 벼슬을 닦아서 사람이 준 벼슬을 구하고, 사람이 준 벼슬을 얻고 나서는 하늘이 준 벼슬을 버리고 마는데, 이것은 미혹됨이 심한 것이다. 마침내는 또한 반드시 망할 따름이다."
今之人은 修其天爵ᄒ여 以要人爵하고 旣得人爵 而棄其天爵하니 則或之甚者也라. 終亦必亡而已矣니라.

'요'는 구한다는 뜻이다. 천작을 닦아서 인작을 요구하는 것이니 그 마음이 진실로 이미 의혹될 것이요, 인작을 얻고 천작을 버리면 의혹이 더욱 심해질 것이니 마침내는 반드시 얻었던 인작까지 모두 잃고 말 것이다.
要는 求也라. 修天爵以要人爵하니 其心이 固已惑矣요 得人爵而棄天爵이
면 則其惑又甚焉이니 終必竝其所得之人爵而亡之也니라.

11-17-1. 맹자께서 말씀하셨다. "귀하고 싶은 것은 누구나 다 같은 마음이다. 사람마다 각기 몸에 귀함을 지니고 있지만 생각하지 않을 뿐이다.
孟子曰 欲貴者는 人之同心也니 人人이 有貴於己者언마는 弗思耳니라.

자신에게 귀중한 것이란 하늘이 준 벼슬을 말한다.
貴於己者는 謂天爵也라.

11-17-2. 다른 사람이 귀하게 해준 것은 본래의 귀함이 아니다. 조맹이 귀하게 만든 것을 조맹이 천하게 만들 수 있다.
人之所貴者는 非良貴也니 趙孟之所貴를 趙孟이 能賤之니라.

타인이 귀하게 해준 것은 다른 사람이 작위를 나에게 더해준 다음에 귀하게 되는 것을 말한다. '양'이란 본연의 선함이다. 조맹은 진나라의 경이다. 작록을 남에게 주어서 귀하게 만들 수 있다면 또한 빼앗아서 천하게 만들 수도 있다. 만약 본래의 귀함과 같은 것을 타인이 어떻게 천하게 만들 수 있겠는가?
人之所貴는 謂人以爵位加己而後貴也라. 良者는 本然之善也라. 趙孟은
晉卿也라. 能以爵祿與人而使之貴면 則亦能奪之而使之賤矣라. 若良貴
則人安得而賤之哉리오.

11-17-3. 『시경』에 이르기를, '이미 술로 취하고, 이미 덕으로 배불렀다'고 하였는데, 인과 의에 배부르기 때문에 다른 사람의 고량진미를 부러워하지 않는 것이며, 훌륭한 평판과 널리 알려진 명예가 자신에게 갖추어져 있기 때문에 다른 사람의 아름다운 옷을 부러워하지 않음을 말한 것이다."

詩云 旣醉以酒요 旣飽以德이라 하니 言飽乎仁義也라 所以不願人之膏粱之味也며 令聞廣譽施於身이라 所以不願人之文繡也니라.

'시'는 『시경』「대아·기취편이다. '포'는 충족한 것이다. '원'은 하고자 하는 것이다. '고'는 살찐 고기이고, '양'은 좋은 곡식이다. '명'은 좋다는 뜻이고, '문'은 또한 명예다. '문수'는 옷의 아름다운 것이다. 인의가 충족되고 명예가 드러나는 것은 모두 양귀라고 하는 것이다. ○윤 씨가 말하기를 "나에게 있는 것이 중요하면 외물이 가벼워진다는 것을 말한 것이다"라고 하였다.

詩는 大雅旣醉之篇이라. 飽는 充足也라. 願은 欲也라. 膏는 肥肉이요 粱은 美穀이라. 命은 善也요 聞은 亦譽也라. 文繡는 衣之美者也라. 仁義充足而聞譽彰著는 皆所謂良貴也라. ○尹氏曰 言在我者重이면 則外物輕이니라.

11-18-1. 맹자께서 말씀하셨다. "인이 불인을 이기는 이치는 마치 물이 불을 이기는 것과 같다. 그런데 요즘 인을 행한다는 사람들은 마치 한 잔의 물로 수레 하나에 가득 실려 있는 땔나무에 붙은 불을 끄려고 하는 것과 같다. 불이 꺼지지 않으면 물이 불을 이기지 못한다고 하는데, 이것은 불인을 돕는 것이 심한 것이다.

孟子曰 仁之勝不仁也 猶水勝火하니 今之爲仁者는 猶以一杯水로 救一

車薪之火也라. 不熄則謂之水不勝火라 하나니 此又與於不仁之甚者也라.

'여'는 돕는다는 뜻과 같다. 인이 불인을 이기는 것은 필연적인 이치다. 다만 행하는 데 힘을 쓰지 않으면 불인을 이길 방법이 없는데, 사람들은 마침내 진실로 이길 수 없다고 생각하니, 이것은 내가 하는 행위가 불인을 깊이 도와주는 것이다.

與는 猶助也라. 仁之能勝不仁은 必然之理也로되 但爲之不力이면 則無以勝不仁이어늘 而人遂以爲眞不能勝이라 하니 是는 我之所爲가 有以深助於不仁者也니라.

11-18-2. 또한 마침내는 반드시 망할 따름이다."

亦終必亡而已矣니라.

이 사람의 마음이 또한 스스로 인을 행하는 데 게을러져서 마침내 반드시 행하는 것조차 아울러 잃게 됨을 말한 것이다. ○조 씨가 말하기를, "인을 행하는 데 지극하지 않고 자기 몸에서 돌이키지 않음을 말씀한 것이다"라고 하였다.

言此人之心이 亦且自怠於爲仁이니 終必幷與其所爲而亡之니라. ○ 趙氏曰 言 爲仁不至而不反諸己也니라.

11-19-1. 맹자께서 말씀하셨다. "오곡은 종자 가운데 가장 좋은 것들이다. 그러나 진실로 오곡이 여물지 않으면 차라리 피만도 못하니, 인도 또한 익는 데 달려 있을 뿐이다."

孟子曰 五穀者는 種之美者也나 苟爲不熟이면 不如荑稗니 夫仁도 亦在乎熟之而已矣니라.

'제패'는 곡식과 유사한 풀인데, 열매는 또한 먹을 수 있다. 그러나 오곡처럼 좋은 것은 아니다. 다만 익지 않은 곡식은 도리어 익은 제패보다 못한 것이니, 마치 인을 행하되 완숙하게 하지 못하면 도리어 다른 일을 완성하는 것만 못한 것과 같다. 이 때문에 인을 행하는 것은 반드시 완숙하게 하는 것을 귀중하게 여기는 것이니, 한갓 종자가 좋다는 것만을 믿어서는 안 된다. 또한 인은 완숙하기가 어렵다고 여겨서 다른 일을 완성하는 것을 좋게 여겨서도 안 된다. ○ 윤 씨가 말했다. "날마다 새롭게 하고 멈추지 않으면 완숙하게 될 것이다."

荑稗는 草之似穀者니 其實亦可食이라. 然이나 不能如五穀之美也라. 但五穀不熟이면 則反不如荑稗之熟이니 猶爲仁而不熟이면 則反不如爲他道之有成이라. 是以로 爲仁은 必貴乎熟이니 而不可徒恃其種之美요 又不可以仁之難熟而甘爲他道之有成也니라. ○ 尹氏曰 日新而不已則熟이니라.

11-20-1. 맹자께서 말씀하셨다. "예가 남에게 활 쏘는 법을 가르칠 때는 반드시 활시위를 충분히 당기도록 하였으니, 배우는 사람도 반드시 활시위를 충분히 당기는 데 뜻을 두어야 한다.

孟子曰 羿之敎人射에 必志於彀하나니 學者도 亦必志於彀니라.

'예'는 활을 잘 쏘는 사람이다. '지'는 기약하다는 것과 같다. '구'는 활을 끝까지 당기는 것인데, 끝까지 당긴 뒤에 발사하는 것이 활을 쏘는 방법이다. '학'은 활 쏘는 방법을 배우는 것을 말한다.

羿는 善射者也라. 志는 猶期也라. 彀는 弓滿也니 滿而後發이 射之法也라. 學은 謂學射라.

11-20-2. 나무를 다루는 대목이 남을 가르칠 때는 반드시 규구를 가지고 가르쳤으니, 배우는 사람도 또한 반드시 규구를 가지고 배워야 한다."

大匠이 誨人에 必以規矩하나니 學者도 亦必規矩니라.

'대장'은 도목수를 말한다. '규구'는 목수질하는 방법이다. ○ 이 장은 일에는 반드시 방법이 있은 다음에 완성할 수 있으니, 스승이 이것을 버리면 가르칠 수 없고 제자가 이것을 버리면 배울 수 없다는 것을 말한 것이다. 작은 재주도 그러한데, 하물며 성인의 도는 말해 무엇 하겠는가?

大匠은 工師也라. 規矩는 匠之法也니라. ○ 此章은 言事必有法然後에 可成이니 師舍是則無以敎요 弟子舍是則無以學이라. 曲藝도 且然이온 況聖人之道乎아.

고자장구 하(告子章句下)

모두 열여섯 장이다.

凡十六章이라.

이 장에서는 인간의 행동은 경중에 따라 행하지만
궁극적으로는 마땅한 이치에 따라 해야 하고,
인간은 누구나 요순과 같은 성인이 될 수 있으며,
그것은 바로 효제에서 시작함을 말하였다.
또한 사람을 교육하는 방법과 군자가 벼슬하는 이유,
곤경에 처했을 때 의지를 견고하게 하는 방법 등을 언급하였다.

12-1-1. 임나라 사람이 옥려자에게 물었다. "예와 먹는 것 가운데 어느 것이 더 중요한가?" 옥려자가 말했다. "예가 중요하다."
任人이 有問屋廬子曰 禮與食이 孰重고. 曰 禮重이니라.

'임'은 나라 이름이다. '옥려자'는 이름이 연인데 맹자의 제자다.
任은 國名이라. 屋廬子는 名連이니 孟子弟子也라.

12-1-2. 임나라 사람이 물었다. "여색과 예 가운데 어느 것이 더 중요한가?"
色與禮 孰重고.

임나라 사람이 다시 질문한 것이다.
任人이 復問也라.

12-1-3. 옥려자가 말했다. "예가 중요하다." 임나라 사람이 물었다. "예를 차려서 먹으면 굶어죽게 되고, 예를 차리지 않는다면 먹을 수 있는데도 반드시 예를 지켜야 하는가? 친영을 하면 아내를 얻지 못하고, 친영하지 않으면 아내를 얻는 데도 반드시 친영을 해야 하는가?" 옥려자가 대답하지 못하고, 이튿날 추에 가서 맹자께 고하니, 맹자께서 말씀하셨다. "그

런 것 대답하는 데 무슨 어려움이 있겠느냐?

曰 禮重이니라. 曰 以禮食則飢而死하고 不以禮食則得食이라도 必以禮乎아. 親迎則不得妻하고 不親迎則得妻라도 必親迎乎아. 屋廬子 不能對하여 明日에 之鄒하여 以告孟子한대 孟子曰 於答是也에 何有리오.

'하유'는 어렵지 않다는 뜻이다.

何有는 不難也라.

12-1-4. 근본을 헤아리지 않고 말단을 가지런히 한다면 사방 한 치밖에 안 되는 나무를 누각보다 높게 할 수 있을 것이다.

不揣其本而齊其末이면 方寸之木을 可使高於岑樓니라.

'본'은 아래를 말하고 '말'은 위를 말한다. '방촌지목'은 매우 낮으니 식색을 비유한 것이고, '잠루'는 누각이 높고 예리함이 산과 비슷하여 매우 높으니 예에 비유한 것이다. 만약 아래가 평평한 것을 취하지 않고 한 치 되는 나무를 높은 잠루 위에 올려놓으면 한 치의 나무가 도리어 높아지고 잠루는 도리어 낮아지게 될 것이다.

本은 謂下요 末은 謂上이라. 方寸之木은 至卑하니 喩食色이요 岑樓는 樓之高銳似山者니 至高하니 喩禮라. 若不取其下之平하고 而升寸木於岑樓之上이면 則寸木反高하고 岑樓反卑矣니라.

12-1-5. 쇠붙이가 새털보다 무겁다지만, 어찌 한 혁대 고리의 쇠붙이와 한 수레의 새털을 비교해서 한 말이겠느냐?

金重於羽者는 豈謂一鉤金與一輿羽之謂哉리오.

'구'는 혁대 고리다. 쇠붙이는 본래 무겁고 혁대 고리는 작기 때문에 가벼워서 예가 식색보다 가벼운 것임을 비유한 것이요, 새털은 본래 가벼운 것이지만 한 수레에 가득 찬 것은 많은 것이기 때문에 무거우니 식색이 예보다 중대한 경우가 있음을 말한 것이다.

鉤는 帶鉤也라. 金本重而帶鉤小라. 故로 輕하니 喩禮有輕於食色者요 羽本輕而一輿多라. 故로 重하니 喩食色有重於禮者하니라.

12-1-6. 음식을 먹는 것의 중대한 문제와 예절의 사소한 문제를 가지고 비교한다면 어찌 먹는 것이 중요할 뿐이겠느냐? 여색의 중대한 문제와 예의 사소한 문제를 비교한다면 어찌 여색이 중요할 뿐이겠느냐?

取食之重者와 與禮之輕者而比之면 奚翅食重이며 取色之重者와 與禮之輕者而比之면 奚翅色重이리오.

예를 갖추어 먹는 것과 친영하는 것은 예 가운데 가벼운 것이고, 굶어 죽어서 생명을 없애는 것과 아내를 얻지 못해서 인륜을 없애는 것은 식색 가운데 중요한 것이다. '해시'는 '어찌 단지[何但]'라고 말하는 것과 같으니 서로의 거리가 현격하여 경중의 차이가 있을 뿐만이 아니라고 말한 것과 같다.

禮食親迎은 禮之輕者也요. 飢而死以滅其性과 不得妻而廢人倫은 食色之重者也라. 奚翅는 猶言何但이니 言 其相去懸絶하여 不但有輕重之差而已니라.

12-1-7. 가서 이렇게 대답하여라. '형의 팔을 비틀어서 먹을 것을 빼앗으면 먹을 것을 얻게 되고, 비틀지 않으면 먹을 것을 얻지 못할지라도 형의 팔을 비틀겠는가? 동쪽 이웃집 담을 넘어가서 그 집의 처녀를 끌어오면 아내를 얻게 되고, 끌어오지 않으면 아내를 얻지 못할지라도 끌어오겠는가?'"

往應之曰 紾兄之臂 而奪之食則得食하고 不紾則不得食이라도 則將紾之乎아. 踰東家牆而摟其處子則得妻하고 不摟則不得妻라도 則將摟之乎아 하라.

'진'은 비튼다는 뜻이다. '누'는 끌다는 뜻이다. '처자'는 처녀다. 이 두 가지는 예와 식색이 모두 중요한 것이지만, 이것을 가지고 서로 비교하면 예가 더욱 중요한 것이 된다. ○ 이 장은 "의리와 사물은 경중이 진실로 크게 구별되지만, 그 가운데에 또 각자 경중의 구별이 있다. 성현은 이에 대하여 종합하고 참작하여 조금도 어긋남이 없게 하시니, 진실로 한 자를 굽혀서 한 길을 펴려고 하지 않으며, 또한 일찍이 거문고 기둥에 아교를 붙이고 거문고를 타지 않는다. 그렇기 때문에 결단할 때는 이치의 당연함을 볼 뿐인 것이다"라고 말한 것이다.

紾은 戾也라. 摟는 牽也라. 處子는 處女라. 此二者는 禮與食色이 皆其重者로되 而以之相較면 則禮爲尤重이니라. ○ 此章은 言義理事物이 其輕重이 固有大分이나 然이나 於其中에 又各自有輕重之別하니 聖賢於此에 錯綜斟酌하여 毫髮不差하시니 固不肯枉尺而直尋이요 亦未嘗膠柱而註瑟이라 所以斷之를 一視於理之當然而已矣니라.

12-2-1. 조교가 물었다. "사람은 누구나 요순이 될 수 있다고 하는데 사실입니까?" 맹자께서 말씀하셨다. "그렇소."

曹交問曰 人皆可以爲堯舜<small>이라</small> 하니 有諸<small>잇가</small>. 孟子曰 然<small>하다</small>.

조 씨가 말하기를 "조교는 조나라 군주의 아우다"라고 하였다. 사람은 누구나 요순이 될 수 있다고 하는 것은 아마 옛 말이거나 혹 맹자가 일찍이 말한 것 같다.

曹氏曰 曹交<small>는</small> 曹君之弟也<small>라</small> 하니라. 人皆可以爲堯舜<small>은</small> 疑古語<small>나</small> 或孟子所嘗言也<small>라</small>.

12-2-2. 조교가 물었다. "제가 듣기로는 문왕은 키가 10척이었고, 탕 임금은 9척이었다고 합니다. 지금 저는 9척 4촌이나 될 만큼 키가 크지만 밥만 먹고 있을 뿐이니 대체 어떻게 하면 좋겠습니까?"

交<small>는</small> 聞文王<small>은</small> 十尺<small>이오</small> 湯<small>은</small> 九尺<small>이라</small> 하니 今交<small>는</small> 九尺四寸以長<small>이로되</small> 食粟而已<small>로니</small> 何如則可<small>잇고</small>.

조교가 질문한 것이다. 밥만 먹을 뿐이라는 것은 다른 재능이 없음을 말한 것이다.

曹交問也<small>라</small>. 食粟而已<small>는</small> 言無他材能也<small>라</small>.

12-2-3. 맹자께서 말씀하셨다. "어찌 그런 것이 상관있겠소? 또한 자신이 하는 데 달려 있을 뿐이오. 여기 어떤 사람이 있는데 힘이 오리새끼 한 마리도 이겨내지 못한다고 하면 그 사람은 힘이 없는 사람이고, 이제 백

균을 들어 올린다고 하면 힘 있는 사람이라고 할 것이오. 그렇다면 오확이 들어 올린 물건을 들어 올린다면 그 사람 역시 오확이라고 해도 좋을 것이오. 사람이 어찌 이기지 못하는 것을 근심으로 삼겠소? 하지 않는 것뿐이오.

曰 奚有於是리오. 亦爲之而已矣니라. 有人於此하니 力不能勝一匹雛면 則爲無力人矣오. 今日 擧百鈞이면 則爲有力人矣니 然則擧烏獲之任이면 是亦爲烏獲而已矣니 夫人은 豈以不勝爲患哉리오. 弗爲耳오.

'필'자는 본래 '필'자로 되어 있으니 오리라는 뜻이다. 생략해서 '필(匹)'로 썼으니『예기』에 '필'을 집오리로 설명한 것이 이것이다. '오확'은 옛날에 힘이 센 사람인데 천 균을 들 수 있었다.

匹字는 本作鴄하니 鴨也라. 從省作匹하니 禮記에 說匹爲鶩이 是也라. 烏獲은 古之有力人也니 能擧以千鈞하니라.

12-2-4. 천천히 걸어서 어른보다 조금 뒤에 걸어가는 것을 공손하다 말하고, 빨리 걸어서 어른보다 앞서서 가는 것을 공손하지 못하다고 말합니다. 천천히 걸어가는 일이야 어찌 사람이 할 수 없는 것이겠소? 하지 않는 것뿐이오. 요순의 도는 효도와 공손일 뿐이오.

徐行後長者를 謂之弟오. 疾行先長者를 謂之不弟니 夫徐行者는 豈人所不能哉리오. 所不爲也니 堯舜之道는 弟孝而已矣니라.

진 씨가 말하기를, "효제는 사람이 타고난 양지·양능으로 자연스런 본성이다. 요순은 인륜이 지극한 사람들인데도 또한 이 본성을 따랐으니 어찌 여기에 조금이라도 보탤 수 있겠는가?"라고 하였다. 양 씨가 말하기를, "요순의 도는 위대하지만 그것을 행하는 것은 가고 멈추는 데 빠르게 하고 천천히 하는 데 있다. 너무 높아서 행하기 어려운 일이 아닌데 백성들이 날마다 사용하면서도 알지 못할 뿐이다"라고 하였다.

陳氏曰 孝弟者는 人之良知良能自然之性也라. 堯舜은 人倫之至로되 亦率是性而已니 豈能加毫末於是哉리오. 楊氏曰 堯舜之道大矣로되 而所以爲之는 乃在夫行止疾徐之間이요. 非有行甚高難行之事也언마는 百姓이 蓋日用而不知耳니라.

12-2-5. 당신이 요 임금의 옷을 입고 요 임금의 말을 하며 요 임금의 행위를 행한다면 이것이 요 임금일 뿐이고, 당신이 걸의 옷을 입고 걸의 말을 하고 걸의 행위를 행한다면 이것은 걸일 뿐이오."

子服堯之服하며 誦堯之言하며 行堯之行이면 是堯而已矣요. 子服桀之服하며 誦桀之言하며 行桀之行이면 是桀而已矣니라.

선악을 행하는 것은 모두 나에게 있을 뿐이라고 말씀하신 것이다. 조교의 질문을 자세히 보면 천박하고 비루하고 거칠고 경솔하니 반드시 나아가 뵐 때에 예모나 의관, 언동이 대부분 도리를 따르지 않았을 것이다. 그러므로 맹자께서 이 두 절과 같이 말씀하신 것이다.

言 爲善爲惡이 皆在我而已라. 詳曹交之問하면 淺陋麤率하니 必其進見之時에 禮貌衣冠言動之間에 多不循理라 故로 孟子告之如此兩節云이라.

12-2-6. 조교가 말했다. "제가 추나라 임금을 만나면 제가 머물러 있을 숙소

를 빌릴 수 있을 것이니, 원컨대 머물러 있으면서 선생님 문하에서 배우고 싶습니다."

曰 交得見於鄒君이면 可以假館이니 願留而受業於門하노이다.

숙소를 빌린 다음에 수업을 한다고 하니 또한 도를 구하는 것이 돈독하지 못하다는 것을 알 수 있다.

假館而後受業하니 又可見其求道之不篤이라.

12-2-7. 맹자께서 말씀하셨다. "도는 큰 길과 같으니 어찌 알기 어려운 것이겠소. 사람들이 알려고 하지 않는 것이 걱정일 뿐이오. 당신이 돌아가서 진심으로 도를 구한다면 다른 스승이 있을 것이오."

曰 夫道若大路然하니 豈難知哉리오. 人病不求耳니 子歸而求之면 有餘師리라.

도는 알기 어렵지 않다. 만약 돌아가서 어버이를 섬기고 어른을 공경하는 데서 찾는다면 성분 안에 모든 이치가 갖추어져 때에 따라 발현되어 스승삼지 못할 것이 없으니, 반드시 여기에 머물러 수업할 필요가 없다고 말씀하신 것이다. ○ 조교는 어른을 섬기는 예가 이미 지극하지 못하고 도를 구하는 마음이 돈독하지 못했기 때문에 맹자께서 효제로 가르치고 수업을 용납하지 않았다. 공자께서 여력이 있으면 글을 배운다고 하신 말씀과 같은 뜻이요, 또한 달갑게 여기지 않는 교육 방법인 것이다.

言道不難知하니 若歸而求之事親敬長之間이면 則性分之內에 萬理皆備하여 隨處發見하여 無不可師하니 不必留此而受業也니라. ○ 曹交事長之禮

旣不至하고 求道之心이 又不篤이라 故로 孟子敎之以孝弟而不容其受業하시니 蓋孔子餘力學文之意요 亦不屑之敎誨也시니라.

12-3-1. 공손추가 물었다. "고자는 「소반」시를 소인의 시라고 말했습니다." 맹자께서 말씀하셨다. "무엇을 가지고 그렇게 말하는 것인가?" 공손추가 말했다. "부모를 원망하고 있기 때문입니다."
公孫丑問曰 高子曰 小弁은 小人之詩也라 하더이다. 孟子曰 何以言之오. 曰 怨이니이다.

'고자'는 제나라 사람이다. '소반'은 『시경』「소아」의 편명이다. 주나라 유왕이 신후를 취하여 태자인 의구를 낳고, 또 포사를 얻어서 백복을 낳았는데, 신후를 축출하고 의구를 폐위하였다. 이에 의구의 스승이 이 시를 지어 애통하고 박절한 심정을 서술하였다.
高子는 齊人也라. 小弁은 小雅篇名이라. 周幽王이 娶申后하여 生太子宜臼하고 又得褒姒하여 生伯服한데 而黜申后하고 廢宜臼하다 於是에 宜臼之傅가 爲作此時하여 以叙其哀痛迫切之情也하니라.

12-3-2. 맹자께서 말씀하셨다. "완고하구나, 고수가 시를 보는 태도여! 여기 어떤 사람이 있는데, 월나라 사람이 활을 당겨 그 사람을 쏘려고 한다면 그가 웃으면서 말하는 것은 다른 까닭이 아니라 월나라 사람은 자기와 소원하기 때문이다. 그러나 그 형이 활을 당겨 쏘면 그는 눈물을 흘리면서 쏘아서는 안 된다고 말하는 것은 다른 까닭이 아니라 형과 친근하기 때문이다. 「소반」시의 원망은 어버이를 어버이로 여긴 데서 나온 것이

다. 어버이를 어버이로 받드는 것은 인이다. 완고하구나, 고수가 시를 보는 태도여!"

曰 固哉라 高叟之爲詩也여. 有人於此하니 越人이 關弓而射之어든 則己談笑而道之는 無他라 疏之也요. 其兄이 關弓而射之어든 則己垂涕泣而道之는 無他라 戚之也니 小弁之怨은 親親也라 親親은 仁也니 固矣夫라 高叟之爲詩也여.

'고'는 막혀서 통하지 않는 것을 말한다. '위'는 다스린다는 뜻과 같다. '월'은 오랑캐 나라 이름이다. '도'는 말하다는 뜻이다. 어버이를 사랑하는 마음은 인이 겉으로 드러난 것이다.

固는 謂執滯不通也라. 爲는 猶治也라. 越은 蠻夷國名이라. 道는 語也라. 親親之心은 仁之發也라.

12-3-3. 공손추가 말했다. "「개풍」시는 어찌하여 원망하지 않았습니까?"

曰 凱風은 何以不怨이니잇고.

'개풍'은 『시경』「패풍」 편명이다. 위나라에는 일곱 명의 아들을 둔 어머니가 집을 편안하게 여기지 못하자 일곱 명의 아들들이 이 시를 지어 스스로 꾸짖은 것이다.

凱風은 邶風篇名이라 衛有七子之母가 不能安其室이어늘 七子作此하여 以自責也하니라.

12-3-4. 맹자께서 말씀하셨다. "「개풍」시는 어버이의 허물이 적은 것이고,

「소반」시는 어버이의 허물이 큰 것이다. 어버이의 허물이 큰데 원망하지 않으면 이것은 더욱 소원해지는 것이요, 어버이의 허물이 적은데 원망하면 이것은 격동시키지 못하는 것이다. 더욱 소원해지는 것도 불효요, 격동시키지 못하는 것도 불효다.

曰 凱風은 親之過小者也요 小弁은 親之過 大者也니 親之過 大而不怨이면 是는 愈疏也요 親之過 小而怨이면 是는 不可磯也니 愈疏도 不孝也요 不可磯도 亦不孝也니라.

'자'는 물이 돌에 부딪치는 것이니, '불가기(不可磯)'는 작은 격분에도 금방 화를 내는 것을 말한다.

磯는 水激石也니 不可磯는 言微激之而遽怒也라.

12-3-5. 공자께서 말씀하셨다. "순은 참으로 지극한 효자였다. 나이가 쉰 살이 되어서도 어버이를 사모하였다."

孔子曰 舜은 其至孝矣인저 五十而慕라 하시니라.

순 임금도 원망하고 사모하였는데, 소반의 원망은 불효가 되자 않는다고 말씀하신 것이다. ○조 씨가 말하기를, "부모님 슬하에서 태어나 한 몸에서 나누어졌다. 숨을 쉬고 호흡하는데, 기운이 부모와 서로 통하니 부모님께 마땅하게 해야 할 것을 소원하게 하면 원망과 사모함이 하늘에 울부짖는다. 이 때문에 소반의 원망은 허물이 될 수 없다"라고 하였다.

言 舜猶怨慕하시니 小弁之怨이 不爲不孝也니라. ○趙氏曰 生之膝下하여 一體而分이라. 喘息呼吸에 氣通於親하나니 當親而疏면 怨慕號天이라. 是

以로 小弁之怨이 未足爲慾也니라.

12-4-1. 송경이 장차 초나라로 가는데, 맹자께서 석구에서 그를 만났다.
宋牼이 將至楚러니 孟子遇於石丘하시다.

'송'은 성이요, '경'은 이름이다. '석구'는 지명이다.
宋은 姓이요 牼은 名이라. 石丘는 地名이라.

12-4-2. 맹자께서 말씀하셨다. "선생은 장차 어디로 가시는 길입니까?"
曰 先生은 將何之오.

조 씨가 말하기를, "학사로서 나이가 많은 사람이었다. 그러므로 선생이라고 말한 것이다"라고 하였다.
趙氏曰 學士年長者라 故로 謂之先生이라 하시다.

12-4-3. 송경이 말했다. "저는 잔나라와 초나라가 전쟁을 하려 한다는 소문을 들었습니다. 제가 초나라 왕을 만나 달래서 전쟁을 그만두게 하려고 합니다. 만약 초나라 왕이 기뻐하지 않으면 저는 장차 잔나라 왕을 찾아가 그를 달래서 그만두게 하려고 합니다. 두 왕 가운데 내 뜻에 맞는 분이 있을 것입니다."
曰 吾聞秦楚構兵하니 我將見楚王하여 說而罷之하되 楚王이 不悅이어든 我將見秦王하여 說而罷之하리니 二王에 我將有所遇焉이리라.

당시에 송경이 바야흐로 초나라 왕을 만나고자 하였는데, 초나라 왕이 기뻐하지 않으면 진나라 왕을 보려고 한 것이다. '우'는 합한다는 뜻이다. 『장자』를 살펴보니, "송경이라는 사람이 있었는데, 공격을 금지시키고 전쟁을 잠재워 세상의 전쟁을 구하였다. 위로 설명하고 아래로 가르쳐 자기 멋대로 떠들면서 멈추지 않았다"고 하였는데, 소에, "제 선왕 때의 사람이다"라고 하였으니, 이 일로 상고해보면 아마 이 사람인 것 같다.
時에 宋牼이 方欲見楚王하되 恐其不悅이면 則將見秦王也라. 遇는 合也라. 按莊子書하니 有宋鈃者 禁攻寢兵하여 救世之戰하여 上說下敎하여 强聒不舍라 하여늘 疏云齊宣王時人이라 하니 以事考之컨대 疑卽此人也니라.

12-4-4. 맹자께서 말씀하셨다. "나는 자세한 내용을 묻지 않겠고 그 요지만 듣고 싶습니다. 어떻게 달래겠다는 것입니까?" 송경이 말했다. "저는 그 전쟁이 이롭지 못하다는 점을 말하려 합니다." 맹자께서 말씀하셨다. "선생의 뜻은 크지만 선생이 내세우는 구호는 옳지 못합니다.
曰 軻也는 請無問其詳이오 願聞其指하노니 說之將如何오. 曰 我將言其不利也하리라. 曰 先生之志則大矣어니와 先生之號則不可하다.

서 씨가 말하기를, "전국시대의 어지러운 가운데 전쟁을 중지하고 백성에게 휴식을 주는 것으로 말하였으니 뜻이 크다고 할 수 있다. 그러나 이익으로 명분을 삼는다면 안 된다"라고 하였다.
徐氏曰 能於戰國擾攘之中에 而以罷兵息民爲說하니 其志可謂大矣라. 然이나 以利爲名이면 則不可也라.

12-4-5. 선생이 이익을 가지고 진나라와 초나라 왕을 달래면 진나라와 초나라의 왕들이 이익을 기뻐하며 삼군의 군사를 해산시킬 것입니다. 이것은 삼군의 군사들이 해산하는 것을 즐거워하고 이익을 기뻐하는 것입니다. 남의 신하된 자가 이익을 생각하여 자기 임금을 섬기고, 남의 자식 된 자가 이익을 생각하여 자기 아비를 섬기고, 남의 동생 된 자가 이익을 생각하여 자기 형을 섬긴다면, 이것은 군신·부자·형제가 마침내 인과 의를 버리고 이익을 생각해서 서로 접촉하는 것이 됩니다. 그렇게 하고도 멸망하지 않은 자는 없습니다. 선생이 인과 의를 내세워 진나라와 초나라의 왕을 달래면, 진나라와 초나라 왕이 인과 의를 기뻐하며 삼군의 군사를 해산시킬 것이니, 이것은 삼군의 군사들이 해산하는 것을 즐거워하고 인과 의를 기뻐하는 것입니다. 남의 신하된 자가 인과 의를 생각하여 자기 임금을 섬기고, 남의 자식 된 자가 인과 의를 생각하여 자기 아비를 섬기고, 남의 동생 된 자가 인과 의를 생각하여 자기 형을 섬긴다면, 이것은 군신·부자·형제가 이익을 버리고 인과 의를 생각해서 서로 접촉하는 것이 됩니다. 그렇게 하고서도 임금 노릇을 하지 못한 사람은 있을 수 없습니다. 그런데 하필 이익을 말하려고 하십니까?"

先生이 以利로 說秦楚之王이면 秦楚之王이 悅於利하여 以罷三軍之師하리니 是는 三軍之士 樂罷而悅於利也라. 爲人臣者 懷利以事其君하며 爲人子者 懷利以事其父하며 爲人弟者 懷利以事其兄이면 是는 君臣父子兄弟 終去仁義하고 懷利以相接이니 然而不亡者 未之有也니라. 先生이 以仁義로 說秦楚之王이면 秦楚之王이 悅於仁義하여 而罷三軍之師하리니 是는 三軍之士 樂罷而悅於仁義也라. 爲人臣者 懷仁義以事其君하며 爲人子者 懷仁義以事其父하며 爲人弟者 懷仁義以事其兄이면 是는 君臣父子兄弟

去利하고 懷仁義 以相接也니 然而不王者 未之有也니 何必曰 利리오.

이 장은 "전쟁을 멈추고 백성을 쉬게 하는 것이 한 가지 일이지만, 마음에는 의리와 이익의 다름이 있어서 효과에서도 흥망의 차이가 있게 된다"고 말하였으니, 학자들은 마땅히 깊이 살피고 분명하게 구별해야 할 것이다.

此章은 言 休兵息民이 爲事則一이나 然이나 其心有義利之殊하여 而其效有興亡之異하니 學者所當深察而明辨之也니라.

12-5-1. 맹자께서 추에 살고 계실 때, 계임이 임나라를 맡아 지키고 있으며 폐백을 보내 교제를 청해 왔는데, 폐백만 받고 답례를 못하셨다. 또 평륙에 계실 때에 저자가 재상이 되어 폐백을 보내 교제를 청해왔는데, 폐백만 받고 답례를 못하셨다.

孟子居鄒하실새 季任이 爲任處守러니 以幣交한대 受之而不報하시고 處於平陸하실새 儲子爲相이러니 以幣交한대 受之而不報하시다.

조 씨가 말하기를, "계임은 임나라 군주의 아우다. 임나라 군주가 이웃나라에 조회를 가자 계임이 그를 위해서 그 나라에 거주하며 지켰다. 저자는 제나라 재상이다"라고 하였다. '불보'는 와서 만나보면 마땅히 답례하는 것이지만, 다만 폐백으로 교유하면 반드시 답례할 필요는 없다.

趙氏曰 季任은 任君之弟라. 任君이 朝會於鄰國이어늘 季任이 爲之居守其國也라. 儲子는 齊相也라 하니라. 不報者는 來見則當報之요 但以幣交則不必報也니라.

12-5-2. 다른 날에 맹자께서 추에서 임나라로 가서 계임을 만나 답례하였고, 평륙에서 제나라로 가셨을 때는 저자를 만나보지 않으셨다. 옥려자가 기뻐하며 말했다. "내가 물어볼 틈이 생겼다."
他日에 由鄒之任하사 見季子하시고 由平陸之齊하사 不見儲子하신대 屋廬子 喜曰 連이 得間矣와라.

옥려자는 맹자가 이것을 처리할 때에 반드시 의리가 있을 것이라는 사실을 알았다. 그러므로 그 틈을 얻어서 질문하게 된 것을 기뻐한 것이다.
屋廬子知孟子之處此에 必有義理라 故로 喜得其間隙而問之하니라.

12-5-3. 옥려자가 물었다. "선생님께서는 임나라에 가셔서는 계자를 만나보시고, 제나라에 가셔서는 저자를 만나보지 않으셨으니, 저자가 재상이었기 때문입니까?"
問曰 夫子之任하사 見季子하시고 之齊하사 不見儲子하시니 爲其爲相與잇가.

"저자는 단지 제나라의 재상이 되었지만, 계자가 군주의 지위를 대신 지킨 것보다는 못한 일이기 때문에 가벼이 여긴 것입니까?"라고 여쭈어본 것이다.
言 儲子는 但爲齊相하니 不若季子攝守君位라 故로 輕之邪아.

12-5-4. 맹자께서 말씀하셨다. "아니다. 『서경』에 '윗사람을 받드는 데는 예가 많은데, 예가 물건에 미치지 못하면 윗사람을 받드는 것이 아니다. 윗사람을 받드는 데 뜻을 다하지 않았기 때문이다'라고 하였다.

曰 非也라. 書에 曰 享은 多儀하니 儀不及物이면 曰 不享이니 惟不役志于 享이라 하니

'서'는 「주서・낙고」편이다. '향'은 윗사람을 받드는 것이다. '의'는 예의를 말한다. '물'은 폐백이다. '역'은 사용한다는 뜻이다. "비록 향례를 하지만, 예의 의미가 폐백에 미치지 못하면 이것은 향례가 되지 않는 것이다. 이것은 향례에 마음을 쓰지 않았기 때문이다"라고 말한 것이다.

書는 周書洛誥之篇이라. 享은 奉上也라. 儀는 禮也라. 物은 幣也라. 役은 用也라. 言雖享이나 而禮意不及其幣이면 則是不享矣니 以其不用志于享故也니라.

12-5-5. 저자가 윗사람 받드는 것을 이루지 못했기 때문이었다."

爲其不成享也니라.

맹자께서 『서경』의 의미를 이와 같이 해석한 것이다.

孟子釋書意如此하시니라.

12-5-6. 옥려가자 그 말을 듣고 기뻐했다. 어떤 사람이 그 일에 관해서 묻자 옥려자가 대답했다. "계자는 추로 갈 수 없는 위치였고, 저자는 평륙으로 갈 수 있었기 때문이다."

屋廬子 悅이어늘 或이 問之한대 屋廬子曰 季子는 不得之鄒요 儲子는 得之平陸일새니라.

서 씨가 말하기를, "계자는 군주를 위하여 거처하며 지켰기 때문에 다른 나라에 가서 맹자를 만날 수 없었다. 그렇다면 폐백으로 교유하여도 예의 뜻은 이미 갖추어진 것이다. 저자는 제나라 재상이 되어 제나라의 국경 안에 도달할 수 있었는데도 와서 만나지 않았으니, 비록 폐백으로 교유하더라도 예의 뜻이 물건에 미치지 못한 것이다"라고 하였다.

徐氏曰 季子는 爲君居守하여 不得往他國以見孟子하니 則以幣交而禮意已備요 儲子는 爲齊相하여 可以至齊之境內로되 而不來見하니 則雖以幣交나 而禮意不及其物也니라.

12-6-1. 순우곤이 말했다. "명예와 실적을 앞세우는 사람은 남을 위하는 사람이고, 명예와 실적을 뒤로 돌리는 사람은 자신을 위하는 사람입니다. 선생님께서는 삼경의 가운데에 계시면서 명예와 실적이 위아래로 보탬이 되지 못한 채 이 나라를 떠나시니 인자한 사람도 진실로 이와 같습니까?"

淳于髡이 曰 先名實者는 爲人也요 後名實者는 自爲也니 夫子 在三卿之中하사 名實이 未加於上下而去之하시니 仁者도 固如此乎잇가.

'명'은 명성과 명예이고, '실'은 일에 대한 공적이다. 명과 실을 우선으로 여겨서 행하는 사람은 백성을 구제하는 데 뜻을 둔 사람이고, 명과 실을 뒤로 미루어 행하지 않는 사람은 홀로 자기 몸만을 선하게 하려는 사람임을 말한 것이다. 명실이 상하에 더해지지 못했다는 것은 위로는 자기 군주를 바르게 하지 못하고 아래로는 자기 백성들을 구제하지 못했다는 것을 말한다.

名은 聲譽也요 實은 事功也라. 言 以名實爲先而爲之者는 是有志於救民 者也요 以名實爲後而不爲者는 是欲獨善其身者也라. 名實未加於上下는 言 上未能正其君하고 下未能濟其民也라.

12-6-2. 맹자께서 말씀하셨다. "낮은 지위에 있으면서 자신의 현명함을 가지고 불초한 사람을 섬기지 않은 분은 백이이고, 다섯 차례 탕 임금에게 나가고 다섯 차례 걸에게 나간 분은 이윤이며, 더러운 임금이라도 미워하지 않고 작은 벼슬자리라도 거절하지 않은 분은 유하혜다. 이 세 분은 도가 같지 않았지만 그 취향은 하나였으니, 그 한 가지란 무엇인가? 바로 인이다. 군자는 또한 인일 뿐이니 어찌 반드시 같아야만 하겠는가?"
孟子曰 居下位하여 不以賢事不肖者는 伯夷也요 五就湯하며 五就桀者는 伊尹也요 不惡汙君하며 不辭小官者는 柳下惠也니 三子者 不同道하나 其趣는 一也니 一者는 何也오 曰 仁也라. 君子는 亦仁而已矣니 何必同이리오.

'인'이란 사심이 없이 천리에 합치되는 것을 말한다. 양 씨가 말하기를, "이윤이 탕 임금에게 나간 것은 세 번 초빙한 부지런함 때문이고, 걸에게 나간 것은 탕 임금이 그를 추천한 것이니 탕 임금이 어찌 걸을 정벌할 의사가 있었겠는가? 이윤을 추천하여 탕 임금을 섬기도록 한 것은 허물을 뉘우쳐서 선하게 되기를 바라는 것인데, 이윤이 이미 탕 임금에게 나갔다면 탕의 마음으로 자신의 마음을 삼았을 것이다. 결국에는 사람들이 그에게 돌아오고 하늘이 명령하여 부득이 정벌했을 뿐이다. 만약 탕 임금이 처음부터 이윤을 구해서 걸을 정벌하려는 마음이 있었는데, 이윤이 드디어 그를 도와서 걸을 정벌했다면, 이것은 천하를 취하는 것으로 마음을 삼은 것이다. 천하를 취하는 것으로 마음을 삼았다면 어찌 성인의 마음이겠는가?"라고 하였다.

仁者는 無私心而合天理之謂라. 楊氏曰 伊尹之就湯은 以三聘之勤也요 其就桀也는 湯進之也니 湯豈有伐桀之意哉리오. 其進伊尹以事之也는 欲其悔過遷善而已니 伊尹이 旣就湯이면 則以湯之心爲心矣라. 及其終也에 人歸之하고 天命之하니 不得已而伐之耳라. 若湯이 初求伊尹에 卽有伐桀之心이어늘 而伊尹遂相之以伐桀이면 是는 以取天下爲心也니 以取天下爲心이면 豈聖人之心哉리오.

12-6-3. 순우곤이 말했다. "노나라 목공 때에 공의자가 정사를 맡고 자류와 자사가 신하 노릇을 하였는데, 노나라의 국토가 줄어든 것이 더욱 심했습니다. 이처럼 현자가 나라에 무익합니까?"

曰 魯繆公之時에 公儀子 爲政하고 子柳子思 爲臣이로되 魯之削也 滋甚하니 若是乎賢者之無益於國也여.

'공의자'는 이름이 휴인데 노나라 재상이 되었다. '자류'는 '설류'다. '삭'은 땅이 침탈당한 것이다. 순우곤은 맹자가 비록 떠나지 않았더라도 또한 반드시 좋은 일을 하지는 못했을 것이라고 기롱한 것이다.

公儀子는 名休니 爲魯相이라. 子柳는 泄柳也라. 削은 地見侵奪也라. 髡譏孟子雖不去나 亦未必能有爲也니라.

12-6-4. 맹자께서 말씀하셨다. "우나라는 백리해를 등용하지 않아서 멸망하였고, 진나라 목공은 그를 등용해서 패업을 이룩했느니라. 어진 사람을

등용하지 않으면 망하는 법인데, 어찌 국토가 줄어드는 정도로 그치겠는가?"

曰 虞不用百里奚而亡_{하고} 秦穆公_이 用之而覇_{하니} 不用賢則亡_{이니} 削_을 何可得與_{리오}.

'백리해'는 전편에 그의 일이 보인다.

百里奚_는 事見前篇_{하니라}.

12-6-5. 순우곤이 말했다. "옛날 왕표가 기수 가에 살았기 때문에 하서 지방 사람들이 노래를 잘했고, 면구가 고당에 살았기 때문에 제나라 동쪽 지방 사람들이 노래를 잘 불렀고, 화주와 기량의 처가 남편의 죽음에 곡을 잘해서 나라의 풍속이 변했습니다. 모든 것이 안에 쌓여 있으면 반드시 겉으로 나타납니다. 일을 하고 공적이 나타나지 않은 경우를 저는 아직 보지 못했습니다. 그러므로 현자가 없다는 것입니다. 있다면 제가 반드시 알 것입니다."

曰 昔者_에 王豹處於淇 而河西善謳_{하고} 綿駒處於高唐 而齊右善歌_{하고} 華周杞梁之妻善哭其夫 而變國俗_{하나니} 有諸內_면 必形諸外_{하나니} 爲其事而無其功者_를 髡_이 未嘗睹之也_{로니} 是故_로 無賢者也_니 有則髡必識之_{니이다}.

'왕표'는 위나라 사람인데 노래를 잘했다. '기'는 물 이름이다. '면구'는 제나라 사람인데 노래를 잘했다. '화주'와 '기량' 두 사람은 모두 제나라 신하인데 거에서 전사했다. 그의 아내들이 곡을 애통하게 하니 나라의 풍속이 변화하여 모두 곡을 잘하게 되었다. 순우곤이 이것을 가지고 맹자가 제나라에서 벼슬했는데도 공이 없었으니 어질지 못하다고 기롱한 것이다.

王豹는 衛人이니 善謳하니라. 淇는 水名이라. 綿駒는 齊人이니 善歌하니라 高唐은 齊西邑이라. 華周, 杞梁은 二人皆齊臣이니 戰死於莒어늘 其妻哭之哀하니 國俗이 化之하야 皆善哭하니라. 髡이 以此로 譏孟子仕齊無功하니 未足爲賢也니라.

12-6-6. 맹자께서 말씀하셨다. "공자께서 노나라의 사구가 되셨는데 중용되지 않았다. 임금을 도와 제사를 지낸 뒤에 제사 고기가 이르지 않자 관도 벗지 않고 떠나셨다. 모르는 사람은 고기 때문에 떠났다고 말하고, 아는 사람은 무례했기 때문이라고 생각하였다. 공자께서는 작은 죄 때문에 떠나고자 하시어 구차하게 가고자 하지 않으신 것이다. 군자가 하는 일을 사람들은 진실로 알지 못하는 것이다."

曰 孔子爲魯司寇러시니 不用하고 從而祭에 燔肉이 不至어늘 不稅冕而行하시니 不知者는 以爲爲肉也라 하고 其知者는 以爲爲無禮也라 하니 乃孔子則欲以微罪行하사 不欲爲苟去하시니 君子之所爲를 衆人이 固不識也니라.

『사기』를 살펴보건대, "공자께서 노나라 사구가 되어 재상의 일을 섭정했는데, 제나라 사람들이 이 말을 듣고 두려워하여 이에 아름다운 악사들을 노나라 군주에게 보냄에 계환자와 노나라 임금이 가서 보고 정사를 게을리 하자, 자로가 말하기를 '선생님께서 이제 떠날 때가 된 것 같습니다'라고 하였다. 공자께서 '노나라에서 장차 교제를 지낼 텐데, 만약 제사 고기가 대부에게 돌아간다면 나는 오히려 멈출 수 있다'라고 하셨다. 계환자가 마침내 제나라에서 보내준 아름다운 악사들을 받아들이고 교제를 지낸 다음에 또한 대부에게 제사 고기가 돌아가지 않자 공자께서 마침내 떠나셨다"라고 하였다. 맹자께서 말씀하시기를 "고기 때문이라고 생각한 사람들은 진실로 말할 것도 없고 무례함 때문이라고 생각한 사람들도 역시 공자를 깊이 알지 못한 것이다. 대개 성인은 부모의 나라에 대해서 군주와 재상의 잘못을 드러내고자 하지 않으며, 까닭 없이 구차하게 떠나고자 하지 않는다. 그러므로 아름다운 악사들 때문에 떠나지 않고 제사 고기를 핑계로 떠나셨으니 기미를 살피는 것이 분명하고 결단성이 있으며 뜻을 사용함이 충성스럽고 돈독하였으니 진실로 평범한 사람들이 알 수 있는 것이 아니다."라고 하셨다. 그러므로 맹자께서 하신 행위를 어찌 순우곤이 알 수 있겠는가? ○윤 씨가 말하기를, "순우곤은 일찍이 인을 알지 못하고 일찍이 현자를 알지 못했으니, 이와 같이 말한 것이 마땅하다"라고 하였다.

按史記컨대 孔子爲魯司寇하사 攝行相事하시니 齊人이 聞而懼하여 於是에 以女樂遺魯君한대 季桓子與魯君으로 往觀之하고 怠於政事어늘 子路曰夫子可以行矣니이다 孔子曰魯今且郊하니 如致膰(燔)于大夫면 則吾猶可以止라 하시더니 桓子卒受齊女樂하고 郊又不致膰肉于大夫어늘 孔子遂行하시니라. 孟子言以爲爲肉者는 固不足道요 以爲爲無禮는 則亦未爲深知孔子者라. 蓋聖人於父母之國에 不欲顯其君相之失이요 又不欲爲無故而苟去라. 故로 不以女樂去而以膰肉行하시니 其見幾明決而用意忠厚하시니 固非衆人所能識也라. 然則孟子之所爲를 豈髡之所能識哉리오. ○尹氏曰 淳于髡이 未嘗知仁하고 亦未嘗識賢也하니 宣乎其言若是로다.

12-7-1. 맹자께서 말씀하셨다. "오패는 삼왕의 죄인이고, 오늘날의 제후는 오패의 죄인이고, 오늘날의 대부는 오늘날 제후의 죄인이니라.
孟子曰 五霸者는 三王之罪人也요 今之諸侯는 五霸之罪人也요 今之大夫는 今之諸侯之罪人也니라.

조 씨가 말했다. "오패는 제나라 환공・진(晉)나라 문공・진(秦)나라 목공・송나라 양공・초나라 장왕이고, 삼왕은 하나라 우왕・상나라 탕왕・주나라 문무다." 정 씨가 말했다. "하나라의 곤오와 상나라의 대팽・시위와 주나라의 제환공과 진문공을 오패라고 한다."
趙氏曰 五霸는 齊桓晉文秦穆宋襄楚莊也요 三王은 夏禹商湯周文武也니라. 丁氏曰 夏昆吾와 商大彭豕韋와 周齊桓晉文을 謂之五霸라 하니라.

12-7-2. 천자가 제후의 영지를 돌아보는 것을 순수라 하고, 제후가 천자에게 조회하는 것을 술직이라 한다. 봄에 밭가는 것을 살펴보아 부족한 것을 보충해 주고, 가을에 거둬들이는 것을 살펴보아 모자라는 것을 도와준다. 천자가 제후의 영지에 들어가 보고 토지가 잘 개간이 되고, 논밭이 잘 정리되어 있고, 늙은이를 봉양하고 어진 사람을 존경하고, 뛰어난 인물들이 벼슬자리에 있으면 포상해 주는데, 포상은 땅으로 한다. 그 영지에 들어가 보아서 토지가 황폐하고, 늙은이를 내버려두고 어진 사람을 대우하지 않고, 착취하는 자가 벼슬자리에 있으면 꾸짖는다. 제후가 한 번 조회하지 않으면 그 작위를 깎아 내리고, 두 번 조회하지 않으면 그 토지의 일부를 빼앗고, 세 번 조회하지 않으면 천자가 거느리는 육군을 그곳으로 이동시킨다. 그렇기 때문에 천자는 토죄는 하여도 정벌하지 않

고, 제후는 정벌은 하여도 토죄하지 않는 것이다. 오패란 제후들이 다른 제후들을 끌어다가 제후를 징벌한 자들이다. 그래서 오패는 삼왕의 죄인이라고 하는 것이다.

天子適諸侯曰 巡狩요 諸侯朝於天子曰 述職이니 春省耕而補不足하며 秋省斂而助不給하나니 入其疆하니 土地辟하며 田野治하며 養老尊賢하며 俊傑이 在位則有慶이니 慶以地하고 入其疆하여 土地荒蕪하며 遺老失賢하며 掊克이 在位則有讓이니 一不朝則貶其爵하고 再不朝則削其地하고 三不朝則六師로 移之하나니 是故로 天子는 討而不伐하고 諸侯는 伐而不討하나니 五覇者는 摟諸侯하여 以伐諸侯者也라 故로 曰 五覇者는 三王之罪人也니라.

'경'은 포상한다는 뜻이니 토지를 보태서 포상하는 것이다. '부극'은 거두어들이는 것이다. '양'은 꾸짖는 것이다. '이지'는 사람을 죽이고 다른 사람으로 바꾸어 두는 것이다. '토'는 명령을 내려 그 죄를 성토하고 방백과 연수로 하여금 제후를 거느리고 가서 정벌하게 하는 것이다. '벌'이란 천자의 명을 받들어 그 죄를 성토하고 정벌하는 것이다. '누'는 당긴다는 뜻이다. 오패가 제후를 이끌고 제후를 정벌하고 천자의 명을 사용하지 않았다. '입기강'에서 '즉기양'까지는 순수의 일을 말한 것이고, '일부조'에서 '육사이지'까지는 술직의 일을 말한 것이다.

慶은 賞也니 益其地以賞之也라 掊克은 聚斂也라 讓은 責也라 移之者는 誅其人而變置之也라 討者는 出命而討其罪하고 而使方伯連帥로 帥諸侯以伐之也라 伐者는 奉天子之命하여 聲其罪而伐之也라 摟는 牽也라 五覇牽諸侯하여 以伐諸侯하고 不用天子之命也라 自入其疆으로 至則有讓은 言巡狩之事요 自一不朝로 至六師移之는 言述職之事하니라.

12-7-3. 오패 가운데 제나라 환공이 가장 세력이 왕성했는데, 규구회맹에서 제후들은 희생을 묶어 놓고 그 위에 맹약을 쓴 것을 올려놓았을 뿐, 피를 입에 바르는 의식은 거행하지 않았다. 첫 번째 명하여 말하기를, '불효한 자를 죽이고, 세자로 세운 아들을 바꾸지 말며, 첩을 정실로 삼지 말라'고 하였고, 두 번째 명하여 말하기를, '어진 사람을 존중하고, 인재를 육성하여 유덕한 사람을 표창하라'고 하였고, 세 번째 명하여 말하기를, '늙은이를 공경하고 어린이를 사랑하며, 손님과 여행자를 소홀히 하지 말라'라고 하였고, 네 번째 명하여 말하기를, '선비에게는 관직을 세습시키지 말고, 공무는 겸직시키지 말고, 반드시 재능 있는 선비는 등용하고, 대부를 함부로 죽이지 말라'고 하였고, 다섯 번째 명하여 말하기를 '제방을 굽어지게 쌓지 말고, 곡식의 매입을 막지 말고, 토지를 남에게 떼어 주고서 보고하지 않는 일이 없도록 하라'고 하였다. 또 말하기를, '무릇 우리 동맹한 사람들은 맹약을 맺고 난 후에는 서로 우호적으로 지낼 것이다'라고 하였다. 오늘날의 제후들은 모두 이 다섯 가지 금약을 범하고 있기 때문에 오늘날의 제후는 오패의 죄인이라고 하는 것이다.

五霸에 桓公이 爲盛하더니 葵丘之會에 諸侯束牲載書而不歃血하고 初命曰 誅不孝하며 無易樹子하며 無以妾爲妻라 하고 再命曰 尊賢育才하여 以彰有德이라 하고 三命曰 敬老慈幼하며 無忘賓旅라 하고 四命曰 士無世官하며 官事無攝하며 取士必得하며 無專殺大夫라 하고 五命曰 無曲防하며 無遏糴하며 無有封而不告라 하고 曰 凡我同盟之人은 旣盟之後에 言歸于好라 하니 今之諸侯 皆犯此五禁하나니 故로 曰 今之諸侯는 五霸之罪人也니라.

『춘추전』을 살펴보건대, "희공 9년 규구회맹에서 희생을 진열하고 죽이

지 않고, 희생 위에 책을 올려놓아 천자가 금지하는 명령을 한결같이 하
였다. '수'는 세우는 것이니 이미 세자가 섰으면 함부로 바꿀 수 없다. 첫
번째 명령한 세 가지 일은 수신과 정가의 요점이다. '빈'은 빈객이고 '여'
는 여행객이니 모두 마땅히 접대하야 할 것이고 소홀하게 대하고 잊어서
는 안 된다. 사(士)에게 대대로 녹은 주지만 관직을 세습시키지 않는 것
은 반드시 어질지 못할까 두렵기 때문이다. 공무를 겸직시키지 말라는
것은 마땅히 어진 인재를 널리 충원시킬 것이요, 사람이 빠졌다고 해서
일마저 없애서는 안 되기 때문이다. '취사필득(取士必得)'은 반드시 사
람을 얻는 것이다. '무전살대부(無專殺大夫)'는 죄가 있으면 천자에게
명령을 청한 다음에 죽이는 것이다. '무곡방(無曲防)'은 제방을 굴곡지게
만들어 물을 막고 물을 격동시켜 작은 이익을 전횡하다가 이웃 나라에
피해가 가지 않게 하는 것이다. '무알적(無遏糴)'은 이웃나라에 흉년이
들었을 때 쌀을 수입해 가는 것을 막지 못하게 하는 것이다. '무유봉이불
고(無有封而不告)'는 국읍을 전횡하여 봉해주고 천자에게 고하지 않음
이 없도록 하는 것이다.

按春秋傳컨대, 僖公九年葵丘之會에 陳牲而不殺하고 讀書加於牲上하여
壹命天子之禁하니라. 樹는 立也니 已立世子면 不得擅易이라. 初命三事는
所以修身正家之要也라. 賓은 賓客也요 旅는 行旅也니 皆當有以待之요
不可忽忘也라. 士世祿而不世官은 恐其未必賢也라. 官事無攝은 當廣求
賢才以充之요 不可以闕人廢事也라. 取士必得은 必得其人也라. 無專殺
大夫는 有罪則請命于天子而後에 殺之也라. 無曲防은 不得曲爲堤防하여
壅泉激水하여 以專小利 病隣國也라. 無遏糴은 隣國凶荒이어든 不得廢糴
也라. 無有封而不告者는 不得專封國邑而不告天子也라.

12-7-4. 임금의 악을 조장하는 것은 그 죄가 작다고 할 수 있으나 임금의 악에 영합하는 것은 그 죄가 크다. 오늘날의 대부들은 모두 임금의 악에 영합하고 있다. 그러므로 오늘날의 대부는 오늘날 제후의 죄인이라고 하는 것이다."

長君之惡은 其罪小하고 逢君之惡은 其罪大하니 今之大夫 皆逢君之惡하나니 故로 曰 今之大夫는 今之諸侯之罪人也니라.

군주에게 허물이 있는데 간언하지 못하고 순종만 하는 것은 군주의 악을 조장하는 것이고, 군주의 과실이 싹트지 않았는데 뜻을 먼저 헤아려 인도하는 것은 군주가 악함을 만나게 해주는 것이다. ○ 임 씨가 말하기를, "소자가 말하기를, '『춘추』를 배우는 사람이 오패의 공과 죄를 먼저 배우지 않으면 일에 계통이 없어서 성인의 마음을 얻을 수 없다. 춘추시대에 공로가 있는 자들은 오패보다 큰 것이 없고, 과실이 있는 자 또한 오패보다 큰 것이 없다. 그러므로 오패는 공로의 첫째이고 죄의 으뜸가는 죄수다'라고 하였으니, 『맹자』의 이 장의 의미도 또한 이와 같다. 그러나 오패는 삼왕에게 죄를 얻었고, 오늘날의 제후들은 오패에게 죄를 얻었으니 모두 다른 세대에서 나온 것이다. 그러므로 죄를 도피할 수 있지만, 오늘날의 대부는 마땅히 오늘날의 제후에게 죄를 얻었으니 같은 시대인데도 제후들이 오직 죄를 주지 않았을 뿐 아니라 도리어 좋은 신하라고 여겨서 후하게 대접하고 죄로 여기지 않고 도리어 공으로 여겼으니 어찌 그리 잘못되었는가?"라고 하였다.

君有過어든 不能諫하고 又順之者는 長君之惡也요 君之過未萌에 而先意導之者는 逢君之惡也니라. ○ 林氏曰 邵子有言하되 治春秋者不先治五

霸之功罪면 則事無統理而不得聖人之心이라. 春秋之間에 有功者未有大於五霸요 有過者亦未有大於五霸라. 故로 五霸者는 功之首요 罪之魁也라 하니 孟子此章之義其亦若此也與인저. 然이나 五霸得罪於三王과 今之諸侯得罪於五霸는 皆出於異世라. 故로 得以逃其罪어니와 至於今之大夫하여는 宜得罪於今之諸侯하니 則同時矣로되 而諸侯非惟莫之罪也라 乃反以爲良臣而厚禮之하고 不以爲罪以反以爲功하니 何其謬哉오.

12-8-1. 노나라에서 신자를 장군으로 삼으려 하였다.

魯欲使愼子로 爲將軍이러니

'신자(愼子)'는 노나라의 신하다.

愼子는 魯臣이라.

12-8-2. 맹자께서 말씀하셨다. "백성들을 가르치지 않고서 전쟁에서 싸우도록 하는 것을 백성에게 재앙을 끼친다고 하는 것이니, 백성에게 재앙을 끼치는 것은 요순의 세상에서는 용납되지 않았소.

孟子曰 不敎民而用之를 謂之殃民이니 殃民者는 不容於堯舜之世니라.

'교민'은 예의를 가르쳐서 집에 들어가서는 부형을 섬기고 나와서는 어른을 섬길 줄 알도록 하는 것이다. '용지'는 그들을 싸우게 만드는 것이다.

敎民者는 敎之禮義하여 使知入事父兄하고 出事長上也라. 用之는 使之戰也라.

12-8-3. 한 차례의 싸움으로 제나라를 이겨 마침내 남양 땅을 차지한다고 하더라도 옳지 않은 것이오."

一戰勝齊하여 遂有南陽이라도 然且不可하니라.

이때에 노나라에서는 신자로 하여금 제나라를 정벌하여 남양을 취하게 하였다. 그러므로 맹자께서 "신자가 싸움을 잘해서 이와 같이 공로를 세우더라도 옳지 않다"라고 말씀하신 것이다.

是時에 魯蓋欲使愼子伐齊하여 取南陽也라. 故로 孟子言就使愼子善戰하여 有功如此라도 且有不可라 하시니라.

12-8-4. 신자가 발끈하고 기뻐하지 않으며 말했다. "그런 것은 내가 알지 못하는 것입니다."

愼子 勃然不悅曰 此則滑釐의 所不識也로소이다.

'골리'는 신자의 이름이다.

滑釐는 愼子名이라.

12-8-5. 맹자께서 말씀하셨다. "내가 분명히 그대에게 일러두겠소. 천자의 땅은 사방 천 리이니, 천 리가 안 되면 제후를 접대하지 못하오. 제후의 땅은 사방 백 리이니 백 리가 안 되면 종묘의 전적을 지키지 못하오.

曰 吾明告子하리오. 天子之地 方千里니 不千里면 不足以待諸侯요 諸侯之地 方百里니 不百里면 不足以守宗廟之典籍이니라.

'대제후'는 조근과 빙문의 예에 대우하는 것을 말한다. 종묘의 전적은 제사하고 회동하는 일상적인 제도다.
待諸侯는 謂待其朝覲聘問之禮라. 宗廟典籍은 祭祀會同之常制也라.

12-8-6. 주공이 노나라에 봉해질 때 땅이 사방 백 리였으니, 땅이 부족한 것이 아니지만 백 리로 한정했던 것이오. 태공이 제나라에 봉해질 때도 역시 사방 백 리였으니, 땅이 부족한 것이 아니지만 백 리로 한정했던 것이오.
周公之封於魯에 爲方百里也니 地非不足이로되 而儉於百里하며 太公之封於齊也에 亦爲方百里也니 地非不足也로되 而儉於百里하니라.

두 공은 천하에 큰 공로가 있었는데도 나라를 봉해 받은 것이 백 리를 넘지 않았다. '검'은 멈추어서 지나치지 않는다는 의미다.
二公이 有大勳勞於天下로되 而其封國이 不過百里하니라. 儉은 止而不過之意也라.

12-8-7. 지금 노나라는 사방 백 리 되는 것이 다섯이나 되오. 그대 생각으로는 왕자가 출현한다면 노나라의 땅을 줄일 것 같소, 늘일 것 같소?
今魯 方百里者五니 子以爲有王者作 則魯在所損乎아. 在所益乎아.

노나라의 영토가 큰 것은 모두 작은 나라를 병탄해서 얻은 것이니 왕도를 행하는 사람이 나오면 반드시 덜어내야 할 것이다.
魯之地大는 皆倂吞小國而得之니 有王者作이면 則必在所損矣리라.

12-8-8. 한갓 저 나라에서 빼앗이다가 이 나라에 줄지라도 어진 사람은 하지 않는데, 하물며 사람을 죽여 가며 땅을 차지하는 것이야 말해 무엇 하겠소?

徒取諸彼하여 以與此라도 然且仁者 不爲은 況於殺人以求之乎아.

'도'는 한갓이라는 뜻이니 사람을 죽이지 않고 취하는 것을 말한다.
徒는 空也니 言不殺人而取之也라.

12-8-9. 군자가 임금을 섬기는 것은 힘써 그 임금을 이끌어 도에 합당하게 하고 인에 뜻을 두게 하는 데 있을 따름이오."

君子事君也는 務引其君以當道하여 志於仁而已니라.

'당도'는 일이 이치에 합당한 것을 말하고, '지인'은 마음이 인에 있음을 말한 것이다.
當道는 謂事合於理요 志仁은 謂心在於仁이라.

12-9-1. 맹자께서 말씀하셨다. "오늘날 임금을 섬기는 사람들은 말하기를, '나는 임금을 위해 토지를 개간하고 재물 창고를 가득 채울 수 있다'고 하는데, 이러한 사람은 오늘날에는 좋은 신하라고 말하지만 옛날에는 백성의 도적이라고 하였다. 임금이 정도를 지향하지 아니하여 인에 뜻을 두지 않는데도 그를 부유하게 만들어 주려고 하니, 이것은 걸과 같은 폭군을 부유하게 해주는 것이다.

孟子曰 今之事君者 曰 我能爲君하여 辟土地하며 充府庫라 하나니 今之所

謂良臣이요 古之所謂民賊也라. 君不鄕道하여 不志於仁이어든 而求富之하니 是는 富桀也니라.

'벽'은 개간하는 것이다.
辟은 開墾也라.

12-9-2. 또 '나는 임금을 위해 동맹국과 약속하여 전쟁을 하면 반드시 이길 수 있다'고 하는데, 이러한 사람은 오늘날에는 좋은 신하라고 말하지만 옛날에는 백성의 도적이라고 하였다. 임금이 정도를 지향하지 아니하여 인에 뜻을 두지 않는데도 그를 위해 전쟁을 강행하려고 하니, 이것은 걸을 도와주는 것이다.
我能爲君하여 約與國하여 戰必克이라 하나니 今之所謂良臣이요 古之所謂民賊也라. 君不鄕道하여 不志於仁이어든 而求爲之强戰하니 是는 輔桀也니라.

'약'은 원하는 동맹을 맺는 것이다. '여국'은 조화롭게 우호하며 서로 허여하는 나라다.
約은 要結也라. 與國은 和好相與之國也라.

12-9-3. 오늘날의 방법으로 오늘날의 풍속을 고칠 수 없다면, 비록 천하를 준다 해도 하루아침도 그 자리를 지키고 있지 못할 것이다."
由今之道하여 無變今之俗이면 雖與之天下라도 不能一朝居也니라.

반드시 쟁탈하여 위망함에 이를 것이라고 말한 것이다.

言必爭奪而至於危亡也라.

12-10-1. 백규가 말했다. "나는 세율을 20분의 1로 하려고 하는데 어떻겠습니까?"

白圭曰 吾欲二十而取一하노니 何如하니잇고.

'백규'는 이름이 단인데 주나라 사람이다. 세법을 변경하여 20분의 1일 취하고자 한 것이다. 임 씨가 말하기를, "『사기』를 살펴보건대, '백규는 음식을 박하게 하고 욕망을 참아서 종들과 고락을 함께 하였으며, 시세의 변화에 대해서 관찰하는 것을 좋아하여 남들이 버리면 자신은 취하고, 남이 취하면 자신은 주어서 이것을 가지고 재물을 쌓아서 부유함을 이루었다'라고 하였으니 이와 같은 논의를 한 것은 대개 그 방법으로 국가에 시행하고자 한 것이다"라고 하였다.

白圭는 名丹이니 周人也라. 欲更稅法하여 二十分而取其一分하나라. 林氏曰 按史記컨대 白圭能薄飲食하고 忍嗜欲하여 與童僕同苦樂하며 樂觀時變하여 人葉我取하고 人取我與하여 以此居積致富하니 其爲此論은 蓋欲以其術로 施之國家也니라.

12-10-2. 맹자께서 말씀하셨다. "당신의 방법은 북방 오랑캐의 방법이오.

孟子曰 子之道는 貉道也오.

'맥'은 북방 오랑캐의 나라 이름이다.

貉은 北方夷狄之國名也라.

12-10-3. 만 가구나 되는 나라에서 한 사람이 도자기를 굽는다면 괜찮겠소?" 백규가 말했다. "안 되지요. 그릇이 수요에 충분하지 못할 것입니다."

萬室之國에 一人이 陶則可乎아. 曰 不可하니 器不足用也니이다.

맹자께서 비유하여 백규를 힐난하자 백규 또한 불가함을 안 것이다.

孟子設喩以詰圭에 而圭亦知其不可也라.

12-10-4. 맹자께서 말씀하셨다. "북방 오랑캐의 땅에는 오곡이 나지 않고 오직 기장만 나오니 성곽과 궁실과 종묘와 제사하는 예가 없으며, 제후의 폐백과 음식으로 손님을 접대하는 예가 없으며, 백관과 유사가 없기 때문에 20분의 1을 받아도 충분하오.

曰 夫貉은 五穀이 不生하고 惟黍生之하나니 無城郭宮室宗廟祭祀之禮하며 無諸侯幣帛饔飧하며 無百官有司라 故로 二十에 取一而足也니라.

'북방'은 지대가 추워서 오곡은 자라지 않고 기장은 일찍 익기 때문에 잘 자란다. '옹손'은 음식을 가지고 손님에게 먹이는 예다.

北方은 地寒하여 不生五穀이요 黍早熟이라 故로 生之라. 饔飧은 以飮食饋客之禮也라.

12-10-5. 그런데 지금 중국에서 살면서 인륜을 버리고 군자도 없다면 어떻게 괜찮을 수 있겠소?

今에 居中國하여 去人倫하며 無君子면 如之何其可也리오.

군신과 제사와 교제의 예가 없다면 인륜을 버리는 것이요, 백관과 유사가 없다면 군자가 없는 것이다.

無君臣祭祀交際之禮면 是去人倫이요 無百官有司면 是無君子니라.

12-10-6. 도자기 굽는 사람이 적어도 나라를 다스릴 수 없는데, 하물며 군자가 없을 수 있겠소?

陶而寡라도 且不可以爲國이온 況無君子乎아.

그의 말로 인하여 꺾어버린 것이다.

因其辭以折之하시니라.

12-10-7. 요순의 방법보다 세율을 가볍게 하려는 자는 북방 오랑캐가 큰 오랑캐라면 작은 오랑캐라 할 것이오, 요순의 방법보다 세율을 더 무겁게 하려는 자는 큰 걸에 대한 작은 걸이라 할 것이오."

欲輕之於堯舜之道者는 大貉에 小貉也요 欲重之於堯舜之道者는 大桀에 小桀也니라.

10분의 1을 내는 세법은 요순의 방법인데, 이것보다 많으면 걸과 같고 적으면 오랑캐다. 이제 요순보다 가볍게 하거나 무겁게 하려고 한다면 이것은 작은 오랑캐요 작은 걸일 뿐이다.

什一而稅는 堯舜之道也니 多則桀이요 寡則貉이니 今欲輕重之면 則是小貉小桀而已라.

12-11-1. 백규가 말했다. "제가 물을 다스리는 실력이 우 임금보다 낫다고 생각합니다."

白圭曰 丹之治水也 愈於禹호이다.

조 씨가 말했다. "당시 제후국 가운데 작은 홍수가 있었는데 백규가 이를 위하여 둑을 쌓아 물을 막고 다른 나라로 흘러가게 하였다."

趙氏曰 當時諸侯에 有小水어늘 白圭爲之築堤하여 壅而注之他國하니라.

12-11-2. 맹자께서 말씀하셨다. "당신은 너무 지나친 말을 하오. 우 임금이 물을 다스리는 방법은 물의 길을 따라 한 것이오.

孟子曰 子過矣오. 禹之治水는 水之道也오.

물의 본성을 따른 것이다.

順水之性也라.

12-11-3. 그러므로 우 임금은 네 바다로 배수장을 삼았는데, 지금 당신은 이웃나라로 배수장을 삼고 있소.

是故로 禹는 以四海爲壑이어늘 今에 吾子는 以隣國爲壑이로다.

'학'은 물을 받아들이는 곳이다.

壑은 受水處也라.

12-11-4. 물이 역행하는 것을 강수라 하는데, 강수란 홍수를 말하는 것이다.

어진 사람은 미워하는 것이니, 그렇기 때문에 당신이 지나친 것이오."
水逆行을 謂之洚水니 洚水者는 洪水也라. 仁人之所惡也니 吾子過矣로다.

'수역행'은 하류가 막혔기 때문에 물이 거꾸로 흐르는 것이다. 지금 물을 막아서 사람을 해친다면 홍수의 재앙과 다름이 없을 것이다.
水逆行者는 下不壅塞이라 故로 水逆流니 今乃壅水以害人이면 則與洪水之災無異矣니라.

12-12-1. 맹자께서 말씀하셨다. "군자가 신용이 없다면 어디를 잡겠는가?"
孟子曰 君子不亮이면 惡乎執이리오.

'양'은 믿는다는 뜻이니 '양(諒)'과 같다. '오호집(惡乎執)'은 모든 일이 구차하여 잡을 것이 없음을 말한 것이다.
亮은 信也니 與諒同이라. 惡乎執은 言凡事苟且하여 無所執持也라.

12-13-1. 노나라에서 악정자에게 정치를 맡아보게 하고자 하니 맹자께서 말씀하셨다. "나는 그 소식을 듣고 기뻐서 잠을 자지 못하였다."
魯欲使樂正子로 爲政이러니 孟子曰 吾聞之하고 喜而不寐호라.

도가 실행될 수 있음을 기뻐한 것이다.
喜其道之得行이라.

12-13-2. 공손추가 말했다. "악정자는 강합니까?" 맹자께서 말씀하셨다. "아

니다." 공손추가 말했다. "지혜가 있습니까?" 맹자께서 말씀하셨다. "아니다." 공손추가 말했다. "듣고 아는 것이 많습니까?" 맹자께서 말씀하셨다. "아니다."

公孫丑曰 樂正子는 强乎잇가. 曰 否라. 有知慮乎잇가. 曰 否라. 多聞識乎잇가. 曰 否라.

이 세 가지는 모두 당세에 숭상하던 것인데, 악정자에게는 부족한 것이었다. 그러므로 공손추가 의심하여 일일이 질문한 것이다.

此三者는 皆當世之所尙이로되 而樂正子之所短이라 故로 丑疑而歷問之하니라.

12-13-3. 공손추가 물었다. "그렇다면 어찌 기뻐서 잠을 못 주무셨습니까?"

然則奚爲喜而不寐시니잇고.

공손추가 질문한 것이다.

丑問也라.

12-13-4. 맹자께서 말씀하셨다. "그는 사람됨이 선을 좋아하느니라." 공손추가 물었다. "선을 좋아하는 것만으로 충분합니까?"

曰 其爲人也 好善이니라. 好善이 足乎잇가.

공손추가 질문한 것이다.

丑問也라.

12-13-5. 맹자께서 말씀하셨다. "선을 좋아하면 천하를 다스리고도 넉넉함이 있는데, 하물며 노나라 정도 다스리는 데 무슨 문제가 되겠느냐?
曰 好善이 優於天下은 而況魯國乎아.

'우'는 여유가 있는 것이니, 비록 천하를 다스릴지라도 오히려 남는 힘이 있을 것이라고 말한 것이다.
優는 有餘裕也니 言雖治天下라도 尙有餘力也라.

12-13-6. 진실로 선을 좋아하면 온 천하의 사람들이 천 리를 가볍게 여기고 찾아와서 선을 일러주게 될 것이다.
夫苟好善 則四海之內 皆將輕千里而來하여 告之以善하고

'경'은 쉽다는 뜻이니 천 리를 어렵지 않게 여김을 말한 것이다.
輕은 易也니 言不以千里爲難也라.

12-13-7. 진실로 선을 좋아하지 않으면 사람들이 장차 말하기를, '저 사람의 아는 체하는 꼴을 나는 벌써 알고 있었다'라고 한다. 아는 체하는 음성과 안색은 사람들을 천 리 밖으로 몰아낸다. 선비들이 천 리 밖에 떨어져 있으면 모함하고 아첨하며 겉으로만 아부하는 자들이 모여들게 될 것이니, 모함하고 아첨하고 겉으로만 아부하는 사람들과 함께 있으면 나라를 다스리고 싶어도 다스릴 수가 있겠는가?"
夫苟不好善 則人將曰 訑訑를 予旣已知之矣로라 하리니 訑訑之聲音顔色이 距人於千里之外하나니 士止於千里之外 則讒諂面諛之人이 至矣리니

與讒諂面諛之人으로 居면 國欲治인들 可得乎아.

'이이'는 자기 지혜를 스스로 만족하여 착한 말을 즐기지 않는 모습이다. 군자와 소인은 번갈아가면서 사라지고 성장하니 곧고 진실하고 견문이 많은 선비가 멀어지면 아첨하고 면전에서 비위나 맞추는 사람이 다가오는 것은 당연한 이치이다. ○이 장은 위정은 한 사람의 장점을 사용하는 데 있는 것이 아니라 천하의 선한 사람들을 오게 하는 것을 귀하게 여김을 말한 것이다.

訑訑는 自足其智하여 不嗜善言之貌라. 君子小人이 迭爲消長이니 直諒多聞之士遠이면 則讒諂面諛之人至는 理勢然也니라. ○此章은 言爲政이 不在於用一己之長이요 而貴於有以來天下之善이니라.

12-14-1. 진자가 말했다. "옛날 군자는 어떠한 경우에 벼슬을 했습니까?" 맹자께서 말씀하셨다. "나가서 벼슬하는 경우가 셋 있고, 벼슬을 그만두는 경우가 셋 있었소.
陳子曰 古之君子 何如則仕니잇고. 孟子曰 所就三이오 所去三이니라.

조목이 아래에 있다.
其目在下하니라.

12-14-2. 공경을 극진히 하여 예로써 맞이하고, 말을 하면 장차 그 말을 실행하려고 하면 나가서 벼슬을 하는데, 임금의 예모가 아직 쇠하지 않았더라도 자기의 말이 행해지지 않으면 떠나는 것이오.

迎之致敬以有禮하며 言將行其言也 則就之하고 禮貌未衰나 言弗行也 則去之니라.

이른바 도가 행해질 가능성이 있음을 보고 벼슬하는 것이니, 마치 공자께서 계환자에 대한 것과 같은 것이다. 아름다운 악사를 받아들이고 조회하지 않았으니 떠나는 것이다.
所謂見行可之仕니 若孔子於季桓子是也라. 受女樂而不朝면 則去之矣시니라.

12-14-3. 그 다음은 비록 건의하는 말을 실천하지 않더라도 공경을 지극히 하여 예로써 맞이하면 나가서 벼슬을 하는데, 임금의 예모가 쇠하면 떠나는 것이오.
其次는 雖未行其言也나 迎之致敬以有禮 則就之하고 禮貌衰則去之니라.

이른바 예를 갖추어 대접해준 경우에 벼슬하는 것이니, 마치 공자께서 위 영공에 대한 것과 같은 것이다. 그러므로 공과 더불어 동산에서 놀 때에 공이 우러러 나는 기러기를 본 뒤에 떠나는 것이다.
所謂際可之仕니 若孔子於衛靈公是也라. 故로 與公遊於囿에 公이 仰視蜚雁而後去之하시니라.

12-14-4. 그 다음에는 아침밥도 못 먹고 저녁밥도 먹지 못하여 배가 고파서 문 밖을 나가지 못하는 지경에 이르렀을 때, 임금이 그 소식을 듣고서 '내가 크게는 그의 도를 행하지 못하고 또 그의 말을 따르지는 못하여 내

영토 안에서 굶주리게 한 것을 나는 부끄럽게 생각한다'고 하며 구제해 준다면 또한 받아도 좋소. 그러나 죽음을 면할 뿐이오."

其下는 朝不食하며 夕不食하여 飢餓不能出門戶어든 君이 聞之曰 吾大者론 不能行其道하고 又不能從其言也하여 使飢餓於我土地를 吾恥之라 하고 周 之인댄 亦可受也어니와 免死而已矣라.

이른바 현자를 기르는 예를 다했을 경우에 벼슬을 하는 것이다. 군주는 백성에 대해서 진실로 도와줄 의무가 있는 것이다. 하물며 이 또한 과오를 뉘우치는 말이니 이 때문에 (벼슬을) 받을 수 있는 것이다. 그러나 굶어서 문을 나갈 수 없는 지경에 이르지 않는다면, 오히려 벼슬을 받을 수 없는 것이니, 죽음을 면하면 그만이라고 말한 것은 벼슬을 받는 것도 또한 한계가 있다는 것이다.

所謂公養之仕也라. 君之於民에 固有周之之義요 況此又有悔過之言하니 所以可受라. 然이나 未至於飢餓不能出門戶면 則猶不受也라. 其曰免死 而已라 하니 則其所受亦有節矣니라.

12-15-1. 맹자께서 말씀하셨다. "순 임금은 밭 가운데서 농사짓다가 기용되었고, 부열은 공사장 인부 사이에서 등용되었고, 교격은 물고기와 소금을 파는 데서 발견되어 등용되었고, 관이오는 감옥에 갇혀 있다가 등용되었고, 손숙오는 바닷가에 있다가 등용되었고, 백리해는 시정에서 등용되었다.

孟子曰 舜은 發於畎畝之中하시고 傅說은 擧於版築之間하고 膠鬲은 擧於 魚鹽之中하고 管夷吾는 擧於士하고 孫叔敖는 擧於海하고 百里奚는 擧於

市하니라.

순은 역산에서 농사지었으니 30세에 등용되었으며, 부열은 부암에서 제방을 쌓고 있었는데 무정이 등용하였고, 교격은 난을 만나 시장에서 어물과 소금을 팔았는데 문왕이 등용하였고, 관중은 사관에 갇혀 있었는데 환공이 등용하여 나라를 돕게 하였으며, 손숙오는 바닷가에서 은거했는데 초나라 장왕이 등용하여 영윤으로 삼았다. 백리해에 대해서는 일이 전편에 보인다.

舜은 耕歷山이러시니 三十에 登庸하시고 說은 築傅巖이러니 武丁이 擧之하시고 膠鬲은 遭亂하여 鬻販魚鹽이러니 文王이 擧之하시고 管仲은 囚於士官이러니 桓公이 擧以相國하고 孫叔敖는 隱處海濱이러니 楚莊王이 擧之爲令尹하니라 百里奚는 事見前篇하니라.

12-15-2. 그러므로 하늘이 장차 어떤 사람에 큰 임무를 내리려고 할 때에는 반드시 먼저 그들의 마음과 의지를 힘들게 하며, 근육과 골격을 수고롭게 하고, 몸과 살을 굶주리게 하고, 그들 자신에게 아무것도 없게 하여서, 그들이 하는 일을 어긋나게 만든다. 그렇게 함으로써 그들의 마음을 움직이고 인내력을 키워 일찍이 할 수 없었던 일을 보충하도록 하는 것이다.

故로 天將降大任於是人也신댄 必先苦其心志하며 勞其筋骨하며 餓其體膚하며 空乏其身하여 行拂亂其所爲하나니 所以動心忍性하여 曾益其所不能이니라.

'강대임'은 그에게 큰일을 맡기는 것이니, 마치 순 임금 이하와 같은 것이 이것이다. '공'은 궁핍한 것이요, '핍'은 끊어지다는 뜻이다. '불'은 어그러뜨린다는 뜻이니, 그들로 하여금 실행하는 것을 완수하지 못하게 하여 어그러지는 것이 많게 하는 것을 말한다. '동심인성'은 마음을 움직이고 본성을 굳게 참는 것을 말한다. 그러나 이른바 본성이라는 것은 또한 기품과 식색을 가리켜서 말한 것일 뿐이다. 정자가 말했다. "만약 익숙하고자 한다면 반드시 이 과정을 지나가야 한다."

降大任은 使之任大事也니 若舜以下是也라. 空은 窮也요 乏은 絶也라. 拂은 戾也니 言 使之所爲不遂하여 多背戾也라. 動心忍性은 謂竦動其心하고 堅忍其性也라. 然이나 所謂性은 亦指氣禀食色而言耳니라. 程子曰 若要熟也인댄 須從這裏過니라.

12-15-3. 사람은 언제나 잘못을 저지른 뒤에야 고칠 수 있으니, 마음에 곤란을 당하고 생각대로 잘 안 된 뒤에야 분발하고, 괴로움이 얼굴색과 목소리에까지 나타난 뒤에야 깨닫게 된다.

人恒過然後에 能改하나니 困於心하며 衡於慮而後에 作하며 徵於色하며 發於聲而後에 喩니라.

'항'은 항상이라는 뜻이니 '대솔'이란 말과 같다. '횡'은 순조롭지 않은 것이다. '징'은 징험하는 것이다. '유'는 깨닫는 것이다. 이것은 "또한 중인의 본성은 항상 허물이 있은 다음에 고칠 수 있다. 평일에 삼가지 못하기 때문에 반드시 사세가 곤궁하고 위축되어 마음에 곤란을 당하고 생각대로 되지 않은 다음에 분발하고 홍기하는 것이고, 기미에 밝지 못하기 때문에 반드시 사리가 드러나서 사람의 얼굴빛에 징험되고 사람의 목소리에 드러난 다음에 깨우쳐서 통달하는 것이다"라고 말한 것이다.

恒은 常也니 猶言大率也라. 橫은 不順也라. 作은 奮起也라. 徵은 驗也라. 喩는 曉也라. 此는 又言中人之性은 常必有過然後에 能改하나니 蓋不能謹於平日이라 故로 必事勢窮蹙하여 以至困於心 橫於慮然後에 能奮發而興起하고 不能燭於幾微라. 故로 必事理暴著하여 以至驗於人之色 發於人之聲然後에 能警悟而通曉也니라.

12-15-4. 안으로 본받을 만한 가문과 보필하는 선비가 없고, 밖으로 적국과 외환이 없는 자는 나라가 항상 멸망하게 된다.

入則無法家拂士하고 出則無敵國外患者는 國恒亡이니라.

이것은 나라도 또한 그렇다는 것을 말한 것이다. 법가는 법도가 있는 세신이다. '불사'는 보필하는 어진 선비를 말한다.

此는 言國亦然也라. 法家는 法度之世臣也요. 拂士는 輔弼之賢士也니라.

12-15-5. 그런 뒤에야 우환 속에서도 살아나게 되고 안락한 가운데서도 멸망하게 됨을 알 수 있을 것이다."

然後에 知生於憂患而死於安樂也니라.

윗글로 보면 사람의 생명이 온전함은 우환에서 나오고 사망하는 것은 안락한 데서 나온다는 것을 알 수 있다. ○윤 씨가 말하기를, "곤궁하고 어그러지도록 하는 것은 사람의 의지를 견고하게 하여 사람의 인을 완숙하게 하는 것이니 안락함으로 인해서 잃는 사람이 많다"라고 하였다.

以上文觀之면 則知人之生全이 出於憂患이요 而死亡이 由於安樂矣니라.

○尹氏曰 言 困窮拂鬱은 能堅人之志하여 而熟人之仁이니 以安樂失之者多矣니라.

12-16-1. 맹자께서 말씀하셨다. "가르치는 데는 또한 방법이 많다. 내가 달갑게 여겨 가르쳐 주지 않는 것도 역시 가르치는 것일 뿐이다."

孟子曰 敎亦多術矣니 予不屑之敎誨也者는 是亦敎誨之而已矣니라.

'다술'은 한 가지 단서만이 아님을 말한 것이다. '설'은 깨끗하다는 뜻이다. 그 사람을 깨끗하게 여기지 않고 거절하는 것이 이른바 '불설지교회'다. 그 사람이 만약 이것에 감동하여 물러가 스스로 닦고 살핀다면 이 또한 내가 그를 가르치는 것이다. ○윤 씨가 말하기를, "혹은 억누르고 혹은 드날리며 혹은 허락하고 혹은 허락하지 않는 것을 각각 그 재주에 따라서 돈독하게 해주는 것이니 교육이 아닌 것이 없다"라고 하였다.

多術은 言非一端이라. 屑은 潔也라. 不以其人爲潔而拒絶之가 所謂不屑之敎誨也니 其人이 若能感此하여 退自修省이면 則是亦我敎誨之也니라.

○尹氏曰 言或抑,或揚,或與,或不與를 各因其材而篤之니 無非敎也니라.

진심장구 상(盡心章句上)

모두 열여섯 장이다.

凡四十六章이라.

이 장에서는 성리학의 중요한 개념인 심(心)·성(性)·천(天)이
하나의 근원임을 설명하고, 만물의 이치가 내 몸에 갖추어져 있다고 주장함으로써
인간의 주체성을 강조한 내용이 언급되어 있다.
아울러 인의(仁義)가 천하의 공통된 도덕률이며,
인품을 네 등급으로 구분한 부분이나 유명한 군자삼락에 대해서도 언급하였고,
환경의 중요성, 삼년상의 당위성, 군자가 사람을 가르치는
다섯 가지 방법, 차별적 사랑에 대해서 언급하였다.

13-1-1. 맹자께서 말씀하셨다. "자기의 마음을 다하는 사람은 자기의 본성을 알 것이니, 본성을 알면 하늘을 알게 된다.
孟子曰 盡其心者는 知其性也니 知其性則知天矣니라.

'심'이란 사람의 신명이니 모든 이치를 갖추어서 만사에 응하는 것이다. '본성'은 마음이 갖추고 있는 이치요, '천'은 이치가 따라서 나오는 것이다. 사람이 이 마음을 소유한 것은 전체가 아닌 것이 없다. 그러나 이치를 연구하지 않으면 가리는 것이 있어서 마음의 양을 다할 수 없을 것이다. 그러므로 마음의 전체를 극진하게 하여 다하지 않음이 없는 사람은 반드시 이치를 궁구하여 모르는 것이 없는 사람이다. 이미 이치를 알았으면 그 이치가 나오는 곳도 또한 여기서 벗어나지 않을 것이다. 『대학』의 차례에 따라서 말하면, '지성'은 물격(物格)을 말하는 것이고 '진심'은 지지(知至)를 말하는 것이다.
心者는 人之神明이니 所以具衆理而應萬事者也라. 性은 則心之所具之理요 而天은 又理之所從以出者也라. 人有是心이 莫非全體나 然이나 不窮理면 則有所蔽而無以盡乎此心之量이라. 故로 能極其心之全體而無不盡者는 必其能窮夫理而無不知者也라. 旣知其理면 則其所從出이 亦不

外是矣니라. 以大學之序言之하면 知性은 則物格之謂요 盡心은 則知至之
謂也니라.

13-1-2. 자기 마음을 보존하여 본성을 기르는 것은 하늘을 섬기는 것이다.
存其心하여 養其性은 所以事天也요

'존'은 잡고서 버리지 않는 것을 말하고, '양'은 순리대로 하며 해치지 않
는 것을 말한다. '사'는 받들어서 어기지 않는 것을 말한다.
存은 謂操而不舍요 養은 謂順而不害라. 事는 則奉承而不違也라.

13-1-3. 인간 수명의 길고 짧음에 대해서 의심을 품지 아니하여, 몸을 닦아
서 천명을 기다리는 것은 천명을 온전히 하는 것이다."
夭壽에 不貳하여 修身以俟之는 所以立命也니라.

'요수'는 목숨의 길고 짧음이다. '이'는 의심하는 것이다. '불이'는 하늘을
아는 것이 지극함이요, 몸을 닦아서 죽음을 기다린다는 것은 하늘을 섬
겨서 몸을 마치는 것이다. '입명'은 하늘이 준 것을 온전하게 하여 인위
적인 힘으로 해치지 않는 것을 말한다. ○정자가 말하기를, "심·성·
천은 하나의 이치다. 이치로 말하면 천이요, 부여받은 것으로 말하면 성
이요, 사람에게 보존된 것으로 말하면 심이다"라고 하였다. 장자가 말하
기를, "태허로 말미암아 천이라는 이름이 있게 되었고, 기의 변화로 말미
암아 도라는 이름이 있게 되었고, 허와 기를 합하여 성이라는 이름이 있
게 되었고, 성과 지각을 합하여 심이라는 이름이 있게 되었다"라고 하였

다. 내가 생각하건대, 마음을 다하고 본성을 알아서 하늘을 아는 것은 이치에 나아가는 것이고, 마음을 보존하고 본성을 길러서 하늘을 섬기는 것은 그 일을 실천하는 것이다. 그 이치를 알지 못하면 진실로 그 일을 실천할 수 없다. 그러나 한갓 이치에 나가기만 하고 그 일을 실천하지 않으면 자신에게 보존시킬 수 없을 것이다. 하늘의 이치를 알아서 요수하는데 그 마음을 의심하지 않는 것은 지혜가 극진한 것이요, 하늘을 섬겨서 몸을 닦고 죽음을 기다리는 것은 인이 지극한 것이다. 지혜가 극진하지 못하면 진실로 인을 실천할 줄 모른다. 그러나 지혜롭기만 하고 어질지 못하다면 또한 방탕한 곳으로 흐르고 법도가 없어서 지혜롭다고 할 수 없을 것이다.

殀壽는 命之短長也라. 貳는 疑也라. 不貳者는 知天之至요 修身以俟死는 則事天以終身也라. 立命은 謂全其天之所付하여 不以人爲害之라. ○程子曰心也,性也,天也는 一理也라 自理而言이면 謂之天이요 自稟受而言이면 謂之性이요 自存諸人而言이면 謂之心이니라 張子曰由太虛하여 有天之名하고 由氣化하여 有道之名하고 合虛與氣하여 有性之名하고 合性與知覺하여 有心之名이니라 愚謂盡心知性而知天은 所以造其理也요 存心養性以事天은 所以履其事也니 不知其理면 固不能履其事라 然이나 徒造其理하고 而不履其事하면 則亦無以有諸己矣니라 知天而不以殀壽貳其心은 智之盡也요 事天而能修身以俟死는 仁之至也니 智有不盡이면 固不知所以爲仁이라 然이나 智而不仁이면 則亦將流蕩不法而不足以爲智矣니라.

13-2-1. 맹자께서 말씀하셨다. "천명이 아닌 것이 없으나, 올바른 명을 순리로 받아들여야 한다.

孟子曰 莫非命也나 順受其正이니라.

사람과 사물의 삶에서 길흉화복은 모두 하늘이 명한 것이다. 그러나 오직 그것을 이르게 하지 않아도 이르는 것이 바로 정명이 된다. 그러므로 군자가 몸을 닦아서 기다리는 것은 이것을 순조롭게 받으려는 것이다.
人物之生이 吉凶禍福이 皆天所命이라. 然이나 惟莫之致而至者가 乃爲正命이라. 故로 君子修身以俟之는 所以順受乎此也니라.

13-2-2. 이런 까닭에 천명을 아는 사람은 위태로운 담장 아래 서지 않는다.
是故로 知命者는 不立乎巖墻之下하나니라.

'명'은 정명을 말한다. '암장'은 담장이 장차 넘어지려는 것이다. 정명을 알면 위험한 땅에 처하여 압사당하는 재앙을 받지 않을 것이다.
命은 謂正命이라. 巖墻은 墻之將覆者라. 知正命이면 則不處危地以取覆壓之禍니라.

13-2-3. 자기의 도리를 다하여 죽는 사람은 정명을 산 사람이다.
盡其道而死者는 正命也요

도를 극진하게 하면 만나는 길흉이 모두 이르게 하지 않아도 이를 것이다.
盡其道면 則所値之吉凶이 皆莫之致而至者矣라.

13-2-4. 형벌을 받아 죽는 사람은 정명을 산 사람이 아니다."

桎梏死者는 非正命也니라.

'질곡'은 죄인을 체포하는 것이다. 죄를 짓고 죽는 것은 위태로운 담장 아래에 서 있는 것과 같으니, 모두 인간이 만든 것이요 하늘이 한 것이 아니다. ○이 장과 윗장은 더불어 한때에 말씀한 것인데, 윗장 마지막 구절에서 다 드러내지 못한 뜻을 밝힌 것이다.

桎梏은 所以拘罪人者라. 言犯罪而死는 與立巖墻之下者로 同하니 皆人所取요 非天所爲也니라. ○此章與上章은 蓋一時之言이니 所以發其末句未盡之意니라.

13-3-1. 맹자께서 말씀하셨다. "구하면 얻고 버리면 잃게 되는데, 이것을 구하는 것은 얻는 데 유익하니 나에게 있는 것을 구하기 때문이다.

孟子曰 求則得之하고 舍則失之하나니 是求는 有益於得也니 求在我者也일새

'재아자'는 인의예지와 같이 무릇 내 본성에 갖추어진 것을 말한다.

在我者는 謂仁義禮智凡性之所有者라.

13-3-2. 구하는 데 도리가 있고 얻는 데 천명이 있으니, 이것을 구하는 일은 얻는 데 유익함이 없으니, 밖에 있는 것을 구하기 때문이다."

求之有道하고 得之有命하니 是求는 無益於得也니 求在外者也일새니라.

'유도'는 망령되게 구할 수 없음을 말한 것이고, '유명'은 반드시 얻을 수 없음을 말한 것이다. '재외자'는 부귀와 명달과 같은 모든 외물을 말하는

것이 이것이다. ○조 씨가 말하기를, "인을 실천하는 것은 자신에게서 말미암는 것이고 부귀는 하늘에 달렸으니, 만약 구할 수 없다면 내가 좋아하는 것을 따르겠다고 말씀하신 것이다"라고 하였다.

有道는 言不可妄求요 有命은 則不可必得이라. 在外者는 謂富貴利達凡外物이 皆是라. ○趙氏曰 言 爲仁由己요 富貴在天하니 如不可求인댄 從吾所好니라.

13-4-1. 맹자께서 말씀하셨다. "만물의 이치가 모두 나에게 갖추어져 있으니,

孟子曰 萬物이 皆備於我矣니

이것은 이치의 본연에 대해서 말한 것이다. 크게는 군신과 부자 사이에서, 작게는 사물의 미세한 것에 이르기까지 당연한 이치가 한 가지라도 성분의 안에 갖추어지지 않는 것이 없다.

此는 言理之本然也라. 大則君臣父子요 小則事物細微가 其當然之理 無一不具於性分之內也니라.

13-4-2. 자신을 반성해 보아 성실하면 즐거움이 이보다 큰 것이 없고,

反身而誠이면 樂莫大焉이오

'성'은 성실하다는 뜻이다. 자신을 반성해서 자신에게 갖추어진 이치가 모두 악취를 싫어하고 여색을 좋아하는 실상과 같게 된다면 실행할 때 일부러 힘쓰지 않아도 이롭지 않음이 없을 것이니 어떤 즐거움이 이보다 크겠는가라고 말한 것이다

誠은 實也라. 言 反諸身而所備之理를 皆如惡惡臭, 好好色之實然이면 則其行之 不待勉强而無不利矣니 其爲樂이 孰大於是리오.

13-4-3. 힘써 너그럽게 행하면 인을 구하는 길이 이보다 가까운 것이 없다."
强恕而行이면 求仁이 莫近焉이니라.

'강'은 억지로 힘을 쓰는 것이다. '서'는 자신을 미루어 남에게 미치는 것이다. 자신을 돌이켜서 성실하면 어질다고 할 텐데, 성실하지 못함이 있는 것은 사사로운 뜻에 막혀서 이치가 순수하지 못한 것과 같다. 그러므로 모든 일에 힘을 써서 자신을 미루어 남에게 미치면 거의 마음이 공정하고 이치를 터득하여 인이 멀지 않게 될 것이다. ○ 이 장은 "만물의 이치가 내 몸에 갖추어져 있으니 이것을 체득하여 성실하게 한다면 도가 나에게 있어서 즐거움에 여유가 있고 서로 행하면 사사로움이 용납되지 않아서 인을 얻을 수 있다"고 말한 것이다.

强은 勉强也라. 恕는 推己以及人也라. 反身而誠則仁矣니 其有未誠은 則是猶有私意之隔而理未純也라. 故로 當凡事勉强하여 推己及人이면 庶幾心公理得而仁不遠也니라. ○ 此章은 言萬物之理가 具於吾身하니 體之而實이면 則道在我而樂有餘하고 行之以恕면 則私不容而仁可得이니라.

13-5-1. 맹자께서 말씀하셨다. "도를 행하면서도 확실히 알지 못하고, 습성화되었음에도 자세히 살피지 못하기 때문에 죽을 때까지 따라하면서도 그 도리를 모르는 사람이 많다."
孟子曰 行之而不著焉하며 習矣而不察焉이라 終身由之而不知其道者

衆也니라.

'저'는 아는 것이 분명한 것이고, '찰'은 지식이 정밀한 것이다. 바야흐로 행하면서도 마땅히 해야 하는 것인 줄도 모르고, 이미 습성이 되었으면서도 오히려 익히는 까닭을 알지 못한다. 그렇기 때문에 죽을 때까지 그것으로부터 말미암으면서도 그 도를 알지 못하는 사람이 많다는 것을 말씀한 것이다.

著者는 知之明이요 察者는 識之精이라. 言 方行之而不能明其所當然하며 旣習矣而猶不識其所以然이라 所以終身由之而不知其道者多也니라.

13-6-1. 맹자께서 말씀하셨다. "사람은 부끄러움이 없어서는 안 되니, 부끄러움이 없는 것을 부끄러워한다면 부끄러움이 없게 될 것이다."

孟子曰 人不可以無恥니 無恥之恥면 無恥矣니라.

조 씨가 말했다. "사람이 부끄러움이 없는 것을 부끄러워할 수 있다면 나쁜 행실을 고쳐 선을 따르는 사람이 될 수 있으니, 죽을 때까지 다시는 치욕의 걱정이 없을 것이다."

趙氏曰 人能恥己之無所恥면 是能改行從善之人이니 終身無復有恥辱之累矣니라.

13-7-1. 맹자께서 말씀하셨다. "부끄러워하는 마음은 사람에게 아주 중요한 것이다.

孟子曰 恥之於人에 大矣라.

부끄러움은 나에게 본래 있는 수오지심인데, 그것을 보존하면 성현이 될 수 있고, 그것을 잃으면 금수가 될 것이다. 그러므로 엮인 것이 매우 중요한 것이다.

恥者는 吾所固有羞惡之心也니 存之則進於聖賢이요 失之則入於禽獸라 故로 所繫爲甚大니라.

13-7-2. 임기응변의 잔재주를 행하는 사람은 부끄러워하는 마음을 쓸 데가 없을 것이다.

爲機變之巧者는 無所用恥焉이니라.

임기응변의 재주를 부리는 사람이 하는 일은 모두 남들이 아주 부끄러워하는 것인데 스스로 좋은 계획이라고 여긴다. 그러므로 부끄러워하는 마음을 쓸 데가 없다.

爲機械變詐之巧者는 所爲之事가 皆人所深恥로되 而彼方且自以爲得計라. 故로 無所用其愧恥之心也니라.

13-7-3. 부끄러워하지 않는 것이 남과 같지 않다면 무엇이 남과 같겠는가?"

不恥不若人이면 何若人有리오.

다만 부끄러움이 없는 한 가지 일이 남과 다르다면 모든 일이 남과 같지 않을 것이다. 어떤 사람이 말하기를 "남과 다른 점을 부끄러워하지 않는다면 어찌 남과 같은 일이 있을 수 있겠는가?"라고 하였으니 그 의미가 서로 통한다. 어떤 사람이 묻기를 "할 수 없는 것을 부끄러워하는 마음이 있다면 어떻습니까?"라고 하자 정자가 대답했다. "할 수 없는 것을 부끄러워하며 그것을 하기 위해 힘쓰는 것은 괜찮지만 할 수 없는 것을 부끄럽게 여기며 감추는 것은 안 될 것이다."

但無恥一事_가 不如人_{이면} 則事事不如人矣_라. 或曰 不恥其不如人_{이면} 則何能有如人之事_{리오} 하니 其義亦通_{이니라}. 或問 人有恥不能之心_이 如何_오. 程子曰 恥其不能而爲之_는 可也_요 恥其不能而掩藏之_는 不可也_{니라}.

13-8-1. 맹자께서 말씀하셨다. "옛날 어진 임금은 선을 좋아하여 권세를 잊어버렸으니, 옛날 어진 선비인들 어찌 그렇지 않았겠는가? 도를 즐거워하여 사람의 권세를 잊어버렸기 때문에 왕공이라도 경의를 다하고 예를 극진히 하지 않으면 그들을 자주 만나볼 수 없었다. 만나보는 것조차 자주 할 수 없었는데, 하물며 어떻게 그들을 신하로 삼을 수 있었겠는가?"

孟子曰 古之賢王_이 好善而忘勢_{하더니} 古之賢士 何獨不然_{이리오}. 樂其道而忘人之勢_라. 故_로 王公_이 不致敬盡禮則不得亟見之_{하니} 見且猶不得亟_온 而況得而臣之乎_아.

군주는 마땅히 자신을 굽혀서 어진 사람에게 낮추어야 하고, 선비는 도를 굽혀 이익을 추구하지 않아야 한다고 말한 것이다. 이 두 가지는 형세가 서로 반대되는 것 같지만 실질은 서로 완성시켜 주는 것이니 각각 그 도를 다할 뿐이다.

言君當屈己以下賢_{이요} 士不枉道而求利_니 二者勢若相反_{이나} 而實則相成_{이니} 蓋亦各盡其道而已_{니라}.

13-9-1. 맹자께서 송구천에게 말씀하셨다. "당신이 유세하기를 좋아하십니까? 내가 당신에게 유세에 대해서 말해 주겠소.
孟子謂宋句踐曰 子好遊乎아. 吾語子遊하리라.

'송'은 성이고 '구천'은 이름이다. '유'는 유세한다는 뜻이다.
宋은 姓이오 句踐은 名이라. 遊는 遊說也라.

13-9-2. 남이 알아주어도 또한 태연해야 하며, 남이 알아주지 않아도 또한 태연해야 하오."
人知之라도 亦囂囂하며 人不知라도 亦囂囂이오.

조 씨가 말하기를, "'효효'는 스스로 터득하여 욕심이 없는 모습이다"라고 하였다.
趙氏曰 囂囂는 自得無欲之貌라.

13-9-3. 송구천이 말했다. "어떻게 해야 태연해질 수 있겠습니까?" 맹자께서 말씀하셨다. "덕을 높이고 의리를 즐거워한다면 태연해질 수 있소.
曰 何如라야 斯可以囂囂矣잇고. 曰 尊德樂義 則可以囂囂矣니라.

'덕'은 선을 얻은 것을 말하는데, 이것을 높이면 자중하게 되어 인작의 영예를 사모하지 않을 것이다. 의는 바른 것을 지키는 것인데, 그것을 즐거워하면 스스로 편안하게 되어 외물의 유혹에 따르지 않을 것이다.
德은 謂所得之善이니 尊之면 則有以自重而不慕乎人爵之榮이오 義는 謂

所守之正이니 樂之면 則有以自安而不徇乎外物之誘矣니라.

13-9-4. 그러므로 선비는 궁해도 의리를 잃지 않으며, 영달해도 도에서 떠나지 않는 것이오.
故로 士는 窮不失義하며 達不離道니라.

빈천으로도 옮기지 못하고 부귀로도 음란하게 하지 못하니, 이것은 덕을 높이고 의를 즐김이 행사의 실질에서 나타난다는 것을 말한 것이다.
言不以貧賤而移하고 不以富貴而淫이니 此는 尊德樂義가 見於行事之實也니라.

13-9-5. 궁해도 의리를 잃지 않기 때문에 선비는 자기 자신을 보전할 수 있고, 영달해도 도에서 벗어나지 않기 때문에 백성들이 희망을 잃지 않는 것이오.
窮不失義라 故로 士得己焉하고 達不離道라 故로 民不失望焉이니라.

'득기'는 자신의 지조를 잃지 않음을 말한 것이다. '민불실망'은 사람들이 본래 도를 일으키고 훌륭한 정치를 이룩하기를 희망했는데, 오늘날 바라는 바와 같이 이룩됨을 말한 것이다.
得己는 言不失己也라. 民不失望은 言人素望其興道致治러니 而今果如所望也라.

13-9-6. 옛 사람이 뜻을 얻으면 은택이 백성들에게 더해지고, 뜻을 얻지 못

하면 몸을 닦아 세상에 이름을 나타냈소. 궁하면 혼자서 자기 몸을 선하
게 해나갔고, 영달하면 천하 사람들과 함께 선을 행하는 것이오."
古之人이 得志하얀 澤加於民하고 不得志하얀 修身見於世하니 窮則獨善其
身하고 達則兼善天下니라.

'현'은 명실이 드러나는 것을 말한다. 이것은 선비가 자신의 지조를 지키
고 백성이 실망하지 않는 실상을 말한 것이다. ○이 장은 내면이 중요하
고 외면이 가벼우면 가는 곳마다 선하지 않음이 없음을 말한 것이다.
見은 謂名實之顯著也라. 此는 又言士得己, 民不失望之實하니라. ○此章
은 言 內重而外輕이면 則無往而不善이니라.

13-10-1. 맹자께서 말씀하셨다. "문왕을 기다린 뒤에 일어나는 자는 평범한
백성이다. 호걸의 선비는 비록 문왕이 없더라도 오히려 일어난다."
孟子曰 待文王而後에 興者는 凡民也니 若夫豪傑之士는 雖無文王이라도
猶興이니라.

'흥'이란 감동하고 분발한다는 뜻이다. '범민'은 일반적인 사람을 말한다.
'호걸'은 다른 사람보다 재주와 지혜가 뛰어난 사람이다. 하늘이 사람에
게 부여한 덕과 떳떳한 본성은 모든 사람이 똑같이 얻은 것이다. 오직
가장 지혜로운 자질을 가진 사람만이 물욕에 가리지 않아 가르침을 기다
리지 않아도 스스로 감흥하고 분발하여 좋은 일을 할 것이다.
興者는 感動奮發之意라. 凡民은 庸常之人也요. 豪傑은 有過人之才智者
也라. 蓋降衷秉彝는 人所同得이나 惟上智之資라야 無物欲之蔽하여 爲能

無待於敎而自能感發以有爲也니라.

13-11-1. 맹자께서 말씀하셨다. "한 씨와 위 씨의 가산을 더해 주어도 스스로 만족스럽게 여기지 않는다면 남보다 훨씬 뛰어난 사람이다."
孟子曰 附之以韓魏之家라도 如其自視欿然이면 則過人이 遠矣니라.

'부'는 더해 준다는 뜻이다. '한·위'는 진나라의 경이니 부유한 집안이다. '감연'은 스스로 만족하지 못하다는 뜻이다. 윤씨가 말하기를 "남보다 훨씬 뛰어난 지식이 있으면 부귀를 일삼지 않음을 말한 것이다"라고 하였다.
附는 益也라. 韓魏는 晉卿이니 富家也라. 欿然은 不自滿之意라. 尹氏曰 言 有過人之識이면 則不以富貴爲事니라.

13-12-1. 맹자께서 말씀하셨다. "편안히 살게 해줄 목적으로 백성을 부리면 비록 힘들어도 원망하지 않고, 살려 줄 목적으로 할 수 없이 백성들을 죽이면 비록 죽임을 당해도 죽이는 사람을 원망하지 않는다."
孟子曰 以佚道使民이면 雖勞나 不怨하고 以生道殺民이면 雖死나 不怨殺者니라.

정자가 말했다. "편안히 살게 해 줄 목적으로 백성을 부린다는 것은 본래 편안하게 해 주고자 하는 것을 말하니, 곡식을 파종하고 지붕을 덮어 주는 종류다. 살려줄 목적으로 할 수 없이 백성들을 죽인다는 것은 본래 살려 주고자 하는 것을 말하니 해로움을 제거하고 악을 제거하는 종류다. 어쩔 수 없이 마땅히 해야 할 것을 한다면 비록 백성들의 소원을 어기는 것일지라도 백성들은 원망하지 않을 것이니, 그렇지 않은 자는 이와 반대가 된다."

程子曰 以佚道使民은 謂本欲佚之也니 播穀乘屋之類是也요 以生道殺民은 謂本欲生之也니 除害去惡之類是也라 蓋不得已而爲其所當爲면 則雖咈民之欲이라도 而民不怨이니 其不然者는 反是니라

13-13-1. 맹자께서 말씀하셨다. "패자의 백성은 기쁨에 차 있는 것 같고, 왕자의 백성은 의젓한 풍도가 있는 것 같다.

孟子曰 霸者之民은 驩虞如也요 王者之民은 皞皞如也니라

'환우'는 기뻐하고 즐거워한다는 뜻과 같다. '호호'는 광대하게 스스로 터득한 모습이다. 정자가 말했다. "환우는 꾸며서 그렇게 한 것이니 어찌 지속되겠는가? '내 밭을 경작하고 내 우물을 파서 살아가니 임금의 힘이 어찌 나에게 미치겠는가?'라고 하였다. 이것은 곧 하늘의 자연스러움과 같으니 곧 왕도를 행하는 사람의 정치다." 양 씨가 말했다. "사람들을 즐겁게 만들기 위해서는 반드시 도를 어기고 명예를 구하는 일이 있을 것이다. 왕도를 행하는 왕자는 마치 하늘과 같아서 사람들을 기쁘게도 하지 않으며 노하게 하지도 않는다."

驩虞는 與歡娛同이라 皞皞는 廣大自得之貌라 程子曰 驩虞는 有所造爲而然이니 豈能久也리오 耕田鑿井에 帝力이 何有於我는 如天之自然이니 乃王者之政이니라 楊氏曰 所以致人驩虞는 必有違道干譽之事하니 若王者則如天하여 亦不令人喜하고 亦不令人怒니라

13-13-2. 죽여도 원망하지 않고 이롭게 해주어도 공으로 여기지 않으므로 백성들이 날마다 선으로 옮겨가면서도 누가 그렇게 시키는지를 알지 못한다.
殺之而不怨하며 利之而不庸이라 民日遷善而不知爲之者니라.

이것은 호호에 대해 말한 것이다. '용'은 공을 말한다. 풍 씨가 말했다. "백성들이 싫어하는 것을 제거하는 것이지 마음이 백성을 죽이는 데 있는 것이 아니므로 어찌 원망하겠는가? 백성들이 이롭게 여기는 것을 이롭게 하는 것이지 마음이 백성을 이롭게 하는 데 있는 것이 아니므로 어찌 공으로 여기겠는가? 백성들에게 본성의 자연스러움을 도와서 스스로 터득하게 하는 것이다. 그러므로 백성이 날로 선으로 옮겨가도 누가 그렇게 시키는지 알지 못하는 것이다."
此는 所謂皥皥如也라. 庸은 功也라. 豊氏曰 因民之所惡而去之요 非有心於殺之也니 何怨之有리오. 因民之所利而利之요 非有心於利之也니 何庸之有리오. 輔其性之自然하여 使自得之라 故로 民日遷善而不知誰之所爲也니라.

13-13-3. 군자가 지나가는 곳은 교화가 되고, 머물러 있는 곳은 신성하게 되어 상하가 천지와 더불어 같이 흐르나니, 어찌 조금 보탬이 된다고 하겠는가?"
夫君子는 所過者化하며 所存者神이라 上下與天地同流하나니 豈曰 小補之哉리오.

'군자'는 성인을 통칭하는 것이다. '소과자화'는 몸이 지나가는 곳에는 사람들이 교화되지 않음이 없는 것이니, 마치 순 임금이 역산에서 경작할 때 밭을 가는 자들이 밭두둑을 양보했고, 하빈에서 그릇을 만들 때 그릇이 거칠고 흠이 생기지 않은 것과 같다. '소존자신'은 마음이 보존된 곳은 곧 신묘하여 헤아릴 수 없으니, 마치 공자가 세우면 그 자리에 서고, 인도하면 거기에 따르고, 편안하게 해주면 이에 오고, 고무시키면 이에 화락하게 되는 것과 같아서, 그 까닭을 알지 못하는 사이에 저절로 그렇게 되는 것이다. 이것은 덕업이 성대함이 천지의 조화와 함께 운행되어 온 세상을 들어 도야하는 것이다. 따라서 패자들이 소소하게 새는 것을 막거나 틈을 메우는 것과는 다른 것이다. 이것이 바로 왕도가 위대해지는 까닭이니 배우는 사람들이 마땅히 마음을 다해야 한다.

君子는 聖人之通稱也라. 所過者化는 身所經歷之處에 卽人無不化니 如舜之耕歷山而田者遜畔하고 陶河濱而器不苦窳也라. 所存者神은 心所存主處에 便神妙不測이니 如孔子之立斯立, 道斯行, 綏斯來, 動斯和하여 莫知其所以然而然也라. 是其德業之盛이 乃與天地之化로 同運竝行하여 擧一世而甄陶之요. 非如覇者但小小補塞其罅漏而已라. 此則王道之所以爲大니 而學者所當盡心也니라.

13-14-1. 맹자께서 말씀하셨다. "인자한 말은 인자하다는 평판이 사람에게 깊이 파고드는 것보다 못하다.

孟子曰 仁言이 不如仁聲之入人深也니라.

정자가 말했다. "인언이란 인후한 말로 백성에게 더하는 것을 말한다.

인성은 어진 소문을 이르니 인의 실상이 있어서 대중에게 칭송받는 것을 말한다. 이것은 어진 덕이 밝게 드러나는 것을 알 수 있으므로 사람을 감동시키는 것이 더욱 깊은 것이다."
程子曰 仁言은 謂以仁厚之言으로 加於民이라. 仁聲은 謂仁聞이니 謂有仁之實하여 而爲衆所稱道者也라. 此는 尤見仁德之昭著라. 故로 其感人이 尤深也니라.

13-14-2. 좋은 정치는 좋은 가르침으로 백성들의 마음을 얻는 것보다 못하다.
善政이 不如善敎之得民也니라.

'정'은 법도와 금령을 말하니 외면을 제어하는 것이요, '교'는 도덕과 예로 가지런하게 하는 것을 말하니 마음을 바르게 하는 것이다.
政은 謂法度禁令이니 所以制其外也요 敎는 謂道德齊禮니 所以格其心也니라.

13-14-3. 좋은 정치는 백성들이 두려워하고, 좋은 가르침은 백성이 사랑한다. 좋은 정치는 백성의 재물을 얻고, 좋은 가르침은 백성의 마음을 얻게 된다."
善政은 民이 畏之하고 善敎는 民이 愛之하나니 善政은 得民財하고 善敎는 得民心이니라.

'득민재'는 백성이 풍족하면 임금도 풍족하지 않음이 없는 것이요, '득민심'은 어버이를 버리지 않고 임금을 뒤로 하지 않는 것이다.

得民財者는 百姓足而君無不足也오 得民心者는 不遺其親 不後其君也라.

13-15-1. 맹자께서 말씀하셨다. "사람이 배우지 않고서도 할 수 있는 것을 양능이라 하고, 생각하지 않고서도 알 수 있는 것을 양지라고 한다.
孟子曰 人之所不學而能者는 其良能也오 所不慮而知者는 其良知也니라.

'양'은 본래의 선함이다. 정자가 말하기를 "양지와 양능은 모두 말미암는 바가 없으니 곧 하늘에서 나온 것이지 사람에게 매달린 것이 아니다"라고 하였다.
良者는 本然之善也라. 程子曰 良知良能은 皆無所由하니 乃出於天이요 不繫於人이니라.

13-15-2. 어린아이로서 자기 어버이를 사랑할 줄 모르는 아이가 없고, 자라나게 되면 자기 형을 공경할 줄 모르는 아이가 없다.
孩提之童이 無不知愛其親也며 及其長也하여 無不知敬其兄也니라.

'해제'는 두세 살 사이로 웃을 줄 알고 데리고 다닐 만한 아이다. 어버이를 사랑하고 어른을 공경하는 것이 이른바 양지·양능이다.
孩提는 二三歲之間에 知孩笑可提抱者也라. 愛親敬長은 所謂良知良能者也라.

13-15-3. 어버이를 친애하는 것은 인이고, 어른을 공경하는 것은 의이니, 다른 것이 아니라 천하 공통의 도덕률이기 때문이다."

親親은 仁也요 敬長은 義也니 無他라 達之天下也니라.

애친과 경장이 비록 한 사람의 사적인 일이지만 천하의 공통된 도리로서 같지 않음이 없기 때문에 인의가 됨을 말한 것이다.
言親親敬長이 雖一人之私나 然이나 達之天下에 無不同者하니 所以爲仁義也니라.

13-16-1. 맹자께서 말씀하셨다. "순 임금이 깊은 산 속에 살고 있을 때에는 나무와 돌과 함께 거처했고, 사슴과 산돼지와 함께 놀았으니, 깊은 산 속에서 사는 야인과 거의 다를 것이 없었다. 그가 선한 말 한 마디를 듣고 선한 행실 한 가지를 보게 되면, 그것을 행하는 것이 마치 강과 하수를 터서 세차게 흘러 막을 수 없는 것과 같았다."
孟子曰 舜之居深山之中에 與木石居하시며 與鹿豕遊하시니 其所以異於深山之野人者 幾希러시니 及其聞一善言하시며 見一善行하얀 若決江河라 沛然莫之能禦也러시다.

'거심산'은 역산에서 경작하던 때를 말한다. 성인의 마음은 지극히 허령하고 밝아서 혼연한 가운데 모든 이치가 갖추어져 있다. 한 번 감촉이 있으면 반응이 매우 빨라서 통하지 않음이 없다. 맹자와 같이 도에 깊이 나간 자가 아니면 이와 같이 형용할 수 없었을 것이다.
居深山은 謂耕歷山時也라. 蓋聖人之心이 至虛至明하여 渾然之中에 萬理畢具하니 一有感觸이면 則其應甚速而無所通하나니 非孟子造道之深이면 不能形容至此也니라.

13-17-1. 맹자께서 말씀하셨다. "해서 안 될 일은 하지 말고, 욕심내서는 안 될 일은 욕심내지 말 것이니, 이와 같이 할 뿐이다."

孟子曰 無爲其所不爲하며 無欲其所不欲이니 如此而已矣니라.

이 씨가 말했다. "해서는 안 되고 욕심부리지 말아야 할 것은 모든 사람이 가지고 있는 마음이다. 그런데 사사로운 마음이 한 번 생겨서 예의로 제어하지 못하면 해서는 안 될 것을 하게 되고, 욕심내지 말아야 할 것을 욕심내는 경우가 많다. 이러한 마음을 돌이킨다면 그것이 바로 수오지심을 확충하여 의를 모두 쓸 수 없게 될 것이라고 하는 것이다. 그러므로 이러할 뿐이라고 말씀한 것이다."

李氏曰 有所不爲不欲은 人皆有是心也언마는 至於私意一萌而不能以禮義制之면 則爲所不爲하고 欲所不欲者 多矣니 能反是心이면 則所謂擴充其羞惡之心者而義不可勝用矣라 故로 曰如此而已矣라 하시니라.

13-18-1. 맹자께서 말씀하셨다. "사람이 덕의 지혜와 기술의 지식을 갖게 되는 것은 언제나 재앙 속에서 얻게 된다.

孟子曰 人之有德慧術知者는 恒存乎疢疾이니라.

'덕혜'는 덕의 지혜요 '술지'는 기술의 지식이다. '진질'은 재앙과 환란과 같다. 사람에게 반드시 재앙이 있으면 마음을 움직이고 성품을 인내하여 불가능한 것을 거듭 늘이게 됨을 말한 것이다.

德慧者는 德之慧요 術知者는 術之知라. 疢疾은 猶災患也라. 言人必有疢疾이면 則能動心忍性하여 增益其所不能也니라.

13-18-2. 오직 외로운 신하와 서자는 마음을 잡는 것이 위태로우며, 환란을 생각하는 것이 깊으므로 사리를 통달하게 된다."
獨孤臣孼子는 其操心也危하며 其慮患也深이라 故로 達이니라.

'고신'은 먼 신하요, '얼자'는 서자다. 모두 임금과 어버이에게 사랑을 받지 못하여 항상 재앙이 있는 사람들이다. '달'은 사리에 통달한 것을 말하니 이른바 덕혜와 술지를 말한다.
孤臣은 遠臣이요 孼子는 庶子니 皆不得於君親而常有疢疾者也라. 達은 謂達於事理니 卽所謂德慧術知也라.

13-19-1. 맹자께서 말씀하셨다. "임금을 섬기는 사람이 있는데, 이 임금을 섬기면 임금에게 아첨하여 기쁘게 해주는 자다.
孟子曰 有事君人者하니 事是君則爲容悅者也니라.

임금에게 아첨하고 좇아서 용납되고, 영합하고 비위를 맞추어 기쁘게 해주는 것이니, 이것은 어리석은 남자의 일이고 아녀자의 방법이다.
阿徇以爲容하고 逢迎以爲悅이니 此는 鄙夫之事요 妾婦之道也라.

13-19-2. 또 사직을 안정시키는 신하가 있는데, 사직을 안정시키는 것으로 자기의 기쁨을 삼는 자다.
有安社稷臣者하니 以安社稷爲悅者也니라.

큰 신하가 사직을 편안하게 할 계획을 세우는 것은 마치 소인이 임금을

기쁘게 할 것에 힘쓰는 것과 같아서 이것을 사모하여 잊지 못함을 말씀
하신 것이다.
言大臣之計安社稷이 如小人之務悅其君하여 眷眷於此而不忘也라.

13-19-3. 또 하늘의 백성이 있는데, 영달하여 천하에 행할 수 있게 된 뒤에
야 행하는 자다.
有天民者하니 達可行於天下而後에 行之者也니라.

'민'은 지위가 없는 사람을 칭하는 것이니 천리를 극진하게 하여 하늘의
백성이므로 천민이라고 말한다. 반드시 천하에 도를 행할 만한 다음에
행하는 것이다. 그렇지 않으면 차라리 죽을 때가지 알려지지 않더라도
후회하지 않고, 도를 조금 사용해서 다른 사람을 따르기를 좋아하지 않
는 것이다. 장자가 말했다. "반드시 공로가 백성을 덮을 만한 뒤에야 나
가는 것이니 마치 이윤과 여상 같은 무리다."
民者는 無位之稱이니 以其全盡天理하여 乃天之民이라. 故로 謂之天民이라.
必其道可行於天下 然後에 行之요 不然이면 則寧沒世不見知而不悔하여
不肯小用其道以徇於人也니라. 張子曰 必功覆斯民然後出이니 如伊呂
之徒니라.

13-19-4. 대인이 있는데, 자기 자신을 올바로 하여 모든 사물이 올바르게
되게 하는 자다."
有大人者하니 正己而物正者也니라.

'대인'은 덕이 성대하여 상하가 모두 교화되는 것이니, 『주역』「건괘·문언전」의 "나타난 용이 밭에 있으니 천하가 문명해진다"라고 말하는 것이다. ○이 장은 인품의 다름이 대강 네 등급이 있음을 말한 것이다. 임금에게 용납 받으려고 하거나 기쁘게 하려고 아첨하는 신하는 말할 가치도 없다. 사직을 편안하게 하려는 신하는 충성스런 사람이지만 여전히 한 나라의 선비에 불과하다. 천민은 한 나라의 선비는 아니지만 오히려 의지가 있다. 의지도 없고 반드시 그렇게 하려는 마음도 없으면서 오직 그가 있는 곳에 사물이 교화되지 않음이 없는 것은 오직 성인만이 능한 것이다.

大人은 德盛而上下化之니 所謂見龍在田天下文明者라. ○此章은 言人品不同이 略有四等하니 容悅俊臣은 不足言이요 安社稷則忠矣라. 然이나 猶一國之士也요 天民則非一國之士矣라. 然이나 猶有意也니 無意無必하여 唯其所在而物無不化는 惟聖者能之니라.

13-20-1. 맹자께서 말씀하셨다. "군자에게 세 가지 즐거움이 있는데, 천하에 왕 노릇하는 것은 그 속에 들지 않는다. 부모가 모두 생존해 계시고 형제들에게 아무 탈 없는 것이 첫 번째 즐거움이다.

孟子曰 君子有三樂 而王天下不與存焉이니라. 父母俱存하며 兄弟無故 一樂也요

이것은 사람이 간절하게 원하는 것이지만, 반드시 얻을 수 없는 것이다. 지금 이미 얻었다면 그 즐거움을 알 수 있다.

此는 人所深願이나 而不可必得者어늘 今旣得之면 其樂可知니라.

13-20-2. 우러러 하늘에 부끄럽지 않으며 고개 숙여 땅을 보아도 사람들에게 부끄럽지 않은 것이 두 번째 즐거움이다.

仰不愧於天하며 俯不怍於人이 二樂也요

정자가 말했다. "사람이 자신의 사욕을 이겨낼 수 있다면 하늘을 우러러 부끄러움도 없고 땅을 굽어 살펴도 부끄러움이 없어서 마음이 넓어지고 몸이 편안해질 것이니, 그 즐거움을 알 수 있다. 이것을 잠시라도 멈춘다면 굶주리게 된다."

程子曰 人能克己면 則仰不愧, 俯不怍하여 心廣體胖하니 其樂可知니라. 有息則餒矣니라.

13-20-3. 천하의 영재를 얻어 교육하는 것이 세 번째 즐거움이다.

得天下英才而教育之 三樂也니

세상의 현명하고 지혜로운 인재를 모두 얻어서 자신이 즐거워하는 것을 가지고 그들을 가르치고 기른다면, 도를 전하는 사람을 많이 얻게 되어 천하와 후세가 장차 그 혜택을 입게 될 것이다. 성인의 마음에 원하는 것이 이보다 큰 것이 없는데, 지금 이미 그것을 얻었으면 그 즐거움이 어떠하겠는가?

盡得一世明睿之才하여 而以所樂乎己者로 敎而養之면 則斯道之傳을 得之者衆하여 而天下後世 將無不被其澤矣라. 聖人之心所願欲者가 莫大於此어늘 今旣得之면 其樂이 爲何如哉오.

13-20-4. 군자에게 세 가지 즐거움이 있는데, 천하에 왕 노릇하는 것은 그 속에 들지 않는다."

君子有三樂 而王天下不與存焉이니라.

임 씨가 말했다. "이 세 가지 즐거움은 하나는 하늘에 달려 있고, 하나는 사람에게 달려 있다. 스스로 도달할 수 있는 것은 오직 하늘에 부끄럽지 않고 사람에게 부끄럽지 않은 것뿐이니, 배우는 사람들이 힘쓰지 않을 수 있겠는가?"

林氏曰 此三樂者는 一係於天하고 一係於人이요 其可以自致者는 惟不愧不怍而已니 學者可不勉哉아.

13-21-1. 맹자께서 말씀하셨다. "땅을 넓히고 백성을 늘리는 것을 군자도 원하지만, 즐거워하는 것은 여기에 있지 않다.

孟子曰 廣土衆民을 君子欲之나 所樂은 不存焉이니라.

토지가 개간되고 백성이 모여서 은택이 멀리까지 베풀어질 수 있다. 그러므로 군자가 원하는 것이다. 그러나 즐거움으로 삼을 수는 없는 것이다.

地闢民聚하여 澤可遠施라. 故로 君子欲之나. 然이나 未足以爲樂也라.

13-21-2. 천하의 중앙에 자리 잡고 서서 사해의 백성들을 안정시켜 주는 일을 군자도 즐거워하기는 하지만, 본성으로 여기는 것은 여기에 있지 않다.

中天下而立하여 定四海之民을 君子樂之나 所性은 不存焉이니라.

도가 크게 행해져 한 남자라도 은택을 입지 않음이 없어야 한다. 그러므로 군자가 이것을 즐거워하는 것이다. 그러나 하늘에서 얻은 것은 여기에 있지 않은 것이다.

其道大行하여 無一夫不被其澤이라 故로 君子樂之라. 然이나 其所得於天者는 則不在是也니라.

13-21-3. 군자가 본성으로 여기는 것은 비록 크게 행해지더라도 보탬이 되지 않고 비록 궁하게 산다 하더라도 감소되지 않는데, 분수가 이미 정해져 있기 때문이다.

君子所性은 雖大行이나 不加焉이며 雖窮居나 不損焉이니 分定故也니라.

'분'은 하늘에서 얻은 전체를 말한다. 그러므로 궁색하거나 영달한다고 해서 다름이 있는 것이 아니다.

分者는 所得於天之全體라. 故로 不以窮達而有異니라.

13-21-4. 군자가 본성으로 여기는 것은 마음속에 뿌리박혀 있는 인·의·예·지다. 그 빛이 발현하면 윤택한 모습이 얼굴에 나타나고, 풍만한 모습이 등에 가득 차며, 사체에 베풀어져서 사체가 말하지 않아도 스스로 깨우쳐 행하게 된다."

君子所性은 仁義禮智 根於心이라. 其生色也 睟然見於面하며 盎於背하며 施於四體하여 四體不言而喩니라.

위에서는 본성의 분수와 원하는 것, 즐거워하는 것이 서로 다름을 말하고, 여기서는 깊은 의미를 말한 것이다. 인의예지는 본성의 네 가지 덕이다. '근'은 뿌리다. '생'은 발현한다는 뜻이다. '수연'은 맑고 온화하며 윤택한 모습이요, '앙'은 풍부하고 두터우며 가득 차 넘치는 뜻이다. '시어사체'는 동작하고 위엄 있는 모습에 나타나는 것을 말한다. '유'는 깨닫는다는 뜻이니, '사체불언이유'는 사체가 내 말을 기다리지 않아도 저절로 내 뜻을 깨달음을 말한다. 기품이 청명하여 물욕의 허물이 없으면 본성의 사덕이 마음에 뿌리내리게 되니, 쌓인 것이 성대하면 발현하여 겉으로 드러난 것이 말을 기다리지 않아도 순응하지 않음이 없는 것이다. 정자가 말했다. "얼굴이 윤택해지고 잔등에 풍만하게 나타나는 것은 모두 성대하게 쌓여서 이룩되는 것이니, 사체가 말하지 않아도 스스로 깨우쳐 행하게 되는 것은 오직 덕이 있는 사람만이 능한 것이다." ○ 이 장은 군자가 진실로 도가 크게 행해지기를 원하지만, 하늘에서 얻은 것은 이 때문에 늘어나거나 줄어들지 않음을 말한 것이다.

上言所性之分이 與所欲所樂不同하고 此乃言其蘊也라. 仁義禮智는 性之四德也라. 根은 本也라. 生은 發見也라. 睟然은 清和潤澤之貌요 盎은 豊厚盈溢之義라. 施於四體는 謂見於動作威儀間也라. 喩는 曉也니 四體不言而喩는 言四體不待吾言而自能曉吾意也라. 蓋氣稟清明하여 無物欲之累하면 則性之四德이 根本之心하니 其積之盛이면 則發而著見於外者 不待言而無不順也니라. 程子曰 睟面盎背는 皆積盛致然이니 四體不言而喩는 惟有德者能之니라. ○此章은 言君子固欲其道之大行이나 然이나 其所得於天者는 則不以是有所加損이니라.

13-22-1. 맹자께서 말씀하셨다. "백이는 주를 피해 북해 가에 살고 있었는

데, 문왕이 일어났다는 소문을 듣고, '어찌 그에게로 돌아가지 않겠는가? 나는 서백이 늙은이를 잘 봉양한다는 말을 들었다'라고 말했다. 태공이 주를 피해 동해 가에 살고 있었는데, 문왕이 일어났다는 소문을 듣고, '어찌 그에게로 돌아가지 않겠는가? 나는 서백이 늙은이를 잘 봉양한다는 말을 들었다'라고 말했다. 천하에 늙은이를 잘 봉양하는 사람이 있으면 인자한 사람은 자기가 돌아갈 곳으로 생각한다.

孟子曰 伯夷辟紂하여 居北海之濱이러니 聞文王作興하고 曰 盍歸乎來리오. 吾聞西伯은 善養老者라 하고 太公이 辟紂하여 居東海之濱이러니 聞文王作興하고 曰 盍歸乎來리오. 吾聞西伯은 善養老者라 하니 天下에 有善養老 則仁人이 以爲己歸矣니라.

'기귀'는 자기가 돌아갈 곳을 말한다. 나머지는 전편에 보인다.

己歸는 謂己之所歸라. 餘見前篇하니라.

13-22-2. 다섯 이랑의 택지에 담장 밑에 뽕나무를 심어 한 여인이 누에를 치면 늙은이가 충분히 명주옷을 입을 수 있고, 다섯 마리의 암탉과 두 마리의 암돼지를 시기를 놓치지 않고 기르면 늙은이가 충분히 고기를 거르지 않을 것이고, 백 이랑의 밭을 한 사나이가 경작하면 여덟 식구의 가족이 굶주리지 않을 것이다.

五畝之宅에 樹墻下以桑하여 匹婦蠶之則老者足以衣帛矣며 五母鷄와 二母彘를 無失其時면 老者足以無失肉矣며 百畝之田을 匹夫耕之면 八口之家 可以無饑矣리라.

이것은 문왕의 정치다. 한 집에서 암탉 다섯 마리와 암퇘지 두 마리를 기르는 것이다. 나머지는 전편에 보인다.
此는 文王之政也라. 一家養母鷄五 母彘二也라. 餘見前篇하니라.

13-22-3. 이른바 서백이 늙은이를 잘 봉양한다는 것은, 백성들의 경지와 택지를 제대로 제정해 주어 거기에 뽕나무를 심고 가축을 기르게끔 가르쳐 주고, 그들이 처자를 잘 가르쳐 그들의 늙은이를 봉양하게 만드는 것이다. 사람은 쉰 살이 되면 명주옷이 아니면 따뜻하지 않고, 일흔 살의 노인은 고기가 아니면 배부르지 않는다. 따뜻하지 않고 배부르지 않은 것을 얼고 굶주린다고 한다. 문왕의 백성들 중에 얼고 굶주리는 늙은이가 없었다고 하는 것은 이것을 두고 하는 말이다."
所謂西伯이 善養老者는 制其田里하여 敎之樹畜하며 導其妻子하여 使養其老니 五十에 非帛不煖하며 七十에 非肉不飽하나니 不煖不飽를 謂之凍餒니 文王之民이 無凍餒之老者 此之謂也니라.

'전'은 백 무의 밭을 말하고, '이'는 5무의 집을 말한다. '수'는 경작하고 뽕나무를 심는 것이요, '축'은 닭과 돼지를 말한다. 조 씨가 말했다. "노인을 잘 봉양하는 한다는 것은 처자를 가르치고 인도하여 노인을 잘 봉양하게 하는 것이지, 각 가정에 물건을 주거나 사람들에게 물질적 도움을 주는 것이 아니다."
田은 謂百畝之田이요 里는 謂五畝之宅이라. 樹는 謂耕桑이요 畜은 謂鷄彘也라. 趙氏曰 善養老者는 敎導之하여 使可以養其老耳요 非家賜而人益之也니라.

13-23-1. 맹자께서 말씀하셨다. "농토를 잘 다스리고 조세를 적게 거둔다면 백성들을 부유하게 할 수 있다.
孟子曰 易其田疇_{하며} 薄其稅斂_{이면} 民可使富也_{니라}.

'이'는 다스린다는 뜻이다. '주'는 경작하고 다스리는 전답이다.
易_는 治也_라. 疇_는 耕治之田也_라.

13-23-2. 먹는 것을 때에 맞게 하고, 쓰기를 예에 맞게 하면 재물을 이루 다 쓸 수 없게 될 것이다.
食之以時_{하며} 用之以禮_면 財不可勝用也_{니라}.

백성에게 절약과 검소함을 가르치면 재물의 쓰임이 풍족할 것이다.
教民節儉_{이면} 則財用足矣_{리라}.

13-23-3. 백성들은 물과 불이 아니면 생활하지 못하지만, 저녁에 남의 집 문을 두드려서 물과 불을 빌려달라고 했을 때, 빌려주지 않는 사람이 없는 것은 물과 불이 매우 충분하기 때문이다. 성인이 천하를 다스리면 콩이나 조 같은 곡식을 물과 불같이 풍족하게 갖게 해 줄 것이니, 콩이나 조 같은 곡식이 물과 불같이 풍족하게 된다면 백성들이 어찌 인자하지 않을 사람이 있겠는가?"
民非水火_면 不生活_{이로되} 昏暮_에 叩人之門戶_{하여} 求水火_{어든} 無弗與者_는 至足矣_{일새니} 聖人_이 治天下_에 使有菽粟_을 如水火_니 菽粟_이 如水火_면 而民_이 焉有不仁者乎_{리오}.

물과 불은 백성들에게 급한 것으로 마땅히 아껴야 하는 것이지만 도리어 아끼지 않는 것은 많기 때문이다. 윤 씨가 말했다. "예의는 부유하고 풍족한 데서 생겨나는 것이니 백성에게 일정한 생업이 없으면 일정한 마음도 없음을 말한 것이다."

水火는 民之所急이니 宜其愛之로되 而反不愛者는 多故也라. 尹氏曰 言禮義는 生於富足이니 民無常産이면 則無常心矣니라.

13-24-1. 맹자께서 말씀하셨다. "공자께서 동산에 올라가 돌아보시고 노나라를 작다고 생각하셨고, 태산에 올라가서는 천하가 작다고 생각하셨다. 그러므로 바다를 본 사람에게는 물 이야기를 하기가 어렵고, 성인의 문하에서 배운 사람에게는 말하기가 어려운 것이다.

孟子曰 孔子登東山而小魯하시고 登太山而小天下하시니 故로 觀於海者에 難爲水요 遊於聖人之門者에 難爲言이니라.

이것은 성인의 도가 크다는 것을 말한 것이다. '동산'은 노나라 성 동쪽에 있는 높은 산인데, 태산은 이것보다 더 높다. 이것은 자기가 있는 곳이 높을수록 아래를 보는 것이 더욱 작아지고, 이미 큰 것을 보았으면 작은 것은 볼 만한 것이 못된다고 말한 것이다. '난위수난위언'은 「이루장구 상」편에 나오는 '어진 사람에게는 많은 수효로도 대적하지 못한다'는 뜻과 같다.

此는 言聖人之道大也라. 東山은 蓋魯城東之高山이요 而太山則又高矣라. 此는 言所處益高면 則其視下益小요 所見旣大면 則其小者不足觀也라. 難爲水難爲言은 猶仁不可爲衆之意라.

13-24-2. 물을 보는 데도 방법이 있는데, 반드시 그 물결치는 급한 물여울을 보아야 한다. 해와 달은 밝은 빛을 지니고 있어 빛을 용납하는 데는 반드시 모두 비춘다.

觀水有術하니 必觀其瀾이니라. 日月이 有明하니 容光에 必照焉이니라.

이것은 도에 근본이 있다는 것을 말한 것이다. '난'은 물이 소용돌이치는 급한 곳이다. '명'은 빛의 본체요 '광'은 빛의 작용이다. 물의 여울을 보면 물의 근원에 근본이 있음을 알고, 일월이 빛을 용납하는 틈에 비추지 않음이 없는 것을 보면 밝음에 근본이 있음을 알 수 있다.

此는 言道之有本也라. 瀾은 水之湍急處也라. 明者는 光之體요 光者는 明之用也라. 觀水之瀾이면 則知其源之有本矣요 觀日月於容光之隙에 無不照면 則知其明之有本矣라.

13-24-3. 흐르는 물은 웅덩이를 채우지 않고서는 뻗어가지 못하니, 군자가 도에 뜻을 두더라도 문채를 이룩하지 않고서는 통달하지 못한다."

流水之爲物也 不盈科면 不行하나니 君子之志於道也에도 不成章이면 不達이니라.

학문은 마땅히 점진적으로 해야 도달할 수 있음을 말한 것이다. '성장'은 누적된 것이 두터워 문장이 밖으로 드러나는 것이다. '달'은 여기서 충족되어 저기에 통하는 것이다. ○이 장은 성인의 도는 위대하고 근본이 있으니, 이것을 배우는 사람이 반드시 점진적으로 해야 도달할 수 있음을 말한 것이다.

言學當以漸이라야 乃能至아라. 成章은 所積者厚而文章外見也라. 達者는 足於此而通於彼也라. ○此章은 言聖人之道가 大而有本하니 學之者必以其漸이라야 乃能至也니라.

13-25-1. 맹자께서 말씀하셨다. "닭이 울면 일어나서 부지런히 선을 하는 사람은 순의 무리다.

孟子曰 鷄鳴而起하여 孶孶爲善者는 舜之徒也요

'자자'는 근면하다는 뜻이다. 비록 성인의 경지에 이르지는 못할지라도 또한 성인의 무리가 됨을 말한 것이다.

孶孶는 勤勉之意라. 言雖未至於聖人이나 亦是聖人之徒也라.

13-25-2. 닭이 울면 일어나서 부지런히 이익을 도모하는 자는 도척의 무리다.

鷄鳴而起하여 孶孶爲利者는 蹠之徒也니

'척'은 도척을 말한다.

蹠은 盜蹠也라.

13-25-3. 순과 도척을 구분하는 것을 알고자 하면 다른 것이 없다. 이(利)와 선(善)의 사이에 있을 뿐이다."

欲知舜與蹠之分인댄 無他라. 利與善之間也니라.

정자가 말했다. "사이라고 말한 것은 서로의 거리가 멀지 않아 다투는 것이 매우 작을 뿐임을 말한 것이다. 선과 이익은 공과 사일 뿐이다. 잠깐이라도 선에서 벗어나면 곧 이익이라고 말할 수 있다." ○양 씨가 말했다. "순 임금과 도척의 거리가 멀지만 그들의 구분은 선과 이익의 사이에 있을 뿐이니, 어찌 삼가지 않을 수 있겠는가? 그러나 강론이 무르익지 않고 분명하게 보지 못하면 이익을 의리로 여기지 않을 사람이 없을 것이니, 배우는 사람들이 마땅히 깊이 살펴야 한다." 어떤 사람이 묻기를, "닭이 울면 일어나서 만약 사물을 접하지 않는다면 어떻게 선을 행할 수 있습니까?"라고 하자, 정자가 말했다. "단지 경을 주로 하는 것이 곧 선을 행하는 것이다."

程子曰 言間者는 謂相去不遠하여 所爭이 毫末耳라. 善與利는 公私而已矣니 才出於善이면 便以利言也니라. ○楊氏曰 舜蹠之相法遠矣나 而其分은 乃在利善之間而已矣니 是豈可以不謹이리오. 然이나 講之不熟하고 見之不明이면 未有不以利爲義者니 又學者所當深祭也니라. 或問 鷄鳴而起하여 若未接物이면 如何爲善이닛고 程子曰 只主於敬이 便是爲善이니라.

13-26-1. 맹자께서 말씀하셨다. "양자는 자신만을 위하는 학설을 취하였으니, 한 오라기의 털을 뽑아서 천하를 이롭게 할지라도 하지 않는다.

孟子曰 楊子는 取爲我하니 拔一毛而利天下라도 不爲也하니라.

양자는 이름이 주(朱)다. '취'는 겨우 만족한다는 뜻이니 '취위아'는 자신을 위하는 것에 겨우 만족할 뿐이요 진정으로 남을 위하는 데는 미치지 않는 것이다. 열자가 그의 말을 칭하여 말하기를, "백성자고는 한 오라기의 털을 가지고서라도 사물을 이롭게 하지 않았다고 하였으니 바로 이것이다"라고 하였다.

楊子는 名朱라. 取者는 僅足之意니 取爲我者는 僅足於爲我而已요 不及爲人也라. 列子稱其言曰 伯成子高不以一毫利物이라 하니 是也라.

13-26-2. 묵자는 겸해서 사랑하는 학설을 주장하였으니, 머리 꼭대기에서 발뒤꿈치까지 갈아 없어져도 천하를 이롭게 하는 일이라면 할 것이다.

墨子는 兼愛하니 摩頂放踵이라도 利天下인댄 爲之하니라.

묵자는 이름이 적이다. '겸애'는 사랑하지 않음이 없는 것이다. '마정'은 이마를 갈고 부딪치는 것이다. '방'은 이른다는 뜻이다.

黑子는 名翟이라. 兼愛는 無所不愛也라. 摩頂은 摩突其頂也라. 放은 至也라.

13-26-3. 자막은 중간을 잡았으니, 중간을 잡는 것이 정도에 가깝다고는 하겠지만 중간을 잡으면서 임기응변이 없으면 오히려 한 가지를 고집하는 것과 같다.

子莫은 執中하니 執中이 爲近之나 執中無權이 猶執一也니라.

자막은 노나라의 현자인데, 양주와 묵적이 중도를 잃어버린 것을 알았다. 그러므로 두 사람의 중간을 헤아려 그 중간을 잡은 것이다. '근'은 도에 가깝다는 말이다. '권'은 저울과 추인데 사물의 경중을 저울질해서 딱 맞는 것을 취하는 것이다. 중도를 잡고 권도가 없다면 한 가지 정해진 중도에 얽매어 변화를 알지 못하니 이 또한 하나를 잡는 것일 뿐이다. 정자가 말했다. "중(中)이라는 글자는 가장 알기 어렵기 때문에 반드시 묵묵히 알고 마음으로 통해야 한다. 잠깐 시험삼아 말한다면 한 건물에서는 중앙이 중이 되고, 한 집에서는 당이 중이 되고, 한 나라에서는 당이 중이 아니라 나라의 가운데가 중이 되니 이러한 종류를 미루어 보면 알 수 있을 것이다." 또 말했다. "중은 잡을 수가 없으니 중을 얻을 줄 알았다면 모든 사물에 자연스런 중이 있어서 안배하기를 기다리지 않을 것이다. 안배하려고 한다면 중이 아니다."

子莫은 魯之賢者也니 知楊墨之失中也라. 故로 度於二者之間하여 而執其中하니라. 近은 近道也라. 權은 稱錘也니 所以稱物之輕重而取中也라. 執中而無權이면 則膠於一定之中하여 而不知變이니 是亦執一而已矣니라. 程子曰 中字最難識이니 須是黙識心通이니라. 且試言一廳則中央爲中이요 一家則廳非中而堂爲中이며 一國則堂非中而國之中爲中이니 推此類면 可見矣니라. 又曰 中不可執也니 識得則事事物勿에 皆有自然之中하여 不待安排하니 安排著이면 則不中矣니라.

13-26-4. 한 가지만을 고집하는 것을 미워하는 까닭은 그것이 도를 해치기 때문이니, 한 가지를 들어 백 가지를 못 쓰게 만든다."

所惡執一者는 爲其賊道也니 擧一而廢百也니라.

'적'은 해친다는 뜻이다. '위아'는 인을 해치고, '겸애'는 의를 해치며, '집중'은 시중(時中: 때에 적중함)을 해치는 것이니, 모두 하나를 들어서 백 가지를 없애는 것이다. ○ 이 장은 도에서 귀중한 것은 중도요, 중도에서 귀중한 것은 권도임을 말한 것이다. 양 씨가 말했다. "우와 직이 자기 집 앞을 세 번 지나면서도 들어가지 않았는데 진실로 옳은 것에 합당하지 않았다면 묵자와 다름이 없을 것이요, 안자가 누추한 고을에 있으면서도 그 즐거움을 고치지 않았는데, 진실로 옳은 것에 합당하지 않았다면 양씨와 다름이 없을 것이다. 자막은 위아와 겸애의 중간을 잡아서 저울질 하지 않았으니, 고을에 분쟁이 생겨도 문을 닫을 줄 모르고, 같은 방에서 다툼이 생겨도 말릴 줄 모를 것이다. 이 역시 한 가지만을 고집하는 것일 뿐이다. 그러므로 맹자께서 도를 해친다고 생각한 것이다. 우와 직과 안회가 서로 입장을 바꾸면, 모두 그렇게 할 것이라는 것은 권도가 있기 때문이다. 그렇지 않다면 이 역시 양주와 묵적 같은 부류일 뿐이다."

賊은 害也라. 爲我는 害仁이요 兼愛는 害義요 執中者는 害於時中이니 皆擧一而廢百者也라. ○此章은 言道之所貴者는 中이요 中之所貴者는 權이니라. 楊氏曰 禹稷이 三過其門而不入하니 苟不當其可면 則與墨子無異요 顔子在陋巷하여 不改其樂하시니 苟不當其可면 則與楊氏無異라. 子莫은 執爲我兼愛之中而無權하니 鄕隣有鬪而不知閉戶하고 同室有鬪而不知救之리니 是亦猶執一耳라. 故로 孟子以爲賊道라 하시니라. 禹稷顔回易地則皆然은 以其有權也니 不然이면 則是亦楊黑而已矣니라.

13-27-1. 맹자께서 말씀하셨다. "굶주린 사람은 달게 먹고 목마른 사람은 달게 마신다. 그러므로 음식의 진정한 맛을 얻지 못한다. 굶주림과 목마름이 그것을 해롭게 한 것이니, 어찌 오직 입과 배에만 굶주림과 목마름의 해로움이 있겠는가? 사람의 마음에도 모두 이러한 해로움이 있다.

孟子曰 饑者甘食하고 渴者甘飮하나니 是未得飮食之正也라. 饑渴이 害之也니 豈惟口腹이 有饑渴之害리오. 人心이 亦皆有害하니라.

입과 배는 굶주림에 해를 받는다. 그러므로 음식에 대해서 가릴 겨를이 없어 바른 맛을 잃게 된다. 사람의 마음은 가난하고 천한 것에서 해를 받는다. 그러므로 부유하고 귀함에 대해서 가릴 겨를이 없어 바른 이치를 잃어버린다.

口腹이 爲飢渴所害라. 故로 於飮食에 不暇擇而失其正味요. 人心이 爲貧賤所害라. 故로 於富貴에 不暇擇而失其正理니라.

13-27-2. 사람이 굶주림과 목마름의 해로움으로 마음의 해로움을 삼지 않는다면, 다른 사람에게 미치지 못할 것을 근심하지 않을 것이다."

人能無以饑渴之害로 爲心害則不及人을 不爲憂矣니라.

사람이 가난하고 천박하다는 이유 때문에 자기 마음을 동요하지 않는다면 남보다 훨씬 뛰어날 것이다.

人能不以貧賤之故而動其心이면 則過人이 遠矣니라.

13-28-1. 맹자께서 말씀하셨다. "유하혜는 삼공의 지위로도 그 지조를 바꾸지 않았다."

孟子曰 柳下惠는 不以三公으로 易其介하니라.

'개'는 분별함이 있다는 의미다. 유하혜는 벼슬에 나가서는 자신의 어짊을 숨기지 않고 반드시 도로써 행하였으며, 벼슬에서 버림받아도 원망하지 않았으며, 궁색해도 근심하지 않고, 곧은 도리로 남을 섬겨서 세 번이나 쫓겨나게 되었으니 이것이 그의 절개다. ○ 이 장은 유하혜가 온화하면서 방탕한 데 흐르지 않았음을 말한 것이니, 공자께서 백이와 숙제를 논하면서 남의 옛 잘못을 생각하지 않았다고 말한 것과 의미가 서로 유사하다. 이것은 모두 성현들은 드러난 것은 작게 여기고 드러나지 않은 것은 밝혀준다는 의미다.

介는 有分辨之意라. 柳下惠는 進不隱賢하여 必以其道하며 遺佚不怨하며 阨窮不憫하고 直道事人하여 至於三黜하니 是其介也라. ○此章은 言柳下惠和而不流하니 與孔子論夷齊不念舊怨으로 意正相類하니 皆聖賢微顯闡幽之意也니라.

13-29-1. 맹자께서 말씀하셨다. "무언가 하려고 하는 사람은 비유하면 우물을 파는 것과도 같아서 우물을 아홉 길이나 파고도 샘이 솟는 데까지 미치지 못한다면 오히려 우물을 버리는 것이다."

孟子曰 有爲者 辟若掘井하니 掘井九軔而不及泉이면 猶爲棄井也니라

팔 척을 인이라고 한다. 우물을 파는 것이 비록 깊지만 샘물에 미치지 못하고 멈추면 스스로 그 우물을 버리는 것과 같다고 말한 것이다. ○여시강이 말했다. "어짊이 요 임금만 못하고, 효성이 순 임금보다 못하고, 학문이 공자보다 못하면, 마침내 성인의 경지에 들어갈 수 없으며 천도에 도달하지 못할 것이니, 중도에서 멈춰서 스스로 이전의 공로를 버리는 것을 면하지 못할 것이다."

八尺曰仞이라. 言鑿井雖深이나 然이나 未及泉而止면 猶爲自棄其井也니라. ○呂侍講曰 仁不如堯요 孝不如舜이요 學不如孔子면 終未入於聖人之域이며 終未至於天道니 未免爲半塗而廢하여 自棄前功也니라.

13-30-1. 맹자께서 말씀하셨다. "요와 순은 본성대로 행하였고, 탕왕과 무왕은 몸으로 행하였고, 오패는 빌려서 행한 사람이다.
孟子曰 堯舜은 性之也요 湯武는 身之也요 五霸는 假之也니라.

요 임금과 순 임금은 천성이 온전하여 일부러 닦고 익히지 않았고, 탕 임금과 무왕은 몸을 닦고 도를 체득하여 본성을 회복했으며, 오패는 거짓으로 인의의 이름을 빌려서 탐욕의 사사로움을 이루고자 했을 뿐이다.
堯舜은 天性渾全하여 不假修習이요 湯武는 修身體道하여 以復其性이요 五霸則假借仁義之名하여 以求濟貪欲之私耳니라.

13-30-2. 오래토록 빌려 몸에 간직하고 돌려보내지 않았으니 어찌 본래 자기가 가지고 있던 것이 아님을 알겠는가?"
久假而不歸하니 惡知其非有也리오.

'귀'는 돌아간다는 뜻이다. '유'는 진실로 존재하는 것이다. 이름을 훔쳐서 죽을 때까지 진실로 가지고 있음을 스스로 알지 못하는 것을 말한 것이다. 어떤 사람이 말했다. "세상 사람들이 거짓을 깨닫지 못함을 개탄한 것이다"라고 하니 또한 통한다. 옛말에 "오랜 세월 빌려서 돌려보내지 않으면 진실로 가지고 있는 것이다"라고 하였는데, 이 말은 잘못된 것이다. ○ 윤 씨가 말했다. "성지는 도와 더불어 하나가 되는 것이요, 신지는 그것을 실천하는 것이니, 공을 완성하는 데 이르러서는 똑같은 것이다. 오패는 빌렸을 뿐이기 때문에 공열이 저렇게 낮은 것이다."
歸는 還也라. 有는 實有也라. 言竊其名以終身하여 而不自知其非眞有라.

或曰 蓋歎世人莫覺其僞者라 하니 亦通이라. 舊說에 久假不歸면 卽爲眞有라 하니 則誤矣니라. ○尹氏曰 性之者는 與道一也요 身之者는 履之也니 及其成功則一也라. 五霸則假之而已니 是以로 功烈이 如彼其卑也니라.

13-31-1. 공손추가 말했다. "이윤이 '나는 의리에 따르지 않는 것을 그냥 두고 볼 수 없다'라 말하고 태갑을 동으로 쫓아냈는데 백성들이 크게 기뻐했고, 이후 태갑이 현명해지자 또 그를 돌아오게 했는데 백성들이 크게 기뻐했습니다.

公孫丑曰 伊尹이 曰 予不狎于不順이라 하고 放太甲于桐한대 民이 大悅하고 太甲이 賢커늘 又反之한대 民이 大悅하니

'여불압우불순'은 『서경』 「태갑」편의 글이다. '압'은 그냥 두고 본다는 뜻이다. '불순'은 태갑의 행위가 의리에 따르지 않음을 말한 것이다. 나머지는 전편에 보인다.

予不狎于不順은 太甲篇文이라. 狎은 習見也라. 不順은 言太甲所爲不順義理也라. 餘見前篇하니라.

13-31-2. 어진 사람이 남의 신하가 되었을 때, 임금이 어질지 못하면 진실로 쫓아낼 수 있는 것입니까?" 맹자께서 말씀하셨다. "이윤과 같은 뜻이 있다면 괜찮지만, 이윤과 같은 뜻이 없다면 찬탈이다."

賢者之爲人臣也에 其君이 不賢則固可放與잇가. 孟子曰 有伊尹之志則可커니와 無伊尹之志則簒也니라.

이윤의 뜻은 천하를 공적인 것으로 여기는 마음을 가지고 조금의 사사로움도 없는 것이다.

伊尹之志는 公天下以爲心하여 而無一毫之私者也라.

13-32-1. 공손추가 말했다. "『시경』에 말하기를, '일하지 않고는 먹지 않는다'라고 했는데, 군자가 농사짓지 않고서 먹고 사는 것은 무슨 까닭입니까?" 맹자께서 말씀하셨다. "군자가 이 나라에 살고 있을 때 그 임금이 그를 등용하면 편안하고 부유하고 존귀하고 영광스럽게 되며, 그 나라의 자제들이 그를 따라가 배우면 효도하고 우애하고 충성하고 신용 있게 된다. 일하지 않고는 먹지 않는다고 했지만, 이보다 더 큰 공로가 어디 있겠는가?"

公孫丑曰 詩曰 不素餐兮라 하니 君子之不耕而食은 何也잇고. 孟子曰 君子居是國也에 其君이 用之하면 則安富尊榮하고 其子弟從之則孝弟忠信하나니 不素餐兮孰大於是리오.

'시'는 『시경』 「국풍·위풍·벌단」편이다. '소'는 비었다는 뜻인데, 공로가 없이 녹을 먹는 것을 소찬이라고 한다. 이것은 진상과 팽갱에게 말한 의미와 같다.

詩는 魏國風伐檀之篇이라. 素는 空也니 無功而食祿을 謂之素餐이라. 此는 與告陳相彭更之意同이라.

13-33-1. 왕자 점이 물었다. "선비는 무슨 일을 하는 사람입니까?"

王子墊이 問曰 士는 何事잇고.

'점'은 제왕의 아들이다. 위로는 공·경·대부와 아래로는 농민·장인·상인이 모두 일하는 것이 있지만, 선비는 그 중간에 거처하면서 유독 일삼는 것이 없다. 그러므로 왕자가 질문한 것이다.

墊은 齊王之子也라. 上則公卿大夫와 下則農工商賈가 皆有所事로되 而士居其間하여 獨無所事라. 故로 王子問之也라.

13-33-2. 맹자께서 말씀하셨다. "뜻을 고상하게 가지는 사람이요."

孟子曰 尙志오.

'상'은 고상한 것이다. '지'는 마음이 가는 곳이다. 선비는 이미 공·경·대부의 도를 행할 수 없고, 또 농·공·상인의 일을 마땅히 하지도 못하니, 뜻을 고상하게 할 뿐이다.

尙은 高尙也라. 志者는 心之所之也라. 士旣未得行公卿大夫之道하고 又不當爲農工商賈之業이면 則高尙其志而已니라.

13-33-3. 점이 말했다. "뜻을 고상하게 갖는다는 것은 무엇을 말하는 것입니까?" 맹자께서 말씀하셨다. "인과 의일 따름입니다. 한 사람이라도 죄없는 사람을 죽이는 것은 인이 아니요, 자기 소유가 아닌데 그것을 취하는 것은 의가 아닙니다. 거처가 어디에 있겠소? 바로 인입니다. 또 길이 어디에 있겠소? 바로 의입니다. 인에 거처하며 의를 따라 행한다면 대인의 일이 그 속에 갖추어질 것입니다."

曰 何謂尙志잇고. 曰 仁義而已矣니 殺一無罪非仁也며 非其有而取之非義也니 居惡在오. 仁이 是也라. 路惡在오. 義是也라. 居仁由義면 大人之事

備矣니라.

인과 의의 일이 아니면 비록 작더라도 하지 않고, 거처하는 것과 말미암는 것이 인의에 있으니 이것은 선비가 뜻을 고상하게 갖는 까닭이다. '대인'은 공·경·대부를 말한다. 선비는 비록 대인의 지위는 얻지 못했지만 그의 뜻이 이와 같다면 대인이 일삼는 체용이 이미 완전하게 갖추어진 것이니, 소인의 일과 같은 것은 진실로 마땅히 하지 않을 것임을 말한 것이다.

非仁非義之事를 雖小나 不爲하고 而所居所由가 無不在於仁義하니 此는 士所以尙其志也라. 大人은 謂公卿大夫라. 言士雖未得大人之位나 而其志如此면 則大人之事體用已全하니 若小人之事는 則固非所當爲也니라.

13-34-1. 맹자께서 말씀하셨다. "중자는 의롭지 않으면 제나라를 주어도 받지 않는다는 것을 사람들이 모두 믿고 있지만, 이것은 한 그릇의 밥과 한 그릇의 국을 버리는 의에 불과하다. 사람에게는 인륜보다 더 중대한 것이 없거늘 친척과 군신과 상하가 없으니, 그에게 사소한 청렴결백이 있다고 해서 대의까지 그러리라고 믿는 일이 어찌 가능하겠는가?"

孟子曰 仲子不義로 與之齊國而弗受를 人皆信之어니와 是舍簞食豆羹之義也라. 人莫大焉이어늘 亡親戚君臣上下하니 以其小者로 信其大者 奚可哉리오.

'중자'는 진중자를 말한다. 중자는 만약 의롭지 않은 것으로 제나라를 주더라도 반드시 받는 것을 좋아하지 않을 것이니 제나라 사람이 모두 그의 어짊을 믿고 있다. 그러나 이것은 작은 청렴일 뿐이다. 형을 피하고 어머니를 떠나며, 임금이 주는 녹을 먹지 않았으므로 인도의 큰 윤리가 없었으니 이보다 큰 죄는 없다. 어찌 작은 청렴을 큰 절개라고 믿고서 드디어 어질다고 할 수 있겠는가?

仲子는 陳仲子也라. 言仲子設若非義而與之齊國이라도 必不肯受러니 齊人이 皆信其賢이라. 然이나 此但小廉耳라. 其辟兄離母하고 不食君祿하여 無人道之大倫하니 罪莫大焉이라 豈可以小廉으로 信其大節하여 而遂以爲賢哉리오.

13-35-1. 도응이 물었다. "순 임금이 천자가 되고 고요가 옥관이 되었는데, 순 임금의 아버지 고수가 사람을 죽였다면 어떻게 했겠습니까?"

桃應이 問曰 舜이 爲天子요 皐陶爲士어든 瞽瞍殺人則如之何잇고.

'도응'은 맹자의 제자다. 그는 순 임금이 비록 아버지를 사랑하지만 사적인 마음으로 공적인 일을 해칠 수 없고, 고요는 비록 법을 집행하지만 천자의 아버지를 형벌할 수 없다고 생각했던 것이다. 그러므로 이러한 질문을 해서 성현께서 마음 쓰는 극진함을 보고자 한 것이지, 진실로 이러한 일이 있다고 말한 것이 아니다.

桃應은 孟子第子也라. 其意以爲舜雖愛父나 而不可以私害公이요 皐陶雖執法이나 而不可以刑天子之父라. 故로 設此問하여 以觀聖賢用心之所極이요 非以爲眞有此事也니라.

13-35-2. 맹자께서 말씀하셨다. "법대로 집행했을 뿐이다."

孟子曰 執之而已矣니라.

고요의 마음은 법이 있다는 것을 알 뿐이요 천자의 아버지가 있음을 알지 못한 것이라고 말한 것이다.

言皐陶之心은 知有法而已요 不知有天子之父也니라.

13-35-3. 도응이 다시 물었다. "그렇다면 순 임금은 형 집행을 금하지 않겠습니까?"

然則舜은 不禁與잇가.

도응이 질문한 것이다.

桃應問也라.

13-35-4. 맹자께서 말씀하셨다. "순 임금이 어떻게 금할 수 있겠느냐? 고요가 전해 받은 법이 있다."

曰 夫舜이 惡得而禁之시리오. 夫有所受之也니라.

고요의 법은 대대로 전수받은 것이니 감히 사사롭게 할 수 있는 것이 아니다. 비록 천자의 명령이라도 또한 폐지할 수 없음을 말한 것이다.

言皐陶之法이 有所傳受하니 非所敢私라. 雖天子之命이라도 亦不得而廢之也니라.

13-35-5. 도응이 말했다. "그러면 순 임금은 어떻게 했겠습니까?"

然則舜은 如之何잇고.

도응이 질문한 것이다.
桃應問也라.

13-35-6. 맹자께서 말씀하셨다. "순 임금은 천하를 버리기를 마치 헌 짚신 버리듯이 보아서 남몰래 자기 아버지를 업고 도망하여 멀리 바닷가에 가 살면서 죽을 때까지 기꺼이 즐거워하면서 천하를 잊어버렸을 것이다."
曰 舜이 視棄天下하시되 猶棄敝蹝也하여 竊負而逃하여 遵海濱而處하여 終身訴然樂而忘天下하시리라.

'사'는 짚신이다. '준'은 따른다는 뜻이다. 순 임금의 마음은 아버지가 있음을 알 뿐이요 천하가 있음을 알지 못한 것임을 말한 것이다. 맹자께서 일찍이 "순 임금은 천하를 초개같이 보았고 오직 부모에게 순종해야만 근심을 풀 수 있었다"라고 했으니, 이 글의 의미와 더불어 서로 뜻을 밝혀준다. ○ 이 장은 선비가 된 사람은 단지 법이 있음을 알고 천자의 아버지가 존귀하다는 것을 알지 못하며, 자식 된 사람은 단지 아버지가 있음을 알고 천하가 크다는 것을 알지 못함을 말한 것이다. 이 두 가지 경우는 모두 각자의 마음으로 간주한 것이 천리의 지극함과 인륜의 지극함이 아님이 없다. 학자가 이것을 관찰하여 깨닫는 것이 있다면 계산하고 논의하기를 기다리지 않아도 천하에 처하기 어려운 일이 없을 것이다.
蹝는 草履也라. 遵은 循也라. 言舜之心이 知有父而已요 不知有天下也라. 孟子嘗言舜視天下를 猶草芥하고 而惟順於父母라야 可以解憂라 하시니 與

此意로 互相發이니라. ○此章은 言爲士者는 但知有法而不知天子父之爲
尊이요 爲子者는 但知有父而不知天下之爲大니 蓋其所以爲心者가 莫非
天理之極人倫之至라. 學者察此而有得焉이면 則不待較計論量而天下에
無難處之事矣리라.

13-36-1. 맹자께서 범에서 제나라로 가셨을 때, 제왕의 아들을 멀리서 바라
보고 숨을 길게 내쉬며 감탄하여 말씀하셨다. "거처하는 환경이 그 사람
의 기상을 달라지게 하고, 봉양하는 음식은 그 사람의 몸을 달라지게 한
다. 대단하다! 거처하는 환경이여! 누구나 다 사람의 자식이 아니겠는가?
孟子·自范之齊러시니 望見齊王之子하시고 喟然嘆曰 居移氣하며 養移體하나
니 大哉라 居乎여. 夫非盡人之子與아.

'범'은 제나라 읍이다. '거'는 거처하는 자리를 말한다. '양'은 봉양이다.
사람의 거처는 관계되는 것이 매우 크다. 왕자 또한 사람의 자식인데,
다만 거처하는 곳이 다르기 때문에 봉양하는 것도 같지 않아서 기상과
몸도 다르다고 말한 것이다.
范은 齊邑이라. 居는 謂所處之位라. 養은 奉養也라. 言人之居處가 所繫甚
大하니 王子亦人子耳로되 特以所居不同이라. 故로 所養不同하여 而其氣體
有異也라.

맹자께서 말씀하셨다.
孟子曰

장식(張栻)과 추호(鄒浩) 두 사람 모두 잘못 들어간 글이라고 하였다.
張鄒皆云羨文也라.

13-36-2. 왕자의 궁실과 거마와 의복은 대체로 남들과 같은데, 왕자의 기상이 저와 같은 것은 그가 거처하는 환경이 그렇게 만든 것이다. 하물며 천하의 넓은 집에 거처하는 사람이야 더 말할 나위가 있겠는가?
王子宮室車馬衣服이 多與人同而王子 若彼者는 其居使之然也니 況居天下之廣居者乎아.

'광거'는 전편에 보인다. 윤 씨가 말했다. "윤택한 모습이 얼굴에 나타나고, 풍만한 모습이 잔등에 넘쳐 흐름은 천하의 넓은 곳에 거처하는 사람만이 그러한 것이다."
廣居는 見前篇하니라. 尹氏曰 睟然見於面盎於背는 居天下之廣居者然也니라.

13-36-3. 노나라의 임금이 송나라에 가서 질택의 성문을 열라고 소리쳤는데, 문지기가 말하기를, '이 사람은 우리 임금님이 아닌데, 어쩌면 그 목소리가 우리 임금님과 닮았을까?'라고 하니, 이것은 다른 까닭이 아니라 거처하는 환경이 서로 비슷하기 때문이다."
魯君이 之宋하여 呼於垤澤之門이어늘 守者曰 此非吾君也로되 何其聲之似我君也오 하니 此는 無他라 居相似也니라.

'질택'은 송나라 성문 이름이다. 맹자께서 이 일을 인용하여 증명한 것이다.

垤澤은 宋城門名이라. 孟子又引此事爲證하시니라.

13-37-1. 맹자께서 말씀하셨다. "먹이기만 하고 사랑하지 않는다면 돼지처럼 사귀는 것이요, 사랑하면서도 공경하지 않는다면 짐승처럼 기르는 것이다.

孟子曰 食而弗愛면 豕交之也오. 愛而不敬이면 獸畜之也니라.

'교'는 접한다는 뜻이요, '흑'은 기른다는 뜻이다. '수'는 개와 말 같은 종류를 말한다.

交는 接也오. 畜은 養也라. 獸는 謂犬馬之屬이라.

13-37-2. 공경은 아직 폐백을 보내기 전에 갖는 마음이다.

恭敬者는 幣之未將者也니라.

'장'은 받든다는 뜻이다. 『시경』 「소아 · 녹명」에 말하기를, "광주리를 받아서 이에 받든다"라고 하였다. 정자가 말했다. "공경은 비록 위엄 있는 모습과 폐백을 통한 다음에 발현되는 것이지만, 폐백을 아직 받들기 전에 이미 이러한 공경의 마음이 있는 것이요, 폐백을 통한 다음에 공경하는 마음이 있는 것이 아니다."

將은 猶奉也니 詩曰 承筐是將이라 하니라. 程子曰 恭敬은 雖因威儀幣帛而後發見이나 然이나 幣之未將時에 已有此恭敬之心이오 非因幣帛而後有也니라.

13-37-3. 공경하면서 실상이 없다면 군자는 헛되이 머물러 있지 않는 것이다."
恭敬而無實이면 君子不可虛拘니라.

이것은 당시 제후가 현자를 대우할 때 다만 폐백으로 공경을 삼고 그 진심이 없는 것을 말한 것이다. '구'는 머문다는 뜻이다.
此는 言當時諸侯之待賢者가 特以幣帛爲恭敬而無其實也니라. 拘는 留也라.

13-38-1. 맹자께서 말씀하셨다. "사람의 형체와 안색은 천성이다. 오직 성인이 된 뒤라야 형체대로 실천할 수 있다."
孟子曰 形色은 天性也니 惟聖人然後에 可以踐形이니라.

사람에게 형체와 안색이 있는 것은 각기 자연스런 이치가 있는 것이니, 이것이 바로 천성이다. '천'은 말을 실천한다는 천과 같다. 대중은 형체를 가지고 있지만 그 이치를 극진하게 하지 못하기 때문에 그 형체대로 실천할 수 없다. 오직 성인만이 이 형체를 가지고 있으면서 그 이치를 극진하게 할 수 있으니, 그런 다음에 형체대로 실천하여 부족함이 없는 것이다 ○ 정자가 말했다. "이것은 성인이 인도를 모두 얻어서 형체를 충만하게 할 수 있음을 말한 것이다. 대개 사람은 천지의 바른 기운을 얻어서 태어나므로 만물과 다르다. 이미 사람이 되었으면 반드시 사람의 이치를 모두 얻은 다음에 그 이름에 어울리게 되는 것이다. 대중은 그것을 가지고 있으면서도 알지 못하고, 현인은 그것을 실천하지만 미진하니 형체를 충만하게 할 수 있는 것은 오직 성인뿐이다." 양 씨가 말했다.

"하늘이 많은 백성을 만듦에 사물이 있으면 법칙이 있는 것이니, 사물은 형색이요 법칙은 본성이다. 각각 그 법칙을 극진하게 한다면 형체대로 실천할 수 있을 것이다."

人之有形有色이 無不各有自然之理하니 所謂天性也라. 踐은 如踐言之踐이라. 蓋衆人은 有是形而不能盡其理라. 故로 無以踐其形이요 惟聖人은 有是形而又能盡其理하니 然後에 可以踐其形而無歉也니라. ○程子曰 此는 言聖人이 盡得人道而能充其形也라. 蓋人得天地之正氣而生하여 與萬物不同하니 旣爲人인댄 須盡得人理然後에 稱其名이라. 衆人은 有之而不知하고 賢人은 踐之而未盡하니 能充其形은 惟聖人也니라. 楊氏曰 天生烝民에 有物有則하니 物者는 形色也요 則者는 性也라 各盡其則이면 則可以踐形矣니라.

13-39-1. 제나라 선왕이 상기를 단축하고 싶어 하자 공손추가 말했다. "일년의 상기를 지키는 것이 오히려 그만두는 것보다는 나을 것입니다."

齊宣王이 欲短喪이어늘 公孫丑曰 爲朞之喪이 猶愈於已乎인저.

'이(已)'는 그친다는 뜻과 같다.

已는 猶止也라.

13-39-2. 맹자께서 말씀하셨다. "이것은 마치 어떤 사람이 자기 형의 팔을 비트는 것을 보고, 그대가 그에게 좀 천천히 비틀라고 말하는 것과 같다. 또한 효도와 우애를 가르쳐 줄 따름이다."

孟子曰 是猶或이 紾其兄之臂어든 子謂之姑徐徐云爾로다. 亦敎之孝弟

而已矣니라.

'진'은 어그러진다는 뜻이다. 효제의 도리로 가르친다면 그는 마땅히 형의 팔을 비틀어서는 안 되고, 상복의 기간을 짧게 해서도 안 된다는 것을 알 것이다. 공자께서 "자식은 태어난 지 3년이 된 후에 부모의 품에서 벗어날 수 있는데, 재아는 부모에게서 3년 동안 사랑을 받았던가?"라고 하셨으니, 효도와 우애를 가르친다는 것은 이와 같은 것이다. 이것은 지극한 마음이 능히 그칠 수 없음을 보여준 것이지 억지로 하는 것이 아니다.

紾은 戾也라. 敎之以孝弟之道면 則彼當自知兄之不可戾而喪之不可短矣리라. 孔子曰 子生三年然後에 免於父母之懷하니 予也有三年之愛於其父母乎아 하시니 所謂敎之以孝弟者如此하니 蓋示之以至情之不能已者요 非强之也니라.

13-39-3. 왕자 가운데 그 어머니가 죽은 자가 있었는데, 그의 스승이 그를 위해 몇 달 동안의 복만이라도 입도록 부왕에게 청했다. 공손추가 말했다. "이와 같은 경우는 어떻습니까?"

王子有其母死者어늘 其傅爲之請數月之喪이러니 公孫丑曰 若此者는 何如也잇고.

진 씨가 말했다. "왕자를 낳은 어머니가 돌아가시자 적모에게 눌려 감히 상기를 마칠 수 없었는데, 그의 스승이 왕에게 청하여 수 개월의 상을 행할 수 있게 하고자 한 것이다. 당시에 때마침 이런 일이 있었으니 공손추가 '이와 같은 경우는 옳고 그름이 어떻습니까?'라고 질문한 것이다."
『의례』를 살펴보면, '공자는 어머니를 위해 연관을 하고 마의를 입으며, 전연을 하고, 장례가 끝난 다음에 벗는다'고 하였으니, 아마도 당시에 이러한 예가 이미 사라졌거나 또는 이미 장사지냈는데도 차마 상복을 벗지 못했기 때문에 요청한 것 같다.

陳氏曰 王子所生之母死에 厭於嫡母而不敢終喪이어늘 其傅爲請於王하여 欲使得行數月之喪也라. 時又適有此事하니 丑問如此者는 是非河如오하니라. 按儀禮컨대 公子爲其母하여 練冠,麻衣,縓緣하고 旣葬除之라 하니 疑當時에 此禮已廢어나 或旣葬而未忍卽除라 故로 請之也라.

13-39-4. 맹자께서 말씀하셨다. "이것은 모친의 상기를 끝까지 지키고 싶지만 할 수 없는 경우다. 비록 하루를 더 지킨다 해도 그만두는 것보다 낫다. 앞에서 말한 것은 막는 사람이 없는데도 행하지 않는 경우를 말한 것이다."

曰 是欲終之而不可得也라 雖加一日이나 愈於已하니 謂夫莫之禁而弗爲者也니라.

왕자가 상복 기간을 마치고자 했지만 할 수 없었기 때문에 그 스승이 요청한 것이다. 비록 하루를 더하더라도 오히려 더하지 않는 것보다 나은 것이니, 내가 앞에서 비난한 것은 막지 않았는데도 스스로 하지 않은 사람을 말한 것뿐이다. ○ 이 장은 삼년의 통상은 하늘의 법도요 땅의 의리이므로 사적인 의지로 줄이고 늘릴 수 있는 것이 아니니, 극진한 마음을 보여주면 불초한 자라도 바라고 미칠 수 있음을 말한 것이다.

言王子欲終喪而不可得이어늘 其傅爲請하니 雖止得加一日이라도 猶勝不加하니 我前所譏는 乃謂夫莫之禁而自不爲者耳니라. ○ 此章은 言三年通喪은 天經地義라 不容私意有所短長이니 示之至情이면 則不肖者有以企而及之矣라.

13-40-1. 맹자께서 말씀하셨다. "군자가 사람들을 가르치는 방법에 다섯 가지가 있는데,

孟子曰 君子之所以敎者五니

아래 글의 다섯 가지는 인품의 높고 낮음, 거리의 멀고 가까움, 앞과 뒤의 다름으로 인한 것이다.

下文五者는 蓋因人品高下와 或相去遠近先後之不同이라.

13-40-2. 제때에 내리는 비가 변화시키는 방법도 있고,

有如時雨 化之者하며

'시우'는 때에 맞게 내리는 비를 말한다. 풀과 나무가 성장할 때 씨를 뿌리고 북돋아 주어서 인력이 이미 지극한데도 스스로 변화하지 못하고 부족하다고 여기는 것은 비와 이슬의 양분일 뿐이다. 이러한 때에 맞춰서 비가 내리면 변화가 빨라진다. 사람을 가르치는 오묘함도 또한 이와 같으니, 공자께서 안자와 증자에게 한 것이 이것일 뿐이다.

時雨는 及時之雨也라. 草木之生에 播種封植하여 人力已至로되 而未能自化하니 所少者는 雨露之滋耳라. 及此時而雨之면 則其化速矣니 敎

人之妙亦猶是也니 若孔子之於顔曾이 是已니라.

13-40-3. 덕을 성취시켜 주는 방법이 있고, 재능을 통달하게 하는 방법도 있으며,

有成德者하며 有達財者하며

'재(財)'는 재(材)와 같다. 이것은 각기 장점에 따라서 가르치는 것이다. '성덕'은 공자께서 염백우와 민자건에 대해서 하는 것과 같고, '달재'는 공자께서 자로와 자공에 대해서 하는 것과 같다.

財는 與材同이라. 此는 各因其所長而敎之者也라. 成德은 如孔子之於冉閔이요. 達財는 如孔子之於由賜라.

13-40-4. 물음에 대답해 주는 방법도 있고,

有答問者하며

질문에 따라서 대답해 주는 것이니 마치 공자와 맹자께서 번지와 만장에 대해서 하는 것과 같다.

就所問而答之니 若孔孟之於樊遲萬章也라.

13-40-5. 혼자서 착한 것으로 다스리는 방법이 있다.

有私淑艾者하니

'사'는 몰래 하는 것이다. '숙'은 착하다는 뜻이다. '애'는 다스린다는 뜻이다. 사람이 혹 문하에 이르러 수업하지 못하고 남에게 군자의 도를 듣고서 몰래 선으로 자신을 다스리기도 한다. 이 또한 군자의 가르침이 미치는 것이다. 마치 공자와 맹자께서 진항과 이지에 대해서 하는 것이 이것이다. 맹자께서 또한 말씀하셨다. "나는 공자의 문도가 되지 못했지만 몰래 남을 통해서 자신을 선하게 했다."

私는 竊也요 淑은 善也요 艾는 治也라. 人或不能及門受業하고 但聞君子之道於人而竊以善治其身하니 是亦君子敎誨之所及이니 若孔孟之於陳亢夷之가 是也니라. 孟子亦曰 予未得爲孔子徒나 予는 私淑諸人也라 하시니라.

13-40-6. 이 다섯 가지는 군자가 사람들을 가르치는 방법이다."

此五者는 君子之所以敎也니라.

성현이 가르침을 베풀 때에는 각기 그 재능에 따라서 작은 사람은 작게 이루어주고 큰 사람은 크게 이루어주어서 사람을 버리는 경우가 없다.

聖賢施敎는 各因其材하여 小以成小하고 大以成大하여 無棄人也니라.

13-41-1. 공손추가 말했다. "도는 참으로 높고 아름답지만 마땅히 하늘에 오르는 것 같아서 도달할 수 없을 듯합니다. 어찌 저로 하여금 도달할 수 있을 만큼 만들어서 매일같이 부지런히 따라가게 하지 않습니까?" 맹자께서 말씀하셨다. "훌륭한 목수는 졸렬한 목수를 위해 먹줄과 먹을 사용하는 방법을 고치거나 없애지 않고, 예(羿)는 졸렬한 사수를 위해 그의 활 당기는 방법을 바꾸지 않는다.

公孫丑曰 道則高矣美矣나 宜若似登天然이라 似不可及也니 何不使彼로

爲可幾及而日孶孶也이고. 孟子曰 大匠이 不爲拙工하여 改廢繩墨하며 羿不爲拙射하여 變其彀率이니라.

'구율'은 활을 당기는 한계다. 사람을 가르치는 사람은 모두 바꿀 수 없는 법칙이 있다. 자신을 낮추어서 배우는 자가 할 수 없는 것을 따르는 것을 용납할 수 없다고 말한 것이다.

彀率은 彎弓之限也라. 言敎人者는 皆有不可易之法하니 不容自貶以徇學者之不能也니라.

13-41-2. 군자는 활을 당겨 쏘지는 않고 마치 금방 뛰어나갈 듯하여 중도에 서 있으면 능력 있는 사람은 그것을 보고 따르는 것이다."

君子引而不發하여 躍如也하여 中道而立이어든 能者從之니라.

'인'은 활을 당기는 것이다. '발'은 화살을 쏘는 것이다. '약여'는 뛰어서 나가는 것과 같다. 위 글의 구율을 이어서 말하기를, "군자가 사람을 가르칠 때는 배우는 방법을 전수해주고 터득하는 오묘함은 말해주지 않으니, 이것은 마치 활을 쏘는 자가 활을 당기기만 하고 화살을 발사하지 않는 것과 같다. 그러나 말해주지 않은 것이 이미 뛰어나와 앞에 나타나는 것과 같다"라고 하였다. '중'은 지나치거나 미치지 못함이 없는 것을 말하니, '중도이립'은 어렵지도 쉽지도 않음을 말한 것이다. '능자종지'는 배우는 자들이 마땅히 스스로 힘써야 함을 말한 것이다. ○ 이 장은 도에는 정해진 본체가 있고 가르침에는 완성된 방법이 있으니 낮은 것을 들어 올려서도 안 되고, 높은 것을 낮추어서도 안 되며, 말을 해줘도 드러나게 할 수 없으며, 침묵해도 감출 수 없음을 말한 것이다.
引은 引弓也요 發은 發矢也라. 躍如는 如踊躍而出也라. 因上文彀率而言
君子敎人에 但授以學之之法이요 而不告以得之之妙니 如射者之引弓而
不發矢라. 然이나 其所不告者가 已如踊躍而見於前矣니라. 中者는 無過不
及之謂니 中道而立은 言其非難非易라. 能者從之는 言學者當自勉也라.
○此章은 言道有定體하고 敎有成法하니 卑不可抗이요 高不可貶이요 語
不能顯이요 黙不能藏이니라.

13-42-1. 맹자께서 말씀하셨다. "천하에 도가 있을 때에는 도를 나의 몸에
따르게 하고, 천하에 도가 없을 때에는 몸을 도에 따르게 하는 것이다.
孟子曰 天下有道엔 以道殉身하고 天下無道엔 以身殉道하나니

'순'은 순장의 순과 같으니 죽음으로 사물을 따르는 것을 말한다. 몸이
나가면 도는 반드시 행해야 하고, 도가 굽혀지면 몸은 반드시 물러나야
하는 것이니 죽음으로 서로 좇아서 분리되지 않아야 한다.
殉은 如殉葬之殉이니 以死隨物之名也라. 身出則道在必行이요 道屈則身
在必退니 以死相從而不離也니라.

13-42-2. 도를 가지고 남을 따른다는 말은 듣지 못했다."
未聞以道로 殉乎人者也케라.

도를 가지고 다른 사람을 따르는 것은 아녀자의 도리다.
以道從人은 妾婦之道니라.

13-43-1. 공도자가 말했다. "등갱이 선생님 문하에 있을 때, 예로 대해 주실 만한데도 그의 물음에 대답해 주지 않으신 것은 무엇 때문입니까?"
公都子曰 滕更之在門也에 若在所禮而不答은 何也잇고.

조 씨가 말했다 "등갱은 등나라 군주의 아우로 맹자에게 와서 배운 사람이다."
趙氏曰 滕更은 滕君之弟로 來學者也라.

13-43-2. 맹자께서 말씀하셨다. "존귀한 것을 내세우며 묻거나, 자기가 잘난 것을 내세우며 묻거나, 나이 많은 것을 내세우며 묻거나, 공로가 있는 것을 내세우며 묻거나, 안면이 있는 것을 유세하며 묻거나 한다면 모두 응답해 주지 않는 법이다. 등갱은 그 중 두 가지를 가지고 있다."
孟子曰 挾貴而問하며 挾賢而問하며 挾長而問하며 挾有勳勞而問하며 挾故而問이 皆所不答也니 滕更이 有二焉하니라.

조 씨가 말했다. "두 가지는 존귀한 것을 내세우는 것과 자기가 잘난 것을 내세우는 것을 말한다." 윤 씨가 말했다. "유세하는 것이 있으면 도를 받는 마음이 한결같지 않기 때문에 대답하지 않는 것이다." ○ 여기서는 군자가 비록 사람을 가르치는 데 게으르지 않지만 의지가 성실하지 않은 사람을 싫어하는 것을 말한 것이다.
趙氏曰 二는 謂挾貴挾賢也라. 尹氏曰 有所挾이면 則受道之心이 不專하니 所以不答也니라. ○ 此는 言君子雖誨人不倦이나 又惡夫意之不誠者니라.

13-44-1. 맹자께서 말씀하셨다. "그만둘 수 없는데도 그만두는 사람은 그만 두지 않는 일이 없을 것이고, 두텁게 대해야 할 데에 엷게 대하는 사람은 엷게 대하지 않는 일이 없을 것이다.

孟子曰 於不可已而已者는 無所不已요 於所厚者薄이면 無所不薄也니라.

'이'는 그친다는 뜻이니 '불가지'는 하지 않을 수 없는 것을 말한다. '소후'는 마땅히 두텁게 해야 할 것을 말한다. 이것은 미치지 못하는 사람의 폐단을 말한 것이다.

已는 止也니 不可止는 謂所不得不爲者也라. 所厚는 所當厚者也라. 此는 言不及者之弊라.

13-44-2. 앞으로 나아가는 것이 빠른 사람은 뒤로 물러나는 것도 빠르다."

其進이 銳者는 其退速이니라.

앞으로 나아가는 것이 빠른 사람은 기력이 쉽게 쇠퇴하기 때문에 물러나는 것도 빠르다. ○ 세 가지의 병폐는 이치와 형세상 반드시 그러한 것이다. 비록 지나치고 미치지 못하는 것이 다르지만, 마침내 없애는 데로 돌아가는 것은 똑같다.

進銳者는 用心太過하여 其氣易衰라 故로 退速이니라. ○三者之弊는 理勢必然이니 雖過不及之不同이나 然이나 卒同歸於廢弛니라.

13-45-1. 맹자께서 말씀하셨다. "군자는 사물에 대해서는 사랑하지만 어질게 대하지는 않고, 백성들에 대해서는 어질게 대하지만 친애하지는 않는

다. 어버이를 친애하는 마음으로 백성들을 어질게 대하고, 백성들을 어질게 대하는 마음으로 금수 초목을 사랑하는 것이다."
孟子曰 君子之於物也㈜ 愛之而弗仁하고 於民也㈜ 仁之而弗親하나니 親親而仁民하며 仁民而愛物이니라.

'물'은 금수초목을 말한다. '애'는 취하는 데 때가 있고 사용하는 데 절도가 있음을 말한 것이다. 정자가 말했다. "인이란 자신을 미루어 남에게 도달하는 것이니, 마치 나의 노인을 노인으로 대접하여 남의 노인에게 도달하는 것과 같다. 이것은 백성에게는 괜찮지만 사물에는 불가한 것이다. 통합해서 말하면 모두 인이지만, 나누어 말하면 차례가 있다." 양 씨가 말했다. "분수가 다르기 때문에 베푸는 것도 차등이 없을 수 없으니 이것이 바로 이치는 하나지만 수만 가지로 나누어진다는 이일분수(理一分殊)다." 윤 씨가 말했다. "왜 이러한 차등이 있는가? 근본이 하나이기 때문이니 거짓이 없다."
物은 謂禽獸草木이라. 愛는 謂取之有時하고 用之有節이라. 程子曰 仁은 推己及人이니 如老吾老하여 以及人之老니 於民則可나 於物則不可라. 統而言之면 則皆仁이요 分而言之면 則有序니라. 楊氏曰 其分不同이라. 故로 所施에 不能無差等하니 所謂理一而分殊者也니라. 尹氏曰 何以有是差等고 一本故也니 無僞也니라.

13-46-1. 맹자께서 말씀하셨다. "지혜로운 사람은 알지 못하는 것이 없지만 마땅히 힘써야 할 일을 급하게 여기고, 어진 사람은 사랑하지 않는 것이 없지만 어진 사람을 친하게 여기는 것을 급하게 여긴다. 요 임금과 순

임금의 지혜로도 온갖 사물을 두루 알지 못한 것은 먼저 힘쓸 것을 서둘렀기 때문이요, 요 임금과 순 임금의 인자함으로도 두루 사람들을 사랑하지 못한 것은 어진 사람을 친근하게 여기는 것을 급선무로 삼았기 때문이다.

孟子曰 知者는 無不知也나 當務之爲急이요 仁者는 無不愛也나 急親賢之爲務니 堯舜之知로 而不徧物은 急先務也요 堯舜之仁으로 不徧愛人은 急親賢也니라.

지혜로운 사람은 진실로 알지 못하는 것이 없지만, 항상 마땅히 힘써야 할 것을 급선무로 여기면 일마다 다스려지지 않음이 없어서 지혜로움이 크게 될 것이다. 어진 사람은 진실로 사랑하지 않는 것이 없지만, 항상 어진 사람을 친하게 여기는 것을 급하게 여기면 은혜가 윤택하지 않음이 없어서 인이 넓어지게 될 것이다.

知者는 固無不知나 然이나 常以所當務者爲急이면 則事無不治하여 而其爲知也大矣요 仁者는 固無不愛나 然이나 常急於親賢이면 則恩無不洽하여 而其爲仁也博矣니라.

13-46-2. 부모의 삼년상은 제대로 행하지 못하면서 시마와 소공의 상을 살피며, 밥을 상스럽게 떠먹고 국물을 줄줄 소리 내어 들이키면서 마른 고기를 이빨로 끊어먹는 짓을 하지 말라고 꾸짖는다면, 이것을 일러 힘쓸 줄을 알지 못한다고 하는 것이다."

不能三年之喪而緦小功之察하며 放飯流歠而問無齒決이 是之謂不知務니라.

삼년상은 복 가운데 중한 것이다. '시마'는 3개월 복이고, '소공'은 5개월 복이니 복 가운데 가벼운 것이다. '찰'은 상세함을 이루는 것이다. '방반'은 밥을 많이 뜨는 것이요, '유철'은 길게 마시는 것이니 불경한 것 가운데 큰 것이다. '치결'은 마른 고기를 이빨로 끊는 것이니 불경 가운데 작은 것이다. '문'은 강구한다는 뜻이다. ○이 장은 군자가 도에 대해서 전체를 알면 마음이 좁아지지 않고, 먼저 할 것과 나중에 할 것을 안다면 일에 차례가 있음을 말한 것이다. 풍 씨가 말했다. "지혜로움이 먼저 힘쓸 것을 급하게 여기지 않으면, 비록 다른 사람이 아는 것을 두루 알고 다른 사람이 능한 것을 두루 능하더라도 한갓 정신을 피폐하게 할 뿐 천하를 다스림에는 무익할 것이다. 어짊이 어진 사람을 친하게 여기는 것을 급하게 여기지 않으면 비록 백성을 친하게 대하고 사물을 사랑하는 마음이 있더라도 소인들이 자리를 차지하고 있어 아래까지 통달할 수 없게 된다. 따라서 총명함을 받아들이는 것이 날마다 위로 가리고 악정이 날마다 아래에 더해지게 될 것이니, 이것이 바로 맹자께서 급한 것을 알지 못한다고 하는 것이다."

三年之喪은 服之重者也라. 緦麻는 三月이라. 小功은 五月이니 服之輕者也라. 察는 致詳也라. 放飯은 大飯이요 流歠은 長歠이니 不敬之大者也라. 齒決은 齧斷乾肉이니 不敬之小者也라. 問은 講求之矣라. ○此章은 言君子之於道에 識其全體면 則心不狹하고 知所先後면 則事有序니라. 豊氏曰 智不急於先務면 雖徧知人之所知하고 徧能人之所能이라도 徒弊精神而無益於天下之治矣라. 仁不急於親賢이면 雖有仁民愛物之心이라도 小人在位하여 無由下達하여 聰明이 日蔽於上하고 而惡政이 日加於下하리니 此는 孟子所謂不知務也니라.

진심장구 하(盡心章句下)

모두 서른여덟 장이다.

凡三十八章이라.

맹자는 의로운 전쟁이 없다는 점을 강조하며 전쟁을 반대하고, 백성이 군주보다 귀중한 존재임을 주장하여 민본의식을 드러내고 있다. 또한 향원을 미워하여 통렬하게 단절하고 이들을 사이비로 규정하였다. 아울러 마지막 장에서는 오백 년을 주기로 성인이 나온다고 주장하여, 성인의 출현이 간절함을 드러내기도 하였다.

14-1-1. 맹자께서 말씀하셨다. "어질지 못하구나, 양혜왕이여! 어진 사람은 사랑하는 사람을 대하는 마음으로 사랑하지 않는 사람에게까지 미루어 나가고, 어질지 못한 사람은 사랑하지 않는 사람을 대하는 마음으로 사랑하는 사람에게까지 미루어 나간다."

孟子曰 不仁哉라 梁惠王也여. 仁者는 以其所愛로 及其所不愛하고 不仁者는 以其所不愛로 及其所愛니라.

어버이를 친하게 대하고서 백성들을 어질게 대하며, 백성들을 어질게 대하고서 만물을 사랑하는 것이 이른바 사랑하는 것을 가지고 사랑하지 못하는 것에까지 미친다는 것이다.

親親而仁民하고 仁民愛物이 所謂以其所愛로 及其所不愛也니라.

14-1-2. 공손추가 말했다. "무엇을 말하는 것입니까?" 맹자께서 말씀하셨다. "양혜왕은 토지 때문에 자기 백성들이 썩어 문드러지도록 전쟁을 하다가 대패하였고, 장차 다시 싸워 보복하려고 했으나 이기지 못할까 두려워한 까닭에 사랑하는 자제들을 몰아다가 죽게 하였다. 이런 것을 일러 사랑하지 않는 사람을 대하는 마음으로 사랑하는 사람에게까지 미루어나간다고 하는 것이다."

公孫丑曰 何謂也잇고 梁惠王이 以土地之故로 糜爛其民而戰之하여 大敗하고 將復之하되 恐不能勝故로 驅其所愛子弟하여 以殉之하니 是之謂以其所不愛로 及其所愛也니라.

양혜왕 이하는 맹자께서 대답한 말이다. '미란기민'은 백성들로 하여금 싸우게 하여 피와 살을 썩어 문드러지게 하는 것이다. '부지'는 다시 싸우는 것이다. 자제는 태자 신을 말한다. 토지 때문에 그 백성에게 미치고, 백성 때문에 그 자제에게 미쳤으니 모두 사랑하지 않은 것으로 사랑하는 것에 미친 것이다. ○이 장은 전편의 마지막 세 장의 뜻을 이어서 어진 사람의 은혜는 안으로부터 밖에까지 미치고, 어질지 못한 사람의 재앙은 소원한 데서부터 친한 데까지 이른다고 말한 것이다.

梁惠王以下는 孟子答辭也라. 糜爛其民은 使之戰鬪하여 糜爛其血肉也라. 復之는 復戰也라. 子弟는 謂太子申也라. 以土地之故로 及其民하고 以民之故로 及其子하니 皆以其所不愛로 及其所愛也니라. ○此는 承前篇之末三章之意하여 言仁人之恩은 自內及外하고 不仁之禍는 由疏逮親이니라.

14-2-1. 맹자께서 말씀하셨다. "『춘추』에는 정의로운 전쟁은 없었고, 저 싸움이 이 싸움보다 조금 나았다는 경우는 있었다.

孟子曰 春秋에 無義戰하니 彼善於此則有之矣니라.

『춘추』에서는 매번 제후들이 전쟁하고 정벌하는 일을 기록할 때에 반드시 비판과 폄하하는 것을 더해서 멋대로 전쟁을 일으킨 죄를 드러내었고, 정의에 합당하다고 여겨서 허락한 것이 없다. 다만 그 가운데 저 싸움이 이 싸움보다 낫다는 것은 있었으니, 마치 소릉의 군대와 같은 종류가 이러한 것이다.

春秋에 每書諸侯戰伐之事에 必加譏貶하여 以著其擅興之罪하고 無有以爲合於義而許之者라. 但就中彼善於此者則有之하니 如召陵之師之類가 是也니라.

14-2-2. 정벌이라는 것은 위에 있는 천자가 아래 있는 제후를 치는 것이다. 대등한 제후끼리는 서로 정벌하지 못한다."

征者는 上이 伐下也니 敵國은 不相征也니라.

'정'은 사람을 바르게 하는 것이다. 제후에게 죄가 있으면 천자가 토벌하여 바르게 하는 것인데, 이것이 『춘추』에 의로운 전쟁이 없다고 말한 까닭이다.

征은 所以正人也라. 諸侯有罪면 則天子討而正之하나니 此春秋所以無義戰也니라.

14-3-1. 맹자께서 말씀하셨다. "『서경』을 그대로 모두 믿는다면 『서경』이 없는 것보다 못한 것이다.

孟子曰 盡信書則不如無書니라.

정자가 말했다. "일을 기록한 말에는 지나치게 무겁게 칭하여 실제보다 지나친 경우가 있으니, 학자들은 마땅히 그 의를 알 뿐이다. 만약 말에 얽매이면 때로 의를 해치는 경우가 있으니, 그렇다면 『서경』이 없는 것보다 낫지 않을 것이다.

程子曰 載事之辭엔 容有重稱而過其實者하니 學者當識其義而已라. 苟執於辭하면 則時或有害於義하니 不如無書之愈也니라.

14-3-2. 나는 「무성(武成)」편에서 두서너 쪽만 취할 따름이다.

吾於武成에 取二三策而已矣로라.

'무성'은 『서경』「주서」편명이니, 무왕이 주를 정벌하고 돌아와 그 일을 기록한 글이다. '책'은 죽간이니 두서너 쪽의 말을 취하고 나머지는 모두 믿을 수는 없다는 것이다. 정자가 말했다. "하늘의 뜻을 받들어 포악한 군주를 정벌한 뜻과 정사를 돌이켜 인을 베푸는 방법을 취할 뿐이다."

武成은 周書篇名이니 武王伐紂하고 歸而記事之書也라. 策은 竹簡也니 取其二三策之言이요 其餘不可盡信也라. 程子曰取其奉天伐暴之意와 反政施仁之法而已니라.

14-3-3. 어진 사람은 천하에 대적할 사람이 없다. 지극히 어진 사람이 지극히 어질지 못한 사람을 토벌했는데, 어찌 절굿공이가 피에 떠내려갈 정도의 잔인한 전쟁을 했겠는가?

仁人은 無敵於天下하니 以至仁으로 伐至不仁이어니 而何其血之流杵也리오.

'저'는 방아 찧는 절구다. 간혹 노로 되어 있으니 방패라는 뜻이다. 「무성」편에서 말하기를, "무왕이 주를 정벌할 때, 주의 앞에 있던 군사들이 창을 거꾸로 들고 뒤를 공격하여 패배하게 만듦에 피가 흘러 절굿공이가 떠다녔다"라고 하였으니, 맹자께서 이것은 믿을 수 없는 것이라고 말한 것이다. 그러나『서경』의 본래 의미는 바로 상나라 사람들이 자신들끼리 서로 죽인 것이지 무왕이 죽였다고 말한 것이 아니다. 맹자께서 이런 말을 한 것은 후세의 의혹과 어질지 못한 마음을 조장할까 두려워하였기 때문이다.

杵는 舂杵也라. 或作鹵하니 楯也라. 武成에 言武王伐紂에 紂之前徒倒戈하여 攻于後以北하여 血流漂杵라 하니 孟子言此則其不可信者라. 然이나 書本意는 乃謂商人自相殺이요 非謂武王殺之也라. 孟子之設是言은 懼後世之惑이요 且長不仁之心耳시니라.

14-4-1. 맹자께서 말씀하셨다. "어떤 사람이 '나는 진 치는 것을 잘하고 또 싸움을 잘한다'고 말한다면 그것은 큰 죄악이다.

孟子曰 有人이 曰 我善爲陳하며 我善爲戰이라 하면 大罪也니라.

制行伍曰陳이요 交兵曰戰이라.

항오를 제어하는 것을 '진(陳)'이라고 하고, 병기를 주고받는 것을 '전(戰)'이라고 한다.

14-4-2. 나라 임금이 인을 좋아하면 천하에 대적할 상대가 없다. 남쪽을 향해 정벌하면 북쪽 오랑캐가 원망하고, 동쪽을 향해 정벌하면 서쪽 오랑캐가 원망하면서 '어찌 우리를 뒤로 돌리는가?' 하고 말한다.

國君이 好仁이면 天下에 無敵焉이니 南面而征에 北狄이 怨하며 東面而征에 西夷怨하여 曰 奚爲後我오 하니라.

이것은 탕 임금의 일을 인용해서 밝힌 것이니 해석이 전편에 보인다.
此는 引湯之事以明之하니 解見前篇하니라.

14-4-3. 무왕이 은나라를 칠 때 병거가 3백 양이고 날랜 용사가 3천 명에 불과했다.
武王之伐殷也에 革車三百兩이오 虎賁이 三千人이러니라.

또 무왕의 일로써 밝힌 것이다. '양'은 수레의 숫자이니 한 수레에 바퀴가 두 개다. '천'은 『서경』서문에 백(百)으로 되어 있다.
又以武王之事明之也라. 兩은 車數니 一車兩輪也라. 千은 書序에 作百하니라.

14-4-4. 무왕은 백성들에게 말하기를, '두려워하지 말라. 너희들을 편안하게 해주려는 것이지 백성들과 대적하려고 한 것이 아니다'라고 말하자 백성들이 뿔이 땅에 닿듯이 머리를 숙이고 조아렸다.
王曰 無畏하라. 寧爾也라 非敵百姓也라 하신대 若崩厥角하여 稽首하니라.

『서경』「진서」의 글은 이것과 조금 다르다. 맹자의 뜻은 마땅히 말하기를, "왕이 상나라 사람들에게 이르기를, '나를 두려워하지 말라. 내가 와서 주를 정벌한 것은 본래 너희들을 편안하게 해주기 위한 것이지 상나라의 백성들과 대적하려고 한 것이 아니다'라고 하자, 이에 상나라 사람들이 머리를 땅에 대고 마치 뿔이 땅에 닿듯이 하였다"라고 한 것이다.
書秦誓文은 與此小異하니 孟子之意는 當云王謂商人曰無畏我也하라. 我來伐紂는 本爲安寧汝요 非敵商之百姓也라 하신대 於是에 商人이 稽首至

地를 如角之崩也니라.

14-4-5. 정(征)이라는 말은 바로잡는다는 뜻이다. 각기 자기 나라를 바로잡아 주려 하는데 어찌 전쟁을 하겠는가?"
征之爲言은 正也니 各欲正己也니 焉用戰이리오.

백성들이 폭군에게 학대를 받으므로 모두 어진 사람이 와서 자기 나라를 바로잡아주기를 희망한 것이다.
民爲暴君所虐하여 皆欲仁者來正己之國也니라.

14-5-1. 맹자께서 말씀하셨다. "목공과 수레 만드는 사람은 남에게 규구는 줄 수 있어도 기술을 전달할 수는 없다."
孟子曰 梓匠輪輿 能與人規矩언정 不能使人巧니라.

윤 씨가 말했다. "규구는 법도이니 알려줄 수 있는 것이고, 기술은 그 사람에게 있는 것이니 비록 큰 목수라고 하더라도 어떻게 할 수 없는 것이다. 하학은 말로 전할 수 있고, 상달은 반드시 마음으로 깨달아야 하는 것이니, 장주가 논한 수레바퀴를 깎는다는 의미가 이와 같은 것이다."
尹氏曰 規矩는 法度니 可告者也오 巧則在其人하니 雖大匠이라도 亦末如之何也已니라. 蓋下學은 可以言傳이요 上達은 必由心悟니 莊周所論斲輪之意가 蓋如此하니라.

14-6-1. 맹자께서 말씀하셨다. "순 임금이 마른 밥을 먹고 푸성귀를 먹을 때

는 장차 죽을 때까지 그렇게 살 것 같더니, 천자가 되어서는 수놓은 옷을 입고 거문고를 타며 요 임금의 두 딸이 시중드는 것을 본래 가지고 있었던 것처럼 하셨다."

孟子曰 舜之飯糗茹草也에 若將終身焉이러시니 及其爲天子也하얀 被袗衣 鼓琴하시며 二女果를 若固有之러시다.

'반'은 먹는다는 뜻이다. '후'는 말린 밥이다. '여'도 또한 먹는다는 뜻이다. '진'은 옷에 그림을 그린 것이다. '이녀'는 요 임금의 두 딸이다. '과'는 여자가 모시는 것이다. 성인의 마음은 빈천 때문에 외물을 사모하지 않고 부귀 때문에 마음에 동요가 일어나지 않으며 만나는 것에 편안하고 자기에게 관련시키지 않으니 본성이 분수에 정해져 있기 때문임을 말한 것이다.

飯은 食也라. 糗는 乾糒也라. 茹는 亦食也라. 袗은 畵衣也라. 二女는 堯二女也라. 果는 女侍也라. 言聖人之心이 不以貧賤而有慕於外하고 不以富貴而有動於中하여 隨遇而安이요 無豫於己하니 所性이 分定故也니라.

14-7-1. 맹자께서 말씀하셨다. "나는 지금 이후에야 다른 사람의 부모를 죽이는 것이 중한 일임을 알겠다. 내가 다른 사람의 부모를 죽이면 다른 사람도 내 부모를 죽이고, 내가 다른 사람의 형을 죽이면 다른 사람도 또한 내 형을 죽일 것이다. 그러고 보면 자기 손으로 자기 부형을 죽이지 않을 뿐 큰 차이는 없는 것이다."

孟子曰 吾今而後에 知殺人親之重也와라. 殺人之父면 人亦殺其父하고 殺人之兄이면 人亦殺其兄하나니 然則非自殺之也언정 一間耳니라.

'오금이후지'라고 말한 것은 반드시 생각한 것이 있어서 느껴 드러낸 것이다. '일간'이란 내가 가고 저 사람이 와서 간격이 한 사람 정도일 뿐이다. 그 실상은 스스로 자기 어버이를 해친 것과 다름이 없는 것이다. 범씨가 말했다. "이것을 알면 다른 사람의 부모를 사랑하고 공경할 것이니, 다른 사람도 또한 내 어버이를 사랑하고 공경할 것이다."

言吾今而後知者는 必有所爲而感發也라. 一間者는 我往彼來하여 間一人耳니 其實은 與自害其親無異也니라. 范氏曰 知此則愛敬人之親이니 人亦愛敬其親矣니라.

14-8-1. 맹자께서 말씀하셨다. "옛날에 국경에 관문을 만드는 것은 포악한 짓을 막기 위한 것이었는데,

孟子曰 古之爲關也는 將以禦暴러니

평범하지 않은 사람을 사찰하는 것이다.

譏察非常이라.

14-8-2. 지금 관문을 만드는 것은 포악한 짓을 하기 위해서이다."

今之爲關也는 將以爲暴로다.

출입하는 사람에게 세금을 거두는 것이다. ○범 씨가 말했다. "고대에 경작하는 사람은 10분의 1을 세금으로 받았는데, 후세에는 간혹 태반의 세금을 거두었으니 이것은 세금 거두는 것으로 포악한 짓을 한 것이다. 문왕의 동산은 백성과 함께 사용했는데, 제나라 선왕의 동산은 나라 가

운데 함정을 만든 것이니 이것은 동산을 만들어 포악한 짓을 한 것이다. 후세에 포악한 짓을 하는 것은 관문에 그치지 않았다. 만약 맹자께서 제후에게 등용되었다면 반드시 문왕의 정사를 행했을 것이니, 이러한 종류는 모두 하루도 지나지 않아 고쳤을 것이다."

征稅出入이라. ○ 范氏曰 古之耕者는 什一이러니 後世엔 或收太半之稅하니 此는 以賦斂爲暴也요. 文王之囿는 與民同之러니 齊宣王之囿는 爲阱國中하니 此는 以園囿爲暴也니 後世爲暴는 不止於關이라. 若使孟子用於諸侯면 必行文王之政이니 凡此之類는 皆不終日而改也시리라.

14-9-1. 맹자께서 말씀하셨다. "자신이 도를 행하지 않으면 처자에게도 행해지지 않을 것이고, 남을 부리는 데 도로써 하지 않으면 처자에게도 행할 수 없을 것이다."

孟子曰 身不行道면 不行於妻子요. 使人不以道면 不能行於妻子니라.

'자신이 도를 행하지 않는다'는 것은 실천으로 말한 것이니, 행하지 않는다는 것은 도가 시행되지 않는 것이요, '남을 부리는 데 도로써 하지 않는다'는 것은 일로써 말한 것이니, 행해지지 못한다는 것은 명령이 시행되지 않는다는 것이다.

身不行道者는 以行言之이니 不行者는 道不行也요. 使人不以道者는 以事言之니 不能行者는 令不行也니라.

14-10-1. 맹자께서 말씀하셨다. "이익에 풍족한 사람은 흉년도 그를 굶어죽게 할 수 없고, 덕에 풍족한 사람은 간악한 세상도 그를 어지럽히지 못

한다."
孟子曰 周于利者는 凶年이 不能殺하고 周于德者는 邪世不能亂이니라.

'주'는 풍족하다는 뜻이니 덕을 쌓은 것이 두터우면 사용하는 데도 여유가 있음을 말한 것이다.
周는 足也니 言積之厚則用有餘라.

14-11-1. 맹자께서 말씀하셨다. "명예를 좋아하는 사람은 천 승의 나라도 사양할 수 있으나, 진정 그러한 사람이 아니면 한 그릇의 밥과 한 그릇의 국에도 얼굴빛으로 드러난다."
孟子曰 好名之人은 能讓千乘之國하나니 苟非其人이면 簞食豆羹에 見於色하나니라.

명예를 좋아하는 사람은 감정을 속여서 명예를 구한다. 그러므로 천 승의 나라도 사양할 수 있다. 그러나 만약 본래부터 부귀를 가볍게 여기는 사람이 아니라면 득실이 작은 것에서 도리어 진실한 감정이 드러나는 것을 깨닫지 못할 것이다. 대개 사람을 관찰할 때는 그가 힘쓰는 것을 보지 말고 그가 소홀하게 여기는 것을 봐야 한다. 그런 다음에 편안하게 여기는 실상을 알 수 있을 것이다.
好名之人은 矯情干譽라. 是以로 能讓千乘之國이라. 然이나 若本非能輕富貴之人이면 則於得失之小者에 反不覺其眞情之發見矣라. 蓋觀人을 不於其所勉而於其所忽이니 然後에 可以見其所安之實이니라.

14-12-1. 맹자께서 말씀하셨다. "인자하고 현명한 사람을 믿지 않으면 나라가 공허해지고,

孟子曰 不信仁賢則國이 空虛하고

'공허'는 사람이 없는 것 같음을 말한 것이다.

空虛는 言若無人然이라.

14-12-2. 예와 의가 없으면 위와 아래의 질서가 어지러워지고,

無禮義則上下亂하고

예의는 상하를 분별하고 백성의 뜻을 정하는 것이다.

禮義는 所以辨上下定民志니라.

14-12-3. 정사가 없으면 재물의 쓰임이 풍족하지 않게 된다."

無政事則財用이 不足이니라.

생산하는 데 도가 없고, 취하는 데 법도가 없으며, 쓰는 데 절제가 없기 때문이다. ○윤 씨가 말했다. "이 세 가지는 어진 것을 근본으로 삼으니 어짊이 없으면 예의와 정사를 처리하는 데 모두 도로써 하지 못할 것이다."

生之無道하고 取之無度하며 用之無節故也니라. ○尹氏曰 三者는 以仁賢爲本이니 無仁賢이면 則禮義政事가 處之皆不以其道矣리라.

14-13-1. 맹자께서 말씀하셨다. "어질지 않고서 나라를 얻는 자는 있어도 어질지 않고서 천하를 얻은 사람은 있지 않았다."

孟子曰 不仁而得國者는 有之矣어니와 不仁而得天下는 未之有也니라.

어질지 못한 사람은 사사로운 지혜를 펴서 천 승의 나라를 훔칠 수 있지만, 많은 백성의 마음을 얻을 수는 없을 것이다. 추 씨가 말했다. "진나라 이래로 어질지 못하면서 천하를 얻은 자가 있다. 그러나 모두 한두 대를 전하다가 잃었으니 오히려 얻지 못한 것과 같다. 이른바 천하를 얻는다는 것은 반드시 하·은·주 삼대와 같은 이후에야 가능한 것이다."

言不仁之人이 騁其私智하여 可以盜千乘之國이나 而不可以得丘民之心이니라. 鄒氏曰 自秦以來로 不仁而得天下者有矣라 然이나 皆一再傳而失之하니 猶不得也라 所謂得天下者는 必如三代而後에 可니라.

14-14-1. 맹자께서 말씀하셨다. "백성이 귀중하고, 사직이 그 다음이며, 임금은 가장 가벼운 존재다.

孟子曰 民이 爲貴하고 社稷이 次之하고 君이 爲輕하니라.

'사'는 토지신이며 '직'은 곡식의 신이니, 나라를 세우면 제단을 세워서 이들에게 제사지낸다. 나라는 백성을 근본으로 삼고, 사직은 백성을 위하여 세우며, 임금의 존귀함은 또한 이 두 가지의 존망에 매어 있다. 그러므로 경중이 이와 같은 것이다.

社는 土神이요 稷은 穀神이니 建國則立壇壝以祀之라. 蓋國은 以民爲本이요 社稷은 亦爲民而立이며 而君之尊은 又係於二者之存亡이라. 故로 其輕重

이 如此하니라.

14-14-2. 그러므로 백성들의 마음을 얻은 사람은 천자가 되고, 천자의 마음을 얻은 사람은 제후가 되고, 제후의 마음을 얻은 사람은 대부가 된다.
是故로 得乎丘民이 而爲天子요 得乎天子 爲諸侯요 得乎諸侯 爲大夫니라.

'구민'은 밭과 들에 있는 백성이니 지극히 미천한 사람들이다. 그러나 백성의 마음을 얻으면 천하가 그에게 돌아온다. 천자는 지극히 존귀하지만 천자의 마음을 얻는 자는 제후가 되는 데 지나지 않을 것이니, 백성이 가장 중한 것이다.
丘民은 田野之民이니 至微賤也라. 然이나 得其心이면 則天下歸之요 天子는 至尊貴也나 而得其心者는 不過爲諸侯耳니 是民爲重也니라.

14-14-3. 제후가 사직을 위태롭게 하면 다른 제후로 바꾸어 놓는다.
諸侯危社稷則變置하나니라.

제후가 무도하여 사직이 남에게 멸망을 당하면 마땅히 어진 임금으로 바꿔 세워야 한다. 이것은 임금이 사직보다 가벼운 것이다.
諸侯無道하여 將使社稷爲人所滅이면 則當更立賢君이니 是는 君輕於社稷也니라.

14-14-4. 희생의 제물이 이미 이루어지고, 제물로 쓸 곡식도 깨끗하게 마련되며, 제사도 때를 맞춰 지내는데도 가뭄과 홍수가 날 경우에는 사직을

옮겨 놓는다."

犧牲이 旣成하며 粢盛이 旣潔하고 祭祀以時하되 然而旱乾水溢則變置社稷하나니라.

제사지낼 때 예를 잃지 않았는데 토지신과 곡식신이 백성을 위해 재앙과 환난을 막아주지 못하면 제단을 헐고 다시 설치한다. 이것은 한 해의 일이 순탄하지 못하면 팔사가 통하지 않는다는 뜻이다. 이것은 사직이 비록 임금보다 중하지만 백성보다는 가벼운 것이다.

祭祀不失禮로되 而土穀之神이 不能爲民禦災捍患이면 則毁其壇墠而更置之하나니 亦年不順成八蜡不通之意니 是는 社稷이 雖重於君이나 而輕於民也니라.

14-15-1. 맹자께서 말씀하셨다. "성인은 백 대의 스승이니 백이와 유하혜가 그런 분들이다. 그러므로 백이의 풍모를 들은 사람은 완악한 사람이 청렴해지고, 나약한 사람이 뜻을 세우게 된다. 유하혜의 풍모를 들은 사람은 박절한 사람은 후해지고, 도량이 좁은 사람은 너그러워진다. 백 대 위에서 분발하면 백 대 아래에서 듣는 사람들이 흥기하지 않을 사람이 없으니, 성인이 아니고서야 어찌 이와 같을 수가 있겠는가? 하물며 성인에게서 직접 가르침을 받은 사람이야 말해 무엇 하겠는가?"

孟子曰 聖人은 百世之師也니 伯夷柳下惠是也라. 故로 聞伯夷之風者는 頑夫廉하며 懦夫有立志하고 聞柳下惠之風者는 薄夫敦하며 鄙夫寬하나니 奮乎百世之上이어든 百世之下에 聞者莫不興起也하니 非聖人而能若是乎아. 而況於親炙之者乎아.

'흥기(興起)'는 감동하고 분발하는 것이다. '친자(親炙)'는 친근하여 향내를 가까이 하는 것이다. 나머지는 전편 「만장 하」에 보인다.
興起는 惑動奮發也라. 親炙는 親近而薰炙之也라. 餘見前篇하니라.

14-16-1. 맹자께서 말씀하셨다. "인이란 사람다움이니, 합해서 말하면 도다."
孟子曰 仁也者는 人也니 合而言之하면 道也니라.

인(仁)이란 사람이 사람되는 이치다. 그러나 인은 이치요, 사람은 사물이니, 인의 이치를 가지고 사람의 몸을 합해서 말하면 이것이 소위 도라는 것이다. ○ 정자가 말했다. "중용에서 말한 '본성을 따르는 것이 도다'라고 한 것이 바로 이것이다." 어떤 사람이 말하기를, "외국본에는 '인야' 아래에 '義也者宜也, 禮也者履也, 智也者知也, 信也者實也'라는 20글자가 있다"고 하였다. 지금 살펴보건대, 이와 같으면 이치가 지극히 분명해진다. 그러나 옳고 그름은 자세하지 않다.
仁者는 人之所以爲人之理也라. 然이나 仁은 理也요 人은 物也니 以仁之理로 合於人之身而言之면 乃所謂道者也니라. ○ 程子曰 中庸所謂率性之謂道가 是也니라. 或曰 外國本에 人也之下也에 有義也者宜也, 禮也者履也, 智也者知也, 信也者實也, 凡二十字라 하니 今按如此면 則理極分明이라. 然이나 未詳其是否也니라.

14-17-1. 맹자께서 말씀하셨다. "공자께서 노나라를 떠나실 때에는 '더디고 더디구나, 내 발걸음이여!' 하고 말씀하셨는데, 이것은 모국을 떠나는 도리였다. 제나라를 떠나실 때에는 밥을 지으려고 물에 불린 쌀을 건져 가

셨으니, 다른 나라를 떠나는 도리다."
孟子曰 孔子之去魯에 曰 遲遲라 吾行也여 하시니 去父母國之道也오 去齊에 接淅而行하시니 去他國之道也니라.

거듭 나왔다.
重出이라.

14-18-1. 맹자께서 말씀하셨다. "군자가 진나라와 채나라의 사이에서 곤욕을 당한 것은 두 나라의 위와 아래에 사귄 사람이 없었기 때문이다."
孟子曰 君子之戹於陳蔡之間은 無上下之交也니라.

'군자'는 공자다. '액'은 액(厄)과 같다. 임금과 신하가 모두 악하여 함께 사귈 사람이 없는 것이다.
君子는 孔子也라. 戹은 與厄同이라. 君臣皆惡하여 無所與交也라.

14-19-1. 맥계가 말했다. "저는 크게 여러 사람의 구설을 듣고 있습니다."
貉稽曰 稽大不理於口호이다.

조 씨가 말했다. "맥은 성이요 계는 이름이니 많은 사람들에게 비방을 받았다. '이(理)'는 힘을 입다는 뜻이다. 지금 『한서』를 살펴보건대, '무리'라는 말을 방언에서 '뇌'라고 새겼다.
趙氏曰 貉은 姓이요 稽는 名이니 爲衆口所訓하니라. 理는 賴也라 하니라. 今按漢書컨대 無俚를 方言에 亦訓賴하니라.

14-19-2. 맹자께서 말씀하셨다. "걱정할 것 없소. 선비는 더욱 구설수가 많은 것이오.

孟子曰 無傷也라. 士憎玆多口하니라.

조 씨가 말했다. "선비가 된 사람은 더욱 많은 대중에게 비방을 받는다." 이를 살펴보면, '증'은 마땅히 토(土)를 따라서 증(增) 자가 되어야 하는데 오늘날 책에는 모두 심을 따라서 증(憎) 자가 되었으니 옮겨 베끼면서 잘못된 것이다.

趙氏曰 爲士者는 益多爲衆口所訕이라 하니라. 按此則憎當從士어늘 今本에 皆從心하니 蓋傳寫之誤니라.

14-19-3. 『시경』에 이르기를, '괴로운 마음이 초조하거늘 많은 소인들에게 노여움을 받고 있구나'라고 한 것은 공자의 경우가 그러했소. 또 '이에 오랑캐의 노여움을 풀지는 못했으나 우리의 명성은 떨어지지 않았다'라고 했으니 문왕의 경우가 그러했소."

詩云 憂心悄悄어늘 慍于群小라 하니 孔子也시고 肆不殄厥慍하시나 亦不隕厥問이라 하니 文王也시니라.

'시'는 『시경』「패풍·백주」와 「대아·면」편이다. '초초'는 근심하는 모습이요, '온'은 성낸다는 뜻이다. 본래 위나라의 어진 사람이 많은 소인들에게 노여움을 받았는데, 맹자께서 공자의 일이 거기에 해당한다고 말한 것이다. '사'는 발어사다. '운'은 떨어진다는 뜻이다. '문'은 명성이다. 본래 태왕이 곤이를 섬길 때에 비록 그들의 노여움을 없애지는 못했으나 또한 스스로 그 아름다운 명성을 떨어뜨리지 않았음을 말한 것인데, 맹자께서 문왕의 일을 거기에 해당한다고 말한 것이다. ○윤 씨가 말했다. "사람은 어떻게 자처하는지 돌아봐야 하는데, 자기에게 있는 것을 극진하게 할 뿐이다."

詩는 邶風柏舟及大雅綿之篇也라. 悄悄는 憂貌요 慍은 怒也라. 本言衛之仁人이 見怒於群小어늘 孟子以爲孔子之事可以當之라 하시니라. 肆는 發語辭라. 隕은 墜也라. 問은 聲問也라. 本言 大王이 事昆夷에 雖不能殄絶其慍怒하시나 亦不自隕其聲問之美어늘 孟子以爲文王之事可以當之라 하시니라. ○尹氏曰 言人顧自處如何이니 盡其在我者而已니라.

14-20-1. 맹자께서 말씀하셨다. "현자는 자기의 밝은 덕으로 남을 밝게 해주는데, 지금 사람들은 자기의 어두운 덕으로 남을 밝게 해주려 한다."
孟子曰 賢者는 以其昭昭로 使人昭昭어늘 今엔 以其昏昏으로 使人昭昭로다.

'소소'는 밝다는 뜻이요, '혼혼'은 어둡다는 뜻이다. 윤 씨가 말했다. "『대학』의 도는 스스로 명덕을 밝히고 천하와 국가에 베푸는 데 있으니, 아마 따르지 않을 자가 적을 것이다."
昭昭는 明也요 昏昏은 闇也라. 尹氏曰 大學之道는 在自昭明德而施於天下國家하니 其有不順者寡矣니라.

14-21-1. 맹자께서 고자에게 말씀하셨다. "산골짜기 오솔길도 잠깐이라도 사람이 다니면 길이 생기고, 잠깐이라도 쓰지 않으면 다시 띠 풀로 덮이고 만다. 지금 그대의 마음은 띠 풀로 막혀 있다."

孟子謂高子曰 山徑之蹊間에 介然用之而成路하고 爲間不用則茅塞之矣나니 今에 茅塞子之心矣로다.

'경'은 작은 길이요, '계'는 사람이 걸어가는 곳이다. '개연'은 잠깐의 시간이다. '용'은 말미암다는 뜻이다. '노'는 큰 길이다. '위간'은 작은 시간이다. '모색'은 띠 풀이 성장해서 길을 막는 것이다. 의리의 마음은 조금이라도 단절되어서는 안 된다고 말한 것이다.

徑은 小路也요 蹊는 人行處也라. 介然은 倏然之頃也라. 用은 由也라. 路는 大路也라. 爲間은 小頃也라. 茅塞은 茅草生而塞之也라. 言理義之心이 不可小有間斷也니라.

14-22-1. 고자가 말했다. "우 임금의 음악이 문왕의 음악보다 훌륭했던 것 같습니다."

高子曰 禹之聲이 尙文王之聲이로소이다.

'상'은 더 높다는 뜻이다. 풍 씨가 말했다. "우 임금의 음악이 문왕의 음악보다 뛰어남을 말한 것이다."

尙은 加尙也라. 豊氏曰 言禹之樂이 過於文王之樂이라.

14-22-2. 맹자께서 말씀하셨다. "무엇을 가지고 그렇게 말하는 것인가?" 고자가 대답했다. "종에 매인 줄이 닳은 것을 보고 그러는 것입니다."

孟子曰 何以言之오. 曰 以追蠡니이다.

풍 씨가 말했다. "추는 종에 달린 끈이니 『주례』에서 말한 선충이라는 것이 이것이다. '여'는 나무를 갉아먹는 벌레다. 우 임금 때의 종으로 남아 있는 것은 종의 끈을 벌레가 갉아먹은 것과 같아서 끊어지려 하니 이것은 사용하는 사람이 많은 것이다. 문왕의 종은 그렇지 않았다. 이 때문에 우 임금의 음악이 문왕의 음악보다 뛰어나다고 말한 것이다."

豊氏曰 追는 鐘紐니 周禮所謂旋蟲이 是也라. 蠡者는 齧木蟲也라. 言禹時鐘在者는 鐘紐如蟲齧而欲絶하니 蓋用之者多요 而文王之鐘은 不然하니 是以로 知禹之樂이 過於文王之樂也니라.

14-22-3. 맹자께서 말씀하셨다. "이것이 어찌 충분히 증명하겠는가? 성문의 수레바퀴 자국이 말 두 필의 힘으로 이루어졌겠는가?"

曰 是奚足哉리오. 城門之軌가 兩馬之力與아.

풍 씨가 말했다. "해족은 이것으로 어찌 충분히 알 수 있겠느냐고 말한 것이다. 궤는 수레바퀴 자국이다. 양마는 한 수레에 멍에를 매는 것이다. 성 안의 길은 아홉 개의 바퀴를 용납하니 수레가 흩어져 다닐 수 있기 때문에 그 바퀴자국이 얕다. 성문은 오직 하나의 수레만을 용납하니 수레가 모두 거기로 다니므로 그 바퀴자국이 깊은 것이다. 날짜가 오래되고 수레가 많아서 이루어진 것이지, 한 수레가 끄는 두 필 말의 힘에 의해서 그렇게 만든 것이 아니다. 우 임금께서는 문왕보다 천여 년 이전에 살았으므로 종이 오래되어 끈이 끊어지려고 한 것이다. 문왕의 종은 오래되지 않아서 끈이 온전하니 이것 때문에 우열을 논의할 수 없음을 말한 것이다. ○ 이 장의 글 뜻은 본래 환히 알 수 없다. 옛말이 이와 같이 서로 계승되어 왔는데 풍 씨의 말이 약간 명백하다. 그러므로 지금 여기에 그것을 두었으니 옳고 그름에 대해서는 알 수 없다.

豊氏曰 奚足은 言此何足以知之也라. 軌는 車轍迹也라. 兩馬는 一車所駕也라. 城中之涂는 容九軌하니 車可散行이라. 故로 其轍迹淺하고 城門은 惟容一車하니 車皆由之라. 故로 其轍迹深하니 蓋日久車多所致요 非一車兩馬之力이 能使之然也라. 言禹在文王前千餘年이라. 故로 鐘久而紐絶이요 文王之鐘은 則未久而紐全이니 不可以此而議優劣也니라. ○ 此章文義는 本不可曉라. 舊說이 相承如此而豊氏差明白이라. 故로 今存之하니와 亦未知其是否也로라.

14-23-1. 제나라에 기근이 들었는데 진진이 말했다. "나라 사람들이 모두 선생님께서 장차 그들을 위해 당읍의 곡식을 풀어서 구원해 주실 것으로 생각하고 있는데 아마 다시는 못할 것 같습니다."

齊饑어늘 陳臻이 曰 國人이 皆以夫子로 將復爲發棠이라 하니 殆不可復로소이다.

이전 시기에 제나라가 일찍이 기근이 들었는데, 맹자께서 왕에게 당읍의 창고를 열어 빈궁한 사람들을 구휼하도록 권했다. 이 당시에 이르러 또 기근이 들자 진진이, "제나라 사람들은 맹자께서 다시 왕에게 당읍의 창고를 열도록 권하기를 바랍니다"라고 말하고, 또한 스스로 그렇게 되지 않을까 두렵다고 말한 것이다.

先時에 齊國嘗饑어늘 孟子勸王發棠邑之倉하여 以賑貧窮이러니 至此又饑어늘 陳臻이 問言 齊人이 望孟子復勸王發棠이라 하고 而又自言恐其不可也라 하니라.

14-23-2. 맹자께서 말씀하셨다. "이것은 풍부(馮婦)가 되는 것이다. 진나라 사람 중에 풍부라는 자가 있었는데, 그는 맨손으로 호랑이를 잘 때려잡았다. 그런데 마침내 선량한 선비가 되어 어느 날 들에 나갔는데, 여러 사람들이 호랑이를 쫓다가 호랑이가 벼랑을 등지고 버티고 있어 사람들이 감히 찌르지 못했다. 마침 풍부가 오는 것을 바라보고는 달려와서 맞이하니, 풍부는 팔을 걷어 올리고 수레에서 내렸다. 이때 많은 사람들이 기뻐했으나 선비 된 자는 그를 비웃었다."

孟子曰 是爲馮婦也로다. 晉人有馮婦者 善搏虎하더니 卒爲善士하여 則之野할새 有衆이 逐虎하니 虎負嵎어늘 莫之敢攖하여 望見馮婦하고 趨而迎之한대 馮婦攘臂下車하니 衆皆悅之하고 其爲士者는 笑之하니라.

손으로 잡는 것을 '박'이라 한다. 마침내 선량한 선비가 되었다는 것은 뒤에 행실을 고쳐서 착한 사람이 된 것이다. '지'는 간다는 뜻이다. '부'는 의지한다는 뜻이다. 산굽이를 우라고 한다. '영'은 부딪치는 것이다. '소지'는 멈출 줄 알지 못한 것을 비웃은 것이다. 아마도 이때에 제나라 왕이 이미 맹자를 등용하지 못하고 맹자 역시 장차 떠나려고 한 것 같다. 그러므로 그 말이 이와 같은 것이다.

手執曰搏이라. 卒爲善士는 後能改行爲善也라. 之는 適也라. 負는 依也라. 山曲曰嵎라. 攖은 觸也라. 笑之는 笑其不知止也라. 疑此時에 齊王이 已不能用孟子하고 而孟子亦將去矣라. 故로 其言이 如此하시니라.

14-24-1. 맹자께서 말씀하셨다. "입이 좋은 맛을 아는 것, 눈이 좋은 빛을 아는 것, 귀가 좋은 소리를 아는 것, 코가 좋은 냄새를 아는 것, 사지가

편안함을 바라는 것은 인간의 본성이기는 하지만 천명이 개재되어 있다.
그래서 군자는 그것을 본성이라고 말하지 않는다.
孟子曰 口之於味也와 目之於色也와 耳之於聲也와 鼻之於臭也와 四肢
於安佚也에 性也나 有命焉이라 君子不謂性也니라.

정자가 말했다. "다섯 가지의 욕망은 본성이지만 분수가 있어서 모두 원
하는 것처럼 할 수 없으니 이것은 천명이다. 이것을 내 본성에 갖추어져
있는 것이라고 말하고 구해서 반드시 얻으려고 해서는 안 된다." 내가
살펴보건대, 모두 원하는 것처럼 할 수 없는 것은 단지 가난하고 천한
것만이 그런 것은 아니다. 비록 매우 부유하고 귀하더라도 차등과 한계
가 있으니 이것 역시 천명에 달려 있다.
程子曰 五者之欲은 性也나 然이나 有分하여 不能皆如其願하니 則是命也니
不可謂我性之所有而求必得之也니라. 愚按건대 不能皆如其願은 不止爲
貧賤이요. 蓋雖富貴之極이라도 亦有品節限制하니 則是亦有命也니라.

14-24-2. 인이 부모와 자식 사이에, 의가 임금과 신하 사이에, 예가 손님과
주인 사이에, 지가 현자에게, 성인이 천도에 대해서는 천명이기는 하지
만 인간의 본성이 개재되어 있다. 그래서 군자는 그것을 천명이라고 말
하지 않는다."
仁之於父子也와 義之於君臣也와 禮之於賓主也와 智之於賢者也와 聖
人之於天道也에 命也나 有性焉이라 君子不謂命也니라.

정자가 말했다. "사람에게 있어서 인·의·예·지와 천도는 천명에서 부

여받은 것이지만, 부여받은 것에 두텁고 엷으며 맑고 흐린 차이가 있다. 그러나 본성이 선하여 배워서 극진하게 할 수 있으므로 천명이라 말하지 않는 것이다." 장자가 말했다. "안영이 지혜롭지만 중니를 알지 못했으니 이것은 천명이 아니겠는가?" 내가 생각하건대 부여받은 것이 두텁고 맑으면 인이 부자 사이에 지극하고, 의가 군신 사이에 극진하며, 예가 빈객과 주인 사이에 공경스럽고, 지혜가 어질고 어질지 않은 것에 대해서 밝고, 성인이 천도에 대해서 부합되지 않음이 없어 순수함이 그치지 않는 것이다. 엷고 탁하면 이와 반대가 되니 이것이 모두 천명이라는 것이다. 어떤 사람이 말하기를, "자(者)는 마땅히 부(否)로 써야 하고, 인(人)은 쓸데없이 들어간 글자라고 하니 다시 자세히 보아야 한다"라고 하였다. ○내가 스승에게 들으니, "이 두 조목은 모두 본성에 구비되어 있지만 하늘에서 명한 것이다. 그러나 세상 사람들은 앞의 다섯 가지를 본성으로 여겨서 비록 얻지 못하는 것이 있더라도 반드시 그것을 구하고자 하고, 뒤의 다섯 가지를 천명으로 여겨서 하나라도 이르지 못함이 있으면 다시 힘을 기울이지 않는다. 그러므로 맹자께서 각기 중요한 곳에 나가서 말씀하여 이것을 펴고 저것을 억제하신 것이니, 장자가 말한 '봉양은 하늘에 명을 맡기고 도는 자신에게서 이룰 것을 권한다'고 하였으니 그 말이 간략하면서도 극진하다"라고 하셨다.

程子曰 仁義禮智天道在人이면 則賦於命者나 所稟이 有厚薄淸濁이라. 然而性善하여 可學而盡이라 故로 不謂之命也니라. 張子曰 晏嬰이 智矣로되 而不知仲尼하니 是非命邪아. 愚按컨대 所稟者厚而淸이면 則其仁之於父子也에 至하고 義之於君臣也에 盡하고 禮之於賓主也에 恭하고 智之於賢否也에 哲하고 聖人之於天道也에 無不脗合而純亦不已焉이요 薄而濁이면 則

反是하니 是皆所謂命也니라. 或曰 者는 當作否요 人은 衍字라하니 更詳之니
라. ○愚聞之師하니 曰 此二條者는 皆性之所有而命於天者也라. 然이나
世之人이 以前五者로 爲性이라 하여 雖有不得이라도 而必欲求之하고 以後五
者로 爲命이라 하여 一有不至하면 則不復致力이라. 故로 孟子各就其重處言
之하여 以伸此而抑彼也시니 張子所謂 養則付命於天이요 道則責成於己니
其言이 約而盡矣로다.

14-25-1. 호생불해가 물었다. "악정자는 어떤 사람입니까?" 맹자께서 말씀
하셨다. "선한 사람이고 믿음직한 사람이오."
浩生不害問曰 樂正子는 何人也잇고. 孟子曰 善人也며 信人也니라.

조 씨가 말했다. "호생은 성이요 불해는 이름이니 제나라 사람이다."
趙氏曰 浩生은 姓이요 不害는 名이니 齊人也라.

14-25-2. 호생불해가 물었다. "무엇을 선이라 하고, 무엇을 믿음이라고 하는
것입니까?"
何謂善이며 何謂信이닛고.

호생불해가 질문한 것이다.
不害問也라.

14-25-3. 맹자께서 말씀하셨다. "하고자 할 만한 것을 선이라 하고,
曰 可欲之謂善이요

세상의 이치는 선한 것은 반드시 할 만하고, 악한 것은 반드시 미워한다. 그러므로 그 사람됨이 선을 할 만하고 악한 것을 하고자 하지 않는다면 착한 사람이라고 말할 수 있을 것이다.

天下之理는 其善者는 必可欲이요 其惡者는 必可惡니 其爲人也可欲而不可惡면 則可謂善人矣니라.

14-25-4. 선이 자신에게 있는 것을 믿음이라 하고,

有諸己之謂信이오

이른바 선을 모두 실제로 소유하여 악취를 싫어하고 호색을 좋아하면 믿음직한 사람이라고 말할 수 있다. 장자가 말했다. "인에 뜻을 두고 악함이 없는 것이 선이요, 진실로 몸을 선하게 하는 것을 믿음이라고 한다."

凡所謂善을 皆實有之하여 如惡惡臭하고 如好好色이면 是則可謂信人矣니라. 張子曰 志仁無惡之謂善이요 誠善於身之謂信이니라.

14-25-5. 그 선이 충만하게 채워져 있는 것을 아름다움이라 하고,

充實之謂美요

선을 힘껏 행하여 충만하고 가득 쌓이게 되면 아름다움이 그 속에 있어서 밖에서 기다릴 것이 없을 것이다.

力行其善하여 至於充滿而積實이면 則美在其中而無待於外矣니라.

14-25-6. 충만하게 채워져 겉으로 빛나는 것을 크다고 하고,

充實而有光輝之謂大요

온화하고 순함이 마음에 쌓이고 영화로움이 겉으로 드러나, 아름다움이 마음속에 있고 사지에 드러나서 사업에 발현된다면, 덕업이 지극히 성대하여 더할 것이 없게 된다.
和順積中而英華發外하여 美在其中而暢於四支하고 發於事業이면 則德業至盛而不可加矣니라.

14-25-7. 커서 변화하는 것을 성스럽다 하고,
大而化之之謂聖이요

커서 능히 변화할 수 있으며, 큰 것이 사라져 다시 볼 만한 자취가 없게 한다면, 생각하지 않고 힘쓰지 않아도 조용히 도에 딱 맞을 것이니, 인력으로 할 수 있는 것이 아니다. 장자가 말했다. "대는 할 수 있는 것이고, 화는 할 수 없는 것이니 익숙하게 하는 데 있을 뿐이다."
大而能化하여 使其大者로 泯然無復可見之迹이면 則不思不勉하여 從容中道하여 以非人力之所能爲矣니라. 張子曰 大는 可爲也어니와 化는 不可爲也니 在熟之而已矣니라.

14-25-8. 성스러워서 알 수 없는 것을 신령하다 하는 것이오.
聖而不可知之之謂神이니

정자가 말했다. "성스러워서 알 수 없는 것은 성스러움이 지극히 오묘하여 사람들이 헤아릴 수 없음을 말하는 것이다. 성인의 위에 또 한 등급의 신인이 있다고 말한 것이 아니다."
程子曰 聖不可知는 謂聖之至妙하여 人所不能測이니 非聖人之上에 又有一等神人也니라.

14-25-9. 악정자는 앞의 두 가지의 경지에 들어 있고, 뒤의 네 가지에는 조금 못 미친다고 할 것이오."
樂正子는 二之中이오 四之下也니라.

선과 믿음의 사이에 있으니 그가 자오를 따른 것을 본다면 자신에게 있는 것이 성실하지 못했을 것이다. 장자가 말했다. "안연과 악정자는 모두 인을 좋아할 줄 알았지만, 악정자는 인에 뜻을 두고 악함이 없었지만 학문에 힘쓰지 않았다. 그러므로 다만 착한 사람이고 믿음직한 사람일 뿐이다. 안자는 학문을 좋아하고 게으르지 않아서 어짊과 지혜로움을 합쳤으니 성인의 모습을 갖추었다. 오직 성인의 경지에 이르지 못했을 뿐이다." ○ 정자가 말했다. "선비가 하기 어려운 것은 선을 자신이 소유하는 데 있을 뿐이다. 선을 자신이 소유하면 거처함이 편안하고 살피는 것이 깊어서 아름답고 위대한 것에 순조롭게 이를 수 있을 것이다. 다만 하고자 할 만한 선을 알고, 있는 듯 없는 듯 할 뿐이라면 세속에 변화를 받지 않을 자가 드물 것이다." 윤 씨가 말했다. "'가욕지선'에서 '성이불가지지신'까지 위아래가 모두 하나의 이치이니, 확충해서 신에 이른다면 이름을 칭할 수 없을 것이다."
蓋在善信之間이니 觀其從於子敖하면 則其有諸己者或未實也니라. 張子

曰 顔淵樂正子皆知好仁矣로되 樂正子는 志仁無惡而不致於學이라. 所以但爲善人信人而已오. 顔子는 好學不倦하여 合仁與智하여 具體聖人하니 獨未至聖人之止耳시니라. ○ 程子曰 士之所難者는 在有諸己而已니 能有諸己면 則居之安하고 資之深하여 而美且大를 可以馴致矣어니와 徒知可欲之善하고 而若存若亡而已면 則能不受變於俗者鮮矣니라. 尹氏曰 自可欲之善으로 至於聖而不可知之神이 上下一理니 擴充而至於神이면 則不可得而名矣라.

14-26-1. 맹자께서 말씀하셨다. "묵가에서 뛰쳐나오면 반드시 양주에게로 돌아가고, 양주에게서 뛰쳐나오면 반드시 유가로 돌아온다. 돌아왔으면 이에 받아들일 뿐이다.
孟子曰 逃墨이면 必歸於楊이요 逃楊이면 必歸於儒니 歸커든 斯受之而已矣니라.

묵 씨는 바깥에 힘을 써서 진실되지 못하고, 양 씨는 너무 간략하여 실제에 가깝다. 그러므로 점차 바른 데로 돌아가는 것이 대략 이와 같다. 돌아오면 이에 받아준다는 것은 오래토록 양주와 묵적에 빠진 것을 민망하게 여기고 뉘우치고 깨우쳐 새롭게 되는 것을 취한 것이다.
墨氏는 務外而不情하고 楊氏는 太簡而近實이라. 故로 其反正之漸이 大略如此하니라. 歸斯受之者는 憫其陷溺之久而取其悔悟之新也니라.

14-26-2. 그런데 지금 양주와 묵가와 더불어 논쟁하는 사람들은 마치 놓친 돼지를 쫓듯이 하니, 이미 우리 속에 들어왔는데도 또 쫓아가서 네 다리

를 묶는구나.”

今之與楊墨辯者는 如追放豚하니 旣入其笠이어든 又從而招之로다.

‘방돈’은 놓쳐버린 돼지를 말한다. ‘입’은 가로막은 우리다. ‘초’는 얽어매는 것이니 그 발을 묶는 것이다. 그가 이미 돌아왔는데 또 이미 지나간 잘못에 대해 책망하는 것을 말한 것이다. ○이 장은 성현이 이단에 대해 매우 엄하게 막고, 돌아옴에 매우 어질게 대하는 것을 볼 수 있다. 막는 것이 엄하기 때문에 남이 그 학설의 사악함을 알고, 대하는 것이 어질기 때문에 남이 이 도로 돌아올 줄 아는 것이니, 이것은 인의 지극함이요 의의 극진함이다.

放豚은 放逸之豕豚也라. 笠은 闌也라. 招는 罥也니 羈其足也라. 言彼旣來歸어든 而又追咎其旣往之失也니라. ○此章은 見聖賢之於異端에 距之甚嚴하고 而於其來歸에 待之甚恕하니 距之嚴故로 人知彼說之爲邪하고 待之恕故로 人知此道之可反이니 仁之至요 義之盡也니라.

14-27-1. 맹자께서 말씀하셨다. “세법에 베와 명주를 징수하고, 곡식을 징수하고, 노동력을 징발하는 세 가지가 있는데, 군자는 그 중 한 가지를 징수하고 나머지 두 가지는 완화시켜 주어야 한다. 두 가지를 동시에 적용하면 백성들이 굶어죽는 일이 있고, 세 가지를 동시에 적용하면 부모와 자식이 뿔뿔이 흩어질 것이다.”

孟子曰 有布縷之征과 粟米之征과 力役之征하니 君子用其一이요 緩其二니 用其二면 而民이 有殍하고 用其三이면 而父子離니라.

세금을 징수하는 법은 해마다 일정한 수가 있다. 그러나 베와 명주는 여름에 걷고, 곡식은 가을에 걷으며, 노동력은 겨울에 취하여 마땅히 각각 시기에 맞게 하는 것이니, 만약 한꺼번에 거둔다면 백성의 힘이 감당하지 못할 것이다. 지금 양세삼한법(兩稅三限法)이 또한 이러한 의미다. 윤 씨가 말했다. "백성은 나라의 근본이 되니 취하는 데 법도가 없으면 나라가 위태로울 것이라고 말한 것이다."

征賦之法이 歲有常數라. 然이나 布縷는 取之於夏하고 粟米는 取之於秋하고 力役은 取之於冬하여 當各以其時하니 若幷取之면 則民力이 有所不堪矣라. 今兩稅三限之法이 亦此意也니라. 尹氏曰 言民爲邦本이니 取之無度면 則其國危矣니라.

14-28-1. 맹자께서 말씀하셨다. "제후의 보배가 세 가지 있는데, 토지와 인민과 정사가 그것이다. 주옥을 보배로 삼는 자는 재앙이 반드시 몸에 미치게 될 것이다."

孟子曰 諸侯之寶三이니 土地와 人民과 政事니 寶珠玉者는 殃必及身이니라.

윤 씨가 말했다. "보물 얻는 것을 소중하게 여기는 사람은 편안하고, 보물 잃는 것을 소중하게 여기는 사람은 위태롭다고 말한 것이다."

尹氏曰 言寶得其寶者는 安하고 寶失其寶者는 危니라.

14-29-1. 분성괄이 제나라에서 벼슬을 하게 되자, 맹자께서 말씀하셨다. "죽을 것이다. 분성괄이여!" 분성괄이 피살되자 문인이 물었다. "선생님께서는 어떻게 그가 장차 피살되리라는 것을 아셨습니까?" 맹자께서 말씀하

셨다. "그의 사람됨이 잔재주는 있으나 군자의 큰 도를 듣지 못하였으니 자기 몸을 죽이기에 충분했을 뿐이다."
盆成括이 仕於齊러니 孟子曰 死矣로다 盆成括이여. 盆成括이 見殺이어늘 門人이 問曰 夫子 何以知其將見殺이시니꼬. 曰 其爲人也 小有才요 未聞君子之大道也하니 則足以殺其軀而已矣니라.

'분성'은 성이요 '괄'은 이름이다. 재주만 믿고 망령되게 행동하는 것은 이른바 화를 취하는 것이다. 서 씨가 말했다. "군자는 떳떳함을 말할 뿐이다. 분성괄은 죽을 도리가 있었으니 설령 요행으로 죽음을 면하더라도 맹자의 말은 오히려 믿을 만한 것이다."
盆成은 姓이요 括은 名也라. 恃才妄作은 所謂取禍니라. 徐氏曰 君子는 道其常而已라 括有死之道焉하니 設使幸而獲免이라도 孟子之言이 猶信也니라.

14-30-1. 맹자께서 등나라로 가서 상궁에 유숙하고 계실 때, 짜던 신이 지게문 위에 놓여 있었는데, 숙소 사람이 구하다가 찾지 못했다.
孟子之滕하사 館於上宮이러시니 有業屨於牖上이러니 館人이 求之弗得하다.

'관'은 머무르다는 뜻이다. '상궁'은 별궁의 명칭이다. '업구'는 신발을 만드는데 다음 작업이 있어 아직 완성되지 않은 것이다. 대개 여관 주인이 만들던 것을 지게문 위에 놓아두고 잃어버린 것이다.
館은 舍也라. 上宮은 別宮名이라. 業屨는 織之有次業而未成者라. 蓋館人所作을 置之牖上而失之也라.

14-30-2. 어떤 사람이 맹자에게 물었다. "이럴 수가 있습니까? 선생님을 따라온 사람이 감추었지요." 맹자께서 말씀하셨다. "당신은 이것을 가지고 우리가 신을 훔치러 왔다고 생각하는가?" 숙소 사람이 말했다. "아마 아닐 것입니다. 선생님께서 마련한 과목을 보면, 가는 사람은 붙들지 않고 오는 사람은 거절하지 않는다고 했습니다. 진실로 배우겠다는 마음을 가지고 오면 받아들여 주신 것뿐이겠지요."

或이 問之曰 若是乎 從者之廋也여. 曰 子以是로 爲竊屨來與아. 曰 殆非也라. 夫子之設科也는 往者를 不追하고 來者를 不拒하사 苟以是心으로 至커든 斯受之而已矣시니라.

'혹문지'가 맹자에게 물은 것이다. '수'는 숨긴다는 뜻이니 그대의 종자가 남의 물건을 훔치는 것이 이와 같다고 말한 것이다. 맹자께서 대답하자 혹인이 스스로 잘못을 깨닫고, "이 종자가 진실로 신발을 훔치기 위해서 온 것은 아닙니다만, 부자께서 과목을 설치하여 배우는 사람들을 대하시니, 만약 도를 향하는 마음으로 찾아오면 받아줄 뿐입니다. 비록 부자라도 또한 지나간 것을 지킬 수는 없습니다"라고 하였다. 문인이 그 말이 성현의 뜻에 부합됨이 있는 것을 취한 것이다. 그러므로 기록한 것이다.

或問之者는 問於孟子也라. 廋는 匿也니 言子之從者乃匿人之物이. 如此乎인지 하니라 孟子答之에 而或人이 自悟其失하고 因言此從者固不爲竊屨而來라 但夫子設置科條하여 以待學者하시니 苟以向道之心而來면 則受之耳라. 雖夫子라도 亦不能保其往也라 하니 門人이 取其言有合於聖賢之指라. 故로 記之하니라.

14-31-1. 맹자께서 말씀하셨다. "사람은 누구나 차마 하지 못하는 마음이 있는데, 차마 하는 데까지 도달하면 그것이 바로 인이다. 사람은 누구나 하지 않는 것이 있는데, 하는 데까지 미루어나가면 그것이 바로 의이다. 孟子曰 人皆有所不忍하니 達之於其所忍이면 仁也요 人皆有所不爲하니 達之於其所爲면 義也니라.

측은지심과 수오지심은 사람이 모두 가지고 있는 것이다. 그러므로 '불인' '불위'를 가지고 있지 않음이 없으니 이것은 인·의의 단서다. 그러나 기질이 한쪽으로 치우치고 물욕이 가리기 때문에 다른 일에 능하지 못하는 것이 있으니, 다만 능한 것을 미루어 불능한 것에 도달하면 인·의가 아님이 없을 것이다.
惻隱羞惡之心을 人皆有之라 故로 莫不有所不忍不爲하니 此는 仁義之端也라. 然이나 以氣質之偏과 物欲之蔽로 則於他事에 或有不能者하니 但推所能하여 達之於所不能이면 則無非仁義矣리라.

14-31-2. 사람이 남에게 해를 끼치고 싶지 않은 마음을 채워나갈 수 있다면 인을 이루 다 쓸 수가 없고, 사람이 남의 물건을 훔치지 않으려는 마음을 채워나갈 수 있다면 의를 이루 다 쓸 수 없을 것이다.
人能充無欲害人之心이면 而仁을 不可勝用也며 人能充無穿踰之心이면 而義를 不可勝用也니라.

'충'은 가득하다는 뜻이다. '천'은 구멍을 뚫는 것이고, '유'는 담을 넘는 것이니 모두 훔치는 일이다. 사람은 누구나 차마 할 수 없는 마음이 있는데, 그것을 미루어 차마 할 수 있는 것에까지 도달하면 남을 해치지 않으려는 마음이 충만하여 어질게 될 것이다. 사람은 누구나 하지 않는 것이 있는데, 그것을 미루어 하는 것에까지 도달하면 담을 넘지 않으려는 마음이 충만하여 의롭게 될 것이다.

充은 滿也라 穿은 穿穴이요 踰는 踰牆이니 皆爲盜之事也라. 能推所不忍하여 以達於所忍이면 則能滿其無欲害人之心하여 而無不仁矣요 能推其所不爲하여 以達於所爲면 則能滿其無穿踰之心하여 而無不義矣니라.

14-31-3. 사람이 '너'라고 하는 업신여김을 받지 않으려는 실상을 채워나갈 수 있다면, 어디를 가나 의로운 일을 하지 못할 것이 없다.

人能充無受爾汝之實이면 無所往而不爲義也니라.

이것은 위 글의 "훔치지 않으려는 마음을 길러서 채워나간다"는 뜻을 거듭 말한 것이다. 대개 '이'·'여'는 사람들이 가볍고 천박하게 부르는 명칭이다. 사람이 비록 몰래 참는 것을 탐하여 달갑게 받아들이는 사람이 간혹 있을지라도, 마음속으로는 반드시 부끄럽게 여기고 기꺼이 받지 않으려는 실제가 있을 것이다. 사람이 여기에서 나가서 미루어 충만하게 하여 잘못된 것이 없게 한다면 어디를 가든 의가 아님이 없을 것이다.

此는 申說上文充無穿踰之心之意也라. 蓋爾汝는 人所輕賤之稱이니 人雖或有所貪昧隱忍而甘受之者라. 然이나 其中心에 必有愧忿而不肯受之之實이니 人能卽此而推之하여 使其充滿하여 無所虧缺이면 則無適而非義矣리라.

14-31-4. 선비로서 말해서는 안 될 때 말하는 것은 말함으로써 취하는 것이고, 또 말해야 할 때 말하지 않은 것은 말하지 않는 것을 가지고 취하는 것이다. 이런 것이 모두 남의 물건을 훔치는 그러한 종류다."

士未可以言而言이면 是는 以言餂之也요 可以言而不言이면 是는 以不言餂之也니 是皆穿踰之類也니라.

'첨'은 더듬어 취한다는 뜻이다. 오늘날 사람들이 혀로 남의 물건을 취하는 것을 '첨'이라고 하니 곧 이러한 뜻이다. 말을 잘하는 것과 침묵하는 것은 모두 남에게서 더듬어 취하려는 뜻이 있는 것이니, 이것이 또한 훔치는 종류다. 그러나 그 일이 은미하여 사람들이 쉽고 가볍게 여기는 것이다. 그러므로 특별히 예시를 들어서, 반드시 훔치지 않으려는 마음을 미루어, 여기까지 도달하게 하여 모두 제거한 뒤에야 훔치지 않으려는 마음이 충만하게 될 수 있음을 밝힌 것이다.

餂은 探取之也니라. 今人이 以舌取物曰餂이라 하니 卽此意也라. 便佞隱黙은 皆有意探取於人이니 是亦穿踰之類라. 然이나 其事隱微하여 人所易忽이라. 故로 特擧以見例하여 明必推無穿踰之心하여 達於此而悉去之然後에 爲能充其無穿踰之心也라.

14-32-1. 맹자께서 말씀하셨다. "말은 비근하면서도 뜻이 심원한 말이 좋은 말이다. 지키기를 간략히 하면서도 베풀기를 넓게 하는 것이 좋은 도다. 군자의 말은 허리띠를 내려가지 않는 비근한 일이면서도 거기에 도가 존재한다.

孟子曰 言近而指遠者는 善言也요 守約而施博者는 善道也니 君子之言

也는 不下帶而道存焉이니라.

옛 사람들은 시선이 허리띠를 내려가지 않았으니 허리띠 위라고 하는 것은 눈앞에 항상 볼 수 있는 매우 가까운 곳이다. 눈앞의 비근한 일을 예로 들면 지극한 이치가 그곳에 있는 것이니 말은 비근하면서도 뜻은 먼 것이다.
古人은 視不下於帶하니 則帶之上은 乃目前常見至近之處也라. 擧目前之近事에 而至理存焉하니 所以爲言近而指遠也니라.

14-32-2. 군자의 지킴은 자신을 수양함으로써 천하가 태평해지는 데 있다.
君子之守는 脩其身而天下平이니라.

이것이 이른바 지키는 것이 간략하고 베푸는 것이 넓은 것이다.
此所謂守約而施博也라.

14-32-3. 사람들의 병통은 자기 밭을 버려두고 남의 밭에서 김매는 것이니, 그것은 남에게 요구하는 것은 무겁고 자기가 맡은 것은 가볍게 다루는 것이다."
人病은 舍其田而芸人之田이니 所求於人者重이요 而所以自任者輕이니라.

이것은 지키는 것을 간략하게 하지 않고 널리 베푸는 데 힘쓰는 병통을 말한 것이다.
此는 言不守約而務博施之病이니라.

14-33-1. 맹자께서 말씀하셨다. "요 임금과 순 임금은 본성대로 산 분이요, 탕 임금과 무왕은 본성을 회복한 분이다.
孟子曰 堯舜은 性者也요 湯武는 反之也시니라.

'성자'는 하늘에서 온전함을 얻어 더럽거나 파괴된 것이 없어서, 수양하는 힘을 빌리지 않는 것이니 성인의 지극함이다. '반지'는 수양을 통해 본성을 회복하여 성인에 이르는 것이다. 정자가 말했다. "성지와 반지는 예전에는 이런 말이 없었는데 맹자로부터 드러난 것이다." 여 씨가 말했다. "의도하지 않고 편안하게 행하는 것은 본성대로 하는 것이요, 의도적으로 이롭게 행해서 의도하지 않는 경지까지 이르는 것이 본성을 회복하는 것이다. 요 임금과 순 임금은 본성을 잃지 않았고, 탕 임금과 무왕은 그 본성을 잘 회복하였으니 성공에 이르러서는 같은 것이다."
性者는 得全於天하여 無所汚壞하여 不假修爲하니 聖之至也요 反之者는 修爲以復其性하여 而至於聖人也니라. 程子曰 性之反之는 古未有此語러니 蓋自孟子發之하시니라. 呂氏曰 無意而安行은 性者也요 有意利行而至於無意는 復性者也라. 堯舜은 不失其性이요 湯武는 善反其性이니 及其成功則一也니라.

14-33-2. 몸가짐과 행동이 예에 맞는 사람은 왕성한 덕이 지극한 사람이다. 죽은 사람을 위해 곡을 하고 슬퍼하는 것은 살아있는 사람을 위한 것이 아니다. 떳떳한 덕을 굽히지 않는 것은 봉록을 구하는 것이 아니다. 언어를 반드시 믿음직하게 하는 것은 자기의 품행을 바로잡자는 것이 아니다.
動容周旋이 中禮者는 盛德之至也니 哭死而哀非爲生者也며 經德不回

非以干祿也며 言語必信이 非以正行也니라.

자질구레한 행동이 예에 맞는 것은 성덕의 지극함이다. 그래서 자연스럽게 맞는 것이지 마음에 의도함이 있는 것이 아니다. '경'은 떳떳하다는 뜻이요, '회'는 굽었다는 뜻이다. 세 가지는 모두 자연스럽게 그렇게 되는 것이니 의도적으로 그것을 하는 것이 아니다. 모두 성인의 일이니 '성지'의 품덕이다.

細微曲折이 無不中禮는 乃其盛德之至니 自然而中이요 而非有意於中也라. 經은 常也요 回는 曲也라. 三者는 亦皆自然而然이니 非有意而爲之也라. 皆聖人之事니 性之之德也니라.

14-33-3. 군자는 법도대로 행하고 그 밖의 것은 천명을 기다릴 뿐이다."
君子는 行法하여 以俟命而已矣니라.

'법'은 천리의 당연함이다. 군자는 그것을 행하고 길흉화복을 계산하지 않으니, 비록 자연스러움에 이르지는 않았지만 이미 하려는 것이 있어서 하는 것은 아니다. 이것은 '반지'의 일이니, 동중서가 이른 바 '의를 바르게 하고 이익을 꾀하지 않으며, 도를 밝히고 공을 계산하지 않는다'는 것이 바로 이러한 의미다. ○ 정자가 말했다. "몸가짐과 행동이 예에 맞는 사람은 성덕(盛德)이 지극한 사람이요, 법도대로 행하고 천명을 기다린다는 것은 '아침에 도를 들으면 저녁에 죽어도 좋다'는 의미다." 여 씨가 말했다. "법이 이로 말미암아 확립되고, 천명이 이로 말미암아 나오는 것은 성인이요, 법도대로 행하고 천명을 기다리는 것은 군자다. 성인은 본성대로 한 것이요, 군자는 본성을 회복한 것이다."

法者는 天理之當然者也라. 君子行之하고 而吉凶禍福을 有所不計하니 蓋雖未至於自然이나 而已非有所爲而爲矣니라. 此는 反之之事니 董子所謂 正其義不謀其利하며 明其道不計其功이 正此意也니라. ○程子曰 動容周旋이 中禮者는 盛德之至요 行法以俟命者는 朝聞道夕死可矣之意也니라 呂氏曰 法由此立하고 命由此出은 聖人也요 行法以俟命은 君子也라 聖人은 性之요 君子는 所以復其性也니라.

14-34-1. 맹자께서 말씀하셨다. "대인에게 유세하려면 그를 가볍게 여기고 그의 당당한 위세를 바라보지 말아야 한다.

孟子曰 說大人則藐之하여 勿視其巍巍然이니라.

조 씨가 말하기를 "대인은 당시의 존귀한 자들이다"라고 하였다. '모'는 가볍게 여기는 것이다. '외외'는 부귀하며 지위가 높고 영달한 모습이다. 그를 가볍게 여기고 두려워하지 않으면 의지가 펴져서 말이 극진할 수 있다.

趙氏曰 大人은 當時尊貴者也라 하니라. 藐는 輕之也라. 巍巍는 富貴高顯之貌라. 藐焉而不畏之하면 則志意舒展하여 言語得盡也리라.

14-34-2. 집의 높이가 두어 길 되고, 서까래가 여러 자 되는 것을, 나는 뜻을 얻었다 하더라도, 하지 않겠다. 사방 열 자 되는 식탁에 시중드는 첩이 수백 명씩 되는 것을, 나는 뜻을 얻었다 하더라도, 하지 않겠다. 즐기고 술을 마시며 말을 타고 달리며 사냥을 하고 천 승의 수레를 뒤따르게

하는 것을, 나는 뜻을 얻었다 하더라도, 하지 않겠다. 저들에게 있는 것들은 모두 내가 하지 않는 것이요, 나에게 있는 것은 모두 옛날의 제도다. 그런데 내가 무엇 때문에 저들을 두려워하겠는가?"

堂高數仞과 榱題數尺을 我得志라도 弗爲也며 食前方丈과 侍妾數百人을 我得志라도 弗爲也며 般樂飮酒와 驅騁田獵과 後車千乘을 我得志라도 弗爲也니 在彼者는 皆我所不爲也요 在我者는 皆古之制也니 吾何畏彼哉리오.

'榱'는 서까래이고, '題'는 머리다. '식전방장'은 앞에 진열된 음식이 사방 한 장이다. 이것은 모두 당당한 위세를 말한 것이다. 내가 비록 뜻을 얻었더라도 하지 않는 것이 있고 지키는 것은 모두 옛 성현의 법이니, 저들의 당당한 위세를 어찌 말할 것이 있겠는가? ○양 씨가 말했다. "맹자의 이 장은 자기의 장점으로 남의 단점을 비교한 것이니, 오히려 맹자는 이러한 기상이 있었다. 공자에게는 이러한 것이 없었을 것이다."

榱는 桷也요 題는 頭也라 食前方丈은 饌食列於前者方一丈也라 此는 皆其所謂巍巍然者니 我雖得志나 有所不爲요 而所守者는 皆古聖賢之法이니 則彼之巍巍者를 何足道哉리오. ○楊氏曰 孟子此章은 以己之長으로 方人之短하니 猶有此等氣象이라 在孔子則無此矣니라.

14-35-1. 맹자께서 말씀하셨다. "마음을 기르는 데는 욕심을 적게 하는 것보다 더 나은 것이 없다. 사람됨이 욕심이 적으면 비록 본심을 보존하지 못하더라도 잃는 정도는 적을 것이다. 사람됨이 욕심이 많으면 비록 본심을 보존하더라도 보존하는 정도가 적을 것이다."

孟子曰 養心이 莫善於寡欲하니 其爲人也寡欲이면 雖有不存焉者라도 寡

矣요 其爲人也 多欲이면 雖有存焉者라도 寡矣니라.

'욕'은 입·코·귀·눈 사지의 욕심이니, 비록 사람에게 없을 수 없는 것이지만, 욕심이 많으면서 절제하지 않으면 본심을 잃지 않는 사람이 없을 것이니, 학자는 마땅히 깊이 경계해야 할 것이다. 정자가 말했다. "욕심부리는 것은 반드시 여기에 빠지는 것만이 아니라 단지 향하는 것만 있어도 이것이 바로 욕심이다."

欲은 如口鼻耳目四支之欲이니 雖人之所不能無나 然이나 多而不節이면 未有不失其本心者니 學者所當深戒也니라. 程子曰 所欲은 不必沈溺이요 只有所向이면 便是欲이니라.

14-36-1. 증석은 양조를 즐겨 먹었는데, 증자는 차마 양조를 먹지 못했다.

曾晳이 嗜羊棗러니 而曾子不忍食羊棗하시니라.

'양조'는 열매가 작고 검으며 동그라니 또 양시조라고도 말한다. 증자는 아버지가 그것을 좋아하셨는데 아버지가 돌아가시자 먹을 때는 반드시 부모를 생각했다. 그러므로 차마 먹지 못한 것이다.

羊棗는 實小하고 黑而圓하니 又謂之羊矢棗라. 曾子以父嗜之하니 父沒之後에 食必思親이라 故로 不忍食也시니라.

14-36-2. 공손추가 물었다. "회나 구운 고기와 양조 가운데 어느 것이 더 맛이 있겠습니까?" 맹자께서 말씀하셨다. "그야 회나 구운 고기가 더 맛있겠지." 공손추가 말했다. "그렇다면 증자는 왜 회나 구운 고기는 먹으면서 양조는 먹지 않았습니까?" 맹자께서 말씀하셨다. "회나 구운 고기는

같이 좋아하는 것이고, 양조는 증석 혼자만이 좋아했던 것이기 때문이다. 아버지의 이름은 부르기를 꺼리고 성은 부르기를 꺼리지 않는 것은, 성은 다 같이 쓰는 것이고 이름은 혼자만이 쓰는 것이기 때문이다."
公孫丑問曰 膾炙與羊棗孰美니잇고. 孟子曰 膾炙哉인저. 公孫丑曰 然則曾子는 何爲食膾炙而不食羊棗시니잇고. 曰 膾炙는 所同也요 羊棗는 所獨也니 諱名不諱姓하나니 姓은 所同也요 名은 所獨也일새니라.

고기를 저며서 자른 것을 회(膾)라고 한다. 자(炙)는 구운 고기다.
肉을 聶而切之爲膾라. 炙는 炙肉也라.

14-37-1. 만장이 물었다. "공자께서 진나라에 계실 때 '어찌 돌아가지 않겠는가? 내 고향에 있는 선비들은 뜻은 크지만 일에는 아직 미진하여 진취적이면서도 처음을 잊지 않는다'라고 하셨습니다. 공자께서 진나라에 계시면서 어찌하여 노나라의 뜻이 높은 선비를 생각하셨습니까?"
萬章이 問曰 孔子在陳하사 曰 盍歸乎來리오. 吾黨之士狂簡하여 進取하되 不忘其初라 하시니 孔子在陳하사 何思魯之狂士시니잇고.

'합'은 '어찌~않는가'라는 뜻이다. '광간'은 뜻이 크지만 일에는 간략한 것을 말한다. '진취'는 고원한 것을 추구하고 바라는 것을 말한다. '불망기초'는 옛날의 잘못을 고칠 수 없음을 말한 것이다. 이 말은 『논어』와 조금 다르다.
盍은 何不也라. 狂簡은 謂志大而略於事라. 進取는 謂求望高遠이라. 不忘其初는 謂不能改其舊也라. 此語는 與論語小異하니라.

14-37-2. 맹자께서 말씀하셨다. "공자께서는 '중도를 행하는 인물을 얻어서 그와 함께 할 수 없다면 반드시 광자나 견자와 함께 할 것이로다. 광자는 진취적이요 견자는 하지 않는 것이 있다'라고 말씀하셨다. 공자께서 어찌 중도를 행하는 사람을 원하지 않았겠는가. 반드시 그런 사람을 얻을 수 없었기 때문에 그 다음 가는 사람을 생각하셨던 것이다."

孟子曰 孔子不得中道而與之_{인댄} 必也狂獧乎_{인저}. 狂者는 進取_요 獧者는 有所不爲也_라 하시니 孔子豈不欲中道哉_{시리오마는} 不可必得故_로 思其次也_{시니라}.

'불행중도'에서 '유소불위'까지는 『논어』에 근거하면 또한 공자의 말씀이다. 그렇다면 공자라는 글자 아래에 마땅히 '왈' 자가 있어야 한다. 『논어』에는 '도'가 '행'으로 되어 있고, 견(獧)은 견(狷)으로 쓰여 있다. '유소불위'는 부끄러움을 알고 스스로 좋아하여 불선을 하지 않는 사람이다. '공자기불욕중도' 이하는 맹자의 말이다.

不得中道_로 至有所不爲_는 據論語_{컨대} 亦孔子之言_{이니} 然則 孔子字下_에 當有曰字_라. 論語_에 道作行_{하고} 獧作狷_{하니라}. 有所不爲者_는 知恥自好_{하여} 不爲不善之人也_라. 孔子豈不欲中道以下_는 孟子言也_{니라}.

14-37-3. 만장이 말했다. "감히 여쭈어 보겠습니다. 어떤 것을 뜻이 높은 사람이라고 하는 것입니까?"

敢問何如_{라야} 斯可謂狂矣_{니잇고}.

만장이 질문한 것이다.

萬章問이라.

14-37-4. 맹자께서 말씀하셨다. "금장과 증석과 목피 같은 사람들이 공자께서 말씀하신 뜻이 높은 사람이다."
曰 如琴張曾晳牧皮者 孔子之所謂狂矣니라.

금장은 이름이 뇌(牢)요 자가 자장이다. 자상호가 죽자 금장이 상가집에 가서 노래를 불렀다고 하는데, 이 일이 『장자』에 나타나 있다. 비록 모두 그러한 것은 아닐지라도 반드시 유사한 일이 있었을 것이다. 증석에 대한 일은 전편에 나타나 있다. 계무자가 죽자 증석이 그 문에 기대어 노래를 불렀다고 하는데, 그 일이 『예기』「단궁」편에 보인다. 또 "세 사람의 뜻하는 바와 다르다"고 하였으니, 이 일은 『논어』에 나타나 있다. '목피'는 누구를 말하는지 자세하지 않다.

琴張은 名牢요 字子張이라. 子桑戶死에 琴張이 臨其喪而歌하니 事見莊子하니 雖未必盡然이나 要必有近似者라. 曾晳은 見前篇하니라. 季武子死에 曾晳이 倚其門而歌하니 事見檀弓이요 又言志異乎三子者之撰이라 하니 事見論語하니라 牧皮는 未詳이라.

14-37-5. 만장이 물었다. "무엇 때문에 그런 분들을 뜻이 높다고 하셨습니까?"
何以謂之狂也니잇고.

만장이 질문한 것이다.

萬章問이라.

14-37-6. 맹자께서 말씀하셨다. "그들의 뜻은 매우 커서 '옛 사람이여, 옛 사람이여!'라고 하지만, 평소 그들이 행한 것을 살펴보면 그 말대로 실천을 못하는 자들이다.
曰 其志嘐嘐然曰 古之人古之人이여 하되 夷考其行而不掩焉者也니라.

'교교'는 뜻과 말이 큰 것이다. 거듭 '고지인'을 말한 것은 움직일 때마다 번번이 칭하고 한 번만 칭할 뿐이 아님을 나타낸 것이다. '이'는 평소라는 뜻이다. '엄'은 실천한다는 뜻이다. 평소 그들의 행실을 살펴보면 그 말을 실천하지 못함을 말한 것이다. 정자가 말했다. "증석이 뜻을 말하자 부자께서 허락하셨으니, 대개 성인과 더불어 뜻이 같은 것이다. 이것은 곧 요 임금과 순 임금의 기상이다. 다만 행동에 실천하지 못함이 있을 뿐이니 이것이 이른바 광이라는 것이다."
嘐嘐는 志大言大也라. 重言古之人은 見其動輒稱之요 不一稱而已也라. 夷는 平也라. 掩은 覆也라. 言平考其行이면 則不能覆其言也라. 程子曰 曾晳言志而夫子與之하시니 蓋與聖人之志同하니 便是堯舜氣象也라. 特行有不掩焉耳니 此所謂狂也니라.

14-37-7. 뜻이 큰 사람을 얻지 못할 경우에는 불결한 것을 달갑게 여기지 않는 선비를 얻어서 함께 하고자 하는데, 이것이 바로 고집 센 사람이니 또 그 다음가는 사람이다."
狂者를 又不可得이어든 欲得不屑不潔之士而與之하시니 是獧也니 是又其

次也니라.

이것은 위 글에 인용한 것으로 인하여 마침내 고집 센 사람을 얻을 생각을 한 것이라고 해석한 것이다. '광'은 뜻이 있는 사람이요, '견'은 지키는 것이 있는 자이니, 뜻이 있는 사람은 도에 나갈 수 있고 지키는 것이 있는 자는 자기 몸을 잃지 않을 것이다. '설'은 결백하다는 뜻이다.
此는 因上文所引하여 遂解所以思得獧者之意라. 狂은 有志者也요 獧은 有守者也니 有志者는 能進於道하고 有守者는 不失其身이라. 屑은 潔也라.

14-37-8. 만장이 물었다. "공자께서 '우리 집 문 앞을 지나가면서 내 집에 들어오지 않아도 내가 유감으로 생각하지 않는 사람은 오직 향원일 뿐이다. 향원은 덕을 해치는 자다'라고 하셨는데, 어떤 경우 향원이라고 할 수 있습니까?"
孔子曰 過我門而不入我室이라도 我不憾焉者는 其惟鄕原乎인저. 鄕原은 德之賊也라 하시니 曰 何如라야 斯可謂之鄕原矣니잇고.

'향원'은 지식이 없는 자다. '원'은 '원(愿)'과 같다. 『순자』에서 '원각'을 모두 '원'으로 읽었는데, 삼가는 사람을 말한다. 그러므로 마을에서 이른바 삼가는 사람을 향원이라 말한다. 공자께서는 그들이 가진 것이 덕과 유사하지만 덕이 아니라고 여겼다. 그러므로 덕을 해치는 사람이라고 하신 것이다. 문 앞을 지나면서 들어오지 않아도 원망스럽게 생각하지 않는 것은 직접 찾아와서 보이지 않는 것을 다행으로 여긴 것이니, 깊이 미워하고 통렬하게 단절한 것이다. 만장이 또 공자의 말씀을 인용하여 질문한 것이다.

鄕原은 非有識者라. 原은 與愿同이라. 荀子原慤字를 皆讀作愿하니 謂謹愿之人也라. 故로 鄕里所謂愿人을 謂之鄕原이라. 孔子以其似德而非德이라. 故로 以爲德之賊이라 하시니라. 過門不入而不恨之는 以其不見親就로 爲幸이니 深惡而痛絶之也라. 萬章이 又引孔子之言而問也니라.

14-37-9. 맹자께서 말씀하셨다. "어쩌자고 뜻과 말이 커서 말이 행동을 돌아보지 못하고, 행동이 말을 돌아보지 못하면서 '옛 사람이여, 옛 사람이여'라고 하며, 행실을 어찌 그렇게 외롭고 쓸쓸하게 하는가? 이 세상에 태어났으면 이 세상을 위하여 선하게 하는 것이 좋다고 하여 몰래 세상에 아첨하는 자가 바로 향원이다."

曰 何以是嘐嘐也하여 言不顧行하며 行不顧言이오 則曰 古之人古之人이여 하며 行何爲踽踽涼涼이리요 生斯世也로 爲斯世也하여 善斯可矣라 하여 閹然媚於世也者 是鄕原也니라.

'우우'는 홀로 걸으며 전전하지 못하는 모습이다. '양량'은 엷다는 뜻이니 남에게 친하고 후한 대접을 받지 못하는 것이다. 향원이 광자를 비난하며 이르기를, '어찌하여 이와 같이 뜻이 커서 그들이 행한 것을 살펴보면 그 말대로 실천을 못하고 매사에 반드시 옛사람을 칭하는가?'라고 하며, 또 견자를 비난하여 이르기를, '어찌 반드시 이와 같이 고립적이고 냉랭하여 친근하고 후한 대접을 받지 못하는가? 사람이 이미 세상에 태어났으면 마땅히 이 세상 사람들을 위하여 당시의 사람들로 하여금 모두 선한 사람이라는 말을 들으면 만족한다'라고 하니, 이것이 향원의 뜻이다.

'엄'은 '엄인(奄人)의 엄과 같으니 닫고 감추는 뜻이다. '미'는 남에게 기쁨을 구하는 것이다. 맹자가 "이것은 깊이 스스로 닫고 감추며 세상 사람들과 친하고 아부하기를 구하는 것이니, 이것이 향원의 행실이다"라고 하였다.

踽踽는 獨行不進之貌라. 凉凉은 薄也니 不見親厚於人也라. 鄕原이 譏狂者曰 何用如此嘐嘐然行不掩其言하고 而徒每事必稱古人邪아 하며 又譏狷者曰 何必如此踽踽凉凉하여 無所親厚哉아 人旣生於此世면 則但當爲此世之人하여 使當世之人으로 皆以爲善則可矣라 하니 此鄕原之志也라. 閹은 如奄人之奄이니 閉藏之意也라. 媚는 求悅於人也라. 孟子言此深自閉藏하여 以求親媚於世하니 是鄕原之行也라 하시니라.

14-37-10. 만장이 말했다. "한 고을 사람들이 다 근후한 사람이라고 부르면 어디를 가나 근후한 사람이 되지 않음이 없을 텐데 공자께서 덕을 해치는 사람이라고 한 것은 무엇 때문입니까?"

萬章이 曰 一鄕이 皆稱原人焉이면 無所往而不爲原人이어늘 孔子以爲德之賊은 何哉잇고.

'원'은 또한 근후한 것을 칭한 것인데, 공자께서 '덕을 해치는 자'라고 하시자 만장이 의심한 것이다.

原은 亦謹厚之稱이어늘 而孔子以爲德之賊이라 故로 萬章疑之하니라.

14-37-11. 맹자께서 말씀하셨다. "비난하려 해도 예로 들 것이 없고, 꾸짖으려고 해도 꾸짖을 것이 없다. 남이 하는 대로 따라 하고, 더러운 세상과

영합하여, 거처할 때는 충직하고 신용 있는 것 같고, 행동하는 것을 보면 청렴결백한 것 같아, 사람들이 모두 그를 좋아하면 자기도 옳다고 여긴다. 그러나 그런 사람과는 요·순의 도에는 함께 들어갈 수 없기 때문에 덕을 해친다고 말씀하신 것이다.

曰 非之無擧也요 刺之無刺也하여 同乎流俗하며 合乎汙世하여 居之似忠信하며 行之似廉潔하여 衆皆悅之어든 自以爲是而不可與入堯舜之道니 故로 曰 德之賊也라 하시니라.

여시강이 말하기를, "이러한 사람들은 비난하면 예로 들 것이 없고, 꾸짖으려 하면 꼬집어 꾸짖을 점이 없는 사람이라고 말한 것이다"라고 하였다. '유속'은 풍속의 무너짐이 마치 물이 아래로 내려가는 것과 같아서 모든 사람들이 그렇지 않음이 없는 것이다. '오'는 더럽다는 뜻이다. 충직하고 신용이 없으면서 충직하고 신용이 있는 것 같고, 청렴결백하지도 않으면서 청렴결백한 것 같은 것이다.

呂侍講曰 言此等之人은 欲非之則無可擧요 欲刺之則無可刺也라 하니라. 流俗者는 風俗頹靡가 如水之下流하여 衆莫不然也라. 汙는 濁也라. 非忠信而似忠信하고 非廉潔而似廉潔이라.

14-37-12. 공자께서 말씀하셨다. '나는 참된 것 같으면서 참되지 않은 사이비를 싫어한다. 가령 가라지를 미워하는 것은 그것이 곡식의 싹을 어지럽힐까 두렵기 때문이고, 말을 잘 둘러대는 인간을 미워하는 것은 의를 어지럽힐까 두렵기 때문이고, 구변이 좋은 인간을 미워하는 것은 신의를 어지럽힐까 두렵기 때문이고, 정나라의 음란한 음악을 미워하는 것은 정

악을 어지럽힐까 두렵기 때문이고, 자주색을 미워하는 것은 붉은색을 어지럽힐까 두렵기 때문이고, 향원을 미워하는 것은 덕을 어지럽힐까 두렵기 때문이다.'

孔子曰 惡似而非者하노니 惡莠는 恐其亂苗也요 惡佞은 恐其亂義也요 惡利口는 恐其亂信也요 惡鄭聲은 恐其亂樂也요 惡紫는 恐其亂朱也요 惡鄕原은 恐其亂德也라 하시니라.

맹자가 공자의 말씀을 인용하여 밝힌 것이다. '유'는 벼와 유사한 풀이다. '영'은 재주가 있고 지혜로운 자를 칭하는 것이니, 그 말이 의로운 것 같지만 의롭지가 않은 것이다. '이구'는 말만 많고 실상이 없는 것이다. '정성'은 음란한 음악이요, '악'은 정악이다. '자'는 중간색이요, '주'는 정색이다. 향원은 뜻이 크지도 않고 고집이 세지도 않아서 사람들이 모두 선하다고 여기니, 중도를 행하는 사람과 비슷한 점이 있지만 실제는 그렇지가 않다. 그러므로 덕을 어지럽힐 것을 두려워한 것이다.

孟子又引孔子之言以明之하시니라. 莠는 似苗之草也라. 佞은 才智之稱이니 其言이 似義而非義也라. 利口는 多言而不實者也라. 鄭聲은 淫樂也요 樂은 正樂也라. 紫는 間色이요 朱는 正色也라. 鄕原은 不狂不獧하여 人皆以爲善하니 有似乎中道而實非也라. 故로 恐其亂德이니라.

14-37-13. 군자는 불변하는 떳떳한 도로 돌아갈 뿐이다. 떳떳한 도가 바로잡히면 모든 백성들이 흥기하게 되고, 백성들이 흥기하면 이에 사특함이 없어질 것이다."

君子反經而已矣니 經正則庶民이 興하고 庶民이 興이면 斯無邪慝矣라라.

'반'은 회복한다는 뜻이다. '경'은 떳떳함이니 만세토록 변함없는 상도다. '흥'은 선에서 흥기하는 것이다. '사특'은 향원과 같은 무리다. 세상이 쇠퇴하고 도가 줄어들어 큰 도리가 바르지 않게 되었다. 그러므로 사람마다 다른 학설을 일삼아 개인적인 성취를 추구하여 사특함이 함께 일어나니 바르게 할 수가 없었다. 군자는 이에 대해서 또한 상도를 회복할 뿐이니, 상도가 이미 회복되면 백성들이 선에 흥기하여 시비가 명백해지고 주저함이 없어, 비록 사특함이 있더라도 의혹되게 할 수 없다. ○ 윤 씨가 말하였다. "군자가 광견을 취하는 것은 광자는 뜻이 커서 함께 도에 나갈 수 있으며, 견자는 하지 않는 것이 있어서 함께 할 수 있는 일이 있기 때문이다. 향원을 미워하여 통렬하게 단절하고자 하는 것은 사이비로서 사람을 혹하게 하는 것이 깊었기 때문이다. 이것을 단절하는 방법은 다른 것이 없다. 또한 불변하는 도리를 회복할 뿐이다."

反은 復也라. 經은 常也니 萬世不易之常道也라. 興은 興起於善也라. 邪慝은 如鄕原之屬이 是也라. 世衰道微하여 大經不正이라. 故로 人人得爲異說하여 以濟其私하여 而邪慝幷起하니 不可勝正이라. 君子於此에 亦復其常道而已니 常道旣復이면 則民興於善하여 而是非明白하여 無所回互하여 雖有邪慝이나 不足以惑之矣니라. ○ 尹氏曰 君子取夫狂獧者는 蓋以狂者는 志大而可與進道요. 獧者는 有所不爲而可與有爲也라. 所惡於鄕原而欲痛絶之者는 爲其似是而非하여 惑人之深也니 絶之之術은 無他焉이라. 亦曰反經而已矣니라.

14-38-1. 맹자께서 말씀하셨다. "요순에서 탕왕에 이르기까지 5백여 년인데, 우와 고요 같은 분은 직접 보고서 요순의 도를 알았고, 탕왕 같은 분은

전해 듣고서 알았다.

孟子曰 由堯舜至於湯이 五百有餘歲니 若禹皐陶則見而知之하고 若湯則聞而知之하시니라.

조 씨가 말했다. "오백 년에 성인이 나오는 것은 천도의 법칙이다. 그러나 또한 더디고 빠름이 있어서 정확하게 5백 년이라고 할 수 없다. 그러므로 말에 다소 여유가 있는 것이다." 윤 씨가 말했다. "지(知)는 그 도를 아는 것을 말한다."

趙氏曰 五百歲而聖人出은 天道之常이라. 然이나 亦有遲速하여 不能正五百年이라 故로 言有餘也라. 尹氏曰 知는 謂知其道也라.

14-38-2. 탕왕에서 문왕까지가 5백여 년인데, 이윤과 내주(萊朱) 같은 분은 직접 보고서 알았고, 문왕 같은 분은 전해 듣고서 알았다.

由湯至於文王이 五百有餘歲니 若伊尹萊朱則見而知之하고 若文王則聞而知之하시니라.

조 씨가 말하였다. "내주는 탕왕의 어진 신하다." 어떤 사람이 말하기를 "곧 중훼(仲虺)다"라고 하였으니 탕왕의 좌상이 되었다.

趙氏曰는 湯賢臣이라. 或曰 卽也라 하니 爲湯左相하니라.

14-38-3. 문왕부터 공자까지가 5백여 년인데, 태공망과 산의생 같은 분은 직접 보고서 알았고, 공자 같은 분은 전해 듣고서 알았다.

由文王至於孔子 五百有餘歲니 若太公望散宜生則見而知之하고 若孔

子則聞而知之하시니라.

'산'은 씨(氏)이고 '의생'은 이름인데 문왕의 어진 신하다. 자공이 말하기를, "문왕의 도가 아직 땅에 떨어지지 아니하고 사람에게 있다. 어진 사람은 그 큰 것을 알고 어질지 못한 사람은 그 작은 것을 알아서 문무의 도가 존재하지 않음이 없으니 부자께서 어찌 배우지 않았겠는가?"라고 하였으니, 이것이 이른바 전해 듣고서 안 것이다.

散은 氏요 宜生은 名이니 文王賢臣也라. 子貢曰 文武之道 未墮於地하여 在人이라. 賢者는 識其大者하고 不賢者는 識其小者하여 莫不有文武之道焉하니 夫子焉不學이시리오 하니 此所謂聞而知之也니라.

14-38-4. 공자로부터 오늘에 이르기까지 백여 년이 경과했다. 성인이 살던 세대와 이와 같이 멀지 않으며, 성인의 거처와 가까움이 이와 같이 심하다. 그런데도 공자의 도를 직접 본 사람이 있지 않으니 또한 전해 듣고서 알 사람이 없을 것 같구나."

由孔子而來로 至於今이 百有餘歲니 去聖人之世 若此其未遠也며 近聖人之居 若此其甚也로되 然而無有乎爾하니 則亦無有乎爾로다.

임 씨가 말하였다. "맹자께서 '공자에서부터 지금에 이르기까지 멀지 않고, 추와 노의 거리가 또한 가깝다. 그러나 이미 보고서 아는 사람이 없으니 오백 년 뒤에 또한 어찌 다시 듣고서 아는 사람이 있겠는가?'라고 하셨다." 내가 생각하건대, 이 말씀은 비록 자기가 공자의 전통을 계승했다고 감히 스스로 말하지는 못해도 후세에 마침내 그 전통을 잃어버릴까 근심한 것이다. 그러나 스스로 사양할 수 없는 것이 있다는 것을 나타낸 것이요, 또 하늘의 이치나 백성의 인륜은 사라질 수 없으니 백 세 뒤에 반드시 정신으로 이해하고 마음으로 터득하는 자가 있음을 나타낸 것이다. 그러므로 편의 마지막에 여러 성인의 계통을 차례로 서술하고 이 말씀으로 끝을 내셨으니 전통이 있음을 밝힌 것이요, 또한 훗날의 성인을 끝없이 기다리신 것이니 그 의미가 깊구나. ○송나라 원풍 8년에 하남의 정호 백순이 죽자 노공 문언박이 그 묘에 '명도선생'이라 쓰니, 그 아우 이 정숙이 다음과 같이 서문을 지었다. "주공이 돌아가시자 성인의 도가 행해지지 못하였고, 맹가가 돌아가시자 성인의 학문이 전하지 못하였다. 도가 행해지지 않자 백 세 동안 좋은 정치가 없게 되었고, 학문이 전해지지 않자 천 년 동안 참된 선비가 없었다. 좋은 정치가 없더라도 선비는 오히려 좋은 정치의 도리를 밝혀서 다른 사람에게 사숙하여 후세에 전할 수 있지만, 참된 선비가 없으면 온 세상이 어두워져 갈 곳을 알지 못하여 인욕이 널리 퍼지고 천리도 사라질 것이다. 선생은 1,400년 뒤에 태어나서 전승되지 않던 학문을 남은 경전에서 터득하여 사문을 흥기시키는 것을 자신의 책임으로 삼아 이단을 분별하고 사설을 막아서 성인의 도가 찬란하게 세상에 다시 밝혀지게 하셨다. 그러니 대개 맹자로부터 오직 이 한 사람뿐이다. 그러나 학자들이 도에 대해서 향할 바를 알지 못하면 누가 이 사람의 공적을 알 것이며, 그가 도달한 경지를 알지 못한다면 누가 이 명칭이 실정에 맞는다는 것을 알겠는가?"

林氏曰 孟子言孔子至今時未遠하고 鄒魯相去又近이라. 然而已無有見而知之者矣하니 則五百餘歲之後에 又豈復有聞而知之者乎리오. 愚按此言은 雖若不敢自謂已得其傳하여 而憂後世遂失其傳이라. 然이나 乃所

以自見其有不得辭者요 而又以見夫天理民彝不可泯滅하니 百世之下에 必將有神會而心得之者耳라 故로 於篇終에 歷序群聖之統하시고 而終之 以此하시니 所以明其傳之有在요 而又以俟後聖於無窮也시니 其旨深哉로 다. ○有宋元豊八年에 河南程顥伯淳이 卒한대 潞公文彦博이 題其墓曰 明道先生이라 하니 而其弟頤正叔이 序之曰 周公沒에 聖人之道不行하고 孟軻死에 聖人之學不傳하니 道不行이라 百世無善治하고 學不傳이라 千載 無眞儒하니 無善治라도 士猶得以明夫善治之道하여 以淑諸人하여 以傳諸 後어니와 無眞儒면 則天下貿貿焉莫知所之하여 人欲肆而天理滅矣라. 先 生이 生乎千四百年之後하여 得不傳之學於遺經하여 以興起斯文으로 爲己 任하여 辨異端하고 闢邪說하여 使聖人之道로 煥然復明於世하시니 蓋自孟子 之後一人而已라. 然이나 學者於道에 不知所向이면 則孰知斯人之爲功이며 不知所至면 則孰知斯名之稱情也哉리오.

찾아보기

가

가인(假仁) 160
각소(角招) 87
갈나라 75, 110, 297, 299
갑옷 만드는 사람 174
걸(桀) 27, 101, 102, 155, 302, 337, 351, 464, 471, 473, 584, 596, 609, 613
겸애(兼愛) 316, 661~663
경(敬), 공이 마음에 주가 되는 것 541
경계(經界) 250
경공(景公) 83, 282, 343, 518
경자(景子) 191→경추 씨
경추 씨 190, 193→주석자약전
경춘(景春) 287
계(啓) 461, 462
계무자(季武子) 736
계손(季孫) 216
계손사(季孫斯)→계환자 507
계임(季任) 592, 693
계자(季子) 595
계환자(季桓子) 507, 599, 619
고공단보(古公亶父) 93
고수(瞽瞍) 380, 381, 443, 451, 453, 455, 456, 539, 671
고요(皐陶) 225, 266, 671, 672
고자(告子) 135, 139, 143, 149, 221, 526, 527, 529~532, 534, 535, 538, 586, 710

고죽군(孤竹君) 155
곡학아세(曲學阿世) 95
곤(鯀) 447, 448
곤오(昆吾) 601
곤이(昆夷) 75, 709
공 씨 42, 227, 388, 430, 486
공(恭) 583, 734; ~은 敬이 겉으로 드러난 것 541
공갑(孔甲) 311
공거심(孔距心) 200
공경(恭敬) 378, 534
공공(共工) 447, 448
공도자(公都子) 202, 309, 319, 425, 535, 536, 538, 542, 568, 686
공명고(公明高) 436, 437
공명의(公明儀) 232, 233, 290, 314, 315, 412
공법(貢法) 243~245, 251, 254
공서화(公西華) 411
공손교(公孫僑) 385→자산
공손연(公孫衍) 287, 288
공손추(公孫丑) 126, 128, 134, 135, 139~144, 149, 151, 153, 154, 156, 157, 189, 204, 226, 304, 365, 586, 587, 615, 616, 667, 668, 678, 679, 683, 692, 734
공수자(公輸子) 326
공유(公劉) 91, 92, 94
공의자(公儀子) 597
공자 13~15, 17, 35, 38, 46, 72, 73,

104, 128, 133, 152~159, 163, 175, 189, 235, 237, 267, 269, 282, 283, 287, 289, 305, 306, 313, 314, 317, 336, 345, 346, 348, 357, 360, 391, 394, 400, 401, 408, 410, 423, 451, 463, 466, 473~475, 484, 485, 487~489, 501, 504~507, 510, 518, 520, 543, 552, 585, 599, 619, 642, 657, 665, 679, 681~683, 707, 709, 733, 735, 736, 741, 742, 745, 746
공전(公田) 90, 166, 243, 246, 253, 254, 492
공행자(公行子) 418
곽광(霍光) 524
관 만드는 사람 174
관곽을 만드는 사람 175
관숙(管叔) 210~212
관이오 620→관중
「관저」 328
관중(管仲) 126, 128, 194, 195, 621
광거(廣居) 675
광무(光武) 45
광장(匡章) 320, 322, 425~427
교격(膠鬲) 130, 620, 621
교제 500; ~의 자세 500
구방심(求放心) 562, 563
구양수(歐陽修) 18
구일(九一) 90
구천(句踐) 75
국학(國學) 248
군자(君子) 188, 212, 238, 331, 397, 652, 690, 731, 743; ~의 세

가지 즐거움 649, 651, ~가 벼슬을 그만두는 경우 618, ~가 벼슬하는 경우 618, ~가 사람 가르치는 방법 681, 683,
궁지기(宮之奇) 477
권도(權道) 119, 364, 377
규구회맹(葵丘會盟) 603; ~의 내용 603, 604
규전(圭田) 252
그물질하는 것 242
극기복례(克己復禮) 95
금장(琴張) 736
기(氣) 141~144, 530, 531, 543, 627
기(棄) 265
기량(杞梁) 598
기자(箕子) 130

나

나중소(羅仲素) 381
내주(萊朱) 225, 745
노나라 120, 121, 219, 233, 236, 237, 243, 305, 475, 484, 485, 504
노장 316
녹봉 제도 491
『논어』 238, 735, 737

다

단간목(段干木) 305
단주(丹朱) 462
대불승(戴不勝) 303, 304
대영지(戴盈之) 308
대용(大勇) 78, 80
대장부에 대한 정의 289

대팽(大彭) 601
『대학』 148, 340, 357, 626, 710
덕 193, 653, 701
덕행(德行) 152
도(道) 145, 230, 233, 326, 354, 355, 365, 396, 397, 585, 627, 635, 637, 640, 658, 707, 728; 공자의 ~ 315, 양주와 묵적의 ~ 315, ~가 행해지는 세상 343, ~가 행해지지 않는 세상 343, ~를 얻은 사람 187, ~도를 잃은 사람 187, 요순의 ~ 583, 584
도법(徒法) 328
도선(徒善) 328
도웅(桃應) 671, 672
도척 321, 660
동곽 씨 189
동심인성(動心忍性) 622
동중서(董仲舒) 47, 731
등갱(滕更) 686
등나라 114, 115, 117, 203, 233, 234, 237, 240, 246, 248, 249~251, 256, 258, 297
등문공 114, 115, 117, 119, 160, 235, 239, 240, 256, 408
등문공(滕文公) 230

마

마음 17, 18, 21, 57, 150, 171, 173, 371, 378, 397, 399, 440, 533, 544, 548, 552, 555, 569, 570, 592, 621, 626~628, 632, 641, 663, 664, 673, 733; ~을 기르는 방법 733, ~을 쓰는 사람 261, 갓 난아이의 ~ 395, 공경하는 ~ 540, 대인의 ~ 395, 모든 사람의 ~ 646, 동생을 사랑하는 ~ 450, 부끄러워하는 ~ 171, 558, 633, 부끄럽게 여기는 ~ 540, 부모에게 사랑을 받지 못하는 ~ 440, 사사로운 ~ 646, 사양하는 ~ 171, 172, 성인의 ~ 699, 순 임금의 ~ 437, 시비를 가리는 ~ 171, 172, 어버이를 사랑하는 ~ 587, 어진 ~ 66, 어진 백성[仁民]의 ~ 57, 어진 사람의 ~ 76, 옳고 그름을 가리는 ~ 540, 왕도 행하는 사람의~ 161, 이익을 계산하는 ~ 284, 인애의 ~ 532, 인의의 ~ 551, 잃어버린 ~을 되찾는 것 563, 측은하게 여기는 ~ 540, 차마 하지 못하는 ~ 51, 66, 168, 169, 329, 725, 치욕을 싫어하는 ~ 162, 패도를 행하는 사람의 ~ 161, 효자의 ~ 437, 곡식의 씨앗과 같은 ~(정자) 561, ~은 생각하는 기관 568, ~을 보존하는 방법 553, ~을 쓰는 사람 261, ~을 얻는 방법 350, ~의 성격(공자) 552, ~의 성격(맹자) 553, 네 가지 잘못된 ~ 150, ~이 원하는 것 350
만장(萬章) 13, 297, 436, 441, 442, 444, 445, 449, 456~459, 467, 473, 476, 495, 500, 502, 503, 505, 511~518, 520, 521, 682, 734, 737, 738, 741
말 149, 150; ~을 안다(知言)의 의미 149, ~의 병폐(詖, 淫, 邪, 遁) 150

맥계(貉稽)　708
맹가(孟軻)　13, 14
맹계자　535, 536
맹분(孟賁)　135
맹시사(孟施舍)　137~139
맹중자(孟仲子)　190
맹헌자(孟獻子)　496
면구(綿駒)　598
명선(明善)　357; ~은 사성의 근본 357
목공(穆公)　111, 113, 219, 220, 305, 476~479, 513, 517, 597
목중(牧仲)　496
목피(牧皮)　736
무경(武庚)　210, 211
무당　174, 175
무왕(武王)　13, 14, 79, 80, 101, 106, 111, 129, 130, 155, 168, 210, 225, 300~302, 312, 351, 405, 406, 538, 543, 666, 695, 696, 697, 729; ~의 용기 79
무을(武乙)　311
무정(武丁)　130, 131, 621
무제(武帝)　327
무항산 무항심　241 →생업
묵 씨, 묵가, 묵자, 묵적　275, 314~316, 319, 661, 720,
문언박(文彦博)　746
문왕　13, 14, 26, 27, 73~75, 78, 80, 89, 106, 129, 130, 132, 155, 160, 225, 232, 233, 249, 312, 344, 347, 358, 359, 384, 405, 538, 582, 621, 638, 654, 655, 700, 701, 709, 711, 712, 745

문후(文侯)　305
물　400, 401; 근원이 있는 ~ 400
물욕　560, 725
미자(微子), 미자계(微子啓)　130, 539 →계(啓)
미자(彌子), 미자하(彌子瑕)　474 → 미자하
미중(微仲)　130
민자(閔子)　151, 153
민자건(閔子騫)　682
민천(旻天)　436
믿음　717, 718, 720

바

반흥사(潘興嗣)　391
밤기운 학설[夜氣之說](맹자)　553
밤기운[夜氣]　553
방몽(逄蒙)　412, 414
배도(裵度)　341
백규(白圭)　611, 612, 614
백리해　476, 477, 479, 597, 620
백성을 얻는 방법　350
백이　482
백이(伯夷)　154, 156, 180, 182, 321, 324, 358, 359, 485, 596, 653, 665, 706
번지(樊遲)　235, 682
범 씨　72, 104, 111, 113, 196, 324, 326, 327, 334, 377, 385, 479, 498, 538, 555, 700 →주석자약전
범준(范浚)　569
법가　623
벗　496; ~에게 신임 받는 방법 356, ~의 도리 495, ~의 사귐 495, 옛사

람을 벗하는 방법 521, 윗사람에게 신임을 얻는 방법 355, 자신을 성실하게 하는 방법 356
보행(輔行) 204
본성 18, 526, 527, 534, 538, 539, 545, 622, 626, 628, 638, 707, 714, 729; 고자의 ~ 532, 538, 기질의 ~ 543, 동물의 ~ 531, ~에 관한 맹자와 고자의 토론 529, 530, 531, ~에서 인간과 동물의 차이 530, 인간의 ~ 528, 542, 인간 ~의 특징 528, ~의 정의 528~530, ~의 특징 529, ~은 소용돌이치는 물과 같다 527, ~은 하늘의 이치 528, ~의 네 가지 덕 653, 선한 ~ 528, 물의 ~ 528, 사람의 ~ 531,
본심 420, 561, 733; ~을 잃은 경우 560, 수오(羞惡)의 ~ 559
부동심 134, 136, 139, 141, 143; ~의 방법 135, 고자의 ~ 143, 맹자의 ~ 143
부열(傅說) 620, 621
부용(附庸) 491
부추(負芻) 429
북궁유(北宮黝) 136~138
북궁의(北宮錡) 489
분서갱유 495
분성괄(盆成括) 723
불선(不善) 527, 540
불인인지심(不忍人之心) 169, 170
불효 376; ~의 다섯 가지 426, ~의 세 가지 376 →효도, 효성
붕우 499 →벗

비간(比干) 130, 539
비렴(飛廉) 312

사

사 씨 145, 170 →주석자약전
사광(師曠) 326, 547
『사기』 13, 20, 105, 106, 209, 438, 443, 467, 474, 475, 507, 599, 611
사단(四端) 173; ~의 보존 방법 173, ~의 내용 171, 172, 사람이 지닌 네 가지 단서 172, 173, → 마음, 수오지심, 측은지심, 사양지심, 시비지심
사랑 21, 378, 534; ~에 대한 유가와 묵가의 차이점 276, 유가의 ~ 276, 이지의 ~ 276
사마천 257
사사(四事) 406
사생취의(捨生取義) 557, 558
사성(思誠) 357; ~은 수신의 근본 357
사성정자(司城貞子) 475
사양(辭讓) 17 →사양지심, 마음
사전(私田) 90, 243, 246, 253, 254
산의생(散宜生) 225, 745
삶 556~558; ~의 정의 530 →생(生)
삼년상 239, 689, 690
삼대 247, 337, 406
삼묘(三苗) 447, 448
삼성(三聖) 318 →우 임금, 주공, 공자
삼왕(三王) 406, 601, 602, 605
삼정(三鼎) 121
삼진(三晉) 39

상(象) 442~445, 447, 449
상.서.학.교 247, 248
상나라 106, 130, 131, 210, 243,
  337, 696
상농부 494
『상서』 165, 473
상앙(商鞅) 13, 362
상퇴(向魋) 475 →환사마
생(生) 530; ~의 정의 530
생업 241; ~이 있는 사람은 일정한 마
  음도 없다[有恒産 有恒心] 241,
  ~이 있는 사람은 일정한 마음을 지
  닌다[無恒産 無恒心] 241, 일정
  한 ~이 없는 사람 241, 일정한 ~
  이 있는 사람 241
서 씨 371, 471, 474, 492, 493, 520,
  590, 595, 723 →주석자약전
『서경』 13, 27, 79, 80, 101, 102,
  108, 109, 113, 165, 178, 233,
  265, 275, 276, 298~300, 302,
  310, 312, 371, 380, 404, 436,
  437, 450~452, 455, 460, 470,
  473, 487, 502, 593, 667, 694,
  696, 697
서벽(徐辟) 274, 275
선(善) 527, 538, 616, 617, 633,
  635, 636, 641, 660, 717, 720
선비 63, 635, 637, 638, 668, 670,
  673, 708, 720, 727, 735; 뜻있는
  ~ 283, 용감한 ~ 283, ~의 기능
  669, ~의 정의 669
선왕(宣王) 13, 46, 73, 81, 88, 95,
  97, 101, 103, 327, 388, 389,
  391, 522, 590, 678, 700

설(契) 225, 264, 265
설거주(薛居州) 304
설궁(雪宮) 81
설나라 198, 297
설류(泄柳) 219, 305
『설문』 465
성(性) 172, 230, 415, 526, 530,
  627; ~은 천도의 본연 357
성간(成覸) 232
성선(性善) 16, 230, 234, 239, 335
성실 357; ~은 하늘의 도리 357, ~해
  지려는 생각은 사람의 도리 357
성악설 526 →순자
성왕(成王) 130, 211
성인(聖人) 155, 157, 159, 169,
  211, 230, 234, 264, 265, 311,
  316, 318, 319, 353, 403, 440,
  650, 656, 657, 665, 706, 716,
  719, 731, 738, 746; ~의 마음
  645, ~의 의의 153
성정(性情) 173
소 씨 45, 538 →주석자약전
소(招) 87
소교(所敎) 195
소무(韶舞) 72
소수교(所受敎) 195
소용(小勇) 78, 81
소진(蘇秦) 119, 361
소하(蕭何) 359
손빈(孫臏) 361
손숙오(孫叔敖) 620
손자(孫子) 13
송경(宋牼) 589, 590
송구천(宋句踐) 636

송나라 230, 302
수오지심(羞惡之心) 213, 560, 561, 634, 646, 725
숙제(叔齊) 665
순 임금 13, 72, 73, 111, 157, 178, 179, 211, 212, 230, 232, 263, 265, 267, 294, 295, 311, 326, 377, 379, 381, 384, 403, 422, 431, 436, 440, 441, 446, 447, 450, 455~458, 460~463, 466, 499, 588, 620, 622, 642, 645, 660, 665, 666, 671~673, 689, 729, 738
순수(巡狩) 83, 601
순우곤 363, 595, 597, 598, 600
순자(荀子) 14, 526
『순자』 739
술직(述職) 83, 601
승종(承宗) 342
『시경』 13, 25, 26, 52, 55, 77~79, 89, 91~94, 160, 163, 164, 241, 246, 247, 249, 271, 285, 317, 328, 329, 332, 337, 345, 347, 441, 453, 455, 519, 542, 573, 586, 587, 668, 676, 709
시동(尸童) 537
시비(是非) 17
시비지심 171, 172 →사단
시위(豕韋) 601
시자(時子) 214~216
시정지신(市井之臣) 515
신(信) 41, 173
신불해(申不害) 316
신상(申詳) 219

신인(神人) 719
신자(慎子) 606, 607
심(心) 172 →마음
심동(沈同) 207
심동(沈同) 208
심유(沈猶) 429
심유행(沈猶行) 429
심잠(心箴) 569

아
아름다움 718; ~의 의의 718
『악경』 488
악정구(樂正裘) 496
악정자(樂正子) 121, 122, 374, 375, 615, 717, 719, 720
안반(顔般) 497
안수유(顔讐由) 474
안연(顔淵) 151, 153, 232
안자(晏子) 126
안자(顔子) 16, 17, 83, 85, 423, 663, 681, 720 →안회, 안연
안탁추(顔濁鄒) 474 →안수유
안회(顔回) 423, 663 →안연, 안자
양기(養氣) 16, 144
양나라 65, 111
양능(良能) 583, 644
양세삼한법(兩稅三限法) 722
양심 551, 557
양 씨 30, 66, 73, 94, 119, 127, 209, 222, 286, 314, 357, 391, 394, 409, 428, 437, 485, 584, 640, 660, 662, 663, 677, 688, 732 →주석자약전
양왕(襄王) 43

양웅(揚雄)　14, 15
양자(揚子)　660
양자운　15 →양웅
양주(楊朱)　315~, 319, 720
양지(良知)　644
양호(陽虎)　242, 243
양화(陽貨)　305, 306, 501
어진 사람[仁人]　689, 692, 693, 695
어질지 못한 사람[不仁人]　693, 695
어질지 않음[不仁]　336
어짊[仁]　336, 655 →인
언(偃)　297, 302
엄나라　312
여 씨　168, 254, 372, 731 →주석자약전
여민동락(與民同樂)　72, 81
여부(餘夫)　252
여상(呂尙)　648
여시강(呂侍講)　665, 741
여왕(厲王)　538
역아(易牙)　546, 547
연나라　105, 109, 110, 207, 208, 209, 210
연목구어(緣木求魚)　59, 60
연우(然友)　234~236, 239
열자　660
염구(冉求), 염유(冉牛)　151, 153, 360
염백우(冉伯牛)　682
엽각(獵較)　506
영공(靈公)　474
영공(靈公)　507, 619
영대(靈臺)　25, 26

예(禮)　177; 공경하는 마음이 ~ 541, ~는 문 519, ~의 기능 74, ~의 단서 172, ~의 실상 378
예(羿)　412, 414, 422, 578, 593, 715
『예기』　191, 192, 270, 583, 736
오 씨　450 →주석자약전
오곡(五穀)　263, 264
오기(吳起)　13, 361
오나라　75
오륜　324
오십 보 백 보　29
오음(五音)　326
오전(五典; 五倫)　265
오정(五鼎)　121
오패　601, 602, 603, 605, 666
오행　173
오확(烏獲)　583
옥려자(屋廬子)　578, 593
왕 씨　367 →주석자약전
왕도(王道)　15, 30, 35, 46, 53, 54, 66, 127, 161, 282, 608, 640, 642; ~의 시작 30, ~의 완성 33, ~의 요체 66, ~정치 32, 246
왕량(王良)　284, 285
왕면(王勉)　102, 374, 395
왕순(王順)　497
왕자(王者)　35
왕표(王豹)　598
왕환(王驩)　204, 375, 418
요 임금　111, 157, 230, 262, 264, 266, 267, 294, 310, 326, 335, 431, 438, 439, 441, 444, 450, 452, 456, 458, 459, 461, 462,

466, 498, 499, 515, 584, 665, 666, 688, 689, 699, 729, 738
요옹[陳瓘] 381
욕심 38, 314, 558, 569, 646, 724, 733, 734
용기 136; ~를 기르는 방법 136~138
용자(龍子) 245, 546
우 임금 13, 15, 178, 263, 310, 317, 404, 416, 448, 460, 461, 463, 614, 711, 712
위나라 297, 305, 473, 474, 475
위사(魏斯) 39
위아(爲我) 662, 663
유 씨 212, 356, 479 →주석자약전
유공사(庾公斯) 413
유신 씨 467 →주석자약전
유약(有若) 157, 159, 269
유왕(幽王) 538, 586
유하혜(柳下惠) 181, 182, 484, 485, 596, 664, 706
유항산 유항심 241 →생업
육률(六律) 326
윤 씨 87, 188, 198, 302, 319, 395, 403, 409, 415, 425, 430, 466, 507, 511, 573, 575, 600, 623, 624, 657, 666, 675, 686, 688, 698, 703, 710, 720, 722, 743, 744 →주석자약전
윤공타(尹公他) 413, 414
윤사(尹士) 220, 221, 223
은나라 210, 247, 466, 697
은혜의 의미 266
음양가 257
의(義) 21, 102, 119, 145, 149, 177, 192, 213, 316, 378, 403, 533, 536, 537, 548, 556, 560, 573, 591, 636, 644, 662, 715; ~의 기능 474, 의의 단서 172, ~의 실상 377, ~의 의의 725, 맹자와 고자의 ~에 관한 토론 532, 533, 534, ~는 부끄그러워하는 마음 541, ~의 성격 532, ~는 길 519, ~는 사람의 길 354, 561, 의로움 548
의리 592; ~의 노여움 81, ~의 마음 711, ~의 양심 557
의방가(醫方家) 257
의지(意志) 141, 142, 621
이 씨 38, 223, 381, 410, 503, 509, 533, 646 →주석자약전
이(理) 560, 596, 648
이계(履癸) 311
이루(離婁) 326
이오(夷吾;관중의 이름) 126 →관중
이윤(伊尹) 154, 156, 194, 195, 225, 464~467, 469, 471~473, 479, 483, 485, 667, 668, 745
이익 591, 592, 635, 660, 701
이일분수(理一分殊) 688
이적(夷狄) 404
이지(夷之) 274, 275, 683
이치 542, 548
이회(李悝) 362
익(益) 262, 263, 461, 464, 466
인(仁) 21, 61, 102, 153, 160, 175, 177, 192, 316, 378, 403, 422, 573~575, 583, 587, 591, 596, 632, 644, 662, 669, 688, 707, 715; ~은 사람의 마음 561, ~인은

사람의 편안한 집 354, ~의 성격
  532, ~은 씨앗이 태어나는 본성(정
  자) 561, 인의 단서 49, 171, 인의
  실상 377, ~의 의미 267, 725 ~은
  측은해 하는 마음 541, ~을 좋아
  하는 사람 351, ~을 행하는 술법
  51, ~을 행하는 방법 51, ~이 불
  인을 이기는 이치 573, 맹자와 고
  자의 ~에 관한 토론 532, 534 →
  어짊
인륜 264, 265, 335, 403, 441, 499,
  580, 670, 673, 746; ~의 내용
  264
인문(仁聞) 327
인성(人性) 240
인심(仁心) 327
인욕 94, 176
인의(仁義) 15, 16, 23, 24, 47, 230,
  315, 403, 526, 527, 538, 562,
  666; ~의 도 378
인의예지 17, 175, 531, 541, 653,
  715; ~는 군자가 본성으로 여기는
  것 652, ~의 단서 541
인자무적(仁者無敵) 42
인작(人爵) 636, 571
인정(仁政) 40, 41, 106, 132
인정(仁政) 40, 72, 327
인품, 네 등급의 649
임 씨 152, 154, 213, 239, 341, 361,
  401, 411, 472, 534, 605, 611,
  651, 746 →주석자약전
입현무방(立賢無方) 404

자

자공(子貢) 151, 153, 157, 158,
  269, 472, 682, 745
자도(子都) 547
자로(子路) 127, 128, 177, 307,
  411, 474, 599, 682
자류(子柳) 597
자막(子莫) 661, 663
자사(子思) 13, 14, 219, 220, 357,
  430, 497, 513, 514, 517, 597
자산(子産) 385, 445
자숙의(子叔疑) 216
자신만을 위하는 학설[爲我] 660
자양(子襄) 138
자유(子游) 153
자유(子游) 269, 409
자장(子張) 153, 269, 401
자장자(子張子) 255
자지(子之) 105, 208
자쾌(子噲) 207, 208
자탁유자(子濯孺子) 412, 414
자포자기 353; 자신을 버리는 사람[自
  棄者] 353, 자신을 해치는 사람[自
  暴者] 353
자하(子夏) 137, 138, 153, 269, 409
작숙(霍叔) 210
장 씨 392, 505, 533 →주석자약전
장경부(張敬夫) 81
장식(張栻) 436, 675
장식(長息) 437, 497
장왕(莊王) 621
장의(張儀) 119, 287, 288, 361
장자(張子) 106, 166, 486, 496,
  543, 627, 648, 715, 718, 719

찾아보기_759

장자(莊子) 275
장자(章子) 428
『장자』 590, 736
장주(莊周) 479, 698
장창(臧倉) 120, 122
장포(莊暴) 68
재아(宰我) 151, 157, 679
저자(儲子) 431, 592, 593, 595
적전(籍田) 291
전국시대 72, 167, 289, 341, 467, 590
『전국책』 404, 440
전국칠웅 35
전금(展禽) 182 →유하혜
전기(田忌) 13
점(墊) 668, 669
정공(定公) 234, 391
정나라 72, 385, 445
정명(正命) 629
정자(程子) 15, 16, 24, 35, 135, 142, 144, 145, 148, 151, 152, 158, 159, 170, 173, 178, 194, 218, 231, 234, 257, 316, 328, 345, 353, 370, 393, 397, 406, 417, 442, 444, 465, 469, 486, 495, 542, 548, 553, 555, 561, 562, 563, 622, 627, 635, 639, 640, 642, 644, 650, 653, 659, 661, 676, 688, 694, 695, 707, 715, 719, 720, 731, 733, 737
정전, 정전법, 정전제 90, 243, 249, 253, 254, 257
정호(程顥) 746
제가(齊家) 18

제나라 49, 61, 65, 66, 68, 72, 105, 107, 110, 111, 114~116, 126, 129, 131, 198, 201~203, 208, 209, 210, 282, 297, 302, 303, 320, 343, 408, 473, 484, 522, 607
조 씨 65, 97, 107, 148, 181, 190, 371, 376, 407, 433, 465, 504, 569, 574, 582, 588, 592, 601, 614, 631, 633, 636, 655, 686, 708, 709, 717, 732, 744, 745 → 주석자약전
조간자(趙簡子) 284
조간자(趙簡子) 284, 285
조교(曹交) 582, 584, 585
조맹(趙孟) 572
조법(助法) 243~247, 251, 254, 492
조앙(趙鞅) 285 →조간자
조장(助長) 147, 148
종류상(從流上) 86
종류하(從流下) 86
종수(從獸) 86
주(紂) 101, 102, 106, 301, 302, 311, 337, 358, 464, 524, 653, 695, 697
주공(周公) 14, 129, 130, 163, 206, 210~212, 232, 233, 237, 271, 312, 317, 406, 410, 464, 466, 608, 746
주나라 78, 243, 247, 249, 251, 254, 300, 333, 345, 490
『주례』 167, 387, 419, 495, 711
『주서』 502
주소(周霄) 289, 290, 292, 293

『주역』 649
주의보(邾儀父) 491
주자(周子) 178
중손멸(仲孫蔑) 496 →맹헌자
중용』 357
중유(仲由) 178
중자(仲子) 321, 324
즐거움, 군자의 세 가지 ~ 651
증서(曾西) 127, 128
증석(曾晳) 368, 733, 734, 736, 737
증원(曾元) 369
증자(曾子) 127
증자(曾子) 14, 112, 137~139, 192, 193, 235, 269, 270, 307, 357, 368, 370, 428, 429, 437, 681, 733
지(智) 177, 715; ~는 옳고 그름을 가리는 마음 541, ~지의 단서 172
지각 627
지언(知言) 143, 144; ~의 의미 151
지와(蚔鼃) 201, 202
지의 실상 378
직(稷) 225
진 씨 201, 375, 583, 679 →주석자약전
진가(陳賈) 210, 211, 213
진대(陳代) 282, 521
진량(陳良) 257, 258, 268, 269
진문공 408
진상(陳相) 257~260, 268, 269, 272, 668
진자(陳子) 215, 618
진중자(陳仲子) 320, 670
진진(陳臻) 196, 197, 713
진항(陳亢) 683

차

채숙(蔡叔) 210
척환(瘠環) 474
천도(天道) 665, 715, 716
천록(天祿) 498
천리 119
천리(天吏) 168, 209
천리(天理) 18, 23, 94, 102, 116, 170, 176, 212, 403, 446, 469, 596, 648, 673
천명(天命) 35, 106, 116, 122, 164, 168, 209, 249, 345~347, 466, 473, 474, 627~629, 714, 715, 731
천민(天民) 648
천성(天性) 677
천위(天位) 498
천작(天爵) 571
천직(天職) 498
천하를 얻는 방법 350
철법(徹法) 243, 251
초나라 60, 61, 95, 114, 192, 230, 256, 271, 297, 302, 303
초망지신(草莽之臣) 515
『초서』 440
추 씨 161, 330, 332, 334, 401, 704 →주석자약전
추나라 60, 61, 112, 235, 237
추령(芻靈) 38
추호(鄒浩) 675
춘추(전국)시대 287, 408
『춘추전』 85, 148, 518, 603

『춘추』 35, 313, 314, 317, 407, 409, 491, 507, 605, 693, 694; 『춘추』의 법 319, 춘추』의 공과 목적 314
충(忠) 41; ~의 의미 267
충우(充虞) 205, 224
측은한 마음[惻隱之心] 49, 54, 170, 171, 725 →마음, 사단
치국(治國) 18
치소(徵招) 87

카, 타

쾌(噲; 연왕) 105
탕 임금 13, 101, 108~111, 130, 155, 160, 168, 194, 195, 225, 297~299, 302, 404, 464, 465, 467, 468, 470, 472, 582, 596, 666, 697, 729
태갑(太甲) 464, 465, 667
태강(太康) 311
태공(망) 225, 358, 359, 608, 654, 745
태정(太丁) 464, 465

파

패도(覇道) 15, 66, 127, 161, 282
팽갱(彭更) 294, 296, 668
평공(平公) 120, 121, 497, 498
평단지기(平旦之氣) 551
평왕(平王) 407
평천하(平天下) 18
풍 씨 641, 690, 711, 712 →주석자약전
풍부(馮婦) 713

필전(畢戰) 249, 250

하

하나라 243, 247, 337, 466, 471
하늘 343, 457, 463, 626, 627; ~의 뜻에 거슬리는 자 342, ~의 뜻에 따르는 자 342, ~의 뜻을 두려워하는 사람 76, ~의 뜻을 즐기는 사람 76
하숙경(何叔京) 289
하후 씨 243
한고조 45
한비자 316
한서』 708
한유(韓愈) 13
한홍(韓弘) 341
함구몽(咸丘蒙) 450, 451, 456
합종연횡 13
항산(恒産) 63
항심(恒心) 63
해(奚) 284, 285
해당(亥唐) 497, 498
향례(享禮) 594
향원(鄕原) 739, 740, 742, 743
향학 248
허행(許行) 256~258, 268, 271, 272
혁추(奕秋) 555
현자 558, 620, 710
혈기 81, 139; ~의 노여움 81
혜공(惠公) 497
혜왕(惠王) 13, 20, 24, 25, 28, 29, 36, 37, 39, 42, 692, 693
호 씨 314, 538 →주석자약전
호생불해(浩生不害) 717

호연지기(浩然之氣) 143, 145; ~를 기르는 법 149, ~를 기른 사람 148, ~를 해치는 사람 149, ~의 기능 145, 146, ~의 양성 146; ~의 의미 144, 145, ~의 형성 147
호흘(胡齕) 47
홍수 262, 263, 317, 318
화살 만드는 사람 174
화주(華周) 598
환공(桓公) 46, 126, 127, 160, 194, 195, 341, 408, 603, 621
환과고독(鰥寡孤獨) 91
환도(驩兜) 447, 448
환사마(桓司馬) 475
활을 쏘는 것 177
효공(孝公) 507
효도, 효성 583, 665; 부모를 기쁘게 해드리는 방법 356
효제 583
후직(后稷) 92, 249, 264, 265
훈육(薰鬻) 75
혼종 의식(釁鍾儀式) 48, 51
희.노.애.락 231
힘을 쓰는 사람 261